北京通州年鉴

BEIJING TONGZHOU NIANJIAN

2009

北京市通州区党史区志办公室　编

方志出版社

图书在版编目（CIP）数据

北京通州年鉴. 2009 / 北京市通州区党史区志办公室编.—北京：方志出版社，2009.11
ISBN 978-7-80238-644-0

Ⅰ. 北… Ⅱ.北… Ⅲ.通州区—2009—年鉴 Ⅳ.Z521.3

中国版本图书馆CIP数据核字（2009）第189675号

北京通州年鉴（2009）

编　　者：北京市通州区党史区志办公室
责任编辑：罗　滔

出 版 者：方 志 出 版 社
（北京市建国门内大街5号中国社会科学院科研大楼12层）
邮编　100732
网址　http://www.fzph.org
发　　行：方志出版社发行部
（010）85195814　85196281
经　　销：新华书店总店北京发行所
法律顾问：北京市大禹律师事务所
印　　刷：北京通州丽源印刷厂

开　　本：787×1092　　1/16
印　　张：29.25
字　　数：772千
版　　次：2009年11月第1版　　2009年11月第1次印刷
印　　数：0001—2000册

ISBN　978-7-80238-644-0/K·323　　定价：150.00元

通州区地方志编纂委员会

《北京通州年鉴》编辑部

编 辑 说 明

一、《北京通州年鉴》是一部大型的综合性资料工具书和史料文献。在通州区委、区政府的领导下，由区地方志编纂委员会主持编纂，区史志办公室具体承办。

二、本年鉴以马列主义、毛泽东思想、邓小平理论、“三个代表”重要思想为指导，贯彻落实科学发展观，以经济建设为中心，坚持四项基本原则，科学地反映客观情况。

三、本年鉴采用文章和条目两种体裁，以条目为主体，用规范的语体文、记述体直陈其事，文字力求言简意赅。

四、本年鉴从1999年开始逐年编辑。当年出版的年鉴全面汇集上一年度通州区政治、经济、文化、社会发展等诸方面的重大事件和新的情况，为各级领导决策提供参考依据，为各行各业提供有价值的信息资料，为各方面人士了解通州提供全面情况和最新信息。本年鉴反映2008年1月1日至12月31日期间情况(部分内容依据实际情况时限略有前后延伸)，文中一般直书月、日，不再写年份。本年鉴农用面积采用亩为计量单位。

五、本卷年鉴文字内容，设有综述、特载、服务奥运工作、大事记、党派、政权•政治协商、群众团体、政法•武装、经济管理、财税•金融•审计、农业、工业、商贸•旅游、交通•邮电、城乡建设、科教文卫体、社会生活、街道、乡镇、人物、统计表、附录共22个类目，92个分目，88个子目，1728个条目。

六、本卷年鉴收有通州区党、政、军，各民主党派、群众团体，各街道、乡镇和各局(公司)、事业单位负责人名录，所列均以2008年内任职为限，其中有任免情况的分别予以注明。收录2008年内获得市以上各类先进人物、先进单位名单。

七、选入年鉴的文章和条目，均由各部门各单位确定专人撰写，经部门、单位主要领导审阅，并经由区委、区政府的有关部、委、办领导审查。统计资料由统计局提供。照片由各单位提供。

八、本年鉴的编辑工作得到各撰稿单位及各方面的热情关怀和大力支持，在此深表谢意。由于水平有限，对本书的疏漏之处与不足，恳请各界批评指正，以利于今后改进。

▶ 2008年12月29日，中共北京市通州区第四届委员会第七次全体（扩大）会议召开

◀ 2009年1月7日，北京市通州区第四届人民代表大会第四次会议召开

▶ 2009年1月6日，政协北京市通州区第四届委员会第三次会议召开

北京市史家小学通州分校奠基开工仪式

潞河医院成为首都医科大学教学医院签约仪式

正元大厦项目落户永顺镇签字仪式

通州新城电网建设启动暨商务园220千伏变电站奠基仪式

▶ 区直机关党员干部悼念在汶川大地震中遇难同胞

◀ 援助地震灾区，通州区赴四川医疗队部分队员

▶ 赈灾物资登上驶川列车

◀ 韩美林艺术馆

▶ 漕运码头影视基地

东六环西侧路

通顺路上跨京承铁路立交桥

新落成的于家务中学

通州区幼儿园新址投入使用

通州区首届羽毛球比赛暨通州区羽毛球馆落成典礼

新建成的龙旺庄学校

通州段火炬传递启动仪式

奥运火炬传递通州段火炬手

▶ 北京首嘉钢结构有限公司制造奥运会主火炬

北京诚栋房屋制造有限公司建造的奥运专用活动房屋

北京联东钢结构有限公司承担国家奥林匹克中心体育场改扩建工程的全部钢结构主体工程

▶ 北京三杰国际钢结构有限公司承接国家体育场“鸟巢”部分钢结构工程

北京金宝华地毯有限公司生产的地毯产品走进国家体育场“鸟巢”

北京普隆金属装饰材料有限公司承接奥运重点工程10号地铁站吊顶任务

北京圆领部落公司制作中国队领奖服

北京强力家具有限公司为奥运会新闻中心提供办公设备

北京京绢制花厂为残奥会闭幕式生产的道具红叶、银杏叶

吉鼎立达花卉基地和一品园花卉基地为奥运场馆提供优质花卉

好利来工贸有限公司提供的奥运食品

▶ 北京星海钢琴集团有限公司为奥运会开幕式设计制作的绝版G-274型水晶钢琴

通州武术协会表演队在“鸟巢”表演太极扇

城市志愿者在服务

通州区204名奥运会驾驶员志愿者提供安全交通服务

◀ 通州区职工拉拉队为运动员加油助威

迎接北京奥运倒计时100天文艺演出

城市奥运文化广场活动

奥运会期间独具运河文化特色的灯展

城市奥运文化广场活动

◀ 通州区举行奥运安保社会面防控工作启动仪式

▶ 通州公安分局全面启动“护城河”设卡查控工作

◀ 北京奥运会、残奥会通州区总结表彰大会

目　　录

综　　述

特　　载

服务奥运工作

大　事　记

党　　派

中国共产党北京市通州区委员会

政权·政治协商

中国人民政治协商会议北京市通州区委员会

群 众 团 体

通州区总工会

共青团通州区委员会

通州区妇女联合会

通州区工商业联合会

通州区残疾人联合会

通州区科学技术协会

通州区红十字会

政法·武装

政法

商 贸・旅 游

旅　游

交通·邮电

公　路

运　输

邮　政

电　信

城 乡 建 设

市政建设

园林绿化

环境卫生

水务管理

供 水

节 水

燃 气

环境保护

街　　道

乡　　镇

统 计 表

附 录

综　述

地情概况

通州区位于北京市东南部，京杭大运河北端。区域地理坐标北纬39°36′～40°02′,东经116°32′～116°56′。东西宽36.5公里，南北长48公里，面积912.34平方公里。西邻朝阳区、大兴区，北与顺义区接壤，东隔潮白河与河北省三河市、大厂回族自治县、香河县相连，南和天津市武清县、河北省廊坊市安次区交界。全区地处永定河、潮白河洪冲积平原，地势平坦，平均海拔高程20米。分布13条河流，总长245.3公里，主要河流有北运河、潮白河、凉水河、凤港减河。气候属暖温带大陆性半湿润季风气候区，年日照2295.4小时，年平均气温13.6℃，降水575.8毫米。

通州区历史悠久，早在新石器时期，境域内即有人类活动。西汉初(公元前195年)始建路县，后先后改称通路亭、潞县、通州、通县。1948年12月通县解放，分置通县、通州市。1958年3月县市由河北省划归北京市后，合并为北京市通州区。1960年复称通县。1997年4月撤销通县设立通州区。通州区辖10个镇、1个乡、4个街道。年末户籍人口64.93万人，其中非农业人口30.81万人、农业人口34.12万人。全年人口出生率8.84‰，人口自然增长率2.48‰。

2008年国民经济和社会发展

2008年实现地区生产总值213亿元，比上年增长14%。其中一二三产业增加值分别为13.7亿元、105.9亿元和93.3亿元，三次产业构成为6.5:49.7:43.8。税收总额74.5亿元；地方财政收入34.04亿元，增长40%。全社会固定资产投资138亿元，增长4.1%。社会消费品零售额实现146.4亿元。城镇居民人均可支配收入达到20708元，农民人均纯收入达到10212.9元,分别比上年增长9.6%和12%。城乡居民储蓄余额365.5亿元,增长32.7%。

农　业

全区农林牧渔业总产值38亿元，比上年增长14.3%。其中种植业、林业、牧业、渔业和农林牧渔业服务业产值分别为19.4亿元、1.1亿元、14.5亿元、2.3亿元和0.7亿元。全年粮食总产量22.95万吨，蔬菜产量66.44万吨，比上年分别增长15.2%和1.3%。

全区新建蔬菜日光温室、塑料大棚等保护地设施面积1.03万亩，重点建设漷大路设施农业产业带，沿线全长5.5公里，涉及9个村。

全区造林1950公顷，栽植各类绿化苗木453万株。林木绿化率和森林覆盖率分别达到26%和28%,城市绿化覆盖率达到39.1%。13.6万人次参加义务植树活动，植树70万株。全年新种植果树面积143.3公顷，园林水果产量5.63万吨。花卉总面积360公顷，苗木总面积1290.7公顷。以林菌、林桑栽培为主的林下产业总面积1666.7公顷，年产量3.2万吨。果品产业建设完成水蜜桃主题公园一期建设工程4.7公顷；启动建设永乐通主题公园等4个集观光采摘、休闲娱乐、科普示范为一体的设施型观光果园，占地面积130余公顷。推进观光休闲农业与乡村旅游，举办通州区第四届樱桃节、第二届花卉节、第十届葡萄采摘节、第三届梨园观光采摘节等节庆活动。

全区各类规模化畜禽养殖场220个。年内，出栏生猪34.6万头、羊10.9万只、肉牛1.28万头、鸭426万只，产鲜蛋7429吨、水产品9600吨。

保障奥运农产品供应,奥运会和残奥会期间通州区有8家单位被确定为奥运农产品供应基地。其中养殖业3家、种植业3家、鲜切菜企业1家、批发市场1家。为北京奥运会供应鲜切菜、绿豆芽、食用菌、鸭坯子、肉鸭、鲜奶等农产品50种143.91万公斤。

工　业

全部工业现价总产值389.5亿元，增长14.6%，其中中市属工业总产值32.1亿元，地方工业总产值357.4亿元。年内160家规模企业产值超过5000万元；87家企业产值超过亿元。开发区发展迅速，5个市级以上开发区实现工业总产值161亿元，园区基础设施建设有效推进，物流基地、商务园样板楼建成投入使用。宋庄文化创意产业集聚区被确定为国家级动漫产业基地。光机电、都市、汽车零部件三大主导产业稳步发展，快速发展的农副食品加工规模企业有24家，完成产值占区域规模工业产值的7.4%，成为工业的重点行业之一。

全区建筑业增加值实现28.2亿元，同比增长28.2%。全区有资质的建筑业企业235家，比上年增加47家，其中施工总承包企业78家、专业承包企业152家、劳务分包企业5家。全年完成建筑业总产值157.5亿元，比上年增长29.7%；房屋建筑开复工面积1112.4万平方米、房屋建筑竣工面积184.9万平方米，比上年分别增长34.3%和16.5%。

商业 对外经贸

全区社会消费品零售额实现146.4亿元，同比增长20.1%，继续名列郊区县第一，各类市场成交额42亿元。启动2008～2010年社区菜市场和农村集贸市场升级改造工程，年内完成西海子市场升级改造和大稿村、半壁店、西小马等5家社区菜市场改造。继续实施福兰德集团发展农村连锁超市、便利店建设，年内发展中心店18家，加盟店117家,累计建设完成593家农村连锁超市和便利店。初步形成以乡镇店为骨干、村级店为基础的农村流通网络。全聚德郊区首家直营店正式营业；贵友大厦及物美超市贵友店试营业。年内举办2008北京新城•通州国际商务年会。

全年新批三资企业36家，其中外商独资企业23家，中外合资企业11家，中外合作企业2家。投资总额3.11亿美元，实际利用外资1.3亿美元。进出口贸易总额达到18.8亿美元，比上年增长20.5%。其中出口创汇额10.4亿美元，比上年增长31.6%，进口付汇额8.4亿美元，增长9.1%。

城乡建设

基础设施建设扎实推进。富壁路、通顺路城市段、潞苑东路等一批道路改造工程完成；潮白河新桥、武兴路友谊桥基本完工；京榆旧路三期、九德路、觅西路改造等道路建设工程进展顺利；温榆河西滨河路、朝阳北路东延等一批道路开工建设。配合市里完成机场二通道、机场南线、京津二通道和京津城际铁路等工程。市政设施体系不断完善，西田阳垃圾填埋场二期、梨园垃圾转运站工程完工；完成天然气陕京二线通州门站建设，新铺设天然气管线20公里，新增天然气用户5000户；水利设施建设完成北关分洪枢纽、杨洼闸改建等工程建设。旧城改造步伐加快，启动新城南街等区域改造拆迁，上营片区被确定为北京市棚户区改造试点。玉桥东小区经济适用住房及半壁店大街25号限价商品住房、配建廉租房2个项目近70万平方米主体建设加快进行。11月底，北京工具厂经济适用住房、配建廉租房及芙蓉花园限价商品住房等4个项目约50余万平方米开工建设。

农村基础设施建设整体推进以普惠制为基础的12项全覆盖工程，其中农村垃圾密闭化管理、农村安全饮水工程、村级干路建设、农村体育健身场所、农村社区卫生服务5项重点项目实现100%全覆盖。农村信息服务站覆盖率达80%，农村户厕改造覆盖率74.5%，有线电视入户覆盖率68.5%，农村便民连锁超市覆盖率88.8%，村域林木绿化率达标村累计329个，覆盖率68.12%；农村文化活动中心覆盖率95.8%；完成50个村"亮起来"工程，累计"亮起来"村庄覆盖率95.4%。

奥运环境建设成效显著。高标准完成京津城际铁路、京津二通道、机场南线和机场二通道4条奥运绿色通道建设，推进46项林业绿化重点工程，新增绿化面积684公顷。实施北运河城市段水环境治理重大科技项目。开展城乡环境综合整治，完成航空走廊可视区、火炬传递沿线、高速公路及轻轨两侧环境整治，拆除违法建设12.5万平方米、广告牌匾232块，完成5条主要大街建筑物外立面15万平方米的清洗粉饰工作。推进垃圾分类工作，改造12处垃圾大箱，建成24座密闭式清洁站。创建1个环境优美乡镇、7个文明生态村和3个花园式单位。深入开展治安、交通等五大秩序治理，确保城市运行秩序。加大环境保护力度，空气质量完成北京市下达的指标。

科技 教育 文化 卫生 体育

全区民营科技企业163家，其中高新技术企业23家，实现总收入58.5亿元。年内实施市级火炬计划项目3项，实现产值7960万元。远程教育总站点数146个，科技直通车参与活动50次，培训企业技术人员9000人次。全年专利申请827个，比上年增长21%。

全区有幼儿园79所、小学89所、中学48所。学前教育普及率94%；小学、初中入学率保持100%；特殊教育普及率98.3%；高中入学率保持在95%以上，普通高中录取率56%；高考上线率83%，继续名列全市远郊区县前列。教育教学条件明显改善，全面完成25所初中校、34所小学校规范化建设。改扩建的柴厂屯小学、投资1.2亿元新建的龙旺庄学校、投资1亿元新建的于家务中学相继投入使用。北京二中通州分校二期食堂、宿舍楼工程投入使用。史家小学通州分校教学楼主体完工。

加快文化设施建设，韩美林艺术馆投入使用，社区群众文化服务中心主体完工。新建村级文化活动室63个1.91万平方米；新建村级文化广场23个3.49万平方米。广泛开展文艺演出星火工程、第18届农民艺术节等系列活动。推出运河水上游、"三庙一塔"文化游等活动。北京奥运会期间开展通州区城市奥运文化广场活动，在运河文化广场组织演出、展览、灯展等庆典活动。"运河之声"农民艺术团、梨园大众艺术团、宋庄明星艺术团等一批民间职业剧团和业余艺术团队逐渐发展壮大。通州图书馆建立北京市少儿科普阅览中心通州分中心。

全区有卫生机构239个，床位2538张，卫生技术人员4763人。公共卫生服务体系逐步完善，建成111个标准化社区卫生服务站，基本建立起覆盖城乡的社区卫生服务体系，年内19所社区卫生服务中心全部完成全民建档工作。全面实施新型农村合作医疗制度，参合人数达32.2万人。潞河医院手术病房楼开工建设，潞河医院成为首都医科大学教学医院。

体育事业投入不断加大，全年体育活动

经费投入828万元，其中用于群众体育373万元、竞技体育225万元、体育器材130万元、体育场馆建设100万元。年内完成区体育场改建工程，新建羽毛球、乒乓球综合馆1个，场馆面积3172平方米；新增60余处全民健身设施。举办通州区全民健身节，开展全民健身月活动。各民间体育社团组织太极功夫表演、风筝放飞比赛等各类体育竞赛、表演和培训。全年举办镇（局）级各类竞赛44次。在北京市各单项的锦标赛中，新华体校参加6个项目比赛获奖牌32枚。奥运火炬通州段传递活动在运河城市段举行。

劳动和社会保障

推进城乡统筹就业，继续实现无“零就业家庭”，解决困难群体就业7000人；城镇登记失业率2.25%，比上年下降0.36个百分点，城镇登记失业人员实现就业1.5万人。参加失业保险人数13.8万人，比上年增长15.8%；参加养老保险人数16.5万人，增长14.2%；城镇医疗保险参保人数31.9万人，增长14.9%。培训农村劳动力1万人，实现农村劳动力向二三产业转移1万人次。实施新型农村社会养老保险制度，参保农民14.5万人。制定农村五保供养实施意见。落实城乡无社会保障老年居民养老保障办法，全区6.1万城乡老年人受益。保障性住房体系初步建立，制定廉租房、经济适用房、两限房管理办法，3218户通过审核，1193户完成选房。

精神文明和民主法制建设

以“迎奥运、讲文明、树新风”活动为载体，广泛开展“展现靓丽通州，喜迎奥运盛会”主题教育活动。开展“排队推动日”、“微笑通州”等文明风尚实践活动，扎实推进社会公德、职业道德、家庭美德、个人品德建设；加强窗口行业服务文明建设，全面完成邮政、旅游、环卫、商业、博物馆等14个窗口行业1.5万名员工的奥运培训任务，通州区获“2008年首都社区居民奥运培训成果展示优秀组织奖”、“2008年首都窗口行业奥运培训成果展示优秀组织奖”。

开展服务奥运各项活动。精心组织奥运火炬通州段运河水上传递活动；开展奥运文化广场活动，36场文艺演出和12项专题展览，吸引观众45万人次；招募各类志愿者2.1万人，驾驶员志愿者受到奥组委高度评价，职工文明拉拉队获得甲级队一等奖和特色拉拉队一等奖荣誉；完成残奥会开闭幕式排练基地的服务工作；接待境内外媒体采访。

全面推进依法治区，贯彻实施政府信息公开条例，落实“五五”普法规划。严格审计工作，规范财政资金使用管理。区政府自觉接受人大法律监督、工作监督和政协民主监督，累计办复人大代表建议146件，办复政协委员提案164件。

特　　载

坚定信心　拼搏创新
加快推进通州新城建设

——2008年12月29日在中共北京市通州区委四届七次全体（扩大）会议上的工作报告

中共通州区委书记　王云峰

区委四届七次全会，是在改革开放30周年、北京奥运会和残奥会圆满成功、新城建设发展进入新的阶段召开的一次重要会议。会议的主要任务是，贯彻落实党的十七大和十七届二中全会、三中全会、中央经济工作会议、胡锦涛总书记在纪念党的十一届三中全会召开30周年大会上的讲话、市委十届五次全会精神，总结2008年工作，研究部署2009年任务，进一步动员全区各级党组织、广大干部群众，站在新的历史起点上，拼搏创新，艰苦奋斗，加快推进通州新城建设。现在，我受区委常委会委托，向全会作工作报告。

一、2008年主要工作回顾

2008年是不平凡的一年。一年来，在市委、市政府的正确领导下，全区各级党组织、广大干部群众深入贯彻落实科学发展观，紧紧围绕“两新”建设和服务奥运的目标，振奋精神，奋力拼搏，克服困难，扎实工作，圆满完成了各项工作任务，实现了全区经济社会又好又快发展。

经济建设取得新成绩。在国际国内经济环境发生急剧变化的情况下，保持了经济平稳较快发展。预计地区生产总值实现213亿元，同比增长14%；税收总额实现74.5亿元，同比增长17.7%；地方财政一般预算收入实现20.42亿元，同比增长12.5%；城镇居民人均可支配收入、农民人均纯收入分别达到20587元和10025元，同比增长9%和10%。产业结构不断优化，发展环境进一步提升。加强产业政策引导，促进了符合新城功能的产业发展。扶持文化创意产业，引进高端商务服务业，壮大现代物流业，现代服务业健康发展。推进园区管理体制改革，乡镇经济和园区发展活力明显增强。国企改革步伐加快。成功举办第三届商务年会，积极参加京港洽谈会，区域产业知名度得到提升。转变经济发展方式，加快节能减排步伐，着力发展循环经济，盘活一批闲置资产，清退一批“三高”企业，引进一批科技含量高、资源利用少、产出效益好的企业项目，实现了“在谈一批、储备一批、在建一批、扶持一批”。

新城建设取得新进展。规划体系进一步完善，成为全市第一个从区到乡镇规划全覆盖的区县。基础设施建设取得重大进展，新城道路框架进一步完善，城市功能不断增强。旧城旧村改造步伐加快，城市形象和居民居住条件得到同步改善。积极推进土地储备、开发和供应，运河核心区等重点功能区土地一级开发工作取得新进展。大力开展城乡环境建设，着力提高城市运行保障能力，新城建管水平全面提升。

新农村建设取得新成果。推进村庄规划编制工作，累计完成近百个村庄的规划编制。大力发展都市型现代农业，建设漷大路等都市农业生态走廊，建成一批农业主题公园。加快推进新农村建设12项全覆盖工程，其中5项已实现全覆盖。推广新能源和节能技术，农村“亮起来、暖起来、循环起来”工程不断推进。推进集体经济产权制度改革，探索土地承包经营权流转多种形式，加快农民专业合作社规范化建设，农村综合改革不断深化，发展活力和动力进一步增强。

安全稳定呈现新局面。深入推进矛盾纠纷排查化解工作，最大限度地减少不和谐因素，社会保持稳定。深入开展领导干部大接访活动，下大力气解决重点矛盾纠纷和突出信访问题，实现了奥运期间两个“零”指标。严厉打击各类刑事犯罪，深入开展群防群治大防控，构建了覆盖全区的社会面防控网络，全区治安形势良好。公安民警、驻通部队、武警部队全力承担奥运安保任务，圆满完成平安奥运各项工作。全面加强安全生产监督管理工作，生产安全、交通、火灾等事故大幅下降，安全生产形势总体平稳。全区有关部门精心组织、严密部署，实现了“大事不出、小事减少、管理严格、秩序良好”的平安奥运目标。

社会建设迈出新步伐。落实“五无”工作目标，解决一批涉及群众切身利益的问题，受到了广大群众的普遍欢迎。就业再就业工作取得新成效，城镇登记失业率预计在2.5%以内。优化教育资源布局，加强教育基础设施建设，新建和改造一批中小学校，教育教学环境进一步改善，水平进一步提高。提升城乡社区卫生服务水平，建成111个标准化社区卫生服务站，常用药零差率销售延伸到乡村卫生室，新型农村合作医疗制度全面实施。实施新型农村社会养老保险制度，落实城乡无社会保障老年居民养老保障办法，覆盖城乡的社会保障体系进一步完善。建设一批残疾人康复设施，改善残疾人生活状况。保障性住房建设不断推进。推进社区服务站规范化建设，深入开展楼门文化建设，社区工作者队伍发展壮大，社区建设迈出新步伐。

民主政治和精神文明建设实现新发展。人大紧紧围绕服务奥运和推动全区经济社会又好又快发展，切实履行宪法和法律赋予的职责，监督工作富有特色。政协围绕服务奥运和“两新”建设，积极履行职能，特别是在调查研究出成果、社情恳谈献计策方面卓有成效。统战、对台、侨务工作力度加大。民兵预备役建设、双拥共建工作取得新成绩。依法行政全面展开，“五五”普法规划深入落实，干部群众的法治观念不断增强。以“迎奥运、讲文明、树新风——我参与、我奉献、我快乐”活动为载体，在全社会广泛提倡讲文明、重礼仪的良好社会风尚，群众文明素质普遍提升。文化事业蓬勃发展，韩美林艺术馆落成开馆，第四届宋庄文化艺术节成功举办。在四川汶川发生特大地震灾害后，第一时间落实市委、市政府关于支援抗震救灾的工作部署，全区各行业、各系统踊跃捐款捐物，医疗、消防等救援队伍迅速赶赴灾区，以实际行动展现了中华民族“一方有难、八方支援”的伟大精神。

奥运服务保障工作圆满完成。区委总揽全局、协调各方，充分发动各行业、各系统和广大干部群众服务奥运、奉献奥运。加大环境综合整治和秩序整顿，高标准绿化美化航空走廊可视区、京津二通道等重点地区，城乡环境明显改观。严把奥运食品质量安全关，圆满完成奥运食品供应任务。全力做好残奥会开闭幕式通州排练场各项服务保障工作。组织了富有特色的奥运火炬运河传递活动。奥运文化广场活动精彩纷呈，成为广大群众参与奥运的重要平台。“巧娘工作室”制作的600万片枫叶成为“两个奥运、同样精彩”的最后一道靓丽的风景线。完成了多次规格较高的境内外媒体采访接待任务，展示了通州良好形象。奥运志愿者的工作受到国际奥委会官员和北京奥组委的高度评价。职工文明拉拉队热情参与，服务成绩突出，为通州赢得了荣誉。

干部队伍建设得到新加强。充分发挥区委党校培训干部的主阵地作用，开展多种类型、多种层次的干部教育培训,全年累计培训各级干部5474人次，干部队伍整体素质进一步提高。认真贯彻执行《干部任用条例》及相关配套制度，宣传力度进一步加大，工作程序进一步规范，工作纪律进一步严明。紧紧围绕全区中心工作选配干部，积极稳妥地推进干部选拔任用和交流调整。2008年，全区共进行7次干部调整，调整干部219人。其中提拔任用的54名处级干部中，40岁以下的32人，占59.2%；大学本科以上学历的48人，占89%(研究生学历的13人，占24.1%)；女干部12人，占22.2%；非中共党员干部2人，占3.7%。全区处级领导班子的年龄结构、知识结构和群体结构进一步优化，处级领导班子和干部队伍领导科学发展、促进社会和谐的能力进一步增强。

党的建设取得新成效。加强区委常委会自身建设，坚持和完善区委理论中心组学习制度，举办区委中心组和处级单位中心组成员参加的专题报告会12场次。支持政府科学理政、依法行政、为民执政，支持人大、政协履行职能，充分发挥各民主党派、工商联、工青妇等群团组织在经济社会发展中的重要作用，统战和群众团体等工作扎实开展，形成在区委领导下，全区上下共同干事业的良好氛围。认真学习实践科学发展观，区级领导班子带头深入开展调研，先后召开了专题会、务虚会等一系列研讨会，全区“两新”建设存在的主要问题和差距形成共识，发展思路和具体措施进一步明确。全面加强党的基层组织建设，强化社区党组织的服务功能，推进农村基层党建工作创新，巩固党在基层的执政基础。全面启动新一轮帮扶农村工作，选派104支工作队到新农村建设试点村进行重点帮扶。加大村级干部培训力度，村级两委干部素质进一步提高。深入开展“讲党性、重品行、作表率”主题教育活动，保持共产党员先进性建设成果得到巩固和发展。在支援抗震救灾中，全区党员缴纳“特殊党费”1100多万元；在奥运会期间，全区广大党员干部积极参与治安防范、环境整治等奥运志愿服务，充分发挥了全区党组织战斗堡垒作用和共产党员先锋模范作用。认真贯彻落实党风廉政建设责任制，全区反腐倡廉建设进一步推进。建立反腐倡廉宣传教育组织协调等五项工作机制，反腐败工作合力得到增强，惩防腐败体系更加完善。围绕筹办奥运，严肃纪律，加强监督，为市、区有关重大决策部署的落实发挥了监督保障作用。注重权力监督和防范腐败的制度机制建设，在7个单位推行了廉政风险防范管理试点工作。以“运河清风”品牌建设为载体推进廉政文化“六进”活动，党员和领导干部廉洁自律意识进一步提高。

同志们，以上是区委常委会一年来的主要工作。这些工作的开展和各项成绩的取得，是市委、市政府正确领导的结果，是全区人民共同努力的结果，是全区各级党组织扎实工作的结果，是各位区委委员努力工作的结果。实践再次证明，只要我们坚持正确的思想和理念，坚定信心，认真谋划，只争朝夕，就没有克服不了的困难，就没有破解不了的难题，就一定能在科学发展的道路上取得新成绩。

二、认清形势，紧抓机遇，坚定加快发展的信心

我们面临国际金融危机冲击的严峻形势

次贷危机引发的国际金融危机，历史罕见、冲击力极强、波及范围极广。受其影响，我国经济运行中的困难增加，实体经济受到的冲击和损失将进一步扩大。北京经济发展中的不确定因素和风险增加，保持经济社会又好又快发展的压力明显增大。我区经济社会发展同样受到不同程度的影响，一些经济指标增幅放缓，房地产业发展低迷，就业形势严峻，金融危机的影响可能在明年继续显现。在当前严峻经济形势下，改善民生的要求更为迫切，统筹经济社会发展的难度增大。在新城建设发展的关键时期，这些问题对我们是严峻的挑战和考验。

我们面临加快发展的重大机遇

一是“保增长、扩内需、调结构”的政策带来发展机遇。为了应对国际金融危机的冲击，国家采取“积极的财政政策和适度宽松的货币政策”，相继出台了旨在扩大内需保持经济增长的一系列政策措施。中央经济工作会议明确提出把保持经济平稳较快发展作为明年经济工作的首要任务。为贯彻落实中央部署，国务院有关部委和北京市出台了相关具体措施，大幅度增加对“三农”的投入，加快实施城乡保障性安居工程，加大对节能减排、自主创新和产业升级的支持力度，加大对社会事业的投入力度，等等。这些政策措施不仅带来了特别巨大的资金量，而且投资方向与我区急需解决的问题一致，这为我区完善功能定位，加快结构调整带来了重要机遇。中央提出，扩大投资出手要快，出拳要重，措施要准，工作要实，要求进一步加快工程和项目建设。这些为我区加快土地一级开发等带来了极为有利的条件。

二是建设“人文北京、科技北京、绿色北京”带来发展机遇。市委十届五次全会提出建设“人文北京、科技北京、绿色北京”，把以人为本、科技创新、生态文明摆在更加重要的位置。在“人文北京”建设方面，北京市将推进公共服务均等化，加快发展文化教育事业，大力发展文化创意产业。在“科技北京”建设方面，北京市将大力提升自主创新能力，以科技创新推动产业结构优化升级，重点发展现代服务业，大力发展生产性服务业，鼓励各区县发展符合功能定位的制造业。在“绿色北京”建设方面，北京市将大力发展绿色经济，加快实施新城森林公园和绿色走廊等生态项目建设。这些都是新城建设要着力发展的内容，为我区推进新城建设带来了机遇。

三是奥运会后北京保持经济社会持续发展，启动重点新城建设带来发展机遇。奥运会后，为应对国际金融危机和保持北京经济社会持续发展，北京市将进一步扩大投资，并在现代制造业、现代服务业等领域实施一批重大项目。特别是要加快重点新城建设，培育新的经济增长点。在这种情况下，相关政策和财政资金会进一步向新城倾斜，基础设施项目、功能性项目、产业项目会进一步向新城布局，各种优势资源会向新城加快集聚。我区在三个重点新城中，有较完善的规划体系，有明显的区位优势、交通优势、文化优势和环境优势。这些为我们吸引符合功能定位的基础设施、产业及功能性项目提供了重要机遇。

四是党的十七届三中全会带来机遇。党的十七届三中全会明确了新形势下推进农村改革发展的指导思想、目标任务、重大原则和工作部署，为推进农村改革发展指明了方向。市委出台率先形成城乡经济社会发展一体化新格局的相关政策和措施，加大了新农村建设政策倾斜及扶持力度。这些为我们统筹推进“两新”建设，加快农村改革发展提供了重要机遇。

机遇使我们充满信心。在复杂严峻的经济形势下，应对挑战和困难，关键是要统一思想，坚定信心。要充分认识到，经过改革开放三十年的快速发展，我国已经具有较强的抵御危机风险能力。就北京来说，基础好、条件好、投资环境优越，进入经济增长优质化、城乡发展一体化、建设管理集约化、城市发展国际化、公共服务均等化新的发展阶段，这一发展阶段经济将在相当长的一个时期内保持较快增长。就我区来说，这些年，我区加大项目引进力度，一些大的项目相继落户，并储备了一批项目；产业结构调整步伐加快，税收结构不断优化，现代物流、高端商务等总部经济发展态势良好；在推进新城建设的过程中，积累了许多宝贵经验。与此同时，广大人民群众加快发展的愿望迫切，推进新通州建设的热情高涨。这些因素为我们应对和战胜危机奠定了基础。在加快发展的重要机遇和良好发展条件面前，我们只有发展得更快一些，更好一些，才能不辜负全区人民的期望和重托。我们坚信，只要把思想和行动统一到科学发展观的要求上来，统一到中央、市委对形势的分析判断上来，统一到中央、市委决策部署上来，变压力为动力，化挑战为机遇，竭尽全力保增长、扩内需、调结构，就一定能够保持我区经济社会又好又快发展。

三、2009年工作的主要思路、目标和任务

2009年工作的总体思路：贯彻党的十七大和十七届二中全会、三中全会、中央经济工作会议、市委十届五次全会精神，认真学习贯彻胡锦涛总书记在纪念党的十一届三中全会召开30周年大会上的讲话精神，认真学习实践科学发展观，按照建设“人文北京、科技北京、绿色北京”的要求，抓机遇，迎挑战，把保持经济平稳较快发展作为全区工作的首要任务，以落实各项规划为龙头，加大产业发展和基础设施建设力度，统筹“两新”建设，更加注重改善民生，加快城乡一体化进程，推进全区经济社会又好又快发展。

2009年经济社会发展的主要目标：地区生产总值增长10%，税收总额增长10%，地方财政一般预算收入增长8%，全社会固定资产投资额增长10%。城镇居民人均可支配收入和农民人均纯收入分别增长9%，城镇登记失业率控制在3.5%以内。

为完成以上目标，要在以下八个方面取得新突破。

（一）要在转变经济发展方式、加快产业发展上取得新突破

把推进产业发展作为全区工作的重中之重，坚持高端发展、集聚发展，坚定不移地推进现代服务业发展，大力发展实体经济，集中精力抓产业大项目，千方百计促增长，为新城建设提供有力支撑。

狠抓产业项目建设。突出发展现代服务业，大力发展现代制造业，着力引进二三产业融合的大项目，进一步做大做强新城支柱产业。积极培育高端商务服务业，着力引进高端物流、能源环保、金融服务、科技研发等总部项目。着力培育文化产业，打造“运河文化”品牌，引导文化创意产业项目集聚。加快发展光机电等现代制造业。健全完善对企业的扶持政策，做好服务企业工作，帮助企业特别是中小企业妥善应对金融危机。整合旅游资源，积极开发以现代娱乐休闲为主的旅游项目，大力发展旅游业。按照“抓在谈、促签约，抓前期、促开工，抓竣工、促见效，抓服务、促双赢”的要求，加快项目的引进签约、建设投产。建立区级领导联系重大项目制度。加大招商引资力度，创新招商引资方式方法，建立健全激励招商引资的措施办法，着力引进高端、高效、高辐射力的重点项目，着力引进一批占用资源少、节能环保、效益高的资金、技术密集型项目。加快产业项目前期手续办理，研究实施产业项目尽快落地的措施办法。

狠抓园区建设发展。园区是产业发展的重要载体，是全区经济的主要增长点。按照“一园区一特色”的要求，加快园区产业定

位研究，高起点、差异化确定园区产业定位。继续加快园区基础设施建设。瞄准高端产业和产业高端，下大气力引进种子企业。根据园区定位布局产业项目，加快重点产业集聚，推动园区做大做强。健全完善园区服务体系，优化园区发展环境。创新考核激励机制，科学制定园区管理考核指标体系。商务园、宋庄文化创意产业集聚区，要坚持高起点、高标准、高端化，严格审核项目，打造产业定位示范区；金桥基地、物流基地，要加大招商引资力度，加快产业优化升级；光机电基地、经济开发区西区，要加大现有资源盘活力度，拓展发展空间，加快产业集聚；经济开发区东区、永乐开发区，要尽快确定产业定位，加快引进优质企业。

狠抓发展方式转变。把保增长的目标建立在提高质量、优化结构、增加效益、降低消耗、保护环境的基础上，紧紧依靠科技进步、提高劳动者素质、管理创新，推动经济发展方式转变。继续调整产业结构，增强三次产业发展协调性，不断促进产业优化升级。落实推进科技创新、自主创新的各项政策，鼓励用科技成果推动产业发展，重点支持节能、环保、绿色等高科技产业发展。依托中关村的品牌，着力吸引科技成果产业化项目落地。逐步淘汰“三高”企业。继续盘活闲置土地和闲置资产，集约利用土地资源。大力发展循环经济。开展节能减排全民行动，倡导健康环保的生活方式。

（二）要在新城建设管理上取得新突破

按照科学规划、科学建设、科学管理的要求，加大体制机制创新力度，破解新城建设难题，坚定不移地推进基础设施建设，加快滨水宜居新城建设步伐，努力打造新城品牌。

创新新城建设体制机制。建立新城开发建设领导机构，加大指挥协调力度，加快推进新城开发建设。进一步推进投融资体制改革，加大政府投资和政策性融资力度，广泛吸引社会投资，逐步构建多渠道、多元化、全方位的新城建设投融资新机制。统筹推进保障性住房和商品房建设，促进保障性住房、限价商品房建设与重点工程拆迁、危旧房改造工作有效衔接。制定完善棚户区改造政策，启动危旧房改造工程，加快旧城旧村改造步伐。探索土地一级开发最有效、最可靠、最容易实现的途径，形成政府主导与市场运作相结合、政府主导与管理相统一的开发模式。

创新新城管理体制机制。坚持建管并重，把新城管理放在更加重要的位置。切实加强新城管理基础性工作，完善新城管理长效机制。以精确、高效为目标，进一步加强新城精细化管理。强化应急指挥系统功能，健全突发公共事件应急机制，完善各类突发事件应急预案，提高防范和处置突发公共事件的能力。推进环卫管理体制改革。坚持“人民城市人民管”，推进新城管理社会化进程。

加大基础设施建设力度。把基础设施建设作为新城建设的一项长期重要任务。按照“及时完成续建、抓紧启动新建、积极推进待建”的要求，加大新城基础设施及配套设施建设力度。加快推进重点功能区、重要节点的基础设施建设。加快城乡路网建设，改善城区道路微循环，继续加强新城与中心城、周边地区的交通联络线建设，建设功能完善、结构合理、城乡一体的交通体系。加快水、电、气、暖等配套设施建设，提高新城承载力。加快推进新城的数字化、网络化建设。

（三）要在推进城乡经济社会发展一体化上取得新突破

深入贯彻落实党的十七届三中全会精神，统筹“两新”建设，统筹新农村建设各项工作，深化农村改革，努力在形成城乡经济社会发展一体化新格局方面走在全市前列。

大力发展都市型现代农业。鼓励支持设施农业、林下经济等优势产业发展，打造都市农业生态走廊。加大标准化农业观光园建设，建成一批特色农业专业村。大力发展绿色生态农业、科技农业、休闲农业、循环农业、籽种农业，不断拓展农业功能。鼓励发展一二三产业融合的项目，积极推进一产向二三产业延伸。继续培育发展龙头企业，集中力量打造具有影响力的农业品牌，以品牌带动产业发展，实现特色农业发展和农民增收的新突破。

推进农村各项改革。按照依法、自愿、有偿的原则，建立健全农村土地承包经营权流转机制，规范土地承包经营权流转管理和服务。全面推进农村集体经济产权制度改革。加大政策扶持力度，促进农民专业合作社规范发展。发展壮大农村集体经济，增强集体组织服务功能。推进集体林权制度改革。加快农村信用体系建设，积极开展农民专业合作社资金互助工作。加快推进城乡基础设施建设和公共服务领域投融资改革，吸引社会资本参与公共基础设施项目建设。坚持建管并重，探索建立农村公共服务设施长效管护机制。推进公共财政管理体制改革，加大公共财政对农村投入的力度。完善农村帮扶工作机制，做好低收入农户增收帮扶工作。

统筹城乡一体化发展。加大“两新”建设统筹力度，坚持统筹规划、统筹产业发展、统筹基础设施建设、统筹改善民生，进一步促进城乡经济社会协调发展。以统筹城乡规划来引导城乡协调发展，加快乡镇规划实施方案的编制和报审，加快新农村建设试点村规划编制。进一步统筹城乡产业发展，制定和完善城乡统一的产业发展政策，鼓励农村产业基地、就业基地发展，加快城乡产业结构调整。进一步加大公共财政对农村基础设施和公共服务设施建设的投入力度，启动100个市级基础设施整体推进村建设，推进全覆盖工程。进一步推进城乡义务教育均衡发展，统筹城乡医疗保障体系建设，统筹城乡文化体育事业发展，统筹推进城乡就业和社会保障，逐步缩小城乡差距。重点抓好城乡结合部建设，加快新城规划范围内旧村改造步伐，努力把城乡结合部建设成城乡一体化示范区。加大新型农民培养力度，充分发挥农民在新农村建设中的主体作用。

（四）要在改善民生、推进社会建设上取得新突破

坚持以人为本，下大力气解决好涉及群众切身利益的民生问题，全面推进社会建设，努力使广大群众学有所教、劳有所得、病有所医、老有所养、住有所居，更好地做到发展成果由人民共享。

建立社会建设工作体系。组建社会建设工作机构，加强社会工作的组织领导。高起点、高水平做好社会建设规划。构建社会公共服务体系、社区管理体系、社会组织管理体系、社会工作运行体系和社会领域党建工作体系，逐步形成“党委领导、政府负责、社会协同、公众参与”的社会管理格局。加强社区服务网络建设，提高社区自我管理能力，深化楼门建设，进一步完善社区功能。

统筹推进城乡就业。针对就业难度加大的实际，统筹城乡就业服务和管理，进一步完善区、街（镇）、社区（村）三级就业服务体系。充分发挥中小企业在促进就业中的积极作用，拓展就业空间，促进城镇失业人员和农村富余劳动力就业。推进职业技能培训。加大对自主创业和自谋职业的扶持力度。完善困难人员就业帮扶联动机制，切实解决困难群体的就业问题。

推动各类教育均衡发展。加快教育基础设施建设，改善办学条件。加强学校领导班子和教师队伍建设，促进教育观念转变，提高基础教育质量。大力提升高中示范校的辐射示范作用。整合教育培训资源，大力推进职业、成人教育发展。推进学习型新城区建设。

全面提高城乡社会保障水平。全面落实北京市调整后的社会保障政策。继续落实养老、失业、最低生活保障和社会救助等制

度。进一步完善新型农村合作医疗制度。落实好城乡无社会保障老年居民保障办法。进一步完善覆盖城乡居民的社会保障体系。

完善城乡公共卫生服务体系。落实新城医疗卫生机构设置规划，打造区域综合性医疗中心，抓好专科医院改造升级。坚持社区卫生公益性质，完善社区卫生服务机构常用药零差率销售和收支两条线管理制度。健全公共卫生服务体系，提高社区卫生服务中心的服务质量和效率。完善突发公共卫生事件应急联动机制，提高应对突发公共卫生事件的能力和水平。

（五）要在生态文明建设上取得新突破

按照建设“绿色北京”的要求，进一步加强生态环境建设。全面推进国家卫生区、生态示范区建设。认真总结奥运环境建设成功经验，建立环境建设长效机制，完善“五大环境建设秩序”管理体系，做到环境整治标准不降低，环境建设步伐不歇脚，以优美的环境迎接新中国成立60周年。加强生态绿化工程建设，加快推进北运河万亩滨河森林公园和绿色走廊等项目建设。搞好新城内景观街道设计和建设，推进城市公园建设。加强水环境治理，提高自身治污能力，协调各方共同治污，加大北运河等水系的治污力度。严格落实控制大气污染措施。高度重视人口、资源、环境协调发展，引导人口有序流动。

（六）要在精神文明建设上取得新突破

围绕“人文北京、科技北京、绿色北京”建设，继续深入开展文明社区（街道）、文明村镇、文明单位（行业）创建活动，努力争创全国文明区。积极宣传先进文化，用先进文化占领文化阵地，进一步焕发全区人民积极向上的精神。继续举办好“五月鲜花群众歌咏比赛”、“新秧歌大赛”、“农民艺术节”等活动。按照市委的要求，认真做好新中国成立60周年庆祝活动的各项工作。在全区推广普及广播操，举办好第三届通州区运动会，广泛开展全民健身活动。深入开展双拥共建活动，争创“全国双拥模范区”。大力加强未成年人思想道德建设和法制教育。创新开展宣传通州新城活动，着力塑造通州新城的崭新形象。

（七）要在民主政治建设上取得新突破

大力发展社会主义民主政治，切实保障人民当家作主。人大和政协党组要围绕区委中心工作，善于抓住影响“两新”建设的突出矛盾和人民群众普遍关心的主要问题，认真履行职能，为全区经济“保增长”积极献计献策，服务“两新”建设。壮大爱国统一战线，发挥各民主党派、工商联、无党派人士在“两新”建设中的作用。工青妇等群团组织，要发挥各自优势，采取多种形式为“两新”建设和构建和谐社会做贡献。政法部门要充分发挥在推进“两新”建设、维护社会稳定中的重要作用。发展基层民主，建立健全基层党组织领导的充满活力的基层群众自治机制，切实保障人民群众依法行使民主权利。进一步落实“五五”普法规划，加快推进依法治区建设进程。推进依法行政，提高行政执法水平。

（八）要在“平安通州”建设上取得新突破

坚持“发展是第一要务，稳定是第一责任”，始终把维护全区安全稳定作为第一位的政治任务来抓，继续推进“平安通州”建设，为“两新”建设发展营造良好的社会环境。

切实化解社会矛盾。妥善处理社会矛盾是推进经济社会发展、构建和谐新城的基础。按照“排查得早、发现得了、控制得住、解决得好”的要求，坚持走近矛盾，创新矛盾化解的机制办法，做到矛盾不上交、不推诿，把矛盾化解在基层，把问题解决在当地，把隐患消除在萌芽状态。坚持领导干部大接访制度，拓宽社情民意表达渠道，做好人民来信来访、矛盾征集和“便民热线”办理工作。集中梳理疑难复杂信访案件，继续落实重点矛盾领导包案制度，坚持领导信访接待日和律师参与信访接待工作，确保“案结事了、息诉息访”。全力做好重点时段的安保工作，确保实现安保各项工作“零”指标。坚持两个旗帜鲜明的原则，依法维护信访秩序。

切实做好安全生产工作。保持安全生产工作与经济社会发展同步，切实实现全区安全发展、和谐发展。强化安全生产监管责任、主体责任和属地管理责任，落实安全生产各项措施，全面排查各种隐患，健全事故倒查和责任追究制度，坚决遏制重特大事故发生。继续加大执法检查力度，进一步推进产品质量、食品安全、消防、交通、地下空间等行业和领域的专项整治。完善公共突发事件应急管理机制，细化预案，强化演练，提高应急处置能力，确保全区安全稳定。

切实加强社会治安综合治理。坚持“标本兼治、重在治本”，进一步深化“大防控”建设，形成专群结合、群防群治的工作格局。加强社会治安综合治理基层基础建设，提升社会管控能力，增强群众安全感。继续加强重点行业、重点地区的管理，严格落实属地责任，继续开展专项整治，依法打击违法犯罪行为。充分发挥街道、农村治安巡防队伍和治安巡逻志愿者队伍的作用。继续把流动人口管理和服务作为重要的基础工作抓紧抓好。切实加强出租房屋管理。实施科技创安工程，提升科技防范水平。

四、加强和改进党的领导，确保完成2009年各项任务

加快推进“两新”建设，全面完成2009年各项工作任务，关键在党。必须以学习实践科学发展观为主线，努力在提高各级党组织领导科学发展的能力上取得新突破，为“两新”建设发展提供可靠的政治和组织保障。

深入开展学习实践科学发展观活动，为推进“两新”建设奠定坚实基础。认真按照中央和市委的部署，紧紧围绕“党员干部受教育、科学发展上水平、人民群众得实惠”的总要求，扎扎实实开展学习实践科学发展观活动，确保实现“提高思想认识、解决突出问题、创新体制机制、促进科学发展”的目标。要把科学发展观作为各级党委（党组）理论中心组和党员干部学习的重要内容，进一步推动全区广大党员干部深入理解和全面把握科学发展观，牢固树立正确的政绩观。坚持以科学发展观为指导，找准工作、思想和作风等方面存在的主要问题和差距，制定符合科学发展的具体工作措施，推进全区各项工作。始终坚持以科学发展观为统领，面对当前形势，深入实际，深入基层，不断地分析研究问题，不断地创新思路举措，不断地攻坚克难，推进“两新”建设再上新台阶。

以提高执政能力和领导水平为重点，建设能够承担“两新”建设重任的高素质领导班子和干部队伍。围绕“两新”建设中心任务科学有序配班子、选干部。坚持正确用人导向，按照德才兼备、注重实绩、群众公认的原则，把政治上靠得住、作风上过得硬、推进发展有本事、破解难题有招数的干部选拔提拔到“两新”建设重要部门、关键岗位上来，把具有丰富领导经验、善于开拓创新、有较强驾驭全局能力的干部选拔提拔到重要领导岗位上来。着力提高领导科学发展的能力，改进领导班子思想作风，坚持民主集中制，优化领导班子结构，进一步强化班子整体功能，把领导班子建设成为善于领导科学发展的坚强领导集体。高度重视后备领导人才队伍建设。坚持“民主、公开、竞争、择优”的原则，以职责管理为中心，以扩大民主为价值取向，继续深化干部人事制度改革，把全区各级干部在保增长、促发展、化解矛盾、应对突发事件中的表现作为奖励、提拔的重要依据，不断提高选人用人公信度和党员群众满意度，努力形成广大干部奋勇争先为“两新”建设建功立业的良好局面。

全面加强人才队伍建设，切实为“两

新”建设提供人才保障和智力支持。坚持党管人才的原则。切实把能否履行岗位职责作为衡量人才的标准，善于在“两新”建设中考察并发现人才。继续加大人才培训力度，大幅度提高现有人才素质。创新人才引进机制，注重人才引进与“两新”建设需要相结合，注重人才引进与储备相结合，不断完善优惠政策，激发各类人才为通州发展做贡献的热情和活力。完善人才激励机制，贯彻尊重劳动、尊重知识、尊重人才、尊重创造的方针，让优秀人才得到优先培养、优先使用，让一流人才得到一流待遇，努力营造人尽其才、才尽其用的良好氛围。

深化基层党建创新，发挥基层党组织在“两新”建设中的战斗堡垒作用。以创建活动为载体，以创新为动力，统筹推进全区基层党建工作，充分发挥基层党组织“推动发展、服务群众、凝聚人心、促进和谐”的作用。深化农村“三级联创”和街道社区“五个好”党组织创建活动，健全完善“双述双评”和“党员承诺制”等制度，强化基层党组织的政治功能、组织功能和服务功能，不断巩固和深化基层党建创新成果。进一步提高基层党组织领导班子特别是农村基层党组织领导班子履职能力和水平，努力建设一支守信用、讲奉献、有本领、重品行的基层干部队伍。强化党政机关、事业单位基层党组织建设，切实发挥其引领示范作用。强化“党建带团建、带妇建、带工建”工作。健全完善城乡党的基层组织互帮互助机制。巩固和发展保持共产党员先进性教育成果，建立健全党内关爱机制和党员教育管理机制，建立城乡一体化流动党员动态管理体系，充分发挥共产党员的先锋模范作用。引导和支持社区党员发挥在和谐社区建设中的表率作用。加强组织发展工作，尤其要做好农村发展党员工作，不断增强农村党员队伍的生机和活力。

切实加强党风廉政建设和反腐败工作，为“两新”建设保驾护航。坚持党要管党、从严治党的方针，以改革创新精神推进教育、制度、监督并重的惩治和预防腐败体系建设，进一步发挥党风廉政建设责任制的龙头作用，深入落实“五项工作机制”。继续开展反腐倡廉宣传教育，筑牢党员干部拒腐防变的思想道德防线。加强领导干部廉洁自律工作，严格落实领导干部“一岗双责”制度。全面推进廉政风险防范管理，加强对权力运行的制约和监督，加大源头预防腐败的力度，切实规范从政行为。深入推进基本建设阳光工程。加强农村基层党风廉政建设，不断完善村级干部的行为规范，建立健全制度执行的监督体系，进一步强化对农村集体资金、资产、资源的监管。加强对党和政府落实科学发展观要求重大决策部署特别是中央扩大内需促进经济增长政策落实情况的监督检查，确保政令畅通。深入开展纠风专项治理，着力解决损害群众利益的不正之风。严肃查处违纪违法行为及各类腐败案件。

奥运会后，北京处于一个新的历史起点，通州作为北京重点发展的新城，必须站在新的历史起点上，实现新的发展。当前，广大党员干部要适应新形势，努力在解放思想上迈出新步伐，在改革开放上实现新突破，在推进科学发展上取得新进展，在促进社会和谐上见到新成效。为此，提出以下四点工作要求。

第一，必须进一步增强忧患意识。形势复杂多变，挑战前所未有。要充分认识发展过程中存在的问题，增强忧患意识。尽管这些年我们做出了很大努力，但我区经济社会发展中存在的突出问题和制约经济社会发展的深层次问题还没有得到根本解决。相对于良好的发展条件，相对于推进“两新”建设的需要，相对于先进区县，我区经济总量不足的问题依然存在，特别是仍然缺乏发展潜力大、带动作用和竞争力强的产业项目，还没有形成具有鲜明特色的产业集群，产业结构仍需不断调整，增长幅度与先进区县仍有较大差距。“两新”建设过程中的一些难题还没有很好地破解。一些党员干部的思想素质、认识水平和精神状态还不能完全适应形势发展的要求。要始终保持危机感和紧迫感，对差距和不足认识得更清楚一些，抓住关键，解决突出问题。把困难估计得更充分一些，把措施考虑得更周全一些，进一步增强斗志，从更高起点出发，实现工作的新突破。

第二，必须进一步解放思想，开拓创新。破解难题、应对困难局面、清除发展障碍，根本的办法是进一步解放思想，开拓创新。要认真学习胡锦涛总书记在纪念党的十一届三中全会召开30周年大会上的讲话，坚持不懈地以改革创新精神推动“两新”建设。要开动脑筋，加强研究，提出推进各项工作的新举措、新办法。要在用好用足中央、市出台的新政策上进一步解放思想，最大限度地争取各方面的支持，力争在利用上级政策推动“两新”发展上取得新实效。要在产业发展上进一步解放思想，创新招商引资、招商选资方法，坚定投资者信心，力争在引进符合功能定位的重大项目上取得新突破。要在新城建设上进一步解放思想，创新新城建设管理体制，力争在破解城市功能区建设及危旧房改造中遇到的一级开发、拆迁、融资等难题上取得新进展。要在农村改革发展上进一步解放思想，研究制定推进全区城乡一体化的实施办法，力争在形成城乡经济社会发展一体化新格局方面走在全市前列。要在社会建设上进一步解放思想，积极争取国家和市里有关专项资金，建立健全公共服务供给的社会参与机制，力争在全区民生改善上迈出新步伐。要在打造运河品牌上进一步解放思想，加强品牌包装和策划，丰富品牌的内涵和外延，强化品牌传播，增强品牌效应，力争在展示新通州形象上取得新成绩。

第三，必须按照建设“人文北京、科技北京、绿色北京”的要求，统筹推进各项工作。更加自觉、更加坚定地坚持走生产发展、生活富裕、生态良好的文明发展之路。建设“人文北京”，就是更加注重以人为本，努力建设人文新城。把以人为本贯彻到新城建设、管理、发展之中，大力推进公共服务均等化，进一步完善社会保障体系。大力提高居民文明素质，推进精神文明建设再上新台阶。促进文化教育事业大发展，弘扬运河文化，加快文化创意产业的发展。推进平安通州建设，使社会更加安定祥和。建设“科技北京”，就是更加注重科技创新，努力建设科技新城。让科技渗透到经济社会发展各个领域，让科技造福人民。以重大科技项目实施和科技成果转化为带动，广泛应用新技术成果，强化科技对新城建设的支撑作用。推动体制机制创新，努力构建充满活力、富有效率、更加开放、更加有利于科学发展的体制机制。建设“绿色北京”，就是更加注重生态文明，努力建设绿色新城。按照“滨水宜居新城”的要求，超前考虑生态环境建设，推进新城绿化美化工作，搞好沿线、水系绿化美化和生态景观建设。加强环境建设，整治城乡结合部，确保城市干净整洁。按照建设“人文北京、科技北京、绿色北京”的要求推进工作，必须做到统筹兼顾、协调到位。在决策部署上，既要总揽全局、统筹谋划，又要抓住牵动“两新”建设全局的主要工作、事关群众利益的突出问题，着力推动，重点突破。在具体工作推进时，要统筹新城建设时序，科学有序安排基础设施、产业发展、社会事业等重点工程建设。统筹产业发展和新城建设，把加快产业发展作为重中之重抓实抓好。统筹资金和项目安排，尽量满足对未来有撬动、对发展有推动的重大项目的资金需求。统筹新城内外重大项目建设，促进新城与中心城、周边地区的协调发展。统筹基础设施和功能性项目建设，提升新城承载力。统筹城乡发展，使新城和新农村建设相互促进、协调发展。统筹城乡就业和社会保障，做好政策衔接工作。统筹新城人口、资源、环境协调发展，促进新城可持续发展。

第四，必须振奋精神，狠抓落实。始终保持奋发有为的精神状态，是抢抓机遇、迎接挑战的关键所在。目前，我区绝大多数党员干部的精神状态是好的，但也有少数党员干部的精神状态还不能完全适应新形势新发展的要求。特别是个别党员干部事业心不强，得过且过，有的怨天尤人，有的不思进取、工作拖沓。这种情况必须改变。每一位党员干部都要有高度的事业心和责任感，要想干事、会干事、干成事。要淡泊名利，乐于奉献，把更多心血倾注在想事干事上，心无旁骛地做好工作，在艰苦环境中、在平凡岗位上建功立业。要抢抓机遇，善于在变化形势中捕捉和把握机遇，在逆境里发现和培育有利因素。全区各个部门、各级领导都要结合工作实际，切实把机遇作为发展的重要条件，把机遇转化为推进工作的具体措施。要奋勇争先，以更快、更高、更强的标准要求自己，雷厉风行，快马加鞭，全力以赴，争创一流，争当新城建设的排头兵。

狠抓2009年各项工作的落实，要建立责任制，建立台账，层层分解各项任务，责任到人、到各部门。要加强督促检查，完善考核体系，形成聚焦发展、狠抓落实的良好氛围。当前，首要的是抓好“保增长”工作措施落实。一是做好超前的谋划和准备。扩大内需是保增长的根本途径，对我们区来说，最重要的是做好迎接国家、北京市扩大内需的谋划和准备，争取新城建设更加优惠的政策，争取最多的资金，争取项目尽快落地，特别是要尽全力做好主题公园建设相关工作，加快推进上营片区改造工程，把运河核心区打造成通州新城建设的亮点。二是大力发展实体经济。继续加大产业结构调整力度，大力发展与我们区域功能定位相适应的制造业，发展有利于扩大就业的劳动和技术密集型产业，突出发展现代服务业。三是在“保”字上下功夫，在“增”字上创新。认真分析全区税收情况，在注意涵养税源的基础上，把金融危机对税收的影响减到最低限度。同时，要善于在危机中捕捉商机，在逆境中开拓创新，努力创造新的经济增长点和新的竞争优势。加快推进新城规划范围内旧村改造，启动城市示范街区建设，高标准加快乡镇中心区建设。四是从区级领导干部率先做起，全区各级干部要把抓项目建设摆在重要位置，抓实抓好。五是要加强学习，开拓视野，提高分析问题、破解难题、推进科学发展的本领。尤其是要研究把发展机遇同“两新”建设发展紧密衔接起来，采取更直接、更有力、更见效的措施和办法，争取发展得更好一些、更快一些。各乡镇、各部门都要认真研究具体的措施办法，出实招、办实事、求实效。六是狠抓工作细节。细节往往决定成败，百分之一的疏忽就能够导致百分之百失败。要在全区各项工作的谋划、推进时，注重抓好细节，通过抓好细节，推动各项工作落到实处。

各位委员、同志们：2009年是奥运会后新城建设的关键一年，是推进“十一五”规划顺利实施的关键一年。做好2009年各项工作，任务艰巨，责任重大。我们要紧密团结在以胡锦涛同志为总书记的党中央周围，在市委、市政府的正确领导下，深入贯彻落实科学发展观，振奋精神，坚定信心，拼搏创新，以繁荣、文明、和谐、宜居的优异成绩迎接新中国成立60周年。

通州区人民代表大会常务委员会工作报告

——2009年1月8日在通州区第四届人民代表大会第四次会议上

通州区人大常委会主任　石进贤

各位代表：

我受区人大常委会的委托，向大会报告工作，请予审议。

2008年的主要工作

2008年是成功举办奥运会、残奥会，实现中华民族百年梦想的一年，是改革开放30周年，也是通州新城和新农村建设快速推进的一年。一年来，在区委的领导下，常委会高举中国特色社会主义伟大旗帜，坚持以邓小平理论和“三个代表”重要思想为指导，认真学习贯彻党的十七大和十七届三中全会精神，深入贯彻落实科学发展观，紧紧围绕全区工作大局，按照“少而精、抓重点、求实效”的工作思路，切实履行宪法和法律赋予的职责，各项工作都取得了新的进展。全年共举行7次常委会会议，听取和审议21项议题，其中专项工作报告10项；检查5个方面的法律法规实施情况；召开24次主任会议，听取16项专题工作汇报；组织代表视察15次，参加代表800余人次，督办代表建议141件；开展专题调研8项，为推进通州社会主义民主政治建设、促进全区经济社会又好又快发展发挥了重要作用，做出了积极贡献。

一、精心筹备召集人民代表大会会议，保证人民当家作主

人民民主是社会主义的生命。人民代表大会制度是人民当家作主的重要途径和最高实现形式。保证人民当家作主，推进扩大人民民主，必须保障人民代表大会依法行使职权，不断提高人民代表大会会议的质量。为开好区人代会，常委会认真做好会议的召集和各项筹备工作。一是常委会党组对召开区人代会的指导思想、议程日期、会前安排等事项进行认真研究，及时向区委提出关于召开区人代会的请示，经区委常委会讨论通过后组织实施。二是会前集中一个月的时间开展常委会组成人员联系代表、代表联系选民活动，认真听取人民群众的意愿和呼声，准确了解和掌握各方面的情况和信息，更好地代表人民行使国家权力。活动共征求到建议198件，全部转交区政府研究办理，其中有38件建议成为区政府2009年为民办实事的建议项目。三是召开常委会会议，作出关于召开区人代会的决定，审议通过关于召开区人代会的有关事项。四是针对个别代表调离本行政区域，代表出缺的情况，依法及时安排原选区补选。五是积极开展代表会前活动。人代会召开前，常委会认真组织全体代表分组视察我区财政经济、社会事业发展、城建城管、新农村建设等工作，组织部分代表与

区长、副区长座谈，开展区政府各系统接受代表询问活动，为代表更多地了解全区经济社会发展情况，更好地在大会期间行使职权，集中表达全区人民的共同利益和意志，奠定了良好基础。

二、围绕中心，开展法律监督和工作监督，促进全区经济发展和社会进步

人大监督是代表国家和人民进行的具有法律效力的监督。一年来，常委会紧紧围绕服务奥运和全区中心工作，突出重点，讲求实效，认真履行监督职能，推动了全区科学发展与社会和谐。

1、紧紧围绕服务奥运，依法开展监督工作。

市容环境卫生事关奥运会筹办、新城区建设和群众生产生活，是群众普遍关心的热点问题。常委会在2007年开展《北京市市容环境卫生条例》执法检查的基础上，2008年，连续跟踪监督，听取和审议了区政府关于办理执法检查审议意见和2008年环境建设情况的报告以及执法检查组关于跟踪检查审议意见落实情况的报告，推动政府及有关部门进一步加大了市容环境治理和环境建设力度，实现了市容环境卫生状况的持续改善，为奥运会的成功举办营造了良好的市容环境。

食品卫生与食品安全是关系人民群众身体健康和生命安全的大事，也是办好北京奥运会、残奥会的重要环节。常委会认真开展食品卫生与安全及清真食品生产经营方面法律法规实施情况的执法检查。成立4个执法检查专题组，组织15个代表小组，集中两个月时间，开展了17次执法检查活动，检查了80多个单位，市、区、乡镇三级代表600余人次参加检查。这次大规模的执法检查促进了全区食品卫生和食品安全状况的进一步改善，确保了奥运期间我区食品卫生与安全的万无一失。

常委会对安全生产、社会治安综合治理和奥运安全保卫等工作进行监督，提出有针对性的意见和建议，推动政府相关部门工作的开展，为平安奥运贡献了力量。

2、紧紧围绕推动经济社会又好又快发展，发挥监督职能作用。

常委会听取和审议了区政府关于2008年上半年工作情况的报告以及2008年上半年国民经济、社会发展计划和财政预算执行情况的报告，在充分肯定区政府工作成绩的同时，建议区政府要高度重视美国次贷危机可能对经济社会发展带来的不利影响，深入思考，冷静面对，准确把握，加快推进经济结构调整和发展方式转变，加大招商引资和在建项目建设力度，强化对企业的服务，努力挖掘现有企业潜力，加紧谋划奥运后新城建设重点工作。区政府认真办理常委会审议意见，进一步完善工作措施，加强任务落实，确保了经济平稳运行和全年各项任务的完成。

农村经济体制改革对于推进农村经济发展，增加农民收入，构建和谐村镇具有重要意义。常委会听取和审议了农村经济体制改革进展情况的报告，提出了加强领导、加大政府扶持力度、认真总结改革经验、强化对改革的规范化管理、抓好宣传培训等意见和建议。区政府及有关部门认真制定落实整改措施，促进了农村经济体制改革稳步推进。

常委会通过召开主任会议听取工作汇报、组织代表视察、开展调研等方式，积极对“工会法”和“档案法”实施、都市型现代农业发展、商务园区建设、国有资产管理、税收征管、科技推动经济社会发展、重点工程建设及后奥运项目储备、城市色彩和地名规划编制、美国白蛾防控、滨河森林公园建设等工作实施监督，提出建设性的意见和建议，推动了区域经济发展和社会全面进步。

3、紧紧围绕保障和改善民生、构建和谐通州，加大监督工作力度。

法制宣传教育是推进依法治区的基础性

工作，也是建设和谐社会的重要组成部分。常委会把“五五”普法规划的实施作为监督工作的重点，积极开展视察、调研、座谈等活动，充分听取和吸纳代表及社会方方面面对普法工作的意见，找准普法工作存在的主要问题。常委会认真听取和审议“五五”普法规划实施情况的报告，在充分肯定成绩的基础上，提出了以满足群众的法制服务需求为出发点，不断增强普法工作的针对性和实效性，努力打造具有通州特色的普法品牌等意见和建议，对推动法制宣传教育的广泛深入开展起到了重要作用。

教育、卫生事业发展及保障性住房建设是改善民生的重要方面。常委会高度关注，分别听取教育、农村合作医疗、保障性住房建设等情况汇报，开展了“义务教育法”执法检查，组织代表视察了潞河医院、中医医院和玉桥东小区经济适用房建设等情况，提出改进工作的意见和建议，推动了教育、医疗、保障性住房三大民生问题的进一步改善。

公诉工作是检察机关履行法律监督职责的重要组成部分，对于打击犯罪，维护社会公平正义，促进社会和谐稳定具有重要作用。常委会主任会议听取区检察院关于开展公诉工作情况的汇报，提出了强化诉讼监督，加强公诉队伍建设，提高执法办案专业化水平等意见和建议。区检察院采取有效措施，进一步抓好办案规范化建设和工作机制创新，提高了办案质量和效率。

常委会把信访工作作为监督工作的重要内容，全年共办理群众来信来访98件次，加大协调督办力度，促成了一些实际问题的解决，为维护群众切身利益，实现平安奥运，构建和谐社会作出了贡献。

4、紧紧围绕计划和预算目标的实现，强化人大监督职能。

常委会依法听取和审议了2007年决算报告、审计工作报告和提请调整2008年财政预算的报告，审查批准了2007年财政决算，批准调整了2008年财政预算。在审议中，常委会针对培育新的经济增长点、发展现代服务业、统筹城乡发展、加强预算管理和审计监督等重要问题，提出意见和建议，并以审议意见书的形式交由区政府办理。区政府及有关部门认真研究制定整改措施，落实常委会审议意见。这些工作促进了计划、财政工作的有效开展，保证了区四届人大三次会议批准的计划、预算目标的实现。

三、依法做好人事任免和任后监督工作，促进被任命人员依法履职

常委会坚持党管干部与人大依法任免干部的有机统一，认真行使人事任免权，严格履行人事任免的法律程序，从组织上保证了国家机关的正常运行。全年共任免国家机关工作人员35人次，坚持任前法律知识考试制度，加强任后监督，增强了被任命人员的法律意识、公仆意识，推动了他们依法履职。坚持开展对常委会任命的区政府各委主任、各局局长和区法院副院长、区检察院副检察长等人员的年度书面述职备案工作，进一步增强了其民主法制意识和自觉接受人大监督的意识。

四、提高为代表履职服务的水平，代表作用得到进一步发挥

加强代表工作，是坚持和完善人民代表大会制度的重要内容，也是常委会工作的重要基础。常委会认真贯彻落实中央2005年9号文件、市委2007年23号文件和区委转发的《区人大常委会党组关于进一步加强人大代表工作的若干意见》精神，努力为代表依法履职创造条件和提供服务，代表作用得到进一步发挥。

1、加强代表培训，提高代表履职能力。

常委会制定代表届内培训计划和2008年度代表培训意见，举办培训班，并以代表小组为基础，组织开展多种形式的学习培训活动。通过培训，加深了代表们对人大代表的性质、地位和作用的理解，增强了履职意识和能力。

2、改进服务工作，保障代表依法行使职权。

常委会把为代表履职提供服务作为一项重要的工作来抓，着力做好了四个方面工作。一是建立常委会主任、副主任接待代表日制度，认真听取代表的意见和建议，对代表反映的问题及时交由有关单位办理，并由承办单位在规定时限内答复代表。二是坚持代表列席常委会会议和主任会议制度，为代表订阅《中国人大》和《北京人大》刊物、为代表提供人大常委会及"一府两院"重要工作信息资料，帮助代表知情知政。三是积极开展代表视察、检查、调研、代表联系选民等活动，推荐代表担任"一府两院"有关部门监督员，同时加强对代表履职情况的宣传，促进代表作用的发挥。四是设立市人大代表联络处，积极组织市人大通州区代表组活动，努力为市人大代表履职提供良好服务和保障。

3、做好代表建议督办工作，提高办理质量。

区四届人大三次会议交由区政府办理的建议139件，全部依法予以办复。区四届人大三次会议交由区法院和检察院办理的建议2件以及闭会期间收到的代表建议7件，也已按规定时限办复。常委会严格交办时限，及时掌握办理进度，认真征求代表意见，加大对重点、难点建议的跟踪督办，促进了办理工作的开展和办理质量的提高。代表提出的"支教教师年轻化"、"大修改造于家务乡政府大街"、"治理团结沟"等一批建议，都得到有效办理和落实。常委会继续实行主任、副主任督办重点建议制度，促成了玉带河三间房段明沟改暗涵、清扫员工资标准提高、邓家窑小区过街天桥修建等实际问题的解决。

五、加强联系和指导，提高人大街工委和乡镇人大工作水平

加强人大街工委和乡镇人大工作，对于坚持和完善人民代表大会制度，推进基层民主政治建设，构建和谐街区及和谐乡镇具有重要意义。常委会把指导推进人大街工委和乡镇人大工作作为一项重要任务来抓，着力加强了五个方面工作。一是分别召开人大街工委和乡镇人大工作会议，总结交流经验，提出指导意见，推动人大街工委和乡镇人大工作的深入开展。二是坚持人大街工委专职副主任和乡镇人大专职主席（副主席）列席常委会会议制度，吸纳他们参加常委会组成人员学习班和听取专题讲座，提高他们的履职能力。三是坚持常委会主任、副主任联系人大街工委和乡镇人大制度，着力推进人大街工委制度建设和代表联系选民工作，着力保证乡镇人代会和乡镇人大开展的执法检查、专项工作评议的依法顺利进行。四是加强与人大街工委和乡镇人大的上下联动，共同搞好食品卫生与食品安全及市容环境卫生方面法律法规的执法检查，使检查更深入，更全面，更有效。五是常委会有关工作机构经常深入街道、乡镇开展调研，了解沟通情况，提出意见建议，反映人大街工委和乡镇人大的愿望和要求。一年来，人大各街工委和各乡镇人大紧紧围绕本地区的中心工作和群众普遍关心的问题，认真履行职责，积极组织代表活动，不断加强制度建设，人大工作水平有了新的提高。

六、加强常委会及机关自身建设，提高工作质量和实效

常委会结合人大工作新的形势和任务，着力加强自身建设，工作质量和实效有了进一步提高。

1、加强学习和调研，提高履职能力。

学习和调研是做好人大工作的重要前提和基础。常委会通过坚持日常政治学习制度，举办组成人员学习班和预算监督知识讲座等途径，切实加强对政治理论、人大制度理论、法律法规和业务知识的学习，拓宽了工作思路，提高了整体素质和履职能力。

开展北运河水系污染治理、《北京市市容环境卫生条例》执法检查审议意见办理、食品卫生与食品安全方面法律法规实施、2008年上半年计划和预算执行、农村经济体制改革、“五五”普法规划实施等情况调研，形成了8个专题调研报告，为常委会依法履职奠定了基础，也为区委决策和区政府改进工作提供了参考和依据。北运河水系污染治理对于推动通州经济社会发展，打造滨水宜居新城，提高人民生活质量具有重要意义。常委会领导多次召开调研工作部署会、协调会，组织代表深入实地考察，了解现状，并与区政府有关部门一起收集资料，分析原因，研究对策。这项专题调研摸清了北运河水系在我区内的污染情况，深刻分析了污染原因，提出了积极可行的对策和建议，为市、区治理北运河水系污染提供了重要依据。

2、完善审议程序，提高常委会审议质量。

常委会认真抓好议题确定、会前准备、会中审议、会后意见落实等各个环节的工作，不断提高常委会审议质量。一是紧紧围绕全区改革发展稳定大局和群众普遍关注的重要问题以及法律法规的贯彻执行，依法、依规、科学、有序地确定审议议题。二是在审议前，积极组织常委会和工作委员会组成人员、相关领域代表开展视察、检查、调研等活动，了解和掌握实情，提出高质量的执法检查报告或调研报告。三是在审议时，实施重点发言人制度。除相关委室的调研报告或中心发言以及组成人员的自由发言外，另安排2—3名委员作为重点发言人，围绕审议议题作重点发言，提高议事水平。四是在审议后，充分吸纳组成人员的意见，提出审议意见书交由“一府两院”研究办理。五是抓好审议意见落实情况的督促检查，对于重点难点问题连续跟踪督办，务求实效。

3、加强宣传和信息工作，夯实工作基础。

加大信息公开和新闻宣传力度，及时向社会公开人大监督工作计划和常委会审议议题安排，及时报道人大重要工作和重要活动，增强人大工作的透明度，接受代表和群众对人大工作的监督，营造人大工作良好的社会氛围。加强人大信息工作，完善信息网络和工作机制，提高《北京通州人大》刊物和《通州人大信息》的编辑质量。高标准筹建常委会门户网站，即将开通的网站将为推进人大机关信息化建设，宣传人民代表大会制度和人大工作，推动代表和常委会组成人员履职提供重要平台。

4、加强机关建设，提高服务水平。

以建设学习型、服务型、效率型机关为目标，加大对机关干部的学习培训和教育管理力度，通过组织学习考察、开展文体活动、加强制度建设、改善办公条件等方式，充分调动机关干部的积极性，不断增强机关的凝聚力和战斗力。

奥运筹办前夕和举办期间，常委会机关认真贯彻平安奥运理念，常委会领导和机关干部职工积极参加领导干部大接访、社会治安巡逻防控、平安奥运社区志愿、火炬传递、职工文明啦啦队等活动，为参与奥运、服务奥运、奉献奥运付出了努力。四川汶川大地震后，常委会机关干部职工和离退休老干部心系灾区，奉献爱心，共产党员踊跃缴纳特殊党费，累计捐款10万多元，表达了“奉献真情、众志成城、抗震救灾”的心愿。

各位代表，常委会一年来工作取得的进展和成绩，是区委正确领导，全体区人大代表和常委会组成人员共同努力的结果，是“一府两院”有力配合支持，广大人民群众和社会各方面关心、帮助的结果。在此，我代表区人大常委会，向各位代表和所有关心、支持、帮助人大工作的同志们、朋友们，表示崇高的敬意和衷心的感谢！

面对新形势新任务，我们也清醒地看到，常委会的工作同宪法和法律赋予的职责、同区委发展社会主义民主政治的要求、同人大代表和人民群众的期望相比，还存在一定的差距。主要是：有些执法检查还不够深入，监督的力度和实效有待进一步增强；服务代表的工作有待进一步深化，代表在了解民情，反映民意，集中民智，促进区域经济社会发展中的主体作用有待进一步发挥；常委会审议质量和专题调研的水平有待进一步提高。这些都需要在今后的工作中认真研究、积极探索、加以改进。

2009年的主要任务

2009年是新中国成立60周年，是地方人大常委会设立30周年，也是实现“十一五”规划目标，推动全区经济社会又好又快发展的重要一年。通州既面临国际金融危机冲击的严峻挑战，又面临加快发展的重大机遇。常委会全年工作的总体思路是：在区委的领导下，深入贯彻落实党的十七大、十七届三中全会、中央经济工作会议、市委十届五次全会和区委四届七次全会精神，认真学习实践科学发展观，紧紧围绕建设“人文北京、科技北京、绿色北京”的工作大局，按照“围绕中心、服务大局、促进发展”和“少而精、抓重点、求实效”的工作思路，高度关注国际金融危机对我区经济产生的不利影响，抓住影响和制约通州科学发展的突出矛盾和人民群众普遍关心的民生问题，着力在保增长、扩内需、调结构、促进通州经济平稳较快发展方面，在推进新城和新农村建设、加快城乡一体化进程方面，在改善民生、促进社会和谐稳定方面，在充分发挥代表作用、加强人大街工委和乡镇人大建设方面，依法有效履行职能，为保障和促进通州科学发展、和谐发展做出新的贡献。

一、加强和改进监督工作，推动经济发展和社会进步

继续深入贯彻落实监督法，准确把握人大监督的定位、职责和原则，充分发挥人大监督的特点和优势。中央、市委和区委把保持经济平稳较快发展作为今年经济工作的首要任务，提出要着力在保增长上下功夫。常委会要紧紧围绕经济建设这个中心，抓住影响和制约新城和新农村建设的突出矛盾以及群众普遍关注的问题，改进监督方式，增强监督实效，依法支持和推动政府工作，确保通州经济平稳较快增长和社会全面进步。

第一，要认真听取和审议“一府两院”专项工作报告。今年常委会拟听取和审议区政府关于贯彻落实“保增长、扩内需、调结构”的有关政策措施，促进全区经济平稳较快增长工作情况的报告；关于贯彻落实党的十七届三中全会精神，发展都市型现代农业，加强农村公共设施建设，推进农村改革创新工作情况的报告；关于劳动就业、社会保障、新城建设、环境治理、城乡医疗事业改革与发展、代表议案建议办理等方面情况的报告。拟听取和审议区法院关于民事案件审判工作情况的报告。

第二，要进一步加强执法检查工作。今年常委会拟开展安全生产法和安全生产条例、水污染防治法及北京市实施办法、农产品质量安全法、老年人权益保障条例等方面法律法规的执法检查。

第三，要继续做好对计划和预算的监督。常委会要依法听取和审议区政府关于2008年决算报告、审计工作报告、2009年上半年计划和预算执行情况报告和提请调整2009年财政预算的报告，加强对部门预算编制及执行情况的监督，落实本次人代会提出的今年工作任务和通过的相关决议，保证今年计划和预算目标的实现。

第四，要加大对常委会审议意见落实情况的跟踪检查力度，拟听取和审议区政府关于办理食品卫生与安全及清真食品生产经营方面法律法规执法检查审议意见情况的报告。

二、充分发挥代表作用，更好地保证人民当家作主

人大代表是国家权力机关的组成人员，代表人民的利益和意志，参加行使国家权力。常委会要把保证代表依法行使职权，作为保证人民当家作主的重要途径，继续深入贯彻落实中央2005年9号文件、市委2007年23号文件和区委转发的关于进一步加强人大代表工作的若干意见精神，提升为代表履职服务的能力和水平，充分发挥代表在推动通州经济社会发展中的重要作用。

采取有效措施，保证代表知情权。加强代表培训工作，健全培训制度，提高代表的政治素质和履职能力。建立常委会与代表联系沟通的长效机制，通过坚持常委会主任、副主任接待代表日和常委会组成人员联系代表制度，定期召开代表座谈会，邀请相关领域熟悉情况的代表特别是基层代表列席常委会会议等多种途径，认真听取和及时反映代表的意见和要求。密切代表与人民群众的联系，深入了解民情，充分反映民意，广泛集中民智。同时，要在促进通州经济平稳较快增长方面，注重发挥代表率先垂范、凝聚民心、汇集合力的作用，努力把全区人民的智慧和力量凝聚到通州经济建设和社会发展上来，增强全区人民同舟共济战胜困难的信心和合力。进一步加大督办检查力度，继续实行常委会主任、副主任督办重点建议制度，提高代表建议办理质量。做好市人大代表的联络服务工作，为市人大代表履职提供良好服务和保障，凝聚市、区代表的合力，共同促进经济社会发展。

三、加强人大街工委建设和对乡镇人大工作的指导，推进基层民主政治建设

加强对人大街工委和乡镇人大工作的联系指导和统筹协调，开展学习培训、理论研讨、工作交流等活动，总结和推广人大街工委和乡镇人大在同级党委的领导下，依法有效开展工作的先进经验，不断提高人大街工委和乡镇人大工作水平。要着力增强常委会与人大街工委、乡镇人大上下联动开展的执法检查的实效；着力提高人大街工委和乡镇人大工作制度化、规范化水平；深化人大街工委开展的代表联系选民工作，拓宽代表进社区联系选民的渠道，为代表履职搭建平台；深化乡镇人大开展的专项工作评议，进一步发挥人大街工委和乡镇人大在推进基层民主政治建设，促进本地区经济社会发展中的重要作用。

四、继续抓好自身建设，提高工作水平

深入开展学习实践科学发展观活动，深刻理解和全面把握科学发展观的理论体系和实质内涵，坚持用科学发展观武装头脑和指导实践。要广泛听取代表和群众对常委会工作的意见，着力解决好“坚持正确政治方向、保持良好精神状态、完善科学工作方式、提高队伍素质能力”四个方面问题，切实提高常委会履职能力和机关工作质量。一是要保证常委会始终坚持正确的政治方向，坚持中国特色社会主义道路和理论体系，坚持党的领导、人民当家作主和依法治国有机统一。二是要加强思想理论建设，不断提高常委会组成人员和机关工作人员贯彻落实科学发展观的自觉性和坚定性，增强做好人大工作的责任感和使命感。三是要围绕提高工作质量和实效，不断创新工作机制，完善工作方法，规范工作程序，保证常委会依法有效履行职能。四是要加强机关干部队伍建设，充分调动干部积极性，建设高素质干部队伍，创造高效率机关工作。同时还要继续抓好人事任免和任后监督、学习调研、宣传信息、制度建设等工作。

各位代表，深入贯彻落实科学发展观，促进通州科学发展，加快推进新城和新农村建设，是新形势下我们面临的重大任务。让我们在区委的领导下，坚定信心，锐意进取，扎实工作，为发展社会主义民主政治，推动全区经济社会又好又快发展做出新的更大贡献！

政府工作报告

——2009年1月7日在通州区第四届人民代表大会第四次会议上

通州区区长　邓乃平

各位代表：

现在，我代表通州区人民政府向大会作政府工作报告，请予审议，并请区政协各位委员提出意见。

2008年工作回顾

2008年是不平凡的一年。一年来，在市委、市政府和区委的正确领导下，全区人民认真贯彻党的十七大精神，深入落实科学发展观，及时应对经济形势的新变化，有效促进了经济社会的平稳较快发展，较好地完成了区四届人大三次会议确定的各项目标任务。初步预计，地区生产总值实现213亿元，增长14%；税收总额实现74.5亿元，增长17.7%；地方财政一般预算收入实现20.42亿元，增长12.5%；全社会固定资产投资额实现143.2亿元，增长8%；社会消费品零售额实现145亿元，增长19%；外贸出口创汇额实现10亿美元，增长23.5%；城镇居民人均可支配收入达到20587元，农民人均纯收入达到10025元，分别增长9%和10%。

一、产业发展质量进一步提高

园区发展明显加快。改革完善园区管理体制，调动各方共建园区的积极性，园区发展活力明显增强，经济贡献持续增加，5个园区税收实现15.6亿元，增长72.5%，占全区税收总额的21.2%。光机电基地税收超过7亿元。着力提高园区承载能力，投资7.8亿元建设29个基础设施项目，一批路网、电站开工建设，物流基地综合服务楼投入使用。园区发展促进了乡镇经济主体作用的进一步发挥，11个乡镇完成税收51.7亿元，占全区税收总额的70.4%，拉动全区税收增长10.2个百分点，台湖镇成为我区首个税收超10亿元的乡镇。新城重点产业功能区前期工作取得实质进展。运河核心区3号地杨坨地块完成征地报批手续。商务园一期8个地块获得立项批复，样板楼投入使用，道路交通规划和市政规划获得批复。宋庄文化创意产业集聚区被确定为国家级动漫产业基地，土地一级开发获得授权，一期地块控规通过审查。这些基础工作为今后的全面开发建设创造了良好条件。

结构调整成效显现。坚持二三产业融合发展的工作思路，不断促进产业结构优化调整，三次产业比例为6：50：44，三产所占比重进一步提高。税收结构继续优化，增值税比重明显上升，住宅房地产比重进一步下降，工商企业贡献作用增强。大项目支撑带动效应明显，北京卷烟厂、北京烟草公司、李宁公司、苏宁电器等6家企业快速发展，共实现税收15亿元，拉动全区税收增长4.3个百分点。产业项目的引进建设速度加快，李宁公司二期、利丰雅高、美国普洛斯等一批项目竣工，贵友通州分店、全聚德通州店等项目投入运营，捷宸阳光、中冶焊接、国际电子商务中心等一批项目开工建设，IDC产业城、苏宁二期、雨润二期等一批项目前期工作加快推进，金融街分区、国家标准馆、动漫主题乐园等一批项目签约落户。产业特色进一步显现。现代物流业集聚发展，市场占有份额逐步扩大。高端商务发展态势良好，一批行业龙头企业相继落户。文化产业品牌效应增强，运河水上游成为特色旅游亮点。

发展环境得到优化。制定完善产业发展政策，引导产业健康发展。建立大项目联席会议制度，协调解决了一批产业项目落地建设难题，推动17宗工业用地完成上市交易，实现供地134.1公顷。完善政企交流平台，成功举办第三届商务年会，五个专场项目对接会各具特色、富有成果。积极参加京港洽谈会等商务活动，区域产业发展的知名度和吸引力不断增强。

发展方式进一步转变。完善产业项目准入退出机制，完成10家“三高”企业退出，鼓励引导13家企业实施技术改造和创新，万元地区生产总值能耗下降5%。加大国有资产盘活力度，完成通州宾馆改制和通百商场等国有商业资源整合工作。促进土地集约利用，严格落实土地管理目标责任制，将耕地保护和违法用地查处列入乡镇年度考核指标。建立村级土地规划义务监督员队伍，加强动态巡查，对违法用地做到早发现、早制止。

二、新城建设取得新进展

规划体系进一步完善。编制完成《通州新城近期建设计划》，确定了今后三年新城建设时序和重点。完成了新城产业功能区和重要节点控规编制工作，地块控规覆盖城区31平方公里。编制完成景观水系、城市色彩和地名规划等特色规划，乡镇域规划全部得到批复，为开发建设奠定了良好基础。

基础设施建设取得新成绩。路桥工程顺利推进。潞苑东路、壁富路、通顺路城市段、运河左堤路、潮白河白庙新桥、武兴路友谊桥、通香路新桥具备通车条件。京榆旧路三期、觅西路、九德路改建等工程进展顺利。温榆河西滨河路、朝阳北路东延及跨温榆河大桥等工程开工建设。宋郎路北延、玉带河东大街东延、六环西辅路北延等工程加快办理前期手续。配合市有关部门，完成了机场二通道、机场南线、京津二通道和京津城际铁路工程。市政设施不断完善。梨园垃圾转运站、西田阳垃圾填埋场二期投入使用。老城区5号燃煤锅炉房启动建设。配合市有关部门，完成三河热电向新城供热项目的前期工作，完成天然气陕京二线通州门站建设，新铺设天然气管线20公里，新增天然气用户5000户。加快新城电网建设，启动了商务园22万伏变电站、半壁店11万伏变电站建设工程。

重点地块开发迈出新步伐。按照有计划、有步骤、梯次推进的思路，完成河东果园、马驹桥镇复地等经营性用地项目入市交易。加大协调力度，解决了河畔丽景二期、恒隆家园等6个历史遗留项目的开发建设问题，带动解决了区文化中心、部分保障性住房和街区配套设施等公共项目的用地问题。加快旧城旧村改造步伐，积极利用相关政策，探索旧城改造新途径，上营片区被确定为北京市棚户区改造试点，启动新城南街改造工作。完善旧村改造办法，确定梨园镇、永顺镇旧村改造整体实施方案，启动东小马、西小马等一批旧村改造项目。

三、围绕服务奥运，城乡环境面貌明显改观

环境建设成效显著。以服务奥运为契机，全面加强城乡环境建设。高标准完成京津城际铁路、京津二通道、机场南线和机场二通道4条奥运绿色通道建设，推进46项林业绿化重点工程，新增绿化面积684公顷。北运河万亩滨河森林公园前期审批手续得到批复。加强水环境治理，实施北运河城市段水环境治理重大科技项目，完成凉水河通州段整治工作，初步完成东南郊水网建设工程，建成北关枢纽、北运河杨洼闸、海子湾橡胶坝等一批分洪蓄水工程。国家卫生区和国家生态示范区创建工作有序推进，创建1个环境优美乡镇、7个文明生态村和91个环境整治村。

综合整治工作顺利开展。净化美化城乡环境。完成航空走廊可视区、火炬传递沿线、进京国道、铁路和轻轨沿线环境整治。从源头上治理小广告，拆除违法设置大型户外广告、牌匾标识232块。完成5条主要大街建筑物外立面清洗粉饰工作，拆除违法建设12.5万平方米。推进垃圾分类工作，改造12处垃圾大箱，建成24座密闭式清洁站。以五大秩序治理为内容，十项专项整治为重点，全面整治城乡运行秩序，全区交通秩序得到改善，治安秩序明显好转，市场、旅游等秩序良好。加大环境保护力度，二氧化硫排放量和化学需氧量分别下降2%和3%，空气质量完成市里下达的指标。

奥运相关活动顺利完成。精心组织奥运火炬传递活动，水上传递富有特色，成为亮点。积极开展奥运文化广场活动，36场文艺演出和12项专题展览精彩纷呈，吸引观众45万人次。招募各类志愿者2.1万人，驾驶员志愿者受到奥组委高度评价，职工文明拉拉队获得甲级队一等奖和特色拉拉队一等奖荣誉。顺利完成残奥会开闭幕式排练基地的服务工作，组织1万人参观奥林匹克公共区，热情接待境内外媒体采访，闭幕式焰火燃放欢庆祥和。

全力保障平安奥运。加强社会治安综合治理，发动4.7万人参与社会面大防控，严厉打击各类刑事犯罪，全区治安形势良好。狠抓安全生产，对危化企业实施“停、管、限”措施，完成972项安全隐患和14处市级挂账隐患的整改，全面消除铁路道口安全隐患，全区安全生产形势总体平稳。确保公共卫生安全，加强食品安全监管，强化奥运标识、集贸市场的监督管理，奥运食品供应万无一失。严厉打击生猪私屠滥宰，“泔水猪”问题得到全面治理。市政供应体系运转顺畅，水、电、气、热等城市设施安全运行。完善各类应急预案，开展综合应急救援演练，快速反应和实战能力得到提高。全区人民主动参与、热情服务，为奥运会、残奥会作出了应有的贡献。

四、新农村建设稳步推进

都市型现代农业发展水平不断提高。全面落实各项惠农政策。推进设施农业发展，启动漷大路都市农业生态走廊建设。新发展设施农业1万亩，带动农户3万户，户均增收近万元。推进观光农业发展，建成了独具特色的南瓜园、金鱼博物馆、花卉园等五大农业主题公园。推进加工农业发展，推动仙源、绿友等一批重点农业加工企业扩大再生产，实施东升方圆、吉鼎力达等特色农产品销售网络建设，延伸产业链条，拓展农业增值空间。

农村基础设施逐步完善。加快推进以普惠制为基础的全覆盖工程，村级主干路、安全饮水等5项指标实现100%全覆盖。村级信息服务站建设、户厕改造和有线电视入户覆盖率分别达到80%、75%和69%。推进37个市级重点村基础设施建设，硬化街坊路101万平方米，建成污水处理站26座，铺设污水收集管网19万延米。实施“亮起来、暖起来、循环起来”工程，安装太阳能路灯5000盏，新建一批村级太阳能浴室，完成一批农村电气化改造，农村生产生活条件进一步改善。

农村改革不断深化。规范土地承包经营权流转，新增流转面积3万亩，推动农业适度规模发展。推进集体经济产权制度改革，新启动41个村改革，完成20个村改革工作。扶持发展农民专业合作社，成立农民专业合作社131个，带动农户1.4万户。在全市率先开展农民专业合作社资金互助试点工作，解决农民小额贷款难题。加强村级经济合同管理，探索重大经济事项招投标工作。完善“生产力促进型”农村科技推广服务体系，新建9个农业科技示范基地。

五、社会事业和民生工作得到加强

促进社会事业均衡发展。教学条件进一步改善，完成了龙旺庄学校、于家务中学、柴厂屯小学改扩建工程并投入使用，北京二中分校二期、史家小学分校建设顺利。教师队伍结构得到优化，教育教学质量稳步提高，高考上线率继续名列远郊区县前列。全面清理教育乱收费，我区被评为北京市治理教育乱收费先进区。各类教育健康发展，学习型新城区建设稳步推进。公共卫生服务体系逐步完善，建成111个标准化社区卫生服务站，覆盖城乡的社区卫生服务体系基本建立。全面实施新型农村合作医疗制度，参合人数达32.2万人。完成新中医院建设工程，潞河医院手术病房楼开工建设，潞河医院成为首都医科大学教学医院。文化体育事业蓬勃发展，韩美林艺术馆投入使用，区体育场改建完成，社区群众文化服务中心主体完工。开展一系列群众喜闻乐见的文体活动，丰富了群众文化生活。科技事业蓬勃发展，大力促进科技创新和科技推广，实施市级火炬计划项目3项，取得专利授权296件。扎实开展人口计生工作，被评为全国计划生育优质服务先进单位。广播电视、新闻、气象、档案、史志、保密、残疾人、老龄和红十字会等各项事业稳步发展。

民生工作得到加强。“五无”目标顺利实现。保持“零就业家庭”动态清零，解决困难群体就业7000人，城镇登记失业人员实现就业1.5万人，城镇登记失业率控制在2.5%以内。培训农村劳动力1万人，实现农村劳动力向二三产业转移1万人次。统筹危旧房改造和保障性住房建设工作，完成城镇直管危房408户、1.1万平方米改造拆迁任务。提高城乡低保标准，完善救助体系，实现“无社会救助盲点”工作目标。开展大接访活动和拉网式大排查，实现“无重大重复上访户”目标。贯彻执行劳动合同法，及时解决拖欠工资问题。社会保障体系逐步完善，五项社会保险覆盖面不断扩大，保险基金收缴额达10亿元。实施新型农村社会养老保险制度，参保农民达14.5万人。制定农村五保供养实施意见，建立农村五保供养标准增长机制。落实城乡无社会保障老年居民养老保障办法，全区6.1万城乡老年人受益。保障性住房体系初步建立，制定了廉租房、经济适用房、两限房管理办法，3218户通过审核，1193户完成选房，北京工具厂、芙蓉花园保障性住房项目开工建设。完成西海子市场改造、玉带河下游盖板等33项为民办实事工程，解决了一批群众关心的热点难点问题。

社区建设得到加强。完成33个社区服务站规范化建设，开展中仓街道社区服务中心改革试点工作。楼门文化建设长效机制得到完善，搭建了和谐社区建设的基础平台。推进城乡结合部地区社区建设，新建10个社区居委会，完成永顺、梨园1700个老旧楼门环境整治。开展农村社区建设试点工作，建成3个乡镇社区服务中心和15个农村社区服务站。

精神文明和民主法制建设实现新发展。以“迎奥运、讲文明、树新风”活动为载体，广泛开展“展现靓丽通州，喜迎奥运盛会”主题教育活动。开展“排队推动日”、“微笑通州”等文明风尚实践活动，提高市民文明程度。自觉接受人大法律监督、工作监督和政协民主监督，累计办复人大代表建议146件，办复政协委员提案168件。贯彻实施政府信息公开条例，落实“五五”普法规划，全面推进依法治区。严格审计工作，规范财政资金使用管理。拥军优属工作全面开展，双拥共建取得新成效，周波烈士舍己救人精神得到弘扬。民族、宗教、侨务和对台工作取得新进展，工、青、妇等群团组织桥梁纽带作用得到有效发挥。

汶川特大地震发生后，全区人民迅速行动起来，积极开展抗震救灾工作，社会各界捐赠款物4896万元，共产党员交纳特殊党费1128万元，区财政拨付资金1818万元支援灾区建设，完成了对口援助灾区活动板房

2万套生产任务，妥善安置地震灾区学生来京借读。

各位代表，2008年取得的成绩来之不易，这是市委、市政府和区委正确领导的结果，是社会各界关心支持的结果，是全区人民共同努力的结果。在此，我代表区政府向全区广大干部群众、驻通部队、武警官兵、公安干警、驻通中市属单位和所有关心支持通州发展的各界友人，向各位人大代表、政协委员和各民主党派、人民团体表示崇高的敬意和衷心的感谢！

回顾过去一年的工作，在肯定成绩的同时，我们也清醒地认识到，经济社会发展中还存在不少困难和问题，主要表现在以下几个方面：一是国际金融危机蔓延，经济发展的不确定性增强，社会投资活力降低，保持经济持续增长压力加大。二是新城开发的重点难点问题还需加快破解，城市功能需要进一步增强。三是环境建设有待加强，水污染治理任务比较艰巨，人口资源环境协调发展需要高度关注。四是农民增收步伐相对缓慢，城乡一体化建设还需加快。这些问题需要引起高度重视，并在今后的工作中努力加以解决。

新的形势和要求

2009年是新中国成立60周年，是实现“十一五”规划目标的重要一年，也是北京奥运会后全面启动新城建设的第一年。全区人民有加快发展的强烈愿望、有务实拼搏的坚强决心，这始终是我们推动通州发展的动力源泉。在新的一年里，经济社会要保持平稳较快发展，就必须按照区委四届七次全会的部署，认清形势抓机遇，坚定信心保增长，全力把通州的各项工作做好。为此，政府工作必须把握好以下四个方面。

第一，抓住关键，解决突出问题

自去年下半年以来，世界经济形势复杂多变，不稳定不确定因素明显增加，次贷危机引发的金融危机愈演愈烈，其严重后果还会进一步显现。受国际经济环境影响，国内经济困难明显增加，经济下行压力增大。通州区与全国一样，经济发展面临着严重困难和严峻挑战，突出的问题是经济发展速度放缓，投资增速放慢，企业经营出现困难，就业压力明显增大。面对这些问题，我们必须增强危机感和紧迫感，把困难估计得更充分一些，把措施考虑得更周全一些，有针对性地解决突出问题，把不利影响降到最低程度，奋力渡过难关。这是今年政府工作的基本着力点。

第二，把握机遇，确保经济增长

有效应对宏观经济形势带来的严峻挑战，就要善于在形势变化中寻找发展机遇，在逆境中培育积极因素，变压力为动力，化挑战为机遇。我们既要充分估计困难，更要看到发展中的有利条件和积极因素，要紧紧抓住中央关于“保增长、扩内需、调结构”等一系列政策措施出台的机遇，抓住建设“人文北京、科技北京、绿色北京”的机遇，抓住奥运会后北京全面启动新城建设的机遇，抓住十七届三中全会加快农村改革发展和北京市率先推动城乡一体化建设的机遇，抓住企业总部向北京、向生态环境好的郊区转移的机遇，加强工作对接，在争取资金、办理项目手续、加快土地一级开发、加快产业结构调整等方面狠下功夫，牢牢把握经济工作的主动权，全力确保经济增长。这是今年政府工作的首要任务。

第三，加强协调，做到统筹兼顾

统筹兼顾是科学发展观的基本要求。在新的形势下，解决突出问题，处理重大关系，推动工作开展，必须加强协调，统筹兼顾。我们既要在工作安排上落实统筹经济社会发展、城乡发展、区域发展的要求，更要在实际工作中运用统筹兼顾的方法，重点做好新城重大项目建设的区内外统筹、建设时序的近远期统筹、基础设施建设和功能性项目建设的配套统筹、资金筹措和项目建设的运作统筹、难点问题破解的协调统筹。统筹兼顾的实质就是改革创新，要通过改革创新，解决主要矛盾，突破制约瓶颈，实现发展共赢。这是今年政府推动工作的根本方法和措施。

第四，聚焦发展，狠抓工作落实

危机影响深远，机遇稍纵即逝。越是面临困难的时候，越要坚持发展这个硬道理，越要强调工作的落实。我们一定要把思想统一到区委四届七次全会的部署上来，全力抓好各项工作的落实。抓落实的过程就是把目标任务具体化的过程，当前重要的就是要把国家扩大内需、增加投资的措施落到实处，把“人文北京、科技北京、绿色北京”建设落到实处，把通州的规划定位落到实处，用具体项目和工程体现决策，用实际成果振奋人心。要落实责任制，层层建立起责任体系，形成人人有压力的工作格局；要落实项目进度，做好每个环节的工作，确保项目有序衔接和如期推进；要落实工作目标，不能随意降低决策要求，更改工作标准。要通过加强督促检查，完善考核体系，形成聚焦发展、落实工作的良好氛围。这是今年政府工作应有的作风和精神状态。

2009年政府工作的总体思路、奋斗目标和主要任务

2009年政府工作的总体思路是：贯彻党的十七大和十七届二中全会、三中全会、中央经济工作会议、市委十届五次全会精神，认真学习贯彻胡锦涛总书记在纪念党的十一届三中全会召开30周年大会上的讲话精神，认真学习实践科学发展观，按照建设“人文北京、科技北京、绿色北京”的要求，抓机遇，迎挑战，把保持经济平稳较快发展作为全区工作的首要任务，以落实各项规划为龙头，加大产业发展和基础设施建设力度，统筹“两新”建设，更加注重改善民生，加快城乡一体化进程，推进全区经济社会又好又快发展。

2009年全区经济社会发展的主要目标是：地区生产总值增长10%，税收总额增长10%（乡镇增长15%），地方财政一般预算收入增长8%（乡镇增长10%），全社会固定资产投资额增长10%，社会消费品零售额增长12%，城镇居民人均可支配收入增长9%，农民人均纯收入增长9%，万元地区生产总值能耗下降5%，二氧化硫排放量和化学需氧量分别下降2%和3%。

2009年全区经济社会发展的主要任务是：

一、加快调整产业结构，着力提高经济总量

按照高端发展、集聚发展的要求，在产业项目落地见效上狠下功夫，以产业项目的开工建设、投产达效，确保经济平稳较快发展。

加快园区建设。充分发挥园区主力军作用，引导产业向园区、功能区集中布局。保持园区快速发展，增强园区对全区经济的贡献作用，力争实现税收20亿元。光机电基地、金桥基地、物流基地、经济开发区西区等有一定基础的园区，要完善基础设施和配套服务，加快储备用地开发和内部产业结构调整，拓展发展空间，提高承载能力。商务园、宋庄文化创意产业集聚区、经济开发区东区、永乐开发区等起步发展园区，要坚持高起点规划、高标准建设、高端化发展。商务园完成滨河公园一期、中央景观大道等基础设施建设，初步形成路网体系和景观环境，争取再引进2−3个重点企业。宋庄文化创意产业集聚区要加快路网等基础设施建设，启动公共服务平台建设，促进1−2个重点项目开工。

大力培育新的经济增长点。要在项目引进上有新突破。抓住产业结构调整和企业总部迁移的机遇，再引进一批产业带动作用强的大项目，每个乡镇、每个园区都要有大项目签约落地。要在项目开工建设、投产达效上有新突破。加大服务力度，促进天宇朗通

二期、国际电子商务中心、中冶焊接等一批项目竣工投产。确保华润物流、苏宁二期、玲珑集团、珠江轻工物流、兴大豪科技等一批项目开工建设。加快办理前期手续，促进金融街分区、IDC产业城、经开光机电总部集群、国家标准馆等一批签约项目早日具备开工条件。

进一步壮大特色产业。物流业发展要在完善规划的基础上，调整内部结构，推动物流业由简单仓储、单一配送向高端环节延伸，不断增强辐射能力。进一步发展高端商务，关注企业总部迁移动向，充分挖掘园区、功能区资源潜力，着力吸引总部经济发展。促进文化产业发展，把文化资源优势转变为产业优势，支持艺术原创与展示交易、动漫网游、图书出版发行等文化产业发展。召开旅游业发展大会，丰富“运河游”内涵，促进全区旅游业统筹发展。

营造为产业发展服务的良好氛围。进一步增强服务意识，提高政府服务效率。健全和完善各级领导联系企业制度、大项目联席会议制度、联合审批制度和全程代办制度，畅通政府与企业沟通渠道，完善双向交流平台，加快项目审批速度，全力为企业落地服务，为企业建设服务，为企业经营服务，帮助企业解决实际困难。加大扶持力度，促进中小企业和民营企业健康发展。提高招商引资质量和水平，加强招商队伍建设，加大宣传推介力度，继续举办商务年会，广泛参与各类宣传推介活动，提高我区产业发展知名度。着力推进以商招商，利用光谷创新置业、联东U谷、新华联集团、金融街分区等园中园招商媒介，开展专业招商和定向招商，增强招商效果。

二、全面推进新城建设，不断增强城市综合服务功能

发挥规划龙头作用，加大投资力度，加快基础设施和功能性设施建设，推动新城开发建设取得新突破。

加大基础设施投资建设力度。发挥政府投资带动作用，安排政府重点投资项目30项，预计投资48亿元。完成温榆河西滨河路、朝阳北路东延（通顺路以西）及跨温榆河大桥、京榆旧路三期、九德路、张凤路、觅西路等工程，开工建设内环路东段、潞苑北大街、玉带河东大街东延、宋郎路北延、徐尹路等工程，启动一批道路微循环建设工程，做好市政道路、公路、乡村之间交通设施的合理衔接。完成三河热电向新城供热项目一期管网建设，启动二期管网建设。老城区5号燃煤锅炉房具备供热条件。新铺设天然气管线25公里。加快新城电网建设，完成商务园22万伏变电站建设，启动乔庄11万伏变电站等一批电力设施建设。

加快土地一级开发和旧城旧村改造。完成全区土地利用总体规划修编工作，编制土地储备和一级开发专项规划。全面落实通州新城近期建设计划，合理确定开发时序，开展新城重要节点的城市设计和国际招标，推动重点地区、重要节点土地储备和一级开发。加快运河核心区、商务园、宋庄文化创意产业集聚区土地一级开发，力争启动亦庄轻轨线通州段“两站一街”开发建设。创新工作方法，加快上市供地速度，保障产业项目、功能性项目用地需求。完善拆迁补偿政策，探索多元征地安置补偿方式，妥善解决被征地农民就业、住房和社会保障等问题。加快旧城旧村改造步伐，完成新城南街拆迁工作，利用棚户区改造政策，启动上营片区改造工程。积极推进张家湾镇、潞城镇新城范围内旧村改造工作。

着力提升城市功能。大力引进建设一批重大功能性项目。健全城市商务功能，加快建设宏鑫花园、通州宾馆等五星级酒店。完善公共服务功能，确保新中医院投入使用，加快潞河医院手术病房楼建设，启动区文化中心、科技大厦等项目建设，抓紧办理职业教育中心、中美哈佛医疗城等项目前期手续。围绕增强城市功能，大力引进博物馆、影剧院、会展场馆等项目，建设一批高品位

的文化休闲娱乐项目。加强房地产市场监管和服务，调整优化房地产业内部结构，促进住宅房地产和商务房地产协调发展。

三、提升城乡管理水平，营造优美宜居环境

坚持奥运环境建设标准，巩固奥运环境建设成果，以创建国家卫生区、生态示范区和文明区为契机，突出抓好城乡规范化管理和生态环境建设，全力打造滨水宜居新城。

加强城乡环境综合治理。确保城乡环境干净整洁。创新环卫管理体制，探索推进区级环卫中心改革。建立街道环卫队伍，统筹管理小街小巷及无物业小区的环境卫生，实现市政环卫管理与街巷环卫管理的有效衔接。按照城区环境建设标准和管理模式，加强城乡结合部环境综合整治。加快推进农村环境建设，创建1个环境优美乡镇、5个文明生态村。确保城市设施安全。摸清城市水、电、气、热等市政设施和管线、井盖、路灯等城市部件底数，建立管理台账，落实管理责任，加强动态监管，及时发现问题、解决问题。确保城市运行秩序良好。加大交通秩序治理力度，加强城乡公共交通一体化建设，进一步落实公交优先政策，优化公交路线，加快公共停车场建设。着力治理交通拥堵，合理组织交通网络，加强对北苑、果园环岛、新华大街等易堵路段的交通疏导，保障道路畅通。进一步加强各类秩序乱点的综合整治，加大对乱贴小广告、无照经营等违法行为的治理力度。强化出租房屋管理，做好流动人口服务和管理工作。

推动滨水生态环境建设。加快推进北运河万亩滨河森林公园建设。加大水系综合治理力度，启动北运河水质改善五年计划。推进北运河城市段水环境治理、通惠河北部城区污水截流、河东再生水厂建设等水污染防治工程。实施潮白河、运潮减河右堤路改建、丰字沟综合治理等一批水利工程。加强绿化美化工作，实施平原治沙、第二道绿化隔离地区建设等工程，完成2个园林式小城镇和30个花园式单位绿化达标创建工作。加强环境执法，严格执行项目环境准入标准，推进污染企业的调整、搬迁和关停，加快黄标车淘汰更新速度，确保完成市里下达的空气质量指标。

四、贯彻十七届三中全会精神，着力促进城乡一体化发展

以贯彻落实十七届三中全会精神为契机，统筹新城和新农村建设，深入推进农村改革发展，不断增强农村经济活力，加快推进农民增收致富。

大力发展都市型现代农业。围绕农民增收调整农业内部结构，完善潞大路、张凤路、京津城际铁路及京津二通道等都市农业生态走廊建设。新增标准化、规模化设施农业1万亩。建设食用菌、薰衣草等一批农业主题公园，打造休闲观光旅游农业精品。建设23家规模化奶牛生态养殖小区，引导奶牛散养户集中发展。适应都市农业发展新形势，筹建农业专业化招商引资机构，引进一批高效都市农业项目，提升全区都市型现代农业水平。

加强农村公共设施建设和管理。搭建农村基础设施建设项目平台，统筹安排工程建设时序，加快推进100个市级重点村基础设施建设。新建100个农村连锁超市和便利店。进一步提高户厕改造、太阳能路灯安装、村级太阳能公共浴室覆盖率。加强农村基础设施和公益设施管护，健全管护制度，落实管护资金，明确管护责任，形成队伍专业化、技术标准化、运行规范化的长效机制，确保农民长期受益。

加快推进农村改革创新。建立健全规范的土地流转机制，以土地流转信息平台为载体，按照依法、自愿、有偿的原则，在不改变土地集体所有性质和土地用途的前提下，允许农民以转包、出租、股份合作等形式流转土地承包经营权。引导农村土地进行规模化有序流转，发展多种形式的适度规模经营。依托土地流转，使农民获得更多的

股金、薪金、租金收入。坚持最严格的耕地保护制度，坚决查处违法用地行为。全面推进农村集体经济产权制度改革，力争完成25个村的改革任务。加强农村经济组织的培育发展和管理，新发展农民专业合作社30家，扩大合作社资金互助试点，解决农民融资难题。稳步推进集体林权制度改革。积极探索社会资金投入“三农”、政府资金保障“三农”、科技成果支援“三农”的工作新机制，不断为农村经济发展注入新的活力。

五、着力改善民生，扎实推进和谐社会建设

坚持以人为本，扎实为人民群众办实事，把更多资金和资源用于保障和改善民生，让人民群众共享改革发展带来的成果。

促进教育均衡发展。进一步改善教学条件，继续推进义务教育设施规范化建设工程。史家小学分校投入使用，完成北京二中分校高中教学楼、宋庄镇中心小学等工程。着力提高教育教学水平，继续实施名师、名校长工程，促进教师队伍整体素质提高，推进高中课程改革和学前教育体制改革。调整职业教育发展方向，大力培养实用型技能人才。完善市民终身学习基地建设，推进学习型新城区建设。

加快卫生科技事业发展。完善公共卫生体系，提高社区卫生服务水平，健全疾病预防控制网络，推进疾病预防控制中心一期和通州区结核病防治所改扩建工程。继续推进新型农村合作医疗，提高覆盖率和报付率。加强食品安全监管，杜绝重大动植物疫情发生。推动科技事业发展，大力开展科普宣传，抓好市级重大科技项目实施，完善农村科技服务网络，不断强化科技对经济社会发展的支撑作用。

加强公共文化体育服务。扩大数字影厅、文化活动室、文化广场等基层文化设施覆盖面，做好农村电影放映、图书下乡等各项活动。打造特色文化品牌，举办通州区首届运河艺术节、第二届“三教庙”春节庙会。大力开展全民健身运动，举办通州区第三届运动会。

高度重视城乡就业工作。把保障和促进就业作为改善民生的根本出发点，建立城乡一体的就业管理制度，切实将各项就业政策落到实处。强化区级就业服务职能，充分发挥街道（乡镇）、社区（村）在促进困难群体就业中的作用，完成劳动者职业技能培训2万人，新增城镇就业2万人，解决困难群体就业5000人，城镇登记失业率控制在3.5%以内。培训农村劳动力8000人，转移就业8000人。强化行政执法力度，重点解决拖欠农民工工资问题，建立和谐稳定劳动关系。

推进城乡社会保障一体化进程。认真落实北京市“一升一降、一统一分、一抓一放”六项社保惠民政策，让老百姓得到更多的实惠，同时为企业减轻负担。继续推动城镇社会保险扩面征缴，进一步做好老年保障和新农保工作。认真落实老年人优待政策，做好老年人优惠服务工作，新增1200个养老床位。加快保障性住房建设，完成建设任务。促进保障性住房、限价房建设与重点工程拆迁、棚户区改造工作相互衔接，统筹推进。

提高社会建设水平。加快社会管理机构建设，制定全区社会建设规划，逐步形成“党委领导、政府负责、社会协同、公众参与”的社会管理格局。加强社区服务站建设，健全社区服务网络，推动政务服务、公益服务、便民服务进社区。发挥居民主体作用，深化楼门文化建设，着力创建和谐社区。加强城乡结合部地区社会管理，推动乡镇社区服务中心和农村社区建设。加强社区工作者队伍建设，提高社区工作者待遇，完成第七届社区居委会换届工作。围绕群众关心、关注的热点难点问题，更多地为人民群众办实事。

保持社会安全稳定。加强安全生产监管，加大危化行业、人员密集场所、“六小”场所等重点领域的专项整治力度，预防和控制重特大安全生产事故，保持安全生产稳定形势。强化应急救援演练，提高突发公共事件应急反应能力。进一步深化“大维稳”、“大防控”格局建设，走进矛盾、解决问题，做好矛盾纠纷排查化解工作，帮助群众排忧解难。严厉打击各类刑事犯罪，保持良好治安环境。

加强精神文明建设。深入开展文明社区、文明村镇、文明单位等群众性精神文明创建活动，不断提高城乡文明程度。广泛开展社会公德、职业道德、家庭美德、个人品德教育，继续搞好“公德之星”评选活动，培养良好道德风尚，努力提高市民素质。充分发挥社会、学校、家庭作用，加强未成年人思想道德建设。巩固和发展首都文明区创建成果，争创全国文明区。继续深入开展双拥共建工作，为争创全国双拥模范区打下坚实基础。全面贯彻党的民族、宗教政策，充分发挥工、青、妇等群团组织的桥梁纽带作用，切实做好侨务和对台工作。

六、加强政府自身建设，建设服务型政府

深入学习实践科学发展观，以“加快改革、优化服务、提高效率”为主题，努力使政府职能转变有新突破，科学民主决策和依法行政有新进展，服务能力和行政效率有新提高。

全面推进依法行政。自觉接受人大法律监督、工作监督和政协民主监督，认真办理人大代表议案、建议和政协委员提案。完善激励机制，以点带面促进街道、乡镇依法行政。做好规范性文件备案审查和清理，改进行政复议和应诉工作，提高依法行政能力。

切实提高行政效能。不断提高各级干部领导科学发展的能力，更多地运用统筹的方法推动各项工作，用改革创新的办法解决发展中的问题，为新城建设增添活力。增强各级领导干部的执行能力，在落实各项政策决策上下功夫，形成敢于负责、善于解决问题的良好风气。

加强勤政廉政建设。扎实推进党风廉政建设，继续开展民主评议政风行风活动，努力解决政风行风中存在的突出问题。强化对财政性资金使用、工程招投标的监察和审计，坚持勤俭办一切事业，规范政府机关公务接待，杜绝铺张浪费。加强公务员队伍建设，树立服务基层和群众的良好风气。切实纠正各种损害群众利益的不正之风，坚决查处违法违纪行为，做到廉洁、勤政、务实、高效。

各位代表，做好2009年的各项工作，任务艰巨，责任重大。让我们在市委、市政府和区委的正确领导下，深入贯彻落实科学发展观，坚定信心，振奋精神，顽强拼搏，扎实工作，为加快建设通州新城而努力奋斗！

政府工作报告名词解释

1. 地块控规。即地块层面控制性详细规划，是指在总体规划和分区规划指导下，深化街区层面控规，确定地块的人口容量和建筑容量等地块层面的控制性指标，保证公共空间、公益性公共设施、交通市政基础设施的规模和用地，确保街区内各类用地指标的总量平衡。

2.IDC 产业城。IDC 是英文 Internet Data Center 的简称，即互联网数据中心。IDC 产业城项目不仅面向互联网用户提供主机托管、宽带批发等基础和增值服务，还为政府、银行、电信运营商、大型企业等用户提供机房定制、容灾备份、数据安全等高级专业服务。

3. 总部经济。是指通过创造各种有利条件，吸引跨国公司和外埠大型企业集团总部聚集，而将生产制造环节安排在成本较低、资源丰富的其他地区，从而有效利用当地资本、资源、人才等要素，实现优势互补、合作共赢的一种新经济形式。如北京 CBD、丰台科技园的总部基地等。

4. 大项目联席会议制度。是指为促进大项目引进建设，成立由常务副区长为主席、主管区长为执行主席，区政府多个职能部门组成的议事协调机构。主要职能是对经联席会议认定的重点产业项目，在签约、开工、投产过程给予全程服务，协调解决项目进展中的难点问题。

5.“三高”企业。即“高污染、高耗能、高耗水”企业。2007年北京工促局等8个部门联合发布《北京市关于加快退出高污染、高耗能、高耗水工业企业的意见》，提出要坚决退出不适宜在北京发展的劣势产业和“三高”企业，实现北京工业经济的可持续发展。

6. 北京市棚户区改造。北京市将棚户区定义为北京旧城范围以外居住环境差、房屋危破、缺乏必要市政基础设施的区域，这些区域亟待改造，但仅通过市场化运作方式难以改善。因此，北京市颁布相关优惠政策推动棚户区改造工作。目前，确定了丰台、通州、门头沟三个区的四个片区先行试点。通州区确定上营片区为棚户区改造试点。

7. 东南郊水网建设工程。是指北京市为充分利用再生水及雨洪水，推动平原地区生态文明建设的一项市级重点水利建设项目，涉及通州和大兴两区。该工程同步进行水网改造和周边环境整治，建成后可实现北运河、凉水河等5条河流与通惠、东风等10条沟渠的互连互通，达到水源保护、节水、生态和安全四大效益。

8. 国家卫生区。2000年，全国爱卫会下发通知，在北京、天津、上海、重庆四个直辖市，开展创建国家卫生区活动。依据《国家卫生标准》，创建国家卫生区必须达到五个基本条件，落实十项任务。我区于2007年启动国家卫生区创建工作。

9. 国家生态示范区。生态示范区是以生态学和生态经济学原理为指导，以协调社会、经济发展和环境保护为主要目标，统一规划，综合建设，生态良性循环，社会经济全面、健康、持续发展的示范性行政区域。国家生态示范区必须满足26项建设指标。我区于2007年启动国家生态示范区建设工作。

10. 五大秩序。是指市容环境秩序、交通秩序、市场经营秩序、治安秩序、旅游秩序。

11. 化学需氧量。是衡量水体有机污染程度的一项重要指标，指在一定的条件下，采用一定的强氧化剂处理水样时，所消耗的氧化剂量。化学需氧量越大，说明水体受有机物的污染越严重。

12.“停、管、限”。为确保奥运期间安全稳定，按照全市统一部署，我区开展了危险化学品生产经营单位专项整治，“停”指对安全隐患整改不合格、安全生产条件不达标的单位依法予以停产、停业；“管”指对正常生产的单位实施重点监管，严格监控；“限”指对生产规模大、储存量多、从业人员多的单位采取限产、限量、限人员、限库存、限产品进出。

13. 农业主题公园。是指为了发挥都市型现代农业的多种功能，满足市场多样性需求，在农业领域，围绕一个或多个特定主题，建设的集休闲娱乐和服务接待于一体的现代农业旅游项目。

14. 农民专业合作社资金互助。为解决农民专业合作社社员在生产和购销中小额贷款难题，我区在全市率先试点推行合作社内部资金互助服务，社员缴纳一定资金，通过其他社员担保，可获得缴纳资金数倍的贷款。

15.“生产力促进型”农村科技推广服务体系。是指根据农村产业发展实际需求，建立的以公益性服务为主、经营性服务为辅的农村科技推广平台。

16. 五项社会保险。是指养老、医疗、失业、工伤、生育五项保险。

17.“五无”目标。是指无零就业家庭、无城镇危房户、无重大重复上访户、无社会救助盲点、无拖欠工资问题。

18. 零就业家庭。城镇“零就业家庭”是指非农业户籍家庭中，在法定劳动年龄内有劳动能力的家庭成员，进行了失业登记，但无一人就业的家庭。农村“零就业家庭”是指农业户籍家庭中，在法定年龄内有劳动能力的家庭成员，进行了转移就业登记，既未从事一产经营，又无一人在二三产业就业的家庭。

19. 土地一级开发。是指政府委托市土地整理储备中心及分中心，按照土地利用总体规划、城市总体规划、控制性详细规划和年度土地一级开发计划，对确定的存量国有土地、拟征用和农转用土地，统一组织进行征地、农转用、拆迁和市政道路等基础设施建设的行为。

20. 亦庄轻轨线通州段“两站一街”。“两站”指亦庄轻轨线次渠站、亦庄火车站，“一街”指站前街。

21. 多元征地安置补偿方式。是指为切实维护被征地农民合法利益，促进被征地农民充分就业，保障被征地农民长远生计，在单一货币补偿外，还可以采取实物补偿、留地安置、合作分成等多种非货币补偿安置方式。

22. “一升一降、一统一分、一抓一放”。“一升一降”是指提高社会保险待遇标准，降低社会保险缴费费率；“一统一分”是指统一城乡居民养老保险制度，退休人员医疗待遇与单位缴费脱钩；“一抓一放”是指抓好农村劳动力转移就业，放开城镇老年人和灵活就业人员门诊。

23. “六小”场所。是指生产经营场所面积小于150平方米的小歌厅、小市场、小洗浴、小旅馆、小网吧、小餐饮。

政协北京市通州区第四届委员会常务委员会工作报告

——2009年1月6日在政协通州区第四届委员会第三次会议上

政协通州区委员会主席　王玉辉

各位委员：

现在，我受政协北京市通州区第四届委员会常务委员会的委托，向大会报告工作，请予审议。

2008年工作回顾

2008年是不平凡的一年。一年来，在中共通州区委的领导下，区政协常委会高举中国特色社会主义伟大旗帜，以邓小平理论、“三个代表”重要思想为指导，深入贯彻落实科学发展观，认真学习贯彻中共十七大、十七届三中全会和区委四届五次、六次全会精神，突出团结、民主两大主题，以“服务奥运、关注民生、推进科学发展”为主线，积极履行政治协商、民主监督、参政议政职能，为促进我区经济社会又好又快发展作出了积极贡献。

一、充分发挥政协优势，为成功举办奥运会献计出力

常委会围绕落实“人文奥运、科技奥运、绿色奥运”理念，充分发挥政协优势，汇集力量，凝聚智慧，积极做好服务奥运、奉献奥运工作。

积极为举办一届有特色、高水平的奥运会献计献策。常委会议专题听取了区08办关于通州区环境综合整治工作情况通报，视察了宋庄镇航空走廊可视区和奥运火炬传递路线周边环境建设情况。委员们从加大环境整治宣传力度，加强城乡结合部地区及城区卫生死角的整治力度，加大违章建筑查处力度，建立环境整治的长效机制等方面提出了建议。社会法制与民族宗教委员会专题视察了清真食品安全工作，就进一步做好奥运期间清真食品卫生监管工作提出了建议。医药卫生界的委员视察了兴奋剂监管工作。相关专委会围绕环境保护、建设生态示范区等开展系列视察，为成功举办奥运会积极建言献策。

努力为举办奥运会营造良好的社会氛围。全体委员积极参与“迎奥运、讲文明、树新风—我参与、我奉献、我快乐”活动，利用周日开展了迎奥运春季植树活动。委员们结合本职工作，发挥自身优势，通过各种形式为举办奥运会贡献力量。部分委员和政协机关工作人员参与了奥运志愿者服务、文明拉拉队、治安巡逻等工作，为推进人文奥运建设营造了良好的社会氛围。

积极为后奥运发展建言献策。针对奥运后我区经济如何更好更快发展，以经济科技委员会为主体开展了通州区后奥运经济发展专题调研，就我区主导产业发展、培育土地一级开发市场、第三产业发展、新农村建设等问题进行了深入研究，主席会议结合调研报告提出了建议案，为区委、区政府科学决策提供了参考。

二、深入贯彻落实科学发展观，围绕促进通州经济社会又好又快发展履行职能

常委会坚持把促进科学发展作为履行职能的第一要务，紧紧围绕区委、区政府的中心工作，围绕经济社会发展中的重要问题，认真履行职能，积极献计出力。

围绕全区大政方针积极建言献策。在区政协四届二次会议期间，全体委员就《政府工作报告》和区计划报告、区财政报告开展协商讨论。委员们坦诚己见，畅所欲言，提出了60余条建议，提交了33篇大会发言稿，4个民主党派、2个界别的代表和7名委员在大会上作了发言，得到与会领导的充分肯定。委员们的建议有的被《政府工作报告》采纳，有的在政府工作中得到落实。

围绕经济发展和新城区建设积极建言献策。常委会议专题视察了区重点工程和保障性住房建设情况。主席会议先后听取了园区发展和商务园建设情况通报、财政工作情况通报、通州新城特色空间与色彩规划、地名规划、通州新城建设近期行动计划情况通报等，视察了运河城市段二期整治工程和通州区污水治理工作。区政协经济科技委员会与区投资促进局联合主办、宋庄镇政府具体承办了2008年首都文化创意产业发展通州论坛，邀请专家学者就通州文化创意产业发展进行研讨。有关专委会听取了区建委、科委、商务局、工业局等部门的情况通报，委员们为促进我区科学发展提出了许多有价值的意见建议。在第二十八次主席扩大会议上，委员们针对商务园发展提出：应积极争取北京市的支持，加大温榆河沿线的污水治理力度，严格控制好本区的污水排放，不断改善温榆河水质；对于入驻商务园的企业，在税收、节能环保等方面应建立严格的准入标准；应加强商务园相应配套设施如高级酒店、会展中心、金融机构、娱乐休闲设施的规划建设，为入驻企业提供良好的环境；应加强和国内外创新机构的联系，积极引进符合商务园功能定位的高端产业；应积极协调北京市和朝阳区有关部门，加强对高安屯垃圾填埋场工作的监督和管理，降低垃圾填埋场对商务园发展的影响。这些建议引起了有关部门和领导的高度重视。

围绕全区重点工作，联合有关民主党派、人民团体开展专题调研。区政协把调查研究作为提高参政议政质量的重要基础，认真选择调研课题，精心组织调研队伍，周密策划调研方案，深入开展调查研究。完成了《关于通州区城市管理工作的调查和几点建议》、《关于加快宋庄文化创意产业集聚区发展的调查与思考》、《关于预防青少年犯罪的调研报告》、《关注和解决民生问题 巩固执政基础 构建和谐社会》等5篇调研报告并形成4件建议案，提请区政府研究参考。在调研中，十分注重在全面知情、深入分析、科学论证、调研成果转化等环节下功夫，在反复论证的基础上，形成调研报告和建议案。政协的调研报告和建议案受到各级领导的高度重视。区政府先后多次召集有相关部门负责人参加的任务分解会，就落实政协的建议案做出了具体部署。主管副区长专门邀请区政协城市管理调研组成员和有关委员，就办理好政协建议案，加强城市管理工作进行了专题座谈。

关注社会热点、难点问题，积极组织专项视察活动。常委会议专题听取了区纪委、监察局工作情况通报，对加强全区党风廉政建设和反腐败工作提出了意见和建议。财政民主监督小组视察了财政支农项目落实情况。有关专委会就社区矫正和安置帮教、台资企业发展、文化设施建设、教育重点工程建设、水网改造工程建设等进行了20多次专题视察，参加委员达到400多人次。通过视察、通报活动，进一步加深了委员对区情的了解，为委员建言献策创造了条件，也有力地促进了各项工作的开展。

三、关注民生民意，认真做好提案和社情民意信息工作

常委会坚持把以人为本、关注民生作为履职重点，调动一切积极因素，通过提案、反映社情民意信息等途径，努力为改善民生建言献策，为建设和谐通州贡献力量。

以提高质量为核心，扎实推进提案工作。坚持提案征集制度和提案审查制度，有效提高了提案质量。组织各专委会共同参与提案分析、重点提案督办等工作，针对提案反映的问题开展专题调研和视察活动，充分体现了提案的基础性、全局性作用。坚持重要提案摘报制度，编发16期《重要提案摘报》，区领导批示率达到100%，推动了提案的办理。配合区政府办公室先后举办了提案办理咨询日活动和二次答复活动，加强了委员与各承办单位主要领导的沟通，促进了有关提案的办理，解决了一批人民群众关注的热点、难点问题。积极协调在通州工作的市政协委员以提案形式为通州的经济发展建言献策，并将区政协委员提出的超越我区权限的12件提案转化为市政协委员提案，引起市有关部门的高度重视。

畅通渠道，积极反映社情民意。组织召开了社情民意恳谈会，各民主党派成员和部分委员认真听取了区政府关于经济社会发展情况通报，本着对全区经济及各项事业发展高度负责的态度，对全区工作提出了中肯的意见建议，区委书记王云峰、区长邓乃平、区委副书记张文山等区委、区政府领导到会听取了委员们的意见和建议。进一步健全了社情民意信息报送、通报和办理反馈制度。先后举办了骨干信息员培训班和骨干信息员研讨会，使骨干信息员的作用得到了更好发挥。委员们收集和反映社情民意更加主动、更加自觉，社情民意信息数量有所上升，质量不断提高。全年委员共报送信息309条，其中通过《委员之声》向区委、区政府及有关部门反映110条，电话处理52条，报市政协24条。区委、区政府领导高度重视政协反映的社情民意信息，先后51次对35期《委员之声》专报做了批示。如针对委员提出的“关于加强北苑路口周边交通和环境卫生整治的建议”，主管副区长作了批示，区08办牵头组织城管、公安、交通、市政等部门开展了联合执法行动，通过设立“宣传站”、“文明劝导队”等形式，加大宣传教育力度；实行弹性工作制，加强日常巡查；加大对“黑出租、黑摩的”非法运营行为和露天烧烤行为的处罚力度等，取得了明显效果。针对委员提出的“关于做好我区农村节水抗旱工作的建议”，邓乃平区长和主管副区长先后作了批示。区水务局等部门积极采取措施，从3月份开始，加强旱情信息收集和统计上报工作，积极利用闸坝拦蓄雨水，大力发展农业节水工程，充分发挥区、镇、村三级抗旱服务队的作用，合理配置各类抗旱设备，使全区农田得到了及时灌溉，有效应对了旱情。委员们反映的社情民意信息，对于区委、区政府及有关部门体察民情、了解民意、改进工作发挥了积极作用。

四、注重实效，认真做好文史、宣传等经常性工作

常委会在大力抓好重点工作的同时，积极开展政协经常性工作，并力求有所创新、有所发展。

认真贯彻落实全国和北京市文史工作会议精神，做好文史资料的抢救、征集工作。在全市率先召开了通州区政协第一次文史工作会议，全面总结部署了文史工作，制定了《政协北京市通州区委员会关于加强文史资料工作的意见》，表彰了为文史工作作出特殊贡献的8名同志，进一步推动了政协文史工作的开展。举办了纪念通州解放60周年和改革开放30周年征文活动，共征集文史资料35篇、16万余字、图片200余幅。编辑出版了《文史选刊》特辑和《文史选刊》第25期。完成了市政协交办的区县政协文史资料工作成果展文字说明和图片资料报送工作。在市政协文史工作会上，区政协编辑出版的《北京文史资料精选·通州卷》被评为“优秀文史资料图书”特等奖，《文史选刊》被评为二等奖，《古韵通州》被评为优秀奖。与档案局联合出版了《文化通州》系列丛书，为文史资料的征集、出版探索了一条新路。

积极推进乡镇地区委员活动组、界别组工作。召开了乡镇地区委员活动组、界别组负责人会议，就开展好地区委员活动组和界别组活动进行了研讨。各乡镇地区委员活动组、界别组活动更加活跃。永顺地区组和梨园-台湖地区组分别到天津滨海新区等地进行参观考察，永顺地区组与民主党派界联合视察了永顺镇重点工程建设并听取了工作情况通报，宋庄—潞城地区组、马驹桥—张家湾地区组视察了运河城市段景观建设和绿化情况，永乐店—于家务地区组听取了永乐店镇基层党建工作情况通报，漷县—西集地区组视察了地区传统文化产业发展工作。科技界委员参观了北京比亚迪模具有限公司等企业，农业界委员就我区农业产业结构调整进行了视察，民族宗教界委员捐款慰问了牛牧屯的10个困难户，以医药卫生界为主体，联合相关界别开展了送科技、文化、卫生下乡活动。乡镇地区委员活动组、界别组活动的开展，为委员扩大知情面、开阔视野、提高参政议政水平、增进友谊创造了有利条件。

充分发挥特邀工作人员的作用。目前区政协委员中共有100多人次担任区政府及34个职能部门的特邀工作人员。广大特邀工作人员积极参与了行政监察、行政执法等部门的廉政建设检查和政风、行风评议工作，促进了全区的廉政建设和依法行政工作。

加强政协理论研究和宣传工作。积极参加市政协组织的理论研讨会，先后报送了《突出特色　切实提高政协调研工作的质量和水平》等4篇理论研讨论文。积极协调新闻媒体及时宣传政协工作，通州电视台累计播放关于政协工作的新闻、信息70多条，《通州时讯》累计刊登关于政协工作的稿件40余篇，进一步扩大了政协工作的影响力。

五、突出团结民主主题，努力营造和谐稳定的社会氛围

常委会充分发挥政协联系面广的优势，相继开展了丰富多样的促进大团结、大联合的活动，为构建和谐社会营造了良好的氛围。

充分发挥民主党派和无党派代表人士在

政协中的作用。认真组织全体会议上的党派发言，为民主党派以本党派名义在政协发表意见和主张提供平台。坚持与有关党派、团体联合开展视察，就共同关心的问题联合开展专题调研，做到了优势互补。重要协商议题和政协工作，及时征求民主党派同志的意见。对于民主党派提案，坚持由主席阅后转送区委、区政府主要领导审阅。区政协领导坚持广泛走访各民主党派负责人和民族宗教界代表人士，认真听取他们的意见建议。民主党派、无党派代表人士在政协中的作用得到了充分发挥。

积极开展走访委员和联谊活动。各位主席、秘书长和机关各室分组继续走访全体委员，听取委员们的意见建议，积极帮助委员解决实际困难和问题。加强同民族宗教界委员及代表人士的联系，积极协调有关部门帮助解决他们反映的问题，促进民族团结和宗教和睦。举办了有全体委员参加的新春联谊会。及时向每位委员寄送生日贺卡。重阳节前夕开展了特邀委员联谊活动。通过系列活动，进一步加深了委员们之间的感情，增强了政协组织的凝聚力。

积极为抗震救灾贡献力量。四川省汶川地区发生大地震后，区政协及时向全体委员发出了为地震灾区献爱心活动的倡议书。全体委员积极响应，充分发扬“一方有难、八方支援”的精神，踊跃捐款、捐物，为灾区人民解难，为国家分忧。据不完全统计，区政协委员和政协机关工作人员向地震灾区捐款230多万元，捐物价值50多万元。

六、加强自身建设，不断提高政协履行职能水平

加强政协自身建设，提高政协委员和机关工作人员的素质，直接关系到政协履行职能的水平与效果。常委会重视从多方面加强政协自身建设。

重视思想建设，不断提高委员素质。全年累计编发《学习资料》6期，及时寄发市政协编辑的《学习》、《北京观察》等杂志。继续为委员订阅了《人民政协报》、《通州时讯》、《中国统一战线》。举办了“点燃奥运圣火，传递爱国激情”专题报告会，进一步激发了委员们的爱国热情。多次组织有关委员参加市政协报告会，为委员学习党的方针、政策和政协理论提供了便利条件。

重视制度建设，坚持和完善了相关制度。修订了《政协北京市通州区委员会关于评选表彰优秀提案的办法》、《政协北京市通州区委员会关于评选表彰信息工作先进单位和优秀信息员的办法》和《关于进一步加强区政协各专门委员会同区委、区政府有关部门对口联系的意见》，制订了《政协北京市通州区委员会关于驻会主席督办提案工作的暂行办法》，有效地促进了相关工作的制度化、规范化和程序化。认真贯彻落实《关于加强政协委员队伍管理的暂行办法》，对委员参加政协活动情况进行考勤汇总，并继续做好委员述职工作，绝大多数委员按要求向政协提交了年度述职报告。

围绕建设学习型、服务型、创新型、和谐型机关的目标，不断加强机关建设。坚持“勤学、勤思、勤奋、勤勉”的要求，组织机关干部深入学习统战理论和人民政协理论，到兄弟区县政协学习政协工作经验，机关工作人员素质进一步提高，履职能力进一步增强。

各位委员，过去的一年，区政协工作取得了新的进展。成绩的取得，是市政协有力指导、中共通州区委正确领导的结果，是区人大、区政府大力支持、有关部门密切配合的结果，也是参加区政协的各民主党派、人民团体和全体委员共同努力、开拓创新、团结奋斗的结果。在这里，我代表区政协常委会，向市政协、区委、区人大、区政府各位领导，向所有关心、支持区政协工作的单位，向区各民主党派、人民团体以及各族各界人士，向区政协全体委员，致以衷心的感谢和崇高的敬意！

一年来，尽管我们的工作取得了一些成

绩，但与区委的要求和新形势对政协工作的要求相比，还有一定差距，主要是：在新形势下，对人民政协理论、统一战线理论的学习还有待于进一步加强；民主监督力度有待于进一步加大；在发挥委员主体作用方面还有不少工作要做。

2009年工作意见

2009年是深入贯彻落实中共十七届三中全会精神和科学发展观，推进社会主义现代化建设的重要一年，也是我区全面落实“十一五”规划，奥运后全面启动新城建设的第一年。我们面临着高标准、高水平打造新城区和全面推进社会主义新农村建设的艰巨任务。

在新的一年里，区政协工作的指导思想是：全面贯彻中共十七大、十七届三中全会和区委四届七次全会精神，以邓小平理论和“三个代表”重要思想为指导，深入贯彻落实科学发展观，牢牢把握团结和民主两大主题，把促进科学发展作为政协履职的第一要务，把改善民生作为政协工作的出发点和落脚点，把促进和谐稳定作为政协工作的重中之重，切实发挥政协优势，为促进我区经济社会又好又快发展和建设“人文北京、科技北京、绿色北京”作出新的贡献，努力开创人民政协事业新局面。

2009年重点做好以下几个方面的工作：

一、加强学习，夯实做好人民政协工作的思想政治基础

注重学习是人民政协的优良传统，也是提高委员素质和履职水平的需要。要深入学习中国特色社会主义理论体系尤其是科学发展观，深化对科学发展观精神实质和深刻内涵的认识，不断增强用科学发展观武装头脑、指导实践的自觉性和坚定性。要进一步深化对新时期、新阶段人民政协性质、地位和作用的认识，自觉服从和维护党对人民政协工作的领导，在思想上、政治上自觉与党中央保持高度一致，增强做好政协工作的责任感和使命感，更好地发挥政协组织的作用。要加强对时事政治和经济、法律、现代科技等方面知识的学习，进一步认识通州面临的形势和任务，不断提高履行职能的能力和水平，努力促进经济社会又好又快发展。

党的十七届三中全会全面分析了当前形势和任务，作出了《中共中央关于推进农村改革发展若干重大问题的决定》，提出了当前和今后一个时期推进农村改革发展的总体思路，提出了到2020年农村改革发展的目标任务，描绘了农村经济社会发展的宏伟蓝图。区政协要把《中共中央关于推进农村改革发展若干重大问题的决定》作为重点内容，组织委员认真学习、深刻领会、全面把握精神实质，自觉地为推进我区新农村建设贡献力量。全体委员要紧密结合政协工作和本职工作实际，有针对性地加强自学。要通过举办报告会、专题论坛、专题讲座、研讨会、编发《学习资料》等形式，不断把学习引向深入。

二、认真履行政协职能，积极为推进“两新”建设建言出力

以推进“两新”建设为重点，积极履行政治协商职能。认真贯彻落实中共十七届三中全会精神，通过常委会议、主席会议、专委会议、专题论坛等形式，围绕新城区、新农村建设中的重要问题、推进城乡一体化问题，特别是新城重点建设工程、农村产权制度改革、农村产业结构调整、污水处理等问题，进行协商讨论、建言献策，推动通州经济和社会建设又好又快发展。要增强协商的主动性，加强与区委、区政府及各委办局的联系，确定好协商的议题。要认真细致地做好协商活动的准备、组织以及意见报送、情况反馈等环节的工作，努力提高协商的质量和效果。

关注热点、难点问题，积极履行民主监督职能。以新农村建设为主线，重点围绕园区发展、农民就业增收、中小企业发展、农村卫生服务站建设、食品药品市场管理、安全生产等方面工作，开展视察、考察、专题座谈，提出意见和建议。进一步发挥全体委员的作用，加强社情民意信息工作，畅通群众意愿表达渠道，为区委、区政府及时了解基层群众意愿、科学民主决策服务。进一步加强提案分析和督办力度，提高提案质量、办理质量、服务质量，使提案在民主监督、参政议政中发挥更大作用。进一步加强对特邀工作人员的组织和引导，使特邀工作人员在政风、行风评议等活动中发挥更好作用。积极探索履行民主监督的新方法、新途径，不断增强民主监督实效，为促进我区的民主政治建设作出贡献。

加强调查研究，积极履行参政议政职能。要以专门委员会为依托，政协委员为主体，以推进新农村建设，促进城乡一体化为主题开展系列调研，在深入调查、科学论证的基础上，形成较高质量的调研报告和建议案，为党和政府决策提供参考依据。全体委员要高度重视调查研究，把调查研究作为参政议政的基础，不断提高提案、意见建议和社情民意信息的质量，力求做到言之有理，言之有据。密切关注世界经济危机对我区经济发展的不利影响，积极为全区产业结构调整、经济持续稳定增长献计献策。区政协要通过各种形式，拓宽委员知情渠道，帮助委员更深入、更全面了解情况。要积极完善乡镇地区委员活动组、界别组活动的方式方法，进一步增强活动实效，为经济社会发展献计出力。

三、突出团结民主主题，促进全区的稳定、团结与和谐

要突出团结和民主两大主题，认真做好协调关系、化解矛盾、凝聚人心、维护稳定、增进团结、促进和谐工作。要把维护最广大人民的根本利益作为人民政协开展工作的出发点和落脚点，坚持以人为本，高度关注民生，积极协助党和政府解决好人民群众最关心、最直接、最现实的利益问题，维护社会的和谐稳定。要充分发挥各民主党派、无党派代表人士在人民政协中的作用，积极为他们履行职能搭建平台，坚持与民主党派联合开展重要调研活动，鼓励和支持民主党派单独或联合开展重点课题调研，召开以民主党派负责人和无党派代表人士为主体的社情民意恳谈会，坚持政协领导联系党派和走访委员制度，促进参加政协的各民主党派和无党派代表人士的团结合作。要充分发挥民族宗教界代表人士的作用，深入宣传贯彻党的民族宗教政策，促进全区的民族团结。要切实做好新的社会阶层的团结和教育工作，引导他们爱国、敬业、诚信、守法、贡献，鼓励他们为激发社会活力、促进社会和谐多作贡献。要深入贯彻落实通州区第一次文史工作会议精神，进一步调动委员、特邀委员和社会各界的积极性，做好文史资料的征集、抢救、编辑和出版工作，更好地发挥文史资料“存史、资政、团结、育人”的作用。

四、加强自身建设，为推进政协工作提供有力保障

要切实加强政协常委会的建设，不断强化常委会组成人员的政治意识、大局意识、责任意识和表率意识，进一步提高常委会的领导能力和水平，促进政协工作的有效开展。要切实发挥专委会的基础作用，加强协调，精心组织，努力提高活动的质量。要进一步加强委员队伍建设，加强委员的学习培训，切实提高委员履职的能力和水平；认真落实委员队伍管理办法，做好届中委员履职情况总结和考评工作；加强与委员的联系与沟通，充分调动委员的积极性，使委员更好地履行职责、致力发展、奉献社会。

进一步加强履行职能的制度化、规范化和程序化建设。区政协要深入学习贯彻《中共中央关于加强人民政协工作的意见》和《中共北京市通州区委关于进一步加强新时期人民政协工作的决定》，继续推进政协工作的制度化、规范化、程序化建设。要根据新形势、新任务的要求，对现有规章制度的落实情况进行检查总结，并对有关制度加以完善，促使政协工作更加规范。

按照中共中央统一部署，区政协机关要在区委的统一领导下，认真开展好学习实践科学发展观教育活动，并以此为契机，全面加强政协机关建设，不断强化为委员服务的意识，提高服务能力和水平。大力弘扬“勤学、勤思、勤奋、勤勉”的良好风气，努力造就一支政治坚定、作风优良、学识丰富、业务熟练的政协干部队伍，建设学习型、服务型、创新型、和谐型机关，使“委员之家”更具凝聚力和亲和力。

各位委员，做好新时期、新形势下的人民政协工作，是时代赋予我们的光荣使命。让我们紧密团结在以胡锦涛同志为总书记的党中央周围，高举中国特色社会主义伟大旗帜，在中共通州区委的领导下，同心同德，振奋精神，锐意进取，扎实工作，继续开创政协工作新局面，为建设富裕、民主、文明、和谐新通州而努力奋斗！

关于通州区2008年国民经济、社会发展计划执行情况和2009年计划草案的报告

——2009年1月7日在通州区第四届人民代表大会第四次会议上

通州区发展和改革委员会主任 崔松光

各位代表：

我受区政府委托，向大会提交2008年国民经济、社会发展计划执行情况和2009年计划草案，请予审议，并请政协各位委员提出意见和建议。

一、2008年国民经济和社会发展计划执行情况

在区委的正确领导下，在区人大和区政协的监督指导下，全区上下以科学发展观为统领，认真落实国家宏观调控政策和“新北京、新奥运”战略构想，紧紧围绕区委四届五次全会和区四届人大三次会议部署，一手抓服务和保障奥运，一手抓产业发展和“两新”建设，面对国际、国内宏观经济环境出现的新变化，采取措施，积极应对，克服诸多困难和不利因素，经济社会继续保持了平稳较快的发展态势，较好地完成了区四届人大三次会议确定的目标任务。地区生产总值预计实现213亿元，同比增长14%，高于年初预期。税收总额实现74.5亿元，同比增长17.7%。一般预算收入实现20.42亿元，同比增长12.5%，完成年度计划。全社会固定资产投资额预计实现143.2亿元，同比增长8%。社会消费品零售额实现145亿元，同比增长19%，高于预期。城镇居民人均可支配收入、农民人均纯收入分别达到20587元和10025元，同比分别增长9%和10%，均好于预期。城镇登记失业率为2.5%，低于3.5%

的调控目标。

（一）新城建设取得新进展

新城规划体系进一步完善。编制完成《通州新城近期建设计划》。开展了运河核心区、商务园、宋庄文化创意产业集聚区等地块和北苑、北关等重要节点的控规编制，新城地块控规深化已达31平方公里。完成景观水系、城市色彩及新城地名等特色规划编制。新城土地利用总体规划编制进展顺利，镇域总体规划全部获得批复。永乐店、漷县、西集等镇域中心区控规编制完成，宋庄、潞城、张家湾等镇取得初步成果。

基础设施建设扎实推进。壁富路、通顺路城市段、潞苑东路等一批道路建成通车；潮白河新桥、武兴路友谊桥基本完工；京榆旧路三期、九德路、觅西路改造等道路建设工程进展顺利；温榆河西滨河路、朝阳北路东延等一批道路开工建设。配合市里完成了机场二通道、机场南线、京津二通道和京津城际铁路等工程，外部交通更加便捷。市政设施体系不断完善，西田阳垃圾填埋场二期、梨园垃圾转运站工程完工；建成陕京二线通州门站，新铺设天然气管线20公里；启动城西5号锅炉房建设，三河热电向新城供热项目前期手续进展顺利。加强水利设施建设，完成北关分洪枢纽、杨洼闸改建等工程建设。加强公安设施建设，区看守所主体完工。

功能区开发建设取得积极进展。运河核心区3号地列为市、区土地储备机构联合开发试点，取得一级开发授权，5号、6号地等加快推进。商务园一期8个地块一级开发取得立项批复，拆迁工作加快推进。宋庄文化创意产业集聚区组建土地一级开发公司，并取得土地一级开发授权。推进了主题休闲功能区前期工作，确定了功能区范围内旧村改造方案。旧城改造步伐加快，启动了新城南街等区域拆迁，上营片区被确定为市棚户区改造试点。完善旧村改造办法，完成梨园、永顺旧村改造整体实施方案。大力推进土地一级开发，河东果园、马驹桥复地等地块上市交易。

项目前期和管理工作进一步加强。实行定期督办、部门联动等措施，项目前期手续办理得到有效推进。年初确定的91项重点工程，56项取得立项批复，其中15项完成各项前期手续。继续推进政府投资项目评审制度，全年审减项目资金4.1亿元，提高了政府投资使用效率。加强政府投资项目稽察，规范项目全过程建设程序,确保了资金使用安全有效。扎实开展项目征集工作，认真做好项目储备，入库各类重大项目350余项，为奥运后新城建设奠定了项目基础。

（二）产业发展迈出新步伐

项目引进建设取得积极进展。加大产业项目推进力度,北京卷烟厂、通港物流、李宁二期、招商局物流等项目竣工；天宇朗通二期、中冶焊接、捷宸阳光、国际电子商务中心等一批项目开工建设；苏宁二期、雨润二期、兴大豪科技、IDC产业城、华润物流等项目前期工作取得积极进展。加强招商引资,金融街分区、阳光保险、玲珑集团、正元矿业、动漫主题乐园等一批投资亿元以上的项目签约落户。加快商饮、金融等服务业发展。贵友大厦、全聚德等开业运营；交通银行等商业银行入驻我区，金融服务环境得到改善。

产业结构调整取得明显成效。产业内部结构进一步优化，工业三大主导产业销售收入占区域工业的70%以上，现代物流、高端商务、文化创意等产业引领全区服务业发展，高端化趋势初现。大项目支撑作用增强，“两烟”、李宁、苏宁、国美和蒙牛等6家企业共实现税收15亿元，拉动全区税收增长4.3个百分点。乡镇贡献加大，税收总额占全区税收的比重达到70.4%，有5个乡镇税收超过5亿元，其中台湖镇突破10亿元。园区发展势头强劲，五个园区税收同比增长72.5%，其中光机电基地税收增长81%。建筑、房地产业稳步发展，开复工面积分别达到1000万平方米和414万平方米。积极推动节能减排，淘汰落后生产工艺，实施恒旭裘皮厂、小务造纸厂等10家企业关停并转，星海钢琴等5家企业通过清洁生产审核验收，完成万元地区生产总值能耗下降5%的目标。

产业发展环境得到优化。建立了重大项目联席会议制度，加大项目协调服务力度。研究制定了产业发展规划、产业指导目录、项目评审制度等一系列促进产业发展的政策，发展环境得到优化。金桥基地、宋庄文化创意产业集聚区等园区进行了新的产业定位。创新商务年会形式，搭建政企沟通平台，举办了新城建设、园区发展、金融产业等5场项目对接会，促进了项目签约。制定了工业用地招拍挂实施办法，实现14个工业用地项目上市。加强宣传推介，参加了北京第四届金博会、京港洽谈会等宣传推介活动。

园区基础设施建设得到有效推进。光机电基地、金桥基地、物流基地等一批路网开工建设；物流基地综合服务楼、商务园样板楼投入使用；通州经济开发区东区供热中心基本竣工，光机电基地变电站开工建设，商务园、通州经济开发区东区变电站前期手续取得有效进展；宋庄文化创意产业集聚区路网、公共服务平台、电力设施建设等前期工作加快推进；永乐经济开发区道路、电力、污水、供热等项目前期手续正加紧办理。

（三）服务和保障奥运做出新贡献

高标准完成奥运环境整治任务。突出“绿色奥运”理念，实施奥运绿色通道等46项绿化工程。开展城乡环境综合整治，完成航空走廊可视区、火炬传递沿线、高速公路及轻轨两侧环境整治，拆除违法建设12.5万平方米、广告牌匾232块，清洗粉饰临街建筑物15万平方米，创建1个环境优美乡镇、7个文明生态村和3个花园式单位。深入开展治安、交通等五大秩序治理，确保了城市运行秩序。加强污染控制，二氧化硫排放量和化学需氧量分别下降2%和3%，空气质量二级和好于二级以上天数完成市下达指标。

成功营造奥运文化氛围。出色举办了奥运文化广场系列活动，组织彩灯盛会、奥运宣传专题展览、特色展览和非物质文化展览等12项活动，完成奥运数字大屏幕工程，举办了36场精彩文艺演出，吸引观众45万人次。圆满完成奥运火炬运河水上传递活动，展现了运河文化底蕴和新城文化特色。深入开展“迎、讲、树”和“我参与、我奉献、我快乐”等活动，组织了“文明啦啦队”以及窗口行业、城乡环境、文明交通等一系列志愿服务活动，招募各类志愿者2.1万人。

顺利完成“平安奥运”安全保障工作。强化社会面防控，发动各类群防群治力量4.7万人，实现了“以平安通州保平安奥运”的目标。强化安全监督管理，开展“隐患排查整改百日攻坚行动”，完成中航油京津输油管道地上占压物拆除等14处市级挂账隐患整改，加强危化行业监管，开展综合整治，安全生产形势保持稳定。全面落实“停、管、限”措施，积极服务和保障奥运。健全矛盾排查调处机制，实现奥运期间到市以上重点地区和涉奥场所上访“零”指标。加强对奥运标识、集贸市场以及粮、肉、蔬菜等食品和服务奥运企业的监督管理，加大市场价格监督检查力度，保证了市场供应和物价稳定。加大食品、药品市场整治和监管力度，食品和药品抽检合格率分别达到98.5%和99.5%。

（四）新农村建设取得新成效

农村经济发展加快。加大政策扶持力度，落实粮食综合直补、生猪养殖补贴、奶牛饲料补贴等各项惠农政策。政策性农业保险进展顺利，参保险种和保费逐步扩大。推动银农合作，扶持农产品龙头企业发展。都市型现代农业发展加快。新发展设施农业1万亩、农业节水灌溉面积0.8万亩。完成张凤路、西集运河左堤等农业走廊建设，建成南瓜、观赏鱼等一批农业主题公园，举办了花卉节、樱桃节等系列活动，富农效应日益显现。农业基础设施建设得到加强，完成新河灌区再生水利用四期和17处坑塘雨洪利用工程，顺利实施了第二道绿化隔离带、平原治沙、中低产田改造、农田林网配套设施建设，农业生产能力得到进一步提高。农民就业产业基地发展形势良好，优派克印刷包装、北京杏林药业等一批项目投产，有效带动了农民就业，增加了农民收入。

镇、村建设有序推进。加快城镇化进程，启动了台湖、马驹桥等镇中心区开发，台湖村回迁楼投入使用。于家务乡集中供水工程和永乐店污水处理厂开工建设，启动西集镇、马驹桥镇路网建设，实施了台湖、西集、漷县、永乐店等镇垃圾中转站建设工程。改善农村生活环境。修建乡村公路100公里，完成1.5万座户厕改造、28个村垃圾密闭化管理、40个村安全饮水和40个村的村级主干道路硬化建设。市级基础设施建设整体推进村建设工程进展顺利。安装太阳能路灯5000盏，建设生物质气化集中供气、沼气集中供气工程8处。

农村公共服务能力进一步提高。加快农村教育设施建设，于家务中学、柴厂屯小学投入使用，学校旱厕、操场改造等工程完工。加快教育资源整合，撤并农村中小学4所。改善农村卫生医疗条件，实施台湖医院、张家湾卫生院和次渠卫生院等改扩建工程。实施社区卫生服务机构药品零差率销售，提高了新农合人均筹资标准和医疗费用报付率。加快农村文化体育设施建设，新建成38个村级文化活动中心、50个村体育健身场所和50个村信息服务站。加快农村商业服务业发展，新发展农村连锁超市72家。改善农村公交环境，建成70个候车亭。

（五）体制机制创新取得新突破

农村经济体制改革深入推进。产权制度改革稳步推进，新启动41个村改革工作，其中20个村完成改革。推进林权制度改革，制定了集体林权制度改革的实施意见。推进农村土地承包经营权流转，新增流转面积3万亩。率先在全市开展农民专业合作社资金互助工作，完成于家务果村等8家试点。推动专业合作社规范发展，成立农民专业合作社131个。

园区管理体制机制进一步完善。适应新的发展形势，完善了园区管理体制，建立起区统筹、乡镇领导的“一管委一园区”管理模式，调动了各方建设园区的积极性。商务园利用股东增资、股东借款、银行贷款等方式解决了开发建设资金问题，为园区发展破解资金瓶颈提供了可借鉴的经验。永乐经济开发区理顺机制，全面主导园区开发建设。光机电基地与北京经开投资公司合作开发光机电基地二期，加快了园区发展。

城市管理能力和水平不断提高。完善城市应急管理，编制了应急预案。强化市政设施网格化管理，落实管理责任。加强绿化美化管理，建立定期监督检查制度。加强社区建设，开展了特色楼门创建活动，加强了社区服务站规范化建设。积极推进城乡结合地区社区建设，新建10个社区居委会。加大国家卫生区和国家生态示范区创建力度，完成年度创建任务。

国有资产管理体制改革不断深入。国企改革步伐加快，国有资产向优势行业聚集，结构日趋合理。全资一级企业由46家减少到9家，独立法人单位减少到62家。通州宾馆、北京华翔建筑工程公司等8家企业实现改制。推进企业内部改革，完成通州房地产开发公司辅业剥离和通州百货商场改革。

（六）社会各项事业取得新进步

教育、科技取得新成绩。教育教学条件明显改善，全面完成25所初中校、34所小学校规范化建设，龙旺庄学校投入使用，史家小学通州分校教学楼主体完工，潞河中学分校二期建设顺利。教育教学水平不断提高，高考上线率达到83%，继续名列郊区县前列。加大引进和培养力度，教师队伍得到优化。选派优秀教师下乡援教，促进了城乡教育均等化。职业教育和成人教育进一步发展，学习型新城区建设稳步推进，终身教育体系逐步构建。大力开展科技创新和科技推广，实施市级火炬计划项目3项，取得专利授权296件。

卫生、文化、体育事业取得新进展。改善医疗卫生服务，区第二医院住院楼投入使用，完成111个社区卫生服务站和新中医医院建设，潞河医院手术病房楼开工建设。潞河医院成为首都医科大学教学医院，加快了建成区域综合医疗中心的步伐。有效控制手足口病疫情，积极应对“三鹿奶粉事件”，筛查辖区婴幼儿1万余例，积极参加抗震救灾，圆满完成赴川医疗任务。加快文化设施建设，韩美林艺术馆投入使用，社区群众文化服务中心主体完工。广泛开展文艺演出星火工程、农民艺术节等系列活动，丰富了群众文化生活。依托运河文化品牌，推出运河水上游、三庙一塔文化游等活动。加强体育设施建设，“一馆两场”投入使用，新增60余处全民健身设施，全民健身活动蓬勃开展。

劳动就业、社会保障等民生工作取得新成效。深入贯彻《就业促进法》和《劳动合同法》，多渠道开发就业岗位，城镇登记失业人员实现就业1.5万人，实现农村劳动力转移就业1万人次。完善“零就业家庭”援助长效机制，确保了动态清零。社会保障体系不断完善，“老年保障”和“新农保”制度顺利实施，为6.1万名城乡无保障老年人发放保障金1.5亿元，累计参加新农保人员达14.5万人，实现居民养老保险制度城乡全覆盖。完善城乡低保制度，提高城低保、农低保标准，建立了农村五保供养标准增长机制。保障性住房工作扎实推进，玉桥东小区、芙蓉花园等6个保障性住房项目全部开工建设，1193户签订购房合同。为民办实事工程扎实推进。完成城镇直管危房408户拆迁改造任务，实现了“无城镇危房户”的目标；完成玉带河下游盖板、通济桥改造等工程；完成西海子、大稿村等6家社区菜市场规范化改造，净化了周边市容环境。

同时，积极投入抗震救灾工作，募集各类救灾款物价值4896万元。人口与计划生育、妇女儿童、广播电视、档案等各项事业全面发展。

各位代表，过去一年的成绩，是全区人民团结一致、拼搏进取、努力奋斗的结果。在肯定成绩的同时，也应清醒地看到，面对新的发展形势，经济社会发展中仍然存在一些矛盾和问题。一是认真落实科学发展观，在转变发展方式，创新体制机制，建设“人文新城、科技新城、绿色新城”等方面还需做大量工作。二是经济增长速度放缓，投资增长乏力，重大产业项目支撑作用不足，经济增长稳定性不强，调整产业结构，提升经济总量的任务依然繁重。三是经济社会发展和区域发展不平衡，教育、医疗、体育等社会公共服务发展相对滞后，乡镇发展差距加大、农民增收缓慢等问题需予以关注，还需进一步加大统筹协调的力度。这些问题需认真分析，采取措施加以解决。

二、2009年发展环境和国民经济、社会发展主要目标

2009年是全市深入学习实践科学发展观，建设“人文北京、科技北京、绿色北京”的第一年，是外部环境继续发生深刻变化，确保经济平稳较快发展的关键一年，也是成功举办奥运后全面启动新城建设之年。通州进入了一个新的发展阶段，面临的形势复杂多变，需要认真分析，全面研判，统筹安排好2009年国民经济和社会发展计划。

（一）发展机遇与挑战并存，总体上机遇大于挑战。

2009年，国际金融危机对实体经济的影响进一步扩散，经济发展面临诸多不确定因素：一是宏观经济形势不容乐观。世界经济衰退，增速放缓，通货膨胀预期、国际资本流向、初级产品价格走势等存在很多变数，经济恢复需要一个相对较长的时间。二是金融危机对我国实体经济的影响已经显现。企业经营困难的波及面已由沿海向内地蔓延，由中小企业向大企业蔓延，由出口企业向一般企业蔓延，对家电、服装、汽车等行业影响进一步加深。三是经济危机持续深入，对发展带来一定压力。受实体经济收缩、企业利润下降、房地产市场低迷、增值税转型等多种因素影响，财政、税收平稳增长面临较大压力。实体经济经营压力增大，吸纳新增就业的动力放缓，对就业、收入等民生领域将产生一定影响。

在分析不利因素的同时，也要清醒的看到，全国经济社会发展基本面还是好的，国际、国内应对危机采取积极行动，在挑战中蕴含着新的机遇。一是国家和北京市扩大内需政策带来的投资机遇。为抵御国际经济环境对我国的不利影响，国家决定实行积极的财政政策和适度宽松的货币政策，出台了一系列扩大内需的政策措施来保增长。市委、市政府落实国家政策，加大政府投资力度，引导社会投资，有利于我们争取一批事关新城发展的重大项目，夯实发展基础。二是国家加快农村改革、促进城乡一体化发展带来的机遇。十七届三中全会做出了新形势下推进农村改革发展若干重大问题的决定，提出了加强农村制度建设、发展现代农业、发展农村公共事业等一系列政策措施，为我区进一步加快社会主义新农村建设、促进城乡统筹发展带来了机遇。三是新北京、新发展带来的机遇。北京成功举办奥运会后，提出继承奥运财富，巩固奥运成果，建设“人文北京、科技北京、绿色北京”的目标，全面启动新城建设，为通州新城加强基础设施建设和产业发展、完善公共服务功能等各项工作带来了机遇。四是外部环境对结构调整带来的机遇。在“优胜劣汰”市场机制和政府引导政策双重作用下，有利于加快企业重组和产业结构调整步伐，加快发展高端高效产业，调整优化产业结构。

总体上看，2009年发展的外部环境存在一些不利因素，短期内发展面临着诸多挑战，但国家扩大内需政策的积极效应将逐步显现，全市经济持续增长的动力不断增强，我区经济社会仍具备保持平稳较快发展的基础和条件。

（二）发展计划安排的思路和主要原则

合理安排2009年的发展计划，要以科学发展观为统领，落实党的十七届三中全会和中央经济工作会议精神，按照区委的总体部署，体现“六个坚持”，做到“五个统筹”。即：坚持落实中央保增长、扩内需、调结构的各项措施，促进经济平稳较快发展；坚持结构调整和自主创新，大力发展现代服务业和高端产业，努力促进发展方式转变；坚持以人为本和改善民生，大力推进以民生为重点的社会建设，促进社会和谐；坚持继承和巩固奥运成果，推广奥运期间形成的运行机制和管理经验，提升城市管理水平；坚持推进改革，以改革创新的精神开展各项工作，不断增强发展动力；坚持环境保护和资源节约，促进生态文明进步，为建设“人文新城、科技新城、绿色新城”奠定坚实基础。统筹好新城建设和产业发展，做到业城协调。既要加快推动新城建设，又要大力促进产业发展，推进结构调整和发展方式转变，在新城建设中充分培育产业，在产业壮大中支撑新城建设。统筹好经济和社会发展，做到全面推进。既要落实好各项保增长的措施，促进经济平稳较快增长，又要全面加强社会和民生建设，不断完善综合服务功能，提高新城社会建设水平。统筹好城乡发展，做到发展一体化。既要加大新城建设力度，又要统筹兼顾城乡协调发展，着力加大农村投入，完善农村设施，壮大农村经济，实现城乡一体化发展。统筹好经济发展与生态环境保护，建设绿色新城。既要注重保持经济平稳较快增长，更要注重生态文明，建设“资源节约型和环境友好型”新城，实现经济增长与人口、资源、环境的和谐统一。统筹好新城建设和底蕴传承，凸显新城特色。既要突出新城现代化和国际化气息，又要体现城市景观、自然历史、产业功能等特色，打造城市景观名片、历史文化名片和产业特色名片，建设百年新城。

（三）2009 年经济社会发展主要指标

主要调控目标建议如下：

——一般预算收入比上年增长8%

——城镇登记失业率控制在3.5%以内

——万元地区生产总值能耗比上年下降5%

——食品抽检合格率稳定在90%以上

——药品抽检合格率保持在99.5%以上

主要预期目标建议如下：

——地区生产总值比上年增长10%

——全社会固定资产投资额比上年增长10%

——社会消费品零售额比上年增长12%

——城镇居民人均可支配收入比上年增长9%

——农民人均纯收入比上年增长9%

三、实现2009年国民经济、社会发展计划的主要措施

（一）着力扩大投资，增强对经济增长的拉动作用。

注重扩大投资，保持合理的规模和速度。保持政府投资的适当规模。抓住国家和市里增加投资的机遇，进一步扩大政府投资规模。拟安排实施重点政府投资项目30项，其中，续建项目7项，可开工项目23项，预计实现投资48亿元。优化投资布局，突出建设重点，促进投资空间布局优化和城乡均衡发展。重点加快运河核心区、商务园、宋庄文化创意产业聚集区等城市产业功能区和旧城棚户区、城中村改造、重要节点以及重点镇和新农村等重点区域的建设步伐。调整投资结构，加强以完善城市基本框架为重点的道路交通设施建设；加强以完善供热、污水处理、电力等为重点的市政基础设施建设；加强以学校、幼儿园、医院、文化、消防等为重点的社会公共服务和改善民生等项目建设；加强以水系治理、景观绿化、生态公园等为重点的生态项目建设；加强重点镇、新农村基础设施和公共服务设施建设；加强以产业园区为重点的产业基础设施和配套设施建设。努力争取上级政策支持。加大沟通协调力度，筛选一批符合国家、市投资方向的见效快、带动作用大的基础设施和产业项目，积极争取资金支持。

加强对社会投资的引导和放大。通过改善基础设施和公共服务设施条件，引导社会资本的投资跟进。加大产业项目推进力度，促进已批产业项目早开工，实现年度投资。落实市加快产业发展的鼓励政策，通过政府贴息和补助等，重点支持产业功能区基础设施、企业技术改造、自主创新以及现代服务业发展。进一步加大融资力度，鼓励符合条件的各类项目进行市场化融资。努力稳定房地产开发投资，合理规划重点区域大型公建、商务地产规模，支持楼宇经济和生产性服务业发展。以加快保障性住房建设为带动，加快推进一批房地产项目建设，促进房地产业投资稳定增长。加快土地一级开发和征地拆迁工作，为社会投资落地创造条件。

激发投资信心，保持发展活力。注重提高公众对新城建设和发展的信心。积极宣传贯彻全市保增长政策和具体措施，积极宣传新城建设和发展的有利条件，增强社会各界对新城投资建设的预期。研究出台促进园区和功能区发展、重大项目落户、新城开发与旧城改造以及改善民生等一系列具体措施，增强社会资本参与新城开发建设的信心。

（二）着力推进产业结构调整，加快新城产业发展。

抓产业项目引进和建设，培育新增长点。把总部型、高附加值、生产性服务业作为引进大项目的重中之重，力争每个乡镇都有大项目落户，每个园区引进或签约2—3个高端项目。促进中国传媒大学科技城、中石油华北区销售总部、华立药业、中唱文化产业园等一批项目签约。促进京华客车二期、国际电子商务中心、天宇朗通二期、捷宸阳光、中冶焊接等项目竣工投产。促进玲珑集团、苏宁二期、雨润二期、正元矿业等一批项目开工建设。推进金融街分区、IDC产业城等一批签约项目前期手续的办理，力争早日开工。

抓产业园区建设，提高承载能力。加强和深化园区产业定位研究。按照“一园一特色”的要求，高起点、差异化的确定产业定位。加强园区内部结构调整，推进光机电基地、金桥基地等具有基础的园区，加大资源盘活力度，引导“小、高、低”企业退出，拓展发展空间，促进产业升级。加快推进商务园、宋庄文化创意产业集聚区等起步园区高起点、高标准、高端化发展。加强园区基础设施建设。完成光机电基地经海五路、嘉创一路等道路建设，开工建设金桥基地环科东二路、景盛北二街和物流基地融商三路等一批路网。完成光机电基地变电站和通州经济开发区东区开闭站、物流基地开闭站外连线工程，推进通州经济开发区西区酒店等配套服务设施建设，不断提高园区承载能力。

强化宣传推介，搭建产业发展平台。优化产业服务环境，完善和落实重大项目联席会议、领导干部联系项目等制度。加大品牌宣传推介力度，积极利用好金融街分区、光谷创新置业、联东U谷等园中园招商媒介。做好重大活动招商推介。借助京港洽谈会、金博会等活动，继续包装一批重大项目，主动出击，广泛接触，做好展会招商。认真组织好园区商务论坛、商务年会等活动，做好节会招商。广泛捕捉各类信息，瞄准重点地区和行业，做好上门招商。

（三）着力抓好重点工程建设，增强城市综合功能。

加快道路基础设施建设。继续完善新城框架和功能区配套设施建设，确保朝阳北路东延、温榆河西滨河路等道路完工；开工建设潞苑北大街、玉带河东大街东延、内环路东段等工程。完善区域交通设施建设，完成张凤路、九德路、京榆旧路三期等工程建设；促进宋郎路北延、徐尹路、窑平路等工程开工建设。加快推进M1支线轨道交通、六环西侧路北延、京沈北侧街、玉桥西路南延、九棵树中路、潞苑南大街等项目前期手续的办理，力争早日开工。

推进市政基础设施建设。完成5号燃煤锅炉房、消防指挥中心和特勤站建设；加快实施河东再生水厂及配套管网、三河热电向新城供热项目一期等工程；加快土桥公路客运综合枢纽、通惠河北部城区污水截流等一批工程前期手续办理；推进新城电力设施建设，实施乔庄和郝家府110KV变电站建设。

加强生态环境建设。加大北运河水系治理力度，实施运河城市段水环境改善项目。加快构建新城景观体系，开工建设北运河万亩滨河森林公园工程，实施潮白河、运潮减河右堤路改建，形成环形景观带。加快推进丰字沟综合改造、运河源头景观公园等项目。完成30个花园式单位、2个园林小城镇绿化达标创建工作。继续实施四条奥运绿色通道建设、第二道绿化隔离地区、平原治沙等一批绿化美化工程。开展生态示范区建设，力争年内达到验收标准。

（四）着力抓好新城开发建设，加快城市建设步伐。

加快规划实施和新城建设问题研究。全面落实通州新城近期建设规划，合理确定开发时序，结合一级开发项目，加快新城重要节点的控规编制和报审，推动重点地区、重要节点土地储备和一级开发。完成土地利用总体规划修编工作，编制土地储备和一级开发专项规划。突破新城建设瓶颈问题。创新以政府为主体的土地一级开发机制，完善土地收益分配办法。加强对旧城、旧村改造和征地拆迁政策的研究，完善补偿办法。加强新城建设相关标准问题研究，为高标准开展新城建设提供规划指导。

加快新城功能区开发建设。加快运河核心功能区开发，完成3号地整体征地工作，启动5号地块拆迁工作，推进6号地一级开发。加快商务园开发建设，推进拆迁工作，力争五个地块具备上市条件，为金融街分区、阳光保险等种子项目入驻奠定基础。加快园区内基础设施建设，完成变电站、中央景观大道及园区内部分路网建设。推进宋庄文化创意产业集聚区建设，加快一级开发进程，启动征地拆迁工作，开工建设公共服务平台。

加快新城重要节点开发建设。在重要节点地区引导建设大型商务中心、城市综合体和高档写字楼，大力发展节点城市经济。推进北苑商务区开发前期工作，加快银地大厦地区的拆迁进度，尽快启动科技大厦建设。推进宏鑫花园和通州宾馆五星级酒店建设，加快节点开发进程。

（五）着力抓好新农村建设，促进城乡一体化发展。

加快发展都市型现代农业。推进农业产业结构调整，壮大优势产业，加快设施蔬菜、优质林果花卉及标准化养殖等特色产业发展，打造一批“一户一棚”、“一村一品”农业专业村。大力发展设施农业，新建标准化、规模化设施农业1万亩，发展5万亩生态农业示范区和10万亩节水农业示范区。加强农业基础设施建设，实施新河灌区再生水利用五期、中低产田改造和坑塘集雨利用工程。加快休闲观光农业发展，完善漷大路、张凤路等都市农业走廊建设工程，推动环运河、潮白河滨河生态旅游观光带建设。推进产业化经营，壮大一批农业企业。加强品牌建设，打造一批农产品品牌。

加强农村基础设施建设。以重点镇建设为核心，逐步完善乡镇基础设施体系，确保永乐店污水处理厂完工，加快马驹桥和于家务路网建设，各重点镇建成垃圾转运站一座，完善垃圾密闭化收集转运体系，加快台湖中心区路网和污水处理厂、漷县中心区路网、张家湾路网等前期手续办理。继续推进市级基础设施整体推进村建设，改善农村环境。完成120万平方米街坊路硬化、绿化美化工程，继续实施阳光浴室、农村改厕工程。

提高农村公共服务水平。加快农村公共服务设施建设，逐步实现城乡公共服务均等化。继续实施“三起来”工程，推进太阳能路灯、沼气设施和太阳能公共浴室等工程建设。提高农村便民连锁超市服务水平，加强农村信息化建设，推进有线电视入户工程。加快新型农民培养，实施“十大”农民培训工程，提高农民综合素质。

深化农村各项改革。深入落实十七届三中全会精神，深化农村综合改革。继续扩大试点，推进村级产权制度改革。精心组织，积极做好集体林权制度改革。探索建立城乡统一的建设用地市场和更加灵活的土地流转机制，规范推进农村土地管理制度改革，探索尝试集体占地土地流转试点。推进农业经营体制机制创新，加快农业经营方式转变，发展各种农业社会化服务组织。完善新农村公共设施管理办法，从运营主体、管护责任等方面完善公共设施的管护。

（六）着力发展社会事业，增强公共服务能力。

加快教育、科技事业发展。提高教育基础设施水平，确保史家小学通州分校、潞河中学分校二期竣工，完成北京二中分校二期、宋庄镇中心小学等工程建设，加快区职业学校、西集中学等工程前期手续办理，力争早日开工。继续实施教育资源布局调整，完成2所农村小学撤并。全面提高教育质量，稳步推进基础教育和高中课程改革实验工作。大力推进学习型新城区建设，广泛开展各类学习型组织创建活动。加强科技工作，提升区域科技创新能力，实施“观赏鱼产业化提升体系建设”等科技项目。

加快卫生、文化、体育事业发展。提升医疗卫生服务水平，加快潞河医院手术病房楼建设，增强区域综合医疗中心能力，推进区疾病预防控制中心一期项目进程，促进新中医医院投入使用，完成台湖医院、张家湾卫生院、次渠卫生院等改扩建工程。加快文化事业发展，以“迎大庆、促发展”为主题，举办好建国60周年大庆各项活动，丰富群众文化生活。加快文化设施建设，建成社区群众文化服务中心，推进区文化中心项目进程。加强旅游资源整合，以运河水上游、休闲游等为载体，促进旅游业加快发展。继续加强农村图书室、文化广场、数字影院等设施建设。大力发展体育事业，实施区游泳场改造，启动体育活动中心项目，配建基层全民健身工程，举办好“通州区第三届运动会”。

全面加强社会建设。加快建立社会建设工作机构，搭建社会建设的组织和工作运行体系。高起点、高水平做好全区社会建设规划，落实《北京市社区管理办法》和《北京市社区工作者管理办法》，规范社区服务站建设与管理。加大文化楼门建设力度，和谐邻里关系。大力发展社区自治组织和社会组织，进一步提高社区自我管理能力。加强农村社区建设，完善公共服务和便民设施。

（七）着力保障和改善民生，促进社会和谐。

积极扩大劳动就业。完善就业政策体系，多渠道开发就业岗位，新增城镇就业2万人，实现就业困难人员就业5000人，转移农村劳动力就业8000人。深化充分就业社区（村）创建工作，全区充分就业社区（村）达到总数的60%以上。加强劳动技能培训，落实促进劳动就业的各项法规政策，推进小额贷款工作，鼓励和引导城乡劳动者自主创业、灵活就业。

完善社会保障服务体系。加快完善覆盖城乡居民的社会保障体系，各项社会保险基金收缴率均保持在95%以上。进一步落实城乡养老保障制度，稳妥推进城乡无保障老人保障工作。大力推进医疗保险制度改革，做好“一老一小”大病医疗保险新参保及续保工作，推进城镇无业居民大病医疗统筹制度。推进农村新型合作医疗，提高报付率。推广潞河医院“出院即报和随诊随报”试点经验，简化报销手续，方便群众就医。进一步完善城乡社会救助体系，做好与其它医疗保险制度的衔接。加强社会福利机构建设，推进社会福利事业发展。

加快保障性住房建设。加强保障性住房的政策研究，把保障性住房建设与旧城旧村改造、重点区域开发、重点工程拆迁安置、棚户区改造有机结合。加大投资力度，加快保障性住房建设进程，确保半壁店限价房项目竣工，加快推进玉桥东小区和北京工具厂经济适用房以及芙蓉花园、马驹桥限价房项目建设工程。积极推进棚户区改造，力争启动上营片区，改善居民居住条件。

（八）着力加强统筹发展，保障计划顺利实施。

加强经济运行监测和分析。认真落实国家和北京市扩大投资，促经济增长的各项部署，做好政策和措施衔接。加强经济运行和市场经济秩序的监测，及时发现运行中的矛盾及问题，制定有针对性地保障措施，维护正常的经济秩序，确保经济平稳较快增长。

确保税收等各项收入稳定增长。积极主动，采取措施，加大招商引资力度，培育新税源。发挥乡镇是税收增长的主力军作用，加快产业园区发展，为全区税收增长做出贡献。加强对重点税源户的综合服务，强化对重点税种的征管，应收尽收。同时，加强规范管理，促进其他收入稳定增长。

加强项目管理工作。明确责任，协调配合，加强项目的谋划与储备，全力做好前期工作。完善项目滚动管理机制，提高项目前期办理效率。加快项目建设进度，加强对重大项目建设的审核监督，规范建设资金的使用，促进项目管理程序化、制度化、规范化。

各位代表，2009年是充满机遇与挑战的一年。我们要深入贯彻十七届三中全会和中央经济工作会议精神，认真落实科学发展观，紧紧围绕发展这个第一要务，坚持以人为本，全面落实区委四届七次全会和区四届人大四次会议工作部署，奋力拼搏，锐意进取，为全面建设新城区、实现国民经济和社会事业的全面协调可持续发展而努力奋斗！

关于通州区2008年财政预算执行情况和2009年财政预算草案的报告

——2009年1月7日在通州区第四届人民代表大会第四次会议上

通州区财政局局长　刘汝林

各位代表：

我受区人民政府委托，现将通州区2008年财政预算执行情况和2009年财政预算草案的报告提请区第四届人大第四次会议审议，并请政协各位委员提出意见和建议。

一、2008年财政预算执行情况

2008年，在区委的正确领导下，在区人大和区政协的监督指导下，全区上下以科学发展观为指导，紧紧围绕区委四届五次全会和区四届人大三次会议部署，积极克服各种减收、增支因素，加强财源建设，强化收入征管，深化财政改革，优化支出结构，着力改善民生，有力保障了北京新城区建设的顺利进行，预算执行情况良好，全面完成了区四届人大三次会议和区四届人大常委会第十四次会议批准的预算任务。

（一）财政收入预算执行情况

2008年地方财政收入完成339244万元，同比增长39.6%。其中，一般预算收入完成204244万元，同比增长12.5%；基金收入完成135000万元，同比增长120.6%（含土地出让基金收入128000万元）。

（二）区级财力完成情况

2008年区级总财力完成732730万元。其中：

一般预算总收入511990万元。包括：地方一般预算收入204244万元，市体制返还及转移支付补助资金123233万元，市追加专项资金126000万元，上年结转58513万元。

基金预算收入220740万元。包括：本年收入135000万元，市级追加专项48900万元，上年结转36840万元。

（三）财政支出预算执行情况

区四届人大三次会议批准：2008年财政支出预算为330141万元。后经区四届人大常委会第十四次会议批准，财政总支出调整为575000万元，实际总支出为576763万元，其中，一般预算支出446548万元，比上年决算增长14%；基金预算支出130215万元。

1、一般预算支出446548万元，主要支出情况如下：

一般公共服务支出48987万元，比上年增长12%。

国防支出598万元，比上年增长45.9%。

主要用于武装部民兵建设支出。

公共安全支出31054万元，比上年增长15.4%。专项资金主要用于看守所建设经费、奥运安保支出、消防指挥中心和特勤站建设、电视电话会议系统建设以及公检法司设备购置、岗位津贴等。

教育支出66270万元，其中区本级支出52274万元，比上年43755万元增长19.5%，高于财政经常性收入增长比例（财政经常性收入增幅为6%，下同），符合法定增长要求。专项资金主要用于史家小学通州分校建设、北京二中通州分校改扩建、张家湾中学体育馆、于家务中学、职业教育实训基地建设、中小学办学条件达标工程、操场改造、校舍修缮、教学设备购置、小学规范化建设等。

科学技术支出9596万元，其中区本级支出1288万元，比上年1208万元增长6.6%，高于财政经常性收入增长比例，符合法定增长要求。专项资金主要用于北运河通州段水环境改善研究与示范项目、生产力促进型体系建设及公共浴室节能环保技术、生物技术与节能环保技术综合运用等支出。

文化体育与传媒支出4512万元，比上年增长11.9%。专项资金主要用于农村和社区等基层文化设施建设以及奥运火炬传递、奥运数字大屏幕建设、体育后备人才经费支出等。

社会保障和就业支出61564万元，比上年增长31.8%。专项资金主要用于城乡无保障老年人福利金、新型农村社会保险基础养老金、城（农）低保补助、“一老一小”医疗保障、行政事业单位离退休经费、供热补贴、退役安置等支出。

医疗卫生支出29724万元，其中区本级支出22826万元，比上年19436万元增长17.4%，高于财政支出增长比例，符合法定增长要求。专项资金主要用于新型农村合作医疗补助、社区卫生服务中心经费、村医工资保险、公费医疗、疾病预防控制、医疗设备购置、创建国家卫生区等。

环境保护支出16375万元，比上年增长718.3%。增幅较大的主要原因是市级专项支出增加，同时部分基本建设项目按功能分类划分到环境保护支出科目。专项资金主要用于京津城际铁路及机场重点绿色通道建设、河东污水处理厂工程、清洁能源供暖补贴、平原治沙工程、大气治理、环境监测等。

城乡社区事务支出48811万元，比上年增长24.9%。专项资金主要用于道路维护养护、垃圾收集清运、城市绿化养护、城乡环境整治、街区改造、社区基层公益事业、廉租住房补贴等。

农林水事务支出67909万元，其中区本级支出25174万元，比上年22486万元增长12%，高于财政经常性收入增长比例，符合法定增长要求。专项资金主要用于农业结构调整补贴、新农村建设资金(包括“三起来工程”建设项目、大型沼气集中供热工程、村级太阳能公共浴室建设项目等)、土地治理项目、绿色通道绿化工程、农业综合开发产业化经营项目、小型农田水利资金、小城镇基础设施建设等。

交通运输支出3309万元，比上年增长31.9%。专项资金主要用于小公共运营补贴、交通支队奥运安保补助、交通执法经费等。

工业商业金融等事务支出31557万元，比上年增长2.1%。专项资金主要用于区乡两级促进产业发展、扶持中小企业、政策奖励兑现、环保产业园区标准化厂房建设、奥运会期间八里桥市场减免补助、津京输油管道地上物占压隐患消除经费等。

其他支出26282万元。专项资金主要用于偿债资金、住房公积金、抗震救灾、部分涉奥资金以及不能具体划分到上述功能科目的支出。

2、基金支出130215万元，主要用于城市基础设施、残疾人就业保障、新型墙体材料、林业保护与管理等支出。

2008年区级总财力732730万元，总支出576763万元。按照“收支平衡、略有结余”的原则，收支相抵后结余155967万元。其中：一般预算结余65442万元，具体包括：市级专项结转30800万元，乡镇结转15000万元，往来款挂账9500万元，区本级净结余10142万元；基金结余90525万元（定项支出用于全区基础设施建设的土地出让金、残疾人保障金等）。

需要说明的是，上述数字是根据预算收支情况初步汇总的结果，待地方财政决算完成后，还会有所变化。

总的来看，2008年预算执行情况良好。财政收入顺利完成年初制定的增收任务，保持了平稳增长；财政支出保障了经济社会发展的需要，支出结构不断优化，重点支出得到有效保障；财政改革进一步深化，财政管理水平稳步提高。财政收支平稳，圆满完成了全年预算任务。

二、2008年财政主要工作

（一）积极应对挑战，财政增收目标顺利实现

2008年是不同寻常的一年，受国内外经济环境复杂多变的影响，我区财政收入增速逐步放缓，到10月份，全区一般预算收入累计增幅一度达到11.2%的最低点。面对这一局面，财税部门做了大量艰苦细致的工作，坚持多策并举，把组织收入作为核心工作抓实抓好，各乡镇、园区也做出了积极贡献，保证了增收目标的顺利完成。一是围绕财税政策调整和财经形势发展，深入乡镇和园区进行调研分析，密切关注全区财经走势，及时采取应对措施，积极组织各项收入。二是加大税收征缴力度，进一步优化纳税服务，创新征管机制，强化税源监控，避免征管漏洞。同时，加大稽查力度，严厉查处税收违法行为，净化税收征管环境，确保应收尽收。三是加强非税收入征管，制定了《关于深化行政事业单位“收支两条线”管理的意见》，组织开展非税收入和财政票据大检查，保证非税收入及时足额入库，全年非税收入累计入库16800万元，同比增长68%。四是积极争取上级资金支持，加大项目库建设力度，多方筹措财政资金，全年到位市级专项资金126000万元，比去年同期增长34.2%。五是乡镇、园区税源建设工作明显加强，主动为区内企业做好服务，引导企业依法主动纳税，为全区收入增长做出了积极贡献。通过各方努力，圆满完成12%的一般预算收入增长任务，为我区经济社会的健康协调发展提供了资金保障。

（二）充分发挥财政职能，财政增收基础得到巩固

充分发挥财政资金的引导作用，科学运用财政资金和财税政策手段，促进区域经济健康发展。支持区域产业结构调整，运用财政鼓励政策，大力支持中冶焊接、捷宸阳光等一批企业落地建设，引导产业优化升级。支持产业园区建设，通过贷款担保等政策手段，筹集园区基础设施建设资金，不断优化区域发展环境，提高区域产业承载能力。加大对中小企业扶持力度，重点支持了中小企业技术改造、“大顺斋”、“小楼饭店”等老字号企业发展、八里桥市场建设、发展农村连锁超市等项目。完善中小企业信用担保机制，加大中小企业融资担保力度，全年共为中小企业提供担保贷款28930万元，有力促进了中小企业发展。区域经济活力进一步增强，财政增收的基础更加稳固。

（三）加强资金调度，财政应急保障能力实现新提高

面对奥运举办、地震灾害和食品安全等重大事件，合理调配资金，在财力紧张的情况下，压缩公用经费及一般专项支出，着力提高财政应急保障能力。为实现平安奥运的工作目标，按照急事急办、特事特办的原则，加强资金调度，区乡两级投入资金13500余万元（其中乡镇支出7500万元），保障了奥运火炬通州段传递、奥运安保、奥运会残奥会志愿者培训等各项涉奥工作的顺

利进行。汶川地震发生后，紧急安排援助资金320余万元，购置药品及医疗器具，为通州援建灾区医疗队提供了必要的经费保障。按照全市统一部署，筹集资金1818万元支持灾区对口援建工作。针对小儿手足口病及婴幼儿奶粉事件的发生，及时投入资金260万元，保证全区手足口病防治及婴幼儿奶粉事件中患儿筛查救治工作顺利开展，群众权益得到切实保障。

（四）加大社会各项事业投入，全区民生建设取得新发展

社会保障投入进一步加大。全面落实城乡无保障老年居民保障政策，为61000名城乡无社会保障老人和7500名享受新农保人员发放保障金17174万元。完善城乡社会救助体系，投入资金5500万元，为11000名城乡低保人员发放低保金及粮油帮困补助，保证优抚、社救对象基本支出，有效保障了困难群体基本生活。支持社区卫生服务机构“收支两条线”改革，投入资金近4000余万元，保证社区卫生服务机构各项工作的顺利开展。进一步提高新型农村合作医疗财政筹资补助标准，人均筹资标准从220元提高到320元，切实解决群众看病难、看病贵问题。安排资金741万元，解决全区“一老一小”医疗保障问题。落实各项就业再就业政策，投入资金3000余万元，采取就业扶持、职业介绍补贴等手段，引导城乡失业人员实现再就业。积极落实复转军人安置工作，投入资金2800万元，保障军队离退休老干部安置、退役士兵自谋职业补助及义务兵优待资金的及时发放。加大保障性住房政策资金投入，提高住房公积金缴存比例，支持经济适用房、两限房等工作开展，住房保障得到改善。

教育事业得到切实保障。支持全区教育事业发展，区与乡镇用于教育的总投入达85000万元。进一步改善教育基础设施水平，重点支持史家小学通州分校、北京二中通州分校二期、于家务中学等一批学校基础设施建设。进一步提高教师工资待遇，落实为教师办实事及教育资助减免政策等资金需要，教育保障能力进一步提高。

科技文化体育事业深入推进。投入资金9232万元，重点支持北运河通州段水环境改善等科技创新和科技示范项目。投入资金3854万元，加快文化体育设施建设步伐，完成区体育场改造，新装60余处全民健身设施，完成社区群众文化服务中心改造工程，新建村级文化活动中心38个，村级文化广场23个。加大文化向农村和基层的倾斜力度，推动“文艺演出星火工程”、“农民艺术节”等艺术下乡活动。支持奥运文化广场系列活动，文化通州建设得到有力推进。

满足政府为民办实事项目资金需要。积极落实政府为民办实事资金，预算内外总投入29745万元，全力保障旧城区街巷整治、规范化社区建设、改造城区街巷照明设施、扶贫帮困等实事项目的资金投入。完成西海子市场改造、玉带河盖板工程、建成15个农村社区服务站、支持8所小学规范化建设、资助176名贫困大学生入学等，一批事关群众利益的热点、难点问题得到解决。

（五）紧抓奥运契机，着力提升城市服务保障水平

投入预算内外资金158000万元，支持了朝阳北路东延、温榆河西路、壁富路等一批城市路网体系建设，启动城西燃煤锅炉房整合，完成西田阳垃圾填埋厂二期、梨园垃圾转运站建设，城市综合承载能力进一步增强。按照绿色奥运要求，加大城市综合治理资金投入，支持了航空走廊可视区环境整治、火炬传递路线环境治理、清洗粉饰主要大街建筑外立面、城市景观绿化美化等工程，新城面貌得到改善。

（六）加大财政支农投入，新农村建设取得新进展

加大新农村建设投入，扩大公共财政覆盖范围。一是推进农业产业化建设，投入资金13500万元，促进农业产业结构调整，支持漷大路都市型现代农业走廊以及南瓜园、

观赏鱼等一批农业主题公园建设，大力发展都市型现代农业。二是支持设施农业建设，投入农业综合开发资金8500万元，实施中低产田改造，新建设施农业1万亩。三是保障新农村基础设施建设投入，投入资金33300万元，加快实施农村改水改厕、道路硬化、安全饮水改造、村垃圾密闭化管理等工作，支持“农村亮起来、农民暖起来、农业资源循环起来”工程，农民生产生活环境得到改善。四是落实各项惠农支农政策。针对婴幼儿奶粉突发事件，安排资金210万元对部分奶牛养殖户实行临时性财政补贴，减少奶农经济损失。提高粮食补贴标准，全面实行一卡通发放方式，共发放粮食直补资金5580万元，广大种粮农民得到更多实惠。五是着力推进农业生态化发展。安排资金7400万元，保障了绿色通道工程以及第二道绿化隔离地区占地补偿和管护资金投入。安排水利专项5787万元，保障城市防汛和乡村水环境保护建设投入。推进农业病虫害防治工作，确保美国白蛾防治等工作有效开展。六是全面促进农村公共事业发展，加大农村社会保障、教科文卫体等方面投入。投入资金6073万元，支持农村公益事业发展，加快和谐村、镇建设。

（七）深化财政管理改革，科学理财水平实现新提高

深化国库集中支付制度改革。全区60家一级预算单位与125家全额拨款二级预算单位全部实行国库集中支付制度，统一纳入国库集中支付业务系统。针对个别单位将零余额账户资金导入基本账户的违规行为，及时开展专项大检查，加强账户监管，确保改革真正取得实效。

深化部门预算改革。创新预算管理机制，部门预算实现两个突破。一是突破原预算编制模式，将全部收入纳入预算编制，实现预算内外资金、单位自有资金、政府性基金的统筹管理，增强了预算透明度，保障了预算执行的科学性。二是突破原有预算编制级次，全面细化二级单位部门预算，保证二级预算单位集中支付改革的顺利进行。

推动政府采购健康发展。进一步扩大政府采购规模，将会议接待、房屋修缮等服务类项目纳入采购范围，完成46所中小学的校舍维修和操场改造项目的政府采购。进一步规范采购行为，在全区政府部门开展政府采购执行情况专项检查，在一定程度上避免单位自采行为。加强政府采购资金结算管理，建立了政府采购支付专户，专门用于政府采购项目资金结算，提高采购资金的拨付效率。全年完成采购项目238项，政府采购资金总额30382万元，节约资金2614万元，资金节约率达8%。

深化投资评审制度改革。完善政府投资评审机制。进一步拓宽评审范围，前移评审关口，强化源头把关。全年完成评审项目261项，送审资金268206万元，审减资金51209万元，审减率19.1%。在对新城重点工程进行评审的基础上，将部分乡镇基础设施建设项目也逐步纳入评审范围，完成乡镇评审项目17项，送审金额35049万元，审减资金6960万元，审减率19.9%，乡镇财政资金使用效益得到提高。

强化乡镇财政财务管理。积极推进乡镇财务网络化管理，11个乡镇全部实现集中财务软件管理。探索乡镇财政管理改革新模式，制定出台了《关于加强乡镇财政投资评审和政府采购的指导意见》、《关于乡镇国有资产管理职责和工作程序的指导意见》，同时加强业务指导，组织专题培训班两期，参训人员100余人次，为规范乡镇财政支出和加强国有资产管理奠定基础。

加强行政事业单位国有资产管理。一是加大国有资产管理人员培训力度，共开展13期软件操作培训，参训530余人次。二是完成全区二级单位以上资产动态管理网络的建设工作，收集单位上传资产数据卡片62万张，资产总额47亿元。三是启动“一物一卡一条码”的资产管理模式，在全区所有行政

事业单位全面推行。四是下发《关于在全区行政事业单位进行国有资产出租、出借、对外投资检查的通知》，对资产收益情况进行专项检查，摸清单位家底，使部门预算安排更加科学合理。五是加强资产处置管理。批复处置了56家预算单位的报废资产1779万元，电子废弃物186万元，并将有利用价值的物资调拨到公物仓。六是加强国有资产的整合流转。充分利用公物仓这一平台，推动全区行政资源特别是办公设备的流转。累计出入库物资达134批次，调拨、调剂办公设备等物资742件，实现资产跨部门流动，有效节约了财政资金。

推进绩效考评工作。积极开展项目绩效考评试点工作，探索以“结果”及“追踪问效”为导向的财政支出绩效评价管理模式。选取11个资金量大、社会效益明显的财政投资项目进行绩效考评，涉及行政政法、教科文卫、城建、社保、农业等多个领域，考评资金达7687万元，财政资金使用效益进一步提高。

加强会计管理工作。认真执行《会计法》，加强会计行业监管，加大会计信息质量监控力度，不断强化会计基础工作。圆满完成会计从业资格考试、初级会计职称考试报名组织工作。认真开展会计人员继续教育培训及日常会计从业资格管理工作，全区会计管理水平进一步提升。

（八）坚持依法理财，财政服务效能实现新提高

依法加强资金监管。建立健全财政监督机制，严格执行财政资金追踪问效制度，对专项资金支出进度和使用效益进行跟踪检查，全年共检查市区专项资金107项，资金总额32494万元，资金拨付和使用程序更加规范。积极开展财政内部审计工作，对所有财政资金的运行进行全过程监控，财政资金使用的规范化水平明显提高。进一步加强政府债务管理，严格控制政府信贷规模，加大对政府或有债务监管，有效维护了政府信誉。

认真接受依法监督。严格执行《预算法》、《北京市预算监督条例》等法律法规，认真接受区人大依法监督和区政协民主监督，依法向人大报送预算编制、预算执行以及决算等财政报告，定期邀请区人大和区政协听取财政工作汇报，使财政工作更加规范、高效和透明。

各位代表，过去一年，面对错综复杂的国内外经济环境，在区委的正确领导和区人大、区政协的监督、指导和支持下，财政工作取得了一定成效。但同时也应清醒地看到，面对新的形势，财政工作还面临一些困难和问题：一是经济增长速度放缓，保持财政收入较快增长的难度进一步加大，组收任务比较艰巨。二是经济社会的发展对改善民生以及加快社会各项事业的发展提出了更高要求，公共财政保障能力有待进一步增强。三是随着财政支出规模逐年加大，对财政管理工作提出了更高的要求，深化财政改革的任务较为繁重。四是重增量投入、轻存量管理的现象依然存在，勤俭干事业的意识有待进一步增强。这些问题需要认真分析，采取有效措施切实加以解决。

三、2009年财政预算草案

2009年是新中国成立60周年，是实现“十一五”规划目标的重要一年，是成功举办奥运会后全面启动新城建设之年，也是实行新一轮市与区县财政体制改革的起始之年。面对新形势、新任务、新要求，财政工作要按照区委四届七次全会和区四届人大四次会议的各项部署，立足科学发展，合理编制财政预算，积极组织收入，优化支出结构，着力构建公共财政体系，努力为全区经济和社会事业的发展提供坚实的财力保障。

按照以上要求，本着积极稳妥、统筹兼顾、有保有压、集中财力办大事的原则，2009年财政预算草案安排如下：

（一）2009年财政收支预算

财政收入预算：2009年，区级可支配财

力453251万元。其中：一般预算收入220584万元，较上年增长8%；市体制补助收入132000万元；区本级净结余10142万元。基金预算收入90525万元（上年结余）。

财政支出预算：财政支出预算安排453251万元，其中：一般预算支出362726万元，基金预算支出90525万元。

一般预算支出具体安排如下：基本公共管理与服务支出48000万元；国防支出600万元；公共安全支出23000万元；教育支出52100万元；科学技术支出2500万元；文化体育与传媒支出2800万元；社会保障和就业支出45000万元；医疗卫生支出22000万元；环境保护支出2500万元；城乡社区事务支出36000万元；农林水事务支出40000万元；交通运输支出2500万元；采掘电力信息等事务支出38500万元（主要对应调整前“工业商业金融等事务”科目的采掘业支出、制造业支出、建筑业支出、电力监管支出、工业和信息产业监管支出、安全生产监管支出、国有资产监管支出、支持中小企业发展和管理支出等）；粮油物资储备及金融监管等事务支出1000万元（主要对应调整前“工业商业金融等事务”科目的粮油事务支出、粮食风险金、商业流通事务支出、物资储备支出、金融业监管支出、旅游业管理与服务支出、涉外发展服务支出等）；地震灾后恢复重建支出2050万元；其他支出44176万元。

基金支出预算：安排90525万元。主要用于城市基础设施建设、全区重点工程、残疾人就业保障、新型墙体材料及林业管理保护等方面支出。

（二）2009年财政预算安排考虑的主要因素

1、收入预算安排所考虑的主要因素。从有利因素方面来看：国家适时调整的积极财政政策和适度宽松的货币政策、全市新城建设的全面启动，为我区经济发展提供了新的机遇和有力支持。乡镇和园区发展增势平稳，产业结构不断优化，税源建设成效明显，经济发展的内在动力不断增加，财政增收的基础更加稳固。从不利因素来看：增值税转型、消费税、营业税条例重新修订、所得税税制改革、部分行政事业性收费项目取消等税费制度改革将使财政收入增长面临较大压力。落实高新技术、节能减排等产业发展的税收优惠政策也将对收入产生影响。房地产业发展形势不容乐观，个别重点税源减收等因素进一步加剧组收压力。另外，一次性和特殊性收入形成了2008年收入的较高基数。综合考虑上述因素和新城功能定位，按照“实事求是，积极稳妥”的原则，安排2009年预算收入220584万元，同比增长8%。

2、支出预算安排所考虑的主要因素。按照公共财政的要求，进一步优化财政支出结构，科学合理安排预算资金，集中财力保证重点支出需要。一是确保法定增长。重点加大对“三农”、教育、科技、就业、社会保障、医疗卫生、生态环境等方面的投入，优先保障和改善民生。二是促进经济增长。发挥财政资金“四两拨千斤”的引导和放大作用，建立产业发展专项资金，制定实施企业发展奖励政策，促进产业结构调整和优化升级，进一步壮大财政增收的基础。三是强化预算控制。坚持勤俭干事业的原则，大力压缩一般性支出。按照财政部、市财政局要求，全区公用经费支出预算编制坚持负增长的原则，进一步降低行政运行成本，集中财力保障新城建设和新农村建设等重点支出。

四、应对挑战、扎实工作，确保圆满完成2009年预算任务

（一）坚持科学发展，确保财政收入稳定增长

充分发挥财政促进经济发展的职能，实施积极的财政措施，扩大财政资金和财政政策对经济发展和引导投资的支持力度。一是安排5000万元产业发展资金，促进产业优化升级。制定科学合理的财政扶持政策，重点支持高端商务、文化创意、现代物流等产业

发展，努力培育新的经济增长点。同时，继续加大中小企业贷款担保力度，支持原有税源做大做强。二是以调整优化财税结构、增加区级财力为重点，研究制定行之有效的促进区域内企业发展的奖励政策，引导符合区域功能定位要求的产业发展。三是强化收入征管工作和经济运行监测，建立财政、税务、乡镇收入征管联动机制，加大对重点税源、零散税源及非税收入的征缴力度，做到应收尽收。加强经济运行监测，密切关注税源和税收结构变化，及时采取应对措施，把握组收工作的主动性。四是把握市与区县新一轮财政体制改革的重要机遇，结合我区城市功能定位，努力找准政策对接点，积极筹备项目，最大限度争取资金支持。

在财政收入保持稳定增长的基础上，努力开展节支工作。坚持公用经费负增长的原则，严格控制会议接待、考察培训等一般性支出。利用政府公物仓，加强办公设备在全区各部门之间的流转和调配，进一步压缩办公设备购置支出，在全区各部门倡导勤俭干事业的良好风气。

（二）保障新城建设投入，全面提升新城服务功能

紧抓“后奥运”赋予通州新城的历史性机遇，通过投融资平台，多方筹措新城基础设施建设资金，保障新城建设需要。大力推进新城基础设施建设，支持完善新城路网体系。加大城市建设管理投入，有序推进棚户区改造，提高城市承载能力。坚持建管并重，进一步加大城市管护投入。推动城市公用事业发展，努力建设滨水宜居新城。

（三）保障新农村建设投入，着力推进城乡一体化发展

按照城乡一体化发展新格局，继续加大财政增量向新农村建设领域的倾斜力度。进一步加大农村基础设施及环境建设投入，支持都市型现代农业、观光农业发展，促进农村二三产业优化升级。继续做好新农村建设项目库管理工作，多渠道筹集资金。着力提高农村公共服务保障水平，让公共财政更多的惠及农民。

（四）加大社会各项事业投入，着力保障和改善民生

一是推进教、科、文、体事业发展。继续加大教育投入，引导学校优化布局，改善学校办学条件，提高全区教育水平。及时落实改善中小学教师待遇政策，提高全区教师待遇。支持重大科技项目实施和科技成果转化，提高科技工作对新城和新农村建设的支撑作用。加大对公益性文化事业的投入，努力满足全区群众的文化需求。加大体育事业投入，继续推进全区体育事业发展。

二是切实加大社会保障、卫生和就业投入。健全社保基金管理机制，确保基金安全运行。继续落实城乡无保障老年居民保障政策，及时发放保障金。完善城镇居民医疗保障制度，投入资金解决无保障人员医疗保障问题。完善城乡社会救助体系，加大资金投入，保障困难群体基本生活。着力加强城乡卫生服务体系建设，继续推进社区卫生服务机构“收支两条线”改革。深化新型农村合作医疗改革，继续提高筹资规模，人均筹资标准提高到420元，进一步提高医药费报付率，减轻群众医疗负担。继续加大就业再就业资金投入，引导城乡失业人员实现再就业，做好残疾人就业保障工作。

三是推动政府为民办实事项目建设。建立政府为民办实事项目的资金保障机制和资金追踪问效机制，加大事关百姓衣食住行等方面的实事建设投入，确保专款专用，切实把实事办好，把好事办实。

（五）深化财政管理改革，着力提高理财水平

深化预算制度改革。科学合理编制部门预算，强化各单位结余资金的编制使用。完善基本支出定额体系，强化收入和支出管理，逐步形成预算管理与绩效考评、财政投资评审、政府采购和资产管理相结合的支出管理模式。

深化国库集中支付制度改革。在巩固二级预算单位国库集中支付改革已经取得成果的基础上，逐步将专项资金纳入到国库集中支付体系，确保国库集中支付改革取得实效。继续强化资金账户管理，对预算单位基本账户及零余额账户资金运行情况进行监督检查，杜绝违规转账行为发生。

推动政府采购健康发展。贯彻落实《政府采购法》，加强政府采购各环节的监管力度。探索建立政府采购与国库集中支付相衔接的有效途径，重点推进汽车维修和会议定点接待的国库集中支付工作。进一步扩大政府采购直接支付规模，减少授权委托采购比例，提高财政资金使用效益。

推进政府投资评审工作。进一步拓宽评审范围，加强评审力度，严格评审标准。加强我区重点工程竣工结算的评审力度，严把财政投资最后一道关口。不断加大乡镇财政资金的投资评审规模，提高乡镇资金使用的规范化水平。

深化乡镇财政财务管理。完善乡镇收入目标考核机制，充分调动乡镇发展经济的积极性，进一步发挥乡镇经济的主体作用，有力保障全区经济稳定增长。加强乡镇预算管理，指导乡镇科学合理编制综合预算，严格预算约束。规范乡镇支出管理，优化支出结构，落实《关于加强乡镇财政投资评审和政府采购的指导意见》、《关于乡镇国有资产管理职责和工作程序的指导意见》，不断提高乡镇政府投资评审、政府采购、国有资产管理工作水平。

加强行政事业单位国有资产管理。完善全区行政事业单位国有资产管理配套办法，建立健全国有资产管理信息网络，建立资源和设备共享机制，提升国有资产管理的信息化水平，努力实现行政资源效益最大化。依托政府公物仓，促进行政资源的整合流转，进一步压缩办公设备购置规模，降低行政运行成本。继续强化行政事业单位资产和罚没物资的管理，建立闲置资产、罚没物资的公开拍卖机制，实现国有资产的保值增值。

积极开展财政绩效评价工作。进一步完善《绩效考评工作办法》等制度，健全财政投资的绩效评价机制，扩大考评试点范围，稳步推进绩效考评工作。

加强会计管理工作。进一步强化会计监督，贯彻《会计法》等法律法规，提高会计从业人员的素质和会计信息质量，规范财经秩序。加大会计培训力度，不断提高财会人员业务素质，提高全区会计工作水平。

（六）坚持依法理财，提高财政服务效能

严格执行《预算法》等法律法规，坚持依法理财。认真落实《监督法》，强化财政监督检查工作力度，构建内部审计和外部监督相结合的全方位监督体系，提高财政工作法制化水平，保证财政资金安全高效运行。加强对政府债务的监管力度，防范和化解债务风险，维护政府信誉。

各位代表，2009年的预算任务艰巨而繁重。我们要在区委的正确领导下，在区人大、区政协的监督、指导和支持下，全面贯彻落实区委四届七次全会和区四届人大四次会议精神，开拓进取，求真务实，扎实工作，努力完成会议确定的各项任务，为开创北京新城区建设的新局面而努力奋斗！

服务奥运工作

区委书记王云峰在北京奥运会、残奥会通州区总结表彰大会上的讲话

2008年10月15日

举国关注、举世瞩目的北京奥运会、残奥会已经胜利落下帷幕。在奥运筹办和举办期间，全区上下在市委、市政府和北京奥组委的正确领导下，齐心协力、奋力拼搏，付出了艰辛努力、做出了无私奉献，圆满完成了我区奥运服务保障各项工作任务，为实现有特色、高水平和“两个奥运、同样精彩”的目标做出了应有的贡献。

9月29日，党中央、国务院召开了北京奥运会、残奥会总结表彰大会，胡锦涛总书记发表了重要讲话。10月6日，市委、市政府召开北京奥运会、残奥会筹办工作总结表彰大会，刘淇书记做了重要讲话。胡锦涛总书记和刘淇书记的重要讲话，全面回顾了奥运申办与筹办工作的历程，充分肯定了北京奥运会、残奥会取得的巨大成绩，深刻总结了北京奥运会、残奥会的成功经验，对做好今后的各项工作提出了明确要求。今天，我们在这里隆重集会，就是要认真学习贯彻胡锦涛总书记和刘淇书记的重要讲话精神，全面总结我区奥运工作的成功经验，表彰为奥运成功举办做出突出贡献的先进集体和先进个人，以奥运的理念、奥运的精神、奥运的经验，统筹谋划后奥运时期通州经济社会的又好又快发展。

北京奥运会、残奥会使全国、全世界的目光聚焦到北京，在这期间，通州区也多角度、全方位地向外界展示了三十年改革开放取得的巨大成就，展示了千年运河文化的独特风韵，展示了运河儿女蓬勃向上的精神风貌。奥运筹办的七年，是通州区全面贯彻落实科学发展观的七年，是新城建设快速推进成效显著的七年。全区上下以为国争光的爱国精神、艰苦奋斗的奉献精神、精益求精的敬业精神、勇攀高峰的创新精神、团结协作的团队精神，为建设新城、服务奥运付出了艰苦的努力，实现了以发展保奥运、以奥运带发展。

一是全区经济持续快速增长。一批投资规模大、产业链条长、二三产业融合发展的产业项目近年相继落户通州，大项目支撑作用不断增强，产业发展水平稳步提升，为经济持续增长注入强劲动力。奥运成功申办以来，全区经济年均增长率达到16.8%，地方财政收入增长5.1倍，持续提升的经济实力为服务奥运提供了坚实的物质保障。

*二是人民生活水平稳步提高。*奥运筹办七年来，城镇居民人均可支配收入年均增长14%，农民人均纯收入年均增长9.2%，广大人民群众更好地享受到经济发展的成果。近年来下大力气解决民生问题，建立落实“零就业家庭”就业保障机制、“一老一小”医疗保险制度以及城乡无社会保障老人的养老保障制度。着力落实“无零就业家庭、无城镇危房户、无重大重复上访户、无社会救助盲点、无拖欠工资问题”的“五无”目标，解决了一批涉及群众切身利益的问题，促进了社会和谐，为奥运成功举办创造了广泛的群众基础和良好的社会环境。

*三是基础设施建设大力推进。*投资100多亿元打造新城基础设施基本框架，配合市里实施了机场二通道、机场南线、京津二通道和京津城际铁路建设，有力加强了新城与中心城、新城与首都机场、新城与滨海新区的联络，改善了老城区与河东新城的交通联系以及区域交通环境，使新城具备了20分钟进京城、10分钟到机场、1小时入海港的快捷通达能力，为服务奥运打造了优质“硬环境”。

*四是城乡环境显著改善。*把奥运环境建设与新城建设紧密结合起来，按照“2006年治乱、2007年见新、2008年添彩”的工作节奏，多方筹资，全面开展城乡环境建设。重点完成拆除违法建设等十余项整治任务，加大市容、交通、治安、旅游、市场经营秩序整顿力度。着力加强以运河为重点的水系生态环境建设，高标准绿化美化航空走廊可视区、京津城际铁路及京津二通道、机场南线及机场二通道、火炬传递沿线和媒体采访接待区等重点地区，全面打造“新北京、新通州”的新城形象。

*五是新农村建设扎实推进。*按照生产发展、生活宽裕、乡风文明、村容整洁、管理民主的“20字方针”要求，结合通州实际，提出“三个圈层、四种类型”的新农村建设总体思路。加快农业内部结构调整，大力发展都市型现代农业，打造“三河三路”都市农业生态走廊，建设了一批集观光、采摘、餐饮、娱乐为一体的现代农业项目。加强农村基础设施建设，提出新农村建设12项重点工程全覆盖目标，村级主干路建设、有线电视村村通实现100%全覆盖，垃圾密闭化管理、社区卫生服务、农村安全饮水等5项工程覆盖率达到90%以上，农民生产生活条件得到明显改善。

*六是平安奥运目标圆满实现。*深入开展领导干部大接访、群防群治大防控、安全生产大排查等活动，切实落实维护安全稳定各项保障措施。下大力气解决重点矛盾纠纷和突出信访问题，信访秩序明显改观。加强高危行业监管，开展100%全覆盖的地毯式大排查，落实“停、管、限”等措施，营造了安全生产的良好形势。公安民警、驻通部队、武警部队全力承担奥运安保任务，高标准做好平安奥运各项工作，构筑起维护社会治安秩序的铜墙铁壁。各乡镇、各街道、各单位均实行全天候值守应急制度和工作机制，赛时阶段各级各类应急机构和应急抢险救援队伍全面进入战时状态，有力保障了城市运行安全有序。全区有关部门精心组织、严密部署，圆满实现了“大事不出、小事减少、管理严格、秩序良好”的平安奥运目标。

*七是群众文明素质明显提高。*深入开展奥运人文环境建设，扎实推进“迎奥运、讲文明、树新风——我参与、我奉献、我快乐”活动，积极创建文明社区、文明村镇，在全社会广泛提倡讲文明、重礼仪的良好社会风尚，进一步提高了群众文明礼仪素质和行业文明服务水平。充分发挥群众组织、社会团体的重要作用，大力开展美化环境、绿色出行、扶残助残等社会公益活动，营造了人人企盼奥运、参与奥运、奉献奥运的良好氛围。

*八是服务奥运重点工作高质量完成。*全面加强动物检验检疫和植物病虫防治，严把奥运食品质量安全关，落实驻点监督、全程监控和信息追溯等措施，确保奥运食品供应

万无一失。通州妇女制作的多种产品在奥运会、残奥会上使用，“巧娘工作室”生产的600万片枫叶在残奥会闭幕式上从天而降。全力以赴做好奥运火炬运河传递工作，组织了精彩表演和万名观众，观看场面气氛热烈、秩序良好，火炬水陆传递顺利对接、富有特色。成功举办奥运城市文化广场活动36场，3000多名中外演员表演精彩节目400多个，吸引观众45万人次，中央电视台、北京电视台、《中国文化报》等多家市级以上媒体予以报道。积极主动筹备媒体接待工作，高标准完成多次境内外媒体采访接待任务，展示了通州新城的良好形象。

*九是奥运志愿者和拉拉队组织服务工作成绩突出。*全区10个城市志愿者站点、1万人次城市志愿者提供了100天、累计8万余次的志愿服务，47个交通秩序维护岗近2万人次社会志愿者提供志愿服务68天，志愿者的微笑成为北京通州最好的名片。204名奥运驾驶员志愿者累计出车8000余次，实现了“零事故、零投诉、零缺勤”的目标，受到国际奥委会官员和北京奥组委的高度评价。职工文明啦啦队先后组织了近2万人次参加火炬传递和28个场次赛事的服务，被奥组委志愿者协调小组评为服务奥运优秀组织单位，并获得市组委会赛事服务评比啦啦队甲级队一等奖，为通州区赢得“金牌”荣誉。

同志们！奥运成功申办以来，我们在市委、市政府和北京奥组委的领导下，带领全区人民一手抓奥运服务、一手抓新城建设，以服务奥运的高标准全力推进新城建设，以新城的高水平建设全力服务奥运筹办，实现了“两手抓、两手硬、两不误、两促进”的目标，兑现了向市委、市政府的责任保证。这其中凝聚的是全区人民的心血和汗水，涌现的是可歌可泣的英雄事迹。在此，我代表区委、区人大、区政府、区政协，代表通州区奥运筹办和赛时保障工作领导小组，向获得表彰的先进集体和先进个人，表示热烈的祝贺！向为奥运筹办和新城建设付出了努力、做出了贡献的所有工作者、建设者、志愿者以及全区人民，致以崇高的敬意，表示衷心的感谢！

同志们！全区上下为服务奥运做出了巨大努力，奥运的成功举办也为新城的发展留下了宝贵经验。我们深刻体会到：

——必须坚决贯彻正确理念。“绿色奥运、科技奥运、人文奥运”三大理念，是北京奥运会、残奥会最鲜明的特色，是北京奥运会、残奥会成功举办的关键，也是贯彻落实科学发展观的具体体现。北京奥运会、残奥会是庞大的系统工程，只有坚持正确理念，才能有效统领千头万绪的工作，才能真正把筹办奥运会与推动经济社会又好又快发展结合起来。近年来，我们以三大理念指导奥运筹办和新城建设，把以人为本的要求落实到城市建设与管理的各项措施中，积极促进产业结构优化升级，加强节能减排和生态保护，引进一批科技含量高、资源利用少、产出效益高的优质项目，逐步淘汰高污染、高耗能、低产出的低端产业，在为奥运创造良好环境的同时，也优化了通州的发展环境，为新城的科学发展奠定了更加坚实基础。“绿色、科技、人文”三大理念，体现首都特色，符合时代要求，是我们在新的起点上高水平建设北京新城区的指导方针和衡量标准，必须一以贯之地落实到新城建设的各个方面。

*——必须充分发挥各级党组织和党员的作用。*为了动员全区各级党组织和共产党员充分发挥战斗堡垒和先锋模范作用，奥运期间全区深入开展“抓党建、聚民心、促奥运”工作，区委制定下发《意见》，向全区基层党组织和共产党员发出了“为党旗增辉、为奥运添彩”的倡议。全区各级党组织积极响应区委号召，结合本单位、本地区实际，采取有效措施强化党组织的服务功能，把服务北京奥运作为实践科学发展观和展现党的先进性的重要载体。广大党员积极参与平安奥运社区志愿活动等各种奥运服务保障

工作，时时想着奥运，事事走在前头，在营造浓厚的奥运氛围、打造清洁亮丽的城乡环境以及营造和谐稳定的社会环境等方面发挥了突出作用。

——必须坚持发挥体制优势。在奥运筹办的关键阶段，我们按照市里要求，健全完善了奥运筹办和赛时保障工作领导小组，并下设十个指挥部，形成了“双进入”的奥运服务保障工作指挥中枢。领导小组切实担负起领导责任，充分发挥体制优势，集中全区力量和资源统筹落实好服务奥运各项工作任务。各部门、各单位按照领导小组的统一部署，紧密围绕奥运筹办工作大局，密切配合，通力协作，充分发挥职能作用，主动承担急难险重任务，切实做到识大体、顾大局。全区上下同心同德、同舟共济，是我们圆满完成奥运服务保障工作任务的强大保障，也必将成为加快推进新城建设的强大力量。

——必须坚持紧紧依靠人民群众。奥运筹办和举办期间，全区人民以主人翁精神，服从办好一届有特色、高水平的奥运会这个大局，积极参与安全保卫、环境改善、城市运行、火炬传递、媒体服务、食品安全、志愿服务等方面工作，大力弘扬讲文明、重礼仪、团结友善、热情好客的良好风尚，充分展现昂扬向上的精神风貌和热情友好的东道主风采，成为我区圆满完成奥运服务保障工作任务的核心力量。没有人民群众的热情参与、积极奉献，我们不可能完成奥运服务保障的工作任务。实践再一次证明，广大人民群众有祖国利益高于一切的觉悟，有服从大局牺牲自我的精神，有携手共建美好家园的愿望，是我们推动科学发展、促进社会和谐的最根本依靠。北京奥运会、残奥会的成功举办，进一步激发了全区人民热爱祖国、热爱北京、热爱通州的满腔热情，极大增强了全区人民的向心力、凝聚力，充分调动了全区人民发展经济、建设新城的积极性和主动性。气可鼓，不可泄。我们要牢牢把握当前这种有利气势，进一步深入群众、依靠群众，充分凝聚广大人民群众的智慧和力量，再掀新城建设发展的新高潮。

奥运会胜利闭幕后，北京迈上了新的起点，新城建设成为奥运后支撑首都经济社会持续发展的战略重点。作为三个重点新城之一，通州区要抓住难得的发展机遇，在下一步工作中必须坚持奥运理念、弘扬奥运精神、用好奥运经验，在科学发展观的指导下谋划推进新城又好又快发展。

第一，结合开展深入学习实践科学发展观活动，进一步研究和深化奥运后通州区经济社会发展思路。要按照中央和市委的部署，切实搞好全区深入学习实践科学发展观活动，不断深化对通州区功能定位、区位特点和发展阶段特征的认识，研究城市发展新区的特殊规律，探索推动通州科学发展、和谐发展、跨越式发展的道路。必须坚持发展这个第一要务，着力把握发展规律、创新发展理念、转变发展方式、破解发展难题，提高发展质量和效益。要以纪念改革开放30周年为契机，继续解放思想、深化改革、扩大开放，结合开展深入学习实践科学发展观活动，认真总结奥运经验，把奥运期间在城市建设与管理、新农村建设、产业结构调整、交通和环境保障、食品安全等各方面的好做法巩固和坚持下去，转化为长效机制与常态机制。要继承奥运期间国际化的视野和开放包容的心态，深入研究和积极应对当前深刻变动的经济形势对区域发展的严峻挑战，采取有针对性的措施克服困难、稳定发展，力争在产业项目的引进建设和为产业发展服务方面、在推进运河核心区等城市功能区的土地一级开发、推进重要节点的开发建设等方面取得实质性进展，确保新城建设快速有序推进。

第二，以“绿色、科技、人文”三大理念为指导，高标准推进新城建设与发展。“绿色、科技、人文”三大理念，与新城发展目标相互契合，是建设“区域服务中心、文化产业基地、滨水宜居新城”的内在要求。通州区作为三个重点新城之一，要在实践三大理念方面发挥示范作用，把落实三大理念作为深入学习实践科学发展观活动的重要载体，体现到经济社会发展的各项举措中去。要按照市委建设“人文北京、科技北京、绿色北京”的要求，在科学发展观的指导下，努力推进“人文通州、科技通州、绿色通州”的建设，使“绿色、科技、人文”成为奥运后通州经济社会发展的响亮口号和鲜明特色。新城建设管理要充分体现人文理念，把以人为本的要求体现到改革发展稳定的各个领域，大力弘扬先进文化和优秀道德规范，促进人的全面发展，推动文明城市建设、和谐社会建设。新城建设管理要充分体现科技理念，把科技成果更加广泛地应用到城市建设管理的各个领域和环节，帮助企业提高自主创新能力，努力建设创新型城市。新城建设管理要充分体现绿色理念，立足区域功能定位，加快产业结构优化升级，加大节能减排力度，加强生态文明建设，努力形成节约资源能源和保护生态环境的产业结构、增长方式和消费模式。要着力加快运河生态建设，打造具有运河特色、体现新城美感的景观，不断优化新城发展环境。

第三，高度重视、切实解决民生问题，使发展的成果更好地惠及人民群众。奥运筹办期间，通过下大力气解决民生问题，开展“迎奥运、讲文明、树新风——我参与、我奉献、我快乐”活动，调动了全区人民群众参与奥运、服务奥运、奉献奥运的积极性，实现了奥运筹办成果惠及人民，赢得了广大群众的衷心支持，为完成服务奥运各项任务奠定了广泛的群众基础。我们要巩固奥运筹办过程中在解决民生方面取得的重要成果，进一步加大保障和改善民生的力度，切实做到发展为了人民、发展依靠人民、发展成果由人民共享。要继续下大力气解决就业、教育、医疗、住房、交通、环境等民生问题，切实落实好“五无”目标，着力解决一批涉及群众切身利益的问题，使开展深入学习实践科学发展观活动的过程成为不断改善民生、为民造福的过程，成为不断提高人民生活质量和水平的过程。

第四，巩固安全稳定良好形势，为经济社会发展创造有利条件。奥运期间，全区强化“平安奥运重于泰山、奥运平安人人有责”的要求，把确保安全放在各项工作的首位，落实平安奥运的各项任务，广泛动员人民群众参与平安奥运创建活动，为奥运会、残奥会的成功举办创造了良好条件。奥运实践使我们更加深刻地认识到发展是硬道理，是第一要务；稳定是硬任务，是第一责任。没有稳定，什么也干不成。在今后的工作中，要继续把确保安全稳定作为一项重要基础性工作，作为推动改革发展各项事业的前提条件。要延续奥运期间社会矛盾排查调处、领导干部大接访等好经验好做法，把解决问题作为化解社会矛盾的根本之策，怀着对人民群众的深厚感情去做好信访工作。要进一步加强公安队伍的建设，不断提高广大干警规范执法的能力。同时要加强安全生产的监督管理，严格落实食品药品监督工作，切实保证群众食品药品安全。

第五，建立健全有效的城市管理长效机制，保持奥运期间城市管理的高水平。通过三年的奥运环境建设工作，我们探索出一些好的办法和经验，如何保持这些好的机制，需要区有关部门、乡镇、街道进行认真推广，逐步完善长效管理机制，做好日常维护和管理工作，努力使城市管理更加科学、更加规范。同时，还要借鉴其他地区在城市管理方面的先进经验，结合我区实际探索建立城市管理的长效机制，实现对城市运行的有效控制。

第六，发扬奥运五种精神，凝聚力量加快推进新城发展。在奥运筹办过程中，形成了以为国争光的爱国精神、艰苦奋斗的奉献精神、精益求精的敬业精神、勇攀高峰的创新精神、团结协作的团队精神为主要内容的奥运五种精神，这是以爱国主义为核心的民族精神和以改革创新为核心的时代精神的生动体现，是中华民族伟大精神的重要内容，丰富了社会主义核心价值体系，并且成为鼓舞斗志、引领风尚、团结奋斗的共同思想基础。我们要以北京奥运会、残奥会成功举办为契机，继续大力弘扬奥运精神，全面加强精神文明创建工作，将奥运精神融入于社会主义核心价值体系的宣传教育之中，融入于全区精神文明建设的过程之中，使之成为凝聚各方智慧和力量，推动科学发展、促进社会和谐的强大动力。

同志们，随着北京奥运会、残奥会的圆满结束，新城的建设已经掀开了新的篇章。让我们紧密团结在以胡锦涛同志为总书记的党中央周围，在市委、市政府的正确领导下，全面贯彻落实党的十七大和十七届三中全会精神，深入贯彻落实科学发展观，锐意进取，扎实工作，为把通州建设成为繁荣、文明、和谐、宜居的北京新城区而努力奋斗。

北京奥运火炬在通州运河上传递

百年奥运，中华圆梦。2008年3月24日北京奥运圣火在希腊奥林匹克点燃，在经历了120多天、13万余公里、130多个城市传递之后，8月6日到达第29届奥运会的举办城市北京。北京的传递活动为期3天，按19个传递地点进行。

通州段的火炬传递活动于8月7日17:08～17:30分在运河城市段进行。起点为运河一号码头，终点至奥体公园内的鱼跃广场，全程1800米，由1400米的水上传递和400米的陆上传递两部分组成，总用时22分钟。参与火炬传递的火炬手22名，其中11名火炬手是来自通州区各行各业的优秀代表。

通州是北京奥运圣火第四次水上传递的地段。在此之前，奥运圣火经过3次水上传递，先后在土耳其伊斯坦布尔登上渡轮穿越博斯普鲁斯海峡，在浙江嘉兴南湖登上游船，第三次是在青岛奥帆中心登上帆船。

17:08分奥运圣火到达传递起点处的运河一号码头，区长邓乃平代表全区百万人民从护跑手手中接过首棒火炬向全场示意，随后交给第一棒火炬手区委书记王云峰。王云峰登上火炬传递皇船安福舻，开始了奥运火炬在通州段的水上传递。一号码头东侧的300人运河合唱团唱起“运河之歌”。

水上传递路段为运河一号码头至二号码头，全程1400米，用时14分钟。由6艘仿古船运载：1艘皇船、2艘官船、3艘漕船组成的品字形船队，船体四周插挂各色彩旗和奥运五环旗；皇船二层安放两个中国大鼓，每个大鼓由3名鼓手按统一节奏同时击打。第1名至第14名火炬手随安福舻皇船同行，在船上传递圣火。火炬手分别是第1棒通州区委书记王云峰，第2棒来自驻京部队的军官李强，第3棒来自北京奥组委机关党委选送的马晓芳，第4棒来自中国奥委会选送的韩建京，第5棒是通州个体修鞋匠、全国劳动模范孟宪峰，第6棒是通州区梨园镇大稿村党总支书记、全国劳动模范邢仲山，第7棒是来自北京奥组委机关党委选送的李雪，第8棒是通州区培智学校特教教师、全国先进工作者李银环，第9棒来自北京奥组委机关党委选送的刘骞，第10棒是北京东升方圆农业种植开发有限公司董事长、中国十大杰出青年农民、北京五四青年奖章获得者刘宝平，第11棒来自北京奥组委机关党委选送的张广顺，第12棒是潞河中学体育教师、全国百名优秀体育教师薛贵，第13棒来自北京奥组委机关党委选送的苏焱，第14棒是通州公安分局新华派出所社区民警、首都劳动奖章获得者张廷强。

陆上传递路段为二号码头至鱼跃广场，路程400米，用时4分钟。由第15名至第22名火炬手完成传递。第15棒火炬手来自北京奥组委机关党委选送的李京波，第16棒来自北京奥组委机关党委选送的戴孟东，第17棒是通州区法院宋庄法庭庭长、首都法院先进法官蔡俊清，第18棒来自北京奥组委机关党委选送的叶兴增，第19棒是通州北苑学校会计、全国敬老孝星张品正；第20棒来自北京奥组委机关党委选送的唐涓；第21棒是通州区次渠卫生院院长、被中华预防医学会授予"先进科技工作者"的李晓峰，第22棒来自中国奥委会、市体育局选送的通州区体育局体育运动学校党支部书记、第十届和第十二届亚洲杯女足比赛冠军、首都劳动奖章获得者樊春玲。

在奥运火炬传递活动中，来自全区各乡镇、街道办事处、各委办局及学校的近2万余名观众，他们穿着统一样式的印有"新北京、新通州"等宣传口号的T恤衫，头戴花环，脸上贴着红旗贴纸，手拿五星红旗，兴致勃勃观看圣火传递。同时，在奥体公园东路北门出口处，沿路有1000名拉拉队员欢迎圣火。

圣火传递现场还进行了各种文体表演。在文化广场东方雕塑东侧，组织舞龙、舞狮等团体项目表演；在东方雕塑东西两侧组织太极扇体育表演；在火炬传递启动仪式现场，一号码头东侧台阶处，组织了运河之声合唱团演唱具有通州特色的歌曲"运河之歌"。在文化广场组织特色活动展示，在二号码头北侧平台安排了24个大鼓，48人同时击打。在二号码头周边和鱼跃广场火炬传递终点，有24式太极拳表演。

北京奥运火炬接力通州段的传递活动充分展示了古运河的风采和通州人民昂扬的精神风貌。

（冯晶晶）

直接服务奥运会的产品和项目

▲北京三杰国际钢结构有限公司承接国家体育场钢结构工程

位于北京通州经济开发区西区的北京三杰国际钢结构有限公司在2008北京奥运会场馆建设中，承接奥运会主场馆国家体育场"鸟巢"、奥林匹克公园国家会议中心和北京奥运会羽毛球训练馆的钢结构工程。

公司完成国家体育场"鸟巢"钢构总量4.6万吨。其中加工主柱脚13个、总计11520吨，产品制作难度大、工艺复杂，最大一件C13柱脚191吨；加工次柱脚1363吨、弯曲节点构件1955吨；加工主体管构架共365吨，产品节点多、工艺复杂，高空作业安装；完成平台加工1365吨，产品设计新颖、外观质量要求严格。施工中突破国内焊接工艺的难关，按工艺要求加工完成"鸟巢"构件。"鸟巢"天沟板是最顶部的结构，外观要求严，施工难度较大，工作人员克服困难完成承接的奥运会主场馆"鸟巢"工程钢架结构项目，确保了国家体育场建设工期和质量。

（孙凤霞）

▲北京联东钢结构有限公司参与建设国家奥林匹克中心体育场

位于马驹桥镇的北京联东钢结构有限公司在北京奥运会场馆筹建中承担了部分场馆建设工程的钢结构项目。

2005年6月，该公司签约国家游泳中心"水立方"工程钢结构项目，主要加工制作了临时看台、安保通讯设备室、跳塔等钢结构产品，总加工量达到1140吨。

2006年6月，该公司签约国家奥林匹克中心体育场改扩建工程钢结构项目。主要加工制作了全部钢结构主体工程，总加工量达到5400吨。

（绳少红）

▲北京首嘉钢结构有限公司制作北京奥运主火炬

位于西集镇的北京首嘉钢结构有限公司，作为2008年北京奥运火炬制作试验基地，承接制作国家体育场奥运火炬主体结构工程。2008年1月至6月，首嘉公司根据北京奥运会组委会要求，完成钢结构总量45吨，连同辅助构件、设备总重90吨的火炬制作任务。

主火炬塔整体艺术造型风格新颖、独特，为空间异型不规则多曲面螺旋钢管壳特殊艺术造型结构。高度32米，厚度6.8米，下部最大直径13.2米。

主火炬塔结构全部2000多个节点板、杆件长度及贯口形式无一相同，三维曲线变化无规律可循。在短短的3米内同一根杆件上就有4～7个不同半径，不同方向的曲率。在主火炬塔制作过程中遇到几大技术难点：一是主火炬塔造型复杂，施工图设计难度大；二是单根杆件空间位置扭曲形状不同，贯口形状无一相同，下料程序复杂，难度大；三是每根杆件曲率不同，空间扭曲不同，弯制成型难度大；四是主火炬塔呈现空间螺旋扭曲，组装胎具位置选择难，胎具制作复杂；五是主火炬塔上部采用不锈钢钢管，下部为普通碳钢钢管，两种钢管间焊接质量要求高；六是主火炬塔外表设计有蒙皮，外形尺寸精度要求高，制作难度大；七是主火炬塔整体预拼装困难，拼装质量要求高。公司攻克技术难点，完成北京奥运主火炬的制作任务。

（王思文）

▲瑞中天明兴业科技发展有限公司为奥运工程制作防火门窗

位于张家湾镇枣林庄村的瑞中天明兴业科技发展有限公司（原北京市新型防火装备厂）是公安部、北京市消防局定点生产防火门、防火卷帘门的专业厂家。公司研制开发的特种防火门广泛应用于国家各项重点工程。

在2008年北京奥运会场馆建设中公司承担国家体育场、残训基地运动员公寓、北京大学体育馆、国家游泳中心、北京射击馆、北京会议中心、奥体中心、国家会议中心、数字北京大厦等奥运工程的防火门、防火窗和防火卷帘的制作项目。项目总金额660.2万元。其中为数字北京大厦制作钢制防火门1217樘、防火卷帘19樘、防火窗8樘；为国家体育场制作钢质防火门395樘、防火卷帘门189樘；为残训基地运动员公寓制作钢质防火门470樘；为北京大学体育馆制作木质防火门228樘；为国家游泳中心制作挡烟垂壁350延米；为北京射击馆制作钢质防火门37樘、防火卷帘门17樘；为北京会议中心制作钢质防火门171樘；为奥体中心制作钢质防火门254樘；为国家会议中心制作钢质防火门179樘。瑞中天明兴业科技发展有限公司防火门等产品为奥运工程提供了安全保障。

（孙凤霞）

▲北京诚栋房屋制造有限公司建造奥运专用活动房屋

位于宋庄镇的北京诚栋房屋制造有限公司是活动房屋专业生产厂家，在北京奥运会和残奥会场馆筹建中承担临时用房的建设任务。

北京奥运会、残奥会临建用房需求总量约为10余万平方米，诚栋公司承担了4.8万平方米的建设任务，共涉及48个比赛场馆，其中竞赛场馆有21个，非竞赛场馆27个。这些房屋用于奥运会及残奥会期间的运动员休息室、车辆注册中心、餐饮用房、媒体用房、技术用房、BOB转播用房、观赏楼和马厩等。精美别致的诚栋房屋与主场馆和谐统一，成为场馆建筑群的一道亮丽风景线。

（杨海英）

▲北京通控电气公司生产的箱式变电站被奥运工程采用

通州区张家湾镇的北京通控电气有限公司位于张家湾镇后街村北。公司不断加大新产品研发力度，引进先进的生产工艺和检测手段，产品形成系列化，公司生产的高低压开关柜和箱式变电站等产品被北京奥运会篮球比赛馆、奥体公园、奥运科技馆及中央电视台新址等国家重点工程选用。

（孙凤霞）

▲北京金秋铜装饰材料有限公司参与北京盘古大观建设

位于马驹桥镇的北京金秋铜装饰材料有限公司在筹办第29届奥运会期间参与了奥运场馆部分相关项目的建设以及通州运河船铜装饰工作。

一、参与北京盘古大观项目的建设。盘古大观作为2008年北京奥运会中心区唯一的商业建筑群，与500米外的“鸟巢”遥遥相望，距“水立方”150米直线距离，和整个奥运会场浑然一体。该厂承担了盘古大观项目长铜拉手、楼梯扶手、楼梯护板、灯池、铜制喷泉池、装饰盒、大理石装饰、多功能厅吊顶、异形三角板、花格门、镜框、铜门、铜模柱等铜装饰生产任务，共用铜80多吨。

二、参与郑泉广场项目的建设。郑泉广场为第29届奥运会的配套建筑，位于北四环路与五环路之间、奥运会场的核心地带，西距奥运主场馆1000米。该厂承担其大型宫灯的制作、吊挂、安装工作。其中包括41个大型铜制宫灯。

三、参与运河船铜装饰工作。奥运火炬通州传递，是北京市唯一进行水上火炬传递的区县。6艘仿古船中的安福舻是完全按照清朝乾隆皇帝下江南时所乘皇船样式仿造的，船长达28.9米。该公司承担了通州运河船铜装饰部分，包括亭子的装饰，200多片紫铜瓦，6樘门，铜顶，小铜兽等铜装饰。

（绳少红）

▲北京普隆金属装饰材料有限公司承接奥运重点工程吊顶任务

位于通州区台湖镇董村的北京普隆金属装饰材料有限公司是专业生产铝合金吊顶装饰产品的企业，2008年承接首都机场3号航站楼、国家体育场、北京地铁10号线建设的吊顶工程。

在奥运重点工程之一的首都国际机场3号航站楼T3A和T3C吊顶工程中，普隆公司根据设计、施工需要，制作了专用的燕形龙骨，同时为其它同类材料供货厂家供货、制作弧形W装饰边等，成为工地的“抢险队、突击队”，获得总承包部和施工单位的好评。项目总金额380万元，供货施工总面积2.5万平方米。

国家体育场“鸟巢”吊顶工程合同金额为35.48万元，供应面积1000平方米。公司为吊装方式、结构制作提供了多个方案，并反复制作样品、吊装样板间，最后以较低的价格在四层安装。

北京奥运会的配套工程北京地铁10号线工程中，普隆公司承接从团结湖至劲松6个站的吊顶材料供应，国贸站在工程中是全线中最为重要的部分、又是最为复杂的项目。吊顶工程实现了其先进的设计理念，各种半径的正反弧形吊顶，暗藏的灯带反光，直线与弧线的衔接与配合，形成绝佳的视觉效果。项目合同金额1200万元，供货施工总面积达3万多平方米。

（王若莲）

▲北京华兴达青铜雕塑艺术有限公司制作奥体公园艺术雕塑

北京华兴达青铜雕塑艺术有限公司位于张家湾镇北仪阁村，是国家文物部门定点生产厂家。在北京奥运会筹建中参与奥体公园（朝阳公园）艺术雕塑的制作。公司为奥体公园制作10余尊艺术雕塑，主要以《情侣人物雕塑》、《和平之歌人物雕塑》、《中华魂》、《老北京风情》等命名，规格分别为3m×2m、3m×2m、3m×6m和6m×4m，总价450万元。

（孙凤霞）

▲北京大力奥神体育运动地板有限公司为奥运会开幕式提供产品

位于通州区潞城镇的北京大力奥神体育运动地板有限公司是集体育木地板的设计、铺装、维护于一体的综合公司。在国家体育场“鸟巢”举行的北京奥运会开幕式演出地面，是该公司设计制作的专用地板。供应产品采用特制模压块，为多层木胶合板舞台运动地板结构，即40毫米厚硬木胶合板，底层加8毫米PE垫层、顶面开50×22毫米槽、面涂地坪漆体系。使用面积16470平方米，其中标准模压块11670平方米、异型模压块2800平方米、LED显示屏垫块2000平方米，由显示区、台仓填充区、异型模块区组成。

2008年公司为奥运会排球训练场馆宣武广安体育馆、北京交通大学体育馆，奥运预备馆昌平区综合体育馆提供体育木地板面积1万余平方米。其中广安体育馆面积1458平方米、昌平区综合体育馆面积7600平方米。

（石　慧）

▲北京强力家具有限公司为奥运场馆提供办公家具

位于通州区云景东路的北京强力家具有限公司是一家集家具设计、生产和销售为一体的综合型企业。2008年北京奥运会期间，强力家具公司为各主要场馆设计制造5万余件奥运场馆用办公家具，总价值3000多万元。包括国家体育场“鸟巢”、国家游泳中心“水立方”、国家体育馆、工人体育馆、首都体育馆、五棵松体育馆、北京大学体育馆、北京体育大学体育馆的全部折叠桌、带屉办公桌以及北京体育大学的教练员公寓全部家具。在保证产品质量的前提下按时完成了供货任务。

（赵宝贵）

▲北京金宝华地毯有限公司地毯产品走进国家体育场“鸟巢”

北京金宝华地毯有限公司位于北京聚富苑民族产业发展基地内，是一家大型专业生产高档手织枪刺羊毛胶背地毯的厂家，2008年成为北京奥运会指定地毯产品供应商。

奥运地毯生产任务时间紧、技术要求高，公司组织技术骨干探讨新的织做工艺，集思广益解决技术难题，打破常规操作，采用新技术，产品得到有关部门的认可。生产中技术人员注重突出设计理念，地毯成品既保留了传统特色，又吸纳了国际流行元素，与奥运场馆内设计风格完美统一。公司先后承接了国家体育场“鸟巢”内金厅、银厅、翡翠厅和大厅以及北京奥运新闻中心的地毯制作任务，共织做地毯7000平方米。

（李　成）

▲韩美林设计奥运“福娃”

北京奥运会筹备期间，北京奥组委成立了由国内设计界、动画、动漫界的专家人士组成的吉祥物修改小组，由著名的工艺美术大师韩美林担任修改创作小组组长。2005年11月11日，北京奥运会吉祥物揭晓，五个可爱的福娃贝贝、晶晶、欢欢、迎迎和妮妮成为北京2008年奥运会吉祥物。他们的造型融入了鱼、大熊猫、藏羚羊、燕子以及奥林匹克圣火的形象。每个娃娃都代表着一个美好的祝愿：繁荣、欢乐、激情、健康与好运。把五个娃娃的名字连在一起，就会读出北京对世界的盛情邀请“北京欢迎你”。

中国美术家协会韩美林工作室位于通州区。

（孙连庆）

▲北京格申工艺美术品有限公司制作奥运会开幕式道具“缶”

位于漷县镇王楼村的北京格申工艺美术品有限公司是专业生产各种工艺美术品公司，承担北京奥运会开幕式2008尊道具“缶”的制作任务。

2008年5月，公司接到为奥运会开幕式制作2008尊道具“缶”的任务。产品质量要求严格、时间紧、任务量大，公司300多名工人不分昼夜工作了35天，完成2008尊“缶”的制作，确保了7月1日奥运会开幕式的第一次彩排顺利进行。

每个“缶”由金属骨架、木框、雕刻板、电路板、LED灯等2800个配件组成，外观为仿青铜器颜色，布满了形态各异龙的元素，“缶”的中间为一个正方形鼓面，鼓面四周由2000多个LED灯组成，按压或用力击打鼓面时，四周会发出耀眼光芒，这就形成了开幕式中光辉耀眼的一幕。

（王春玲）

▲北京新城基业投资发展有限公司主持建造奥运火炬水上传递用船

奥运火炬通州水上传递用船由北京新城基业投资发展有限公司主持建造，武汉理工大学交通学院设计。根据设计方案，奥运火炬通州水上传递用船为三种船型、六艘仿古船，即1艘安福舻、2艘漕舫、3艘漕船组成传递船队。其中安福舻和2艘漕舫由浙江长宏造船有限公司和舟山市岑氏木船作坊联合建造，3艘漕船由河北安新造船厂建造。安福舻是仿造乾隆下江南座船船型，按照1:1比例复建的，船长28.9米，宽6米，吃水1.1米，核定载客62人；漕舫长22米，宽4.6米，吃水0.9米，核定载客30人；漕船长17.5米，宽3.6米，吃水0.8米，核定载客20人。

奥运火炬水上传递用船建造工程自2007年7月开始进行考察、研究和设计，2008年1月送审图纸获批，5月和7月，2艘漕舫、3艘漕船和安福舻先后成功下水试航。

2008年8月7日，六艘仿古船乘载着北京奥运火炬及火炬手扬帆行驶在运河上。

（赵　彬）

▲北京李宁体育用品有限公司为国家跳水队等提供赞助

入驻光机电基地的北京李宁体育用品有限公司主要生产运动服装、运动鞋、运动器材等多个系列的专业体育用品，是中国体育用品行业中的龙头企业。1992年李宁公司成为巴塞罗那奥运会中国体育代表团专用领奖装备的供应商，是第一个赞助中国奥运代表团的中国体育用品企业，结束了中国运动员在奥运会上穿着国外体育品牌服装的历史。此后，公司成为历届奥运会中国体育代表团的赞助商。

2008年，李宁公司向海内外多支参赛北京奥运会的运动队提供赞助。赞助国家跳水队、国家体操队、国家射击队、国家乒乓球队；赞助的外国代表队有瑞典国家队、西班牙国家篮球队和阿根廷国家篮球队。北京奥运会期间公司成为中央电视台奥运频道服装赞助商。

（刘成铭）

▲北京圆领部落公司为奥运会制作中国代表团领奖服

2008年7月中旬，北京圆领部落公司承接由北京服装学院教师设计的中国奥运会代表团领奖服生产任务。产品质量要求严格、印花设计独特、生产工艺极为复杂，工期紧，公司精心组织，制作完成中国奥运会代表团领奖服（T恤）4850件。北京奥运会上中国队的领奖服系列被命名为“龙腾祥云”，包括T恤、外套、长裤。公司生产的领奖服（T恤）分红、蓝两个系列，号码从xxs到7xl及特型，共13个号码，另制作姚明特体服。

（杨海英）

▲北京星海钢琴集团有限公司为奥运会、残奥会开闭幕式设计制作演奏用琴

入驻光机电基地的北京星海钢琴集团有限公司是中西乐器制造企业。2008年初公司被奥组委选定为北京奥运会开幕式钢琴制造商。星海钢琴集团有限公司的“星海”牌九英尺水晶特制卧式钢琴（T20080808＃）和“海资曼”牌九英尺白色特制卧式钢琴（T20080906＃）分别为第29届奥运会开闭幕式、第13届残奥会开闭幕式演奏用琴。

6月10日，星海钢琴集团海资曼钢琴公司设计并制作完成具有特殊意义的绝版钢琴。奥运会开幕式上弹奏用的G–274型水晶钢琴，所有外壳部分通体采用高硬度、高透明度的“亚克利”材料制作。钢琴的张弦系统、击弦机系统、琴键部分等都可以透过“水晶”外壳一目了然。其制作工艺之经典、设计之现代、用料之考究、形式之唯一，开创了钢琴制作生产的先河。它是目前全世界范围内绝无仅有的。残奥会开幕式上的白色三角钢琴是星海集团海资曼钢琴公司生产的九英尺音乐会专用钢琴。

（王若莲）

▲吉鼎立达花卉基地和一品园花卉基地为奥运场馆提供优质花卉

以繁育生产蕨类植物而闻名的北京吉鼎立达科贸有限公司、以生产鲜切花为主的漷县一品园花卉基地为奥运场馆等涉奥单位提供了大量新鲜优质的花卉，为北京奥运会营造了喜庆祥和的氛围。

漷县镇吉鼎立达花卉基地占地1200亩，主要种植观赏蕨类植物，北京奥运会和残奥会期间先后为国家体育场“鸟巢”、国家游泳中心“水立方”等奥运场馆及各国元首休息房间提供红掌等及蕨类八个品种花卉2万余株，同时，还用红掌等鲜花装扮奥运媒体村里的环保垃圾桶。这些花卉充分体现着奥运元素，红掌类植物颜色亮丽，花朵小巧可爱，特别是基地培育种植的优质“鸟巢”蕨类植物，在国内多次获得金奖。

漷县镇草厂村的一品园花卉基地占地150亩，鲜切花品种有10大系列，近20个花卉品种。在奥运期间，基地为奥运场馆等涉奥单位提供新鲜优质的花卉3000余株。

（王春玲）

▲北京京绢制花厂为奥运会、残奥会开闭幕式提供道具绢花

位于漷县镇龙庄村的北京京绢制花厂是一家制作各种绢花产品的企业，制作种类有光荣花、胸帽花、瓶插花、服饰花、包装花、圣诞花和仿真植物等绢花产品。

2008年7月，京绢制花厂承接奥运会开幕式“活字模”节目道具桃花950束，残奥会闭幕式道具红叶和银杏叶600万片、牡丹花裙片12万片的制作任务。产品制作量大、工期紧，企业精心组织，如期完成制作任务。残奥会闭幕式上，数百万片“红叶”纷纷扬扬从天而降，代表着中国人民对所有运动员最美好的祝福，珍贵的镜头给全世界人民留下难忘的记忆。

另外，2008年奥运会、残奥会总结表彰大会和抗震救灾表彰大会上所用的1000余朵光荣花均由京绢制花厂制作。这些绢花采用环保涤纶材料制作，经过冲压、染色、处理等工序制作完成。

（王春玲）

▲通州区奥运会、残奥会农产品供应总量143万公斤

在北京奥运会和残奥会期间，通州区北京京东大运河农产品配送中心、北京东升方圆农业种植开发有限公司、北京金星鸭业中心中辛庄养殖场、梁家务养殖场、北京三元食品股份有限公司三元绿荷奶牛养殖中心第一牧场、北京金信食用菌有限公司等6家奥运食品供应企业，总计供应农产品50多种、143万余公斤，包括大运河鲜切菜11.06万公斤、东升绿豆芽8580公斤、金信食用菌7521公斤、三元鲜奶106.2万公斤、金星鸭25.04万公斤。其中7月20日～8月24日，为北京奥运会供应90.8万公斤；8月25日～9月20日，为北京残奥会供应53万公斤。

（王岩军）

▲北京御香苑畜牧有限公司为北京奥运会免费提供优质牛肉产品

位于通州区张家湾镇的北京御香苑畜牧有限公司是集肉牛的饲养、屠宰加工、产品销售、出口外销及餐饮服务为一体的综合性企业。

2006年7月，御香苑牛肉产品被国家体育总局训练局授权为国家体育总局训练局运动员专用排酸牛肉，公司向国家体育总局免费提供为期三年的优质牛肉产品。2006年至2008年公司每年提供30吨牛肉，三年共计90

吨；每年向奥运会捐款50万元，连续三年计150万元。2008年北京奥运会期间，公司为奥运体育场馆提供牛肉20吨。北京御香苑畜牧有限公司为2008北京奥运会捐款捐牛肉折合人民币共计300万元。

（孙凤霞）

▲北京京东大运河农产品配送中心为奥运会供应合格鲜切菜

北京京东大运河农产品配送中心于7月初被确定为奥运餐饮供应企业，以叶菜类供应为主。配送中心仅用20天的时间，购置设备并按供奥食品安全标准改建完成了鲜切菜车间所有硬件设施，车间、设备、人员全部到位。中心于7月22日正式供应产品，比原计划提前10天。

面对国内叶菜类生产保鲜技术几乎没有经验可以借鉴的状况，鲜切菜车间专门成立叶菜类技术攻关组，在实验室对不同叶菜进行试验和纠偏，并在正式供货前先期投入资金进行车间实际生产的演练。奥运期间为了确保产品质量，公司将大肠杆菌的标准降到200(MPN/100g)以下，远远小于规定的430(MPN/100g)。使产品保质期达到4天，有些品种可以达到5天至7天，超过了规定的3天。2008年作为奥运鲜切菜供应商，大运河配送中心为奥运会和残奥会提供鲜切菜33个单品，120余吨。

（石　慧）

▲北京东升方圆农业种植开发有限公司成为北京奥运会蔬菜供应商

北京东升方圆农业种植开发有限公司位于北京市通州区聚富苑民族产业发展基地，2008年成为北京奥运会蔬菜供应基地。奥运会期间，该公司的黄豆芽、绿豆芽、菜心、芥蓝、韭菜、奶白菜、生菜、西兰花等产品被送往北京天安农业发展有限公司、北京裕农怀柔蔬菜加工厂、北京京东大运河农产品配送中心等承担奥运供应任务的蔬菜加工企业进行深加工。

（李　成）

▲北京好利来工贸有限公司提供17个品项奥运食品

位于马驹桥镇的北京好利来工贸有限公司是北京第29届奥林匹克运动会茶点的主要供应商，奥运期间该公司共有20余万盒奥运食品走进了“鸟巢”、“水立方”等奥运主场馆，被各国运动员、奥运大家庭贵宾和数十万观众品尝享用，实现了零责任客诉、零食品安全事故、零食源性兴奋剂检出。

公司为奥运会精心设计了4个大类17个品项的奥运食品，7月15日正式生产至9月1日结束，为期32天，共生产奥运产品30.2吨，115批次，发货49车次，配送29.6吨。供应的产品主要有：80克零售奥运曲奇、薄饼和200克零售奥运京八件106121盒；50克奥运月饼80390粒；30克开闭幕式专用茶点43739盒；500克贵宾室、运动员休息室专用茶点（点心、京八件）32236盒。

公司生产的奥运产品涉及到好利来糕点、好利来月饼、好利来京八件、好利来饼干。产品分别为：芝麻薄饼、椰丝薄饼、奶香薄饼、牛油曲奇饼干、黑芝麻月饼、凤梨月饼、金丝枣蓉月饼、玉米马蹄月饼、200克京八件茶点、开幕式30克可可曲奇饼干、黄油曲奇饼干、提子酥饼、提子切片、小桃酥、可可曲奇饼干、大理石切片、500克京八件茶点。其中开幕式30克可可曲奇饼干和500克茶点专门为奥运会量身设计。

奥运茶点配送到国家体育场“鸟巢”、国家游泳中心“水立方”、奥运村、首都国际机场、奥林匹克公园北区场馆群、首都体育馆、工人体育馆、北京理工大学体育馆、五棵松场馆群以及首旅鸟巢、首旅爱玛客、百万庄园、空港配餐、福记五大餐饮供应商等。

（绳少红）

▲北京北水食品工业有限公司为奥运会供应水产品

位于西集镇的北京北水食品工业有限公司于2008年5月与北京市商务局签署《奥运供应企业协议》，正式成为2008北京奥运会水产品供应商。5月7日开始奥运供货。7月11日、7月21日分别与北京首旅鸟巢餐饮服务有限公司、北京空港配餐有限公司正式签订奥运供应协议，正式成为奥运会水产品直接供应商。

自5月起，北水公司为奥运场馆、奥运媒体接待饭店供应9个安全水产品品种，总量达17吨。主要用于奥运会期间国家柔道、摔跤、网球、曲棍球、手球、垒球、拳击等13支参赛代表队训练时食用。为首旅鸟巢餐饮服务有限公司提供罗非鱼柳、开片虾肉等品种的水产品，用于开幕式奥运会官员食用以及网球、曲棍球、射箭等项目比赛场馆赛时运动员食用。向北京空港配餐有限公司供应水产品，用于进行沙滩排球比赛时运动员食用。向国家体育总局射击、射箭管理中心供应5个品种的水产品，用于奥运射击、射箭运动员训练及比赛时食用，供应北京航天航空大学奥运比赛场馆（男女举重）、北京科技大学比赛场馆（跆拳道、柔道）赛时运动员食用。

（王思文）

▲北京市通州利强涂料厂成为奥运环境整治外墙涂料指定供应企业

位于马驹桥镇的北京市通州利强涂料厂于2007年初通过北京市“2008”环境建设指挥部办公室等七家委、办、局联合组建的专家评审和实地考察等综合评价工作，入围奥运环境建设工程建筑外墙涂料生产企业目录，成为奥运环境整治外墙涂料指定供应企业，参与城市环境改造工程。先后承接了海淀区花园路外立面粉饰工程、马甸小区老旧小区改造工程、2008海淀区建筑物外立面清洗粉饰紫竹院街道项目、安贞小区改造工程、水碓子社区粉饰工程、朝阳工商局粉饰工程以及通州区政府粉饰工程等诸多城市靓丽工程，共提供近千吨稳定的环保产品，施工面积200万平方米。

（绳少红）

▲北京东方信捷物流公司为奥运提供物流一体化服务

位于马驹桥镇的北京东方信捷物流有限责任公司承担着2008北京奥运会部分必需品的管理和配送任务，如赠送各国政府官员及奥运官员的礼品、海尔家电、统一食品等，从商品管理到配送均由该公司直接承担，每天商品出入库量达万余件。其优质、专业的服务得到奥组委相关部门的认可。

（绳少红）

▲北京星湖绿色生态观光园承担北京残奥会开闭幕式排练场地服务

位于台湖镇的北京星湖绿色生态观光园有限公司是通州区重点旅游观光企业。2008年北京残奥会筹备期间，星湖园被北京奥组委确定为大型设备组装调试场地和残奥会开闭幕式编导、演职人员入住及排练场地。北京残奥会开闭幕式节目排练在这里进行。

为切实给残奥会开闭幕式的工作人员和演职人员提供良好的工作和生活环境，星湖园先后投资2000余万元对食堂、浴室、排练场地等进行重建和改造，增加纯净水处理设备，加装了寝室空调。同时在有关部门的协助下，在安全保卫、环境卫生、食品安全、餐饮制作等各个方面提供了优质的服务。2008年4月初至9月中旬，星湖园每天接待大批工作和演职人员，最多时一天达2600余人。在园里精心组织和积极协调下，残奥会开闭幕式的节目排练工作进展顺利，工作和演职人员始终保持了充沛的精力，确保了排练任务的圆满完成。星湖园出色完成残奥会开闭幕式排练、演职人员接待工作。北京残奥会设施设备在星湖园组装调试圆满成功。

在此期间，8月20日和9月12日，中央和奥组委领导李长春、习近平、周永康、回良玉、刘淇、刘云山、刘延东、令计划、陈至立、马凯、孟建柱、戴秉国、孙家正、陈奎元、邓朴方等到星湖园排练现场视察、慰问，对星湖园提供的各项服务给予了充分肯定和高度评价。

（王会文）

▲宋庄镇列入奥运会国内外非注册记者参观采访点

在北京奥运会、残奥会期间，宋庄镇被2008北京国际新闻中心列入全市60个奥运会非注册记者参观采访点之一。

宋庄镇在原创艺术博览中心建立占地约2000平方米的宋庄新闻媒体接待中心，提供“一站式”服务。细化对媒体的服务，制定了新闻媒体接待服务程序，配备10名采访引导员。建立宋庄画家村艺术档案库，提供资料查阅；建立互联网信息中心，便于记者资料传输。配备英、法、德、意、日等多种语言翻译解说员。

中心定期举办新闻发布会和媒体记者联谊会，为媒体记者提供宋庄镇经济、文化、社会发展的重要信息，特别是宋庄原创艺术与卡通产业集聚区、宋庄艺术家群落等文化创意产业的相关新闻及宣传品。奥运会、残奥会期间，接待国内外记者1100人次。

（杨海英）

▲张家湾镇皇木厂村列入奥运期间境外媒体记者采访点

张家湾镇皇木厂村被确定为奥运期间通州区境外媒体记者采访点，在皇木厂村奥运境外媒体接待服务站设立24小时值班岗，成立专业的接待队伍，配备双语讲解员。组织接待境外媒体记者模拟演练活动。奥运会和残奥会期间，皇木厂村接待服务站先后接待了来自国家信访局、市人大通州代表团、区旅游局等上级领导及参观游览的游客等6批200余人次。

（孙凤霞）

▲通州武术协会太极功夫表演队参与北京奥运宣传活动

2008年，北京奥运会筹办和召开期间，通州区武术协会组织的太极功夫表演分队多次参加市、区奥运宣传和助威活动，为弘扬奥运精神，为奥运会的圆满举行作出贡献。

8月6日，在故宫端门、午门举行的2008北京奥运会北京地区奥运圣火传递启动仪式上，通州太极功夫表演分队100人在天安门广场表演了太极功夫扇。8月7日，在奥运圣火通州段运河水上传递活动仪式上，表演队560人在火炬传递起止点表演了太极功夫、太极功夫扇和24式简化太极拳。8月17日与8月24日，在马拉松决赛主会场国家体育场“鸟巢”，通州区武术协会100人太极功夫表演分队与东城区武术协会等7支表演分队组合的1200人表演总队参加表演3场。分别为：8月17日，在女子马拉松决赛主会场参加第二场“中华武术展英姿”表演太极功夫扇；8月24日，在男子马拉松决赛主会场参加第一场“舞动北京”表演太极拳，第六场“和谐世界”表演太极功夫扇。

（冯晶晶）

▲空竹制作技艺在北京祥云小屋展示风采

在北京奥运会和残奥会期间，“中国故事”文化展示现场30个“祥云小屋”在奥林匹克公园中心区域亮相，每个“小屋”以实物、多媒体等多种形式展示我国国家级非物质文化遗产及各地神奇、多彩的民族民间文化。

北京“祥云小屋”不仅有皇城文化，同时也有传统的民间手工艺，现场展示荣宝斋的木板水印技艺、空竹的制作技艺和景泰蓝的点蓝工艺。国家级非物质文化遗产项目“抖空竹”代表性传承人张国良在北京小屋为各国来宾展示空竹的制作技艺。

张国良空竹制造工作室位于通州区宋庄镇六合村。

（杨海英）

▲通州区选派5名干部到北京奥组委工作

在北京奥运会期间，区委选派了田春华等5名干部到北京奥组委挂职工作，他们被分配在不同的岗位，为奥运会的成功举办做出了贡献。

田春华　区卫生局副局长，北京奥运会筹备期间参与了奥运火炬境内外传递的全过程。

古　剑　区国资委政治部主任，北京奥运会期间先后在奥组委人事部培训处任项目主管和残奥会大家庭饭店场馆运行团队人事副经理、经理。

郑国峰　区水务局政工科科长，北京奥运会期间任汇园公寓媒体村综合服务副主任。

王　蓬　梨园镇宣传部部长，北京奥运会期间任奥运会服务部餐饮处主新闻中心餐饮副经理。

赵程红　通政公司副经理，北京奥运会期间任国际广播中心餐饮经理。

（刘　飏）

通州志愿者服务北京奥运会

2008年北京奥运会、残奥会期间，通州区2.1万名赛会驾驶员志愿者、城市志愿者、社会志愿者和职工拉拉队志愿者在保障奥运赛事运行、展示城市文明形象、维护交通出行秩序、营造赛场观赛氛围等志愿服务岗位上作出积极贡献，赢得了各方的赞誉。

▲驾驶员志愿者提供安全交通服务

7月19日至9月20日，通州区奥运会驾驶员志愿者总队204名赛会志愿者参与奥运会、残奥会交通服务。驾驶员志愿者是由全区74个单位选调的优秀驾驶员，区工作组对志愿者进行严格的政治审核和数次驾驶专业技术考核，开展各方面的专业培训和军事化管理，打造过硬团队。先后组织30余次专业知识培训。

在64天的奥运会交通运营中，驾驶员志愿者恪守职责、热情服务，服从北京奥组委T3奥体中心场站的管理，坚决执行调度站的各项任务，共出车16340余次，接送客人3.52万人次。实现交通安全零事故、服务对象零投诉、奥体场站零批评、人员零缺勤的“四零”目标，赢得了国际奥委会官员和北京奥组委的称赞。奥组委交通部领导赞誉通州区驾驶员总队是“专啃硬骨头总队”。

（刘高奇）

▲城市、社会志愿者服务奥运3万人次

7月1日至10月8日，通州区10个城市志愿服务站点开展为期100天的志愿服务，累计参与服务的志愿者近1万人次，提供信息咨询、语言翻译、应急救助等服务8万次，发放各类奥运宣传品近10万份，充分展示了北京新城区热情友好、文明和谐的城市形象。在服务站点的志愿者里，最年长者为79岁的老人，年少的是15岁的高中生（第一位青少年小楼门长）。

7月20日至9月27日，团区委、区交通支队和区安委会共同负责，在新华大街、新华南北路、运河西大街等4条主要大街的主要灯控路口，设置47个社会志愿者交通秩序维护岗，每天安排300多名社会志愿者上岗，面向社会开展为期68天的交通秩序维护志愿服务，累计参与服务的志愿者2万余人次，倡导文明出行，有效维护了交通秩序。

（吴　男）

▲通州区职工拉拉队参与28场次观赛服务

通州区职工拉拉队6000名拉拉队员组成36支职工文明拉拉队参加北京奥运会、残奥会比赛的观赛服务。区总工会先后组织拉拉队员培训82场次，培训人数1.2万人次。

拉拉队参与奥运会、残奥会服务总场次28场次，拉拉队员19150人次。先后在北京工人体育场、朝阳公园沙滩排球场、国家体育场“鸟巢”、奥林匹克公园曲棍球场、奥林匹克公园网球中心等场馆观赛服务，其中组织5150人次拉拉队员、文明观众参加奥运火炬通州段传递、北京奥运会足球、沙滩排球、曲棍球、田径等8个场次的观赛服务；组织11000人次拉拉队员和文明观众参加北京残奥会的轮椅网球、轮椅篮球、游泳、射箭、田径等20场次的观赛服务；组织3000人次参加4场“好运北京”测试赛和市拉拉队组委会的两次展示发布会。整个组织工作严密细致、协调顺畅、安全圆满。通州区职工拉拉队被市拉拉队组委会评为甲级队一等奖。

（屈丽军）

奥运文化广场活动

2008年6月23日至9月17日，由通州区委、区政府主办，区委宣传部、区文化委、北京新城基业投资发展有限公司承办的通州区城市奥运文化广场活动，在运河文化广场举行。此活动以“千年运河　激情08”为主题，为公众提供参与奥运文化活动、分享奥运欢乐的机会，展示中华民族的优秀文化，搭建世界多元文化交流的平台，重点展示和宣传通州运河文化。

通州区城市奥运文化广场活动分为演出区、大屏幕转播区、餐饮区、展览区、赞助商活动区、礼品交换区、手工艺品展卖区、志愿者服务区、船模比赛区、广场景观（灯展）等十个区域。内容主要有：举办艺术家和普通民众共同参与的广场文艺演出；设立大屏幕，供公众同步观看奥运会体育赛事；举办专题展览；开展奥运纪念品交换活动；组织志愿者服务；开展奥运会合作伙伴展示活动；设立奥运特许商品专卖亭和饮食摊点售卖；运河漕船模型闯关大赛；灯展等。

▲36场精彩文艺演出吸引观众10万人次

文艺演出是本次奥运文化广场活动的重要组成部分，演出以“唱响运河千年音律　扬起通州万里风帆”为主题，形式涵盖演唱、相声、器乐、小品、舞蹈、杂技等多种形式，汇聚了来自欧洲、非洲、美洲等8个国家的13支外国团队和来自北京市、天津市及通辽市的26支国内团队，在奥运会和残奥会期间共举办精彩演出36场。

此次奥运文化广场演出活动吸引了各级领导、外宾的参加。对接城市天津市的领导、内蒙古通辽市的领导出席了奥运文化广场启动仪式；哥伦比亚大使及夫人到场并观看演出；美国杨百翰大学校长等12人参加了杨百翰大学在通州区的舞蹈专场演出。广场演出吸引国内外游客、观众约10万人次。

▲大屏幕直播奥运会、残奥会赛事并进行城市宣传

通过大屏幕同步播放奥运期间各项体育赛事，供游客观看。大屏幕对奥运会开幕式、闭幕式以及残奥会开幕式、闭幕式进行了全程直播，许多国外来宾、外省市游客和本区居民来到广场，一同通过大屏幕观看开闭幕式。仅8月8日、8月24日、9月6日、9月17日在广场观看大屏幕的观众就超过4万人次。

奥运专题展览内容丰富。举办奥林匹克运动会历史文化介绍、北京奥运会介绍、北京残奥会介绍、奥运文化广场活动介绍、地区和谐社会建设成果等主题展览。走廊式展览在外观设计上融入运河“船”的元素，受到广大观众的喜爱。以“庆奥运、建新城”为主题，对通州运河历史人文风采做集中展示，组织通州八景及通州新景绘制工程、抄录通州诗歌百幅书法创作工程、运河通州段景观摄影创作工程三项活动，展现古老的运河、发展的通州，将通州运河文化绘成画、编成诗、写成文、做成图，运河文化得到生动展现。

▲展示五百米奥运书法长卷，普及奥运知识

由通州区书法家协会创作的《北京奥运会与奥林匹克运动长卷》，长度五百米，将介绍古代奥运、现代奥运和北京奥运内容相串联，分为五卷，象征奥运五环；书卷共6.6万字，寓意北京奥运六六大顺；整部作品共有2008个印章，象征北京2008奥运；其中有29个火炬印章，意为第29届奥运会。展现通州区人民盼奥运、庆奥运、办好奥运的心情。

▲手工艺品展卖宣传民间传统文化

开辟民间手工艺品展卖区。接待天津杨柳青年画、泥人张彩塑和本区特色非物质文化遗产保护项目和各类手工艺品，如大风车、枯木陶、料器、空竹等。活动期间，各类展览接待游客近20万人次。其中民间手工艺展卖接待游客两万人次，包括美、俄、日等外国游客及其他城市游客逾6000人次，售卖民间手工艺品上千件。

▲纪念品内容丰富、设计新颖、地域文化特色突出

通州区自行设计的纪念品在设计理念上，充分体现“漕运文化”。设计了一类用于交换和免费发放的鼠标垫、车贴、扑克牌等纪念品和一类贵宾礼品套装（通州书法、美术、摄影作品集）。奥运文化广场活动期间，免费发放各类纪念品3万余份。

▲开辟奥运赞助商展示、专卖区

在奥运文化广场活动期间，为奥运合作伙伴展示提供场地，做好服务工作。设立青岛啤酒、可口可乐公司、中国移动、中国邮政等4家奥运赞助商展示、售卖区。

▲运河漕船模型闯关游艺活动将科技奥运与运河文化紧密相连

作为特色活动之一，运河漕船模型闯关游艺活动将奥运比赛精神同运河文化相结合，活动普及了模型知识、宣传了科技奥运精神，得到群众的欢迎与参与。

▲灯展活动使奥运主题与运河文化交相辉映

“盛世奥运·通州好运”彩灯盛会在设计上突出通州漕运码头的历史文化特点，突出“奥运、漕运、好运”三个“运”。17组漕运主题灯组设计“漕运码头”突出反映漕运盛期码头繁忙景象，为游人展现了运河千帆百舸的画面。18组时尚灯包括“十二星座”、“月儿弯弯”，以华丽灯彩的形式布置于通道，让人们领略时尚、浪漫的运河风情。1组奥运主题灯“奥运乐章”突出奥运主题。10组“大风车”灯，将通州区非物质文化遗产元素融入彩灯设计，以现代的彩灯手法渲染出通州文化的多姿多彩。同时，再辅以4组营造环境、氛围的灯，如“溢彩通州”、“火树银花”等，营造出“火树银花不夜天”的运河河岸场景。灯展自7月13日正式开放，每晚观众都在5000人以上，整个灯展活动吸引观众近35万人次。

（邢振华）

通州教育系统参与奥运、服务奥运活动

北京筹办和举办奥运期间，通州教育系统全面落实《“北京2008”中小学生奥林匹克教育计划》，开展奥林匹克系列教育活动，通过奥林匹克教育与学校德育、体育、新课程改革和实践活动有机结合，促进学校体育工作的有效开展，提高学生健康水平；开展丰富多彩的活动，弘扬奥林匹克精神，普及奥林匹克知识，传播奥林匹克文化，使广大青少年学生关注奥运、了解奥运、参与奥运、体验奥运、得益奥运。

▲奥林匹克系列教育活动丰富多彩

开展了各类征文演讲比赛、英语演讲比赛、奥林匹克知识竞赛、奥运法律知识竞赛、师生奥运观赛征文、七巧板科技擂台赛、摄影作品展览、体育文化周、学生艺术节等活动。筹办奥运会和举办奥运会期间，通州区中小学生近200万人次参加了数十次区级和上千次校级奥林匹克教育活动。活动普及了奥

林匹克知识，营造了浓厚的奥运文化氛围。

▲通州区师生参与场馆观赛活动

8月9日至24日，通州区师生15833人次到奥运赛场观看50场奥运比赛，现场感受奥林匹克运动的魅力。其中“同心结”学校、奥林匹克示范校11684人次，其他中小学、职业学校、特教学校4149人次。观赛活动涉及所有公办中小学、职业学校、特教学校及民办学校。

▲3名教师担任北京奥运会火炬手

8月7日，培智学校教师李银环、潞河中学教师薛贵、北苑学校教师张品正担任北京奥运会火炬手，参加了奥运火炬通州传递活动。来自潞河中学、通州二中、通州三中、通州四中、运河中学、通州六中、玉桥中学、北京二中通州分校的3000余名师生作为拉拉队员，为火炬传递加油助威。

▲158名师生参加残奥会演出

北京现代音乐学校158名师生参加第13届残奥会开幕式的演出。

▲奥林匹克示范学校

通州区确立8所奥林匹克示范学校，将奥林匹克教育融入到学校的整体工作中，并将奥林匹克理念和知识辐射到普通学校和社区。12所奥林匹克教育示范校、“同心结”学校与12所普通中小学结对开展奥林匹克特色活动。

5所“同心结”学校师生参加奥运村升旗仪式。“同心结”活动是由北京奥组委和北京市政府联合为2008奥运会推出的一项交流活动。潞河中学、永乐店中学、运河小学、官园小学、实验一小等5所“同心结”活动项目学校，开展与相关国家(地区)的学校结对和交流活动。潞河中学与玻利维亚SAN CALIXTO SCHOOL、官园小学与坦桑尼亚JITENGENI PRIMARY SCHOOL确立了姊妹校关系，进行交流活动。2007年7月3日，玻利维亚驻华大使访问潞河中学，2007年11月17日坦桑尼亚全权公使访问官园小学。2008年1月3日，中坦“同心结”小学联谊活动在官园小学举行，1968年墨西哥奥运会上带伤坚持跑完马拉松比赛的坦桑尼亚奥运英雄阿赫瓦里、坦桑尼亚联合共和国全权公使海伦及坦籍小朋友与官园小学师生举行联谊活动。2008年8月5日至9日，潞河中学、永乐店中学、运河小学、官园小学、实验一小的20名师生分别参加了玻利维亚、斐济、萨尔瓦多、坦桑尼亚、缅甸奥运代表团入村（奥运村）升国旗仪式，并与结对国代表团的运动员进行友好交流。

▲接待两批新疆奥运观赛团

8月12日至22日，潞河中学先后接待了新疆及新疆生产建设兵团师生代表共400余人，新疆师生观看了奥运会棒球、沙滩排球、足球、田径、摔跤等比赛项目，参观了毛主席纪念堂、故宫、长城、颐和园、中华世纪坛等名胜古迹，观看了天安门升旗仪式。

▲上合组织成员国交流营活动代表团访问潞河中学

1月21日，首届上海合作组织成员国青年学生交流营活动代表团访问潞河中学，来自俄罗斯、哈萨克斯坦、吉尔吉斯斯坦和塔吉克斯坦四国的36名高中师生，与潞河中学两个高一俄语实验班学生开展了文艺表演、奥运知识竞猜等联谊活动，并参观了校园。随后，潞河中学20多名师生和交流营全体团员一同参加在北京新世纪饭店举行的交流营开营仪式。

▲潞河中学学生邵恒成为北京奥运会奥林匹克青年营北京地区营员

3月11日，潞河中学学生邵恒参加在北京101中学举行的北京奥运会奥林匹克青年营北京地区营员选拔活动，邵恒以优秀的英语口语、出色的表现成为北京奥运会奥林匹克青年营北京地区的两位营员之一。青年营于8月6日至26日在中国国际青年交流中心举办，历时21天，总规模800人，营员年龄在16至18岁之间，主要由国际奥委会各成员国和地区的青年代表以及国内青年代表组成。

（王海龙）

通州区获市委 市政府 北京奥组委表彰的北京奥运会、残奥会先进集体和先进个人

北京奥运会、残奥会先进集体

北京市通州区综治办
北京市通州区体育局
北京新城基业投资发展有限公司
北京市公安局通州分局白庙治安检查站
北京市通州区文化委员会业务科
北京京东大运河农产品配送中心
北京市通州区市政管理委员会市容环境整治管理科
北京星湖绿色生态观光园有限公司

北京奥运会、残奥会先进个人

曹文军　通州区体育局业务科科长
李国忠　通州区城市管理监察大队潞城分队队长
赵全球　北京市工商行政管理局通州分局执法检查队科员
王增志　北京电力公司通州供电公司经理
李学来　通州区宋庄镇小堡村委员会委员
孟宪臣　通州区张家湾镇党委宣传委员
程丹棣　通州区市政管理委员会综合审批科科长
张金玲　通州区教师研修中心教师
王丽纳　通州区地方税务局玉桥税务所科员
高秉权　通州区林业局林业科科长
曹德彬　北京星湖绿色生态观光园有限公司副董事长
吴改霞　通州区新华街道如意社区居委会党总支书记兼主任
宋德淼　北京市公安局公安交通管理局通州交通支队潞河队主任科员
王海旺　北京市公安局通州分局国保支队一队队长
林东生　通州区建设委员会副主任
金　锋　通州区永顺镇人民政府流管办主任
韩向群　北京市通州区政府办公室副主任
葛卫平　北京市公安局通州分局永顺派出所警长
孟繁宇　北京市公安局通州分局治安支队一队队长
马鸿儒　北京市公安局通州分局新华派出所警长
秦　企　北京京东大运河农产品配送中心总经理
张若冰　共青团北京市通州区委员会书记
郑国峰　通州区水务局政工科科长
古　剑　通州区人民政府国有资产管理委员会政治部主任
刘永生　通州区交通安全委员会副主任
刘高奇　通州区道路交通安全协会秘书长
于　军　共青团北京市通州区委员会办公室主任
高玉静　通州区建设工程质量检测所党支部副书记
张　娜　通州区中仓街道办事处工作人员

大 事 记

2008年通州区大事记

1 月

3日 区委召开四届五次全体(扩大)会议。

6日 中共中央政治局常委、全国政协主席贾庆林到通州区调研落实党的十七大精神、文化创意产业和生产性服务业发展情况。

8～10日 政协通州区第四届委员会第二次会议举行。

9～11日 通州区第四届人民代表大会第三次会议举行。

15日 通州区事业单位人事制度改革动员会召开。

20日 通州区举办迎奥运倒计时200天庆祝活动。

2 月

3日 区直机关举行为南方雨雪冰冻灾区紧急捐赠活动，捐赠衣被2000余件。

▲ 通州区召开2007年度纳税千万元以上企业表彰大会。

7日 通州区举办三教庙春节文化庙会开幕式。

24日 周波烈士遗体告别仪式举行。

26日 农业银行通州支行举行新办公楼开业庆典，农行通州支行迁址办公。

29日 区政府出台《通州区经济适用住房管理办法（试行）》，发布《北京市通州区人民政府关于印发通州区住房保障工作实施方案（试行）的通知》。

▲ 史家小学通州分校奠基开工。总占地面积91.5亩。

3 月

4日 法国驻中国大使馆文化参赞齐安捷一行就拟建蓬皮杜艺术中心姊妹馆项目到宋庄镇考察。

▲ 潞河中学池斯楠获德国马克特基金会奖。

6日 区政府出台《通州区城市廉租房管理办法》。

11日 通州区2008年农村工作会议召开。

▲ 副市长牛有成到通州区调研新农村建设工作。

12日 交通银行北京通州支行开业庆典举行。

13日 通州区科普工作暨创建全国科普示范区表彰大会召开。会上，市科协领导代表中国科协授予通州区“全国科普示范区”奖牌。

17日 首都医科大学附属北京口腔医院重点支持通州区口腔诊疗中心签约仪式举行。

18日 中国冶金地质总局一局与永顺镇举行中国冶金地质总局总部经济基地正元矿业大厦项目签约仪式。

21日 第十届北京科普之春暨通州区文化科技卫生“三下乡”启动仪式举行。

26日 全国政协人资环委会主任、中国生殖健康产业协会会长张维庆等到通州区视察新城规划建设和产业发展情况。

4 月

1日 通州区与加拿大亿万豪公司及王府井集团签署北苑商务区《合作备忘录》。

2日 通州区举行学习宣传周波、刘冰恒英雄事迹文艺演出。

5日 通州区在京津城际铁路和京津高速第二通道沿线开展以“服务北京奥运盛会，建设滨水宜居新城”为主题的义务植树活动。

13日 “春归运河 情牵五环 让我们携手走近奥运”大型新闻现场录制活动在通州区举行。

14日 市人大常委会主任杜德印、副主任赵凤山及部分市人大代表到通州区视察北运河水系治理情况。

17日 全国人大教科文卫委员会副主任委员李志坚、任茂东及委员王陇德、王文荣、马力组成的全国人大立法调研组到通州区对《食品安全法（草案）》进行立法调研。

18日 马驹桥镇小周易村获司法部、民政部授予“全国民主法制示范村”称号。

19日 纪念周文彬烈士诞辰100周年暨中共通州区第一个党支部成立80周年大会在潞河中学召开。

22日 通州区举行通州新城电网建设启动暨商务园220千伏变电站奠基仪式。

▲ 新疆维吾尔自治区人大常委会副主任杜秦瑞率新疆人大调研组一行7人访问潞河中学。

23～24日 上海市徐汇区党政代表团一行20余人到通州区考察服务奥运工作。

28日 通州区举行纪念五四运动89周年暨奥运会志愿者动员誓师大会。奥运吉祥物“福娃”主要设计者韩美林成为通州区奥运志愿者形象代言人。

▲ 北京永安国际旅行有限公司揭牌仪式举行，公司成为通州区首家具有自主经营权的国际旅行社。

▲ 通州区举行“庆奥运 建设新城‘村庄里的歌声’”奥运倒计时100天文艺演出。

5 月

5日 区政府出台《通州区限价商品住房管理办法（试行）》。

11日 副市长苟仲文到通州区调研东方化工厂、阿科玛化工有限公司、武窑化工试剂仓库等企业危险化学品安全管理情况。

14日 市规划委主任黄艳等到通州区调研新城建设、通州新城与亦庄新城规划衔接等工作。

▲ 区直机关为四川汶川地震灾区捐款仪式举行。

15日 通州区召开卫生系统抗震救灾医疗队成立暨动员大会。

19日 市委常委、宣传部长、副市长蔡赴朝到通州区考察奥运火炬传递筹备工作。

▲ 市委常委牛有成到通州区视察奥运重点绿色通道建设工程。

▲ 14时28分，区四大家领导及区直机关的600余名党员干部，在区委办公楼前向汶川大地震中遇难的同胞默哀3分钟。并拉响防空警报。

22日 北京市少儿科普阅览中心通州分中心成立。

23日 通州区回族风情乡村旅游区建设项目被列入2008年市政府拟办重要实事旅游项目。该项目涵盖于家务、永乐店两个乡镇，规划面积170.38平方公里。

25日 首届月亮河雕塑艺术节开幕典礼举行。

28日 通州区第四届樱桃采摘节在西集

镇开幕。

29日　市政协副主席沈宝昌到通州区调研基层政协工作开展情况。

30日　通州区第二医院住院楼剪彩仪式举行。

▲　区政府出台《通州区饮用水地下水源保护区水污染防治管理办法》。

是月　撤销通州区养殖业服务中心，组建通州区动物卫生监督管理局。

▲　通州区社区卫生服务管理中心成立。

6　月

6日　通州区第三届安全文化节开幕。

14日　通州区非物质文化遗产展厅揭牌暨纪念邮册首发仪式举行。

18日　李宁公司举行“中国印记·2008时尚北京之夜”活动。活动展示了中国乒乓球队、体操队、跳水队、射击队的参赛队服。

23日　“相约北京——2008奥林匹克文化节”首场演出在运河文化广场举行。

25日　通州区举行韩美林艺术馆开馆仪式。

5月26日～6月28日　抗震救灾献爱心，全区4.2万名中共党员交纳“特殊党费”共计1128万元。

是月　通州区申报的花丝镶嵌制作技艺入选第二批国家级非物质文化遗产名录。

7　月

1日　市委常委牛有成到通州区调研都市型现代农业情况。

▲　通州区2008年新农村建设“两气工程”开工典礼举行。

8日　奥运火炬通州水上传递用船“安福舻”试航仪式举行。

13日～9月17日　通州区举行“北京2008”城市奥运文化广场庆典活动。

15日　市人大常委会副主任赵凤山与部分市人大代表到通州区视察新农村建设情况。

16日　京津第二通道工程竣工全线开通。京津高速公路北京段路线全长约34公里，通州区段沿途经过台湖镇、张家湾镇、于家务乡、永乐店镇4个乡镇25个村庄。

19日　北京观光南瓜园在通州区于家务乡举行开园仪式。

▲　通州区奥运安保社会面防控工作启动仪式举行。

20日　通州区奥运会、残奥会社会志愿者交通秩序维护岗启动仪式举行。

26日　国家信访局局长王学军到通州区调研领导干部大接访情况。

28日　市委常委牛有成、副市长程红到大运河农产品配送中心视察奥运蔬菜保障工作。

▲　北京农村商业银行通州支行举行2008年“凤凰卡助学”启动仪式。

29日　中央信访工作督导组领导到通州区调研领导干部大接访活动。

30日　市人大代表赵凤山、赵家骐、王云峰、邓乃平、石进贤等视察火炬传递路线沿线的景观建设和张家湾镇皇木厂村境外媒体采访接待工作。

▲　市纪委副书记隋秀梅到通州区调研纪检监察信访工作。

8　月

1日　京津城际轨道全线开通运营，全长115公里，通州区段35公里，沿途经过通州区台湖镇、张家湾镇、于家务乡、永乐店镇，通州境内预设永乐站。

4日　中共中央政治局常委、全国政协主席贾庆林视察韩美林艺术馆。

6日　通州区动物卫生监督管理局揭牌仪式举行。

7日　北京奥运火炬传递活动在运河文化广场举行。

27日　2008年通州区高等教育助学金发放仪式举行。

30日　龙旺庄学校落成暨开学典礼举行。

9　月

8日　于家务中学落成典礼举行。

9日　宋庄第三届梨园采摘节暨金秋观光旅游节开幕式举行。

13日　国家开发银行行长陈元一行到通州区参观韩美林艺术馆、运河文化广场和宋庄镇小堡画家村。

▲　北京市消化疾病中心通州基地揭牌仪式举行。

19日　市委常委、统战部长尤兰田到通州区调研统战工作情况。

20日　通州区2008年农村党支部书记、村委会主任培训班开班典礼举行。

27日　通州区举行“纪念改革开放30周年暨庆祝建国59周年”文艺演出活动。

28日　通州区举行“运河儿女颂祖国——庆祝建国59周年”广场文艺演出。

是月　通州区被授予“2007年北京市规范教育收费示范区”称号。

10　月

2日　农业部副部长危朝安到通州区调研永乐店饲料厂、三元绿荷第一牧场、渠头奶牛技术服务中心奶站奶业生产情况。

13日　纪念区档案馆建馆50周年座谈会举行。

15日　通州区召开北京奥运会、残奥会总结表彰大会。会上宣布通州区受市委、市政府、北京奥组委表彰的8个先进集体和29名先进个人；表彰了区级先进单位96个、先进个人458名。

16日　北京市第二届中国金鱼、锦鲤大赛暨中国金鱼博物馆揭牌仪式在通州区举行。

17日　《通州棚户区改造实施方案》出台，北京市棚户区改造试点之一通州区上营棚户区改造工作正式实施。

18日　北京捷宸阳光科技发展有限公司太阳能工程开工奠基仪式在金桥科技产业基地举行。

▲　通州区举行第二届花卉节开幕式。

20日　市人大代表到通州区视察无社会保障老人养老保障工作情况。

▲　通州区召开北京奥运会、残奥会志愿者工作总结表彰大会。

21日　通州区与北京银行举行战略合作框架协议暨新城区建设授信签约仪式。

23日　中冶焊接科技有限公司产业基地开工奠基仪式举行。

25日　第四届中国·宋庄文化艺术节开幕。

▲　通州区首届羽毛球比赛暨羽毛球馆落成典礼举行。

29日　副市长丁向阳到通州区调研北京图书出版发行物流中心、环球影城主题公园项目筹备、运河城市段改造情况。

▲　市人大常委会副主任刘晓晨到通州区调研民族宗教工作。

31日　中华爱国工程联合会向通州区青少年赠送《热爱祖国 振兴中华》读物。

是月　“2008北京新城·通州国际商务年会”举行，年会分五个分会场，先后举办现代物流发展研讨会、高端商务项目对接会、新城重点产业项目对接会、通州园区重点项目对接会、文化创意产业项目对接会专场活动。

11　月

3日　通州区召开“北京奥运会、残奥会”环境建设总结表彰大会。

7日　国家广电总局副总编辑、宣传管理司司长金德龙到通州区调研文化产业工作。

18日　市委常委、市纪委书记马志鹏到通州区调研纪检监察工作。

20日　国家食品药品监督管理局副局长张敬礼参加位于光机电基地的北京市综合性医疗器械检验基地奠基仪式。

21日　全国妇联副主席黄晴宜到通州区调研开展学习实践科学发展观活动情况。

23日　潞河医院外科手术病房楼建设工程奠基仪式举行。仪式上，区政府与首都医科大学签订《关于建设北京市通州区潞河医院成为首都医科大学教学医院的合作协议》。

25日　《通州改革开放30年》首发式举行。

26日　潞河医院建院130周年庆典活动举行。

12　月

5日　民盟通州区工委成立暨纪念民盟组织成立20周年庆典大会召开。

8日　通州区召开纪念改革开放30周年专题报告会。

10日　通州区召开落实无房和住房未达标离休干部住房补贴工作会。

19日　台北市文化交流团到通州区考察文化创意产业发展情况。

20日　通顺路上跨京承铁路立交桥工程竣工。工程于2007年12月20日开工。

22日　北京市郊区第一家“户外科普园地”在复兴南里社区举行揭牌仪式。

▲　通州道德模范评选活动启动仪式举行。

25日　纪念区检察院恢复重建30周年大会召开。

27日　北京中加保罗生物科技有限公司在加拿大多伦多证券交易所成功上市庆祝活动在人民大会堂举行。

29日　区委四届七次全体（扩大）会议召开。

30日　通州区举行迎新年暨“我家住在运河旁”公共文化服务赛事活动汇报演出。

是月　陕京二线通州门站建设工程竣工并向北京供气。

年底　北运河左堤路工程竣工通车。

本年　通州区完成全国第二次土地调查工作。重新核定通州区总面积为905.81平方公里。

党 派

中国共产党北京市通州区委员会

概 述

2008年，全区各级党组织、广大干部群众深入贯彻落实科学发展观，紧紧围绕“两新”建设和服务奥运的目标，圆满完成各项工作任务，实现全区经济社会又好又快发展。

经济建设取得新成绩。地区生产总值实现213亿元，同比增长14%；税收总额实现74.6亿元，同比增长17.9%；地方财政一般预算收入实现20.45亿元，同比增长12.5%；城镇居民人均可支配收入、农民人均纯收入分别达到20708元和10213元，同比增长9.6%和12%。产业结构不断优化，发展环境进一步提升。加强产业政策引导，扶持文化创意产业，引进高端商务服务业，壮大现代物流业，现代服务业健康发展。推进园区管理体制改革，乡镇经济和园区发展活力明显增强。国企改革步伐加快。成功举办第三届商务年会，积极参加京港洽谈会，区域产业知名度得到提升。转变经济发展方式，加快节能减排步伐，着力发展循环经济，盘活一批闲置资产，清退一批“三高”企业，引进一批科技含量高、资源利用少、产出效益好的企业项目，实现了“在谈一批、储备一批、在建一批、扶持一批”。

新城建设取得新进展。规划体系进一步完善，成为全市第一个从区到乡镇规划全覆盖的区县。基础设施建设取得重大进展，新城道路框架进一步完善。旧城旧村改造步伐加快，城市形象和居民居住条件得到同步改善。积极推进土地储备、开发和供应，运河核心区等重点功能区土地一级开发工作取得新进展。大力开展城乡环境建设，着力提高城市运行保障能力，新城建管水平全面提升。

新农村建设取得新成果。推进村庄规划编制工作，累计完成近百个村庄的规划编制。大力发展都市型现代农业，建设漷大路等都市农业生态走廊，建成一批农业主题公园。加快推进新农村建设12项全覆盖工程，其中5项实现全覆盖。推广新能源和节能技术，农村“亮起来、暖起来、循环起来”工程不断推进。推进集体经济产权制度改革，探索土地承包经营权流转多种形式，加快农民专业合作社规范化建设，农村综合改革不断深化。

安全稳定呈现新局面。深入开展领导干部大接访活动，下大力气解决重点矛盾纠纷和突出信访问题，实现奥运期间两个“零”指标。严厉打击各类刑事犯罪，深入开展群防群治大防控，构建覆盖全区的社会面防控网络，全区治安形势良好。公安民警、驻通部队、武警部队全力承担奥运安保任务，圆满完成平安奥运各项工作。全面加强安全生产监督管理工作，生产安全、交通、火灾等事故大幅下降，安全生产形势总体平稳。

社会建设迈出新步伐。落实“五无”工作目标，解决一批涉及群众切身利益的问题。就业再就业工作取得新成效。优化教育资源布局，加强教育基础设施建设，新建和改造一批中小学校。提升城乡社区卫生服务水平，建成111个标准化社区卫生服务站，常用药零差率销售延伸到乡村卫生室，新型农村合作医疗制度全面实施。实施新型农村社会养老保险制度，落实城乡无社会保障老年居民养老保障办法，覆盖城乡的社会保障体系进一步完善。建设一批残疾人康复设施，改善残疾人生活状况。保障性住房建设不断推进。推进社区服务站规范化建设，深入开展楼门文化建设，社区工作者队伍发展壮大，社区建设迈出新步伐。

民主政治和精神文明建设实现新发展。人大紧紧围绕服务奥运和推动全区经济社会又好又快发展，切实履行宪法和法律赋予的职责，监督工作富有特色。政协围绕服务奥运和“两新”建设，积极履行职能，特别是在调查研究出成果、社情悬谈献计策方面卓有成效。统战、对台、侨务工作力度加大。民兵预备役建设、双拥共建工作取得新成绩。依法行政全面展开，“五五”普法规划深入落实。以“迎奥运、讲文明、树新风——我参与、我奉献、我快乐”活动为载体，在全社会广泛提倡讲文明、重礼仪的良好社会风尚，群众文明素质普遍提升。文化事业蓬勃发展，韩美林艺术馆落成开馆，第四届宋庄文化艺术节成功举办。在四川汶川发生特大地震灾害后，第一时间落实市委、市政府关于支援抗震救灾的工作部署，全区各行业、各系统踊跃捐款捐物，医疗、消防等救援队伍迅速赶赴灾区，以实际行动展现中华民族“一方有难、八方支援”的伟大精神。

奥运服务保障工作圆满完成。区委总揽全局、协调各方，充分发动各行业、各系统和广大干部群众服务奥运、奉献奥运。加大环境综合整治和秩序整顿，高标准绿化美化航空走廊可视区、京津二通道等重点地区，城乡环境明显改观。严把奥运食品质量安全关，圆满完成奥运食品供应任务。全力做好残奥会开闭幕式通州排练场各项服务保障工作。组织了富有特色的奥运火炬运河传递活动。奥运文化广场活动精彩纷呈。“巧娘工作室”制作的600万片枫叶成为“两个奥运、同样精彩”的一道靓丽的风景线。完成多次规格较高的境内外媒体采访接待任务。奥运志愿者的工作受到国际奥委会官员和北京奥组委的高度评价。职工文明拉拉队热情参与，服务成绩突出。

干部队伍建设得到新加强。充分发挥区委党校培训干部的主阵地作用，全年累计培训各级干部5474人次，干部队伍整体素质进一步提高。认真贯彻执行《党政领导干部选拔任用工作条例》及相关配套制度，紧紧围绕全区中心工作选配干部，积极稳妥地推进干部选拔任用和交流调整。2008年，全区进行7次干部调整，调整干部219人。

党的建设取得新成效。加强区委常委会自身建设，坚持和完善区委理论中心组学习制度，举办区委中心组和处级单位中心组成员参加的专题报告会12场次。支持政府科学理政、依法行政、为民执政，支持人大、政协履行职能，充分发挥各民主党派、工商联、工青妇等群团组织在经济社会发展中的重要作用，统战和群众团体等工作扎实开展。认真学习实践科学发展观，区级领导班子带头深入开展调研，先后召开专题会、务虚会等一系列研讨会，全区“两新”建设存在的主要问题和差距形成共识，发展思路和具体措施进一步明确。全面加强党的基层组织建设，强化社区党组织的服务功能，推进农村基层党建工作创新。全面启动新一轮帮扶农村工作，选派104支工作队到新农村建设试点村进行重点帮扶。加大村级干部培训力度，村级两委干部素质进一步提高。深入开展“讲党性、重品行、作表率”主题教育活动；在支援抗震救灾中，全区党员缴纳“特殊党费”1100多万元；在奥运会期间，全区广大党员干部积极参与治安防范、环境整治等奥运志愿服务。建立反腐倡廉宣传教育、组织协调等五项工作机制，惩防腐败体系更加完善。注重权力监督和防范腐败的制度机制建设，在7个单位推行廉政风险防范管理试点工作。以“运河清风”品牌建设为载体推进廉政文化“六进”活动，党员和领导干部廉洁自律意识进一步提高。

（蔺 艳）

重要会议和活动

【领导调研与视察】 1月6日，中共中央政治局常委、全国政协主席贾庆林就落实党的十七大精神、文化创意产业和生产性服务业发展情况到通州区调研，察看了北京李宁体育用品公司总部、北京出版发行中心、北京烟草物流中心及运河文化广场建设情况。3月11日，副市长牛有成到通州区调研新农村建设情况，视察了于家务乡南瓜主题公园、台湖镇次二村设施农业园和太阳能浴室。4月14日，市人大常委会主任杜德印、副主任赵凤山视察北运河水系治理情况，察看了潞城镇减运沟工程现场。5月11日，副市长苟仲文到通州区调研，察看东方化工厂、阿科玛化工有限公司以及武窑化工试剂仓库危险化学品管理情况。5月19日，市委常委牛有成到通州区视察京津城际铁路、京津高速第二通道绿化工程。同日，市委常委、宣传部长、副市长蔡赴朝考察通州区奥运火炬传递筹备工作。7月1日，市委常委牛有成到于家务乡南瓜主题公园、台湖镇“金福益农”农业观光园察看特色农产品种植情况，并参观韩美林艺术馆。7月26日，国家信访局局长王学军到通州区调研领导干部大接访情况，并考察张家湾镇皇木厂村境外媒体采访点接待工作及永乐店镇百菇园林下经济发展情况。7月28日，市委常委牛有成、副市长程红到大运河配送中心视察奥运蔬菜保障工作。7月29日，中央信访工作督导组组长、国家信访局督查专员滕佳材到通州区调研领导干部大接访活动，并考察通州区奥运火炬水上传递有关工作，参观韩美林艺术馆。7月30日，市纪委副书记隋秀梅到通州区调研纪检监察信访工作。8月4日，中共中央政治局常委、全国政协主席贾庆林视察韩美林艺术馆。9月19日，市委常委、统战部长尤兰田到通州区调研统战工作，考察三教庙、天主教贾后疃教堂和北京观光南瓜园。10月2日，农业部副部长危朝安到通州区调研奶业生产情况，察看永乐店饲料厂、三元绿荷第一牧场和渠头奶牛技术服务中心奶站。10月29日，副市长丁向阳到通州区调研，察看北京图书出版发行物流中心、环球影城主题公园项目筹备和运河城市段改造情况。同日，市人大常委会副主任刘晓晨调研通州区民族宗教工作，参观于家务中学、东升方圆农业发展有限公司以及于家务乡南瓜观光园。11月7日，国家广电总局副总编辑、宣传管理司司长金德龙到通州区调研文化创意产业，考察宋庄文化创意产业集聚区。11月18日，市委常委、市纪委书记马志鹏就“纪检监察工作如何保障促进科学发展”到通州区调研。11月21日，全国妇联副主席黄晴宜就开展学习实践科学发展观活动到通州区调研，参观“通州区巧娘工作室”和漷县镇草厂村“一品园”鲜切花种植基地。

（蔺 艳）

【区委四届五次全会】 1月3日，区委四届五次全体（扩大）会议召开。会议传达了市委十届三次全会精神，讨论并审议通过了题为《全面贯彻落实十七大精神，推进通州经济又好又快发展》的工作报告和《中国共产党北京市通州区第四届委员会第五次全体会议决议》。区委书记王云峰主持会议并就认真贯彻落实会议精神提出要求。区领导邓乃平、石进贤、王玉辉、张文山、王春元、李玉君、张秀余、邵明星、张永明、尹燕京、张勇等出席会议。

（蔺　艳）

【举行周波烈士遗体告别仪式】　2月24日，周波烈士遗体告别仪式举行。北京军区副政委杨建亭，北京市委副书记王安顺，重庆市委副书记张轩，北京市委常委、卫戍区司令员李少军等参加告别仪式并慰问烈士家属。市领导吴世雄、赵凤桐、赵文芝及市有关部门领导，北京军区、北京卫戍区、重庆市及顺义区有关领导，区领导王云峰、邓乃平、石进贤、王玉辉、杨林、张文山、王春元、李玉君、张秀余、尹燕京、张勇等参加告别仪式。

（蔺　艳）

【农村工作会议】　3月11日，通州区2008年农村工作会议召开。会议总结了2007年通州区新农村建设工作，并就2008年工作进行部署。区委书记王云峰对近年来全区新农村建设取得的成绩给予肯定，并就做好今后一个时期新农村建设工作提出要求。区长邓乃平主持，并就落实好会议精神提出要求。区领导石进贤、王玉辉、杨林、张文山、王春元、李玉君、张秀余、尹燕京等出席。

（蔺　艳）

【全区领导干部会议】　4月1日，通州区领导干部会议召开。区委书记王云峰就奥运期间安全稳定工作提出要求。区领导邓乃平、石进贤、王玉辉、杨林、张文山、王春元、李玉君、张秀余、张永明、尹燕京、张勇等出席。7月4日，通州区召开全区领导干部会。会议总结了全区上半年安全生产情况并部署下阶段安全生产工作。区委常委、政法委书记李玉君对全区开展党政领导干部大接访工作进行部署。区委书记王云峰就奥运期间矛盾纠纷排查化解和安全生产工作提出要求。区长邓乃平主持并就落实此次会议精神提出要求，区领导石进贤、王玉辉、张文山、王春元、尹燕京、张勇、储怀森等出席。

（蔺　艳）

【召开领导干部会议】　4月17日，通州区召开领导干部会议。区长邓乃平传达中央及市委关于维稳工作的要求。区委书记王云峰就进一步做好安全稳定工作提出要求。区领导石进贤、王玉辉、张文山、王春元、李玉君、张秀余、尹燕京、张勇等出席。

（蔺　艳）

【上海市徐汇区党政代表团访问通州】　4月23日～24日，上海市徐汇区党政代表团到通州区考察服务奥运工作，听取区长邓乃平关于全区经济社会发展及奥运筹备工作情况介绍，并参观区规划分局、宋庄镇小堡、运河文化广场、北京出版发行物流中心等。

（蔺　艳）

【召开经济分析会】　4月29日，通州区召开一季度经济社会发展形势分析会。区委常委、常务副区长张永明通报一季度经济社会发展情况，并对下阶段工作做出全面部署。区委书记王云峰就进一步加快推进全区经济社会发展提出要求。区长邓乃平主持并就认真落实会议精神提出具体要求。区领导石进贤、王玉辉、张文山、储怀森等出席会议。9月4日，通州区经济工作会议召开。区委常委、常务副区长张永明通报全区经济运行情况，并对下阶段工作进行部署。区委书记王云峰就加快推进经济发展、确保顺利完成年度经济各项任务指标提出要求。区长邓乃平主持，区领导石进贤、王玉辉、张勇等出席。

（蔺　艳）

【韩美林艺术馆开馆】　6月25日，韩美林艺术馆举行开馆仪式。中共中央政治局委员、国务委员刘延东，全国政协副主席郑万通，全国政协原副主席王忠禹、张思卿，最高人民检察院原检察长贾春旺，北京市委常委、宣传部长、副市长蔡赴朝和韩美林一起为艺术馆揭幕。区委书记王云峰致欢迎辞，区长邓乃平代表区政府接受韩美林捐赠的2000件馆藏作品名录。浙江省委常委、杭州市委书记王国平，海南省委常委、宣传部长周文彰及区领导石进贤、王玉辉、李玉君、张秀余、尹燕京、张勇、储怀森等出席仪式。

（蔺　艳）

【区委四届六次全会】 6月28日，区委四届六次全体（扩大）会议召开。会议总结上半年工作，全面分析当前形势，对做好下半年工作，特别是对保障平安奥运提出明确要求。区长邓乃平传达了市委十届四次全会精神，并作关于经济发展、奥运服务及抗震救灾工作的报告。区委书记王云峰主持并代表区委常委会作工作报告。会议通过了《关于递补张玉震同志为北京市通州区第四届委员会委员的决议》。区委委员、候补委员出席。

（蔺　艳）

【召开奥运会、残奥会总结表彰会】 10月15日，通州区召开北京奥运会、残奥会总结表彰大会，区委副书记张文山宣读表彰决定，区委书记王云峰就做好下一步工作提出要求，区长邓乃平主持并就贯彻落实会议精神提出要求。区领导石进贤、王玉辉、王春元、李玉君、张秀余、张勇、储怀森等出席。

（蔺　艳）

【召开奥运会、残奥会志愿者总结表彰会】 10月20日，北京奥运会、残奥会通州区志愿者工作总结表彰会召开，大会对奥运志愿者先进个人进行表彰，区委副书记张文山出席。

（蔺　艳）

【务虚工作会议】 11月27日至28日，通州区召开务虚工作会议。会议听取了11个乡镇党委书记2008年工作总结及2009年工作安排，听取了本区经济社会发展、城市管理、文化教育、纪检、组织、安全稳定、宣传及新农村建设等方面工作总结和2009年工作思路。区委书记王云峰对全区各项工作取得的成效给予肯定，并就深入推进下阶段工作提出要求。区长邓乃平对通州区经济社会发展中存在的问题进行了分析。区领导石进贤、王玉辉、张文山也分别提出具体意见。区领导王春元、李玉君、张秀余、尹双曼、尹燕京、张勇、储怀森等出席会议。

（蔺　艳）

【台北文化交流团到通州考察】 12月19日，台北市文化交流团就文化创意产业发展到通州区考察，参观了宋庄文化产业集聚区、运河文化广场和韩美林艺术馆。双方就原创艺术如何产业化、如何寻求合作机会等问题进行了交流。区领导邓乃平、张文山等陪同考察。

（蔺　艳）

【区委四届七次全会】 12月29日，区委四届七次全体（扩大）会议召开。会议总结了2008年工作，研究部署了2009年各项任务，审议通过了《中共北京市通州区第四届委员会第七次全体会议决议》。区委书记王云峰代表区委常委会作了题为《坚定信心　拼搏创新　加快推进通州新城建设》的工作报告。区委副书记、区长邓乃平作了《关于经济社会发展工作的报告》。区委副书记张文山传达了市委十届五次全会精神。区委委员、候补委员对干部选拔任用工作进行了民主评议，对本年度新提拔的党政正职干部进行了民主测评。区委书记王云峰就认真贯彻落实全会精神、加快推进新城建设提出要求。区领导石进贤、王玉辉、王春元、李玉君、张秀余、张永明、尹双曼、尹燕京、张勇、储怀森等出席。

（蔺　艳）

组织工作

【概　况】 2008年，组织工作紧紧围绕为中心工作服务、为基层服务、为奥运服务这三大工作任务，全面加强党的执政能力建设和先进性建设，全区组织工作取得新进展。

领导班子和干部队伍建设成效明显。一是深入开展大规模培训干部工作。全年举办处级领导干部进修班、优秀中青年干部培训班及其它各类专题班30期，培训干部5474人次。二是大力优化班子结构，积极稳妥地对各类班子进行调整补充。全年调整干部219名。三是突出实践环节，加大对干部的培养锻炼力度。发挥经济园区对干部的培养锻炼作用，先后将15名年轻干部交流提拔到园区工作；发挥乡镇、街道培养锻炼干部的主阵地作用，先后选派45名有发展潜力的正、副处级后备干部到乡镇、街道担任信访督导员；围绕全市中心工作，先后选派5名处级后备干部到奥组委挂职锻炼。四是进一步深化了以职责管理为中心的干部制度改革。结合园区管理体制改革和干部岗位调整情况，及时对各工业园区及部分区直单位的领导职位说明书进行补充修订；健全完善《领导干部岗位职责管理手册》填写制度，细化履职分析内容，增强干部职责管理的实效性；制定新任干部履职调研成果征集、交流制度，健全干部履职跟踪管理机制，提高干部的履职能力和工作水平。五是加大干部监督工作力度。在“通州党建网”等开辟“干部选拔任用工作政策法规宣传”栏目，加强干部监督工作的宣传；对15名正处级干部进行经济责任审计，组织520名领导干部开展述职述廉，800余名处级领导干部进行收入申报并报告个人有关事项；实行干部选拔任用工作“一报告两评议”制度，在区四届七次全会上区委常委会专题报告年度干部选拔任用工作情况，区委委员对全年的干部选拔任用工作进行民主评议，对2008年新提拔的10名党政正职进行民主测评。

党的基层组织建设全面加强。一是以奥运筹办、举办活动为契机，全区各级党组织和广大党员在强化党组织服务功能、营造浓厚奥运氛围、打造清洁亮丽城乡环境、促进社会和谐稳定等方面发挥了战斗堡垒和先锋模范作用。38000余名党员干部踊跃参与平安奥运社区志愿活动，为群众办好事实事3650余件，解决实际问题1180个。二是继续深化农村党的建设“三级联创”活动。大力推进农村基层党建工作创新，全区先后涌现出村级党支部“六服务”、“五星级党支部”、“村级党务公开”等一批新的党建工作亮点；加强村级干部队伍建设，通过组织开展村级两委主要干部集中培训，实施《村级组织工作手册》管理，全面推行“双述双评”考核制度；完善“三荐两考”村级后备干部选拔机制，全区储备村级后备干部1496名，实岗锻炼292名。全面启动新一轮帮扶农村工作，百支驻村工作队在协助村级党组织发展村级经济、推进基层民主、培育文明乡风等方面进行重点帮扶，累计投入帮扶资金达1594.6万元。三是深入推动街道社区党建工作创新。制定实施了《关于在和谐社区建设中进一步加强基层党建工作的意见》，指导各街道社区党组织先后探索出“三区一门”、“和谐社区6+1”、“党建工作示范社区”等服务载体，为和谐社区建设营造了文明、温馨、祥和的氛围。四是加强和改进机关、事业单位及“两新”组织党建工作。指导区党政机关和区属事业单位建立健全党建工作机制，全面实行“首问负责”、“一次性告知”、“挂牌上岗”、“AB角”等工作制度，推进了机关党建工作标准化建设；加大“两新”组织党建工作指导力度，深入开展创建“五个好”非公企业党组织活动，扩大了党的工作覆盖面和影响力。

党员教育管理工作稳步推进。一是组织实施“党员教育培训工程”。以“贯彻十七大、练就真本领、发展先进性”为主题，采取区级示范带动、职能部门联动、基层党组织互动等方式，对全区党员广泛开展政治理论、文化知识、就业技能等相关内容的教育培训，共举办区级培训示范班4期，培训党员300名；各基层党（工）委举办各类培训班714期，培训党员5.8万人次。二是积极组织开展“抗震救灾献爱心”活动。全区4.2万名党员和482名入党积极分子以缴纳“特殊党费”和捐款捐物的形式支援灾区群众渡过难关，其中缴纳“特殊党费”总额1128

万元。三是扎实开展农村党员干部现代远程教育工作。总结试点经验，制定实施了《关于在全区农村开展党员干部现代远程教育工作的意见》，加大远程教育和《北京党建》数字频道的基础设施建设力度，基本完成全区农村支部远程教育站点建设，覆盖率达91%，位居全市前列。

组织部门自身建设水平显著提升。按照市委统一部署，在全区组织系统深入开展“讲党性、重品行、作表率，树组工干部新形象”主题教育活动。通过“动员部署、制定方案，深入学习、加强教育，征求意见、排查问题，制定措施、整改提高”四个阶段的教育活动，进一步提高了广大组工干部的政治理论素养和业务知识水平，增强了政治鉴别、政策运用、知人善任、拒腐防变能力。

（刘　飚）

【市创建检查小组检查验收通州区创建工作】 1月17日至19日，市委组织部、市委农工委、团市委、市民政局等部门组成联合检查组，到本区检查验收农村党的建设“三级联创”活动。区委常委、组织部长王春元汇报了2007年全区创建工作。检查组查看了区委创建工作相关档案材料，并抽查潞城镇和于家务乡两个乡镇党委，宋庄镇小堡村、永顺镇杨庄村两个“五个好”村党支部和于家务乡南仪阁村、东垈村2个后进村党支部创建工作情况。

（刘　飚）

【市领导检查通州区党员信息库建设工作】 2月21日，市委组织部干部信息管理处李随法等一行3人到本区就党员信息库建设工作进行专项检查。检查组听取了本区党员信息库建设情况汇报并查看了党员信息库软硬件建设情况。区委常委、组织部长王春元陪同检查，并就全区党员信息库建设工作提出提高组织工作信息化水平、推进基层党建工作创新的要求。

（刘　飚）

【召开组织工作会议】 3月27日，在区委综合楼大会议室召开全区组织工作会议。区委副书记杨林主持会议并在会上传达全国、北京市组织工作会议精神。区委常委、组织部长王春元作了题为《改革创新 服务大局 为构建社会主义和谐新通州提供坚强组织保证》的工作报告。区委书记王云峰参加会议并讲话。各乡镇党委书记、党委专职副书记、组织委员，区直单位党委、工委（党组）书记、主管党群工作的副书记、政工科长参加会议。

（刘　飚）

【举办优秀中青年干部培训班】 3月18日，通州区优秀中青年干部培训班在区委党校举行开班仪式，来自全区各单位的25名优秀中青年干部参加为期三个月的培训。培训内容包括：军训一周，学习“三基本”、“五当代”，十七大报告专题辅导，社会实践等方面的内容。区委常委、组织部长王春元为培训班学员作了开班动员讲话。

（刘　飚）

【党员大规模培训工作】 3月19日，以“贯彻十七大、练就真本领、发展先进性”为主题的通州区党员大规模培训工作正式开始，来自全区10个乡镇的100名农村实用人才中的党员参加第一期区级培训示范班学习。培训主要采取区级示范培训、基层普遍培训和基层部门常规培训相结合的方式进行。区委常委、组织部长王春元就如何把党员教育培训工作抓好、抓实、抓出成效向各基层党（工）委和培训职能部门提出明确要求。

（刘　飚）

【帮扶农村工作总结部署会】 4月15日，通州区帮扶农村工作总结部署会在区教师研修中心召开。会议由区委常委、纪委书记张文山主持。会上宣读了《中共北京市通州区委关于对帮扶新农村建设试点村工作先进单位和优秀工作队队员进行表彰的决定》，并对全区帮扶新农村建设试点村工作先进单位、优秀工作队员进行表彰，帮扶先进单位、优秀工作队员和被帮扶村代表分别作了交流发言。区委常委、组织部长王春元总结了近两年来的帮扶新农村试点村工作，并对新一轮帮扶农村工作进行了部署。区委书记王云峰对新一轮帮扶工作提出真心地帮、实在地帮、长久地帮的要求。各乡镇党委书记、党委专职副书记、组织部长、主管农业工作副乡镇长，各区直单位党政正职，各单位帮扶工作队队长、队员近300人参加会议。

（刘　飏）

【全区党员交纳“特殊党费”】 区委组织部开展抗震救灾献爱心活动，做好全区党员“特殊党费”的收缴工作，5月26日至6月28日，全区4.2万名党员自愿交纳特殊党费共计1128万元。

（刘　飏）

【“抓党建、聚民心、促奥运”工作推进会】 6月3日，在新华联培训中心召开通州区“抓党建、聚民心、促奥运”工作推进会。会议由区委常委、组织部长王春元主持。区公安分局、文化委、区市政管委、张家湾镇党委、北苑街道等单位领导分别作了大会交流发言。区委书记王云峰参加会议并讲话。区领导张文山、李玉君、张秀余、肖志刚等参加会议。全区各乡镇党委、街道工委书记、专职副书记、组织部长以及区委各部、委、办，区各人民团体党组织负责人，区级国家机关各党组，区直属行政、事业、企业单位党、工委主要负责人参加会议。

（刘　飏）

【召开建党87周年庆祝表彰大会】 6月26日，通州区庆祝建党87周年暨先进基层党组织和优秀共产党员表彰大会隆重召开。全区各单位、各系统近千名基层党组织和党员代表参加会议。会上，对42个先进基层党组织和101名优秀共产党员进行表彰。区领导王云峰、邓乃平、石进贤、王玉辉、张文山、李玉君、张秀余、张勇出席会议。区委书记王云峰代表区委结合服务保障北京奥运、推进通州新城建设、支援抗震救灾三项工作对全区各级党组织和党员提出要求。

（刘　飏）

【组工干部“讲党性、重品行、作表率”主题教育活动】 7月8日，在区委党校召开通州区组工干部“讲党性、重品行、作表率”主题教育活动动员部署会。会议部署了《关于在全区组织系统开展“讲党性、重品行、作表率”主题教育活动的实施方案》。组工干部代表宣读了倡议书。区委常委、组织部长王春元就开展好主题教育活动作了重要讲话。各单位专职副书记（副局长、副主任、副经理）、组织部长、政工科长（党办主任）以及全体组工干部280余人参加会议。9月26日，在区委党校组织通州区组工干部“讲党性、重品行、作表率”风采展示活动。各单位专职副书记、组织部长、政工科长以及全体组工干部230余人参加活动。会议对“讲党性、重品行、作表率”纪念改革开放30周年主题教育理论征文活动和百题答卷活动进行了总结，对优秀单位和优秀个人进行了表彰。区委常委、组织部部长王春元参加会议并讲话。总结表彰结束后，由全区部分单位的50余名组工干部代表进行了内容丰富、形式多样的风采展示，整个活动以“讲党性、重品行、作表率，树组工干部新形象”为主题，积极进取、健康向上，充分展示了新时期组工干部的风采。

（刘　飏）

【农村党的建设“三级联创”工作推进会】 8月29日，通州区召开2008年农村党的建设“三级联创”工作推进会。区委副书记张文山主持会议。区委常委、组织部长王春元对“三级联创”工作情况进行总结并对下阶段工作进行部署。会上下发了《关于进一步明确北京市通州区农村基层组织建设领导小组成员单位职责的通知》。区经管站、永乐店镇党委以及梨园镇西总屯村、漷县镇草厂村、马驹桥镇小周易村党支部负责人分别作了典型交流发言。区委书记王云峰就深入推进“三级联创”工作，不断完善提高“三级联创”

工作标准提出明确要求。区农村基层组织建设领导小组成员单位主要负责同志，各乡镇党委书记、专职副书记、组织委员以及部分优秀村级党组织书记参加会议。

（刘 飏）

【举办农村党支部书记培训班】 9月20日，在北京财贸职业学院礼堂举办“通州区2008年农村党支部书记、村委会主任培训班”开班典礼。区委副书记张文山主持开班典礼并作动员讲话。区委书记王云峰为全区农村党支部书记、村委会主任讲了第一课。区领导王春元、张秀余、于世疆出席开班典礼。各乡镇党委书记、专职副书记、组织委员、主管农业工作的副乡镇长、主管民政工作的副乡镇长；全区农村村级党支部书记、村委会主任（700余名）；以及区有关部门主要负责人和区委创建工作督导组成员参加培训。这次培训就统筹城乡发展，党的十七大报告，发展都市型现代农业，加强农村民主政治建设，推进农民专业合作组织发展和产权制度改革，维护农村和谐稳定等六个方面专题问题进行培训。

（刘 飏）

【副处级领导干部公开选拔】 10月9日～12月31日，按照市委统一部署，拿出区委研究室副主任、区文明办副主任、区审计局副局长等7个副处级领导职位，面向社会进行公开选拔。经过报名、资格审查、笔试、心理素质测试、履历分析评价、面试、心理健康和工作压力测评、体检、考察、公示、讨论决定等程序，7名优秀青年干部脱颖而出、走上领导岗位。

（刘 飏）

宣传工作

【概 况】 2008年，全区宣传思想战线坚持以邓小平理论和“三个代表”重要思想为指导，深入贯彻落实科学发展观，深入学习宣传贯彻党的十七大、十七届三中全会精神，牢牢把握“高举旗帜、围绕大局、服务人民、改革创新”的总要求，着力建设社会主义核心价值体系，着力巩固壮大主流思想舆论，着力推进改革创新，着力推进文化大发展大繁荣，在巩固中提高、在创新中发展、在开拓中前进，保持和发展了积极健康向上的良好态势，呈现出全面推进、蓬勃发展的良好局面。

（何 江）

【召开宣传思想工作会议】 3月17日，召开2008年宣传思想工作会议，区委常委、宣传部长张秀余做工作报告，区委副书记杨林出席会议并对宣传工作提出要求。各乡镇、街道专职副书记、宣传部长，区属各部、委、办、局，各人民团体主管领导参加会议。会议全面总结了2007年宣传工作，明确了2008年工作任务，通报表彰了2007年度宣传思想工作先进单位、优秀宣传干部和“三下乡”工作先进单位。

（何 江）

【学习宣传贯彻党的十七大精神】 2008年全区各级宣传部门紧密联系实际，狠抓贯彻落实，不断把学习宣传贯彻十七大精神引向深入。全区上下将学习贯彻十七大精神作为各级党委（党组）中心组学习的重中之重，围绕学习十七大和十七届三中全会精神、贯彻落实科学发展观等内容，区委举办专题报告会12场次。在区委理论学习中心组的示范带动下，各处级单位党委（党组）中心组学习不断深入，组织中央和北京市学习十七大精神宣讲团在通州进行巡回宣讲60余场次，组织开展十七大精神进机关、进社区、进学校、进企业、进工地、进农村“六进”活动，广大党员干部特别是各级领导干部运用科学理论指导实践的能力进一步提高。加大理论学习指导服务力度，向基层免费发放6000册《理论热点面对面》书籍。为各级党委（党组）中心组学习精选配备《全国两会精神解读》、《中共中央关于推进农村改革发展若干重大问题的决定》、《学习活页文选》

和《大讲堂》等理论书籍和期刊杂志。通州电视台、电台、《通州时讯》等区属媒体开办学习十七大精神专栏和专题节目，及时反映全区各单位、各部门贯彻落实十七大精神的新思路、新进展和新成效，把十七大精神宣传到千家万户，鼓舞全区人民建设“两新”的斗志。

（何　江）

【组织开展“奥运文化”进楼门工程】　4月中旬，通州区启动“奥运文化”进楼门工程，在全区安装1万个奥运宣传橱窗，使“奥运文化”真正深入到社区和群众。奥运会前，利用宣传橱窗大力宣传奥运知识、奥运理念和奥运文化；奥运会后，大力宣传新城建设成果，全面真实地展现通州日新月异的变化，树立通州作为北京重点发展的新城的良好新形象。此举得到市委宣传部的重视和肯定。

（何　江）

【举办奥运知识与奥运经济辅导报告会】　6月4日，举办通州区领导干部奥运会与奥运经济辅导报告会。北京市社会科学院体育与文化研究中心主任金汕教授从中国申办奥运会的历史，奥运会对国家形象塑造、国家实力展现、民族凝聚力提升的作用以及如何通过举办奥运会大力提升经济和社会发展水平等方面作了精彩报告。会议由区委常委、宣传部长张秀余主持。区领导石进贤、王玉辉、张文山等区委、区人大、区政府、区政协领导及全区各单位党政正职、主管党群工作的副书记、宣传部长200余人参加会议。

（何　江）

【加强对外宣传工作】　根据新城建设和新农村建设发展需要，围绕区委、区政府中心工作和群众关心的热点难点问题展开宣传攻势，在市级以上媒体上稿率大幅攀升，累计刊发稿件1700余条，进一步提升了通州的影响力和知名度。围绕宣传区“两会”精神，协调市级主流媒体驻会宣传，在《北京日报》、《京华时报》等媒体相继刊发《运河城市段“五一”通游船》、《通州新城将添3座三甲医院》等系列新闻。围绕新城基础设施建设和运河城市段开发建设，在《北京日报》、北京电视台等媒体刊发播报《大运河畔的环保北京》、《通州验粮楼，运河畔“露脸儿”》等深度新闻。围绕区委、区政府为群众办实事、办好事等内容，在《北京晚报》、《新京报》等媒体刊发《通州居民有了24小时“家庭医生”》、《通州升级改造25家社区菜市场》等专题新闻。围绕产业发展，在《北京日报》、《北京青年报》等媒体刊发《通州做大做强现代物流业》、《通州拟打造6大文化创意中心》等重头新闻。围绕新农村建设、加强基层党组织建设、楼门文化建设等方面的先进经验做法等内容，在《北京日报》、《京郊日报》等媒体刊发《永乐店镇村支部书记述职大会》等亮点新闻。积极配合区委、区政府举办“2008北京新城·通州国际商务年会”，采取电视新闻、现场采访、网络宣传、新闻专版等多种形式进行立体化宣传，对新城重点产业项目对接会、高端商务项目对接会等系列对接会进行统筹宣传推介。另外，北京电视台“北京新闻”栏目，以头条新闻的形式，播报通州区深入学习实践科学发展观，认真贯彻落实市委提出的建设“人文北京、科技北京、绿色北京”的要求，成为北京东部发展带上一颗新星的新闻报道。通过多种宣传途径，树立通州作为北京重点建设的新城的崭新形象，有力提升了通州区的知名度和美誉度。

（何　江）

【全面宣传通州参与奥运、服务奥运工作】

围绕奥运之年，以“展示靓丽通州，喜迎奥运盛会”为主线，协调市级以上主流媒体宣传报道通州各界喜迎奥运盛会的亮点工作和浓厚社会氛围，在《人民日报》、《北京日报》、北京电视台等市级以上主流媒体刊发关于通州区参与奥运、服务奥运的相关新闻报道200余篇。围绕奥运会和残奥会，认真做好奥运圣火在运河水上传递的宣传报道和组织协调保障等工作。统一领导和部署全区境外媒体接待各项工作，完成多次规格较高的境内外媒体采访接待任务，展示了通州良好形象。奥运期间，精心策划制作中英文宣传片和宣传图册及光盘发放到境内外媒体和国际友人手中，得到北京奥组委和08国际新闻中心的认可和赞誉。

（何　江）

【举行周波英雄事迹大型文艺演出】 3月底，以周波烈士勇救落水儿童、舍己救人的英雄事迹为创作题材的一台“永恒的生命——通州区学习宣传周波、刘冰恒英雄事迹文艺演出”在本区陆航学院礼堂举行。演出内容包括诗朗诵《最后的送别》、快板书《代代传唱拥军歌》、歌曲《永恒的生命》、《半枝莲》、《子弟兵》、《真情无价》等。北京卫戍区、陆航学院、北京卫戍区警卫三师等部队领导及首都军警民共建指导小组、市委宣传部、首都文明办宣教处及区委、区人大、区政府、区政协等市区领导出席活动。烈士生前所在部队、驻通部队及通州区部分群众观看演出。

（何　江）

【“益民书屋带给我知识”演讲比赛】 区委宣传部自2月以来，在全区各“益民书屋”示范点广泛开展“迎奥运、讲文明、树新风——益民书屋带给我知识”征文演讲活动。广大群众积极参与征文活动，经过预赛的选拔，有12名选手进入决赛。4月22日，在张家湾镇举行通州区“迎奥运、讲文明、树新风——益民书屋带给我知识”演讲比赛。市新闻出版局副局长梁成林、市委宣传部宣传处处长韦小玉及区领导张秀余、刘淑华出席活动。进入决赛的12名选手既有益民书屋的管理员，也有勤奋读书的农民，最高年龄达61岁。演讲比赛最终评选出一等奖2名、二等奖5名、三等奖5名。4月23日，《北京日报》对此刊发专题报道。演讲比赛优秀征文汇编成册，编印2000册《“迎奥运、讲文明、树新风——益民书屋带给我知识”征文演讲比赛活动优秀征文汇编》，作为经验性材料发放到全区各益民书屋示范点，引导广大农民多读书，读好书。

（何　江）

【开展主题宣传教育活动】 10月14日，在梨园云景里文化广场举行“爱祖国、爱北京、爱家乡——金秋十月逛通州”一日游活动启动仪式，活动历时一个月，设计“文化通州——体味运河神韵”和“活力通州——领略时代风采”两条主题参观路线，通过组织广大居民逛农村，感受新农村建设的新变化；组织广大农民看新城，使其感受通州新城区建设的新面貌。全区干部群众、学生及社会各界人士3万余人次参观新城和新农村建设，该主题参观线路被列入全市回顾改革开放30周年主题路线之一。据不完全统计，全区12个参观景点共接待参观群众1万余人次。

（何　江）

【奥运城市文化广场庆典系列活动】 奥运期间，全区组织安排以“魅力通州——炫彩民风”、“现代旋律——时尚通州”、“百花齐放——放歌运河”等五大乐章为主题的广场演出活动36场次，吸引观众超过45万人次，营造了欢乐喜庆的奥运文化氛围。

（何　江）

【“三下乡”活动】 年内，全区组织各类大型“三下乡”活动30余次，受益群众达10万人次，深入开展“读书益民工程”、“文艺演出星火工程”、农村电影放映“2131工程”、科技传播工程、“通州区2008奥林匹克文化节”系列文化活动等19项集中示范活动。丰富了农村的文化生活，为新农村建设搭建有效的宣传平台。

（何　江）

【举办“农家书屋”捐建发放仪式】 11月27日，由区委宣传部、区文化委联合举办的2008年通州区“农家书屋”捐建发放仪式在潞城镇举行。会上，市委宣传部、市新闻出版局向通州区31个新建“农家书屋”捐建价值93万元的电视机、DVD、图书和音像制品。2008年，通州区将“农家书屋”工程纳入区委折子工程，新建立“农家书屋”31个，“农家书屋“总数达到90个。

（何　江）

【举办纪念改革开放30周年知识竞赛】 12月15日，由区委宣传部主办的通州区纪念改革开放30周年知识竞赛及答题抽奖活动在潞城镇政府举行。活动包括报刊答题和现场知识竞赛两个部分。回收全区各界报刊答题卡2万余份，其中有19560份答卷获得满分。现场知识竞赛部分以单位组队形式报名参加，马驹桥镇代表队获一等奖，北苑街道办事处等3支代表队获二等奖，区民政局等4支代表队获三等奖，区建委等29支代表队获优秀奖。区领导张秀余、刘淑华、王子江等及区纪委、区委组织部、区直机关工委、区文明办、区文化委、区广电中心等单位领导出席活动。

（何　江）

纪检 监察

【概　况】 2008年，区纪委监察局围绕办好奥运会和新城新农村建设，深入贯彻落实党风廉政建设责任制，全面加强教育管理、制度约束和监督惩处，建立反腐倡廉宣传教育等五项组织协调工作机制，惩治和预防腐败体系进一步建立健全。各级纪检监察组织认真履行职责，狠抓各项工作任务协调落实，有力地推动了全区党风廉政建设和反腐败工作的扎实开展。

（褚　锋）

【召开党风廉政建设工作会议】 2月28日，召开区纪委四届四次全会暨全区党风廉政建设工作会议。会上区委常委、区纪委书记张文山代表区纪委常委会作了《深入推进反腐倡廉建设，为全区科学和谐发展提供有力保证》的报告。区委书记王云峰出席大会并讲话。会议审议通过了区纪委四次全会决议。会议由区长邓乃平主持，区委、区人大、区政府、区政协主要领导和领导班子成员，区委、区政府各部委办局和有关方面党政主要负责同志，各乡镇、街道办事处党政主要负责同志，纪检监察组织负责人，区政府特约监察员出席会议。市纪委副书记隋秀梅到会并讲话。

（褚　锋）

【开展专项监督检查】 年内，围绕奥运筹办和本区经济社会发展重大决策部署落实情况开展监督检查。按照区委、区政府统一部署，开展对奥运环境综合整治、安全管理、重点工程建设等八个方面工作的立项监察，有效纠正责任体系落实中的突出问题，保证了平安奥运工作目标的实现。制定下发《关于严明纪律确保北京奥运会顺利举办的通知》，严肃纪律要求，强化纪律监督。协调、配合有关部门开展违法违规用地清查，开展保障性住房建设、配售情况的监督检查，牵头组织对抗震救灾捐赠款物管理使用情况的监督检查，维护党的政治纪律，确保政令畅通和区委、区政府重大决策部署的落实。

（褚　锋）

【廉政教育工作】 以“讲党性、重品行、作表率”为主题，采取讲党课、办讲座、看展览、写警言等多种形式深入开展党员干部理想信念、党风党纪、廉洁从政和艰苦奋斗教育，全区受教育党员、干部3.6万人次。深入开展正面典型教育和反面警示教育，引导党员干部自觉增强拒腐防变意识。深入开展廉政文化建设，印发4500册《运河清风——通州区廉政文化集锦》；开展廉政公益广告创作展播评选活动，征集漫画、平面、剪纸、动漫和影视等五类作品130件；“运河清风”廉政文化品牌建设扎实开展，在全区发函征集意见，并起草创建方案；廉政文化“六进”活动有序推进。

（褚　锋）

【廉洁自律工作】 严格执行中央纪委《关于严格禁止利用职务上的便利谋取不正当利益的若干规定》，严肃查处违反廉洁自律规定的行为。围绕构筑领导干部抵御腐败的思想防线，组织开展对领导干部述职述廉、廉政谈话、民主生活会和党内监督、民主监督、审计监督制度执行情况的抽查和定期检查，各级领导干部廉洁自律意识进一步增强。年内，全区各级纪委实施各类廉政谈话2592人次，执行党员领导干部报告个人有关事项902人次，处级以上干部普遍召开两次民主生活会。加强对“三重一大”制度执行情况的监督检查，进一步规范领导干部的决策行为。

(褚 锋)

【加强农村基层党风廉政建设】 认真落实区委、区政府《关于加强农村基层党风廉政建设的实施意见》，加强对有关制度、规定贯彻执行情况的监督检查。深入推进大额资金专储账户管理，健全相关配套制度，村级集体资金使用更加规范。深化村级集体经济合同规范化管理，协同区经管站对11个乡镇55个重点村经济合同管理情况进行重点检查。在22个行政村进行村级重大经济事项招投标试点工作并取得初步成效。“三重一大”制度向村级延伸工作扎实推进。村务公开进一步深化，公开形式更加多样化，公开内容更加细化。村级领导干部述职述廉制度得到进一步落实，村民的知情权、参与权、管理权和监督权得到普遍维护。工作创新成效显著，永乐店镇积极推行“党员责任区制度”，张家湾镇创建了“民生畅谈室”。

(褚 锋)

【推行廉政风险防范管理工作】 制定《通州区推行廉政风险防范管理工作实施意见》。5月23日，召开通州区廉政风险防范管理工作动员部署会议，在区建委、区检察院、区劳动局、区国土分局、新华街道办事处和潞城镇7个重点单位启动廉政风险防范管理试点工作。7家试点单位从思想道德、制度机制、岗位职责等五个方面深入查找风险点并制定防范措施，查找各类风险点2967个，制定防范措施3153条。

(褚 锋)

【效能监察工作】 指导各单位进一步制定完善《机关行政效能建设折子工程》，明确工作任务、目标和要求，并逐级分解到责任部门和责任人。严格落实效能建设双访制度，督促责任单位进一步查找工作中存在的问题，提高办事效率。深入开展明察暗访，对全区行政机关开展3轮次的效能督查，编发效能督察快报35期，提出整改建议92条，向区政府提出针对性建议7条，促进一批难点问题的解决。积极创新监察手段，实行《效能监察问效书》制度，制发《效能监察问效书》25份，促进行政机关及其工作人员服务意识和服务质量进一步提升。

(褚 锋)

【政务公开工作】 认真贯彻执行《中华人民共和国政府信息公开条例》，全年向社会公开各级、各类政府信息9764条，举办新闻发布会1次，受理依申请公开5件。做好全程代办服务窗口建设，筹建“通州区行政综合服务中心”。做好全程代办网上服务工作，各单位年内通过全程代办网上服务系统办理事项47414件，群众满意率100%。

(褚 锋)

【政风行风建设工作】 围绕医疗服务和社区卫生服务改革，通过网上评议、发放调查问卷、区政府特邀监察员评议、联席会议成员单位评议等方式，组织开展对全区卫生系统政风行风的民主评议，促进医疗卫生行业服务态度和服务质量的持续改进。制定《通州区行政审批网上监察工作暂行规定》，规范各单位工作程序和网上行政审批行为。重新聘请30位同志为通州区人民政府特邀监察员，并对其进行集中培训。

(褚 锋)

【行政投诉工作】 印制6000余张“通州区行政投诉监督卡”，下发到基层单位行政服务窗口，方便群众监督。编辑印发《通州区行政投诉政风行风热线优秀办理件选编》，增强行政机关及其工作人员依法行政意识。加大投诉件办理力度，全年批转办理投诉件271件，协调解决382件，按期回复率100%，11人受到批评教育和责任追究。

（褚　锋）

【专项治理工作】　开展教育收费专项治理工作，严格执行教育收费审批、备案和公示制度，促进教育收费行为更加规范，通州区被评为2008年度北京市“规范教育收费示范区”。深入推进卫生系统阳光采购和院务公开，规范医院管理。开展高速路收费站收费行为检查，督促有关单位开展食品、药品安全检查，维护群众合法权益。

（褚　锋）

【信访工作】　完善信访案件线索集体排查、等级评估和定期报告制度，对违纪线索实行分级管理。围绕办好奥运会，畅通信访渠道，组织开展排查化解农村基层干部信访问题专项活动，在乡镇实行领导包案制度，解决了一批农村信访突出问题。加大信访件督办力度，对区纪委领导批示的185件次、区领导批示的40件信访件进行直查、督办，年内受理群众来信来访电话举报844件次。

（褚　锋）

【案件查办工作】　坚持案件线索定期排查制度，努力拓宽案源。坚持依纪依法办案，强化办案过程监督。采取协查与督办等方法，加强对基层办案工作的指导和监督。整合多方办案力量，充分发挥乡镇办案协作区作用，查办案件工作水平不断提高。严肃查办违纪违法案件，全年立案32件，其中大案要案10件，结案32件，处分32人，为国家和集体挽回经济损失约1615万元。

（褚　锋）

【落实党风廉政建设责任制专项检查】　11月17日至25日，区党风廉政建设责任制领导小组组成6个检查组，分别由张文山、张勇、张永明、李玉君、王春元、张秀余6位区领导带队，对全区41个重点单位贯彻落实党风廉政建设责任制、推进惩防体系和加强农村基层党风廉政建设各项任务完成情况进行了专项检查。

（褚　锋）

统战　对台工作

【概　况】　2008年区委统战部围绕区委、政府中心工作，开展大量实实在在聚人心、稳人心、暖人心、感人心的工作，有效调动统一战线成员共同参与建设北京新城区的积极性，促进社会及统一战线内部的和谐与稳定，为建设北京新城区，构建和谐新通州做出积极贡献。

（曾令发）

【全力做好宗教维稳工作】　区委统战部围绕全市奥运年保平安、保稳定的工作大局，采取慰问、走访、开专题工作会等多种形式全力做好宗教工作。2月20日，区委统战部与区公安分局国保支队召开2008年宗教防渗透工作座谈会。3月15日至21日，区委统战部参加于家务清真寺、张家湾镇清真寺、枣林庄清真寺、垡头清真寺、西关清真寺圣会活动，并分别送去了慰问金。5月23日，区委统战部组织统战部、民委、国保支队全体干部，各乡镇、街道办事处主管副书记、副镇长、副主任50人参加市委统战部在京西宾馆举办的为期一天的奥运宗教工作培训班。9月1日至2日，区委统战部到全区9个清真寺检查进入斋月前的安全防火情况，同时走访了11位阿訇，并送去慰问品。10月2日，在回族、维吾尔族等十个少数民族传统节日——开斋节到来之际，通州区委副书记张文山在区政协副主席、统战部长李淑华陪同下，到通州清真寺进行慰问。张文山代表区委、区政府向阿訇及广大穆斯林群众祝贺节日。11月19日至20日，区委统战部到西集镇牛牧屯天主教堂、漷县镇龙庄天主教堂、永顺镇杨庄基督教堂和张家湾镇垡头清真寺落实危房修缮补助款14万元。12月24日平安夜，区委统战部牵头，市宗教局副局长季文渊，区领导张文山、尹燕京、赵玉影、李淑华等先后到杨庄基督教堂、龙庄天主教堂、牛牧屯天主教堂、贾后疃天主教堂等四个宗教活动场所，慰问看望教职人员和广大信教群众。区委副书记张文山代表区委、区政府向教职人员送去慰问金及果篮表示节日的祝贺。

（曾令发）

【开展社会公益活动】　2008年，区委统战部、区台办积极引导、协调统战各界贡献力量，服务社会，开展形式多样的公益活动。1月4日，协调市慈善协会为永顺镇外来打工子弟学校兴顺小学捐资15万元，解决教室取暖问题。2月2日，区委统战部号召天主教三个教堂神父、基督教牧师、九个清真寺阿訇、区伊协共18人出资3600元为西集镇牛牧屯村的10户困难家庭送去米、面、油等慰问品。8月15日，协调市基督教会到于家务回族乡为43名贫困学生捐款6万元。8月21日，协调区基督教会为漷县镇20名贫困学生捐款2.2万元。8月29日，区台办协调台资企业联谊会向西集镇13名贫困学生捐款2.6万元。

（曾令发）

【大力帮扶新农村建设】　2008年，区委统战部始终围绕全区中心工作，发挥统战优势，充分调动各方力量，积极帮扶新农村建设。1月30日，协调民革市委、台盟市委到西集镇帮扶，民革市委副主委于雪鹰率领北京中山书画社艺术家及北京宣武医院等医疗专家共计30余人为西集镇史东仪村200多户村民当场题写春联，并为60多名村民义诊。同时，民革市委慰问了20户贫困户，为他们送去米、面、油等生活必需品。台盟市委副主委陈军及蔡国斌代表台盟市委向西集镇黄东仪村5户贫困户赠送米、面、油及棉被等生活必需品，向10名贫困学生捐赠了羽绒服，并与该村达成捐赠图书室意向。5月20日，区委统战部组织北京福兰德连锁超市、北京宏泰旸房地产开发有限公司、北京华强京工机械制造有限公司、北京子轶房地产开发有限公司、北京巨星物资有限公司5家非公经济企业向于家务回族乡崔各庄村捐款30万用于帮扶该村建设村民服务中心。5月24日，协调致公党市委向西集卫生院捐赠医疗设备，共捐赠价值16.7万元的2台心电图机、1台酶标仪、9台联想电脑用以改善西集卫生院的医疗条件。5月30日，协调民进市委到西集镇开展帮扶活动，向西集镇新东仪小学赠学生用桌椅130套、教师用桌8套、办公用柜13套，篮球架2套、足球门2套、钢琴1架，并签订三年帮扶协议。5月31日，协调民盟市委到潞城镇东堡村开展义诊活动，组织妇科、外科、骨科、中医科专家15人为潞城镇东堡村500名村民义诊，为30人提供医疗咨询。6月24日，协调台盟市委向西集镇黄东仪村捐赠图书5000册，电脑5台，VCD、传真机各1台。11月2日，协调民建市委在于家务乡崔各庄村开展扶贫活动，民建市委专职副主委任学良率医疗专家一行14人到崔各庄村开展“送健康、构和谐、展风采”扶贫活动，向崔各庄村捐赠种植养殖、文学历史、医药保健等各类图书3000册，液晶电脑5台，象棋、军棋、围棋等棋类40副，建立民建图书屋、电脑培训中心、棋牌娱乐室等3个文化娱乐场所，并配置8个书柜、15张桌子、34把椅子。同时，民建市委组织6名医疗专家为350余人次村民义诊，并开展健康知识大讲堂活动，向村民分发标准定量盐勺宣传健康知识，受到当地群众热烈欢迎。此外，民建市委还为崔各庄村10户困难家庭送去了500斤米、500斤面、100斤油等慰问品。12月12日，协调九三学社市委到西集镇武辛庄村开展“三下乡”活动。九三学社中央副主席、北京市政协副主席、九三学社北京市委主委马大龙率医疗专家、法律专家、农业专家、书画家等一行25人到武辛庄村开展“送健康、送知识、送文化”活动。活动中，九三学社市委向武辛庄村捐赠价值共计8万余元的种植养殖、文学历史、医药保健等各类图书4000册，成立了图书室，并配置复印机1台、书柜8个、椅子14把、桌子4张。同时，九三学社市委组织6名医疗专家、2名法律专家、2名农业专家为240余人次老百姓开展义诊和有关咨询活动，3名书画家向群众捐赠了书画、春联近20幅。此外，九三学社市委领导回访了此前捐赠的太平庄村图书屋、史东仪村图书屋，并分别向两个村赠送了书画。

（曾令发）

【开展节日庆典联谊活动】 区委统战部充分利用传统节日，开展形式多样的庆典联谊活动加强沟通交流，构建安定祥和的社会氛围。2月1日，区委、区人大、区政府、区政协组织各民主党派、工商联、无党派代表人士，各人民团体，非公经济、民族宗教，台胞台属、台资企业，归侨侨眷、新侨民代表，党外知识分子、海外联谊会等各界代表人士及中市属单位负责同志170余人到会。区委书记王云峰向大家致以新春的祝福，区委副书记、区长邓乃平通报2007年全区工作和2008年总体思路、目标、任务。2月19日上午，区委统战部在东方宾馆举行通州区民主党派2008年元宵节猜灯谜活动，全区近250名党派成员参加了活动。区政协副主席、统战部长李淑华参加活动。3月4日，区委统战部召开以“迎奥运、展英姿，促和谐、献力量”为主题的2008年通州区统战系统庆“三八”联谊会。来自各乡镇、街道办事处及有关委、办、局做统战工作的副处级以上女干部，民主党派班子成员中的女同志，工商联处级女干部，少数民族副处级以上女干部，宗教上层人士女代表，海外联谊会女副会长、女监事长、女监事，市、区人大代表中的党外女代表，市、区政协委员党外女委员近60人欢聚一堂，互相交流，畅谈奥运。4月25日，区委统战部组织全区统战系统部分非公经济代表人士共计35人参加以“争做优秀建设者，共谱时代和谐曲”为主题的庆祝“五一”联谊活动，进行座谈交流、并参观了北京国际图书城。区政协副主席、统战部长李淑华参加活动。为进一步帮助非中共年轻干部树立正确的成才观，激发其爱岗敬业的工作热情，4月28日，区委统战部组织部分非中共年轻干部代表30余人，参加以“传承五四报国志，树立科学成才观”为主题的参观、座谈活动，参观了于家务回族乡中心小学校园文化，听取了典型发言，并进行了经验交流。6月30日，区委统战部组织各民主党派部分代表、部分党外代表、三个宗教组织负责人、新社会阶层代表、部分区政府特邀监察员及统战部全体干部近40人到房山区霞云岭乡堂上村《没有共产党就没有新中国》歌曲创作地进行参观学习。9月12日，区委统战部组织全区七个民主党派代表、无党派代表人士、工商联代表、民族宗教界代表、归侨侨眷、台胞台属、台资企业代表、新社会阶层代表、海外联谊会代表、台胞台属归侨侨眷界政协委员以及部分特邀人士等近200人，在东方宾馆召开以“梦圆新奥运，月圆在中秋”为主题的2008年通州区各界人士中秋联谊会，会议由区委副书记张文山主持，区委副书记、区长邓乃平向各界人士致以节日问候，并向全区各界人士通报了上半年全区发展情况。区领导王云峰、石进贤、王玉辉、王春元、张秀余、赵玉影、李淑华出席会议，会后区领导与各界人士一同观看了文艺演出。10月7日，在九九重阳节到来之际，区委统战部组织各民主党派、侨联、台属、海外联谊会等统战代表人士中60岁以上的40名老人，参观了位于张家湾镇的北京唐人坊文化发展有限公司和位于梨园镇的韩美林艺术馆，并沿途观赏了城市街道和乡村风貌。

（曾令发）

【打造暖心工程】 区委统战部以人为本，采取各种形式加强与统战人士的交流沟通。1月22日，在春节来临之即，副区长赵玉影走访慰问了北京通豪塑料制品有限公司、首固模板支撑架（北京）有限公司等通州区部分台资企业，并送去鲜花及慰问品。1月21日至25日，区委统战部集中慰问了党派原负责人、归侨、宗教人士、台资企业协会负责人、机关离退休老干部等各界人士共计36人，并送去慰问品。1月27日至28日，区政协副主席、统战部长李淑华带队，区委统战部、区工商联走访慰问了区工商联7位不驻会副会长以及部分非公经济企业主，送去书法牌匾以及慰问品。2月2日，区委统战部组织全区各民主党派主要负责人、无党派代表人士、工商联代表人士及宗教界代表人士召开新春团拜会。区委副书记杨林到会讲话，对各界人士为通州区经济和社会各项事业所做贡献表示感谢，向他们致以节日问候，并赠送慰问品。9月26日，在重阳节即将来临之即，区委书记王云峰，区委副书记张文山在区政协副主席、统战部长李淑华的陪同下，慰问区伊协会长、通州清真寺阿訇马玉敏，送去鲜花及慰问金。全年共为66名统战代表人士过生日送贺卡及寿面，看望生病统战人士及家属8人，送去鲜花、果篮等慰问品。

（曾令发　曾　琪）

【推进基层统战工作】　3月12日至14日，区委统战部召开2008年基层统战工作会。会上，总结了全区2007年基层统战、对台工作，部署2008年基层统战工作任务并对先进单位进行表彰奖励。全区11个乡镇、4个街道办事处和19个委办局的78名统战干部参加会议。会上就如何做好统战工作进行了交流，区政协副主席、统战部长李淑华提出明确要求。区委副书记杨林出席会议并讲话。4月9日，协助梨园镇党委举办对台知识专题讲座，组织梨园镇二级班子全体成员、机关中层干部、各村党支部书记及两委班子成员、各社区居委会主任、副主任、企事业单位负责人、非公企业人士代表、台胞、台属近300人，听取了由北京联合大学台湾研究院两岸所所长、中国人民大学“一国两制”研究所研究员朱松岭所作的“台湾地区领导人选后的两岸关系”的专题报告。8月14日，区委统战部到漷县镇，与漷县镇党委、政府主要领导就如何做好基层统战工作进行了座谈。11月4日，区台办邀请北京市台办宣传处为通州区第三中学教师做台海形势报告会，报告从解决台湾问题的历史回顾、台海局势的现状、解决台湾问题的战略思考等多层面、多角度展示台海形势，对学生开展涉台教育。11月27日，区委统战部领导到北苑街道就2008年基层统战工作进行检查，参观了北苑街道在新仓路新建成的总面积300多平方米的统战工作宣传长廊，并座谈听取了北苑街道的统战工作汇报。

（曾令发　曾　琪）

【做好各类业务培训】　为帮助非公经济准确理解、掌握2008年正式实施的新《企业所得税法》及《企业所得税法实施条例》的内容，提高他们依法纳税的意识和自觉性，增强其依法进行税收筹划、节税安排的实践能力，5月15日，区台办与区工商联邀请通州区地税局相关人员为台资企业及工商联会员企业举办税法知识讲座，全区12家台资企业及30家工商联会员企业主要负责人和财务人员共计50余人听取了讲座。区台办主任孙月山、区工商联副主席孟勇、区台资企业联谊会会长谢文雄参加会议。5月15日至16日，区委统战部举办通州区统战系统第四期信息员培训班，各乡镇、街道、各民主党派等单位近30名信息员参加培训。培训班邀请市委统战部、区委信息科负责同志就信息撰写技巧进行专题辅导，并对2007年信息工作成绩突出的信息员进行表彰。11月21日，区台办与区工商联联合举办2008年第二期《中华人民共和国劳动合同法》和《劳动争议调解仲裁法》知识讲座，近60家企业负责人和有关人员，共80余人参加培训。

（曾令发）

【贯彻落实多党合作制度】　纪念中共中央

"五一口号"发布60周年，区委统战部在全区范围内开展《中国的政党制度》知识竞答活动，于3月28日，召开有各乡镇、街道办事处以及相关委办局宣传部长、政工科长等共计30多人参加的动员部署会。截至4月20日，各乡镇、街道办事处，相关委、办、局及各民主党派等47家单位和组织，圆满完成《中国的政党制度》知识竞答活动，共向区委统战部上交答卷70000余份，其中有效答卷为63802份。在全市位居第一，获特等奖，6月26日，区委统战部组织召开《中国的政党制度》知识有奖竞答活动总结表彰会。7月10日，区委统战部组织民主党派成员及部分统战对象中区政府聘请的特邀监察员共计32人视察台湖镇司法所。参观了司法所办公环境，听取了工作汇报，对台湖司法所工作提出了建议和意见。12月26日，为认真贯彻落实中国共产党领导的多党合作和政治协商制度，区委就2008年《区委四届七次全会工作报告（征求意见稿）》，组织召开党外人士民主协商座谈会，广泛征求各民主党派、无党派、工商联、新社会阶层代表人士意见和建议。会上，区委书记王云峰介绍了《区委工作报告（征求意见稿）》的起草过程、主要内容，并征求意见。与会人员充分肯定了《区委工作报告(征求意见稿)》并提出了一些有价值的修改意见和建议。随后，王云峰就大家所关心的通州区今后经济社会发展的问题进行了详细的解答。区政协主席王玉辉，区委副书记张文山，区政协副主席、统战部长李淑华参加座谈会。

（曾令发）

【全面营造奥运氛围】　2008年，区委统战部围绕"服务奥运、参与奥运"这一中心工作，开展形式多样的活动。4月9日，区委统战部组织各民主党派代表、无党派代表、工商联、民委、宗教界人士、非公经济代表及部分区政府特邀监察员近百人参加了以"统战人士做贡献，绿色奥运我先行"为主题的植树活动，共植树230余株。4月30日，区委统战部组织全区各民主党派负责人、区政府特邀监察员、民族宗教界人士、新社会阶层及非公经济代表人士共计100人开展以"参与奥运、服务奥运"为主题的迎奥运倒计时100天庆祝活动。活动中区委统战部向全区统一战线各界人士发出倡仪，号召大家以强烈的爱国情怀支持奥运、以扎实的工作作风服务奥运、以良好的文明言行展示统战各界人士的风采。区政协副主席、统战部长李淑华参加活动并讲话。7月29日，区委统战部向通州区武警中队送去两万元慰问金，以感谢解放军武警战士在奥运维稳工作中所做的贡献，增强保家卫国的责任感和使命感。7月30日，区委统战部组织各民主党派代表、无党派代表、工商联会员企业代表、台资企业代表、台胞台属代表、民宗侨代表及新社会阶层代表人士共计200余人，召开"奥运在即盼成功，百年盛会做贡献"誓师大会，会议向全区统一战线人员提出要求。

（曾令发）

【各界人士为地震灾区捐款】　5月12日，四川汶川发生8级特大地震后，中共通州区委统战部及时倡议全区统一战线各界朋友为灾区人民积极捐款。截至5月27日，全区各民主党派、非公经济、台资企业、民族宗教界人士及统战干部通过各种渠道共捐善款803万余元。5月27日，在市委统战部召开"为了汶川的孩子们——首都统一战线定点重建地震灾区学校大型募捐活动"动员会后，区委统战部及时号召全区各界统战人士献爱心，仅三天时间，全区统战系统专项捐款99.9万元。6月17日，区统战部组织全区统战单位召开"为了汶川的孩子们——首都统一战线定点重建地震灾区学校大型募捐活动"总结表彰会，向全区各民主党派、工商联、各乡镇、街道及有关委办局等44家单位发放了爱心光荣册，并向7个大额捐款单位和16个捐款个人颁发了荣誉证书。

（曾令发）

【各级领导到通州参观、调研、考察】　5月8

日，京津两市台办领导一行6人到通州区考察涉台工作，听取区台办关于近年到通州区开展涉台工作进社区、进乡镇、进校园的基本思路和方法的汇报和区政协副主席、统战部长李淑华开展涉台工作的介绍。考察组到北苑办事处听取了北苑街道在开展社区涉台宣传教育方面的典型做法，参观了其两个台胞聚集的社区居委会。副区长赵玉影参加了此次活动。5月9日，中央统战部领导一行10余人对本区新城建设及现代绿色农业发展情况进行参观考察，参观了北京东升方圆农业种植开发有限公司的生产车间、良种培育基地及通州区新城建设。9月19日，市委常委、统战部长尤兰田一行5人到本区就基层统战工作开展进行调研，听取了区统战工作汇报，实地考察了通州区三教庙、天主教贾后疃教堂和北京观光南瓜园。区领导王云峰、邓乃平、张文山、李淑华陪同调研。10月16日，台盟市委专职副主委杨晓东一行4人对本区中小学校开展涉台教育情况调研，参观考察了潞河中学，与区教委相关部门负责人、潞河中学校长、主管德育工作的副校长以及学校党总支副书记等领导进行了座谈，听取了潞河中学的涉台教育工作经验汇报。11月3日，市台办主任马玉萍一行7人到通州区调研涉台工作，与相关单位领导进行座谈。听取了区台办关于本区涉台教育“三推进”工作经验和台资企业北京润泰环保科技有限公司项目进展情况的汇报。区领导石进贤、张文山、赵玉影参加座谈会。11月11日，河北省廊坊市委统战部常务副部长张万刚率廊坊市环保局、林业局、国土局、水务局等相关部门负责人组成的调研组一行8人到本区就潮白河香河至三河段左岸范围自然保护开展调研，与本区环保局、林业局、国土局、水务局等部门进行座谈。就如何改善潮白河水源水质、河道周边环境及加强治理情况进行深入探讨。区政协副主席、统战部长李淑华参加座谈。12月19日，以台北市副市长林建元为团长的台北市文化基金会交流团一行17人到本区就文化创意产业发展情况进行考察座谈。参观了宋庄文化产业集聚区、运河文化广场和韩美林艺术馆。座谈会上，听取了区投资促进局关于通州区投资发展情况的介绍和区长邓乃平新城发展定位的详细介绍，双方就今后如何加强交流与合作进行了深入探讨。市台办副主任曹居京，区领导张文山、赵玉影陪同考察。

（曾令发）

【纪念改革开放30周年征文活动】 区委统战部开展形式多样的纪念改革开放30周年活动。广泛开展了大型征文活动，统一战线成员用自己最深刻最具体的感受赞发展、谈变化。征文活动收到各界人士稿件139篇，评选其中的53篇编辑出版《春天的记忆》2000册，下发到全区统战成员和统战系统各单位。12月10日，区委统战部在东方宾馆会议中心召开统战系统“春天的记忆”纪念改革开放30周年座谈会，全区各民主党派副主委以上、工商联副主席以上、民族宗教代表、乡镇街道办事处和有关委办局负责统战工作领导及获奖人员150人参加，会上宣布了获奖征文名单，九三学社通州区支社主委王昆，北京天龙钨钼科技有限公司总经理、区工商联副主席苏国平，通州区伊斯兰教协会副会长、北关清真寺张俊胜分别代表统战各界人士发言。统战部长李淑华作“春天的记忆、永恒的动力”主题发言，区委副书记张文山出席会议并讲话。

（曾令发）

【区台资企业联谊会换届选举】 1月16日，通州区台资企业联谊会第二届会员代表大会第一次会议在东方宾馆召开，会议选举产生新一届台资企业联谊会领导班子。市台办副主任于建明、副区长赵玉影、市台资企业协会会长林清发等到会祝贺并讲话。

（曾　琪）

【区长接待台商日活动】 1月16日，通州区举办第七届区长接待台商日活动，近50位台商参加此次活动，副区长赵玉影及区环保局、商务局等13个委办局主管领导参加接待日活动。

（曾　琪）

【区台办组织中小学生参加全国计算机比赛】 5月10日，区台办、区教委联合组织第一实验小学、东方小学、通州四中的33名取得决赛资格的学生参加第十七届全国六一国际儿童节威盛中国芯计算机表演赛北京赛区的决赛。在400名选手参加的北京赛区的决赛中，通州区的选手取得小学组全部一、二等奖及2名三等奖和1名中学组三等奖的优异成绩。同时，通州区取得本届比赛北京赛区决赛的最佳组织奖。

（曾　琪）

【区政协委员视察台资企业】 7月9日，由区政协副主席、统战部长李淑华带队，区政协、区台办组织台胞台属、归侨侨眷界政协委员一行15人视察了通州区两家台资企业。委员们参观了解了北京稳洁工贸公司以现代化的生物科技发展农业、生态养殖的方式和北京通豪塑料制品有限公司生产车间、工艺流程及公司在通州区17年的发展历程。与委员们就不断优化投资环境、实现两岸优势互补等问题进行了座谈。

（曾　琪）

【组织台资企业联谊活动】 7月10日，区台办、区台资企业联谊会组织在通州投资的台资企业负责人、台商参加“观通州、游运河”活动，同时邀请北京市台资企业协会和部分区县台办领导及台资企业联谊会负责人一同参加活动。10月14日，区台办和区投资促进局共同组织通豪公司董事长谢文雄、兴京木业董事长刘谟荣等10余家台商企业代表开展“台资企业通州行”活动。座谈会上，听取了区投资促进局关于本区的新城规划、产业发展定位的简要介绍，并就如何促进本区产业发展，增进台资企业与本区企业的沟通交流、寻找发展商机等方面进行了深入交流。

（曾　琪）

【多项工作获得奖励表彰】 统战部获中央统战部《中国统一战线》宣传先进单位，获北京市统战宣传工作先进单位，获北京市统战信息优秀单位，获北京市统战系统调研一等奖和优秀组织奖，获北京市统战系统宣传成果展优秀单位，获市委统战部、《北京支部生活》杂志社组织的《中国的政党制度》知识竞答活动特等奖。

（曾令发）

调查研究

【概　况】 2008年，区委研究室报市重点调研课题2个，完成2个，完成率100%。区级领导确定调研课题23个，实际完成23个，完成率100%。处级领导班子党政主要领导上报调研课题84个，实际完成69个，完成率82%。全年编发《通州调研》38期，有10余篇调研文章在《北京调研》、《北京农村经济》、《北京农业职业学院学报》、《京郊调研》等市级以上刊物刊发。5篇调研成果在市委农工委、市农委组织的新农村建设调研评比中获奖，其中一、二等奖各1篇，三等奖3篇，获奖位居全市前列；3篇调研成果在市发改委组织的纪念农村改革30周年征文活动中获奖。

（陈　莹）

【通州区楼门建设调研】 2月初，按照北京市委、市政府《关于建设和谐社区和谐村镇的若干意见》的要求，结合通州区楼门建设的实际，区委书记王云峰对楼门建设进行深入调研，最终形成《以楼门建设为切入点不断提升城市管理水平》的调研报告。该调研从实现“新北京、新奥运”战略高度，对如何发挥楼门建设在提升城市管理水平、更好地服务居民、更好地促进健康文明风尚的形成、更好地加强基层组织建设、更好地促进社会安定稳定等方面的作用提出具体举措。此调研被用作王云峰在全国人代会分组讨论会上的发言，本区楼门建设的先进经验，引起全国人大代表的广泛关注。该调研在《北京调研》第5期上刊发。

（陈　莹）

【通州区园区与珠江公司合作情况调查】　2月底，区委研究室采取问卷调查等形式，对各园区与珠江公司合作的基本情况、存在的主要问题及对策等方面内容进行调研。通过调研，进一步了解各园区与珠江公司合作的背景、合作进展情况及合作中存在的问题，提出加强沟通协调、理顺合作机制、共同破解合作中的问题的建议，具有较强的针对性和可操作性。

（陈　莹）

【通州区新农村建设调研】　3月初，区委书记王云峰对通州区推进社会主义新农村建设情况进行调研，在全面了解本区社会主义新农村建设的基本情况基础上形成《在通州区农村工作会议上的讲话》。该讲话总结了通州区近三年新农村建设工作取得的成果，对下一步加快通州区新农村建设提出工作要求，为扎实推进通州区新农村建设指明了方向。

（陈　莹）

【通州区经济发展情况调研】　3月底，区委主要领导对一季度经济运行情况进行调研，并在此基础上形成《通州区2008年一季度经济形势分析会上的讲话》。此报告准确地分析了当前通州区的经济运行情况，要求各职能部门精心做好准备，要敢于决策、善于决策、勇于负责，迎接全市新城建设的大会战，为加快推进通州区“两新”建设步伐，促进经济社会又好又快发展明确基本思路。

（陈　莹）

【新形势下推进通州新城又好又快发展调研】　4月初，由区委书记王云峰主持、区委研究室参与进行《新形势下推进通州新城又好又快发展的研究》。在广泛、深入调研的基础上，全面掌握通州区新城规划编制、土地开发利用、基础设施建设、新城功能区、重要节点建设、新城产业发展等新城建设现状，以及制约新城建设的五大问题，客观分析存在问题的原因，并提出今后2至3年新城建设的思路和主要措施，提出推进新城又好又快发展的五条原则，明确新城现阶段各类区域的工作重点，提出加快新城建设的八项主要措施。该调研在《京郊调研》第2期上刊发。

（陈　莹）

【促进通州城乡经济社会发展一体化调研】　5月初，区委研究室对通州区城乡一体化情况进行深入调研，对推进城乡一体化发展中城市和农村存在的产业发展、基础设施建设、居民就业及保障上的差距进行深入分析，并提出加快推进城乡一体化的思路、要求和工作重点。该调研在《北京调研》第11期上刊发。

（陈　莹）

【通州区经济社会发展情况调研】　6月初，区委主要领导对通州区经济社会发展情况进行调研，形成区委四届六次全会报告，即区委书记王云峰《在区委四届六次全体（扩大）会议上的讲话》。此报告在总结上半年工作基础上，以“三个关键时刻”全面分析通州区的形势，提出坚决完成服务奥运这一光荣而重大的政治任务、全力促进经济又好又快发展、积极做好支援抗震救灾等工作的总体要求和主要任务，提出增强政治敏锐性、严肃纪律，倍加努力、只争朝夕，多思考问题、创新工作，真抓实干、狠抓落实四点要求。11月底，区委主要领导对全区经济社会发展情况进行深入调研，形成区委四届七次全会报告《坚定信心 拼搏创新 加快推进通州新城建设》。报告创造性地把学习实践科学发展观活动、中央经济工作会议和市委十届五次全会精神与通州实际相结合，重点对通州新城建设的严峻形势和战略机遇进行阐述，全面准确分析了通州处在新起点上，面临着前所未有的机遇和挑战，这与以往报告有明显不同。报告在部署2009年工作时，把学习实践科学发展观活动和贯彻落实十七届三中全会精神放在突出位置。同时，报告还提出用“人文、科技、绿色”三大理念建设通州新城，具有超前性和可操作性。

（陈　莹）

【通州区安全稳定情况调研】 7月初，在奥运会即将开幕之时，为全面了解全区安全生产和矛盾纠纷排查化解工作，以及通州区领导干部的思想及工作情况，区委书记王云峰对通州区领导干部情况进行调研，并最终形成《在全区领导干部大会上的讲话》。讲话提出要强化安全生产工作，提高全体居民的安全意识，摸清底数消除安全隐患，确保重点地区、重点行业、重点人群的安全，进一步加大执法力度。要高度重视矛盾纠纷排查化解工作，立足于“事要解决”、把上访群众真正吸附在区里、落实好领导包案制度、进一步加大“防”、“打”力度，保持高压态势，必须狠抓责任落实、检查督查落实，确保奥运会后，安保任务实现两个“零指标”，促进经济社会又好又快发展。

（陈　莹）

保 密 工 作

【概　况】 2008年通州区保密工作以“求真务实、服务发展、确保安全、万无一失”为目标，紧密围绕区委的中心工作，提高认识，加强对保密工作的领导，加强对以领导干部为重点的涉密人员的教育管理，依法行政，加强对保密要害部门、部位的管理，加强对以涉密计算机为重点的涉密载体的检查和管理，加强队伍建设，突出工作重点，依法行政，认真履行法定职责和授权，确保国家秘密安全，为第29届奥运会的召开和全区经济建设及各项事业的发展发挥了服务保障作用。全区各单位没有发生泄密事件。年内，对区委办、永顺镇等成绩突出的30家保密工作领导小组给予通报表彰。

（郭立针）

【加强计算机管理】 1月、5月，组织全区各单位对本单位计算机信息系统保密管理工作进行自查，对4家具有涉密信息系统的单位进行保密检查，市国家保密局对通州区部分重点单位进行抽查，及时清除了泄密隐患。完成涉密信息系统定级备案及网络信息等级保护工作，未发生计算机网络泄密事件。

（郭立针）

【区委保密委员会全体委员会议】 2月27日，召开区委保密委员会全体委员会议。全体委员观看了保密教育录象片《警钟长鸣》，会议确定了2008年通州区保密工作要点。区委副书记、区委保密委员会主任杨林就如何做好全区的保密工作讲话。

（郭立针）

【无线电管理净化奥运会空中电磁环境】 4月，完成本行政区域内无线电对讲机锁频、登记、发照工作，规范对讲机使用频率，使奥运会召开期间空中电磁环境规范有序。全区有60家单位办理了无线电台执照，630多部无线电对讲机进行了注册写频。

（郭立针）

【开展多种形式保密宣传教育】 4月至7月，落实中国民主建国会北京市委员会通州区工作委员会提出的“关于在全区范围内开展国家安全知识宣传教育的建议”提案，多种形式宣传《中华人民共和国保守国家秘密法》：在《通州时讯》上刊登保密知识，在通州电视台播放保密宣传教育口号，在显著位置张贴宣传挂图、出黑板报、编发保密宣传教育专刊，利用政府网站平台宣传相关保密知识，与区司法局合作编发通州区法律知识函授教材下发至全区各单位基层党支部，向全区各单位及废旧物品回收单位发放保密法律知识宣传图片，开展保密工作专项检查及“五五”保密普法中期督导检查等。加强处级干部保密宣传教育，5月，在区委党校副处级干部培训班上发放《保密知识手册》100本宣传保密知识。

（郭立针）

【加强文件销毁管理】 6月5日，向全区各单位下发通知，要求加强废旧文件、资料销毁工作，严防泄密事件发生，为奥运会举办创造良好的安全环境。

（郭立针）

【各类考试保密工作取得成效】 6月至12月，对中考、高考、成人高考、自学高考、英语四六级考试保密室进行保密检查，堵塞泄密漏洞，确保考试的公平、公正，没有发生泄密事件。

（郭立针）

【专项检查】 7月、10月，对通州区域内的4家国家秘密载体定点复制单位和2家国家秘密载体定点销毁单位进行实地检查，同时对军工认证单位进行检查，没有发现泄密问题。

（郭立针）

【落实领导干部保密工作责任制】 10月，全区各单位开展领导干部贯彻落实保密工作责任制情况自查工作，12月4日至18日，区委保密委员会办公室对城口部分重点单位和各乡、镇（共31个单位）贯彻执行领导干部保密工作责任制情况进行抽查。存在一定问题，如个别单位保密工作还停留在口头上、计算机网络保密管理工作仍需加强。

（郭立针）

老干部工作

【概　况】 2008年，通州区老干部工作从实际出发，努力实现“让党放心、让老干部满意”的工作目标，认真落实好老干部的政治、生活待遇，切实在政治上尊重老同志，思想上关心老同志，生活上照顾老同志，积极引导老同志发挥作用，在促进社会和谐稳定、推进全区经济和社会各项事业发展中做出了新的贡献。

（丛晓宇）

【离休干部基本情况】 截至年底，全区共有离休干部480人（其中包括双管单位公安局6人，易地进京老干部37人），平均年龄81岁。有145人生活不能自理，200人有两种以上疾病，110个空巢家庭。2008年去世离休干部31人，年死亡率为7%。另外，市属及外区县属单位在通州居住需要接受“四就近”服务的离休干部有420人。

（丛晓宇）

【召开老干部党支部建设工作总结暨迎春座谈会】 1月16日，通州区2007年度老干部党支部建设工作总结暨迎春座谈会在区委老干部局召开。区委老干部局有关领导与全区39位老干部党支部书记欢聚一堂，喜迎新春。会上对2007年度全区老干部党支部建设工作进行全面总结，对2008年的老干部支部党建工作进行部署。区教委、区国资委、区直机关工委、区卫潞中心老干部党支部书记先后作了典型发言，交流经验。

（丛晓宇）

【为老干部印制《优先就医证》】 1月17日，通州区卫生局、通州区委老干部局为区属离休干部和区县级退休干部印制《优先就医证》。持此证就医人员，可在区属医疗定点机构得到“四优先”照顾，即优先挂号、优先就诊、优先交费、优先取药。

（丛晓宇）

【召开老年群团组织迎春座谈会】 1月17日，通州区老年协会迎春座谈会在老干部局二楼会议室召开。老干部局领导与老年大学、关心下一代协会、老年门球协会、老年台球协会、老年书画研究会、老年风筝协会的负责人欢聚一堂，共迎新春佳节。

（丛晓宇）

【为老干部送温暖活动】 1月21日至25日，区委老干部局领导代表区委、区政府入户慰问原区（县）级离退休老领导、老红军遗属、易地进京老干部、生病住院和有特殊困难的老干部近140余人，并为全区离休干部发放慰问品。

（丛晓宇）

【举办老干部迎春团拜会】 1月30日，区（县）级离退休老干部迎春团拜会在东方宾馆会议中心举行。区领导王云峰、邓乃平、石进贤、王玉辉、杨林、王春元等同老干部们欢聚一堂，喜庆佳节。区长邓乃平代表区委、区人大、区政府、区政协向各位老领导致新春贺词并简要介绍了通州区2007年经济和社会各项事业发展情况及2008年的工作安排。区委书记王云峰作重要讲话。

（丛晓宇）

【召开老年大学开学典礼】 2月29日，通州区老年大学开学典礼暨建校15周年大会在区委老干部局一楼大厅召开，出席此次活动的有市农工委老干部处领导、区领导、区老年大学校委会全体成员及部分离退休老领导。老年大学全体学员参加会议。会上宣布了调整后的老年大学领导机构组成人员名单，原老年大学校长白士贤代表校委会作工作报告。区委组织部常务副部长刘瑞祥到会讲话。

（丛晓宇）

【召开老干部工作会】 3月25日，区老干部工作会在区委综合楼大会议室召开。大会表彰了2007年“三优”老干部活动站。区委副书记杨林作《工作报告》，区委书记王云峰作重要讲话。区领导邓乃平、王春元、张秀余等出席会议。市老干部局副局长张庆朝、市农工委老干部处处长陈立玺应邀出席会议并讲话。会议由邓乃平区长主持。参加会议的还有原副区（县）级以上离退休老领导、区老干部工作领导小组全体成员、区属各单位主管老干部工作的领导、主管部门的负责同志和老干部工作人员、离退休老干部党支部书记、基层老干部活动站站长、老年大学、各老年协会组织负责同志。

（丛晓宇）

【举办北京市农林系统“迎春杯”门球赛】 4月23日，北京市农林系统“迎春杯”门球赛在通州区西海子运河门球场举行。来自北京市农林系统离退休老干部中的12支门球队，裁判员、运动员近160人参加了此项活动。

（丛晓宇）

【组织老干部参观“两新”建设】 4月29日，通州区委老干部局组织原区（县）级离退休老领导前往落户通州的全国最大的北京国际图书城和金福艺农农业科技发展有限公司参观。

（丛晓宇）

【老干部弘扬抗震救灾伟大精神报告会】 7月9日，通州区老干部弘扬抗震救灾伟大精神报告会在老干部局一楼大厅举行，首都师范大学郭海燕教授主讲，来自全区200多名老干部党校学员，其中包括区（县）级老干部、老干部党支部书记、易地进京干部以及基层活动站站长和老干部局全体机关干部参加了报告会。

（丛晓宇）

【离休干部社区“四就近”工作会】 8月12日，通州区离休干部社区“四就近”工作会在老干部局一楼报告厅召开。区委组织部常务副部长刘瑞祥、区委老干部局领导出席会议。参加会议的有各乡镇、街道办事处组织部长及老干部工作负责同志，区属各单位老干部工作人员，基层老干部活动站站长，各街道社区居委会主任、党支部书记200余人。会议传达了市委、市老干部局关于离休老干部社区“四就近”工作的文件精神，对全区“四就近”工作进行部署。

（丛晓宇）

【“纪念改革开放30周年暨庆祝建国59周年”文艺演出】 9月27日，由市委农工委主办，通州区委协办的老干部“纪念改革开放30周年暨庆祝建国59周年”文艺演出在通州区运河文化广场举行。北京市郊区县及农口委办局共11个单位1700余人参加了此次活动，其中演员300人。北京市、市委农工委、市委老干部局领导和通州区领导观看演出。

（丛晓宇）

【组织老干部金秋参观系列活动】 10月16日至22日，通州区委老干部局开展老干部“金秋参观”系列活动。组织原正处级以上离退休干部、老干部党支部书记、易地自管老干部，先后参观了“水立方”、“鸟巢”等奥运场馆。并在区领导的陪同下，参观韩美林艺术馆并乘船游览大运河。

(丛晓宇)

【老干部积极支援灾区】 年内，全区老干部和老干部党员在抗击冰雪、抗震救灾过程中发挥积极作用，共捐款10万元，交纳特殊党费19万元。

(丛晓宇)

【落实离休干部住房补贴】 年内，完成通州区无房和住房未达标离休干部住房补贴发放工作。根据市有关文件精神，对全区离休干部住房情况进行了核实，符合发放住房补贴条件的离休干部506人，共发放住房补贴1904万元。

(丛晓宇)

党校工作

【概　况】 2008年，区委党校充分发挥党校“三个阵地”、“一个熔炉”作用，努力提高干部培训质量，探索创新教学模式，全年举办培训班8期。其中优秀中青年干部培训班1期、处级领导干部进修班2期、农村党支部书记和村委会主任培训班5期，培训党员领导干部821人。年内，党校教师深入24个单位，宣讲党的路线方针政策，总计培训1500人次。科研工作成果丰硕，有10名教师在不同类别刊物上公开发表科研论文16篇。编辑出版《党校工作通讯》28期。

(康树梅)

【青干班品牌效应进一步显现】 在为期3个月的优秀中青年干部培训中，继续以“三基本”、“五当代”为主开设专题辅导讲座，同时组织多种形式的教育活动，提高学员的综合素质。在继承行之有效经验的同时，更注重创新和提高，首次在升旗仪式中组织革命歌曲大合唱、诗朗诵等旗下教育活动，使学员在短暂的10分钟内接受爱国主义教育；首次将外出考察与异地培训相结合，以帮助学员深入领悟井冈山24字精神为中心，加强专题讲座的分量，聘请中国井冈山干部学院的教授为大家讲课，同时，综合运用现场教学、录像教学和体验式教学等多种手段开展教育培训，取得良好效果。

(康树梅)

【处级干部分类培训质量进一步提高】 年内，举办第七期、第八期处级领导干部进修班，在总结上年两期分类培训经验的基础上，从第七期处级领导干部进修班开始，进一步加大研修阶段的管理力度，创新考勤及考核方式，调动学员参与调研活动的积极性和主动性，使研修报告和整体培训质量明显高于往年。在第八期处级领导干部进修班中，对教学内容和方法进行了调整和创新，将学习时间由四周延长至五周，增加廉政教育、党性修养、依法行政、安全生产等方面的专题讲座；首次尝试使用现场式教学方法，组织学员到北京市第一监狱参观，到法院听庭等，加强对党员领导干部的党性教育，增强廉洁自律意识，筑牢反腐倡廉的思想防线。

(康树梅)

【农村干部培训班效果增强】 2008年，对农村党支部书记、村委会主任培训班教学内容进行大范围调整，针对通州区农村地区和城乡结合部地区不同发展情况和干部的实际需求，设计不同的专题讲座，增加现场参观、典型经验交流等内容，首次开办“通州区推进城市化进程村党支部书记论坛”，培训效果进一步提高，《北京党建》杂志对此作了宣传报道。

(康树梅)

【学历班招生管理工作】 2008年，学历班新生报名人数953人，录取809人，注册746人，本科班在校生人数2006人。中央党校研究生院对通州班专业设置进行调整，由社会学专业改为科学社会主义专业，录取新生56人。截至年底，在校生215人。

(康树梅)

机关工委工作

【概 况】 2008年区直机关党建工作，坚持以邓小平理论和“三个代表”重要思想为指导，以科学发展观为统领，以党的先进性建设和执政能力建设为主线，认真学习贯彻党的十七大精神，紧紧围绕区委中心工作，按照区委四届五次会议精神要求，大力开展“迎奥运、讲文明、树新风”活动，努力加强机关党的思想政治建设、组织建设、作风建设，严格落实党风廉政建设责任制和反腐败工作各项任务，全面促进机关党建工作健康发展。一是认真抓好以贯彻党的十七大精神为主要内容的政治理论学习，不断加强机关党的思想政治建设；二是着力加强机关党组织和党员的教育与管理，继续推进机关党建工作不断创新；三是进一步深化“迎奥运、讲文明、树新风”实践活动，不断促进机关精神文明建设深入开展；四是大力加强机关作风建设，促进党风廉政建设责任制工作和反腐败工作深入开展；五是高标准开展以迎奥运为主题的各项活动。

（陈均芝）

【召开2008年度党建工作会议】 3月13日，区直机关2008年度党建工作会议在东方宾馆会议室召开。区直机关56个基层党组织负责人和部分优秀共产党员代表共220人参加会议。会议对2007年党建工作进行了总结，对2008年区直机关党建工作作出部署。会议还对2007年度先进基层党组织、文明单位、优秀共产党员进行了表彰。区委副书记杨林出席会议，并就机关党建工作在新城区建设中如何发挥重要作用、努力开创机关党建工作新局面等问题提出要求。

（陈均芝）

【举办第五届羽毛球比赛】 4月28日至29日，机关工委在通州区健龙森俱乐部举办区直机关第五届羽毛球比赛，来自区直机关39个单位的71支男（39支）女（32支）代表队报名参赛，区直机关工委常务副书记蒋树芳致开幕辞，区委书记王云峰参加活动，就通过组织各项活动，增强机关凝聚力等问题提出建议。经过比赛，区委政法委、区工商分局分别获得男女团体冠军。

（陈均芝）

【举办入党积极分子培训班】 5月5日至14日，机关工委在区规划分局会议室举办2008年入党积极分子培训班，来自区直机关31个基层党组织的81名要求入党的积极分子参加为期一周、以党的基本知识为主要内容的教育培训，培训结束进行了理论测试，取得较好效果。

（陈均芝）

【组织集体入党宣誓活动】 7月1日，在中国共产党成立87周年之际，机关工委组织区直机关35名新党员，进行了集体入党宣誓活动。机关工委领导对新党员提出具体要求，并进行“牢记党的宗旨，做一个合格的共产党员”的思想教育。宣誓活动结束后，全体新党员参观了北京奥体公园。

（陈均芝）

【组织多项募捐活动】 2008年，机关工委分别组织缴纳“特殊党费”、向地震灾区献爱心、“博爱在京城”等4次募捐活动，共缴纳“特殊党费”190余万元，捐款40余万元，棉衣（被）3000余件。区委、区人大、区政府、区政协领导和区直机关2000余名党员干部、职工积极参加缴纳特殊党费和募捐活动。

（陈均芝）

【组织服务奥运文明职工拉拉队】 由100名干部职工组成的通州区“北京职工文明拉拉队”区直机关方队，在奥运会、残奥会召开期间，先后参加了文明观赛大讲堂、“好运北京”马拉松测试赛、火炬传递等活动；承担了女足、沙滩排球、轮椅篮球等10场次比赛的观赛任务，参加人数1000人次。拉拉队员展现了饱满的精神状态和良好的精神风貌，出色完成了各项工作任务，受到北京奥组委、北京奥运会志愿者工作协调办公室的表彰。

(陈均芝)

【区直机关团工委举办卡拉OK比赛活动】 8月14日，区直机关团工委举办“传承奥运精神，投身新城区建设，让青春在奋进中闪光”卡拉OK比赛活动。来自13个团支部的23名选手报名参加了比赛。经过角逐，广电中心、政府办团支部的参赛选手获得一等奖。

(陈均芝)

【组织秋季登山活动】 为活跃机关的文体生活，促进干部职工的身心健康，10月中旬，机关工委组织秋季登山活动，区直机关600余名干部职工踊跃参加。

(陈均芝)

【召开党建“标准化建设”工作部署会】 为进一步贯彻党的十七大精神和区委四届五次会议精神，根据区委促进基层党建工作不断创新的有关要求，10月29日，区直机关在区安监局召开工作部署会，正式启动党建工作“标准化建设”活动。来自区直机关55个单位的党组织负责人参加会议。与会人员首先对区安监局党建“标准化建设”开展情况进行了观摩，会议针对区直机关实际，就如何开展好“标准化建设”工作进行了全面部署并下发了实施方案。

(陈均芝)

【召开区直机关工会第二次会员代表大会】 11月6日，区直机关工会在东方宾馆召开第二次会员代表大会。来自区直机关各基层工会的53名代表参加会议，机关工委常务副书记蒋树芳致辞，区总工会领导到会指导工作。会议总结了区直机关工会第一届委员会的工作，通过了第二届委员会的选举办法，组织进行了大会选举，顺利选出区直机关工会第二届委员会。

(陈均芝)

【召开党建工作座谈会】 12月23日，区直机关党建工作座谈会在区烟草专卖局会议室召开。区规划分局、档案局、安监局等16个单位的党组织书记（副书记）参加座谈。会议开始前，与会人员首先观摩了区质量技术监督局、档案局、烟草专卖局的党建工作“标准化建设”，尔后进行了座谈交流，通过学习交流，取得了广泛共识。区委常委、组织部长王春元参加观摩活动，充分肯定了区直机关党建“标准化建设”工作。

(陈均芝)

民主党派

【概　况】 2008年，通州区有民主党派成员420人。其中中国国民党革命委员会通州区支部31人，中国民主同盟通州区工作委员会66人，中国民主建国会通州区工作委员会98人，中国民主促进会通州区总支委员会69人，中国农工民主党通州区支部58人，中国致公党通州区支部51人，九三学社通州支社47人。党派成员中担任处级以上实职干部4人，其中副局级1人、正处级2人、副处级3人。党派成员中有2人被选为北京市第十三届人大代表，1人被推选为北京市第十一届政协委员。

(曾令发)

【组织建设 思想建设 制度建设】 在组织建设上，年内增加党派成员23人，其中11人为转入、12人为新发展成员。在思想建设上，各党派积极组织学习培训，并选送中青年骨干成员参加党派市委举办的党外人士政治交接主题教育活动培训班，系统学习党的十七届三中全会精神以及中共中央一系列治国理政的重要理念等内容。12月19日农工党组织全体党员在通州区星湖园会议中心召开学习贯彻科学发展观报告会。在制度建设上，各党派进一步完善财务管理、学习例会、工作考评等制度，民盟通州区工委还制定档案管理制度。

（曾令发）

【履行职责】 2008年，各民主党派认真履行民主监督、政治协商、参政议政的基本职责，政府各部门特约监督员较好地履行监督职责，积极向党委和政府提出合理化建议和意见。年内，被区政协评为优秀团体提案的有：民革通州区支部提出的《关于开发本区旅游资源，促进我区第三产业发展的建议》，民盟通州区工委提出的《关于推进运河旅游开发的建议》，民建通州区工委提出的《关于在全区范围内开展国家安全知识宣传教育的建议》、《关于以奥运为契机，全面宣传通州、发展通州的建议》，民进通州区总支提出的《关于进一步加强我区中等职业教育工作的建议》，农工党通州区支部提出的《关于通州区应尽快建设三级甲等医院的建议》，致公党通州区支部提出的《关于创新制度，进一步推动通州区循环经济发展的建议》，九三学社通州区支社提出的《关于建设“两园三区”，构建现代服务业核心体系的建议》、《关于打造通惠河两岸文化商务特色街区的建议》。被区政协评为优秀委员提案的有：民革党员孙庆提出的《关于抢救非物质文化遗产的建议》，民盟盟员张亚平等2名委员联名提出的《关于尽快改造中山街道路的建议》、张卫东提出的《关于加强城市集贸市场规划建设与监督管理的建议》，民建会员冯勇提出的《关于减少我区输出性消费的建议》、《关于减少低端市场，控制外来人口无序流入的建议》、《关于分期分批对老旧小区实施改造的建议》、《关于通州人精神风貌要从细节小事抓起的建议》、《关于实施会展经济的建议》、《关于修建翠屏北里半截路的建议》、杨立民提出的《关于加大城区盲道设施的监管力度，保障弱势群体出行通畅的建议》、《关于对果园市场占道经营行为进行清理整顿的建议》、邹晓美提出的《关于建立政协委员培训工作机制与制度的建议》，民进会员王黎阳提出的《关于尽快改变通州区至亦庄开发区公共交通不便现状的建议》、张京提出的《关于区政府各职能部门尽快出台解决百姓急需问题的便民措施的建议》，农工党党员吴凌云等2名委员联名提出的《关于关注民生，改善就医环境，建一所通州区公立性、综合性、现代化口腔医院的建议》、《关于加大对城区公立社区卫生服务投资力度的建议》、李玉清提出的《关于运河大街臭水沟治理的建议》，致公党党员武军提出的《关于在我区建立突发公共事件、自然灾害应急避难所的建议》、李伟提出的《关于加快宋庄文化创意产业集聚区开发建设的建议》、张伟东提出的《关于加快通州区120紧急医疗救援中心建设的建议》、张伟东等8名委员联名提出的《关于解决潞河医院看病停车难问题的建议》、赵圳提出的《关于规划建设我区滨河特色商业街的建议》、《关于提高公众环境保护意识的建议》、周正提出的《关于应抓住奥运契机，举办具有影响力的大型活动，以迅速提高本区的影响力和知名度的建议》。

（曾令发）

【信息调研】 年内，各党派成员向区委统战部、区政协上报各类反映社情民意的相关信息共517条，139篇信息被市、区有关部门采用。民革支部、民盟工委、民建工委、民进总支、致公党支部、九三学社支社6个党派组织被区政协评为先进信息单位；孙庆、可巨生、张晓岚、冯勇、张京、李玉清、武军、胡乃东、孙亚莉9名党派成员被区政协评为优秀信息员。

（曾令发）

【民盟通州区工委成立】 12月5日，民盟通州区总支按照章程规定和民盟市委的要求，申请成立民盟通州区工委，经民盟市委批复任命，产生新一届民盟通州区工作委员会班子成员。在成立工委过程中，区委统战部配合民盟通州区总支，充分与民盟盟员接触，听取意见，联系民盟市委交换领导班子成员安排意见，帮助做好工委成立准备工作，并出席成立大会。12 月 5 日，召开民盟通州区工委成立暨纪念民盟组织成立 20 周年大会，民盟市委宣布新一届班子共 9 人，即：主委刘淑华，副主委池雪斌、白静宜、可巨生、祝映莲，委员王金华、王琪、郝玉柱、金璧（兼秘书长）。

（曾令发）

【党派活动】　2008 年，通州区各民主党派开展了丰富多彩的活动。民革支部以“建言运河文化、服务通州建设”为主题组织 20 名支部党员赴江苏南通、镇江、扬州进行考察，撰写考察报告。民建工委于 10 月 15 日组织 20 名会员参观游览怀柔区神堂峪风景区，其间召开信息工作会议。民进总支组织第一、二支部（中小学教师为主）20 多名会员参观通州区路桥建设及运河两岸环境建设，使会员们在感受通州区大发展的同时也向相关领导部门提出有关环境建设方面的建议；组织第四支部的全体会员（退休教师为主）参观新农村建设情况；组织第一、二、三支部的全体会员赴山西平窑古城参观游览。九三学社支社于 8 月中旬开展与梨园镇政府交流座谈活动，就扩大社员就近结合城乡结合部知情蹲点工作进行交流。

（曾令发）

【评比表彰】　在纪念改革开放 30 周年征文活动中民革通州支部委员谢首英撰写的《阔别三十年，重返北大荒》及支部副主委孙庆撰写的《改革开放三十年随想》分别被区委统战部评为一等奖、二等奖。民进总支副主委张京撰写的《有感改革开放带来的高考变革》及会员赵桂春撰写的《国家会越来越好，我们的生活也会越来越好》分别获二等奖。民建会员冯勇撰写的《说不完的变化享不尽的福》及会员唐华茂撰写的《改革开放三十年院校变化》分别获一等奖和三等奖。民盟工委秘书长撰写的《路路畅通，水陆交汇》、工委委员王金华撰写的《幸福指数越来越高》及盟员何维仁撰写的《欢歌笑语 30 年》分别获一等奖。致公党党员李燕撰写的《笑谈童年苦与甜》获三等奖。九三学社支社主委王昆撰写的《改革伴我成长》、社员巴彦布撰写的《“新通州人”的福祉与恋情》及社员严戎庚撰写的《青春祭》分别获得一等奖。

（曾令发）

【公益事业活动】　6 月，在市委统战部举办的“为了汶川的孩子们——首都统一战线定点重建地震灾区学校大型募捐活动”中，各党派纷纷组织党派成员捐款，仅 3 天时间，民革支部捐款 3800 元，民盟工委捐款 27500 元，民建工委捐款 46300 元，民进总支捐款 7380 元，农工党支部捐款 13100 元，致公党支部捐款 7800 元，九三学社支社捐款 8200 元。此外，各党派成员积极参与本单位本系统的捐款活动及社会捐款活动，其中民盟工委委员王琪捐款 16 万元，民建工委副主任韩子轶捐款 12 万元，民建会员刘静、黄运飞各捐款 10 万元。民盟工委委员王琪、民建工委副主任韩子轶各捐款 6 万元支持于家务乡崔各庄村的新农村建设。民革支部组织医疗专家为北苑地区居民举办“健康大课堂”讲座，普及医疗卫生知识。民进支部全体会员自愿捐款资助通州区北苑街道 3 名家庭困难且品学兼优的学生。农工党支部在 4、5 月手足口病的高发季节，积极参加北京防控手足口病工作，宣传防治手足口病的医学知识，通过讲课或发放宣传资料等多种形式提高防病意识；6 月组织 12 名医疗专家带心电图机、血压计等诊疗器械，到通州区张家湾镇北京中加保罗生物科技股份有限公司，为该公司的员工和经销商及家属 230 余人，进行体格检查和咨询义诊服务。致公党支部 6 月组织北京正和口腔医院的医生到于家务乡小学义务为 100 余名小学生做口腔卫生检查，并向广大师生宣传普及口腔卫生知识。

（曾令发）

政权·政治协商

通州区人民代表大会常务委员会

【概　况】 2008年，区人大常委会举行7次常委会会议，听取和审议21项议题，其中专项工作报告10项，检查5个方面的法律法规实施情况，依法任免国家机关工作人员35人次。召开24次主任会议，听取了16项专题工作汇报。召开区四届人大四次会议。组织代表视察15次，参加代表800余人次，督办代表议案和建议141件，为推进社会主义民主政治建设、促进全区经济又好又快发展发挥了重要作用。常委会进一步加强制度建设，建立和完善区人大常委会议事规则、常委会审议议题重点发言人制度、区人大常委会主任会议议事规则、区人大代表视察办法等制度，不断规范审议程序和监督检查程序，使常委会及机关工作的制度化、规范化水平得到明显提高。

（王立娜）

【区四届人大三次会议举行】 1月8日至10日，区第四届人民代表大会第三次会议在天下第一城国际会议中心举行。会议听取并审议了区长邓乃平所作的《北京市通州区人民政府工作报告》；审议了区发改委主任崔松光所作的《通州区2007年国民经济和社会发展计划执行情况与2008年国民经济和社会发展计划（草案）》的书面报告；审查和批准了《关于通州区2007年国民经济、社会发展计划执行情况与2008年计划草案的报告》；审议了区财政局局长刘汝林所作的《关于通州区2007年财政预算执行情况和2008年财政预算草案的报告》，审查和批准了《通州区2007年财政预算执行情况的报告和2008年财政预算》。听取并审议了区人大常委会主任石进贤所作的《通州区人民代表大会常务委员会工作报告》；听取并审议了区人民法院院长高洪涛所作的《通州区人民法院工作报告》；听取并审议了区人民检察院检察长东晓钟所作的《通州区人民检察院工作报告》；并对上述报告分别作出了决议。

（王立娜）

【第九次常委会会议】 3月6日，区四届人大常委会第九次会议举行。会议传达了市十三届人大一次会议精神和区人大常委会党组《关于进一步加强人大代表工作的若干意见》，审议通过了区人大常委会2008年工作要点和常委会审议议题重点发言人制度。区人大常委会主任石进贤就深入学习贯彻党的十七大精神，落实常委会工作要点，做好全年工作作了重要讲话。

（王立娜）

【第十次常委会会议】 4月15日至19日，区人大常委会举办常委会组成人员学习班，组织常委会组成人员、各人大街工委副主任、各乡镇人大专职主席（副主席）、常委会各委室副主任学习党的十七大精神以及有关人大工作制度，并赴河南进行学习考察。区人大常委会主任石进贤，常务副主任蒋洪昉，副主任韩振福、仇春利参加学习考察。

（王立娜）

【第十一次常委会会议】 6月20日，第十一次常委会会议举行。会议听取和审议了区审计局受区政府委托所作的《关于2007年财政预算执行和其他财政收支的审计工作报告》，区财政局受区政府委托所作的《关于2007年财政决算的报告》，听取了区人大财经委所作的《关于通州区2007年财政决算和2007年财政预算执行及其他财政收支审计工作的审查报告》。听取和审议了区食品办受区政府委托所作的《关于食品卫生与食品安全法律法规实施情况的报告》，听取和审议了区人大常委会执法检查组所作的《关于检查食品卫生与食品安全法律法规实施情况的报告》。听取和审议了副区长赵玉影代表区政府所作的《关于办理区人大常委会〈北京市市容环境卫生条例〉执法检查审议意见和2008环境建设进展情况的报告》，听取和审议了区人大常委会执法检查组副组长、城建环保委主任黄春来所作的《关于跟踪检查〈北京市市容环境卫生条例〉执法检查审议意见落实和2008环境建设情况的报告》。会议进行了人事任免事项。

（王立娜）

【第十二次常委会会议】 7月31日，第十二次常委会会议举行。会议听取和审议了区政府常务副区长张永明代表区政府所作的《关于2008年上半年工作情况的报告》。听取和审议了区财政局受区政府委托所作的《关于2008年上半年财政预算执行情况的报告》，审议了区发改委受区政府委托所作的《关于2008年上半年国民经济、社会发展计划执行情况的报告》，听取了区人大常委会财经委所作的《关于2008年上半年国民经济、社会发展计划及财政预算执行情况的调查报告》。

（王立娜）

【第十三次常委会会议】 9月26日，第十三次常委会会议举行。会议听取和审议了区农委受区政府委托所作的《关于农村集体经济体制改革进展情况的报告》，听取了区人大常委会农村委所作的《关于农村集体经济体制改革进展情况的调研报告》。会议举办了预算监督讲座。市人大常委会财经委巡视员叶立毅就预算监督工作进行了讲解和说明。

（王立娜）

【第十四次常委会会议】 11月26日，第十四次常委会会议举行。会议听取和审议了区财政局受区政府委托所作的《关于提请调整2008年财政预算的报告》，作出了《关于批准调整2008年财政预算的决议》。会议听取和审议了区司法局受区政府委托所作的《关于实施“五五”普法规划情况的报告》，听取了区人大常委会内司委所作的《关于实施“五五”普法规划情况的调研报告》。会议审议通过了区人大常委会代表资格审查委员会《关于代表资格的审查报告》；传达了区委转发的区人大常委会党组《关于召开区四届人大四次会议的请示》的通知精神；作出了《关于召开区四届人大四次会议的决定》；审议通过了区人大常委会《关于区四届人大四次会议建议议程（草案）》，《主席团、秘书长建议名单（草案）》，《国民经济、社会发展计划和财政预算审查委员会主任委员、副主任委员、委员建议名单（草案）》，《议案审查委员会主任委员、副主任委员、委员建议名单（草案）》；决定了区四届人大四次会议列席人员。会议进行了人事任免事项。

（王立娜）

【第十五次常委会会议】 12月11日，第十五次常委会会议举行。会议听取和审议了区政府办公室受区政府委托所作的《关于办理通州区第三届人民代表大会第三次会议代表议案及通州区第四届人民代表大会第三次会议代表建议、批评和意见工作情况的报告》。听取了区人大常委会代表联络室所作的《关于通州区第三届人民代表大会第三次会议代表议案及通州区第四届人民代表大会第三次会议代表建议、批评和意见办理情况的报告》。会议审议通过了区人大常委会代表资格审查委员会《关于个别代表的代表资格的审查报告》。会议审议通过了《区人大常委会工作报告（征求意见稿）》。

（王立娜）

【推进依法治区进程】 区人大常委会紧紧围绕全区中心工作、服务奥运、构建和谐社会，依法开展监督工作：一是听取和审议了区政府《关于办理执法检查审议意见和环境建设情况的报告》，进一步推动政府加大对奥运市容环境治理和建设的力度，确保了奥运会的成功举办。二是成立4个执法检查专题组，组织15个代表小组，集中两个月的时间，开展17次食品卫生方面法律法规实施情况的监督检查活动，检查了80多个单位，市、区、乡镇三级代表600余人次参加检查。三是加强对《北京市市容环境卫生条例》、《中华人民共和国食品卫生法》、《中华人民共和国工会法》、《中华人民共和国档案法》、《中华人民共和国义务教育法》等法律法规贯彻执行情况的检查监督，及时提出改进的意见和建议。四是高度关注法制宣传教育工作，积极开展座谈、调研活动，认真听取和审议了《区“五五”普法规划实施情况的报告》，推动依法治区工作的深入开展。五是坚持对国家机关工作人员进行任前法律知识考试制度和各委主任、各局局长及检法两院院长年度书面述职备案工作，进一步增强了民主法制意识。

（王立娜）

【加强工作监督 促进经济发展】 一是听取和审议了区政府《关于2008年上半年工作情况的报告》以及《2008年上半年国民经济、社会发展计划和财政预算执行情况的报告》。听取和审议了《关于农村经济体制改革进展情况的报告》，提出了意见和建议，促进通州区经济体制改革的稳步推进。二是加强安全生产、社会治安综合治理和奥运安全保卫等工作监督，提出意见和建议，推动平安奥运安全工作的落实。三是加强通州区都市型现代农业发展、商务园区建设、国有资产管理、税收征管、科技推动经济社会发展、重点工程建设及后奥运项目储备、城市色彩和地名规划编制、美国白蛾防控、滨河森林公园建设等工作的监督检查，提出意见和建议，推动了区域经济发展。四是听取教育、农村合作医疗、保障性住房建设等情况汇报，组织代表视察，提出改进工作的意见和建议，推动了社会民生问题的进一步改善。五是听取了区检察院《关于开展公诉工作情况的汇报》，提出意见和建议，推动了公诉队伍建设。六是听取和审议了《通州区2007年决算报告》、《审计工作报告》和《提请调整2008年财政预算的报告》，审查批准了2007年财政决算，批准调整了2008年财政预算，促进了计划和预算目标的实现。七是常委会把信访工作作为监督工作的重要内容。全年受理群众来信来访98件次，及时批转“一府两院”及有关部门办理，为化解社会矛盾、维护群众合法权益、构建和谐社会作出了贡献。

（王立娜）

【开展代表活动】 一是采取多种形式，对代表进行学习培训和联系选民活动，制定代表届内培训计划，举办代表学习培训班，10月集中一个月，开展常委会组成人员联系代表、代表联系选民月活动，此次活动收到代表建议198件，全部转交区政府办理，其中38件建议成为区政府2009年为民办实事的建议项目。二是积极开展代表会前活动，在人代会召开前，常委会开展4天的视察活动，组织代表分组视察通州区财政经济和社会事业发展、城建城管、新农村建设等工作，组织部分代表与区长、副区长座谈，并在人代会期间，开展区政府各系统接受代表询问活动。三是建立主任接待代表日、坚持代表列席常委会会议和主任会议制度、为代表订阅

《中国人大》和《北京人大》刊物，为代表知情知政增加信息渠道。四是推荐代表担任“一府两院”有关部门监督员，使代表的主体作用得到进一步发挥。五是设立市人大代表联络处，协助市人大常委会做好市人大通州区代表小组的各项活动。

（王立娜）

【办理代表议案、建议】 区人大常委会严格交办时限，及时掌握办理进度，加强复查补办工作。区四届人大三次会议交由区政府办理的建议、批评和意见共139件，交由区法院和检察院办理的建议2件以及闭会期间收到代表建议7件，全部在规定时限内办复。加大了重点难点建议的跟踪督办，使代表们提出的一批与人民群众生活息息相关的建议，得到有效的办理和落实。

（王立娜）

【加强民主政治建设】 常委会把指导推进人大街工委和乡镇人大工作作为一项重要任务来抓：一是分别召开2008年全区人大街工委会议和乡镇人大工作会议，总结和交流经验，提出指导意见。二是坚持人大街工委专职副主任和乡镇人大专职主席（副主席）列席区人大常委会会议制度，吸取他们参加区人大常委会组成人员学习班和听取专题讲座，密切常委会与街工委和乡镇人大的工作联系。三是坚持区人大常委会主任、副主任联系人大街工委和乡镇人大制度，着力推进人大街工委制度建设和代表联系选民工作。

（王立娜）

【加强宣传信息工作】 年内，高标准完成人大门户网站的筹备和建设，认真办好《通州人大信息》和《北京通州人大》刊物的编辑工作，全年编发人大信息53期，编发通州人大会刊4期，为宣传人大工作，自觉接受群众监督，营造了良好的宣传舆论氛围。

（王立娜）

【调查研究】 区人大常委会为促进全区经济平稳较快发展，进一步坚持和完善人民代表大会制度，紧紧围绕全区重点工作和人民群众关心的热点、难点问题，积极深入基层，开展调查研究。先后开展了北运河水系污染治理、贯彻《北京市市容环境卫生条例》执法检查审议意见办理、食品卫生与食品安全方面法律法规实施、财政计划和预算执行、农村经济体制改革、“五五”普法规划实施等方面的调研活动，并分别撰写了调研报告。为常委会依法履职奠定了基础，为区委决策和区政府改进工作提供了参考和依据。2008年完成调研报告8篇。

（王立娜）

通州区人民政府

概　述

2008年，全区人民认真贯彻党的十七大精神，深入落实科学发展观，及时应对经济形势的新变化，有效促进了经济社会的平稳较快发展，较好地完成了区四届人大三次会议确定的各项目标任务。地区生产总值实现213亿元，增长14%；税收总额实现74.6亿元，增长17.9%；地方财政一般预算收入实现20.45亿元，增长4.1%；全社会固定资产投资额实现138亿元，增长8%；社会消费品零售额实现146.4亿元，增长20.1%；外贸出口创汇额实现10.4亿美元，增长31.6%；城镇居民人均可支配收入达到20708元，农民人均纯收入达到10213元，分别增长9.6%和12%。“五无”目标顺利实现。城镇登记失业人员实现就业1.5万人，城镇登记失业率控制在2.5%以内。全区二氧化硫排放量和化学需氧量分别下降2%和3%，空气质量完成市里下达的指标。人民生活在经济发展中得到进一步改善，科技、教育、文化、体育、人口和计划生育等各项社会事业取得新的进步。

新城建设取得新进展。规划体系进一步完善，本区成为全市第一个规划体系覆盖全部乡镇的区县。路桥设施建设顺利推进。潞苑东路、通顺路城市段、潮白河白庙新桥等具备通车条件。京榆旧路三期、觅西路、九德路改建等工程进展顺利。温榆河西路、朝阳北路东延及跨温榆河大桥等工程开工建设。配合市有关部门，完成机场二通道、机场南线、京津二通道和京津城际铁路工程。市政设施不断完善。启动老城区5号燃煤锅炉房、商务园22万变电站及半壁店11万变电站建设。配合市有关部门，完成天然气陕京二线通州门站建设。推动河东果园、马驹桥镇复地等经营性用地项目入市交易，解决河畔丽景二期等6个历史遗留项目的开发建设问题。上营片区被确定为北京市棚户区改造试点。以服务奥运为契机，全面加强城乡环境建设，城乡面貌明显改观。顺利完成奥运火炬传递等奥运相关活动，全区人民主动参与、热情服务，为奥运会、残奥会作出了应有的贡献。

产业发展质量进一步提高。园区发展明显加快，5个园区税收实现15.6亿元，增长72.5%，其中光机电基地税收超过7亿元。园区发展促进乡镇经济主体作用的进一步发挥，11个乡镇完成税收51.7亿元，占全区税收总额的70.4%，其中台湖镇成为本区首个税收超10亿元的乡镇。结构调整成效显现。坚持二三产业融合发展，第三产业所占比重进一步提高。税收结构继续优化，工商企业贡献作用增强。大项目支撑带动作用明显，北京卷烟厂、北京烟草公司、李宁公司、苏宁电器等6家企业实现税收15亿元。产业项目的引进建设速度加快，李宁公司二期、利丰雅高、美国普洛斯等一批项目竣工，贵友通州分店、全聚德通州店等项目投入运营，捷宸阳光、中冶焊接、国际电子商务中心等一批项目开工建设。产业特色进一步显现。现代物流业呈现集聚发展态势，一批高端商务和现代制造行业的龙头企业相继落户，运河文化旅游、当代原创艺术交易、图书出版发行等文化产业品牌效应增强。发展环境得到优化。制定完善产业发展政策，建立大项目联席会议制度。完善政企交流平台，成功举办第三届商务年会，区域产业发展的知名度和吸引力不断增强。新农村建设稳步推进。推进设施农业、观光农业、加工农业等都市型现代农业发展，建成了独具特色的南瓜园、金鱼博物馆、花卉园等五大农业主题公园。加快推进以普惠制为基础的全覆盖工程等农村基础设施建设，农村生产生活条件进一步改善。以规范引导土地承包经营权流转和推进集体经济产权制度改革为重点，不断深化农村改革。

本年，区政府召开全体会议1次，常务会议1次，区长办公会议17次，研究议题74项；政府专题会30次，研究议题66项。其主要内容包括各项改革、经济建设、环境保护、城乡规划、重点工程、科教文化、安全生产、综合治理、人事任免等重大事项。

（郑纯雄）

政务工作

【区政府为群众拟办的实事】 年内区政府为群众办实事的具体内容是：继续开展村庄环境整治工作，全年完成90个村，全区整治率达到100%。建立健全本区生活垃圾村收集、镇运输、区处理的管理系统，全区村庄全部实现垃圾密闭化管理。新建农村无害化户厕1万座，升级改造公厕20座。实施农村雨水利用工程，在9个乡镇17个村庄建设雨水利用设施。按照减量化、资源化、无害化标准实行城市生活垃圾治理，完成6个小区垃圾分类工作；升级改造密闭式清洁站20座。实施玉带河（运河西大街至区地税局路口段）综合整治工程。完善农村客运配套服务设施，新建70个乡村候车亭。对41个村4万农民饮水设施进行改造，并同步建立运行管理机制。继续建设60家农村连锁超市，进一步促进农村商品流通。实施农业节水灌溉工程，发展农业综合节水灌溉面积8000亩。加大农业生产实用技术培训力度，全年培训农民10000人次。开展农业科技入户工作，培养农民科技示范户1300户。继续实施“亮起来、暖起来、循环起来”工程，在农村地区安装太阳能路灯3500盏；建设生物质气化集中供气系统5个，大中型沼气集中供气系统3个。对5个规模养殖场实施污粪治理，改善养殖场及周边环境。建设“移动农网”，通过短信、语音、互联网等方式，向农民提供政策法规、农业科技、市场供求、价格行情等信息，让农民从信息化中获取更多收益。切实改善农村困难群体住房条件，完成20户农村优抚对象和95户农村特困家庭危旧房改造。对本区考入大专以上院校的城乡低保困难家庭子女进行资助，解决贫困家庭子女入学的后顾之忧。完善社区医疗服务软硬件设施，新建111个标准化社区卫生服务站。加强对农村富余劳动力的职业指导、职业培训、职业介绍等就业培训服务，促进农村富余劳动力向二三产业转移，全年培训农村富余劳动力8000人，实现农村富余劳动力向二三产业转移10000人。全区充分就业社区（村）达到165个。充分就业社区劳动年龄人口中有劳动能力和就业愿望的人员90%以上实现就业，有劳动能力和就业愿望的就业困难对象80%以上实现就业；充分就业村劳动年龄人口中有劳动能力和转移就业愿望的人员80%以上实现转移就业；继续巩固和完善城乡“零就业家庭”就业帮扶机制，“零就业家庭”成员中至少有一人实现就业。完善住房保障体系，缓解全区住房供应结构矛盾，建设经济适用住房13万平方米。修建邓家窑天桥，解决当地居民出行难问题。改造城区街巷照明设施，完成玉桥东路南段、永顺东街114号以西胡同、北苑街道小北苑地区、新建下坡、通惠河北岸等路段的路灯安装。实施城区部分平房区合表用电户一户一表改造工程。新建、改扩建乡村文娱设施5处，建设村级数字影厅20个。完成各类文艺演出60场次，全年放电影5500场。改善农村寄宿制中小学生活条件，为漷县镇中心小学、第一实验中学、漷县中学配备寄宿生活用车，改造学校活动室；完成5所农村乡镇中心幼儿园活动室和厨房的改造。选派44名城镇优秀教师到农村支教，选聘高校毕业生到中小学支教。继续加强农村全民健身设施建设，使全区行政村全民健身设施配建率达到100%。提高居民健康意识，完成农村健康知识讲座40场，向26万户居民家庭发放《首都市民预防传染病手册》。实施小学规范化建设工程，支持8所小学在主要项目上达到新颁办学条件标准，促进义务教育均衡发展。加强药品、医疗器械、保健食品、化妆品产品质量的市场抽验工作，全年抽验500件。推进实施食品及食品相关产品质量安全市场准入制度。全年抽查食品及食品相关产品样品不少于300个，利用媒体每季度向社会公布检测结果。建设政府信息公开服务平台，按照全市统一的规范性要求在政府网站、档案馆、各级图书馆室、一站式服务大厅设置政府信息查阅服务设施，方便公民依法获取政府信息。在农村和社区建立168个法律服务室。

（王春艳）

【区政府第二次全会】　2月18日，区政府召开第二次全体会议。会议的主题是学习贯彻党的十七大精神，全面落实区委四届五次全会和区四届人大三次会议精神，进一步明确任务、落实责任，确保各项经济指标和任务的完成。区委常委、副区长张勇主持会议，区委常委、常务副区长张永明就区人大代表建议和政协委员提案办理工作提出意见和要求，区长邓乃平就2008年政府工作进行了部署。

（王文秀）

【《通州区经济适用住房管理办法（试行）》出台】　2月29日，为建立和完善住房保障制度，保障低收入家庭的基本住房需求，改进和规范经济适用住房建设和管理，根据《北京市人民政府关于印发北京市经济适用住房管理办法（试行）的通知》（京政发〔2007〕27号），结合本区实际，区政府制定了《通州区经济适用住房管理办法（试行）》。

（东 滨）

【《通州区城市廉租住房管理办法》出台】 3月6日，为完善城市廉租住房制度，保障低收入家庭的基本住房需求，根据《北京市城市廉租住房管理办法》（京政发〔2007〕26号），结合本区实际，区政府制定了《通州区城市廉租住房管理办法》。

（东 滨）

【签署北苑商务区项目《合作备忘录》】 4月1日，区领导邓乃平、张勇、张华等与加拿大亿万豪公司及王府井集团就北苑商务区项目进行座谈，并签署了《合作备忘录》。

（王文秀）

【《通州区限价商品住房管理办法（试行）》出台】 5月5日，为调整住房供应结构，建立分层次的住房供应体系，规范本区限价商品住房建设和管理工作，根据《北京市人民政府关于印发北京市限价商品住房管理办法（试行）的通知》（京政发〔2008〕8号），结合本区实际，区政府制定了《通州区限价商品住房管理办法（试行）》。

（东 滨）

【《通州区饮用水地下水源保护区水污染防治管理办法》出台】 5月30日，为保护通州区饮用水地下水源不受污染，保障人民身体健康，根据《中华人民共和国水污染防治法》、《北京市实施〈中华人民共和国水污染防治法〉办法》、《北京市城市自来水厂地下水源保护管理办法》，区政府制定了《通州区饮用水地下水源保护区水污染防治管理办法》。

（东 滨）

【奥运火炬在通州传递】 8月7日17时08分至17时30分，奥运火炬传递活动在本区运河城市段举行。火炬交接仪式上，区长邓乃平接过火炬向全场展示，区委书记王云峰担任首棒火炬手。14名火炬手完成1400米的水上传递后，8名火炬手进行400米陆上传递。

（王文秀）

【举行北京新城·通州商务年会】 10月15日，“2008北京新城·通州商务年会”专场活动——高端商务项目对接会在商务园展示中心举行。市金融办主任霍学文，区领导王云峰、邓乃平、张华和与会嘉宾就本区商务金融投资环境进行交流，并研讨了奥运后京东未来经济发展趋势及高端商务发展方向。10月24日，本区召开2008北京新城·通州商务年会——通州园区重点项目对接会。副区长张华介绍了通州新城规划及园区发展政策。区领导王云峰、邓乃平、张勇参加对接会。10月28日，2008北京新城·通州国际商务年会——文化创意产业项目对接会在宋庄文化产业集聚区举行。副区长张华介绍了通州新城的概况和宋庄文化创意产业集聚区的发展情况。区委书记王云峰、区长邓乃平参加对接会并讲话。

（王文秀）

【区政府与北京银行签订《战略合作框架协议》】 10月21日，区领导王云峰、邓乃平、石进贤、王玉辉、张永明、张华参加区政府与北京银行战略合作框架协议暨新城区建设授信签约仪式。

（王文秀）

【《通州区军人抚恤优待实施细则》出台】 11月21日，为全面贯彻落实国务院《军人抚恤优待条例》、《北京市实施〈军人抚恤优待条例〉办法》（市政府第167号令）等有关规定，进一步做好军人抚恤优待工作，结合本区实际，区政府制定了《通州区军人抚恤优待实施细则》。

（东 滨）

【政府电子政务工作】 2008年，有线政务专网接入国家机关151家，接入行政村474个，接入终端计算机约6300台，无线政务专网用户增加到780户,应用范围不断扩大,政务专网管理更加规范。完成区政务门户网站优化升级,开设了"政府信息公开"频道,开展"一口受理"行政事项梳理工作,加强网站在线服务功能,政务公开、在线服务、公众参与的功能和应用均得到加强。建立农村综合信息服务体系,建设"数字家园"、"惠农科普图书馆"、"党员远程教育站点"等农村信息服务站849个,覆盖420个行政村,全面开展面向"三农"的信息服务与应用。加强网络与信息安全保障,成立区网络与信息安全协调小组,制定信息安全保障工作方案,签订网络与信息安全责任书,建立联动机制,组织应急演练和培训,圆满完成奥运期间的通信保障任务,确保全区网络信息安全。加强各类信息系统应用,推进网络与信息资源整合,制定、完善相关制度、规范,执行各项建设标准。积极开展各类培训,提高全民信息能力。成立政府信息公开领导小组,对第一批47个单位进行培训,编制政府信息公开目录,录入公开信息,完善依申请公开渠道建设,政府信息公开工作步入正轨。

(石 强)

【政府信息工作】 2008年,收到各单位报送信息1万余条,刊登信息3300条,编发《信息快报》和《领导参阅》376期。同时,区政府办公室向市政府办公厅和市农委报送信息1000余条,被市政府编发的《昨日市情》和市农委编发的《京郊信息》等刊物采用信息120余条,得到市、区领导批示120条。通州区政府办公室被评为市先进信息工作单位。

(张晓燕)

【便民电话工作】 北京市非紧急救助服务中心通州分中心是政府和群众沟通的渠道、政府为群众办事的窗口、政府受理群众咨询和诉求的平台。2008年,受理群众各类来电11400余个。办理区长信箱电子信件697封,比上年增长近2.3倍;办理市非紧急救助服务系统网上交办件1136件,比上年增长3.26倍。编发《便民电话工作简报》4期、《便民电话专报》18期、《便民电话摘报》21期、《奥运专刊》77期,接到群众表扬信7封,表扬电话30余个。年内,通州分中心荣获北京市非紧急救助服务系统服务奥运优秀单位、通州区信访排查先进集体等荣誉称号。

(李梦玲)

【建议提案办理工作】 2008年,通州区四届人大三次会议交由区政府研究办理的代表建议共139 件(其中61件是转为建议办理的议案)。其中新城建设与管理方面42件,占30%;新农村建设方面31件,占22%;民生方面26件,占19%;社会事业发展方面18件,占13%;改进服务与落实政策方面16件,占12%;产业发展方面6件,占4%。这些建议分别交由区政府的37个承办部门研究办理。办理结果:代表所提意见已经解决、基本解决的(A类)40件,占29%;代表所提问题已列入计划,预计两、三年内可以解决的(B类)41件,占30%;建议所提问题因条件限制或其他原因暂时无法解决,需解释说明或留作参考的(C类)46件,占33%;超出区政府职权范围,报请区外有关部门研究参考的(D类)12件,占8%。另外,对代表们在闭会期间提出的7件平类建议,按照规定的程序办复。政协通州区四届二次会议交由区政府研究办理的委员提案共154件。其中新城建设和管理方面64件,占41.6%;改善民生方面54件,占35%;经济发展方面18件,占11.7%;新农村建设方面18件,占11.7%。办理结果:委员所提问题已经解决,基本解决的(A类)63件,占41%;提案所提问题已列入计划,预计两、三年内可以解决的(B类)61件,占40%;提案所提问题因条件限制或其他原因暂时无法解决,需解释说明或留作参考的(C类)30件,占19%。按照《政协北京市通州区委员会提案工作条例》的有关规定,会议期间的提案全部办复。另外,对委员在闭会期间提出的10件平类提案，按照规定的程序全部在法定时限内办复。

（吴思铁）

政府法制工作

【概　况】 2008年，通州区政府法制工作围绕筹备和举办奥运的工作大局，全力为区政府提供法制保障。主要采取以下措施：一是认真做好涉奥规范性文件的审核把关工作。奥运会举办前，区法制办先后对10余件涉奥政府通告、通知和文件进行审核，包括控制大气污染、安全隐患整改、消防工作责任、火灾防控任务、危险化学品生产单位整治、精神病人管理、驾驶员志愿者保障等。加强重点执法领域的执法协调工作。会同有关执法部门加大协调力度，解决了一些影响奥运筹备和举办的重点、难点问题。在首都机场南线、机场二通道沿线违法建设的拆除、西海子早市综合治理等问题上，区法制办提出了法律意见、参与起草政府通告，积极协调有关执法部门配合工作，有力地推动了这些难点问题解决。二是建立健全相关机制和制度，推进依法行政工作。年内，区政府制发《通州区行政执法责任制配套制度》，从行政执法协调、行政处罚案卷评查等5个方面规范通州区行政执法责任制配套制度。全区75个单位高标准高质量完成了行政执法责任制配套制度建设。充分发挥区政府法制部门的行政执法监督协调作用，进一步加强行政执法部门之间、行政执法部门与司法部门之间的信息沟通、协调与配合，执法合力得到有效增强，行政执法效率明显提高。三是规范性文件质量明显提高，机关公信力进一步增强。年内，审核区政府规范性文件和协议140件，为区政府依法决策提供可靠的法律保障。各行政机关逐步加强本单位制发的规范性文件的审核工作，保障了抽象行政行为的合法有效。区政府制发的5件规范性文件，均按照市政府的要求及时进行报备，无一件被纠正或撤销；区法制办对8个单位报送的21件规范性文件予以备案登记，做到有件必审、有错必纠。四是行政执法监督进一步强化，行政执法行为更加规范。五是政府法律顾问参与行政复议审理和诉讼代理工作日益增多。逐步引入在重大和复杂的行政复议案件审理和行政诉讼应诉中由法律顾问直接参与的机制，进一步提高了行政复议和行政应诉水平。六是夯实政府法制基础工作，机构建设和队伍建设进一步加强。全区行政机关中单独设置法制科室的21家，挂牌设置的48家，乡镇政府1至2名专兼职法制工作人员全部到位。法制机构和法制人员为本部门重要决策、重大措施提出合法性意见，为本部门做好法律服务，在推进依法行政中发挥了重要作用。年内，区法制办参与审查区政府常务会和区长办公会审议文件和事项82件。

（赵凤英）

【召开通州区政府法制工作大会】 4月3日，通州区召开2008年区政府法制工作会议。区领导张永明、李淑华等出席大会。大会由区委常委、政法委书记李玉君主持；区政府法制办主任徐景发作题为《服务奥运 深化依法行政 完善机制推进通州区法制工作再上新水平》的工作报告，并部署2008年区政府法制工作；会上通报表彰了2007年区政府法制工作的先进单位、重视政府法制工作的领导和政府法制工作先进个人。区委常委、常务副区长张永明讲话。

（赵凤英）

【出台行政执法责任制配套制度】 贯彻落实《北京市人民政府关于印发行政执法责任制配套制度的通知》中的六项行政执法责任制配套制度，进一步推进本区行政执法责任制工作，3月出台《通州区关于行政执法协调工作的若干规定》、《通州区行政处罚案卷评查工作规范》、《通州区行政执法人员管理办法》、《通州区行政处罚自由裁量权监督规定》、《通州区关于〈北京市行政执法责任追究办法〉实施细则》等五项配套制度规范，在全市率先以规范化、制度化的形式对市政府六项制度的内容和要求作了具体的细化和明确的部署，将六项制度的内容真正落到实处。

（赵凤英）

【依法行政培训】　年内，区法制办组织两期全区依法行政综合培训，5次典型行政诉讼案件旁听，联合区委组织部、区委党校在处级干部和中青干部培训班中普遍增设依法行政培训内容，全区各机关积极组织相关法律、法规讲座及专业培训，全年受训人员9000余人次。多层次多元化的法制培训机制基本形成，全区法制工作人员队伍素质普遍提高。

（赵凤英）

【行政执法监督工作】　年内，在全区39个行政执法机关的14501卷案卷中抽取10个部门的10卷案卷，参加市法制办组织的2008年度行政处罚案卷评查活动，通州区蝉联了全市第一名。年内，进行20余次行政执法协调。备案审查重大行政处罚268件；对27件报区政府审查的违法建设强制拆除申请进行合法性审核。

（赵凤英）

【行政复议工作】　6月，正式成立通州区行政复议接待室，建立健全各项工作制度，积极化解当事人与行政机关的矛盾。年内，区政府受理行政复议案件15起，全部审结。其中维持行政机关具体行政行为9起，复议申请人撤回申请2起，驳回复议申请3起，不予受理1起。2008年区政府行政复议接待室接待咨询51起62人次。

（赵凤英）

【行政诉讼工作】　年内，全区发生行政诉讼20起，全部审结，驳回当事人诉讼请求2起，驳回当事人起诉15起，裁定准予当事人撤诉1起，判决撤销具体行政行为1起，判决限期履行职责1起。

（赵凤英）

人事管理

【概　况】　2008年，区人事局、编办全面贯彻落实科学发展观，解放思想，锐意进取，大力实施通州人才战略，进一步加强公务员队伍的管理，统筹配置人才资源，稳妥推进事业单位人事制度改革，切实加强专业技术人才队伍建设，圆满完成工资管理各项工作，继续加大机构编制改革和管理工作力度，不断加强机关自身建设，为通州区“两新”建设做出新的贡献。

（李晓峰）

【完成2007年度考核奖励工作】　制定2007年度公务员督查考核奖金发放方案，从严把握，强化管理，突出向基层倾斜的原则，各乡镇、街道办事处、城管监察大队所属各分队在其他部门优秀嘉奖比例的基础上提高3%。2007年度2521人参加考核，优秀等次480人。

（李晓峰）

【理顺政府园区管理体制】　2月，区委、区政府印发《通州区完善园区管理体制方案》，调整政府园区管委会职能，使其更好地对所辖园区发展进行规划、协调和服务。监督管理的园区调整为光机电一体化产业基地、金桥科技产业基地、物流基地、通州经济开发区东区（西集）、通州经济开发区西区（张家湾）、永乐经济开发区、宋庄当代原创艺术与卡通产业聚集区7个园区。

（李晓峰）

【深入推进事业单位人事制度改革】　1月15日，召开全区事业单位人事制度改革动员大会，下发《通州区事业单位人事制度改革实施意见》，全面部署事业单位聘用合同制工作。会后，对74家事业单位进行3次重点辅导并提出具体要求，使签订聘用合同工作顺利开展。至1月底，共有16773人与用人单位签订聘用合同，占全区事业单位总人数的99.5%以上。

（李晓峰）

【完成事业单位登记和法人年检工作】 3月，完成事业单位登记和法人年检工作，全区359家事业单位通过年检，为20家事业单位办理登记手续，为48家事业单位办理变更手续。

（李晓峰）

【组织职称外语考试】 4月6日，组织2008年度全国专业技术人员职称外语等级统一考试，分英语综合、英语理工、英语卫生、日语、俄语5个科目，每个科目分A、B、C三个级别，设时代中学和北京物资学院两个考点，123个考场，3 582人参加考试。

（李晓峰）

【完成“村官”选聘任务】 3月，区人事局出台“村官”选聘具体工作方案。选聘工作改变以往统一笔试、集中面试的方式，实施对口院校初选与分区面试相结合的方式。5月初，对678人进行面试。根据面试成绩，组织对入围的438名高校毕业生进行体检和资格审查，最终与402名“村官”签订就业协议。

（李晓峰）

【组织机关工作人员度假疗养】 5月，分两批组织210名优秀党政群机关工作人员赴北京市干部度假中心疗养，进行身体健康检查和医疗保健知识讲座。

（李晓峰）

【完成动物卫生管理体制改革】 5月，撤销区养殖业服务中心，组建区动物卫生监督管理局，为区政府负责动物防疫、检疫、兽医医政和药政、动物产品安全等行政管理的工作部门。

（李晓峰）

【初步理顺社区卫生服务体系】 5月，建立区社区卫生服务管理中心，统一指导和协调全区社区卫生服务工作。将新华医院和现有的17家乡镇卫生院改建为社区服务中心，分别承担所辖区域的社区卫生服务工作；剥离区妇幼保健院的社区卫生管理和服务职责，组建永顺社区卫生服务中心，承担永顺地区的社区卫生服务工作。19家社区卫生服务中心按照市、区有关规定实行药品零差率销售和收支两条线管理，初步形成小病在社区、大病到医院、康复回社区的医疗卫生服务格局。

（李晓峰）

【开展事业单位核增绩效工资工作】 积极组织开展工资业务培训，并在全区范围内开展事业单位在职人员收入水平调查工作。在此基础上制定《通州区事业单位核定绩效工资工作实施方案》，按照月人均增加300元核增事业单位绩效工资。6月，先后召开全区事业单位工资工作会、事业单位核增绩效工资和核定工资总额培训会。随后，采取一站式办公方式，为全区65个事业单位主管部门492家事业单位16051人核增绩效工资、核定2008年度工资总额。

（李晓峰）

【完成“十一五”人才规划中期评估】 5月至6月，制定《通州区“十一五”人才规划》中期评估实施方案，对本区人才规划执行情况认真开展中期评估工作，设立5个调研专题，并积极到科委、劳动局、教委、卫生局等多家单位进行前期调研、总结经验、查找问题等工作，形成15000余字的《通州区“十一五”时期人才规划中期执行情况调查报告》，为确保实现“十一五”人才规划目标提供保证。

（李晓峰）

【组织社会工作者职业水平考试】 6月28日、29日，组织2008年度社会工作者职业水平考试，分初级、中级两个级别，考点设在玉桥中学，439人参加考试。

（李晓峰）

【召开大学生“村官”欢迎表彰大会】 7月4日，组织召开“2008年高校毕业生到农村工作欢迎暨表彰大会”，欢迎402名新选聘大学生“村官”，并对33名优秀大学生“村官”和22名大学生“村官”工作先进个人予以表彰。区领导王云峰、邓乃平、王春元、张永明、于世疆等出席会议。

（李晓峰）

【做好教师职称评审工作】 7月26日～29日，召开通州区2007年度教育系列高、中、初级专业技术职务评审会，完成721名教师的职称评审工作。其中高级职称136人，中级职称233人，初级职称103人。

（李晓峰）

【开展平安奥运志愿活动】 7月，区人事局在全区公务员队伍中开展平安奥运志愿活动。全区2000多名公务员在认真做好本职工作的同时，利用业余时间积极投身平安奥运志愿服务，以志愿服务的方式积极参与基层平安创建。

（李晓峰）

【组织中级会计考试】 9月6日、7日，组织2008年度中级会计职称考试，考试科目为财务管理、经济法、中级会计实务，考点设在北京时代中学，5990人次参加考试。

（李晓峰）

【区人才服务中心被评为市3A级服务机构】 11月18日,区人才服务中心顺利通过“北京人才服务地方标准”审核，被评为北京市首批3A级人才服务机构。

（李晓峰）

【组织2009年度中央国家机关公务员考试】 11月30日，组织2009年度中央国家机关公务员考试，考试科目为行政职业能力倾向测验和申论，设置北京时代中学、运河中学、玉桥中学3个考点，116个考场，3437人次参加考试。

（李晓峰）

【高层次人才引进工作】 在人才引进过程中，突出服务主题，从审阅档案、报送材料、办理落户等几个环节上处处体现以人为本，坚持贯彻全程代办制度和一次性告知制度，尽可能减少企业负担。年内引进各类人才11人，其中主任医师1人、高级工程师4人、副主任医师1人、中学高级教师2人。在引进国外智力方面重点体现产业特色，引进国外技术、管理专家33人次，有力地推动通州区高新技术企业、现代农业技术的管理创新和产业升级。

（李晓峰）

【接收毕业生工作有序进行】 根据通州区就业市场的实际情况，加强调研、制订计划，积极稳妥地做好毕业生就业指导工作。年内接收本地生源毕业生386人，其中硕士及以上学历34人、本科生211人、专科及以下毕业生141人。接收非北京生源毕业生282人，其中博士11人、硕士135人、大学本科毕业生136人。

（李晓峰）

【军转干部安置】 年内，开展军队转业干部安置工作，对军转干部进行考试、量化打分和岗前培训，安置26名转业干部，其中师级干部1名、团级5名、营级及以下20名。此外，根据通州区机关事业单位的编制情况，安置17名随军家属就业。严格按照《军队转业干部安置暂行办法》规定，组织做好自主择业转业干部退役金审核发放、就业指导、医疗保险和日常管理等方面的工作，免去他们的后顾之忧。同时，联合区委组织部、国资委、各街道对全区企业转业干部进行一次全面摸底调查，了解每一位企业转业干部的基本情况，并对企业军转干部存在的问题进行大排查，及时消除各种矛盾隐患。

（李晓峰）

【人才市场建设成效明显】 积极做好人才服务中心档案管理和养老、失业、医疗等保险关系接续管理、转移等手续，累计存档量达到10897份，参保人员1160人。同时，充分发挥人才市场在人才资源配置中的基础性作用，年内举办现场招聘会55场，参会单位1467家次，提供职位约15500个次，求职人才达20000余人次，初步达成意向约10000余人次。

（李晓峰）

【妥善做好信访和人事争议仲裁工作】 认真学习《行政许可法》、《信访条例》和《北京市人事争议仲裁办法》等法律法规，同时加强对事业单位人事争议仲裁工作人员的培训，向社会公布违法违纪举报事项和举报电话。对所有来信来访人员，都按照相关政策法规，一一给予答复，对群众反映的问题，做到直查快办，灵活妥善地处理和解决了一些历史遗留问题，得到各方面的一致好评。年内，共接待群众来信来访登记215人次，处理市、区网上投诉16件，处理信访案件18件；受理人事争议仲裁申请35件，其中开庭审理10件、成功调解25件。

（李晓峰）

【严格控制议事协调机构和临时机构】 在清理并规范议事协调机构和临时机构的基础上，继续严格控制审批。年内，新设置议事协调机构10家，临时机构10家。

（李晓峰）

劳　动

【概　况】 2008年,区政府制定并印发《〈中华人民共和国就业促进法〉实施意见》，进一步明确区、街道（乡镇）两级政府促进就业的法律责任；不断提升就业服务工作水平，在开发就业岗位、帮扶“零就业家庭”、创建充分就业社区（村）、促进农村劳动力向二三产业转移和推进自主创业等方面取得显著成效；从完善长效机制入手，围绕贯彻《中华人民共和国劳动合同法》、《中华人民共和国劳动争议调解仲裁法》及《中华人民共和国劳动合同法实施条例》的实施，以“无拖欠工资”为目标，以“签合同、上保险、保工资”为重点，加大检查和调处工作力度，为奥运会成功举办营造和谐稳定的社会环境；深化机关内部党风廉政建设，全面加强工作人员思想作风、学风、工作作风、领导作风、生活作风建设，提高队伍整体合力，为促进全区经济发展，维护社会稳定做出了贡献。

（向　越）

【城镇登记失业率稳中有降】 全区累计城镇登记失业人员21075人，实现就业15165人；期末实有失业人员4475人，城镇登记失业率为2.25%，低于市控制指标1.45个百分点，比上年下降0.36个百分点。

（向　越）

【城乡劳动力就业指标超额完成】 年内，全区城镇新增就业人员22089人，完成任务的113.3%；有10655名农村劳动力实现二三产业转移就业，完成任务的106.6%。16家公共职介机构推荐失业人员就业9240人，完成任务的170.6%。

（向　越）

【促进城镇困难人员就业成效显著】 年内，全区累计就业困难失业人员8620人，实现就业7098人，完成任务的177.5%，同比增长22.3%；经认定的7户“零就业家庭”的10名劳动力实现就业，保持了全区动态清零的良好态势。

（向　越）

【社区岗位开发安置工作进展顺利】 年内，全区开发社区就业岗位6753个，安置失业人员6005人，分别完成任务指标的135%和150%。社区公益性就业组织累计安置城乡劳动力799人，其中托底安置城镇就业困难人员347人，经认定的就业特困人员托底安置率达100%。

（向　越）

【小额担保贷款工作成绩突出】 年内，为11家个体户和7家企业申请小额担保贷款227万元，完成任务的283.7%，累计贷款总额居全市首位。

（向　越）

【创业带动就业工作平稳推进】 年内，征集创业项目55个，177人实现创业，带动1067人实现就业，分别完成任务指标的114.6%、118%和106.7%。

（向　越）

【职业技能培训】 年内，开展各类培训34321人，其中失业人员技能培训2343人，完成任务的117.15%；农村劳动力转移培训9875人，完成任务的109.7%，经培训实现就业8572人，培训后就业率达到86%；在职职工培训7821人。同时，完成3000人的外工培训任务。

(向　越)

【充分就业社区（村）创建工作】 年内，新创建充分就业乡镇1家（张家湾镇），充分就业社区、村150个，充分就业社区、村累计266个，占社区、村总数的49.4%，超额完成全年任务。

(向　越)

【劳动合同制度全面推进】 年内，积极开展"劳动合同法宣传月活动"，提高劳动合同签订率。全区各类企业劳动合同签订率95%以上，其中农民工劳动合同签订率85%；全区集体合同制度执行期中的企业341户，覆盖职工9146人，比上年增长5%。

(向　越)

【执法监察工作力度不断加大】 年内，以贯彻落实"无拖欠工资"工作为重点，先后开展建筑企业用工、清理整顿劳动力市场、规范用工一条街等专项执法检查活动，做到日常巡查和专项检查的有机结合。年内受理投诉（举报）案件870件，办结案件863件，结案率99%；对1624家用人单位实施检查，涉及农民工49264人，同比增长35%；处理突发案件42起，为4525名劳动者追补工资3032.58万元，是上年的5.37倍。

(向　越)

【劳动争议案件大幅增加】 年内，完善劳动争议预防、预测和预警工作机制，接待人民群众来信、来访和申请劳动争议仲裁事项6000余件，同比增长150%。依法立案受理劳动争议案件2528件，同比增长128%，其中集体争议案件157起，同比增长249%。

(向　越)

【退休审核工作严格有序】 年内，核准并办理退休手续职工3670人，比上年增加150人，增长4%。其中正常退休1452人，比上年减少481人，减少25%；特殊工种提前退休1871人，比上年增加407人，增长28%；因病提前退休144人，比上年增加22人，增长18%。

(向　越)

【工伤认定数量大幅增加】 2008年，接待工伤来访4951余人次，认定工伤1653件，趸缴工伤保险建筑施工企业102家，同比分别增长48%、50%和70%。

(向　越)

【劳动能力鉴定结论改变率为零】 年内，受理劳动能力鉴定405人，同比增长1.25个百分点，再次鉴定3例，再次鉴定结论改变率为零。

(向　越)

【稳妥处理群众来信来访】 年内受理群众来信来访5870件次，其中来信91件，来访5779件。对市、区信访部门交办的信访案件及时上报，做到件件有着落、事事有交待。全年落实承办人大代表议案建议2件、政协委员提案4件，做到事事有结果、件件有交待，结案率100%。

(向　越)

社会保障

【概　况】 2008年，围绕"民生工程"的总体要求，积极贯彻落实各项社会保险政策，加快完善社会保障体系，实现城乡各项社会保障制度覆盖面持续扩大。全区社会保障覆盖人数55万人，约占全区常住人口总数的86%，比上年增长近43个百分点；扎实开展城乡无保障老年人福利养老金工作，为61251名符合条件的老年居民发放福利养老金1.5亿元；全面启动新型农村养老保险制度，全年参保14.6万人，新农保覆盖率达到91%，位居全市前列；全区1725名城镇无业居民参加医保，7.8万人参加"一老一小"大病医疗保险工作，实现城乡居民医疗保障制度全覆盖；农民工参保工作进展顺利，年内，农民工参保 73951 人，同比增长 49.6%。圆满完成医药费集中审核报销工作，养老、失业、工伤待遇上调工作以及奥运期间养老待遇、福利养老金提前支付工作，全区社会保障制度改革进展顺利。

（向 越）

【社会保险征缴范围不断扩大】 年内，全区城镇五项社会保险参保规模进一步扩大，参保单位达到 4863 家，参保人员 24.1 万人，同比分别增长 47.8% 和 21.1%。全年养老、失业、工伤、医疗、生育五项社会保险累计收缴基金 10.0 亿元，同比减少 0.6 亿元，降幅 5.7%。

（向 越）

【社会化管理服务进一步深化】 年内，强化社会化管理服务体系建设，进一步加强对基层社保所退休档案接转、医药费社会化报销等业务指导。全区企业退休人员 4.1 万名，为 94% 以上的企业退休人员提供社区服务；有 3.5 万企业退休人员选择在社保所报销门、急诊大额医疗费，年内各社保所为 33236 人次的退休人员报销医药费 3339 万元。

（向 越）

【养老保险待遇水平逐年提高】 年末全区养老保险参统单位 3987 家，参保人员 16.5 万人，同比分别增长 41.4% 和 14.2%。年末，全区有 4.2 万名离退休人员领取养老金，人均月领取水平为 1524 元，比上年增长 15%。收缴养老保险金 57590.64 万元；全年累计支出相关待遇 78416.55 万元。

（向 越）

【失业保险参保稳步上升】 年内，全区参统单位 4022 家，参保人员 13.8 万人，同比分别增长 40.8% 和 15.8%，城镇失业保险金月最低领取水平 502 元。收缴失业保险金 5534.69 万元；全年累计支出相关待遇 6189.07 万元。

（向 越）

【工伤保险参保增势迅猛】 年内，参加工伤保险的单位和人员达 4543 家 19.9 万人，同比分别增长 45% 和 32.2%，收缴工伤保险金 2742.55 万元，全年累计支付各项工伤待遇达 1512.98 万元。

（向 越）

【基本医疗保险参保工作不断推进】 年内，全区参加基本医疗保险单位 4863 家，涉及参保职工 24.1 万人，同比分别增长 47.8% 和 21.1%，收缴基金 32907.19 万元，支付医疗保险相关费用 32620.95 万元。

（向 越）

【企业职工生育保险参保率提高】 年内，参加企业职工生育保险的单位和人员 3003 家 6.8 万人，同比分别增长 35.8% 和 16.1%；全年累计征缴生育保险费 1264.26 万元，支付各项生育保险待遇 826.61 万元，同比分别增长 24.7% 和 28.1%。

（向 越）

【落实老年保障制度实现全覆盖】 年内，全区有 61251 名（其中城镇 5294 名，农村 55957 名）城乡无保障老年人员纳入保障范围，享受每人每月 200 元的福利养老金待遇，全年累计支付 1.5 亿元。

（向 越）

【新农保制度全面启动】 年内，落实《北京市人民政府关于印发〈北京市新型农村社会养老保险试行办法〉的通知》（京政发〔2007〕34 号），全年参保 14.6 万人，是 2007 年参保人数的 3.5 倍，是 2003 年参保人数的 5 倍。2008 年底，新农保覆盖率达到 91%，位居全市前列，全年累计收取保费 1.5 亿元，累计发放各项待遇 0.9 亿元。全区有 7809 人按政策享受农保待遇，比上年增长 119%，人均待遇领取水平 401 元/月。

（向 越）

【实施城镇无业居民大病医疗保险制度】 7 月，实施《北京市城镇劳动年龄内无业居民大病医疗保险制度》。年内全区参保人数达到 1725 人，累计收缴基金 172 万元，累计支出待遇 43 万元，重点将 1157 名享受财政补贴的低保、困补、重残人员纳入保障范围。

（向 越）

【“一老一小”大病医疗保险参保、续保工作平稳推进】 截至年底，全区“一老一小”参保人员达到7.8万人(其中老年人7805人，学生儿童70372人)，参保率达到98%。全区累计收缴基金1160.9万元，累计支出待遇1061.4万元。

（向 越）

【社保清欠工作有序开展】 年内，深入辖区内各类参保单位、建筑工地进行专项执法检查，以大中型企业和欠费企业为重点，着力解决企业少报、漏报、瞒报基数和缴费人数问题。接待社会保险来访、咨询1496人次，受理投诉案件105件，稽核参保单位351户，追缴社会保险费921.03万元。全年清理历年欠费342.05万元，清欠率67%；收回当年欠费1782.68万元，还欠率70%。

（向 越）

信访工作

【概 况】 2008年，全区信访排查调处工作圆满完成奥运之年全区信访排查调处任务，实现特殊时期“双零”指标和全年实现“五无”目标。年内，区信访办受理群众来信来访1306件，同比下降4.7%。其中受理群众来信629件，同比下降13.8%。接待群众来访677批/5854人次，同比批次上升5.8%，人次下降15.7%。接待集体访225批/4941人次，同比批次上升2.7%，人次下降19.4%。区复查复核办公室受理复查案14件，全部按期结案。到市以上集体访19批/388人次，同比分别下降45.7%、74.9%。市转信1630件，同比上升37.8%，其中联名信71件/7443人，同比分别下降14.5和3.6%。全区信访排查调处工作形势比较平稳，大接访工作格局基本建立，基层基础工作进一步加强，越级集体访和非正常上访得到有效的控制，信访秩序明显好转。2008年，通州区继续被评为北京市信访排查调处工作目标管理考核优秀单位。

（王 丹）

【召开信访排查调处工作会议】 4月1日，通州区信访排查调处工作会议在潞城镇镇政府会议室召开。市信访办、区委、区政府主管信访工作领导，区信访排查调处工作领导小组成员，区属各单位主管领导，各街道办事处主管信访工作领导、专兼职信访干部，各乡镇主管领导、信访委员、信访办主任等120余人参加会议。会上对2007年度信访工作47个优秀单位、77名先进个人进行表彰，对2008年全区信访工作进行部署。区委常委、政法委书记李玉君到会讲话，会议由区委常委、常务副区长张永明主持。

（王 丹）

【深入开展党政领导干部大接访活动】 7月4日，召开全区党政领导干部大会，全面部署通州区六个层面的领导干部大接访活动。7月8日，区大接访督导组成员动员会后，抽到45名年轻干部组成15个督查组深入基层开展专项督查，帮助基层化解矛盾、总结经验、指导工作。区领导带头落实大接访活动。区委书记王云峰定期接待上访群众，亲自包案，妥善解决万福家园840多户群众的入住问题。区长邓乃平接待张家湾镇梁各庄转非等群体矛盾。全区21名区级领导干部和360多名处级干部在公示的指定时间、指定地点接待上访群众，截至年底，区、乡镇(局)领导接待群众来访1719批/9729人次，其中1274批/7843人次的问题得到解决。落实领导包案244件，落实责任单位199件。其中主要领导接待群众687批，占39%。全区88件重复信访案件，全部得到化解，化解率100%。各级领导干部在大接访活动中深入群众、深入实际，为群众办实事、办好事、分忧解难，树立了党和政府的良好形象，提高了党和政府的公信力。奥运会期间实现了非正常上访和群体性社会事件双零指标，未发生重大重复上访户。

（王　丹）

【扎实开展平安奥运行动】　根据区委的统一部署，区信访办扎实开展“平安奥运”行动。严格落实责任制，在信访办内部层层签订责任书。制定《通州区奥运期间集体访处置预案》、《通州区奥运期间非正常访处置预案》等应急措施。积极参加平安奥运社会打防控，启动非常规机制24小时开门接待群众上访，实现了将矛盾化解在通州的既定目标。区建委、区信访办被评为北京市奥运期间信访排查先进单位，王丽、王成江、姚华锋、张胜勇被评为北京市奥运期间信访工作先进个人。区信访办综合办公室被评为北京平安奥运先进单位，崔海举被评为北京市平安奥运先进个人。

（王　丹）

【区委区政府专题会议】　2008年，区委先后召开3次区委常委会研究2008年信访形势、党政领导干部大接访等重大信访工作。区政府4次召开区长办公会研究信访工作和大接访工作，2次召开全区领导干部大会部署2008年信访工作和党政领导干部大接访活动。区委领导王云峰、李玉君、张永明、张勇等多次召开专题协调会有效的解决一批重大重复上访问题。

（王　丹）

【开通信访网络办公系统】　7月5日，组织各乡镇、街道办事处和20个委办局进行综合办公系统培训，按市统一要求，7月底开通全区信访网上办公系统。

（王　丹）

【组织《北京市信访条例》三级培训班】　2008年，区信访办组织乡镇、办事处和委办局、企事业单位主管领导干部和信访办主任培训班，进行3天集中培训；各基层单位普遍组织基层信访骨干培训班。全区三级培训班40次，培训1800多人次。

（王　丹）

【做好复查复核工作】　2008年，区复查复核办公室受区政府复查复核委员会委托，坚持以人为本工作理念，接待信访人60批／154人次，其中受理14批／43人次，办结14批／43人次，办结率达100%。

（王　丹）

【组织社会矛盾调处中心人员培训班】　10月，举办为期3天的培训班，对全区乡镇矛盾调处中心人员进行信访业务和中心工作职责、工作程序等方面的培训，并到天津信访办学习调研。

（王　丹）

【区级领导信访接待日】　年内，区级领导参加领导接待日和约访，接待来访群众137批／862人次，一些疑难问题得到有效解决。

（王　丹）

【领导批阅群众来信来访】　全年全区处级以上领导干部阅批信访件599件，召开各类协调会128次，阅批专报信访信息387条，加大了领导亲自协调和组织化解矛盾的力度。

（王　丹）

【定期排查工作】　2008年，继续开展定期排查，坚持每周五例会制度，召开区信访排查例会27次，出会议纪要27期。组织3次全区性矛盾纠纷大排查，排查出各类矛盾纠纷1139件，成功化解1116件，化解率为98%。

（王　丹）

对外事务

【概　况】　2008年，通州区外事工作以奥运为契机，围绕“为中央外交全局服务、为首都经济和社会协调发展服务，为日益增长的国际交往服务”的主题，进一步夯实基础工作，坚持改革创新、科学管理、打造品牌的工作思路，规范和强化外事管理，积极扩大、深化对外交往，扎实推进“市民讲外语”活动，改善涉外环境，外事工作实现跨越式发展。年内，外事管理进一步强化集中统一领导，统筹协调和归口管理职能得到加强。

（张　冉）

【因公出国（境）工作】 年内，印发《关于对2008年因公出国进行严格控制的通知》，要求按照五个"严控"做好奥运年的因公出访工作；印发了《关于进一步加强因公出国（境）管理的若干规定》，规范了全区党政干部因公出国（境）管理工作；2008年，通州区因公出访68批140人次，比2004年出访最高峰的322人次减少60%。在严格审批的基础上，做好正常团组服务工作，按时按质保证正常团组出访；加强因公证照管理，修改完善了《通州区公务护照申办和管理规定》，实行电子台账、收缴通知台账、护照押金台账"三账合一"的管理方式，切实加强了护照管理；加强对出国团组的教育，进一步严肃外事纪律，提高出访人员的警惕性，增强了保密意识。建立成果共享机制，全年收缴出访总结70份，促进因公出访成果转化。

（张　冉）

【对外交往】 巩固并进一步发展国际友好城市关系，提高通州新城国际化水平。4月8日，区长邓乃平与韩国首尔市九老区厅长梁大雄互致贺信，共庆缔结友好城市关系六周年；四川汶川地震灾害发生后，日本长野县伊那市对此非常关注，多次来信表示关切和慰问，伊那市市长小坂樫南亲自组织募捐活动，并将募捐所得433679日元捐给了四川地震灾区；11月22日，区长邓乃平与伊那市市长小坂樫南互致贺信，共庆缔结友好城市关系十四周年。

（张　冉）

【外事礼宾】 2008年，区外事办高标准完成礼宾接待工作。协助区文化委做好通州区城市奥运文化广场文化庆典活动，为活动做好语言支持；做好通州宣传册、清真寺简介、运河文化广场和西海子公园简介及防火安全宣传材料的外文翻译工作；4月12日，接待到通州区东升方圆农业种植开发有限公司参观的老挝教育部党委委员、师资建设司司长米通·苏万维赛一行26人；8月7日，接待到通州区观看火炬传递实况的英国、美国及印度友人；8月8日，接待到通州区运河广场观看奥运开幕式的120名英国留学生。另外，区外事办配合相关部门圆满完成奥运期间境外媒体的接待与服务工作，自7月8日至8月13日，通州区共接待境外媒体采访4批次，记者主要来自德国、日本、韩国、土耳其、巴西。

（张　冉）

【邀请外商来华】 2008年，为全区企业295名外商申办外商来华邀请函，涉及伊朗、美国、英国、尼日利亚、巴基斯坦、韩国、澳大利亚、德国、印度、意大利、阿根廷、俄罗斯、法国、西班牙、荷兰、日本、乌克兰、罗马尼亚、土耳其、加纳、肯尼亚、巴拿马、越南、巴西、埃及、黎巴嫩、土库曼斯坦、菲律宾、印尼、伊拉克、瑞士、阿联酋、新西兰等国家。

（张　冉）

【涉外管理】 制订涉外突发事件的应急预案，奥运期间迅速有效处理各种突发事件，自8月1日至13日，妥善解决涉外敏感事件两起；制订印发了《关于做好奥运期间境外记者管理与服务的指导意见》，确保了奥运期间通州区涉外秩序的稳定；联合区委宣传部、区公安分局于7月15日开展接待境外媒体模拟演练，于8月2日进行火炬传递演练，及时发现并解决相关问题，为实际工作打好基础。

（张　冉）

【市民讲外语】 2008年，市民讲外语工作以迎接奥运为目的、以改善市民外语应用水平和对外交往能力为目标，深入开展了丰富多彩的活动。5月，区外办被北京奥组委授予"北京奥运培训工作先进单位"荣誉称号。5月17日至23日，区外办举办第三届北京市民外语文化活动周；创办市民讲外语社区大课堂，探索奥运后讲外语活动长效机制，截至11月底，通州系列市民外语角已成功举办800余场，实现了"通州天天都有外语角”。

（张　冉）

【推进涉外环境建设】 加强涉外礼仪培训，提高一线人员应对能力；深入开展公共场所英语标识专项整治工作，组织“给通州双语标识挑错，奖励大运河船票”活动，以此改造并规范了通州区公共场所的双语标识；推广英语楼门文化和社区英语培训班，促进国际化社区建设。帮助社区开展外语培训，为国际化社区建设营造良好氛围。

（张　冉）

投资促进工作

【概　况】 2008年，区投资促进工作以“抓项目、深研究、广宣传、优服务”为工作宗旨，圆满完成各项工作任务。全年引进千万元以上实体投资项目237个，投资总额235.3亿元。其中亿元以上项目39个，投资总额184.05亿元；外资项目32个；盘活闲置资产135处，盘活资产总额124.49亿元。引进金融街控股股份有限公司、三辰动漫网游产业基地项目、阳光财产保险股份有限公司总部项目、苏宁二期、嘉民国际华北区物流总部项目、北京萌蒂制药有限公司、IDC产业城项目、北京捷宸阳光科技有限公司项目、北京博旺天成科技发展有限公司项目等国内外知名企业，为促进产业集群发展，优化产业结构，转变经济增长方式，打下良好的基础。

（周　鹏）

【多举措推动区域经济发展】 2008年，多举措推动区域经济又好又快发展。一是提高意识，加强产业研究力度。着力开展产业政策、项目准入等多方面的研究工作，吸引高品质项目落户，带动区域经济发展。二是扎实开展招商引资工作。立足本区发展规划，着力引进产业带动性大、经济效益好的大项目、好项目，积极推动产业集群发展。三是加大全区资源整合力度，建立长效机制，实施动态管理，有效实现信息共享、资源共享。四是进一步加大对外宣传力度扎实有效开展“走出去”宣传战略，进一步提升“和谐通州、人文通州、开放通州、绿色通州”新形象。五是加强“信用通州”投资环境建设。打造“诚信通州”品牌，树立“诚信通州”形象。

（周　鹏）

【日本永旺梦乐城株式会社考察通州】 3月18日，日本永旺梦乐城株式会社北京代表处负责人一行到通州区参观考察，对通州区的投资环境和发展前景给予高度赞扬，并表示计划在通州区建设商贸综合服务中心。

（周　鹏）

【通州区参加2008年东亚投资论坛】 5月14日，通州区参加2008年东亚投资论坛。通过与东亚各国驻华官员、企业代表交流沟通，建立联系，大力宣传通州区新城规划、产业规划和发展机会。与会企业表示将进一步加强与通州区在高科技生物制品、金融、物流等领域的交流合作，促进双方经济共同发展。

（周　鹏）

【编制产业发展鼓励政策】 6月5日起，由区发改委、区投资促进局牵头，区政研中心等20余家相关委办局及产业园区参与的产业政策编制小组对通州区金融产业、文化创意产业、现代物流业、新城规划范围内产业退出政策等相关产业进行研究编制。编制完成《通州区促进产业发展暂行办法》。

（周　鹏）

【开展区域形象宣传工作】 6月6日起，举办多项宣传活动，多方位提升区域形象。一是重新策划制作通州区形象宣传片。融入区域特色，展现文化底蕴及区位优势，吸引知名企业落户；二是开展“首都文化创意产业通州论坛”。提高本区综合竞争实力；三是拓宽宣传渠道。在与通州电视台、《通州时讯》建立良好合作关系的同时，进一步加大与知名宣传媒体的交流合作，加大产业规划、产业政策宣传；四是积极参加国内外投资促进活动：广泛参加国内外企业投资、项目推介活动，与国内外投资促进机构和代表交流沟通，建立联系，促成合作，实现共赢。

(周 鹏)

【参加第二届中国企业国际融资洽谈会】 6月11日，本区应邀参加由天津市政府、全国工商联和美国企业成长协会共同主办的第二届“中国企业国际融资洽谈会”。通过此次洽谈会，本区与众多知名企业建立了联系。

(周 鹏)

【产业发展规划和产业发展指导目录专家研讨会】 6月16日，本区邀请相关专家就通州区产业发展规划和产业发展指导目录进行了研讨。在专家研讨会上，与会专家对本区研究、编制的产业发展规划和目录给予了充分肯定，并结合通州区产业发展现状和目前存在的问题提出了具体意见。

(周 鹏)

【举办2008年首都文化创意产业发展通州论坛】 6月29日，由通州区人民政府、政协通州区委员会、通州区委宣传部主办，通州区投资促进局、宋庄文化创意产业集聚区管委会承办的“2008年首都文化创意产业发展通州论坛”举行。专家和企业代表从多元的角度就文化创意产业进行演讲。

(周 鹏)

【扎实开展招商引资工作】 7月1日起，以加快通州新城产业发展为契机，以“深入研究、优化产业结构、促进高品质项目落户”为工作宗旨，扎实开展招商引资工作。在完成《通州区产业发展规划》和《产业指导目录》初稿的基础上，进一步对其修订、完善，为园区制定中长期产业发展战略提供有价值的参考；扎实开展招商引资工作，开展不同主题、不同产业的专题招商引资活动，引进符合功能定位的高端项目、名牌项目、主导项目；以北京奥运会为宣传契机，创新宣传思路，对金融后台、文化创意、物流、总部经济、高端商务等重点产业园区和产业项目进行整体包装，推介宣传，提升本区产业知名度。

(周 鹏)

【通州服装企业参加中美服装产业（北京）合作洽谈会】 7月16日，本区组织中国服装总公司北京制衣分公司等一批区内服装加工企业参加由北京市投资促进局主办的“中美服装产业（北京）合作洽谈会”。会上，本区企业与来自美国的VBN (Vicarious by Nature)、AF(Artificial Flavor)、FLF(Fair Lady Fashion)等多家服装设计公司就服装的代加工、加盟代理等业务进行沟通，建立了合作意向，扩大了本区服装企业知名度。

(周 鹏)

【中美哈佛医疗城美方投资代表考察通州】 7月30日，中美哈佛医疗城项目美方投资代表Rafael A.Molano先生到本区考察。区投资促进局向美方介绍了通州区整体投资环境和项目进展情况，双方就项目进展过程中的相关问题进行了探讨。随后，美方代表参观了新城规划展。

(周 鹏)

【广泛开展通州城市形象代表用语征集活动】 为树立通州良好的新城形象，着力打造能够展示本区新城个性和产业发展导向的统一的形象标志，7月31日，通过网络征集、专家研讨、调查问卷等方式，集各方智慧在全区范围内广泛开展“通州城市形象代表用语征集活动”，征集形象用语5000余条。经4次集中筛选，入围50条。

(周 鹏)

【北京中美友好医疗中心一期项目获卫生部批复】 10月9日，北京中美友好医疗中心一期项目——北京京哈医院获卫生部批复。市、区领导均给予高度重视。副市长丁向阳批示：从医疗资源布局上考虑，东部发展带应有个大的医疗中心，区长邓乃平在听取项目方汇报后要求各相关委办局要做好项目公司注册及相关服务工作。

(周 鹏)

【台资企业通州行活动】 10月14日，区台湾事务办公室和区投资促进局共同组织“台资企业通州行活动”。会上，区投资促进局对通州区的新城规划、产业发展定位以及新城发展的战略地位作简要介绍，双方就如何促进通州区产业发展，增进台资企业与通州区企业的沟通交流、寻找发展商机等方面进行了深入交流。

（周 鹏）

【推进重点产业项目落户通州】 自10月29日，本区多举措加快推进重点产业项目落户进程。一是制定产业项目上报制度。由区投资促进局会同园区管委会每月收集、整理全区产业项目基本情况、进展情况和存在的问题，并经核实分析后上报区领导。二是建立重点产业项目库。将经区领导审定后的产业项目列入全区重点产业项目库，对其重点跟踪、动态管理，及时掌握项目的最新进展。三是实现部门联动。结合全区产业发展实际，研究、草拟了《通州区促进产业发展联席会议制度》，形成了由资源单位上报重点产业项目签约、开工、投产中存在的问题，召开项目协调服务会议，各相关职能部门共同服务的联动机制。四是加强项目协调服务。组织相关职能部门召开重点产业项目进展情况汇报会、专项协调会，解决项目进展中存在的问题，为重点项目做好全方位服务。

（周 鹏）

【参加“2008北京投资咨询日”活动】 12月14日，通州区各乡镇、产业园区负责人及优秀企业代表参加北京市举办的“2008北京投资咨询日活动”。在活动过程中，本区共发放通州画册、园区介绍画册、区位地图等资料，并向咨询者介绍了通州的发展空间、重点发展产业、重点项目等情况。

（周 鹏）

国有资产监督管理

【概 况】 2008年，区国资委围绕“十一五”规划中确立的国有经济改革发展工作目标，坚持以“发展”作为全年工作主题，强化监管机制和措施的完善与落实，继续深化宏观产业布局和结构调整，努力探索国有企业改革发展新路径，资产质量和运营效率进一步提高，资本增值空间得到全方位拓展。截至12月底，一级监管企业平均国有资产保值增值率达到108.5%，随着本系统国有资本投融资平台建设工作正式启动，初步形成了以公益性产业为基础，以优质资源支撑的房地产、商业为两翼，以新经济产业资本运作为先导的国企改革发展新格局。

（刘 达）

【优化国有资产结构】 年内，区国资委完成通州宾馆、永乐店公路管理站、通州区拆迁服务所、北京华翔建筑工程公司等8家企业改制工作。截至12月，区国资委按照国有企业改革发展计划，累计对145家企业进行了调、改、剥、破等一系列工作。国有资本逐步从竞争弱势领域退出，向基础产业和优势主导产业集中。系统内全资一级企业由最初的46家减少到9家，另有2家参股企业和1家代管的社属企业，全部独立法人单位由181户减少到59户；系统内国有资产基本集中到房地产、商业、公益性产业三大板块中，比重占全部资产的82%。

（芮 丽）

【推进国有商业企业改革】 国有商业企业在破产减债、净化投资、盘活大型资产等重点难点问题上取得突破：一是撤并两个基层单位，优化经营结构，盘活原通达宾馆老旧资产。二是通百商场6700平方米的改扩建工程竣工，5月1日重张开业；人民商场通过退出自营及减债遏止了亏损和国有资产流失隐患，节约了改革成本。三是通过股权转让、退休补员、资产和人员托管的方式，收回了占用土地，免除了债务承担，妥善解决了对“通糖物美”公司的不良投资的问题。四是大百集团破产工作按计划完成，企业卸下沉重的历史包袱。商业板块改革顺利推进，全年实现租赁收入2264万元，同比增长38%，职工收入增加，情绪稳定，实现了平稳过渡。

（刘 达）

【房地产行业逆市增效】 年内，房地产行业取得新成效。一是房地产企业克服行业低迷的整体经济环境，工程项目进展顺利：启明星苑二期工程建设如期推进，年底预售逆市突破，合同总金额达7800万元；古韵新居项目封顶预售，新艺景园项目地下工程建设基本完成；帅府二期及时申请，重新获得规划意见和项目核准报告。二是物业管理经营成为房地产板块新的增长点，新华物业工作贯穿“管理与服务并存”的全新理念，投入大量资金对小区进行改造，用优质服务打造行业领军品牌；医务所全年接待病人超过2.1万人次，取得了社会效益和经济效益双丰收。三是通州房地产开发有限责任公司继续深化公司治理结构建设，狠抓管理制度的建立和执行，不断提升品牌价值，11月通过住房和城乡建设部审核，重新取得一级开发资质。

（芮 丽）

【公益性产业服务保障功能增强】 增强公益性产业服务保障功能，一是八里桥农产品批发市场加大投入完善经营环境，推广电子结算等现代化交易手段，制定优惠政策保障重点农产品供应，鼓励大宗交易，扶优扶强。2008年实现交易额37亿元，继续保持全国综合性农产品批发市场二十强和北京市前五强的地位。二是粮油贸易公司继续深入推进预算管理、内部审计、资产动态管理和拓展贸易粮增收等工作，保障粮食安全的同时，经济效益显著提高，净资产收益率达到3.04%。三是通盛达公司全面贯彻市政府公交改革政策，完善实施村村通公交工程，实施“境内小公交”票价改革，为通州群众出行提供了安全、优质、便利的服务，树立了行业品牌；投入资金1000多万元，更换94辆出租汽车，在平安奥运工程建设中，通盛达公司获北京市交通安全先进单位称号。

（芮 丽）

【国企负责人队伍建设】 3月，国资委党委先后对17名企业负责人的工作岗位进行了调整，重新修订了企业负责人离岗休息制度，优化了企业人才结构，疏通人才流动渠道。年内，继续做好企业后备人才培养和管理工作，举办3期培训班，培训企业负责人171人次。以“贯彻十七大、练就真本领，发展先进性”为主题，组织开展10期党员开放式培训活动。

（芮 丽）

【国企反腐倡廉工作】 国有企业开展反腐倡廉工作，一是3月国资委党委与直属企业（公司）签订了党风廉政建设责任书，同时各直属企业与基层单位也签订了责任书，形成了一级抓一级，层层抓落实的监督体系。二是国资委党委集中3个月的时间，在全系统党员领导人员中开展“讲党性、重品行、做表率、促发展”反腐倡廉主题教育活动，进一步增强企业各级领导人员自我教育、自我监督、自我约束的意识。

（芮 丽）

【安全保稳定工作】 2008年，国资委以实现“平安奥运”为着力点，全面推动各项安全管理工作深入开展。一是4月成立“平安奥运行动”指挥协调领导小组，制定周密的应急值守、奥运巡控、安全督察等方案，组织相关企业开展应急救援演练；在奥运期间，全系统群防群治协管力量总计投入车辆310车次、人员1240人次；出色、圆满的完成“平安奥运”相关工作，全系统多人次受到市、区政府的表彰和嘉奖，其中刘庆海荣立奥运内保工作个人三等功。二是组织全系统开展安全生产百日督察专项行动等活动，全面落实各项法规、制度，年内未发生安全生产事故，消防、交通隐患整改率100%；国资委安全稳定工作获得多项表彰，获得2008年度通州区安全生产、综合治理、交通安全、消防安全先进单位称号。

（刘 达）

安全生产监督管理

【概　况】 2008年，通州区安全生产工作坚持“安全发展”指导原则和“安全第一、预防为主、综合治理”方针，全面实施“科技兴安”发展战略，继续加强安全生产综合监管体制机制建设，不断深化隐患整治攻坚，大力强化高危行业和重点领域监管监察，努力打好“平安奥运行动”和“隐患治理年”两场硬仗，实现杜绝重特大事故、压减一般性事故的既定目标，为全区经济社会健康发展创造了良好的安全生产环境。

（车广杰）

【安全生产事故控制目标完成情况】 2008年，全区发生生产安全、交通、火灾事故578起，死亡105人，重伤313人，直接经济损失374.7万元，与上年同期相比，事故起数减少760起，下降56.8%；死亡人数减少14人，下降11.8%；重伤人数减少324人，下降50.9%；直接经济损失减少36.9万元，下降9.0%。全区未发生较大以上生产安全事故。从指标控制上看，年初市安委会下达通州区的全年控制指标为120人，本年全区实际死亡人数占年度控制指标的87.5%。其中交通事故死亡99人，占控制指标值的88.4%；生产安全事故死亡6人，与控制指标持平；火灾事故和农业机械事故未造成人员死亡。

（赵冬梅）

【开展隐患排查整治攻坚】 1月中旬至2月底，全区统一部署开展年初安全隐患大排查行动。3月，按照全市统一部署，再次在全区开展安全隐患大排查行动。两轮年初安全生产隐患大排查行动，检查各类生产经营单位2972家，排查出各类隐患964项。经过落实责任，严格整改，截至年底完成整改950项。

（杨镜坡）

【开展重大危险源信息核查工作】 4月至5月，区安监局在各乡镇、街道办事处申报、核查的基础上，对新构成重大危险源基本情况和有变化的重大危险源进行实地审核登记，对已关停或技术改造后不构成重大危险源的，及时申请核销，形成2008年度全区重大危险源目录，更新重大危险源数据库，推进“平安奥运行动”重大危险源监控工作。

（赵冬梅）

【全面启动安全生产百日督查专项行动】 5月至7月，在区安全生产委员会办公室的综合指导、协调下，以区安监、建筑、旅游、文化、体育、商务、交通、质监、消防及各乡镇、街道办事处为单位组织实施安全生产百日督查专项行动，采取企业自查与部门抽查相结合、综合督查与专项督查相结合的方式进行。5月至6月，以行业和乡镇（街道）为单位对生产经营单位安全生产工作展开专项督查，覆盖面达到重点企业1/3以上。6月至7月，区综合监管部门对各乡镇、街道安全生产工作进行全面督查，覆盖面达到100%。

（赵冬梅）

【举行危险化学品事故应急救援演习】 5月29日，区安全生产指挥部有针对性地筹划组织了一次综合性全区危险化学品事故应急救援演习。指挥部在漷县镇绿洲化工厂模拟了一起丙烯腈泄漏事故，各应急指挥部成员单位主要领导和8个应急救援小组迅速赶赴事故现场，按照职责分工实施有效救援，成功救出4名中毒人员，扑灭火灾，并把剩余的丙烯腈用槽车转移。演习有效检验和提高了各应急救援部门之间的协调配合能力。

（车广杰）

【举办通州区第三届安全文化节】 6月6日，通州区第三届“安全文化节”开幕。活动期间，以“安全促生产，平安迎奥运”为主题，在全区企业干部职工中广泛开展征文演讲活动；以“安全为天，平安是福”为宗旨，在农村广泛开展安全生产影片集中放映活动；以“安全伴我在校园，我把安全带回家”为中心，在全区中小学校广泛开展主题教育活动；以“关爱生命、关注安全”为主题，开展安全文艺节目创作演出活动。此外，开展了通州区“药监杯”家庭安全教育知识竞赛、安全文化建设论坛等活动，有效传播了安全生产的文化和理念。

（高海波）

【开展宣传咨询日活动】 6月13日，区安监、公安、消防等30个安委会成员单位、11个乡镇和4个街道办事处分别结合本行业、本辖区监管特点，通过设立咨询台、悬挂安全条幅、摆放宣传展板、发放宣传材料、播放安全光盘、组织文艺演出等形式宣传安全发展理念、“隐患治理年”工作重点、安全生产法律法规和应急科普知识。据不完全统计，咨询日活动中，全区设立咨询站点87个，发放安全文化衫、安全手提袋、宣传挂图、安全读本等宣传资料60余种15万余份，20余万人受到教育。

（高海波）

【加大奥运期间危险化学品监管力度】 奥运期间，区安监局联合有关部门和乡镇组成4个检查组，针对危险化学品生产、经营、使用、储存、运输等环节，开展不间断的拉网式大检查，覆盖面达到100%。其间，检查从业单位511家，出动检查力量277人(次)，发现隐患498处，督促企业投入隐患整改资金172万元，行政处罚5家，罚款3.4万元。从7月下旬至9月底，除了涉及民生的生产经营单位外，其他危险化学品从业单位全部“停产保奥运”。有212家企业在奥运期间停产、停业。

（辛晋峰）

【开展奥运期间安全生产综合检查督导】 7月，区安监局实施全区性的安全生产综合检查督导工作，由局领导带队，全局人员分成5个大组，10个小组，在各乡镇、街道办事处的积极配合下，对全区工业企业进行全面检查。检查生产经营单位508家，涵盖机械制造、服装、纺织、印刷、建筑等多种类型的企业。检查中发现各类安全隐患813处，下发各类执法文书392份，罚款20余万元。

（荆春花）

【取缔非法“小化工”】 10月，在充分调查、摸排和取证基础上，区安监局联合区公安分局、区工商分局、区环保局、区质监局、区交通局、通州消防支队等部门联合执法，对永乐店镇非法“小化工”企业进行取缔。查抄各类非法生产、经营设备设施13台，收缴各类危险化学成品、半成品和原料30吨，行政处罚2家，合计处罚金额5万元。

（辛晋峰）

【打击安全生产非法违法行为专项行动】 10月，区安监局联合区公安、工商、文化、城管等部门对小歌厅、小市场、小洗浴、小旅馆、小网吧、小餐饮等“六小”生产经营单位开展安全隐患排查整改工作。据不完全统计，专项行动检查各类生产经营单位9916家，依法取缔单位53家，停业整顿单位221家，查处并整改各类安全隐患5338处。

（荆春花）

【全面强化安全生产培训】 9月至11月，以推进奥运后安全生产保障工作为契机，区安监局将全区5000余家企业单位的负责人和安全管理人员进行区域划分，采取“政府出资，专家授课”的形式，分行业、有重点的开展全区性的安全生产培训。全年安全生产培训工作覆盖11个乡镇，培训4000余人。

（高海波）

【推行“黄袖标”安全监督员管理办法】 2008年，制定并实行《通州区危险化学品从业单位“黄袖标”安全监督员管理办法》，在每个危险化学品从业单位设置3至4名“黄袖标”安全监督员，作为企业生产一线的安全监督者，以进一步强化企业内部的安全管理，实现作业现场、生产一线的实时有效监控。年内，全区300余家企业设置“黄袖标”安全监督人员1400余人，经培训后全部上岗。

（辛晋峰）

【从重处罚安全生产违法违规行为】 年内，

区安监局检查各类生产经营单位2639家（次），发现并整治生产安全事故隐患4692处，下发各类执法文书3504份，处罚近300万元。与上年同期相比，明显加大了安全执法检查和处罚的力度，检查生产经营单位数量和处罚金额均大幅增加。

（车广杰）

【举报中心受理群众举报情况】 2008年，区安全隐患和违法行为举报中心充分发挥舆论监督和群众监督的作用，及时纠正安全生产违法违规行为。截至年底，接到各类群众举报69起，全部查处结案。

（李 莉）

人口和计划生育

【概 况】 2008年，计生工作围绕“加强领导、转变作风、突出重点、完善措施、强化责任、狠抓落实”的总体思路，不断开拓创新，扎实工作，落实各项措施，为建设富裕、文明、和谐、宜居的通州新城和新农村创造良好的人口环境，稳步推进全区人口计生工作。全区出生人口5760人，人口出生率为8.84‰，计划生育率为97.27%，人口自然增长率为2.48‰。全面实施“全国计划生育优质服务先进区”的创建工作，通州区获得“全国计划生育优质服务先进单位”称号。

（董 伟）

【全面实施“国优”创建工作】 2008年，通州区作为创建“国优”候选单位出台《关于创建全国计划生育优质服务先进单位实施方案》。区委、区政府、各委办局及街道乡镇，对照“创优”的考核标准，全面开展人口和计划生育基层“集中整治”工作。全区、乡镇街道两级夯实基础工作，完善“三见面”、“三报告”、“三及时”等工作机制，认真清理违法生育对象，完善人口计生信息化建设。经过全区各部门的共同努力，年底，中华人民共和国国家人口和计划生育委员会授予通州区“创建全国计划生育优质服务先进单位”称号。

（董 伟）

【实施职业化建设工程】 年内，建立健全乡镇、村居人口计生干部队伍。在全区推行面向社会统一考试，择优录取制度。2008年，全区4个乡镇新聘计生专干43名，其中年龄在40岁以下的占64.9%；文化程度高中以上的占63.9%，大专及以上文化14人。强化对新任村级专干的业务培训，全年培训计生专干3000余人次，开展计生专干岗位练兵活动，培养了一批专业岗位能手。

（董 伟）

【全面推行普惠政策】 以建立激励机制为重点，全面推行计生家庭普惠政策。通过对奖扶对象的调查登记、资格确认、核实公示，对符合2008年奖励扶助条件的1842名奖励扶助对象实施奖励扶助，特别扶助对象为166人，扶助资金达262万元；全区有2075名独生子女享受到旧村改造优惠政策，人均享受住房奖励资金13251元；有1015名独生子女享受到200余万元的助学奖励资金；1479户困难计生家庭享受到低保补助；有600户农村计生家庭利用市财政2000万元贴息贷款发展生产，实现脱贫致富。年内，全区用于计划生育家庭的各项扶持和救助资金7300万元，436个村建立利益导向机制，落实面积90%以上，切实维护了独生子女家庭的利益。

（董 伟）

【热情服务推进幸福工程】 着力推进“幸福家庭”工程。各级人口计生部门，认真搞好已婚育龄妇女避孕节育需求调查，充分落实市、区财政450万元资金，对农村约7万名采取长效避孕措施的已婚育龄群众，实施免费健康体检。区人口学校专门设立了优生优育培训班，年内培训新婚夫妇10000人次，向待孕妇女免费发放叶酸，新生儿出生缺陷率比2005年降低1.59%，下降到9.33‰。

（董 伟）

【依法生育管理工程】 2008年，进一步建立和完善计划生育行政执法责任制、公示制、评议制和执法过错责任追究制。全区各级政府、部门推行计划生育政务公开，开展了群众评议计划生育工作活动，设立举报箱和举报电话。加大对违法生育行为的查处力度，下发执法文书135例，征收社会抚养费800余万元，全年接待来信来访730人次，计划生育全程办事代理制度更加科学规范。

（董　伟）

档案工作

【概　况】 2008年，区档案局（馆）以“服务奥运、服务民生、服务通州新城建设、提升水平”为宗旨，完成全年的各项任务。年内，对升级满3年的73家单位进行复查；对36个立档单位重点进行执法检查；对奥运会和残奥会档案工作提出明确要求和具体标准；稳步推进村级档案综合管理，截至年底，全区累计有234个行政村完成村级档案综合管理达标工作。加强编研工作，与区政协文史与学习委员会共同编辑出版了《文化通州》丛书，完成《宗教档案管理工作研究》科研课题。区档案局荣获北京市档案系统先进集体，区先进基层党组织标兵单位、区党建工作创新先进单位、区先进基层工会称号。

（张钰丛　王岐柱）

【规范管理工作】 年内，认真贯彻国家档案局8号令及北京市档案局文件精神，指导基层单位编制《文件材料的归档范围与文书档案的保管期限表》，重新修订《通州区档案百分考核标准》，制订《通州区行政执法检查评分细则》，编制《通州区机关档案管理工作指导手册》。完善标准，制定规范。先后制发了《关于通州经济开发区东区等管委会档案工作管理归属的通知》、《关于统计所档案工作管理归属的通知》、《通州区关于加强最低生活保障档案管理的意见》、《关于做好抗震救灾文件材料归档工作的通知》、《关于做好奥运会、残奥会档案工作的通知》5个规范性文件，推动全区档案工作的规范化；为防止国有企业改制时档案流失，制定了《关于接收原建筑集团公司等五家国有企业档案的实施意见》；档案馆制订了政府信息公开工作制度和利用制度。

（王岐柱）

【加强档案工作监督指导】 依据《通州区档案工作交接规定》，对区政协、燃气办、地震局、人事局和梨园镇5家单位档案交接工作进行全程监督检查；对原通州宾馆、建筑集团总公司等5家改制企业的档案整理归档工作进行指导与监督。加强重点工程档案指导，对区林业局所属重点绿化工程“京津城际”铁路通州段绿化工程档案管理工作进行了监督指导。

（王岐柱）

【巩固延伸建档服务】 年内，推进民营企业建档工作的完善和发展，继续开展居民家庭建档工作。新华街道12户居民建立了有特色的家庭档案。

（王岐柱）

【提高档案利用水平】 为方便群众查阅，安装了电子触摸屏等服务设备，开展电话查询、群众集体预约查档服务。全年接待利用者4913人次，利用档案资料7477卷，出具各种证明5991份；照片档案利用21人次，复制照片523张。其中接受电话查询1963人次，集体预约查档635卷。

（王岐柱）

【丰富馆藏】 开展档案征集工作，《北支事变画册》、军事邮件等有关日本侵华时期的历史资料征集进馆；对2008年服务奥运等重大活动与工程进行跟踪拍摄，对运河地区的新景观及改造前的通州宾馆、银地大厦、北大街旧胡同进行拍照，形成照片档案7494张。

（王岐柱）

【加快档案信息资源建设】 2008年，扎实推进数字化、信息化管理。一是区档案馆完成“知青子女进京手续档案”、“劳动局招工档案”、“城镇复退军人档案”3个专题数据库的建立与录入，录入条目5241条；完成案卷目录19565条、全引目录135795条的标注；对馆藏各全宗文书档案文件级目录进行采集与录入，完成条目7645条；完成馆藏229张照片和24件地契的扫描工作；对全区重大活动的9863张照片、名人访谈、奥运活动等声像资料制成光盘88张；公布开放案卷目录3843条；开办网上展览6个，增加对王梓夫、张源两位名人的介绍。二是抓好基层单位电子目录的报送与接收工作。年内，接收66个立档单位的电子目录，案卷目录7586卷，全引目录33532件，文件级管理15989件，电子原文715份。

（王岐柱）

【开展爱国主义教育活动】 年内，区档案馆爱国主义教育基地与外来务工人员子弟学校——七彩学校签订共建协议；开展“弘扬运河文化、传承民族精神”主题教育活动：在中央美院美术馆举办《面人汤作品展》；邀请面塑大师汤夙国、通州文物专家周良深入社区，为孩子们举办面塑与运河文化的讲座；利用馆藏资料与区电视台合作拍摄“珍藏雷锋精神”专题节目。全年接待馆内外参观者1万多人。

（王岐柱）

【加强业务培训】 年内，举办各种档案业务培训9次，培训人员426人次；组织120名档案人员参加市档案局档案专业网上的教育培训；张家湾镇、漷县镇、建委、公路局、新华办事处等单位组织所属档案人员进行专题培训。

（王岐柱）

【召开建馆50周年座谈会】 10月13日，区档案局召开建馆50周年座谈会。市档案局副局长姜之茂、区委副书记张文山、副区长于世疆、区政协副主席杜宏谋，通州文化名人张源、王梓夫、景浩等各界人士参加座谈，对通州档案事业50年的发展与成就，给予高度评价。

（王岐柱）

史志工作

【概　况】 2008年，通州区史志办进一步落实《地方志工作条例》和《北京市党史工作规划》精神，创建和谐型、学习型、研究型、服务型机关，加强机关效能建设，完成年度各项工作任务。完成《通州改革开放30年》、《北京通州年鉴（2008）》编辑出版发行工作；启动《漕运古镇张家湾》编写工作，开展史志业务培训；借助《通州史志》简报的平台加大史志服务全区中心工作力度。年内，《通州建设史》编研项目获得通州区科学技术一等奖，史志办党支部被区直机关工委评为先进基层党组织。

（张亚昆）

【通州区史志工作会议】 1月11日，通州区史志工作会议在区委综合楼召开，全区110个单位150余人参加会议。会议由副区长于世疆主持。会议全面总结2007年史志工作，部署2008年工作任务；通报表彰2007年年鉴工作先进单位、先进个人。市地方志办公室主任王铁鹏、区委副书记杨林参加会议并讲话。

（张亚昆）

【史志工作业务培训会】 5月13日，全区史志工作人员业务培训会在区委党校报告厅召开。各乡镇、街道，区委、区政府各部、委、办、局，各区属机构等单位专兼职史志工作人员100余人参加地方志法律法规和专业知识培训。会议向与会人员讲解了国务院颁发的《地方志工作条例》、《北京市实施〈地方志工作条例〉办法》和《通州区加强地方志工作的意见》；介绍了地方志概念、功能，史、志、鉴的关系及地方志编辑原则等基础知识。

（张亚昆）

【《通州改革开放30年》出版发行】 11月，

区史志办承编的《通州改革开放30年》一书由中央文献出版社出版。该书是为纪念通州解放60周年和改革开放30周年而编写的，被列入区政府折子工程。全书43万字，收录专题文章50篇、图片资料46幅、统计图表19张，涵盖通州经济发展、城乡建设、社会进步、党的建设4个方面内容。全面、系统地反映通州改革开放30年的发展历程、成功经验和巨大成就。11月25日，区委举行《通州改革开放30年》一书首发式。区史志办主任陈宏毅介绍该书编写情况，并宣读《区委组织部、区委宣传部、区党史区志办公室关于开展学习〈通州改革开放30年〉一书活动的通知》。会上向区直机关工委、区教委、团区委等6个单位赠书。市委党史研究室主任谢荫明、区委副书记张文山参加会议并讲话。

（张亚昆）

【《北京通州年鉴（2008）》出版发行】 11月，由通州区党史区志办公室组织编纂的《北京通州年鉴》2008年卷由方志出版社出版。本卷年鉴全面、翔实地记载和反映了2007年通州区加快北京新城区建设的情况。全书78万字，设21个栏目，收录1842个条目、102个彩页和567幅图片资料。至2008年《北京通州年鉴》连续出版10卷，累计收录条目15715个，图片资料1760幅，共计623万字。

（张亚昆）

【扎实推进区志工作】 2008年，根据北京市地方志办公室统一部署，启动第二轮修志工作，区史志办积极做好《通州区志》编修的各项准备工作，起草《通州区第二轮地方志编纂工作实施方案》，完成《通州区志·篇目（第四稿）》。6月，启动《漕运古镇张家湾》编写工作，年底完成初稿7万余字。年内，完成《通州区军事志》送审稿、终审稿的审读工作，分别提出修改意见；完成《北京大词典》通州部分条目内容的审校工作，并补充部分资料。

（张亚昆）

【编发《通州史志》20期】 2008年，区史志办围绕区委、区政府中心工作，结合重要历史事件、重要纪念日编发《通州史志》简报20期，内容涉及“建设新农村带头人口述历史资料”、“通州历史知识”、“奥运在通州”等，其中记载“奥运在通州”内容的“通州区域内直接服务北京奥运会和残奥会的产品及项目”编发5期，刊登文章21篇。

（张亚昆）

知识产权工作

【概　况】 2008年，知识产权工作在区科委的领导下，紧紧围绕2008环境建设年总体要求，重点抓好知识产权宣传培训、服务和保护等工作，为2008北京奥运会的成功举办营造良好的知识产权环境，进一步推进通州区知识产权工作的快速发展。

（陈　娟）

【专利申请工作】 2008年，全区累计申请专利827件，比上年增长21.1%，其中发明专利200件、实用新型专利344件、外观设计专利283件。

（陈　娟）

【召开保护奥运知识产权培训暨动员会】 2月29日，通州工商分局、知识产权局联合召开保护知识产权培训暨动员大会。区内50余家重点商业负责人参加会议，并签订《保护奥运知识产权责任书》。

（陈　娟）

【开展商业企业专利商品集中执法检查】 3月至4月，区知识产权局与区商务局联合开展通州区商业企业专利商品集中执法检查工作。维护专利商品市场秩序，进一步打击假冒、冒充专利行为，为奥运营造良好的知识产权保护环境。检查商业企业13家，检查专利商品127件，纠正问题商品2件，占检查专利商品的1.5%。

（陈　娟）

【召开无冒充专利示范单位工作座谈会】 3

月6日，召开无冒充专利示范单位知识产权工作座谈会。会上，区知识产权局通报了通州区2007年流通领域知识产权检查情况，对2008年执法检查工作进行部署。北京市知识产权局执法处处长胡平介绍了北京市专利执法工作情况，部署下一步工作，并与大家进行了探讨交流。与会代表座谈交流了专利商品管理经验和作法。

（陈　娟）

【举办企业知识产权预警与纠纷应对培训班】 3月14日，由中国知识产权培训中心和北京市知识产权局主办，通州区知识产权局承办的通州区企业知识产权预警与纠纷应对培训班开班。北京市知识产权局管理处相关人员、区科委主要领导及70余家高新技术企业和专利试点企业的主要负责人参加培训。国家知识产权局领导、中国商标专利事务所资深知识产权专家分别作了《对外贸易中知识产权保护的基本法律问题及知识产权国际争端的现状、发展趋势、解决机制与对策》和《知识产权预警在外贸中的重要作用及纠纷应对实务》的专题讲座。

（陈　娟）

【开展保护知识产权宣传周活动】 4月18日，举行通州区2008年“保护知识产权宣传周”启动仪式。北京市知识产权局副巡视员付晓辉、北京市知识产权举报投诉服务中心主任王连洁及区科委、区文化委、区工商分局等主要领导和区乡镇科委、开发区、高新技术企业、专利试点企业的负责同志参加启动仪式。启动仪式上向企业代表赠送知识产权书籍150余本，宣传推介北京市知识产权举报投诉服务中心（12312）和通州区知识产权服务网的运行机制和功能。4月20日至26日，通州区将奥运知识产权作为重点宣传内容，针对不同对象，组织了多种形式、内容丰富的系列宣传活动，取得良好效果。一是面向学校以普及基本知识为重点，开展“知识产权园地”建设活动。在通州区六中、东方小学制作安装“知识产权园地”，为学生了解学习知识产权搭建平台；开展知识产权问卷调查活动，向10所学校发放调查问卷300余份，并对回收问卷情况进行统计分析研究。二是面向社区，开展知识产权大讲堂活动，分别在玉桥街道、新华街道举办奥运知识产权保护专题讲座和知识产权概念、基本知识和知识产权相关法律的专题讲座，为玉桥街道所辖13个社区的居民130余名代表、街道机关干部和社区工作者进行培训；开展社区知识产权现场宣传咨询活动，分别在北苑街道雅丽世居小区、玉桥街道玉桥北里社区、新华街道司空社区开展现场知识产权宣传活动。三是面向商场，在华联商场、人民商场悬挂“迎奥运尊重保护知识产权”横幅。四是面向公众，在通州有线电视台播放“知识产权与奥运同行”宣传字幕；制作播出通州区知识产权专题宣传片，宣传通州区知识产权保护工作开展情况和取得的成效，知识产权在促进企业创新和发展过程中的典型事例和基本知识等；利用新闻媒体对通州区宣传周期间的宣传活动进行跟踪报道。“4·26”期间累计发放《知识产权ABC》2000册、《企业知识产权管理基本理论与实务》100册、《知识产权经典案例分析》70册、知识产权手册4000册、宣传气球1500余个、宣传画600张、宣传单13000余张，制作知识产权园地展板20块。

（陈　娟）

【开展知识产权联合执法检查活动】 4月23日，区工商分局、区知识产权局、区文化委、区城管大队联合开展通州区奥运火炬传递路线、新华大街延线的商场、商户、户外广告及奥运特许经营商品联合执法检查活动。检查中，重点检查了华联商场和人民商场的奥运特许经营商品专柜和专利商品，并沿奥运火炬传递路线、新华大街延长线对户外广告进行检查。此次执法检查，没有发现涉嫌假冒、冒充专利标记和奥运标识的情况。

（陈　娟）

【启动知识产权楼门文化建设活动】 4月25日，举行通州区知识产权楼门揭牌仪式。此次活动是通州区2008年“保护知识产权宣传周”系列活动中的一项重要内容。居民代表130余人参加活动。揭牌仪式上向通州区4个街道所辖50个社区图书阅览室赠送《知识产权ABC》1000册，发放宣传手册1000套，宣传单、宣传挂图和其他宣传品共计5000余张。2008年，经过楼门的筛选确定、专业设计在玉桥、北苑、新华街道共建立9个知识产权试点楼门，制作楼门宣传展板150块。

（陈　娟）

【开展打击侵权假冒行为专项工作】 8月至9月，区知识产权局开展了商品流通领域打击和预防专利侵权假冒行为专项行动，维护公平竞争的市场秩序和公众的合法权益。此次行动检查专利商品78件，全部属于合法有效的专利商品，未出现假冒、冒充专利行为。2008年，区知识产权局对10家无冒充专利示范单位进行执法检查。

（陈　娟）

【召开企业知识产权质押融资推介会】 为解决科技型中小企业融资难的问题，帮助企业利用专利和商标质押进行融资，让拥有知识产权的优质科技型中小企业从银行获得贷款资金支持，年内，区知识产权局分别在金桥科技产业基地、通州经济开发区、光机电一体化产业基地入区企业组织召开知识产权质押融资推介座谈会。向近100家企业宣传推介商标权和专利权担保贷款的特点、申请的基本条件、贷款额度、贷款期限、申请程序以及政府扶持政策等。

（陈　娟）

【企业知识产权服务】 继续开展首都百千对接工程推进通州活动，区知识产权局充分发挥对接机构知识产权专业人才优势，携代理机构专业人员深入企业提供专利咨询、检索、预警、培训、代理等服务，提高了企业的知识产权保护意识与专利申请质量，使企业在高速发展中享受到知识产权方便、及时、优质的服务。2008年，为企业出据专利申请费用减缓证明255份，其中发明专利107份、实用新型91份、外观设计专利57份。为企业减免专利申请有关费用约60万元。

（陈　娟）

【企业专利试点工作】 2008年，北京京东科技有限公司、核工业北京化工冶金研究院、北京凯德石英塑料制品有限公司、北京欧普光学仪器有限责任公司、北京科益丰生物技术发展有限公司、北京英泰世纪环境科技有限公司、北京创导奥福精细陶瓷有限公司、北京创导工业陶瓷有限公司、北京创导高科绝热材料有限公司9家企业被列为北京市2008年专利试点企业。经过一年的试点工作，9家专利试点企业累计申请专利50余项，并顺利通过北京市知识产权局的检查验收。

（陈　娟）

中国人民政治协商会议
北京市通州区委员会

【概　况】 2008年，在中共通州区委的领导下，通州区政协常委会积极履行政治协商、民主监督、参政议政职能，主要做了以下几方面的工作：一是充分发挥政协优势，为成功举办奥运会献计出力。二是深入贯彻落实科学发展观，围绕促进通州经济社会又好又快发展履行职能。三是关注民生民意，认真做好提案和社情民意信息工作。四是注重实效，认真做好文史、宣传等经常性工作。五是突出团结民主主题，努力营造和谐稳定的社会氛围。六是加强自身建设，不断提高政协履行职能水平。年内组织常委会议7次，主席会议17次，专委会议活动37次。常委会议听取了反腐倡廉工作、环境综合整治工作、经济适用房和两限房建设工作等情况通报，并视察了宋庄镇航空走廊可视区域周边环境建设和奥运火炬传递路线周边环境建设情况、韩美林艺术馆建设情况以及富壁路、半壁店限价房小区和玉桥西路经济适用房小区的建设情况。主席会议先后就通州区运河城市段二期整治工程和污水治理工作、通州商务园区发展情况、通州新城近期建设计划、粮食安全工作情况等进行专题协商。各专门委员会分别就通州区科技企业发展情况、林业工作情况、国土资源保护情况、招商引资情况、交通安全管理情况、预防青少年犯罪情况、含兴奋剂药品专项治理工作情况、广播电视工作情况等问题与相关部门进行对口协商。委员们提出许多建设性的意见、建议，为区政府及相关部门开展工作提供了重要参考。完成《关于通州区城市管理工作的调查和几点建议》、《关于加快宋庄文化创意产业集聚区发展的调查与思考》、《关于预防青少年犯罪的调研报告》、《关注和解决民生问题 巩固执政基础 构建和谐社会》等5篇调研报告并形成4件建议案。年内组织各种会议、活动60余次，参加活动委员700余人次，提出意见、建议520余条。

（翟宇航）

【四届二次会议】 1月8日至10日，区政协四届二次会议在天下第一城国际会议中心召开。会议听取并审议了主席王玉辉代表四届区政协常委会所作的常委会工作报告、常务副主席高志禄代表四届区政协常委会所作的关于提案工作情况的报告。列席通州区第四届人民代表大会第三次会议开幕式，听取区政府领导所作的《政府工作报告》；协商讨论《政府工作报告》、《关于通州区2007年国民经济、社会发展计划执行情况和2008年计划草案的报告》、《关于通州区2007年财政预算执行情况和2008年财政预算草案的报告》；听取部分委员的大会发言；通过了大会政治决议、关于政协常委会工作报告的决议和关于提案工作报告的决议。市政协副主席陈平、人事联络室副主任陈昕，区领导王云峰、邓乃平、石进贤、杨林等出席大会开幕式，区人民团体主要负责同志，区委、区政府各部、委、办、局、公司，各乡镇、街道办事处党组织主要负责同志列席了大会开幕式。区委书记王云峰在开幕式上作重要讲话。

（翟宇航）

【第九次常委会议】 3月6日，召开第九次常委会议。会议审议通过了《政协北京市通州区委员会常务委员会2008年工作要点》、《通州区政协2008年常委会议、主席会议工作安排》及《通州区政协2008年各专委会、办公室、研究室主要会议活动安排》；增补李北江为四届区政协委员、区政协提案委员会副主任；听取了通州区纪委关于通州区2007年党风廉政建设和反腐败工作情况通报。

（翟宇航）

【第十次常委（扩大）会议】 5月16日，召开第十次常委（扩大）会议。会议听取通州区2008年环境建设指挥部办公室关于通州区环境综合整治工作情况通报，视察宋庄镇航空走廊可视区域周边环境建设和奥运火炬传递路线周边环境建设情况。

（翟宇航）

【第十一次常委会议】 9月4日，召开第十一次常委会议。会议研究了通州区政协城市管理调研组提交的《关于通州区城市管理工作的调查和几点建议》，与会人员视察了韩美林艺术馆建设情况。

（翟宇航）

【第十二次常委会议】 11月19日，召开第十二次常委会议。会议听取通州区建委关于通州区重点工程和两限房、经济适用房建设情况通报，与会人员视察壁富路及半壁店限价房小区和玉桥西路经济适用房小区。

（翟宇航）

【第十三次常委会议】 12月16日，召开第十三次常委会议。会议审议通过了《政协北京市通州区第四届委员会第三次会议议程（草案）》、《政协北京市通州区第四届委员会第三次会议日程》、《政协北京市通州区第四届委员会第三次会议秘书处机构设置及其负责人名单》、《政协北京市通州区第四届委员会第三次会议委员分组办法和各组召集人名单》、《政协北京市通州区第四届委员会第三次会议决议起草委员会委员名单（草案）》、《政协北京市通州区第四届委员会常务委员会工作报告》、《政协北京市通州区第四届委员会关于提案工作情况的报告》。

（翟宇航）

【第十七次主席（扩大）会议】 2月14日，召开第十七次主席（扩大）会议。会议研究《政协北京市通州区第四届委员会常务委员会2008年工作要点》、《区政协专委会、办公室、研究室2008年工作安排》、《区政协2008年常委会议、主席会议活动安排》；研究通过《区政协主席、副主席与区属各单位联系安排》；听取通州区财政局2007年财政工作情况及2008年财政工作安排的通报。

（翟宇航）

【第十八次主席（扩大）会议】 2月26日，召开第十八次主席（扩大）会议。会议研究《政协北京市通州区委员会关于2008年度提案分析工作的意见》、《2008年度区政协各位主席、秘书长和机关各办公室走访委员安排意见》。

（翟宇航）

【第十九次主席（扩大）会议】 3月28日，召开第十九次主席（扩大）会议。会议审议通过《关于进一步加强通州区政协专委会同区委区政府有关部门对口联系的意见》、《加强政协宣传工作的意见》、《政协北京市通州区委员会关于评选表彰优秀提案的办法》、《政协北京市通州区委员会关于评选表彰信息工作先进单位和优秀信息员的办法》、《通州区政协四届二次会议提案分析报告》、讨论确定专题调研题目。

（翟宇航）

【第二十次主席（扩大）会议】 5月4日，召开第二十次主席（扩大）会议。会议传达通州区委书记王云峰及通州区委常委、常务副区长张永明在通州区2008年第一季度经济社会发展形势分析会议上的讲话精神、审议通过《政协北京市通州区委员会关于驻会主席督办提案工作的暂行办法》、研究《关于奥运后通州经济发展研讨会活动安排》。

（翟宇航）

【第二十一次主席（扩大）会议】 5月22日，召开第二十一次主席（扩大）会议。会议听取通州区规划分局关于通州新城建设及重点任务情况通报。

（翟宇航）

【第二十二次主席（扩大）会议】 6月5日，召开第二十二次主席（扩大）会议。与会人员视察了运河城市段二期整治工程和污水治理工作情况。

（翟宇航）

【第二十三次主席（扩大）会议】 7月1日，召开第二十三次主席（扩大）会议。会议审议通过了《通州区政协文史工作会议安排方案》、《政协北京市通州区委员会关于加强文史资料工作的意见》、《政协北京市通州区委员会关于授予王文续等8名同志“文史资料工作特殊贡献奖”的决定》，会议研究了通州区政协“学习与文史资料委员会”更名有关事宜。

（翟宇航）

【第二十四次主席（扩大）会议】 7月9日，召开第二十四次主席（扩大）会议。会议听取了通州区政协各室2008年度上半年工作情况通报，并对下半年工作进行了安排部署。

（翟宇航）

【第二十五次主席会议】 7月30日，召开第二十五次主席会议。会议听取通州区政协提案办复情况通报。

（翟宇航）

【第二十六次主席会议】 8月22日，召开第二十六次主席会议。会议审议了《关于进一步提高通州区城市管理水平的调查与思考》、《关于加快宋庄文化产业集聚区发展的调研报告》，并提出修改意见。

（翟宇航）

【第二十七次主席会议】 8月28日，召开第二十七次主席会议。会议审议了《通州区奥运后经济发展的调查与思考》、《通州区预防青少年犯罪的调研报告》，并提出修改意见。

（翟宇航）

【第二十八次主席（扩大）会议】 11月13日，召开第二十八次主席（扩大）会议。会议听取通州区园区管委会关于园区发展情况通报、商务园区管委会关于商务园工作情况通报。

（翟宇航）

【第二十九次主席（扩大）会议】 11月21日，召开第二十九次主席（扩大）会议。会议听取各专委会2008年工作总结和2009年工作安排。

（翟宇航）

【第三十次主席（扩大）会议】 12月5日，召开第三十次主席（扩大）会议。会议听取了通州区规划分局关于通州区2008年规划工作、通州新城近期建设计划以及2008年办理政协委员提案情况通报。

（翟宇航）

【第三十一次主席会议】 12月11日，召开第三十一次主席会议。会议讨论通过了《政协通州区委员会关于表彰2008年度优秀提案的决定》、《政协通州区委员会关于表彰2008年度先进信息单位和优秀信息员的决定》。会议研究通过了《政协通州区第四届委员会第三次会议议程（草案）》、《政协通州区第四届委员会第三次会议日程（草案）》《政协通州区第四届委员会第三次会议秘书处机构设置及其负责人建议名单》、《政协通州区第四届委员会第三次会议委员分组办法及各组召集人名单（草案）》、《政协通州区第四届委员会第三次会议决议起草委员会委员名单（草案）》、《政协通州区第四届委员会常务委员会工作报告（征求意见稿）》。

（翟宇航）

【第三十二次主席（扩大）会议】 12月23日，召开第三十二次主席（扩大）会议。会议讨论政府工作报告（征求意见稿）。

（翟宇航）

【第三十三次主席会议】 12月24日，召开第三十三次主席会议。会议听取通州区粮食安全工作情况通报。

（翟宇航）

【“三下乡”活动】 1月30日，举办“三下乡”活动。区政协、区委统战部联合组织送医疗、文化、科技下乡活动，主席王玉辉，常务副主席高志禄，副主席杜宏谋、李淑华、金建华、杜少勋，王子江，秘书长张丽华参加活动。

（翟宇航）

【文史工作会议】 7月11日，召开文史工作会议。会议听取了副主席杜宏谋关于《深入贯彻全国、北京市政协文史资料工作座谈会精神，开创我区文史工作新局面》的报告；宣读了通州区政协《关于加强文史资料工作的意见》及《关于授予王文续等8位同志文史资料工作“特殊贡献奖”的决定》，并对获奖人员进行表彰。区政协主席王玉辉、通州区委副书记张文山到会并讲话。区政协副主席李淑华、金建华参加会议。

（翟宇航）

【社情民意恳谈会】 10月14日，召开社情民意恳谈会。区委、区政府、区政协召开有各民主党派、人民团体负责人和部分委员参加的社情民意恳谈会。会议听取通州区政府通报全区经济社会发展情况，并就全区经济社会发展情况进行座谈。

（翟宇航）

【专题调研】 2008年，通州区政协完成《关于通州区城市管理工作的调查和几点建议》、《关于加快宋庄文化创意产业集聚区发展的调查与思考》、《关于预防青少年犯罪的调研报告》、《关注和解决民生问题 巩固执政基础 构建和谐社会》等5篇调研报告并形成

4件建议案，提请区政府研究参考。区政协的调研报告和建议案受到各级领导的高度重视。区政府多次召集有相关部门负责人参加的任务分解会，就落实政协的建议案做出具体部署。主管副区长专门邀请区政协城市管理调研组成员和有关委员，就办理好政协建议案，加强城市管理工作进行专题座谈。

（翟宇航）

【提案工作】 四届二次会议以来，提案委员会收到提案216件。经审查，立案191件，未予立案的25件。在立案的191件提案中，四届二次会议期间提案176件，平时提案15件；民主党派、界别提案16件，委员提案175件。提案内容涉及城市建设管理方面的76件，占39.8%；涉及社会事业和民生方面的68件，占35.6%，涉及经济发展方面的24件，占12.5%；涉及新农村建设方面的23件，占12.1%。参加区政协的7个民主党派均提交了党派提案，农业界和民族宗教界提交了界别提案；参与撰写提案的委员121名，占委员总数的53.3%，比上年有所提高；提案最多的委员达到10件；提交电子版提案149件，占提案总数的78%，比上年提高27个百分点。在区委、区政府的高度重视和各承办单位的积极努力下，所有提案均已办复，办复率100%。从办复结果看，提案涉及的问题已经解决或基本解决的87件，占总数的45.6%；已列入政府规划，预计在两三年内得到解决的78件，占40.8%；因政策规定或资金等条件限制一时难以解决的26件，占13.6%。承办单位答复更加客观规范，委员对提案办复结果表示非常满意的76件，占39.8%；满意的78件，占40.8%；基本满意的34件，占17.8%；不同意的3件，占1.6%。未予立案的25件，其中12件提案因超越通州区权限，及时转化为市政协委员提案送交市相关部门办理；11件以信息方式报送相关部门；2件作为群众来信转区政府办公室。

（翟宇航）

【文史资料工作】 2008年，通州区政协认真贯彻落实全国和北京市文史工作会议精神，做好文史资料的抢救、征集工作。在全市率先召开通州区政协第一次文史工作会议，全面总结部署了文史工作。举办纪念通州解放60周年和改革开放30周年征文活动，征集文史资料35篇16万余字、图片200余幅。编辑出版《文史选刊》特辑和《文史选刊》第25期。完成市政协交办的区县政协文史资料工作成果展文字说明和图片资料报送工作。在市政协文史工作会上，区政协编辑出版的《北京文史资料精选 通州卷》被评为“优秀文史资料图书”特等奖，《文史选刊》被评为二等奖，《古韵通州》被评为优秀奖。与档案局联合出版《文化通州》系列丛书，为文史资料的征集、出版探索了一条新路。

（翟宇航）

【信息工作】 通州区政协高度重视反映社情民意工作。2008年，区委、区政府、区政协召开社情民意恳谈会，各民主党派成员和部分委员认真听取区政府关于经济社会发展情况通报，对全区工作提出了中肯的意见建议。进一步健全社情民意信息报送、通报和办理反馈制度。先后举办骨干信息员培训班和骨干信息员研讨会。委员们收集和反映社情民意更加主动，社情民意信息数量上升，质量提高。全年委员报送信息309条，其中通过《委员之声》向区委、区政府及有关部门反映110条，电话处理52条，报市政协24条。区委、区政府领导高度重视政协反映的社情民意信息，先后51次对35期《委员之声》做了批示。委员们反映的社情民意信息，对于区委、区政府及有关部门体察民情、了解民意、改进工作发挥了积极作用。

（翟宇航）

群 众 团 体

通州区总工会

【概　况】 通州区总工会所属乡镇、街道、开发区、委、局、公司、行业及直属基层工会66个，基层工会2117个，职工人数137445人，会员人数128310人。2008年，全区各级工会组织在区委和市总工会的正确领导下，全面履行工会的各项职能，团结动员全区广大职工为通州区的经济和社会发展做出新的成绩。

（屈丽军）

【开展"两节"送温暖活动】 1月15日，区总工会举行2008年"两节"送温暖活动启动仪式。启动仪式上，区总工会主席林殿彪将10万余元慰问金和265份慰问品发放到各基层工会，用于对全区困难职工的走访慰问。启动仪式后，区总工会分四组由主席、副主席带队分别到30户困难职工、劳动模范家中走访慰问。

（屈丽军）

【区职工拉拉队参加迎奥运活动】 1月20日，在北京市总工会、首都精神文明建设委员会办公室主办的"北京职工文明拉拉队寄语2008—迎奥运倒计时200天"活动中，通州区职工文明拉拉队在众多拉拉队中脱颖而出，顺利晋级甲级称号，并荣获一等奖。3月27日上午，通州区"北京职工文明拉拉队"文明引导行动启动仪式在北京工业大学实验学院举行。4月20日，300多名拉拉队员赴国家体育场"鸟巢"，为2008"好运北京"国际马拉松赛加油助威。5月23日，组织500名拉拉队员赴国家体育场参与"好运北京"2008中国田径公开赛助威活动。

（屈丽军）

【全总、市总领导到通州区调研北京职工文明拉拉队工作情况】 3月12日，中华全国总工会和市总工会领导到通州调研职工文明拉拉队工作开展情况。调研组听取相关汇报并与职工进行座谈，对通州区职工文明拉拉队工作给予充分肯定。全国总工会表示，要把北京市和通州区的做法向全总书记处、中央精神文明办公室汇报，进一步推广北京市和通州区的经验。

（屈丽军）

【通州区职工拉拉队工作会议】 7月3日，通州区总工会在东方宾馆召开通州区奥运会、残奥会职工文明拉拉队工作会议。区总工会领导林殿彪、边学锋、张慧敏、吕庆申和全区29个有职工文明拉拉队任务的单位工会主席、副主席40多人参加会议。会议部署通州区奥运会、残奥会职工文明拉拉队六项工作任务；传达北京市总工会《关于在全市职工中广泛开展奥运立功竞赛活动的通知》精神；区总工会主席林殿彪与29个职工文明拉拉队负责人签订安保责任书。8月

1日，通州区召开职工文明拉拉队服务奥运会、残奥会工作会议。区领导张文山、刘淑华，区总工会领导林殿彪、边学锋、张慧敏、吕庆申和全区26个有职工文明拉拉队任务单位的党群副书记、工会主席、副主席70多人参加会议。会议简要总结了区职工文明拉拉队备战奥运的工作情况，重点部署全区职工文明拉拉队服务奥运会、残奥会各项工作。区委副书记张文山作重要讲话。9月3日，通州区总工会在东方宾馆召开服务北京残奥会文明观众、职工拉拉队工作会议。会议部署了通州区文明观众、职工拉拉队服务残奥会六项工作任务。区总工会主席林殿彪与相关单位工会主席、负责人签订了安保责任书，并就通州区服务残奥会文明观众、职工拉拉队工作提出具体要求。

(屈丽军)

【通州职工文明拉拉队助威奥运火炬在运河传递】 8月7日，奥运火炬在京杭大运河水上传递。通州区1000多名职工文明拉拉队员，在规定的京杭大运河2号码头至鱼跃广场320米的位置，统一着装，手持国旗、奥运五环旗、充气棒，手系同心结和脸贴等道具，热情为火炬手加油助威。

(屈丽军)

【通州区职工拉拉队参与奥运服务】 通州区职工拉拉队6000名拉拉队员组成36支职工文明拉拉队参加北京奥运会、残奥会比赛的观赛服务。区总工会先后组织拉拉队员培训82场次，培训人数1.2万人次。拉拉队参与奥运会、残奥会服务总场次28场次，拉拉队员19150人次。其中组织5150人次拉拉队员、文明观众参加奥运火炬通州段传递、北京奥运会足球、沙滩排球、曲棍球、田径等8个场次的观赛服务；组织11000人次拉拉队员和文明观众参加北京残奥会的轮椅网球、轮椅篮球、游泳、射箭、田径等20场次的观赛服务；组织3000人次参加4场“好运北京”测试赛和市组委会的两次展示发布会，整个组织工作严密细致、协调顺畅、安全圆满。新华社、中央电视台、北京电视台、《工人日报》、千龙网、英国每日电讯、法新社、德国电视二台等十几家媒体对通州区职工文明拉拉队进行采访和报导。通州区职工拉拉队被市组委会评为甲级队一等奖，被通州区评为精神文明建设创新奖，在奥组委志愿者工作会、中央文明办、全国总工会、北京市总工会进行经验介绍。

8月12日，来自通州区10个基层单位的500名拉拉队员首次亮相奥运赛场——工人体育场，为尼日利亚、巴西、瑞典、加拿大的女足运动员加油。8月13日，根据市奥组委紧急调配，来自通州区机关工委、教委、陆航学院、建委、市政管委、北苑街道、梨园镇、潞城镇8个单位的1000名拉拉队员参加手球和曲棍球的应急后备观赛任务。8月15日上午，来自通州区机关工委、教委、陆航学院、北工大实验学院、马驹桥镇、宋庄镇的500多名职工文明拉拉队员，到朝阳公园沙滩排球场，为沙滩排球女子16强复赛的美国对比利时、美国对古巴、中国对挪威、澳大利亚对希腊四场赛事加油助威。8月19日，通州区7个基层单位的400名职工文明拉拉队员走进国家体育场“鸟巢”，为田径运动员加油呐喊助威。8月21日，通州500名拉拉队员到奥林匹克曲棍球场观赛。8月24日，在北京第29届奥林匹克运动会田径项目的最后一场赛事、男子42.195公里的马拉松比赛终点国家体育场“鸟巢”，由陆航学院、北京工业大学实验学院、教委、商业资产运营公司、市政管委5支拉拉队的700名队员组成的观赛方阵到场。9月8日，通州区总工会组织的11支职工文明拉拉队960多人，在国家网球中心主赛场，为8个来自不同国家的残奥会网球运动员加油助威。9月10日，在国家体育场，通州区14个单位的1300名拉拉队员参与5个小时的服务赛事，拉拉队员以南北两个方阵遥相呼应，带领全场8万名观众为运动员加油助威。

(屈丽军)

【市总工会领导检查通州工会工作】 1月10日，市总工会副主席原增锁带领检查组到通州检查农民工工资支付情况。区总工会汇报通州区关于开展农民工工资支付情况专项检查工作，北京宜通家具制造有限公司和北京菲美德机械有限公司分别汇报各自企业足额发放农民工工资、与农民工签订劳动合同等情况。市总工会检查组对通州区在维护农民工合法权益工作给予评价和肯定。7月9日，市总工会党组书记、副主席张建民率调研组到张家湾镇对集体合同工作进行调研。调研组听取北京宜通家具制造有限公司、北京通美晶体有限公司的汇报，并与镇、街道工会主席和企业代表就集体合同签订和工资集体协商等情况进行座谈。市总工会对通州区推进集体合同、工资集体协商工作在深入、细致、具体，员工稳定方面取得的成绩给予充分肯定，并对下一步工作提出意见。11月12日，北京市总工会区县农林部部长袁绪忠、副部长张秀萍一行4人，到通州区张家湾镇工会服务站，进行三级服务体系建设情况的调研。区总工会和5个基层工会分别介绍工会服务站的建设情况，就存在的问题和发展过程中的经验与参会人员进行座谈。

（屈丽军）

【组织庆祝“三八”节活动】 “三八”节期间，区总工会主席带领工会干部对两名困难单亲女职工进行走访慰问，为她们送去慰问金和节日的祝福；区总工会与区妇联联手在中仓街道举行《牵手》一书的赠书活动。

（屈丽军）

【开展劳动合同法培训大讲堂】 3月20日，区总工会举办工会系统《中华人民共和国劳动合同法》大讲堂。市总工会法律服务中心主任张恒顺结合劳动合同法出台的背景和工会在依法维权工作的实际，就劳动合同法的重点内容、工会在贯彻实施劳动合同法过程中应当重点做好的几方面工作进行讲解。全区工会系统210余名工会干部参加培训。

（屈丽军）

【召开新建企业组建工会工作会议】 4月2日，区总工会召开各乡镇、街道和部分委、局、公司工会主席参加的新建企业组建工会工作会议。区总工会副主席张慧敏对建会工作进行总结部署。区总工会主席林殿彪与有组建工会工作任务的20个单位工会主席分别签订《任务书》。

（屈丽军）

【首都劳动奖状奖章评选结果揭晓】 4月，2008年“首都劳动奖状奖章”评选工作结束。通州区永乐店中学高三工会小组荣获“首都劳动奖状”荣誉称号。通州区财政局局长刘汝林、通州区科技领导小组办公室主任季志会、通州区潞河医院导管室主任郭金成、通州区中西医结合骨伤医院副主任医师张万龙、通州区潞河中学教师赵小冲、北京市公安局通州分局国保支队队长王学礼、蒙牛乳业集团（北京）有限责任公司研发员刘爱萍、通州区建设委员会检测所所长李云胜、通州区质量技术监督局产品质量监督检验所所长孙伟9人荣获“首都劳动奖章”荣誉称号。

（屈丽军）

【召开庆五一暨首都劳动奖状、首都劳动奖章获得者座谈会】 4月29日，区总工会召开庆五一暨首都劳动奖状、首都劳动奖章获得者座谈会。会上，区总工会主席林殿彪通报了首都劳动奖状奖章评选的情况。9名“首都劳动奖章”获得者先后发言。区委书记王云峰、区长邓乃平到会并讲话。

（屈丽军）

【召开荣获全国、市“安康杯”、“安康企业”代表座谈会】 5月19日，区总工会、区安监局、卫生局、商务局召开荣获全国、北京市“安康杯”、“安康企业”代表座谈会。区“安康杯”竞赛组委会主任、副区长张华到会并讲话。区“安康杯”竞赛组委会的相关领导和获奖企业的主要领导、工会主席参加座谈会。会上，区“安康杯”竞赛组委会副主任、区总工会副主席吕庆申通报全区2007年“安康杯”竞赛、“安康企业”评价活动的开展情况。

区“安康杯”竞赛组委会的领导向荣获全国“安康杯”竞赛优胜企业北京潞城建筑公司、市级中商上科大厦有限公司等7家和区级北京海传光盘有限公司等41家企业和个人颁发奖杯、奖牌和证书。获奖单位和获奖个人交流了经验。

（屈丽军）

【大本营彩钢制品公司获得抗震救灾工人先锋号荣誉】 6月12日，市总工会党组书记、常务副主席张建民一行到通州区大本营彩钢制品厂（北京）有限公司，向为灾区援建活动房加班加点的职工送去慰问金。向大本营彩钢制品（北京）有限公司物流部授予市“抗震救灾重建家园工人先锋号”荣誉称号，并受全总委托授予该公司中华全国总工会授予的“抗震救灾重建家园工人先锋号”荣誉称号。

（屈丽军）

【市政协委员视察劳动合同法落实情况】 6月27日，市政协社会和法制委员会委员到通州就《中华人民共和国劳动合同法》贯彻、落实情况进行视察。视察组首先听取相关情况汇报，重点询问1月份以来，用人单位学习、宣传、贯彻《中华人民共和国劳动合同法》的情况，新法实施对用人单位产生的影响以及影响新法贯彻实施的主要问题。随后分组对东方宾馆、永安旅行社、郭林家常菜等10家企业开展问卷调查，并与企业经营者、中层管理人员以及一线职工召开座谈会，听取有关《中华人民共和国劳动合同法》的各方面意见。

（屈丽军）

【召开二届十一次委员（扩大）会议】 11月3日，区总工会召开二届十一次委员（扩大）会议。区总工会二届委员会委员、经审委员会委员，各乡镇、街道、委局、公司、行业、开发区及直属基层工会主席150多人参加会议。会议传达中国工会十五大会议精神；听取并通过区总工会主席林殿彪作的《深入贯彻中国工会十五大精神，团结动员全区职工为开创“北京新城区”建设新局面贡献力量》的工作报告。

（屈丽军）

【职工互助保险情况】 2008年，全区有职工互助保险会员21780人，新增会员1291人，2637人参加“在职住院”保险，520人参加“重大疾病”保险；2815人参加“女工特病”保险，408人参加“在职意外”保险。四项保险赔付107人，赔付金额176074.15元。通州区职工互助保险代办处被市总工会评为2008年度“优秀代办处”。

（屈丽军）

共青团通州区委员会

【概　况】 2008年，团区委围绕“贯彻十七大 贡献新奥运，落实十七大 建功新通州”这一工作主题，以高度的政治责任感，集中全团力量，整合各方资源，动员和带领广大团员青年和志愿者全力以赴服务奥运会、残奥会，并以此为牵动，统筹推进团的各项工作。2008年，全区共有团员137512人。基层团组织中团委69个，团总支63个，团支部1474个，团工委4个，其中团区委直属团组织56个。

（吴　男）

【启动两节送温暖活动】 1月26日，通州团区委正式启动“‘两节’送温暖活动暨‘温暖1+’公益行动”。启动仪式上，希望工程北京捐助中心主任陈淑惠代表希望工程北京捐助中心和希望工程通州区工作站为包括外来打工子弟学校的350名家庭暂时困难的学生发放10.8万元的“爱心基金”和“金龙鱼农民工子女助学金”。希望工程通州区工作站为打工子弟学校的孩子们准备了近80套蚕丝内衣和学习书籍，作为新年礼物送到孩子们的手中。

（吴　男）

【奥运特色志愿服务活动】　春节期间，通州区设立3个志愿服务站点，各站点依托各自优势开展各具特色的奥运城市志愿服务活动。在活动现场，组织开展“奇思妙想，我为奥运出主意”有奖征集公益活动，对参与活动的群众发放奥运小纪念品。该项活动吸引众多现场群众热情参与，取得良好效果。下至几岁的小朋友上至六七十岁的老年人都积极为奥运出谋划策。在征集册上认真写下自己对奥运会的各种建议和奇思妙想。

（吴　男）

【团市委领导慰问通州区来京务工人员】　2月8日，团市委副书记李先忠到通州区慰问外地留京务工青年。李先忠代表团市委向在场的留京青年致以节日的问候和良好的祝愿，向他们拜年，并为留京务工青年送上年货等春节慰问品。

（吴　男）

【春节服务周志愿服务活动】　2月5日至12日，按照团市委的统一部署，通州区“春节服务周”奥运城市志愿服务活动。2月9日，团市委副书记姜泽廷到通州区视察、慰问中国移动和潞河医院等奥运城市志愿服务站点。并向志愿者们赠送奥运纪念品和防寒保暖用品，对通州区“春节服务周”奥运城市志愿服务站点后勤保障、应急预案准备周到、细致，运作良好的服务工作给予高度评价。

（吴　男）

【纪念周波烈士系列活动】　2月14日下午，北京卫戍区驻通某部战士周波、刘冰恒在哨所值勤时，发现两名儿童掉下冰窟，便奋不顾身地跳下冰冷刺骨的冰窟里勇救落水儿童。周波英勇牺牲。团区委在第一时间迅速行动起来，采取多种方式深切悼念这位党的好战士、人民的好儿女，以实际行动向烈士周波学习。经团区委书记办公会研究决定，追授周波、刘冰恒为“通州区优秀共青团员”称号，向共青团北京市委申请追授周波为“北京市五四奖章”荣誉称号，以实际行动深切缅怀烈士周波。

（吴　男）

【“促和谐、保平安”社会志愿者服务活动】　3月5日，为纪念第9个“中国志愿者日”和第45个“学雷锋日”，以志愿服务的方式迎接“两会”的到来并保障会议的顺利召开，通州团区委组织近100名社会志愿者在区内各主要街道路口、商场、超市和各大社区开展奥运社会志愿者志愿服务活动。

（吴　男）

【“志愿通州　奥运先锋”主题实践活动启动】　3月5日下午，通州区举行奥运会志愿者工作协调小组第二次全体会议暨“志愿通州　奥运先锋”主题实践活动启动仪式。出席会议的有区委副书记杨林、副区长刘淑华，区奥运会志愿者工作协调小组全体成员、区各直属团组织负责人和区直属少先大队辅导员80余人。区奥运会志愿者工作协调小组对优秀城市志愿服务站点和优秀城市志愿者进行表彰，区领导向获表彰者颁发荣誉证书，为通州区首批奥运小先锋代表佩带“少年版”奥运微笑圈。

（吴　男）

【团市委领导到八通网调研】　3月10日，团市委领导到八通网就青年网络自组织状况进行调研。八通网开办以来由网友自发成立春风志愿队、暖阳志愿队、八通足球队等40多个网上社团组织。通过网络的凝聚力，组织青年网友积极参与各项爱心公益活动。团市委书记于庆丰肯定了八通网的网络组织的组织建设工作，仔细地询问网络自组织建设中存在的问题以及经验并提出要求。

（吴　男）

【召开纪念“五四”运动89周年暨奥运会志愿者动员誓师大会】　4月28日，通州区举行纪念“五四”运动89周年暨奥运会志愿者动员誓师大会。仪式上，奥运会吉祥物“福娃”主要设计者韩美林，正式成为通州奥运志愿者形象代言人。会上，著名作曲家卞留念与通州各界团员青年们一同表演精彩节目。通州有7000多人成功报名成为奥运赛会志愿者和城市志愿者申请人，人数在远郊区县名列前茅。

(吴　男)

【雏鹰迎奥运行动】 5月23日上午，通州团区委、区少工委在培智学校举办通州区“雏鹰迎奥运行动口号”发布暨“安利杯”红领巾放歌奥运手语带动唱大赛。经过激烈的预赛阶段，入围决赛的8支代表队的少先队员和少先队辅导员代表参加活动。

(吴　男)

【“六一”国际儿童节系列活动】 6月1日，通州区“六一”国际儿童节系列活动以“我们的五彩梦——红领巾迎奥运”为主题，以建设和谐通州、贡献人文奥运为中心，以“小小文明工程建设行动”为载体，坚持寓教于乐、形式多样、全员参与、关注弱势的原则，突出少年儿童的主体地位，从不同少年儿童群体的需求出发，为城口的少年儿童、农村的贫困少年儿童、来京务工人员子女分别设计了不同的庆祝活动，活动包括参观游览、观看电影、志愿服务等多种形式。全区在京川籍灾区儿童、灾后来京儿童及赴抗震救灾一线的志愿者子女等34名小学生到首都博物馆参观游玩。

(吴　男)

【奥运会城市志愿者服务站点启动】 7月1日，建党87周年之际，通州区首批4个奥运会、残奥会城市志愿者服务站点启动。区领导王云峰、张秀余、刘淑华冒雨来到地税站点、建委站点，慰问奥运会、残奥会城市志愿者，为他们送来慰问品。区领导听取志愿者代表中英文双语的工作介绍后提出建议。通州团区委7月1日至10月8日期间，开展北京奥运会、残奥会通州区城市志愿者服务站点工作，赛会期间通州区设立城市志愿者服务站点10个，自7月1日起分6批启动，共有8000余人次、万余名志愿者为市民提供信息咨询、语言翻译、医疗救护等志愿服务。

(吴　男)

【北京奥运会、残奥会城市志愿者、社会志愿者座谈会】 9月1日，团区委召开通州区奥运会、残奥会城市志愿者、社会志愿者座谈会。区委副书记张文山、副区长赵玉影参加会议。会上，团干部、奥运志愿者代表、媒体代表、社会志愿者和城市志愿者承办单位主要领导相继发言，用切身体会、真实情感诠释了“友爱、进步、互助、奉献”的志愿者精神。

(吴　男)

【北京奥运会、残奥会志愿者中秋联谊会】 9月12日，通州区奥运会志愿者工作协调小组、奥运会志愿者服务保障指挥部和团区委在北京现代音乐学院举行“奥运会、残奥会志愿者中秋联谊会”。副区长刘淑华出席联谊会，向志愿者们致以了节日问候和崇高敬意，并希望广大志愿者在通州新城建设中再立新功。联谊会上，志愿者纷纷登台表演。此次，通州年龄最小和最长的志愿者也都登台亮相。年龄最小的14岁的玉桥中学学生张文哲与年龄最长的年过7旬的赵延芳都参加了玉桥鑫隆城市志愿站点的服务。

(吴　男)

【北京奥运会、残奥会志愿者工作通州区总结表彰大会】 10月20日，北京奥运会、残奥会通州区志愿者工作总结表彰大会在通州区新华联会议中心举行。区奥运筹办和赛事保障工作领导小组、区志愿者服务保障指挥部决定对200名奥运志愿者予以表彰，授予“北京奥运会、残奥会通州区志愿者先进个人”荣誉称号。奥运会赛会志愿者代表、城市志愿者代表、社会志愿者代表、职工拉拉队志愿者代表分别发言。

(吴　男)

【《热爱祖国 振兴中华》座谈会】 11月4日上午，通州团区委举行《热爱祖国 振兴中华》座谈会，通州青少年得到了由中华爱国工程联合会精心整理编辑的800余册爱国书籍。

区委副书记张文山到会讲话。

（吴 男）

通州区妇女联合会

【概 况】 2008年，区妇联围绕区委区政府中心工作，从妇联实际出发，推进妇女儿童各项事业发展。发挥妇联品牌优势，全区妇女参与经济建设取得明显成效。“巧娘工作室”、“三八家政服务中心”、“三八种养殖基地”是通州区手工加工业、服务业和种养殖业的三大品牌。区妇联经过近五年的努力逐步将这三大品牌推向市场，取得明显的经济效益和社会效益，为奥运会做出积极的贡献。推进和谐社区、和谐家庭建设，促进妇女在和谐社会建设中起到积极作用。结合通州区奥运环境建设，区妇联继续深化“六情对夸”文明礼仪活动，开展十大行业巾帼文明岗“迎、讲、树”、“比比谁的阳台美”、“老街坊一条街”等活动，推出100条“老街坊示范一条街”。强化服务手段，为妇女创业就业提供有力保障 。继续发挥妇女培训就业擂台赛的平台作用，继续培育示范基地、示范企业、女带头人、女经纪人，组织开展妇女培训，解决妇女就业。2008年全区各级妇联组织配合劳动部门举办妇女实用技术培训班358期，培训妇女29860人次（其中证书培训112期，领证人数4895人），解决妇女灵活就业12780人次；另一方面，区妇联以种养殖、家庭手工业、家政三大行业为圆心，不断强化服务手段扩大关怀半径，积极同北京市妇联开展农家女贴息项目和农家女小额贷款项目。2008年项目受益的重点企业达12家，受益女企业家、女能人达20人，项目争取资金100余万元，在一定程度上解决了部分企业、创业就业妇女的难题。探索项目化运作，搭建妇女教育培训机制。区妇联逐步构建以“五化”为核心的妇女教育培训体制框架，即主体层级化、内容多元化、阵地网络化、师资社会化、机制项目化。继续开展帮扶活动，打造妇联献爱心、暖人心工作特色。通州区妇联献爱心工作以评先、评优和帮扶活动相结合为突出特色。2008年，在继续开展“巾帼文明岗”、“三八红旗奖章”、“妇女之友”等评选活动的基础上，继续深入开展“爱心妈妈”、“百岗助百户”活动、“流动妇女平安之家”、“单亲母亲俱乐部”等活动，使百名单亲母亲得到扶助，并得以创业，百名困难学生得到资助。落实“十一五”妇女儿童发展规划，顺利完成中期监测评估工作。

（倪晓燕）

【妇联品牌服务奥运】 “巧娘工作室”是妇联通州区手工加工业的品牌之一，服务奥运工作中作出了突出的贡献。北京奥运会和残奥会期间，在区妇联的积极协调下，以景泰蓝传统工艺制作闻名的王春霞“巧娘专卖店”开到了“鸟巢”对面的民族园，将产品推向奥运市场；奥运会开幕式礼仪小姐所用绢花是漷县镇的杨秀芬组织近千名妇女生产的，残奥会开幕式使用的四季花卉、闭幕式上从天而降的600万片枫叶全部出自通州巧娘的巧手；漷县镇草厂村吕秀荣的鲜切花走进奥运媒体村、北苑街道辖区妇女做的福牛人偶道具等都在奥运会上展示。

（倪晓燕）

【二届七次执委会】 2月9日，通州区妇联召开二届七次执委会。43名执委参加此次会议。审议通过替补区妇联二届执委一名。通过了执委会工作报告及《关于动员组织全区广大农村妇女积极参与社会主义新农村建设的实施意见》。

（倪晓燕）

【庆“三八”系列活动】 纪念“三八”国际劳动妇女节98周年，开展丰富多彩的活动。纪念“三八”国际劳动妇女节98周年庆祝大会在解放军陆航学院礼堂举行。会上，表彰了2007年度妇联系统就业带头人、“五好”妇女组织，妇儿工委先进集体和个人；表彰了妇女就业带头人、巾帼文明岗、妇女之友等先进集体和先进个人，编排了一台精彩的文艺节目。3月4日在东方宾馆举行庆“三八”礼仪大讲堂，邀请中央电视台著名化妆师徐晶老师给全区200余名女处级领导干部和妇女干部讲解礼仪知识。加强宣传报道力度，利用“三八”节重要时段，向社会宣传优秀妇女及妇女组织。与通州区电视台共同举办题为“展巾帼风采，建和谐通州”的专题片，录制巾帼文明岗——百岗助百户优秀单位——职介中心，全国五好文明家庭——于桂华；区十大爱心妈妈——张立苹等先进典型。

（倪晓燕）

【“巾帼建功”活动】 深化“巾帼建功”活动，调动城乡妇女群众为通州新城建设贡献力量。倡导行业女性岗位建功，带领城镇女职工打响城市文明品牌。在奥运会倒计时百天之际，召开通州区“迎奥运、讲文明、树新风”“巾帼建功”活动推进大会， 会上，表彰了全国巾帼文明岗4个，北京市巾帼文明岗12个，北京市巾帼建功标兵11名；通州区巾帼文明岗66个，通州区巾帼建功标兵65名。奥运会后，评选出市级三八红旗集体10个，市级三八红旗奖章20个，奥运巾帼奉献者30个。继续深化“百岗助百户”活动，巾帼文明岗与单亲母亲手拉手。活动开展4年来，巾帼文明岗与单亲家庭建立了深厚的友谊，区妇联将帮扶过程中涌现出的感人故事编辑成《牵手》一书，于2月28日出版发行，在中仓街道举行赠书仪式。

（倪晓燕）

【“药监杯”知识竞赛活动】 4月4日，北京市药品监督管理局通州分局、通州区安全生产监督管理局、通州区妇联联合举办“药监杯”知识竞赛活动。在“世界家庭日”即将到来之际，《通州时讯》刊登通州区“药监杯”家庭安全教育知识竞赛题，发行4万份。区妇联印刷6万份。5月10日在财政局举办通州区“药监杯”家庭安全教育知识竞赛活动，来自通州区各乡镇、街道办事处的15个家庭组合参赛，来自全区的家庭代表200多人参加了活动。通过激烈的竞赛，最后评出一等奖3名、二等奖6名、三等奖6名。并抽取100名优秀参与奖。

（倪晓燕）

【“六一”系列活动】 “六一”前夕，区妇联主席张小艳带队走访慰问全区31户贫困家庭儿童。给他们每人带去300元慰问金和英汉大词典等学习用具。区妇联到东里幼儿园、梨园中心幼儿园等单位进行慰问；在市妇儿工委的帮助下向立华小学发放图书5400册，价值6万元；6月11日中国儿童救助会到通州区七彩小学进行“让我玩”项目评估验收；6月23日，耐克公司负责人俞菲带领5位欧洲学生到七彩学校，与七彩学校初中一年级学生举行非常丰富的“让我玩”项目活动。打工子弟学校的学生充分体会到欧洲学生的活泼、奔放、热情的精神。

（倪晓燕）

【“五好文明家庭”创建活动】 深化“五好文明家庭”创建工作，推动农村精神文明建设稳步发展。区妇联印制通州区和谐家庭指标体系标准年画4万张，发放到家庭中。年内评选表彰100户“和谐家庭示范户”；评选表彰“老街坊文明一条街”100条。10月7日在西集镇东辛庄村举行“老街坊一条街”授牌仪式。区妇联编辑出版歌颂好街坊之间邻里互助、团结友爱、高尚情操为主要内容的《街坊》一书，发至部分乡镇、街道家庭中，组织学习座谈等活动。

（倪晓燕）

【二届八次执委会】 10月23日，召开通州区妇联二届八次执委（扩大）会。会议表决通过了赵淑青为通州区第二届妇女代表大会执委、常委、副主席的决定；推选表决出席北京市第十二次代表大会代表名单。

（倪晓燕）

【"爱心妈妈"活动】 10月23日上午，举行"爱心毛线发放仪式。"会上将毛线发放给到会的爱心妈妈代表，她们将用辛勤的双手织成漂亮的毛衣送给通州区的孤残、贫困、单亲儿童。12月3日，在"国际志愿者日"即将来临之日，区妇联组织全国"三八红旗手"、"爱心妈妈"代表敖淑明、张立平等到通州区福利院看望慰问70多名孤残儿童。

（倪晓燕）

【"牵手、感恩、让曙光传递"慰问活动】 11月23日，由区妇联、台湖镇妇联与中国儿童基金会、北京肯德基公司、中国农业大学、北京林业大学共同举办的主题为"牵手、感恩、让曙光传递"的慰问活动在台湖镇举行。来自多所高校的大学生和台湖镇20名贫困家庭的学生们在活动中通过互相沟通、交流，讲述他们在成长过程中自立、自强、自信的小故事。大学生和台湖镇的小同学们自愿结成互助对子，互相交换礼物和联系卡。中国儿童基金会、北京肯德基公司通过曙光基金向台湖镇的20名贫困家庭的学生发放慰问金和慰问品。

（倪晓燕）

【安康快告栏】 年内，配合中国儿童基金会在通州区较大社区安装"安康快告栏"102块，单价16000元，总价值1616000元。安康快告电子屏上设有天气预报、日历时间、生活贴士、打折信息、租赁转让、警情、菜市行情等信息。

（倪晓燕）

【开展双拥活动】 学习周波烈士舍己救人精神，开展八一慰问活动。区妇联慰问周波烈士父母，并组织通州孩子及其父母开展认亲活动；八一前夕，通州区女党员、女能人代表在区妇联主席张小艳的带领下，慰问担负奥运安保任务的周波生前所在部队；区妇联评选表彰通州区第六届好军嫂25名，邀请中央电视台主任化妆师徐晶，为陆航学院官兵讲座。

（倪晓燕）

【二届九次执委（扩大）会】 12月30日，召开通州区妇联二届九次执委（扩大）会。会上审议通过朱京萍为区妇联二届执委、常委、副主席；审议通过替补区妇联二届执委；审议通过召开通州区第三次代表大会（草案）等。

（倪晓燕）

通州区工商业联合会

【概　况】 2008年，区工商联在区委统战部的具体领导下，围绕区委、区政府的中心工作，充分发挥自身优势和作用，不断创新工作思路和服务方式，团结和带领广大非公经济代表人士在建设北京新城区，服务奥运和构建社会主义和谐社会中取得新的成绩。

（蔡锐进）

【领导班子成员称谓变更】 1月11日，区委组织部和区委统战部联合下发《关于北京市通州区工商业联合会领导班子成员称谓变更的通知》。通知要求根据中共北京市委组织部、中共北京市委统战部《关于北京市及区县工商业联合会领导班子成员称谓变更的通知》要求，北京市通州区工商业联合会领导班子成员称谓由现在的会长、副会长变更为主席和副主席。

（蔡锐进）

【举办劳动合同法培训】 1月15日，区工商联举办《中华人民共和国劳动合同法》培训讲座。80余家会员企业及区私个协的部分企业负责人和有关人员共100多人参加培训。培训针对企业的实际，从法律和人力资源管理的视角向参加培训的人员讲解劳动合同法立法背景、适用范围、违法责任、合同履行走向与法律运用等要点，并从与劳动行政管理部门协调关系的视角，针对企业内部状况和经营管理特点，选取具有说服力的案例对企业如何制定劳动用工政策提出建议。培训会现场解答培训人员提出的在实际工作中遇到的相关问题。11月21日，区工商联与区台办、区私个协联合举办本年第二期劳动合同法和《中华人民共和国劳动争议调解仲裁法》知识讲座。近60家企业负责人和有关人员共80余人参加培训。本期讲座，重点围绕《中华人民共和国劳动合同法》和《中华人民共和国劳动争议调解仲裁法》实施以来在劳动仲裁中的常见问题和具体案例，就企业劳资双方订立劳动合同时应注意的问题以及劳资双方如何凭借法律维护自身合法权益等一系列备受企业关注的话题进行讲解和详细分析。

(蔡锐进)

【慰问非公经济代表人士】 1月27日，区政协副主席、区委统战部部长李淑华等，在区工商联领导的陪同下，慰问了本区非公经济部分代表人士，送去慰问品和专为他们精心制作的书法牌匾。

(高志民)

【慰问原工商业者、"三小"会员】 春节前夕，区工商联走访慰问了原工商业者、"三小"会员及遗孀。为17户困难家庭送去困难补助及慰问品2.7万元，为6户原工商业者骨干送去节日慰问补助45000元。

(李淑平)

【市联领导到会员企业调研】 2月29日，北京市工商联副主席李燕平等一行深入通州民营企业调研。先后到北京巨星物资有限公司、北京华强京工机械制造有限公司与企业家座谈，了解企业营销、资金运行、投资发展、科技创新等方面的情况。4月10日，市工商联副主席王克林等一行对会员企业开展工商联系统首都文明单位创建情况进行调研。市联领导实地考察了3家会员企业开展精神文明创建工作情况。11月21日，北京市工商联党组书记第一副主席吴杰、副主席王克林到通州区工商联调研，与特邀的15家制造业民营企业家就国际金融危机对制造行业的影响进行了座谈。与会者对在金融危机影响下遇到的困难以及采取的应对措施进行了交流。

(高志民　蔡锐进)

【召开九届三次执委会】 4月30日下午，区工商联召开九届三次执委会。会议总结了上年工作，部署了本年的各项工作。大会对84家2007年度区工商联系统的"优秀会员企业"、"诚信纳税先进会员企业"、"质量工作先进会员企业"、"就业先进会员企业"和"档案管理先进会员企业"进行表彰。市工商联相关领导、区委统战部副部长刘景龙等出席会议。区工商联九届执委、乡镇联络干部及受表彰单位代表110余人参加会议。

(蔡锐进)

【组织会员企业为地震灾区捐款】 5月15日，区工商联举行会员企业赈灾捐款启动仪式。截至5月22日下午16时，据不完全统计，区工商联会员企业和员工通过区工商联向区红十字会捐款4031860元，捐物价值1239930元。

(蔡锐进)

【组织新税法培训】 5月15日，区工商联与区台办、区地税局联合举办新税法培训班，50家企业参加培训。在培训班上，区地税局的有关人员从税收要素、所得税发展过程、新税法实施背景及规定等方面，为与会企业进行详细讲解。与会企业进一步增加了守法经营、依法纳税的自觉性。

(郭金燕)

【举办食品生产安全考察交流活动】 6月24日，区工商联举办有15家会员企业参加的食品生产安全考察交流活动。活动以"迎奥运，讲诚信，保安全，展形象"为主题，进一步引导和帮助涉及食品、餐饮等行业的会员企业做好奥运期间的食品生产安全工作，确保“平安奥运，和谐奥运”目标的实现。在交流座谈中，区工商联从强化法制观念、加强内部管理、严格操作规程、规范食品流通、构建良好的餐饮消费环境等五个方面提出要求。

（蔡锐进）

【召开纪念建党87周年表彰会】 6月28日，区工商联举行纪念建党87周年表彰会，对在区工商联党组开展的先进党支部、支持党建工作先进个人、优秀党务工作者、优秀共产党员和“五月党建活动月”活动中涌现出的一批先进党支部、支持党建工作先进个人、优秀党务工作者和优秀共产党员进行了表彰。区委组织部常务副部长刘瑞祥、区委统战部副部长刘景龙出席会议。

（蔡锐进）

【举办纪念改革开放30周年座谈会】 7月10日，为纪念改革开放30周年，引导广大非公经济人士立足新形势、新起点、新理念，进一步提高贯彻落实科学发展观的能力，努力争做“爱国、敬业、诚信、守法、贡献”的优秀社会主义事业建设者，促进本区非公经济又好又快发展。区工商联召集部分非公经济代表人士，举办了纪念改革开放30周年座谈会。在座谈中，与会人士结合切身经历，回顾了我国改革开放30年的历程，畅谈了非公经济取得的巨大成就。市工商联副主席王克林、区委统战部常务副部长马国英出席座谈会。

（蔡锐进）

【举办会员企业融资推介会】 11月26日，区工商联与建设银行通州区支行联合举办服务会员企业融资推介会。近30家会员企业的相关负责人参加会议。推介会上，建设银行通州区支行的有关领导向与会人员介绍了该行为解决中小企业融资难题所推出的系列融资产品，重点介绍了个人助业贷款业务。

（蔡锐进）

通州区残疾人联合会

【概　况】 2008年，通州区残疾人工作坚持以人为本的科学发展观，以迎接奥运会、残奥会成功举办为契机，扎实工作，开拓创新，各项工作有了新进展，残疾人热点和难点问题得到有效解决，残疾人群体保持稳定，残疾人工作的有效开展为构建和谐社会做出了贡献。

（高锦霞）

【康复工作不断发展】 2008年，实施残联系统康复人才培养规划，区残联对300名基层康复工作管理人员进行培训。认真落实北京市残疾人社区康复达标区标准，区残联和区卫生局规范和完善社区康复指导站建设，健全完善各项管理制度，积极推进争创市级达标区工作。全年建立康复需求档案13526个，为贫困残疾人免费发放中、小型辅助器具32种4200件，实施白内障复明手术157例，为聋人配用助听器62个，为贫困残疾人免费装配假肢26个，减免费送13名贫困精神残疾人和2名成年智力残疾人到工疗基地接受康复。新建34个社区康复站、24个卫生康复站和13个残疾人职业康复站，对30名盲人进行定向行走训练。

（高锦霞）

【社会保障进一步加强】 2008年，落实有关政策，全区有3445名残疾人享受最低生活保障，2598名残疾人享受农村和城镇特困补助，3409名无业无固定性收入重残人享受生活补助，258名城市重残人享受生活补助，为城镇20户低保家庭落实廉租房政策，为1800名城镇劳动年龄段内无业残疾人办理大病医疗保险，对73户农村贫困残疾人家庭危房进行修缮或改建。认真贯彻实施北京市《进一步加强“温馨家园”建设的意见》，对已经建立的“温馨家园”进行规范化管理，并新建两个“温馨家园”和1个爱心超市，对210名残疾人及其家庭成员进行农村实用技术培训。筹资40万元扶持112名农村残疾人从事种养业和多种经营，新安置528名残疾人就业，对111户重残人家庭进行无障碍改造。

（高锦霞）

【加强维权工作】 2008年，进一步深入学习贯彻《北京市信访条例》及通州区信访排查调处工作会议精神，办理残疾人来信5封，接待来访235人次，为残疾人提供法律咨询等38件次，6名残疾人得到法律援助服务。

（高锦霞）

【完成基础信息采集录入】 2008年，通州区制定《通州区残疾人基础信息管理系统实施方案》，并召开专题会议进行布置。下发工作经费，配备办公设备，抽调一批村官和残疾人专职委员参与信息采集和录入工作。采集录入残疾人基础信息13526人，其中男8002人，女5524人。各级残联残疾人工作者的基础信息60人，完成对3351个残疾人家庭无障碍改造需求调查。

（高锦霞）

【社会重视助残日】 助残日期间，全区各级党委、政府领导和各级残疾人组织走访慰问残疾人1800户，为他们送去慰问款物合计100多万元。区红十字会向区残联捐赠1600袋米、面，800桶食用油。区政府信息中心、中国移动通信集团北京分公司通州公司和区残联为残疾人举办通信、信息知识讲座，并向50名残疾人赠送“爱心家园通信卡”，向5名贫困残疾人赠送5部手机。中国工商银行通州支行为残疾人提供优质体贴的奥运无障碍金融服务。永乐店镇残联向陈辛庄残协食用菌种植基地的50户残疾人种植专业户发放菌棒和肥料，折合人民币5.88万元。漷县镇草厂村30名党员和30名残疾人结为“一助一”助残对子并举行结对仪式，签订帮扶责任书。

（高锦霞）

【扶残助学工程】 2008年，继续开展扶残助学工程，对申请资助的学生开展调查登记工作，对象是全区享受城镇和农村最低生活保障待遇的贫困残疾人子女及在校高中生（含中专、技校）、大学生和在校肢残人高中生（含中专、技校）。2008年全区有享受低保的残疾人子女在校大学生78人，补助金额78000元；享受低保的残疾人子女在校高中生168人，补助金额87000元；残疾人在校高中生27人，补助金额14500元；全区新录取残疾人大学生16人，补助金额56000元，全年发放扶残助学资助款235500元。

（高锦霞）

【规范盲人按摩机构】 全区现有19家盲人按摩机构。2008年，在完成年审的同时，逐一进行规范化管理，对按摩机构法人、从业人员进行详细登记、建档、建卡。重点建立5家盲人保健按摩示范店，分别对店面、环境布局进行改造和重新调整，统一制作标识牌、配发更新40张保健按摩床、19张足疗按摩床、13张足疗按摩床茶几和其它配套用品299件，为41名盲人保健按摩师和9名服务员配备工服。积极鼓励、支持视力残疾人参加技能培训，有4人取得中级职称。通过推荐，有2人在市里就业，2人回通州就业。选送4名优秀选手参加北京市迎奥运窗口行业职业技能竞赛。为19家盲人按摩机构和盲人按摩个人及部分视力残疾人配发360台有声及带盲文按键的专用电话机。

（高锦霞）

【残保金审核工作】 2008年残保金审核单位1.8万余家，收取残疾人就业保障金4600多万元，新安置残疾人就业290人。

（高锦霞）

【开展感觉残奥会系列活动】 年内，按照“两个奥运、同样精彩”的目标要求，通州区以

"超越、融合、共享"为主题，组织残疾人参加丰富多彩的活动，让残疾人走出家门，真正体验残奥会，通州区采取街道以残疾人家庭自主参与、自行前往为主，集体组织为辅；乡镇以集体组织为主，残疾人家庭自主参与、自行前往为辅的方案。在方案实施工程中，特别照顾出行困难的盲人和肢残人融入社会，感受残奥会。此次活动组织3万人次的残疾人及有关人员参加。主要活动项目有：通州区残疾人文艺汇演，残奥知识百题答卷，参观残奥知识宣传墙，体验王府井、大栅栏老北京文化活动特色，到天安门、故宫、首都博物馆、长城体验无障碍建设，参观国际展览中心举办的国际辐祉展览、观看庆残奥文艺演出的预演、参观本区温馨家园、职业劳动康复站技能展示和通州区新城建设及无障碍设施建设。

（高锦霞）

通州区科学技术协会

【概　况】 2008年，区科协全面贯彻落实党的十七大会议精神，以科学发展观统领科普工作全局，以落实《全民科学素质行动计划纲要》和服务通州新城区和新农村建设为工作主线开展科普工作。年内，全区共有9个专业技术学会、协会，4个街道办事处科协、11个乡镇科协、3个企业科协。

（马振英）

【召开科普工作会暨创建全国科普示范区表彰大会】 3月13日，通州区科普工作会暨通州区创建全国科普示范区表彰大会在区东方宾馆会议中心召开。市科协党组书记、常务副主席田小平，区领导邓乃平、杨林、张秀余、于世疆以及全区专兼职科普工作者180余人参加会议。会上，田小平代表中国科协向通州区授予"全国科普示范区"奖牌；对在创建科普示范区工作中做出贡献的北苑街道等20个先进集体、区科委副调研员任中平等65名先进个人以及在创建过程中评选出的北苑街道果园西社区等12个科普示范社区、台湖镇台湖村等40个科普示范村、台湖生态观光农业科普示范基地等14个科普示范基地、北京潞河中学等10所科普示范校进行表彰。

（马振英）

【举办书画科普理论讲座】 3月18日，区科协聘请科普专家、中国科学院科技政策与管理科学研究所朱效民博士为区运河书画研究会的200多名会员进行科普书画创作理论讲座。通过讲座，广大书画爱好者找到了书画和科普的结合点，为今后参与科普宣传工作提供了理论指导。

（马振英）

【第十届北京科普之春暨通州区文化科技卫生三下乡启动】 3月21日，第十届北京科普之春暨通州区文化科技卫生三下乡启动仪式在台湖镇举行，中国科协、市科协、市农委、通州区主要领导以及中国农业大学、北京市农林科学院、北京老科技工作者总会的专家、通州区"三下乡"成员单位领导出席启动仪式。仪式活动中，举办了大型奥运、科学健身图片展览，专家送医义诊，科普展板展览展示，有奖竞答，现代农业农民培训基地揭牌，运用远程教育网络开展新型农民（村官助理）培训，专家入户技术指导，《农民科学素质读本（政策法规篇）》、《农村应急手册》首发，赠送科普图书、农业技术书籍等科普器材和资料，现场文艺演出等活动。近千名公众参与了活动。

（马振英）

【组织参与第28届安捷伦北京青少年科技创新大赛】 3月21日至23日，在第28届安捷伦北京青少年科技创新大赛活动中，通州区积极参与活动，认真部署，全区收集科技创新竞赛项目57个，科技实践活动5个，少年儿童科学幻想绘画90余幅。其中“通州区水源地供水安全调查及对策研究”获市级一等奖、“鲜花保鲜实验研究”获市级二等奖；荣获“十佳科技辅导员”1人、“十佳优秀科技实践活动”1项。通州区荣获本届大赛活动优秀组织奖。

（马振英）

【百万家庭数字生活技能大赛获佳绩】　4月11日至5月11日，区科协充分发挥本地区、本单位的资源优势，联合区信息中心、区妇联等单位将推动“百万家庭数字生活技能大赛活动”与开展“科普特色学校”活动及“惠农数字科普图书馆”活动紧密合，扩大了2008年大赛活动的参与人群和信息惠民的受众面，进一步推进了和谐家庭、和谐社会的建设。决赛中，通州选派的家庭代表队在18个参赛队中脱颖而出，获全市总分第一名。区科协获组织工作一等奖。

（马振英）

【举办惠农数字科普图书馆暨数字家园信息员培训会】　区科协围绕公众科普文化需求，改善村级现代科普设施，开通了惠农数字科普图书馆资源。4月15日、22日区科协、区信息中心、区农委合作在区老干部局电教培训室举办两期惠农数字科普图书馆和数字家园信息员培训，来自47个村的站点管理人员和村官60余人参加培训。

（马振英）

【举办新型农民养殖技术培训班】　4月18日，区科协、区养殖中心和区生猪产业协会联合举办通州区“科技套餐配送”暨新型农民养殖技术培训班开课仪式。仪式后，区科协、区养殖中心与北京畜牧兽医学会合作为区养殖户进行系列培训，充分调动“科技套餐工程”的各种科技资源优势为广大农民服务。

（马振英）

【组织科普工作者进行科普考察】　4月28日，区科协组织科普工作者到深圳市全国科普示范社区先进单位进行参观、学习和交流。考察团参观了深圳市南山区南头街道办事处星海名城社区的科普宣传长廊和宝安区新安街道宝民社区科普一条街等社区科普建设，与当地科普工作者就如何开展社区科普进行深入交流。11月30日，区科协组织科普工作者到广州市广东科学中心进行科普考察。广东科学中心是广东省委、省政府建设的大型公益性科普教育基地，具有科普教育、科技成果展示、学术交流和休闲旅游四大功能。

（马振英）

【举办通州科普书画艺术展览】　5月15日，2008年北京科技周——通州科普书画艺术展开幕式在区科技馆举行。本次活动由区科协主办、区老干部局和区老年书画研究会承办。区各界领导、科技工作者、书画艺术家以及对通州科技、经济、文化事业做出贡献的老领导出席开幕式，并与社区居民一同参观书画艺术展览。在为期一周的展出期间接待参观者600余人。

（马振英）

【北京市少儿科普阅览中心通州分中心成立】

5月22日，北京市少儿科普阅览中心通州分中心举行开馆典礼。通州少儿科普阅览分中心位于通州区图书馆一层，面积340平方米，藏书2.4万余册，视听资料2000张（件），少儿多媒体视听设备10台，阅览座位90个，由书刊借阅、科普活动、低幼阅读、少儿多媒体视听四个部分组成。它的建立为全面提升通州区少年儿童的科普认知能力、科普创新能力开辟了一个科普教育基地。

（马振英）

【举办永乐店镇鲁城村蔬菜种植技术培训班】

5月30日，根据区永乐店镇鲁城村广大蔬菜种植户的需求，区科协聘请北京农科院蔬菜所甜瓜专家陈春秀、区蔬菜专家崔秀荣到该村举办蔬菜种植技术培训班。在培训课上农民与专家积极互动交流，提高了学习效果。区科协聘请蔬菜专家对村民进行每月1次的系统培训和实地技术指导。

（马振英）

【宣传普及地震应急避险知识】 5月，区科协通过科普网站、科普画廊等科普设施以及发放挂图、手册、折页等形式宣传地震应急避险的科普知识。

（马振英）

【举办户外科普设施研讨会】 6月5日，通州区户外科普设施研讨会在区科协科技馆举行，市科协科普发展中心副主任潘梅带领科普专家与区科协有关工作人员就通州区户外科普设施建设项目进行研讨。各位专家对通州户外科普实施建设提出建议，确定了以运河文化为主题，集独特性、创新性、知识性、安全性、趣味性、益民性为一体的户外科普设施建设思路。

（马振英）

【加强网站合作】 6月，区科协与八通网站合作，将通州科普网与八通网互联。通州科普网拥有10万册电子图书、4000种电子期刊、30部数字电影、200个数据库、100个多媒体课件库以及科普动漫等科普资源。与八通网站的合作，实现了网站之间的资源共享，扩大了科普宣传范围，创新了科普工作的新途径。

（马振英）

【2007年科普惠农工作通过验收】 7月10日，市科协组织专家组对通州区“科普惠农兴村计划”项目获奖的先进集体和个人进行验收。验收会上，区科协汇报了通州科协落实“科普惠农兴村计划”项目的总体情况，获奖的先进集体和先进个人代表就项目的实施情况进行了汇报。专家验收组听取了项目验收报告，审查了项目实施有关资料并进行了专家问答，实地考查了张家湾葡萄种质资源基地的惠农数字科普培训室、科普图书室、科普画廊等科普设施，一致同意通过验收。

（马振英）

【支持农村科普基地建设】 8月，区科协实施“科普惠农兴村计划”资金支持，拨付科普资金45万元支持通州区观赏鱼协会、北京华源发苗木花卉科普展示基地、通州区可再生能源科普教育基地开展科普工作。各基地根据各自的实际情况添置科普培训设备、科普展具和展品，开展科普培训、讲座等科普活动。

（马振英）

【举办优秀科教影片巡演活动】 9月1日，区科协组织的优秀数字科教影片巡演活动正式启动并首次走进企业，宋庄镇北京圆领部落有限公司和北京同仁堂亚威制药两个企业近150名员工观看科教片《紧急避险》。此后，区科协陆续组织8部《健康卫士》、《林巧稚》以及部分农村实用技术题材的科教片和优秀影片进入企业、村镇和校园，为公众送去数字科普视听服务，对丰富外来务工人员业余生活、提高科学素质、促进和谐健康发展起到积极的作用。

（马振英）

【举办青少年科学调查体验活动】 9月20日，由区科协主办、通州第三中学承办的“认识粮食小实验”科普实验活动在通州第三中学化学实验室进行。100余名师生参加此次实验活动，进行 “新米陈米速测”、“土豆为什么会变色”、“储存粮食小实验”等12个与粮食有关的趣味实验。同学们精心实验，认真观察，记录数据，并撰写实验论文。通过活动，增强了青少年动手动脑的能力，培养了他们节约粮食、合理膳食的行为。

（马振英）

【组织师生参加全国科普日宣传活动】 9月19日、24日和25日，区科协分别组织运河中学、台湖学校、通州三中、通州四中的3000名师生，到中国科学院植物研究所香山北京植物园参加全国科普日活动。学生们以游园方式自由参与主题展览活动区、动手体验区、美好生活活动区、科技成果体验区、科普游园活动区和科技行动区6个区域的50多项互动式科普活动。

（马振英）

【举办“大手拉小手——科技专家进校园”科普报告会】 10月22日，区科协与市科协青少部在区运河中学、运河小学、台湖学校、龙旺庄小学、北京市二中通州分校联合举办“大手拉小手——科技专家进校园”科普报告会。中国科学院国家天文台研究员、博士生导师、老科学家科普演讲团成员李竞，中国科协青少年部专家委员会委员、中国科学院老专家演讲团成员周又红等5名专家分别到5所学校进行科普讲座。专家们深入浅出的讲解，激发了学生们参与科技创新实践活动的强烈兴趣。

（马振英）

【启动通州区2008年社区科普益民计划】 10月23日，区科协在北苑街道新北苑社区启动2008年通州区社区科普益民计划。该计划是区科协在市科协和市财政局的大力支持下，重点实施的落实《全民科学素质行动计划纲要》的一项务实之举。经过市科协、市财政局专家组的认真评审，新北苑社区、天桥湾社区被评为市优秀科普社区，紫荆雅园社区、群芳园社区获得市重点新城新建社区资助，北苑街道办事处科普志愿者张赢等5名社区科普志愿者被评为市优秀科普宣传员，通州区科技馆被评为市优秀科普场馆，北苑街道复兴南里社区被评为市户外科普园地。

（马振英）

【推进数字科普资源进社区建设】 12月10日，区科协举行通州区数字科普图书馆资源入户工程启动仪式，区委宣传部、区政府办公室、区财政局、区民政局、区信息中心等单位负责人和相关街道办事处、乡镇的社区负责人参加启动仪式。通州区数字科普图书馆资源入户工程主要内容包括安装电脑、组网、注入数字科普资源。

（马振英）

【户外科普园地“七彩世界”向公众开放】 12月22日，区科协在北苑街道复兴南里小区举行北京社区科普益民计划之户外科普园地揭牌仪式。市科协副主席周立军，区领导张文山、于世疆等出席活动，市科协、区科协、北苑街道的机关人员及通州区社区专职工作者代表和居民代表参加了揭牌仪式。“七彩世界”是区科协在全面落实社区科普益民计划中，在市科协的资金和技术支持下，投资40万元建成的全市首批户外科普园地四个试点之一。科普园地以七彩世界为主题，以色、光为主要内容，解析色光的光源、光的吸收与反射、衍射、光的穿透力等色光知识。主要包括5组7件展品：彩虹喷泉、三棱镜、三色旋转座椅、紫外线测试和杀毒仪、知识树（3件）。揭牌仪式后，“七彩世界”正式向居民开放。

（马振英）

【开展科技帮扶工作】 年内，区科协根据区新农村建设的标准和帮扶村实际需求，组织有关人员积极开展帮扶工作。为提高永乐店镇鲁城村村民科技文化素质，投资3万元为帮扶村建立数字科普图书馆；拨付5万元建设村里的科普设施，并聘请农科院蔬菜所专家、区农业技术指导员进村指导，对农民进行培训。

（马振英）

通州区红十字会

【概　况】 2008年，通州区红十字会坚持以人为本，大力弘扬“人道、博爱、奉献”精神，突出抓好抗震救灾、服务奥运、卫生救护知识培训、国际人道法及红十字运动基础知识传播等主要工作，在汶川抗震救灾中积极筹款募捐，北京奥运会期间，抓住机遇，充分发挥红十字会品牌效力，形成“社会积极支持，群众广泛参与”的崭新局面。

（杨　光）

【两节送温暖活动】 1月3日，区红十字会2008年“送温暖月”活动启动。此次活动，区红十字会投入救助金40余万元，受助对象涉及全区2500余户，救助范围以城镇低保户、低保边缘户及因大病致贫户为主，其中包括200名贫困家庭的学生和100个单亲家庭的贫困母亲。成立15支由各委办局红十字会组成的慰问小组，分赴农村和社区开展送温暖活动，确保对困难群众救助的全覆盖。

（杨　光）

【慰问周波烈士家属】 2月22日，区红十字会主要领导到北京卫戍区驻通某部，慰问因勇救落水儿童光荣牺牲的首都警卫战士周波烈士父母，并送去慰问金一万元。

（杨　光）

【召开第二届理事会第三次（扩大）会议】 2月29日，区红十字会召开第二届理事会第三次（扩大）会议暨红十字会系统2006～2007年度先进集体和先进个人表彰会。会上聘请区委书记王云峰为通州区红十字会名誉会长，通过了《关于更换理事、常务理事的决议（草案）》和区红十字会工作报告。随后，区红十字会、区人事局联合对2006～2007年度红十字会系统的40个先进集体和61名先进个人进行了表彰。

（杨　光）

【区首家社区红十字会成立】 4月14日，区首家社区红十字会——中仓街道西营社区红十字会正式成立。来自全区各街道、乡镇的红十字会相关工作人员参加社区红十字会成立现场会。会议审议并通过了《中仓街道西营社区红十字会选举大会选举办法》、《理事、会长、秘书长建议名单》和《总监票人、监票人建议名单》。大会对西营社区红十字会的理事、会长和秘书长候选人进行选举投票。5月，中仓街道其余15个社区也全部经选举成立社区红十字会。中仓街道红十字会成为全区首个成功架设街道、社区两级红十字工作框架的实践先例，确保了社区红十字会与和谐社区建设工作的有效衔接，为开展红十字工作打牢了组织基础。

（杨　光）

【开展“汶川救援”行动】 5月12日四川省汶川县发生8.0级地震灾难后，区红十字会积极响应中国红十字会、北京市红十字会号召，召开紧急会议研究部署赈灾工作，在全区启动“汶川救援行动”，呼吁全区人民为地震灾区募捐。区红十字会先后与统战部、台办、工商联、文联、美术家协会、芒肯网络公司、天使宝贝幼儿园、福兰德超市等20余家单位联合开展形式多样的赈灾募捐活动。为了方便群众捐款，区红十字会启动三辆贴有红十字标志的捐赠车，到城区繁华地段开展流动募捐。在接收捐赠款物时，区红十字会在环节上严格程序，做到手续完备、账目清楚，账款、账物相符，保证物资及时运送，并对所有前来红十字会捐款、捐物的单位、个人开具正式发票，为捐款500元以上的个人和捐款1万元以上的单位颁发募捐证书。同时，区红十字会与区电视台、报社联系，建立公示制度，提高透明度，将每日接受捐赠款物情况及时向社会公布。经区审计监察部门检查验收，整个募捐工作合法合规。在抗震救灾活动中，区红十字会共接收社会捐款1960余万元，捐赠物资价值340余万元，位居全市18个区县前列并荣获北京市红十字会授予的“抗震救灾最佳组织奖”称号。同时，区红十字系统获得北京市红十字会授予的抗震救灾志愿服务组织奖5个，抗震救灾优秀志愿者10名，先进个人10名，先进集体10个。这是区红十字会建会以来开展的规模最大、效果最好的一次募捐救援行动。

（杨　光）

【“博爱在京城”募捐款物140余万元】 4月，区红十字会在全区发起“博爱在京城”募捐救助活动，各基层红十字组织共同努力开展活动，社会各界广泛参与，区红十字会共接收募捐款104万元，捐物折合人民币近40万元，为全年开展救灾救助工作提供了有力的资金和物质保障。

（杨　光）

【救灾救助工作】 年内及时救助因房屋倒塌、火灾、大病、贫困助学等各种面临生活困境的弱势群体，发放救助款物110余万元，330户家庭得到有效的救助。同时加强专项救助："七一"前夕，配合区委组织部慰问建国前老党员和优秀党支部书记，为111名老党员和优秀党支部书记送去米、面、油等慰问品；"九九"重阳节来临之际，在中医医院的配合下，慰问西集镇曹刘各庄村的老人，为150余名老人做健康检查，并为该村19位80岁以上老人和5位残疾人送去价值近万元的慰问品和轮椅；协调北京雅视眼镜公司为全区老年朋友免费发放6000副老花镜，价值18万元；中秋节期间，在通州公安分局的支持下，区红十字会主要领导看望了通州公安分局看守所、拘留所在押服刑人员，让他们安心改造，争取早日回归社会。

(杨　光)

【开展主题宣传活动】 "五八"红十字日、世界急救日期间，区红十字会组织各乡镇、街道办事处红十字会分别开展以"携手人道，服务奥运"、"救助生命"为主题的宣传活动。现场救护知识演示和红十字急救队灾情救援应急处理表演被引入活动现场，受到广大群众的欢迎。活动中发放近万份《中华人民共和国红十字会法》、《红十字知识问答100问》、《常见急症处理方法》、《中华人民共和国献血法》等宣传材料。

(杨　光)

【召开第二届理事会第四次会议】 7月18日，区红十字会召开第二届理事会第四次会议。会上通过了《关于更换理事的决议（草案)》和《关于更换通州区红十字会常务副会长的决议（草案)》，新任常务副会长安志江作了题为《红十字会抗震救灾工作总结及下半年工作重点》的报告。

(杨　光)

【开展奥运服务工作】 年内，先后在奥运驾驶员志愿者、奥运城市志愿者、消防队员中开展自救互救培训班，收到良好效果。同时，区红十字会成立并复训了17支由乡镇、街道办事处干部，社区工作者、村委会干部及市、区属医院优秀的年轻医务人员共170余人组成的红十字应急服务队，为他们配备了服装和必备应急物品。联合区卫生局、各个街道办事处启动红十字社会志愿者服务日活动，全区78个红十字奥运服务站开展公共卫生保障、健康咨询、奥运知识、红十字知识宣传等多项红十字志愿服务。奥运会、残奥会期间，有1000名红十字社会志愿者在78个站点为10余万社区居民及病人提供优质服务。区红十字会系统有19人、3个红十字服务站点受到中国红十字会和北京市红十字会的通报表彰。

(杨　光)

【培训初级急救员3500人】 年内，区红十字会积极组织各乡镇、街道、企业、学校等单位举办急救知识与技能取证培训班，培训初级急救员3500余人，超额完成市会下达的任务。

(杨　光)

【普及健康和急救知识】 为增强全区百姓的健康文明意识，提高百姓的生活、生命质量，提高人们的自救互救能力，区红十字会联合中医医院、京通医院，在4个办事处辖区内开展健康宣传、咨询义诊和健康知识讲座。并首次进入村庄——梨园镇大稿村，为村民传授自救互救及常见病的预防与处理等急救知识，得到了百姓的高度赞扬。2008年共举办健康知识讲座127场次，受益群众4万人。

(杨　光)

【开展健康教育影片展播活动】 继续在全区11个乡镇、4个街道开展健康教育影片进农村、进社区活动。全年共播放《自救互救》、《成分输血》、《人畜共患传染病的防治》等健康教育影片700场，受益观众达8万人次。

(杨　光)

政法·武装

政　法

概　述

2008年，区政法工作以“平安奥运”为中心任务，坚持超前谋划，精心组织，科学调度，狠抓落实，以最高的工作标准、最佳的精神状态、最强的工作措施，全面加强基层基础工作建设，全力强化社会面大防控，取得平安奥运行动的全面胜利。

建立最严密的社会面大防控网络。以“管人、看地、控物、抓事、盯问题、处突发”为重点，按照切段划块、全面覆盖的方式，将摸排出的可能影响奥运安全的各类不稳定因素划分为4803个防控单位。按照一级岗死看死守，二级岗动态管控，三级岗不脱离视线的原则，制定《通州区奥运安保社会面控制工作方案》。按照实名制要求，各乡镇街道建立了二级班子领导包片、机关干部包村（社区）、村（社区）干部包点的层层包干机制，健全“以专业警力为主体、专职辅警为补充、社会力量广泛参与”的工作格局，全区发动各类群防群治力量4.7万人，形成奥运赛时“街巷有人巡、楼门有人看、重点部位有人守、重要场所有人管、重点人员有人控”的立体防控网络，实现“人头对地头”，做到社会面大防控的无缝对接。

进一步提高解决人民内部矛盾纠纷的能力和水平。全面落实市委、区领导的工作要求，注重从源头上预防不稳定因素的发生。持续不间断地开展矛盾排查行动，确保将所有不稳定因素都纳入视线。紧紧围绕事前加强排查摸底、事中落实工作措施，事后加大解决力度三个环节，各级党政“一把手”做到“八个亲自”，抓早、抓小、抓苗头，把问题解决在当地，把矛盾化解在基层，把越级集体访控制在本区内。实现奥运期间通州区到市以上重点地区和涉奥运场所上访“零”指标。深入开展领导干部大接访工作，全区21名区级领导干部和360多名处级干部在公示的指定时间、指定地点接待上访群众，由区领导直接包案的21件重大疑难复杂案件，成功化解17件，其余4件正在办理之中。乡镇（局）领导接待群众来访1719批/9729人次，其中1274批/7843人次的问题得到解决。

有效管控流动人口和出租房屋。积极落实区委、区政府制定的“发展高端产业，限制低端产业”的方针，进一步优化产业发展布局，淘汰低端落后企业80余家，优化流动人口结构。围绕“平安奥运”，大力开展流动人口和出租房屋基础调查工作，全年采集登记流动人口信息56.2万人、出租房屋信息5.4万户，在摸清流动人口和出租房屋底数方面取得历史性突破。深化服务站和管理员队伍建设。建成规范化服务站226个，管理员队伍人数1033人。坚持以房管人，按照人、房风险等级建立完善各类基础台账，将重点人、房全部纳入管理视线，并与5万余户房主签订《治安管理责任书》，全面落实看人、控地的管控措施。不断加大对流动人口聚居区的清理整治力度。全年抓获流动人口违法犯罪嫌疑人3176人，占抓获全部违法犯罪人员总数的68%，抓获流动人口网上在逃人员98人。

消除一大批安全隐患。以奥运特供点、涉足点、水电气热油、金融、特种行业、地下空间、小化工、再生资源回收等单位和部位为重点，持续不断开展安全隐患排查治理。全区检查各类单位18023家次，发现整改隐患4213处。依法取缔黑歌厅、洗浴、网吧、中介等违法违规场所212家，严厉查处涉黄、涉赌、黑车运营、无照游商、散发小广告、非法收购废旧金属等违法人员15284名，严格落实旅店业实名制登记等管控措施，集中收缴一大批管制刀具。严格督促整改八里桥市场北区、违规小化工厂、小木器加工企业、私开煤气站点、网吧、地下空间等重大安全隐患，全年火灾数量同比下降64.2%，直接经济损失同比减少37.4%。

加强环境秩序整治，对易发生问题的重点地区，实施定责任、定范围、定人员、定时间、定车辆的“五定”制度。以主要大街为重点，对乱扔乱倒、摆摊设点、私搭乱建、乱写乱画等违法违规现象实施全时段监管。实现“管理严格、秩序良好”的奥运目标。

政法工作职能进一步发挥。公安分局充分发挥主力军作用，不断深化“整体防控、精确指导、精确打击”工作思路，加大对各类违法犯罪活动的打击整治力度。相继成功处置家乐福涉法示威、运河文化广场自发悼念活动等敏感事件，有力地维护了全区政治稳定。全年110刑事类警情良好和平稳等级天数达到353天，占总天数的96.4%，同比增加69天。全年破获各类刑事案件3360起，刑事拘留1884人，行政拘留3912人。全年抓获各类上网逃犯254名，同比上升5.8%。全年破获八类严重暴力案件508起，破案率同比上升10.2%。坚持“打早打小、打小防大”，深入推进打黑除恶斗争，铲除了宁长江等涉恶犯罪团伙11个，抓获团伙成员112名。建立健全奥运安保方案体系，周密制定火炬传递、反恐防暴、突发案事件处置、专项保卫等各项方案预案53个。启动护城河工程，奥运期间累计盘查检查过往车辆118万次、人员240万次，劝返车辆6000余次、人员11000余次，查获违法犯罪人员226名，收缴一大批违禁物品。

全区防范邪教系统健全防控台账，完善各类预案、机制，坚持打转结合，主动进攻，始终保持严打高压震慑态势。2008年，全区发生邪教“法轮功”煽动性案件46起，同比下降57%；破案43起，同比上升34.3%；抓获邪教“法轮功”违法犯罪嫌疑人64人，同比上升93.9%，捣毁邪教“法轮功“制作窝点5个、打掉地下团伙7个。

区检察院依法履行法律监督职责，审查批准逮捕580件839人，审查起诉986件1529人。以查办职务犯罪案件为切入点，积极延伸预防职能，开展预防农村职务犯罪的“春雨”行动。

区法院全面加强审判和执行工作，有效调节社会关系、平复社会矛盾。继续坚持对严重刑事犯罪分子从严打击的方针，审结杀人、敲诈勒索、绑架等案件712件1133人。加强民商事审判工作，审结13600件，解决诉讼标的10.5亿元。继续加强执行工作，开展集中清理执行积案工作，全年执结执行案件5918件，执行总标的6.2亿元。

司法行政部门深入开展奥运法制宣传，掌控社区矫正和安置帮教工作，规范人民调解工作，积极推进法律服务工作。民政部门进一步加大社会保障力度，不断完善社会救助体系，加强基层政权建设，有力推进和谐社区建设。

（刘春丽）

政法工作

【召开政法暨平安奥运行动动员大会】 2月22日，在陆航学院礼堂召开通州区政法暨平安奥运行动动员大会。区委常委、区人大、区政府、区政协领导出席会议，区属各部委办局公司党政正职和主管领导，各乡镇和街道办事处主要领导等、纪委书记、武装部长、综治办主任、流管办主任、政法系统中层以上领导干部、部队官兵、区社区治安志愿者代表、驻通中市属单位领导、各社区居委会主任以及受表彰先进集体和先进个人等800余人参加会议。会议由区长邓乃平主持，区委书记王云峰就做好和全国“两会”期间安全保卫工作提出明确要求。会上区政法委书记李玉君作题为《全面贯彻党的十七大　为实现平安奥运而努力奋斗》的工作报告。副区长张永明宣布2007年度维护稳定和政法工作先进集体、先进个人的表彰决定，区领导为2007年度维护稳定和政法工作先进集体和先进个人代表颁奖。随后，区委书记王云峰、区长邓乃平、政法委书记李玉君与部分乡镇、街道、综治委成员单位主要领导签订《维护首都安全稳定，实现平安奥运责任书》。

（刘春丽）

【召开“平安奥运行动”指挥协调领导小组全体会议】 3月4日，在东方宾馆召开通州区“平安奥运行动”指挥协调领导小组全体（扩大）会议。区委常委、政法委书记李玉君、区委常委、公安分局局长尹燕京到会并讲话。“平安奥运行动”指挥协调领导小组成员单位及各乡镇、街道主管领导参加了会议。会议对通州区平安奥运行动进行再动员、再部署、再明确。

（刘春丽）

【市委“平安奥运行动”督查组到通州检查指导工作】 3月7日，市委“平安奥运行动”督查组一行4人到通州区检查指导工作，督查组听取了区“平安奥运行动”指挥协调领导小组办公室就通州区落实全市“平安奥运行动”情况及“全国两会”安全保卫工作情况进行专题汇报、区政法委书记李玉君就本区敌对斗争、打击刑事犯罪、处理人民内部矛盾等工作的介绍。市委督查组对通州区的工作予以充分肯定并提出指导意见。

（刘春丽）

【召开“护城河工程”联席会议】 5月27日，通州区主持召开“护城河工程”工作联席会议。区委常委、政法委书记李玉君，区委常委、区公安分局局长尹燕京，区委常委、武装部储怀森，区综治办、区委610办公室及区公安分局的有关领导参加会议。与通州区接壤的天津市武清区、河北省三河市、廊坊市安次区、香河县和大厂回族自治县等五个市县区的领导和综治办、610办公室、公安分局领导出席会议。会上，区公安分局介绍通州区外围设卡情况，李玉君就通州区“平安奥运行动”各项工作的进展情况做简要介绍。随后与津、冀五市县区就进一步加固护城河工程，共同开展好“平安奥运行动”工作进行交流。

（刘春丽）

【召开大接访活动暨平安奥运行动督查工作动员会】 7月8日，通州区召开大接访活动暨平安奥运行动督查工作动员会，区委组织部常务副部长刘瑞祥主持会议，区委常委、政法委书记李玉君、市大接访活动督导组组长、市国土资源局副局长张维到会讲话，市督导组及区督导组全体成员参加了会议。

（刘春丽）

【流动人口和出租房屋基础调查工作】 年初，通州区成立区流动人口和出租房屋基础调查工作领导小组，下设办公室，设在区流动人口和出租房屋管理委员会办公室。为确保“大普查、大核查、大清查、大排查”四查同步进行，全面摸清流动人口和出租房屋底数，采取条块结合、整合资源、整体作战、严格落实责任制、建立奖励机制、强化督导检查和经费保障等一系列措施深入推进此项工作，经过全区各乡镇、街道，各相关部门的共同努力，截至5月15日基础调查工作最后完成时限，全区累计普查登记流动人口信息502219人、出租房屋信息50806户，核查出流动人口重点人867人，清查出租房屋各类隐患128处，全部建档并采取管控措施，排查矛盾纠纷隐患24起，全部化解。实现历史上掌握通州区流动人口和出租房屋底数情况的新突破，为通州区“平安奥运”目标的实现奠定坚实基础。

（欧阳宇）

【举办贯彻《北京市房屋租赁管理若干规定》宣传日活动】 2月29日，区流管办在全区组织开展贯彻《北京市房屋租赁管理若干规定》(2008年1月1日正式施行)宣传日活动。区委常委、政法委书记、区流管委主任李玉君，流管委成员单位主管领导一同参加主场地宣传日活动并为群众发放宣传材料，15个乡镇、街道分别设立宣传活动分会场。当日全区发放《致房屋租赁中介机构的一封信》、《致房屋出租人、承租人的一封信》、《北京市房屋租赁管理若干规定》手册等各类宣传材料15万余份、制作宣传横幅40余条、宣传展板50余块，张贴《规定》通告2000余张。

（欧阳宇）

公安工作

【概　况】 2008年，通州公安分局围绕奥运安保中心任务，坚持“抓常量、促打防，抓账单、促基础”的工作主线，实现“以平安通州保平安北京和平安奥运”的奋斗目标。奥运会和残奥会期间，实现涉奥重点地区“零”发案和到市重点地区非正常上访、邪教“法轮功”煽动案件“双零”指标。110刑事警情全部处于良好或平稳等级，刑事发案同比下降58.4%，是2000年以来的最好水平，圆满完成奥运安保工作任务。年内，110刑事类警情良好和平稳等级天数达到353天，占总天数的96.4%，同比增加69天。破获各类刑事案件3360起，刑事拘留1884人，行政拘留3912人。抓获各类上网逃犯254名，抓逃总数同比上升5.8%。捣毁邪教“法轮功”团伙窝点12个，打击处理邪教“法轮功”分子65名，邪教“法轮功”煽动案件同比下降57%。教育训诫各类重点人1632人次，收治可能肇事肇祸精神病人122名。妥善处置各类群体访264批5420人次，依法拘留以上访为名滋事扰序人员26名。破获八类严重暴力案件508起，破获命案29起，破获系列案件111串665起，打掉犯罪团伙117个。铲除涉恶犯罪团伙11个，预审、监所部门深挖破案1499起。依法取缔黑歌厅等违法违规场所212家，查处涉黄等违法人员15284名。检查各类单位18023家次，发现整改隐患4213处，关停“三合一”单位471家，累计罚款169.7万元。火灾数量同比下降64.2%，直接经济损失同比减少37.4%。登记境外人员37181人次，同比上升7.2%，散居和旅店业境外人员登记率和准确率分别达到99%和98%，查处违住案件461起、“三非”人员79名。社区可防性案件总量同比下降41.3%，其中入室盗窃、盗窃汽车案件同比分别下降33.7%和28%。深入推进科技强警战略，全面提升整体防控效能。累计核录信息97.8万余条，从中抓获违法犯罪嫌疑人1019名。依托网吧阵地平台加强阵地控制，抓获网上在逃人员29名。完成全区21个重点部位的图像信息管理系统建设和联网工作。先后组织外事礼仪、群体性事件处置、涉奥法律法规等培训班55期，开展涉枪、涉爆、涉外等敏感案事件处置实战演练31次。涉法信访和110投诉同比分别下降18.7%和12.8%。筹措奥运安保专项经费1342万元，发放奥运安保伙食补助400万元，购置和更换警车39辆，为一线民警配齐各类单警装备18094件。通州分局第二办公区正式投入使用，刑事科学技术室被评定为全国一级示范刑事技术室。投资1.5亿元的新看守所已完成主体工程建设。5个单位荣立集体二等功、26个单位荣立集体三等功，8名民警荣立个人二等功，133人荣立个人三等功，677人获个人嘉奖，2个集体和5名同志分别受到公安部和市委的表彰奖励。

（张云龙）

【举办奥运主题宣传活动】 年内，通州公安分局会同区有关部门在全区开展“平安奥运人人有责——我参与、我快乐”、“我为奥运做贡献，从我做起保平安”等奥运主题宣传活动，分局长尹燕京、政委王健先后到宣传现场检查指导，并向市民发放宣传材料、讲解防范措施和解答咨询。活动中，发放《宣传提纲》30000余份，业务宣传材料、宣传品近万套，解答群众咨询1500余人。

（张云龙）

【侦破工作稳步推进】 年内，通州公安分局始终保持主动进攻的高压震慑态势。以严重暴力犯罪、流氓恶势力犯罪、突出侵财犯罪和团伙、系列犯罪为重点，灵活运用多元化打击模式，不断丰富“洼地”分析、重点高危人员查控等打击手段，破获八类严重暴力案件508起,破案率同比提高10.2个百分点，破获系列案件111串665起，打掉犯罪团伙117个。破获命案29起，破案率93.55%。

（张云龙）

【打黑除恶继续深入开展】 年内，通州公安分局坚持“打早、打小、露头就打”的原则，进一步规范打黑除恶“过筛子”工作机制，不断加大打击工作力度,先后铲除了以宁某、刘某为首的恶势力团伙11个，抓获团伙成员112名。

（张云龙）

【净化社会治安环境】 年内，通州公安分局以最大限度实现“沙堆效应”为目标，坚持公开管、集中清、秘密查相结合，积极协调区工商、城管、交通、卫生等部门和各街道、乡、镇党委政府开展综合执法。依法取缔黑歌厅、洗浴、网吧、中介等违法违规场所212家，查处涉黄、涉赌、黑车运营、无照游商、散发小广告、非法收购废旧金属等违法人员15284名。收缴各类枪支28支，子弹1235发，各种管制刀具165把。登记流动人口513596人、出租房屋50159户，同比分别上升52.5%和24.3%。

（张云龙）

【打击非法烟花爆竹成效显著】 年内，通州公安分局进一步加大对非法运输、储存、销售烟花爆竹违法行为的查处打击力度，查获非法运输、储存伪劣超标爆竹案件80起，警告、拘留违法人员84人，收缴各类烟花爆竹3700余箱，价值57余万元。

（张云龙）

【加大“黑狗市”查处力度】 年内，通州公安分局会同城管部门对位于通州梨园东方鑫宠物市场大门外北侧的“黑狗市”进行大规模清理整治，依法查处各类违规养犬行为825起,警告215人,批评教育425人,罚没、收容、暂扣犬185只（大型犬82只，小型犬103只）。

（张云龙）

【完成中央领导视察警卫任务】 年内，通州公安分局圆满完成中央政治局常委李长春、习近平、周永康和中共中央政治局委员、北京市委书记刘淇等到通州区台湖镇星湖园视察残奥会闭幕式排练工作警卫任务。

（张云龙）

【开展110主题宣传日活动】 1月10日，通州分局在北苑万意广场举办“警民携手，共保奥运平安”110主题宣传日活动。分局政治处主任盖立志及有关职能部门民警代表、各界社会群众400余人参加活动。主题日活动中，分局发放各类宣传资料13000余份，现场解答群众咨询400余人次。

（张云龙）

【永乐店派出所新址揭牌】 1月31日，通州公安分局举行永乐店派出所新址启用揭牌仪式。区委常委、政法委书记李玉君，区委常委、分局长尹燕京，分局党委副书记、政委王健，永乐店镇党委书记张振泉，分局党委委员及各单位民警代表、社会各界群众代表80余人参加仪式。李玉君、尹燕京和张振泉共同为永乐店派出所办公楼新址启用揭牌。

(张云龙)

【完成除夕烟花爆竹限放工作】 2月6日，通州公安分局投入警力662人，保安及巡防队员1200余人，组织治保积极分子、治安志愿者等社会各界力量65000余人，加强对全区8条主要大街、6个重点路口及月亮河度假村等4个重点燃放点和836个八类地区禁放点的巡逻查控和燃放秩序维护工作。圆满完成除夕夜烟花爆竹限放工作任务。

(张云龙)

【清理整治重点地区】 3月6日至9日，通州公安分局会同区城管、工商、交通等相关部门对通州区新华大街、轻轨沿线、八里桥市场、犬市周边等重点地区开展集中整治。期间，检查规范“门前三包”单位227家，查处无照经营和擅自摆摊设点违法行为98起，捣毁小广告窝点2个，收缴非法小广告10.5万张，查处非法小广告案件7起，没收小广告1727张，查处黑出租无照运营11起，收缴无证犬62只。

(张云龙)

【取缔“黑中介”】 4月3日，通州公安分局联合工商、劳动、消防、城管、马驹桥镇政府等部门开展黑职介专项整治行动，对马驹桥商业街的黑职介进行拉网式的全面检查。出动各类执法人员332人，检查中介职业门店61家，有53家被取缔或自行关闭。当场下达行政执法处罚书7份，收缴桌椅板凳等办公用具21件、电脑1台，现场拆除灯箱广告牌51块，审查涉嫌违法人员21人。

(张云龙)

【清理出租房屋】 4月8日，通州公安分局会同区工商、城管、交通、消防及宋庄镇政府等部门对六合村出租房屋开展集中清理整治行动。行动中，查获违法犯罪嫌疑人5名，查扣无车牌、无车主摩托车3辆，责令停租房屋10户，处罚出租房主20户，发现解决火灾隐患5起（现场整改3起），处罚违章汽修厂1家，抄扣违法广告牌、灯箱、条幅15件。

(张云龙)

【清理废旧物品回收站】 4月16日，通州公安分局治安支队联合城管、工商等部门出动执法人员170人、执法车辆40部，对全区的废旧物品回收站点进行集中清理整治。检查废旧物品回收站点240余家，查获6名非法收购违禁物品嫌疑人（均被依法行政拘留），收缴废旧紫铜线160余公斤，对2家违规站点处以行政罚款1000元，取缔无照废旧回收站点7家，收缴台秤4台，拆除广告牌8块。

(张云龙)

【清理二手手机市场】 4月17日，通州公安分局组织开展全区清理整治旧货市场以及二手手机门店专项行动，出动警力132人、保安62人，清理二手手机门店43家。其中治安支队联合刑侦支队、巡警支队、人口处、马驹桥派出所对马驹桥一、二、三街的二手手机门店进行清理，清理二手手机门店17家，由工商部门取缔9家，由城管部门拆除非法广告牌及灯箱12个，查扣违规收购二手手机21部、二手电脑主机1台、充电器1个、旧手机主板132块。

(张云龙)

【举行排爆处突演练】 6月21日，通州公安分局在星湖园残奥会开闭幕式训练场地进行排除可疑爆炸物处置演练。办公室指挥中心、刑侦支队、治安支队、内保处、巡警支队处突小分队、台湖派出所、星湖园安保力量等参加。副分局长张宪法到场指挥。此次演练，各部门反应迅速，领导到位，警力到位，装备器材到位，工作程序清楚、处置正确，圆满完成排爆任务，达到演练效果。

（张云龙）

【开展奥运安保实兵拉动演练】 6月28日，通州分局开展奥运安保实兵拉动演练。期间，核查车辆1100余辆、人员1400余人，抓获抢劫犯罪嫌疑人2人，查获携带管制刀具2人，收缴管制刀具3把，查控辽宁籍非正常进京上访人员15人。

（张云龙）

【启动“护城河”工程】 7月15日至9月18日，通州公安分局全面启动“护城河”设卡查控A级方案。每天部署警力216名、辅警454名，严格落实“逢车必查、逢人必检、逢疑必核”的工作要求，对外围24个卡点和“二道防线”实行全天候控制。奥运会期间，累计盘查检查过往车辆118万次、人员240万次，劝返车辆6000余次、人员11000余次，查获各类违法犯罪人员226名。

（张云龙）

【出入境接待大厅新址投入使用】 10月1日，通州公安分局新建成的出入境接待大厅投入使用，建设面积250平方米，分为业务受理、咨询服务、信息补录、速递复印及申请人填表、等候、照相等区域，区域标识、办证须知、收费标准和内部规章制度均采用中英文，设有电子触摸屏、休闲视频、表格样本、饮水设备、裁纸机、意见簿、笔纸、卫生间等便民设施。在市局组织的达标验收中，名列文明窗口建设省级创建单位第一名。

（张云龙）

【举办预防煤气中毒宣传日活动】 11月7日，通州公安分局会同各街道办事处、乡镇政府，在全区开展预防煤气中毒集中宣传日活动。设立宣传点27个，出动警力230余人、治保积极分子650余人、宣传车5辆，发放风斗300余个、各种宣传材料35000余份，悬挂条幅65条，制作展板96块，受教育群众达5万余人。

（张云龙）

【分局第二办公区交付使用】 11月20日，位于通州区永顺镇潞邑西路16号的通州分局第二办公区交付使用。该办公区占地40亩，建筑面积1.1万平方米，投入资金1700余万元。设有办公区、休息区、指挥室、情报中心、技术办公楼、审讯室、档案室、阅览室、视频会议室、健身房、浴室、洗衣房、餐厅、停车场等，功能齐全，并配齐各种办公用具2100余件，硬件设施建设达到一流标准。

（张云龙）

【打掉系列敲诈勒索团伙】 2月27日，通州公安分局刑侦支队与徐辛庄派出所密切配合，成功打掉一系列敲诈勒索犯罪团伙，将赵某（男，1984年9月出生）、王某（男，1985年12月出生）、张某（男，1989年8月出生）、王某（男，1983年7月出生）、冯某（男，1984年10月出生，均为通州区人）等8人抓获，经讯问，8人交待了2008年2月26日13时左右，以饭菜中有玻璃渣为由敲诈事主陈某（男，41岁，山西省人）3000元及多次在通州区梨园、马驹桥、宋庄、西集等地区连续作案的犯罪事实。4月3日，赵某等8名犯罪嫌疑人被检察院批准逮捕。

（张云龙）

【破获毒品运输案】 7月2日，通州公安分局刑侦支队禁毒队成功破获一起毒品运输案件，将犯罪嫌疑人焦某（男，1969年9月出生，通州区人）抓获，缴获毒品冰毒108.06克，大麻5.56克。经审查，该人交待了从珠海市购买毒品并运输至北京的犯罪事实。7月21日，焦某被检察院批准逮捕。

（张云龙）

【侦破小白羊超市被盗案】 9月8日，通州公安分局刑侦支队破获“8·23”特大盗窃案，将犯罪嫌疑人刘某（男，1984年5月出生，安徽省人）抓获。经审查，该人对2008年8月23日9时许，潜入小白羊超市盗窃249件钯金戒指、45条钯金手链、73件钯金耳饰、57件钯金项坠、80件镶千足金翡翠挂件（总价值约 17 万余元）的犯罪事实供认不讳。10 月 14 日，刘某被检察院批准逮捕。

（张云龙）

【侦破韩美林艺术馆财务被盗案】 9 月 22 日，通州公安分局刑侦支队破获韩美林艺术馆筹备办公室财物被盗案，将犯罪嫌疑人袁某（男，1990 年 7 月出生）、申某（男，1986 年 4 月出生，均为河南省安阳市人）抓获。经审讯，该 2 人对 2008 年 8 月 20 日 9 时许，潜入韩美林艺术馆筹备办公室盗窃 2 台联想牌台式电脑（直接损失价值约 13000 元）的犯罪事实供认不讳，10 月 29 日，袁某等 2 人被检察院批准逮捕。

（张云龙）

【侦破抢劫出租车系列案件】 11 月 14 日，通州公安分局刑侦支队、巡警支队、宋庄派出所密切配合，成功破获发生在宋庄辖区的抢劫出租汽车司机系列案件，将犯罪嫌疑人王某（男，1991 年 8 月出生）、田某（男，1989 年 11月 出生）、邓某（男，1994 年 11 月出生）、乔某（男，1993 年 3 月出生，均为通州区宋庄镇人）、赵旭（女，1992 年 8 月出生，北京市海淀区人）等 5 人抓获。经审查，王某等人交待自 10 月份以来，以打出租车为由，将出租车司机从河北三河市燕郊镇等地骗至通州区宋庄地区，后采取暴力手段抢劫作案 10 起，抢劫手机、现金等财物价值约10000余元的犯罪事实。12月22日，王某等 5 名犯罪嫌疑人被检察院批准逮捕。

（张云龙）

【侦破“11·17”故意杀人案】 11 月 25 日至 27 日，通州公安分局刑侦支队成功破获“11·17”故意杀人案。将犯罪嫌疑人田某（男，1981 年 6 月出生）、侯某（男，1989 年 9 月出生，山东省人）、孔某（男，1988 年 10 月出生，河北省人）、张某（男，1983 年 4 月出生）、刘某（男，1983 年 4 月出生，均为河南省人）等 5 人抓获。经审讯，田某供述受张某（女，44 岁，山东省人）指使，雇用侯某等四人经预谋后将与田某（男，42 岁，山东省人，北京通州立博华威机械设备有限公司老板，张某的丈夫）有姘居关系的贾某（女，28 岁，山东省人，暂住通州区次渠玉江家园小区）杀害的犯罪事实。2009 年 1 月 1 日，此案移送市局预审处进一步审理。

（张云龙）

【破获“10·02”伤害致死案】 12 月 4 日，通州公安分局刑侦支队破获“10·02”伤害致死案。将犯罪嫌疑人于某（男，1982 年 7 月出生）、洪某（女，1985 年 5 月出生）、王某（男，1985 年 8 月出生）、王某（男，1978 年 10 月出生，均为黑龙江省人）、王某（男，1983 年 3 月出生，通州区西集镇人）等人抓获。经审讯，王某等人对 2008 年 9 月 24 日 11 时许，因琐事与事主刘某（男，38 岁，通州区人）等人在八里桥枫林歌厅发生纠纷，后将刘某打伤致死的犯罪事实供认不讳。2009 年 1 月 1 日，于某等 5 名犯罪嫌疑人被检察院批准逮捕。

（张云龙）

检察工作

【概　况】 2008 年，通州区人民检察院全年受理公安机关提请批准逮捕案件 627 件 919 人、移送审查起诉案件 1023 件 1580 人，经审查，批准逮捕 580 件 839 人，决定提起公诉 986 件 1529 人，与上年相比，受理公安机关提请逮捕件数和人数分别下降 19.7%和 26.8%，受理公安机关移送审查起诉件数和人数分别上升 2.8%和 0.1%，经法院审理，有 1542 人被作出有罪判决。

加大查办职务犯罪工作力度，4 月，反贪污贿赂局成立侦查资源情报组，运用现代化信息技术手段收集和管理各类侦查信息资源。反贪局全年立案侦查贪污贿赂案件 6 件 16 人，其中大要案 2 件 2 人，占立案人数的 12.5%。连同上年立案侦查的案件，共侦查终结 5 件 15 人，挽回经济损失 25 万余元。反渎职侵权局加强内外沟通，拓展线索来源，立案侦查1件1人，完成上年立案侦查的涉案金额巨大的解永禄一案的补侦工作。制定《反贪污贿赂局、反渎职侵权局和职务犯罪预防处工作配合办法》，预防部门围绕侦查工作重点，对农村基层组织人员在协助政府管理公务过程中发生的职务犯罪问题开展了专项预防调研，由区委组织部牵头，区纪委、农委、建委、国土局、经管站等部门共同参与研究整改，专项预防的社会效果初步体现。

强化诉讼监督，全年决定不批捕84人，建议公安机关撤回提请逮捕2人。对公安机关移送审查起诉的案件，决定不起诉19人，建议公安机关撤回起诉74人，纠正漏捕15人，纠正漏诉22人。介入公安机关重大疑难案件的侦查32件61人，较好的保证了办案质量。全年受理立案监督案件线索14件，要求公安机关说明不立案理由6件，公安机关主动立案1件1人，监督公安机关立案3件8人，其中2件7人已提起公诉，法院对1件3人作出有罪判决。全年办理民事行政申诉案件69件，审结68件，立案8件。受理刑事申诉5件。认真开展对本区看守所监管活动的日常监督、留所服刑罪犯情况和在押人员交付执行情况专项检察，以及核查纠正监外执行罪犯脱管漏管专项行动，对发现的问题分别向相关单位提出整改建议。

受理人民群众来信来访472件，检察长接待来访63件，均得到妥善处理。认真参与社会治安综合治理，针对发案单位和社会管理中存在的问题发出检察建议书15件，促进通州区的平安建设。

积极参与平安奥运行动，成立奥运安保工作领导小组，派出8名专职志愿者支援公安机关奥运安保工作，认真开展对玉桥街道办事处的奥运安保督查，投入420车次、1440人次参与社会面巡逻防控，90名干警参加奥运火炬传递安保工作，200余人次党员到社区、村、居委会参加社区安保防控，服务保障平安奥运工作取得理想效果。全院有17名干警和2个集体受到区委、市检察院及其他有关部门的表彰。

(王向玲)

【公务员任职前预防职务犯罪教育】 1月14日，区检察院在全区新任职科级公务员培训工作会议上，为全区70余名新任职科级干部进行预防职务犯罪专题讲座，标志着区属公务员任职前预防职务犯罪教育联合工作机制的建立健全。该机制主要内容是将检察机关预防职务犯罪警示教育作为区属公务员岗前培训课的必修内容，适用于新录用人员、新任职的科、处级领导干部三级公务员，以此进一步严密国家公务员职务犯罪预防网络建设，逐步实现该群体职务犯罪预防工作的规范化、制度化。

(刘作会　王向玲)

【建立息诉民调协作机制】 1月22日，区检察院与司法局举行会签仪式，正式建立息诉民调协作机制。从七个方面规定双方协作的内容、方式和途径。年内适用该机制协作息诉23件案件，适用率达到40.4%，解决多年缠访案件2件。

(谭　锐　王向玲)

【与烟草专卖局建立执法协作关系】 1月31日，区检察院公诉二处与区烟草专卖局签署协议，从四个方面共同加强对烟草专卖领域刑事犯罪活动的打击力度。并确立了文件交换、案件查办指导、沟通协调及工作联席会等制度。年内办理该类案件5件6人，区法院全部作出有罪判决。

(王　姝　王向玲)

【开展“春雷”“春雨”专项行动】 1月，区检察院反贪局组织实施打击涉农领域职务犯罪“春雷”行动，取得效果，对2件6人以涉嫌贪污立案侦查。职务犯罪预防部门积极配合采取“春雨”行动，结合查办的案件，针对农村基层干部代行政府职能和村级财务监管问题开展专项预防调研，形成该院惩治与预防职务犯罪侦防一体化工作格局，推动专项行动取得实效。年内以涉嫌贪污罪立案侦查本区村干部侵吞征地补偿款案件4件14人，制定《反贪污贿赂局、反渎职侵权局和职务犯罪预防处工作配合办法》，形成并向区委提交《关于农村基层组织人员协助政府管理公务过程中存在的问题》的调查报告和专项整改请示，并获批示。

（王向玲）

【制定检察长列席审委会规范】 2月28日，区检察院与法院制定《检察长列席审判委员会工作规范》，明确四项权利，保障检察长列席审判委员会工作。年内，检察长应邀列席审判委员会1次，就提起公诉的三起刑事案件和一起再审民事抗诉案件，听取法院审判委员会讨论情况并发表意见，最终区法院采纳了区检察院再审民事案件的抗诉意见，该案获再审改判。

（王向玲　李玉鹏）

【一民行案件被评为十大精品案】 4月21日，区检察院审理的王巨成人身损害赔偿纠纷申诉一案，凭借综合运用息诉预警机制和息诉民调协作机制成功息诉，有效解决了多年重复上访、缠访闹访问题，被北京市人民检察院评为2007年度民事行政检察十大精品案例，是唯一一件在不立案情况下当选十大精品的案件。

（王雪生　王向玲）

【召开第二届人民监督员选任会】 4月29日，区检察院召开第二届人民监督员选任大会，11名市区人大代表、政协委员被正式选任为该院第二届人民监督员。会议宣读了选任决定，颁发了人民监督员证书，检察长东晓钟总结了该院人民监督员试点工作情况。区委常委、区政法委书记李玉君到会并讲话。

（王向玲）

【推进轻刑快审工作】 4月21日，区检察院公诉一处采取二项措施，推进轻刑快审工作：一是实行专门化审理，成立轻微刑事案件快审组，由两名助理检察员适用轻刑快审机制，专门审理简单盗窃案件和轻伤害案件；二是实行专业化审理，在轻微刑事案件快审组内实行专业化审理，确定一名助理检察员专门审理简单盗窃类案件，一名助理检察员专门审理轻伤害案件。年内，快审组适用轻刑快审机制共审理并提起公诉轻微刑事案件33件，平均审限12天。

（张淑昉　王向玲）

【建立检察联络员制度】 5月22日，区检察院召开检察联络员聘任大会，聘请全区11个乡镇纪委书记担任该院检察联络员。检察长东晓钟与乡镇党委书记代表签订了聘任协议，与会领导为检察联络员颁发了聘书，联络员和乡镇党委书记代表做了表态发言。会议标志着该院检察联络员制度正式确立实施，该制度立足履行检察职能，服务新农村建设，明确了检察联络员日常联系、协调配合、反馈意见信息以及参与监督等六项工作制度，并规定了具体的工作形式。市院副检察长高保京，区委常委、区纪委书记张文山，区委常委、副区长于世疆，区相关单位和主管部门领导、各乡镇纪委书记及该院党组成员出席会议。

（王向玲）

【举办科学发展观论坛】 6月6日，区检察院与国家检察官学院《中国检察官》杂志社联合举办“科学发展观与检察工作”论坛。国家检察官学院党委书记刘佑生，副院长朱建华、单民，市院副检察长甄贞等领导出席论坛。该论坛以科学发展观和检察工作为主题，围绕职务犯罪侦查工作、公诉工作及其他检察实践中的重点、难点、热点问题，认真研究探讨新时期检察工作发展面临的理论和实践问题，探索发展的路经和对策，提出当前检察工作发展的基点和新视点。论坛分为三个单元，在干警陈述观点的基础上，国家检察官学院单民、周洪波、上官春光等学者进行精彩点评。正义网对此次论坛进行图文直播。

（张文菊　王向玲）

【实行检察长轮值信访接待】 8月，区检察院推出奥运期间检察长轮值信访接待特殊工作举措，院办公室统一编发《检察长轮值信访接待值班表》，每个工作日安排一名检察长负责全天候信访接待工作，从制度上保证每位检察长切实处在化解矛盾的第一线。年内检察长妥善接待并处理群众来访63件106人次，未发生一起非正常访。

（禹祝仁　王向玲）

【举行检察机关恢复重建30年纪念会】 12月25日，区检察院召开纪念检察机关恢复重建30周年纪念大会。会上播放了反映该院30年历史进程的专题片《光辉的岁月》，向曾在该院担任领导职务的老同志颁发纪念品，向从事检察工作25年以上的干警颁发奖章。检察长东晓钟作了讲话，从检25年以上的干警代表、青年干警代表和监督员代表作了发言，市检察院副检察长卢希，区委常委、政法委书记李玉君到会讲话，区领导张永明、蒋洪昉、高志禄，区公安、法院、司法局的主要领导及该院特约监督员、人民监督员应邀参加纪念大会。

（康　健　王向玲）

【刘晓娣受贿案】 被告人刘晓娣，女，44岁，汉族，北京市通州区于家务回族自治乡原党委副书记，北京聚富苑民族产业发展基地管理委员会法定代表人、总经理，北京金鼎恒业投资发展有限公司法定代表人，正处级。2004至2006年间，刘晓娣利用担任北京聚富苑民族产业发展基地总经理职务的便利，为北京富城兴轻钢彩板有限公司违规使用土地及生产经营提供帮助和关照，多次收受该公司经理多运合行贿款、物共计价值人民币30余万元；2006年3月，刘晓娣利用其担任北京金鼎恒业投资发展有限公司董事长、经理职务之便，采取虚报冒领的手段，将购买个人物品的发票，在本单位财务报销，贪污公款5万余元。2007年5月12日，通州区人民检察院以涉嫌受贿罪对刘晓娣立案侦查，2008年3月13日，以涉嫌贪污、受贿罪向通州区人民法院提起公诉，6月26日，通州区法院以受贿罪、贪污罪，数罪并罚，决定对被告人刘晓娣执行有期徒刑14年。被告人刘晓娣提出上诉，2008年12月19日，北京市第二中级人民法院做出裁定，驳回刘晓娣的上诉，维持原判。

（王向玲）

【以奥组委名义推销奥运珍藏册案】 被告人常明方，男，28岁，河北省邯郸市人，无业。被告人熊华娟，女，25岁，安徽省宣州市人。2008年1月，被告人常明方在网上购买了奥运会门票订购者的个人信息，后又从杭州佳创贸易有限公司北京分公司购买了假冒红旗出版社出版的《从雅典到北京》钱币邮票珍藏册。2008年1月至3月间，被告人常明方与熊华娟在未办理营业执照的情况下，招募员工进行培训，并授意员工在通州区世纪星城92号楼4单元801号内，冒充经奥组委授权的红旗出版社或下属单位、收藏家协会、收藏品协会等单位名义，向奥运会门票订购者赵广茹等60人以3300余元的价格非法销售60册珍藏册，非法经营额共计20.1万余元，非法所得17万余元。经北京市新闻出版局鉴定，该珍藏册为非法出版物。此案是奥组委安保部商请公安机关立案侦查的涉奥案件。2008年4月30日，被告人常明方、熊华娟因涉嫌诈骗罪被逮捕，8月1日，通州区人民检察院受理该案，10月30日，通州区人民检察院改变定性以二被告人涉嫌非法经营罪向通州区人民法院提起公诉，12月19日，通州区人民法院以犯非法经营罪，分别判处被告人常明方有期徒刑3年，并处罚金30万元；熊华娟有期徒刑2年6个月，并处罚金25万元。二被告人均未提出上诉。

（王向玲）

审判工作

【概　况】 2008年，区法院受理各类案件20964件，审结20693件，同比分别上升11.1%和11.5%，结案率为98.7%，解决诉讼标的总金额17.7亿元，信访投诉同比下降5.3%，连续10年无超审限案件。其中受理刑事案件1016件，审结1007件；受理民商事案件13747件，审结13600件；受理行政诉讼案件76件，审结76件；受理执行案件6030件，办结5918件，执行标的总金额6.2亿元。区法院稳妥推进司法改革，努力提升队伍素质，积极加强基础工作，为实现“平安奥运”，服务“两新建设”提供了有力的司法保障。年内宋庄法庭庭长蔡俊清荣获中华全国妇女联合会授予的“全国三八红旗手”称号。

(张 涛)

【探索涉农审判新途径】 年内，区法院针对涉农纠纷案件日益增长的趋势，从农村和农民的实际出发，探索出了一套符合农村和农民实际的涉农审判新途径：一是工作方式讲求通俗易懂，将枯燥难懂的法律条文和程序转变成老百姓易于理解和接受的语言和方式；二是工作节奏讲求快速便捷，实行上门立案、预约立案，指派专人负责审理涉农案件，到田间地头进行巡回审判，涉及农时的案件及时审理、依法采取先予执行措施，确保农业生产不受影响。三是工作目的讲求案结事了，多做调解工作，尽可能吸收熟悉乡规民俗、亲族关系、历史背景、矛盾根源等德高望重的村民及村委会干部参与调解，充分考虑礼俗、人情、习惯、村规、宗法等因素，力求彻底解决纠纷，实现案结事了；四是工作延伸讲求普法宣传。在巡回办案过程中，尽量组织当地群众旁听审判，抓住一切有利时机宣传法律知识，并定期对辖区村干部、人民调解员进行法律知识和调解技能的培训，促使以民间方式解决纠纷。

(张 涛)

【首次就未成年人适用缓刑召开听证会】 11月11日，区法院就石某等8名未成年人涉嫌抢劫一案是否适用缓刑邀请区人大代表、政协委员、区未成年人保护委员会委员、区司法局相关人员及未成年人的法定代理人召开专题听证会，这是该院首次对未成年被告人适用缓刑召开听证会。会上，与会人员认真听取审判长对石某等8名未成年被告人的犯罪背景的介绍；8名被告人分别陈述其犯罪动机、原因及悔罪情况，其法定代理人围绕被告人在日常生活中的表现以及如果适用缓刑将采取确保其不再危害社会的监护措施等进行陈述和表态。与会人员根据被告人及其法定代理人的陈述，对被告人及其法定代理人进行询问，考察被告人的认罪、悔罪态度，了解家庭、学校、社会帮教条件。同时，与会人员还对被告人给予谆谆教诲和深情希望。

(张 涛)

【完成涉乡镇政府行政诉讼案件调研报告】 区法院针对审理行政诉讼案件过程中发现的乡镇政府在征地拆迁过程行使行政职能中存在的问题，在深入调查与分析的基础上，撰写了《关于审理涉部分乡镇政府为被告的行政案件相关问题的调研报告》(以下简称《报告》)。《报告》围绕涉乡镇政府行政诉讼案件的基本情况、分析了产生的原因、探索了诉讼实践中的处理方法，提出了减少此类案件的五点具体对策。区领导对《报告》做出重要批示。

(张 涛)

【调研工作获市法院多项表彰】 4月28日至29日，在北京市法院调研工作会议上，区法院承担的由院长高洪涛主持的市高院重点调研课题《关于近三年审理劳动争议案件情况的调查报告》、副院长何惠英主持的《关于审理存量房买卖纠纷案件的调研报告》荣获调研成果优秀奖，法官张清波撰写的《关于医疗损害赔偿纠纷案件的调查报告》分获司法统计分析三等奖和《北京审判》刊物稿件三等奖，行政庭庭长孙天舒撰写的《关于通州基层司法助理员代理各乡镇政府、街道办事处为被告的行政诉讼中存在的问题给通州区司法局的司法建议》荣获司法建议三等奖。此外，该院荣获司法统计工作单位二等奖、统计员郑文杰被评为优秀司法统计员，法官张涛被评为《北京审判》刊物工作优秀通讯员、年鉴工作优秀通讯编辑。

（张　涛）

【宋庄法庭获北京市“十佳人民法庭”等称号】 宋庄法庭始终坚持“公正司法、一心为民”的指导原则，收结案数位居全院第一，调宣工作名列前茅，同时，认真开展学习贯彻社会主义法治理念、“撰写案例，以案析理”等活动，加强政治理论和业务技能学习，科学民主管理，以严格规范的队伍建设促进了各项工作的全面进步。1月16日，在“贯彻落实党的十七大精神，进一步推动首都法院基层建设暨北京市法院十佳人民法庭表彰会”上，宋庄法庭荣获“北京市法院十佳人民法庭”荣誉称号。1月25日，宋庄法庭荣获由中共北京市委政法委员会和北京市人事局联合颁发的北京市“人民满意的政法单位”荣誉称号。

（张　涛）

【开展“12·4”法制宣传】 “12·4”全国法制宣传日活动期间，区法院采取多项举措开展法制宣传活动，实现法制宣传教育形式和社会效果的有机统一：一是上街发放宣传资料、解答群众咨询。12月4日，院领导率领研究室干警到区马驹桥镇新海市场开展“12·4”法制宣传活动，向过往群众发放法律宣传资料500余份，解答群众提出的各种法律难题60余件，受到群众广泛赞誉。二是积极开展“法律六进”活动，即法律进机关、进乡村、进社区、进学校、进企业、进单位。三是与新闻媒体密切配合，深化普法效果。“12·4”法制宣传活动中，该院与中央电视台、北京电视台、《法制晚报》、《中国法院网》、《北京法院网》等媒体密切合作，及时以图文并茂的形式宣传活动进展情况，形成了浓厚法制宣传氛围。

（张　涛）

【加强农村普法工作】 年内，区法院采取多种形式，加强农村普法工作，提高农民法律素质：一是落实公开审判制度。审判涉农案件时，积极协调有关村委会或乡镇政府组织农民、村干部旁听，达到以审判促普法的目的。二是与新闻媒体合作加强涉农案件的宣传。积极邀请新闻媒体采访和报道，与《通州时讯》报社、通州电视台合作，开辟涉农审判专栏，就涉农案件的热点、难点法律问题进行法官点评，以案说法。三是深入农村开展巡回审判。对于距离偏远、当事人到庭不便的案件进行巡回审判，庭前、庭后积极向所到之处的群众宣传法律知识，减少纠纷产生的诱因。四是深入农村开展法制宣传。定期组织涉农法官深入农村进行法律宣传，发放宣传资料，提供法律咨询。五是积极指导人民调解。该院派出法庭法官积极为辖区人民调解组织提供指导，定期对辖区村委会干部和人民调解员进行培训，讲解涉农调解常用的法律知识和调解技巧。

（张　涛）

【审结首例画家诉农民房屋买卖无效赔偿案】 2002年7月1日，村民马海涛将位于北京市通州区宋庄镇辛店村的正房五间、厢房三间及院落出售给画家李玉兰，李玉兰在该房内新建三间西厢房，并添加卫生间等附属设施。后马海涛诉至该院要求确认其与李玉兰签订的房屋买卖协议无效，李玉兰腾退房屋。该院经审理后判决买卖合同无效，李玉兰将房屋返还给马海涛，马海涛给付李玉兰补偿款93808元。后李玉兰不服提起上诉，北京市第二中级人民法院维持一审判决，并在判决中认定马海涛为导致协议无效的主要责任方，应对李玉兰的信赖利益损失进行赔偿。2008年1月，李玉兰诉至该院，以信赖利益受损为由，要求马海涛赔偿。该院审理后认为马海涛作为出卖人在出卖时即明知其所出卖的房屋及宅基地属于我国法律禁止流转范围，其在出卖房屋多年后又以违法出售房屋为由主张合同无效，故其应对合同无效承担主要责任。10月21日，该院作出判决，判决被告马海涛赔偿原告李玉兰损失

185290 元。

（张 涛）

【审结故意制造交通事故的保险诈骗案】 2004 年 8 月至 2007 年 1 月间，刘立春等 14 名被告人相互纠集，先后驾驶吉利、夏利、桑塔纳、捷达、帕萨特、羚羊、赛欧等机动车，故意制造连车追尾或相互碰撞、剐蹭等交通事故 15 起，骗取中华联合财产保险股份有限公司北京分公司、中国人民财产保险股份有限公司北京市朝阳支公司、中国平安财产保险股份有限公司北京分公司、中国人民财产保险股份有限公司北京市通州支公司等 10 余家保险公司的理赔款达 14 万元之多。该院审理后认为，刘立春等 14 名被告人故意制造财产损失的保险事故并以虚构事实、隐瞒真相的方法骗取保险金数额巨大，分别构成保险诈骗和诈骗罪。10 月 15 日，该院以保险诈骗罪、诈骗罪分别判处刘立春等 14 名被告人有期徒刑七年、六年、五年六个月、五年、一年六个月等有期徒刑并处罚金共计 20 余万元。

（张 涛）

【庭前行政协调机制保障奥运配套工程】 2007 年 12 月 21 日，原告北京市首都公路发展集团有限公司以区建委作出的通建裁字（2007）第 26 号房屋拆迁纠纷裁决书的主文第一项执行主体不明确为由诉至法院要求撤销该裁决书。该院受理该案后，经初步审查发现，该案件涉及的机场南线工程是奥运会配套工程，该工程时间紧、任务急，为确保工程的顺利进行，该院启动庭前协调机制，拟定妥善的协调方案，派法官分别与原告、被告及第三人金枝、金雨（以下简称第三人）谈话，引导当事人考虑大局，合理维护其合法权益。经过该院的积极努力，双方均表示愿意协商解决该案，2008 年 1 月 14 日，原告与第三人达成拆迁补偿协议，后第三人主动将房屋腾空并拆除，保障了机场南线工程的顺利进行。后原告主动申请撤诉，案件圆满审结。

（张 涛）

【成功执结一起涉区重点工程的先予执行案】 觅西路工程属区重点工程，途经通州区漷县镇曹庄村被执行人曹国庆的承包地。该地承包期已于 2005 年到期，但曹国庆以宅基地已经卖给一外地人无处居住、补偿未达到其要求为由，拒绝腾退承包地，导致工程延误两年之久。为此，漷县镇曹庄村委会诉至本院，要求其迅速腾退土地并申请先予执行。该院审查后裁定先予执行。但曹国庆抵触情绪极大，扬言与房屋共存亡。9 月 23 日上午，该院主管副院长率领执行人员和法警对被执行人曹国庆实施强制执行。再次进行说服劝解无效后，该院法警控制了被执行人，在人大代表的全程监督下，将其房屋内的财物逐一登记并运送至临时安置处所，觅西路工程立即重新开始施工。

（张 涛）

司法行政

【概 况】 2008 年，区司法局以“两新”建设为主线，以“平安奥运”为重点，充分发挥司法行政的职能作用，为维护安全稳定、构建和谐通州做出了积极贡献。全年开展法制宣传 2358 场次，受教育人数 3581157 人次。举办各类法制文艺演出 84 场次，参加人数 102204 人次；编发各类法制培训教材 103 种，210500 册。全年调解民间纠纷 1313 件。全区受理物业管理纠纷 54 件，解答物业管理法律咨询 124 件 263 人次，开展法制宣传 28 场 3363 人次，防止群体访 1 件 300 人。全年安置帮教对象 310 人。全年办理公证 5472 件，其中民事公证 4331 件，经济公证 197 件，涉外公证 944 件。全年律师办理各类案件 762 件。其中：刑事案件 186 件，民事案件 476 件，经济案件 95 件，行政案件 5 件。解答法律咨询 1528 人次，代写法律文书 186 份，非诉讼法律事务 64 件，担任常年法律顾问114家，为企事业单位挽回和避免经济损失5332.5万元。全年基层法律服务所办理各类民事代理案件1005件。担任常年法律顾问1129家，全年受理法律援助案件197件，法律援助中心接待咨询1283人次。社团、法律援助工作站接待咨询3769人次，“148”法律服务专线累计接受电话咨询1562件。

（王章兴）

【开展法制宣传活动】 全年开展法制宣传2358场次，受教育人数3581157人次。其中处级以上领导干部647场次，参加人数9272人次；公务员567场次，参加人数107194人次；企业经营管理人员594场次，参加人数118487人次；青少年123场次，参加人数1259690人次；外来人员142场次，参加人数441868人次；居民135场次，参加人数787812人次；农民150场次，参加人数856879人次。

（王章兴）

【调解民间纠纷】 全年调解民间纠纷1313件。其中婚姻家庭277件，邻里417件，合同38件，赔偿132件，劳动32件，村务管理54件，土地承包30件，征地拆迁44件，施工扰民9件，房宅基地120件，其他158件。防止民转刑121件196人，防止自杀3件3人，防止群体上访2件320人。

（王章兴）

【安置帮教人员】 全年安置帮教对象310人。其中新接收233（刑释181人，解教52人），矫正转帮教77人。解除帮教141人。全区五年内刑释解教人员1040人，（涉嫌）重新犯罪10人。全年新接收社区服刑人员407人。其中缓刑307人，假释 61人，剥夺政治权利 35人，暂予监外执行 4人。解除矫正326人。（涉嫌）重新犯罪4人。

（王章兴）

【基层法律所工作】 全年基层法律服务所办理各类民事代理案件1005件。其中诉讼代理903件，非诉讼代理102件。解答法律咨询2582人次，代写法律文书980份，协办公证34件。担任常年法律顾问1129家，为企事业单位挽回和避免经济损失367.5万元。

（王章兴）

【法律援助】 全年受理法律援助案件197件（其中民事案件117件、刑事案件80件，律师办理130件、法律服务工作者办理67件）。共解答法律问题4672个。律师义务咨询492人次，公证处义务咨询8230人次。

（王章兴）

【“148”法律服务专线】 “148”法律服务专线累计接受电话咨询1562件。其中民事类1130件（婚姻家庭334件，房屋土地167件，劳动纠纷255件，债权债务32件，人身损害赔偿98件，医疗纠纷8件，民商事合同80件，交通肇事与车辆管理95件，消费者权益保护22件，其他财产损害赔偿9件，民商经济其他14件，其它民事侵权7件，精神损害赔偿1件，公证事务8件）。行政类71件（税务2件，法律文书执行36件，法律服务行业29件，法律援助相关事宜1件，物价1件，请求给予最低生活保障待遇2件）。申请法律援助105件。刑事类44件，诉讼程序类145件，非诉讼程序类44件，其他23件。

（王章兴）

【举办通州区民调主任培训班】 4月1日至3日，区司法局举办通州区民调主任培训班，全区543个村（居）调委会主任参加。同时，在培训班上对全区2007年度“十大人民调解员”、“优秀人民调解员”、“先进人民调解委员会”进行表彰。

（王章兴）

【召开社区矫正和帮教安置平安奥运行动誓师大会】 4月15日，区司法局召开通州区社区矫正和帮教安置平安奥运行动誓师大会。大会部署《关于深入开展社区矫正和帮教安置“平安奥运行动”的工作方案》，强化乡镇（街道）属地管理意识，夯实了社区矫正和帮教安置奥运安保工作的基础。市司法局副局长王友江，区委常委、区政法委书记李玉君，区综治办主任王金成及各成员单位、监狱干警、司法助理员等总计200余人参加会议。

（王章兴）

【小周易村获“全国民主法制示范村”称号】 4月18日，在市司法局表彰会上，马驹桥镇小周易村获得司法部、民政部“全国民主法制示范村”荣誉称号。

（王章兴）

【司法局荣立集体三等功】 4月28日，区司法局在北京市司法行政系统先进表彰大会上，被市司法局荣记集体三等功，市司法局、市人事局授予“北京市司法行政系统先进集体”荣誉称号。

（王章兴）

【召开“一市、两区、两县护城河工程”联席会】 7月9日，区司法局联合河北省三河市、香河县、大厂县，天津市武清区，召开“一市、两区、两县护城河工程”联席会，讨论通过《“平安奥运”期间“护城河”工程协作书》，夯实了周边地区奥运安保的工作基础。

（王章兴）

【举办法制庙会】 12月1日，区依法治区办公室联合北苑办事处、北京物资学院，在北苑环岛广场举办“弘扬法治精神、服务科学发展”为主题的“法制庙会”活动，局长宁秋君及区人大、区委宣传部、区药监局、北苑街道工委的部分领导参加了活动。

（王章兴）

社会治安综合治理

【概　况】 2008年，通州区社会治安综合治理工作深入贯彻中央、市委市政府关于奥运工作的各项部署，全面开展“平安奥运行动”，分阶段推进奥运安保工作。各部门密切配合，公安民警顽强奋战，广大人民群众积极参与，成功实现“大事不出、小事减少、管理严格、秩序良好”的平安奥运目标，全区维护稳定和社会动员组织的能力得到全面锻炼和提高。

（汪立宏）

【深入开展平安奥运行动专项整治】 严厉打击刑事犯罪专项行动、组织开展文化娱乐服务场所专项清理整顿、城市秩序治理整顿、重点区域流浪乞讨人员集中救助行动、城市公共场所及涉及公共安全的隐患排查整改专项行动、矛盾纠纷排查化解专项行动、来京非正常访滞留人员集中劝返行动、流动人口和出租房普查工作、重点人群排查管控专项行动和涉奥场所及周边专项整治十项专项整治。解决一大批多年遗留的可能影响奥运安全的各类隐患，治理一大批影响城市形象和秩序的突出问题，有效遏制刑事犯罪问题，有效减少各类信访问题，改善城市环境。

（汪立宏）

【动员群众参与奥运安保工作】 区“平安奥运”办公室以综治系统和群防群治队伍为主体，在全区发动包括19个区属机关干部、党员公务员、基干民兵、专职巡防队员、治安巡逻志愿者等各类群防群治力量5.3万人，深入社区、村，深入基层楼门院，24小时全天候开展奥运安保工作。

（汪立宏）

【加大平安奥运督查力度】 出台《通州区“平安奥运行动”督查工作方案》，抽调区委督查室、区政府督查室等部门组成督查组，对全区“平安奥运行动”进行督查，抽调区教委等15个区综治委成员单位成立15个督查组对全区15个乡镇、街道办事处的“平安奥运行动”按照“一对一”方式进行督查。在奥运期间，从政法委机关抽调专人组成奥运战时督查组，坚持每天到全区各防控岗位暗查社会面控制工作情况。照此模式，全区各地区、各部门层层组建“平安奥运”督查组，层层加大对“平安奥运”工作的督导检查力度，确保了平安奥运各项措施的有效落实。

（汪立宏）

【举行奥运安保社会面防控启动仪式】 7月

19 日晚，通州区举行奥运安保社会面防控工作启动仪式，全面启动奥运安保一级超常规防控方案，区委、区人大、区政府、区政协领导班子成员，区综治委成员单位主要领导、主管领导，抽调参加社会面巡逻的区属19 个委办局的主要领导、主管领导、机关干部、各乡镇、街道党政正职、主管领导、武装部长、综治办主任、流管办主任及公安干警、武警官兵、预备役人员、保安员、巡防队员、治安巡逻志愿者 1500 人参加启动仪式。启动仪式上，区领导为奥运安保力量授旗，公安民警、民兵、保安员、治安巡防队、治安志愿者、公务员代表等奥运安保力量代表集体宣誓。

（汪立宏）

【完成奥运火炬通州段传递安保工作】 区相关部门多次实地勘察火炬传递路线，数次修改完善安保工作方案，5 次向区委、区政府进行专题汇报，3 次进行安保演练，从严从细完善安保措施，动员近 8000 人参与安保工作，严格落实“核心相对封闭、外围宣传疏导、周边严密控制”等安保措施，确保火炬传递活动的安全顺利进行。8 月 7 日下午，奥运火炬传递活动在运河起点顺利传递，部署安保力量 7889 人，其中公安民警 819 人、交警 120 人、武警 300 人、保安员 803 人、机关干部等其他安保力量 3847 人、市公安局增援的警力 2000 名。

（汪立宏）

武　装

人民武装

【概　况】 2008 年，区人武部深入学习贯彻党的十七大精神，全面贯彻落实科学发展观，紧紧围绕“抓班子、强素质，抓制度、求规范，抓基层、强队伍，抓廉政、树形象，抓创新、重实效”的“五抓”工作思路，认真抓了人武部党委机关和基层武装工作建设，完成民兵组织整顿、军事训练、全民国防教育、国防工程维护和征兵等工作任务。

（汪　勇）

【民兵工作会议】 2 月 28 日，通州区 2008 年民兵工作会议在九三八礼堂召开。区领导王云峰、邓乃平、杨林、王春元、储怀森、赵玉影，区武装部部长芦峰，各乡镇、街道党（工）委书记、分管武装工作的领导、专武干部等 200 人参加会议。会议总结了 2007 年通州区民兵工作，部署了 2008 年工作任务，表彰了 2007 年基层先进人民武装部和先进专武干部，与会领导向受表彰的 9 个先进单位和 9 名先进个人颁发奖牌和证书。会上玉桥街道工委书记袁廷权、永顺镇党委书记董维毅等进行党管武装工作述职。区委书记王云峰作重要讲话。

（汪　勇）

【民兵政治工作】 年内，区人武部开展民兵政治工作，采取刊授教育、基地教育、网络教育等形式，认真抓好科学发展观和十七大精神的学习。深入开展“坚定社会主义理想信念，有效履行国防后备部队职能使命”、“守纪律　树形象　添光彩”和“周波　刘冰恒舍己救人英雄事迹”等专题教育，打牢民兵政治合格的思想基础，增强广大民兵的国防意识和使命意识。

（汪　勇）

【民兵整组】 针对民兵流量大、流向多，落实编制任务难的实际，在编组时，本着“压缩规模、调整结构、确保质量”的思路，坚持根据担负任务定规模，根据兵员流向定布局，根据平战需要定结构的原则，按照编实各类队伍，落实编制任务的要求，对人员实行“五编”：够编一个排的企业单独编；够编一个班的小企业按乡镇、街道属地编；辖区内分散的商贸、饮食、服务等行业，在管理机构部门编；对非公有制企业抽人编；对于适龄青年较多且符合民兵条件的社区集中编组，建立民兵连；对于规模较小、人员较少的企业采取按社区（村）划片、就近联合的办法，由乡镇、街道武装部统一编组。初步形成了以乡镇、街道为依托，以村、社区为网点的城市乡村民兵组织新格局，有力地提升快速动员和执行任务的能力。

（汪　勇）

【民兵参加社会治安综合治理】 年内，加强社会治安工作，指导乡镇、街道成立民兵应急分队、治安巡逻队，人数达到1200人。在春节、两会、奥运、十一期间，组织民兵6000余人次，配合公安干警在各辖区进行24小时巡逻防控，确保春节、奥运期间通州区社会的安全稳定。

（汪　勇）

【专武干部培训】 5月12日至14日，人武部组织基层专武干部进行为期3天的集训，进行全民国防教育、民兵政治教育、兵役登记和相关国防后备力量建设文件精神的学习培训。专武干部在学习培训中系统的掌握了开展武装工作的基本内容和基本方法。

（汪　勇）

【民兵军事训练】 5月19日至6月10日，从全区11个乡镇抽调154名民兵和部分专武干部，进行为期23天的教育训练。通过理论学习，分组合练，考核评比，较好地完成民兵高炮分队训练任务。在民兵专业训练中，永顺镇、梨园镇、宋庄镇、张家湾镇、马驹桥镇、西集镇6个单位被评为组训先进单位。

（汪　勇）

【全民国防教育】 年内，区人武部按照《国防教育法》、北京市《国防教育条例》和北京卫戍区有关要求，开展以国防教育街和国防教育广场、中国民兵武器装备陈列馆等国防教育基地为载体，以媒体宣传、基地宣传、活动宣传等多种方式进行全民国防教育宣传。通过武器装备实物、各种挂图、文字介绍和灯箱宣传等形式，使全民国防教育做到基地化、经常化，增强教育效果。2008年，区人武部投入10万余元改造和更新国防教育街、国防教育广场设施和宣传内容，印刷发放10多万份宣传材料，购买下发《首都国防教育读本》和《神圣的职责、光荣的义务》宣传挂图，制作宣传横幅、展板，组织协调区广播电台、电视台和《通州时讯》进行跟踪报道，增强全民国防教育效果。

（汪　勇）

【国防潜力工作】 5月，完成地方与军事专业对口人员服预备役登记核对工作和退伍军人服预备役登记工作。7月，完成与区公安分局、区教委联合对全区高考军校生、国防生的政治审查工作。9月，完成所有国防工程逐个检查和质量评定工作。10月，完成全区拥军潜力调查、统计、上报工作。

（汪　勇）

【推广“青年民兵之家”建设经验】 根据年度工作部署，人武部指导西集镇武装部依托村委会开展“青年民兵之家”建设试点工作，建成集国防教育室、图书室、网络室、娱乐室等为一体的综合性民兵学习活动场所。5月，区人武部推广西集镇武装部“青年民兵之家”建设经验。

（汪　勇）

【征兵工作】 10月23日，区召开征兵工作动员大会，会上总结2007年冬季征兵工作，部署2008年冬季征兵任务，宣布《通州区人民政府2008年冬季征兵命令》，表彰2007年冬季征兵工作先进单位和先进个人。围绕2008年的征兵任务，各级各单位及时调整工作重心，紧贴任务抓重点，集中力量办大事，全力以赴做好征兵工作。通过认真组织，扎实工作，圆满完成新兵的征集任务。

（汪　勇）

【奥运安保执勤】 7月15日至9月28日，根据平安奥运指挥部和区委、区政府的要求，人武部组织8个乡镇、街道办事处112名民兵，在12条进出京高速公路、国道以及市、区级道路等路口协助公安民警执行治安查堵任务；8 月 7 日，按照《通州区关于第 29 届奥运会火炬传递活动安全保卫工作方案》，人武部组织 1000 名民兵完成奥运火炬传递路线和现场外围及社会面警戒任务，确保了奥运火炬在通州段顺利传递。10 月 15 日，在北京市奥运安保及奥运火炬传递工作总结表彰大会上，区人武部和漷县镇武装部被评为市级奥运安递安保工作先进单位。

（汪　勇）

【双拥共建】 区人武部积极协调组织驻通部队参加绿化美化工作，全年组织 5 批 1600 人次、出动车辆 87 台次参加绿化植树 4 万余株、种草 4000 多亩；协调组织 500 名官兵完成奥运火炬传递路线及外围的安全保卫工作；协调组织 900 余人次对区主要大街和京承、京秦铁路沿线进行环境清整。年内，组织协调驻区部队积极参加区委、区政府开展的为南方部分地区遭受冰雪灾害和“5·12”汶川地震灾区群众捐款捐物活动，全年累计为灾区捐款 307 万元，捐物 5000 件（套）。年内，协调处理徐辛庄部队周波烈士后事，专门成立领导小组，安排人员负责协调军地工作。通过上下努力、军地联动，较好地完成对烈士家属的慰问、优抚和见义勇为荣誉称号的认定以及学习英雄事迹的宣传报道工作。该项工作受到市委、市政府和北京卫戍区主要领导的好评。

（汪　勇）

人民防空

【概　况】 2008 年，通州区民防局坚持以邓小平理论和“三个代表”重要思想为指导，深入学习贯彻中共十七大精神，全面贯彻落实科学发展观，紧紧围绕人民防空应急准备，加强科学筹划，深化改革创新，强化学习研究，着力攻坚破难，转变工作作风，狠抓工作落实，推动人民防空事业又好又快发展。年内，圆满完成了人民防空工程建设，人民防空工程开发利用、人民防空知识教育等各项工作任务。年底，党支部被区直机关工委评为先进基层党组织。

（程玉录）

【人民防空工程开发利用】 年内，本地区已建的人民防空工程经过“平战”转换改造后，已投入使用 80 处，使用面积 117485 平方米。

（程玉录）

【指挥通信建设】 年内，对本区已装警报器进行了彻底维护保养及更新、改造、升级。建立了区警报控制分中心。加强应急通信预警建设，提高了应急处置的及时性。5 月 19 日，为悼念汶川地震的遇难同胞，全区防空警报器全部鸣响。至年底，区域内警报覆盖率达 85%。

（程玉录）

【人民防空知识教育】 年内，完成了 28 所城镇中学民防应急知识的教育普及工作。另外，6 月 22日，在通州区潞城镇、宋庄镇、于家务乡分别举办了有关农村应急避险知识宣传活动，发放了《农村应急避险实用手册》5 万份，收到了很好的宣传效果。

（程玉录）

经 济 管 理

综合调控

【概 况】 2008年，发改委贯彻落实区委、区政府工作部署和要求，与各部门密切配合，紧紧围绕全区工作大局，全面履行职能，抓当前、谋长远，促进全区经济社会平稳健康发展；造环境，强基础，大力推进基础设施和公共服务设施建设；着力调结构，促创新，抓减排，推进发展方式转变；继续推进产业结构优化升级；把握重点，扎实做好奥运会、残奥会服务保障工作。

（吴 洁）

【完成年度计划编制工作】 完成《关于通州区2008年国民经济、社会发展计划执行情况和2009年计划草案的报告》的编制工作，并经区四届人大四次会议审议通过。

（徐振涛）

【完成“十一五”规划中期评估】 2008年是“十一五”规划执行的第三年，也是实现“十一五”规划目标的关键之年。中期评估重点从发展环境、目标任务、发展战略等五个方面进行全面的评估，形成《通州区“十一五”规划实施中期评估报告》。从规划实施的评估结果看，“十一五”确定的全区主要经济指标和重点任务进展良好，总体上实现了规划的阶段目标。

（徐振涛）

【全面推进重点工程各项工作】 2008年，安排重点工程91项，完成总投资269亿元。其中续建项目15项，可开工项目56项，拟开工项目20项。截止到2008年底，各项重点工程项目平稳推进。

（张艳青）

【推进政府投资项目评审工作】 2008年，对全区191项（次）政府投资项目的工程预（结）算进行财政投资评审工作。总的送审金额238405万元，审定金额191106万元，审减金额达47299万元，占项目送审金额19.84%。在项目评审中审减了大量不合理资金，有效遏制了建设项目中截留、挪用资金，高估冒算和“三超”等浪费现象，为积极财政政策的落实和加强建设项目的财政监管做出了重要贡献。

（张艳青）

【政府投资项目入库工作进展顺利】 7月中旬，区发改委全面开展2009年重点工程及后奥运时期重大项目的征集工作，经过对全区60余家相关单位申报的项目进行反复分析、筛选、征求意见等相关程序，最终全区上报至市发改委政府投资项目储备库项目124项，总投资305亿元。其中基础设施类项目46项，涉及总投资244亿元；新农村及产业类项目44项，涉及总投资31亿元；社会事业类项目34项，涉及总投资30亿元。

（张艳青）

【出台《关于解决通州新城开发建设中旧村改造遗留问题项目实施方案审查意见》】 2008年区发改委提出《关于解决通州新城开发建设中旧村改造遗留问题项目实施方案审查意见》，于4月10日以区政府文件形式印发。该意见对进一步提高旧村改造工作的规范化、科学化和民主化水平，加快推进新城建设，构建和谐社会具有积极意义。

（张艳青）

【组织申报北京市文化创意产业集聚区】 区发改委会同文化委认真组织北京台湖国画院、北京出版发行物流中心、大稿村国际艺术区3个集聚区申报北京市文化创意产业集聚区工作。3月，北京出版发行物流中心正式挂牌为北京市文化创意产业集聚区，成为继宋庄当代原创艺术与卡通产业集聚区之后本区第二个市级文化创意产业集聚区。

（杨淑琴）

【通州商务园220千伏电站输变电工程列入市项目库】 商务园220千伏电站输变电工程作为重点新城项目列入《北京市2009年电网建设项目库》。项目符合2009年通州电网规划安排，符合新城发展需要，且入库项目将作为2009年项目核准和政府支持的优选项目。

（杨淑琴）

【推进文化创意产业发展】 2008年，发改委配合市发改委、投资北京等部门，多项工作推进本区文化创意产业发展，一是积极推进《北京市宋庄文化创意产业集聚区发展规划》的修编工作；二是组织市级文化创意产业集聚区公共设施工程及无线宽带基础设施项目申报工作；三是努力协调市发改委，争取市级资金支持，推进宋庄集聚区公共服务平台项目前期工作；四是促进城市间交流，通过组织上海、珠海等城市有关部门来访，加强本区文创产业的宣传、推介工作。

（肖婷婷）

【为企业办理减免税手续】 2008年，本着扶持企业、促进发展的原则，为鄂尔多斯等企业办理7项进口设备免税、国产设备抵税手续，涉及用汇总额2610.66万美元，为企业减免税额超过5000万元，促进企业的发展。

（肖婷婷）

【通州区2008年第二道绿化隔离地区绿化建设工程实施方案获得市发改委批复】 该工程绿化造林2919亩，在永顺、梨园、张家湾、马驹桥、台湖5个镇实施。批复的工程总投资1487万元，市发改委计划支持704.7万元。

（王长富）

【北京百纳威尔科技公司增资项目获市批复】 北京百纳威尔科技有限公司增资新型移动通信终端研发及推广项目总投资4.88亿元，主要内容是购置研发测试设备，对高端照相手机、GPS手机等移动通信终端进行研发，并开展多渠道市场推广。该项目由北京天宇朗通通信设备股份有限公司与维太科技有限公司共同出资建设，是通州区最大的移动通信类项目。

（孙　鹏）

【出台《关于落实北京市〈加快发展循环经济建设资源节约型环境友好型城市2008年行动计划〉的意见》】 为进一步加快通州区循环经济发展，促进经济结构调整和经济发展方式转变，确保完成节能减排目标，区发改委起草了《关于落实北京市〈加快发展循环经济建设资源节约型环境友好型城市2008年行动计划〉的意见》，12月9日以政府文件形式下发。

（张　芳）

【开展节能减排工作】 10月，区政府出台《通州区关于深入开展全民节能行动的通知》，在全区范围内开展全民节能行动。一是组织西集镇和北京御香苑畜牧有限公司申报北京市循环经济试点；二是对北京住六混凝土有限公司、华星集团环保产业发展有限公司等8家单位进行了资源综合利用企业认定工作；三是对达到验收标准的北京二商大红门肉类食品有限公司、北京星海钢琴集团有限公司等5家清洁生产审核企业进行阶段性验收。

（张　芳）

【推进政府投资项目稽察工作】　2008年，为进一步规范区政府投资项目管理，区发改委采取四项措施积极开展稽察工作，一是明确介入重点、提高稽察效率，对四类政府投资项目进行重点检查，即投资规模较大的项目、第一次使用政府投资资金的项目、乡镇项目和以往检查存在突出问题的项目；二是提前稽察介入时间，在政府投资项目立项批复后，即开展事前介入工作，告知有关规定要求，树立项目单位规范意识；三是探索与中介机构合作，借助专业力量提升稽察工作水平；四是及时向相关部门反馈稽察情况，梳理存在问题，提出解决建议，努力提高全区政府投资项目管理水平。

（齐玉兴）

【银行系统做好奥运金融服务工作】　奥运期间，区内银行部门采取多项措施，为奥运提供高效、全面、优质的金融服务。一是在各网点张贴中外文对照服务标识，选拔培训外语人才充实一线；二是对网点无障碍设施的维护改造；三是开设奥运专用窗口；四是加强网点外币兑换服务功能，开办多个币种的外币兑换业务；五是加强自助设备的巡检工作；六是制定网点应急预案，开展实际演练。

（马国凯）

【银行系统运行情况良好】　截至年底，全区各项人民币存款余额587亿元，同比增长14.6%，其中企业存款254.3亿元，同比增长7.4%；人民币储蓄存款332.7亿元，同比增长20.9%。外币（美元）存款1.1亿元，同比增长11.9%。各项贷款余额199.3亿元，同比下降2.9%。不良贷款余额8.4亿元，同比下降27.7%。各项收入25.4亿元，同比增长25.6%。实现利润9.8亿元，同比增长6.4%。上缴地税0.7亿元，同比增长10%。

（袁全林）

统　　计

【概　况】　2008年，通州区统计局、调查队紧紧围绕区委、区政府中心工作和北京市政府统计系统“一、二、三”工作格局部署，以第二次全国经济普查、统计信息化建设、统计文化建设为重点，进一步完善统计管理体制改革、加大统计执法力度、提高统计服务水平，圆满地完成各项统计工作任务。

（刘海燕）

【完成通州区第二次全国农业普查】　通州区第二次全国农业普查顺利完成。3月6日，通州区召开第二次全国农业普查总结表彰会，国家统计局北京调查总队副总队长刁满庆、副区长于世疆等出席会议。会上对在农业普查工作中成绩突出的30个先进集体和260名先进个人进行了表彰。通过农业普查摸清了通州区三农状况，为建立“四个监测体系（农村全面小康监测体系、农村城镇化监测体系、农业生态价值监测体系和新农村建设评价监测体系）”和通州区新农村建设提供了丰富详实的信息资料，取得了阶段性成果。

（刘海燕）

【完成奥运旅游监测工作】　为及时反映通州区住宿设施和旅游区点游客接待量在奥运期间的变动趋势，准确掌握北京在2008年奥运会对应期内的旅游接待数据，在奥运会和残奥会期间，对15家企业进行日监测工作。监测工作人员严把数据质量关，与企业密切配合，圆满地完成奥运旅游监测工作的日监测、数据分析和全市城市运行指挥平台的试对接工作。

（刘海燕）

【统计从业资格考试工作】 根据国家统计局《统计从业资格认定办法》的有关规定，对从事统计工作或准备从事统计工作尚未取得统计从业资格的人员进行报名考试。全区626人报考《统计基础知识与统计实务》科目，实考人数480人，及格277人，及格率57.7%；597人报考《统计法基础知识》科目，实考人数444人，及格人数310人，及格率69.8%；389人报考全科（二科都参加的人数），及格人数208人，及格率53.5%；

（刘海燕）

【完成第二次全国经济普查准备阶段任务】 根据国务院2008年开展第二次全国经济普查要求，重点普查摸清通州区第二、三产业结构和能源消费状况，充分整合各部门统计数据资源，推进经济社会发展宏观数据库建设。普查的主要内容包括单位基本属性、从业人员、财务状况、生产经营情况、生产能力、能源消耗、科技活动情况等。普查的标准时点是2008年12月31日，时期资料为2008年度。普查分为普查准备、普查登记、普查数据处理、普查数据发布和资料开发及总结表彰四个阶段，历时2年半。2008年，完成建立三级普查机构、选聘普查人员、落实普查经费、开展普查培训、进行清查摸底和舆论宣传等工作，圆满完成经济普查准备阶段的各项任务。

（刘海燕）

【开展投入产出调查】 根据国务院决定在逢二、七年度开展投入产出调查，并编制投入产出表的要求。通州区开展2007年度投入产出调查工作。调查涉及通州区工业、建筑、交通运输、批发零售、住宿餐饮、行政事业和其它服务业7个行业的195家企事业单位。内容包括单位统计、财务、物资、供销等方面的指标近300个。按照北京市投入产出办公室的统一要求，从2月开始，组建机构、落实经费、开展培训、填写报表、录入、审核，6月30日圆满完成上报工作。通州区投入产出办公室获“2007年全国投入产出调查先进集体”称号。

（刘海燕）

【统计专网延至乡镇】 继续加大统计信息化建设力度，努力实现“一级平台，三级监管，多方共享”的目标。统计“核心业务系统”专用网延伸到11个乡镇，1500多家规模企业全部实现网上报送，保证统计数据上报的及时性。

（刘海燕）

【开展民生统计调查】 2008年，先后完成汶川地震灾后的思想动态、城市环境保护满意率、“限塑令”执行情况、新型农村合作医疗现状、食品安全公众满意度、劳动力需求状况、组工干部满意度、群众安全感等多项社会热点问题的专项调查，调查资料为党和政府的科学决策提供依据。

（刘海燕）

【消费品价格日监测】 下半年开始，在价格指数一路攀升的情况下，为及时了解和掌握价格变化趋势和程度，为相关部门制定政策提供参考依据，开展对消费品价格进行日监测。监测内容涉及居民消费8个类别70余种消费品和服务项目。采取“定时、定点、定人”实地采价，每天12点前，完成监测数据的录入、审核和上报工作。

（刘海燕）

【全面提高统计数据质量】 完善相关制度，制定《通州区统计局主要统计数据评估管理办法》和《通州区统计局统计数据和统计资料上报、提供和发布管理办法》；加强部门统计，定期采集部门数据，对部门数据进行评估；推进依法行政，加大统计执法力度，全年执法检查单位232家，立案47家，行政处罚47家。各种统计数据质量全面提升。

（刘海燕）

【强化统计服务】 为各级政府和社会各界充分做好统计服务，编辑《北京市通州区统计年鉴》、《数说北京改革开放三十年》通州篇、《通州区经济发展月报》、《通州区年度初步统计数据》等刊物；针对社会发展状况和领导、群众关心的热点问题，加强统计调研，全年撰写统计分析129篇，提供统计信息510条。

（刘海燕）

物价管理

【价格管理】 2008年，区发改委价格管理科核准9家企业自制商品标价签；对13家居住小区机动车停车收费标准和6所民办教育机构办理收费项目和标准的备案登记手续；加强行政事业性收费管理，对2007年度行政事业性收费情况及《收费许可证》进行全面审验。审查了198个执收部门的2007年度行政事业性收费执行情况，审查收费项目（副本）1070项；审验财政专用票据和其他各种票据等数万余本。经年审合格现有持证单位195个（正本117个，副本195个），依申请取消北京市国土资源通州分局收费许可证一个正本两个副本和北人集团职业技术学校收费许可证正副本。

（马秋玲）

【调整民用管道液化石油气销售价格】 经价格听证会听证，并报请区政府和市发改委批准后，于11月1日起调整通州区民用管道液化石油气销售价格，拟发《关于调整管道液化石油气销售价格的通知》。

（马秋玲）

【价格监测】 2008年，随着市场动态的变化，价格监测工作在做好粮油、肉类、鸡蛋、蔬菜等副食品每日监测工作的同时，在原有九类（房地产、居民服务收费、工业生产资料、农资、汽车、电器、日用消费品、主要副食品、养殖业生产成本及价格）30多项内容200多个监测品种的基础上再次新增应急食品、奶类等监测品种；增加奥运期间餐饮、家电市场价格变化情况等实时监测内容。

（马秋玲）

【农产品成本调查】 2008年，全区建立起由11个乡镇、39个农调户组成的具有一定规模的农产品成本调查网络，主要对玉米、小麦、淡水鱼、蔬菜、生猪、奶牛、蛋鸡业、设施农业等多个品种的成本收益情况开展调查。在对主要粮食生产成本、生猪养殖成本与收益情况进行调查的同时，对农户种植意向、农户存粮、农资购买情况、农户收支情况、农户售粮情况等开展调查，建立生猪调查月报、季报、半年报、年报制度，及时将调查点的情况反馈至上级有关部门。为政府了解、掌握农业生产和农村经济情况，及时调整农业政策提供基础数据。

（马秋玲）

【价格监督检查】 2008年，通州区发改委物价检查所先后完成了动物防疫检疫收费检查、成品油调价检查、液化气价格检查、惠农价格和收费情况检查、房地产市场价格检查、化肥价格检查、原料奶市场价格检查、旅游景点价格检查、电信邮政资费专项检查、奥运期间市检查、教育收费专项检查、药品和医疗服务重点检查及节日（元旦、春节、清明节、五一、中秋节、十一）市场等多项检查。累计检查各类单位715个，其中生产、经营单位412个，服务收费行业273个，国家行政机关3个，其他行业（集贸市场）27个。通过各类价格监督检查，规范了价格行为，确保了通州价格秩序的稳定。

（李建梅）

【价格认证】 2008年，认证中心为公、检、法系统提供有力支持，全年受理刑事案件涉案物品认证案件3700余件，涉案总金额1500余万元。案件数量和评估金额分别比上年下降13.8%和19.3%。

（马国友）

【价格举报咨询情况】 2008年，价格举报中心受理价格举报、咨询409件。其中价格举报83件、价格咨询326件，实现经济制裁金额6008.71元,协调退款62260.66元。

(秦广庆)

工商行政管理

【概　况】　2008年，通州工商分局紧紧围绕“为成功举办奥运会营造良好的首都市场环境”这个核心，依法行政，规范管理，主动作为，扎实工作，全面完成奥运保障和实现了年度的各项工作目标。奥运会期间，分局组建54人参加的奥运食品安全保障团队，其中支援朝阳分局奥运保障25人，入驻区内奥运食品备选供应企业和基地监控27人，奥运专职司机2人。同时抽调24名机关干部、3部执法车辆支援梨园、永顺等重点工商所日常监管工作;围绕奥运保障中心任务，针对奥标保护、食品安全、消保维权进行三次模拟演练。同时采取集中授课、分散研讨和组织答题相结合的强化培训方式，先后开展奥运标志保护、食品检测、电子商务监管、GIS监管系统应用等15期培训，直接参训575人次，参加作业答题903人次；组织和参加市局举办的各类培训18期，参训91人次。年内，针对奥运市场监管和执法特点，分局积极采取措施提供法制保障，为执法人员配备《保障北京奥运会行政执法手册》150册，并将有关处罚程序、听证程序等重要文件列明目录，下发各单位学习、查阅和使用；全年共办结一般程序行政处罚案件362件，同比增长7.74%，案件处罚金额合计300.48万元，其中涉奥案件36件，罚没款54.41万元；开展一般程序行政处罚案件评查71件。年内，分局围绕奥运保障进一步加强信息、调研和宣传工作。收集、整理信息711条,编发信息旬刊36期,被市局、区委、区政府采用183条;收集调研50篇，分局《参阅》刊发29篇，上报市局调研室27篇，采用17篇，《工商内参》刊登8篇；在各类宣传媒体刊发宣传稿件594篇，其中市级报刊、广播、网络39篇，市级电视1条，区级报刊广播514篇，区级电视40条；承办督办事项151件，同比上升38.5%。

(康　荣)

【专项整治确保奥运市场秩序稳定】　年内，会同公安、城管、商务、卫生、交通等部门，开展无照经营、打击传销、规范直销、房地产市场、有形市场、销售国旗和奥林匹克会旗、销售刀具等专项整治35次。取缔无照经营936户次，引导办照570户，重点地区亮照率达到95%，无照经营结案39件，罚没款共计44万余元；没收非法经营国旗、奥林匹克会旗2000余面；下架非法刀具5782把；非法销售成人用品1300余件；组织252家经纪机构召开房地产经纪行业管理工作会，开展联合执法检查5次。

(康　荣)

【深入开展侵犯奥标专项整治】　奥运期间，分局与37家单位签订《奥运知识产权保护责任书》，加大对76家商标印制单位和生产企业检查力度，定期对4家奥运商品特许经销单位和火炬传递沿线120余块户外广告进行巡查，加强媒体监管，规范广告发布行为。年内，监测户外广告430余条、网络广告 3400余条，查处涉奥商标、广告案件62件，没收商标标识及物品2.84万个，罚没款58.55万元。

(康　荣)

【加强快速执法队伍建设】　年内，分局紧紧围绕奥运保障中心任务，针对奥标保护、食品安全、消保维权进行三次模拟演练。同时对食品安全及市场秩序中存在的突出问题，制定、细化应急响应预案，加强快速执法队伍建设。年内，会同区相关部门开展各类专项整治，完成奥运期间24小时执勤治安巡逻防控任务。全年紧急出动45次，其中夜间出动27次，全面实施8小时以外的市场监管。

(康 荣)

【强化合同监管与服务】 年内，分局积极推广合同示范文本使用，强化动产抵押登记、经纪人备案、拍卖备案、行政调解、合同审查和指导签约工作。全年向社会推广使用各类合同文本5万余本；办理动产抵押登记37件，主债权金额3.66亿元，抵押物价值5.42亿元；办理经纪人备案706户，经纪执业人员备案1931人，备案率98%；拍卖备案18场，现场监拍5场；检查委托合同968份，成交金额842.88万元；解决合同类纠纷16件，为当事人挽回经济损失11.05万元；帮助涉农企业和农民专业合作社审查和指导签订合同535份，标的额达4150余万元。

(康 荣)

【促进农民专业合作社发展】 年内，分局畅通宣传渠道、加强硬件设施建设、开辟服务平台"绿色窗口"，不断强化服务，促进农民专业合作社健康发展。全区登记农民专业合作社118户，其中种植业83户，养殖业31户，其它4户；成员出资总额1792万元；合作社社员773人，其中农民成员 706人，非农民成员66人，单位成员 1 个。

(康 荣)

【扶持品牌农业】 年内，分局与区农委、经管站共同开展调研，建立商标培育、发展信息库，找准商标帮扶、培育工作突破口。同时，分局内部科所联动，促名优农产品健康发展。指导帮扶"东方绿谷"、"草厂"、"永恒瑞泉"等农产品商标5件。

(康 荣)

【加强有形市场监管】 年内，加大对已达标市场监督检查和对未达标市场督促指导力度，对73个市场进行分级分类监管。奥运期间，对八里桥等重点市场派驻干部进行全天候监控，同时与区商务、公安等部门对鲜肉市场进行联合执法检查16次，取缔黑窝点42个、查扣生猪118.5头、未检疫鲜肉3.61吨。

(康 荣)

【完成重点商品抽检工作】 年内，分局配合市轻工产品质检一站、国家纸张质量监督检验中心等6家检测机构对全区重点商品市场进行抽检。抽检各类商品样品73组，其中纸制品6组、制动液15组、服装10组、家电21组、玻璃制品12组、塑料制品9组。检出不合格样品19组，均采取下架措施。

(康 荣)

【充实企业信用信息系统数据】 年内，企业信用信息系统采集各类信息386267条，其中企业身份信息375694条、良好信息726条、提示信息297条、警示信息9550条。录入其他委办局信息114486条，占总数的29.64%。

(康 荣)

【开展工商开放日活动】 4月2日和11月5日，分局分别以"邀请首都市民代表了解工商奥运保障工作"和"学习实践科学发展观，向首都市民汇报运用奥运成果建立市场监管长效机制的情况"为主题开展工商开放日活动。区行政投诉中心，区人大代表、政协委员、食品安全监督员、特约工商检查员及各大商场、超市主管食品安全工作的负责人等社会各界代表154人应邀参加开放日活动。活动通过介绍工商工作职能、汇报分局奥运食品安全保障和市场经济秩序整治情况等形式宣传工商，让各界代表进一步了解工商奥运保障工作。两次活动共征集各界代表意见和建议47条。

(康 荣)

【成立调度指挥中心】 11月10日，分局调度指挥中心正式成立(内设机构)。主要工作职责：归集信息情报统筹分析、整合12315系统各项职能、应急调度指挥综合调配、解读监管政策调查研究、分局党组交办的其他工作。

(康 荣)

【强化公务仓规范化管理】 年内，分局积极细化、量化考核指标，从细节入手，抓关键环节。入库、出库、销毁、文书档案各个环节手续齐全，监督到位。全年办理罚没物品入库37起，价值26万余元。其中发还6起、拍卖11起、销毁20起。

（康 荣）

【强化信息支撑与服务】 年内，分局技术支撑部门围绕奥运决胜之年的紧迫形势，积极探索有效的工作方法，不断提高信息化管理水平。全年维修计算机工作站420台次；处理问题数据344户、不规范数据804户；接待信息查询1.66万户次；提供各类档案数据信息查询9031户次；整理、扫描、入库内资企业登记档案2.86万户59.84万页；归档文书（实物）档案、会计和案件档案1473件（卷）。

（康 荣）

【市场主体年检(验照)率同比提高】 年内，分局采取广泛宣传、上门服务、加班延时等措施加强个体工商户验照和企业年检服务，确保监管与服务的统一。年内，全区26776户内资企业通过年检，年检率87.06%，同比提高2.97%，其中参加网上年检的内资企业占实检企业的99.75%；46610户个体工商户通过验照，验照率89.8%，同比提高29.47%。

（康 荣）

【市场主体发展情况】 8月，全市工商系统重新调整企业类别归属，将原内资企业中自然人出资的公司制企业纳入私营企业范畴。调整后，截至年底，全区内资企业累计达6300户，注册资本（金）147.7亿元。其中国有企业532户，集体企业842户，股份合作制企业2067户，公司制企业（法人出资）2836户，其他企业23户。私营企业累计达23890户；个体工商户累计64646户，从业人员87496人。年内，内资企业开业登记2460户；私营企业开业登记1425户；个体工商户开业登记10723户，从业人员15414人。

（康 荣）

【外商及港澳台投资企业继续增长】 2008年，本区发展外商及港澳台投资企业144户，同比增长39.8%。其中合资企业11户；独资企业23户；合作企业2户；外商驻京代表机构63户，分支机构45户。总投资总额1.61亿美元，总注册资本9701.4万美元，其中外方投资总额7114万美元，占总投资总额的44.19%。截至年底，外商及港澳台投资企业累计达823户（含分支机构174户、驻京办事处144户），总注册资本13.21亿美元，总投资总额21.94亿美元。其中外方投资总额9.32亿美元，占总投资总额的42.48%。吸引外商及港澳台投资排名前三位的是中国（香港）、新加坡、美国。

（康 荣）

私营个体经济

【概 况】 2008年，通州区私营个体经济协会围绕“参与奥运、服务奥运、平安奥运”主题，严格按照年度工作目标考核责任制狠抓落实，促进全区私营个体经济健康快速发展。同时，充分发挥联席会议作用，本着以促进私营个体经济发展为宗旨，服务奥运为目的，组织各种类型培训、出台各项优惠政策，成员单位对辖区食品、化学用品等行业的生产、经营、存储、使用等方面进行检查，为确保奥运会的胜利召开和本区私营个体经济健康快速发展做出了积极贡献。

（康 荣）

【引导会员投身奥运服务】 奥运期间，区私个协围绕“迎、讲、树”活动主题，积极协调相关职能部门强化对会员企业和行业协会的培训，确保参训人员合格率100%。同时积极支持参与奥运志愿、保障、观赛、拉拉队等活动。奥运期间，漷县镇吉鼎力达花卉为“鸟巢”、“水立方”等国家体育馆提供花卉2万余株；东升方圆农业种植开发有限公司为奥运场馆专供豆芽菜、芥兰等20余种蔬菜；北京欢乐旅行社出动旅游专用车137车次，服务人员6850人次，实现全区各乡、镇、街道办事处奥运观赛、拉拉队参加演出等活动安全用车。

（康 荣）

【引导会员参与新农村建设】 年内，区私个协开展“城乡携手迎奥运 共建文明京郊行”活动，引导会员通过采取投资、培训、捐赠科技和资金等方式参与新农村建设。围绕“迎、讲、树”活动主题，积极协调相关职能部门强化对会员企业和行业协会的培训，确保参训人员合格率100%。此次活动向结对村镇捐赠资金749.6万元，举办科技培训班28场，提供新技术15项，捐赠科技资料5000份、图书6000册，受益人数8600余人。

（康 荣）

【众志成城抗震救灾】 汶川地震后，区私个协向全区会员发出倡议，开展为地震灾区献爱心捐款捐物活动。全区会员共向地震灾区捐款340余万元，药品17万余元，服装30多万元，食品122万元，总价值509余万元，参与人员达5.8万余人。

（康 荣）

【加大会员企业融资服务】 年内，区私个协以缓解企业融资难、降低企业融资成本为出发点，充分发挥融资服务平台资源优势，通过与农商行、渣打银行、渤海银行、北京金联通、金家园担保公司的合作，为会员企业融资600余万元；诚信担保服务有限公司为7户会员企业贷款担保150万元。

（康 荣）

【加大政策引导及信息服务】 年内，充分利用《首都私营经济》报刊和《北京私营个体经济》杂志及网络平台，加大对国家、市、区私营企业的优惠政策及区域经济和社会发展的形势等各类信息的收集和发布，为广大会员提供了解政府信息的平台。义务为会员刊登产品出售、单位用工、企业声明等信息300余条；积极组织通讯员撰写各类稿件、照片等信息200余条，其中被国家、市、区级报刊、杂志、电台、电视台采用153条。

（康 荣）

【维护会员企业合法权益】 年内，通过法律维权服务平台，协调、解决涉及会员企业的法律纠纷36件，为企业解决占地、拆迁、交通、供电等各种焦点、难点、热点实事20余件，为会员挽回经济损失4.2万元。接待会员来访、来电500余人次，做到件件有答复、事事有回音，为维权工作的进一步开展积累经验。

（康 荣）

【年商品配送金额1740.5万元】 年内，区私个协所属汇利源、明伟通、八角楼3家商品配送站围绕“食品放心工程”搭建商品配送服务平台，解决边远农村商店进货渠道难、商品质量无保障难题。全年为14家连锁店，300余户会员配送食品、饮料、酒类、水果、蔬菜等各类商品金额达1740.5万元。

（康 荣）

【搭建财产保险服务平台】 年内，区私个协与中国人寿财产保险股份有限公司北京分公司同10家汽车修理厂签订合作协议，为会员企业提供多险种、高效优质的保险服务。

（康 荣）

【慰问特困会员】 年内，区私个协和各分会在春节、五一等节日期间，积极开展“帮困献爱心、真情送温暖”活动，慰问特困会员12户，送去慰问品、慰问金折合人民币5200元。

（康 荣）

消费保护与监管

【概 况】 2008年，工商分局、区食品办、区消费者协会以“消费与责任”年主题为主线，以“迎奥运、讲诚信、树形象，营造和谐放心的消费环境”为重点，采取宣传与教育培训相结合的方式，全面深入地开展保护消费者合法权益的各项工作。年内，工商分局12315中心受理消费者申诉399件，其中分局自接167件，自录率41.9%。已办结397件，办结率99.5%，其中由消费争议快速解决绿色通道妥善解决153件，调解成功246件，调解成功率61.7%。为消费者挽回经济损失23.61万元。接到群众举报579件，其中分局自接202件，自录率34.9%。已办结567件，办结率97.9%，经查属实198件，占办结总数的34.9%。立案134件，属实立案率67.7%。年内，区食品办组织成员单位全力以赴，全方位地开展对区内18家奥运食品供应企业、基地的驻点监控和外围食品安全保障工作，圆满完成奥运食品安全保障工作任务。奥运期间，区食品办到奥运食品供应企业、基地检查职能部门驻点监控工作24次，督查16次；成员单位对供奥食品备选供应企业和基地的42个食品品种抽检139次，录入首都食品安全监控系统检测信息826条；奥运食品供应企业、基地录入自检信息640条；各职能部门录入日常检查监控信息470条；3家奥运食品生产企业录入食品条码追溯信息9276条；3家屠宰加工企业录入食品追溯信息633.53万条。年内，区消协在工商分局协助下积极主动地与新闻媒体联系，充分利用新闻媒体快捷、方便、广泛的优势，对消费者进行全面的法律法规教育。同时挑选部分消费者依法维权的典型案例在广播电台京东调频、区电视台、《通州时讯》、《信报》上播放或刊载。全年受理调解消费者投诉458件，解决390件，为消费者挽回经济损失41.06万元，接待消费者咨询5745人次。

（康　荣）

【广泛开展“3·15”系列宣传活动】 年内，区消协围绕“消费与责任”年主题，以“迎奥运、讲诚信、树形象，营造和谐消费环境”为主要内容广泛开展“3·15”宣传活动。活动出动宣传人员360人次、94车次，举办宣传活动24场，其中村镇10场、社区10场、校区2场、工地1场、军营1场。悬挂宣传口号、横幅30条，展板展示138块，发放各种宣传材料5.8万份，接待咨询2300人次，受理投诉30件，解决23件，挽回经济损失2.2万余元。

（康　荣）

【完成供奥食品安全保障任务】 8月7日至9月17日奥运期间，区内18家奥运食品供应企业、基地向奥运餐饮核心区餐饮服务商、奥林匹克接待中心、训练场馆、大型宾馆饭店等发送食品原材料814批次1222车次，发送食用盐、鲜牛奶、糕点、冷鲜猪肉、水产品、生鲜切菜等2872吨，豆制品2.91万盒，啤酒3.18万箱，活鸭（填鸭鸭坯）8.51万只，盒饭23.05万盒。收到食品原材料316批次379车次，其中毛猪3307头，蔬菜448吨，面包1658箱，食用盐3071吨，填鸭3.9万只。未发生一起食品安全事件，实现了奥运食品安全工作目标。

（康　荣）

【强化奥运外围食品安全保障】 奥运期间，区食品办各成员单位、各乡镇政府和街道办事处加大日常巡查检查频次，确保奥运期间外围食品安全。奥运期间，检查各类食品生产经营主体33119户次，其中食品生产企业1411户次、建筑工地食堂113户次、学校食堂171户次、旅游景点70户次、民俗旅游户75户次、餐饮企业5298户次、露天餐饮1089户次、市场超市7324户次、小食品店17568户次。查处无证照餐饮单位7户，取缔无照游商396起，查处露天餐饮231起，取缔食品加工黑窝点19起，责令改正689起。区食品办组织联合执法检查8次，出动执法人员14643人，执法车辆3858车次，罚没款2.45万元。食品抽样检测1419件，合格样品1401件，合格率98.7%。

（康 荣）

【狠抓流通领域食品质量监管】 年内，以查资格、查渠道、查行为、查柜台、查质量“五查”为重点细化食品检查要点，以网格为基本单位落实辖区责任制，构筑食品安全监管“责任防线”、“监管防线”、“联动防线”和“群众防线”，加强对重点时段、重点地区、重点行业、重点食品的全面监管。全年出动执法人员11317人次，检查各类经营主体50234户次，同比分别增长107%、172%。办结食品类案件12件，罚没款5.84万元。下架、封存问题奶粉和乳制品1724.15公斤。处理食品类投诉举报226起。

（康 荣）

【市级质检机构抽检通州区食品合格率97%】 年内，分局配合11家市级食品安全质检机构对通州区54大类食品的233组食品样品进行抽检，其中不合格样品7组，合格率97%。

（康 荣）

【强化食品安全快速检测】 年内，分局采取食品快速检测与食品监督抽样送检相结合的方式，积极开展重点食品监测工作。全年监督抽检食品样品4051件，合格食品样品3993件，合格率98.57%。其中快速检测22个食品类别3615件，合格食品样品3601件，合格率99.61%；抽检送检24个食品类别436件，合格食品样品392件，合格率为89.91%。不合格食品主要集中在鲜肉、蜂产品、调味品及腌制食品、果脯蜜饯、豆制品和水产加工品。其中食品添加剂超标33件，食品质量以次充好18件，非法添加有毒有害物质或残留超标问题7件。

（康 荣）

质量技术监督

【概 况】 2008年，北京市通州区质量技术监督局，本着“依法行政、严格把关、服务经济、促进发展”的宗旨，加强“平安奥运”监管工作；创新思路，深化服务。开展行政执法活动2328起，结案的查处案件151起，立案115起，结案的立案案件114起，罚没款65.9万元。全年检测果蔬样品71个、检定强检计量器具13440台套、水表首检161866块、非强检器具10784台套、计量标准器2044台套。特种设备定期检验工作，完成锅炉内部检验618台、压力容器全面检验801台、电梯定期检验2365台、起重机定期检验696台。年内圆满完成办实事和折子工程。

（韩 文）

【奥运安全监管】 加强奥运期间安全监管工作。检查巡查食品企业和食品小作坊1109家次；检查全区特种设备使用单位698家（次），查出特种设备安全隐患139起，并予以消除。对4家定点供应奥运食品的生产企业采取派员驻点、封闭管理、批批检验、严格准出等监管措施。对区域内8家涉奥食品企业进行监督检查和产品质量监督抽查，从原料进厂、生产加工、出厂检验实施全过程动态监控。加大检查力度，奥运期间，实行奥运优先、超常规管理、加密检查巡查频次、依法从严查处违法行为，做到检查与抽查结合、白天检查与夜间巡查结合、面上检查与重点单位监控结合、一般区域明查与重点区域暗访结合、部门执法与联合检查结合，实现了全方位全过程的监控。对高风险食品生产小作坊每周检查巡查一次，每两周抽查一次；对低风险食品生产小作坊每两周检查巡查一次，每月监督抽查一次。实行一对一、点对点的监管；加强对重点区域执法检查。对奥运火炬传递沿线和宋庄文化创意产业基地、张家湾镇皇木厂村奥运境外记者参观采访点等重点场所开展重点检查。实行停产措施，坚持采取责令停、承诺停、自愿停的原则。对3家在生产设施评估中不符合产品质量安全条件的小作坊提出限期停产的要求，6家因自身原因已停产的企业签订奥运期间继续停产的承诺书。通过宣传动员，有20家小作坊自愿实行停产；对在产品质量监督抽查中3家不合格的小作坊实行歇业整改措施。

（韩　文）

【食品监管】 一是对140家获得生产许可证的食品企业采取现场监督检查，季度产品质量监督抽查和生产许可证年度审查的形式进行监管。二是帮助企业取得食品生产许可证。对91家（次）食品生产加工企业和食品相关产品生产企业进行取证咨询指导，对62家（次）申证企业进行现场审查，其中有50家企业取得食品生产许可证。三是奥运期间加强涉奥企业及其他食品企业的监管。四是采取“管、帮、查、停”等措施，对食品“小作坊”的监管。制定下发《关于全面落实生产经营者主体责任，确保食品质量安全的意见》；与60家证照齐全的食品小作坊签订“食品质量安全承诺书”，并建立质量档案，建立原辅材料进货和产品销售台账登记；通过帮助食品企业改造生产条件和环境、培训从业人员、搜集相关的技术标准、提高质量把关能力，使25家小作坊获得食品生产许可证，列入企业监管范围。

（韩　文）

【特种设备安全管理】 2008年，紧紧围绕保奥运、查隐患、促和谐的目标，对特种设备相关企业实行定人、定责、定区域、定企业的区域监管模式；建立特种设备二级、三级安全管理网络体系，实现通州区特种设备零事故。重新确定133家重点监控单位，制定《重点监控单位管理办法》，签订《维护首都安全稳定实现平安奥运目标承诺书》，并加大检查力度和频次；对奥运火炬传递沿线特种设备使用单位进行摸底、排查，对涉及的5家单位81台设备注册登记，定期进行检查。成立“通州区特种设备专家组”，聘请国家质检总局、中国工业气体协会等5部门的特种设备安全方面的5位专家作为“通州区特种设备安全专家组”的成员，为特种设备安全监督、技术培训咨询、检验、建立应急救援体系、应急处置、特种设备重特大事故隐患的调查研究等方面提供技术支持和帮助。

（韩　文）

【特种设备安全检查】 年内，开展特种设备安全百日督查专项行动，区质监局会同区卫生局、区教委、区旅游局、区商务局等单位，在相关镇政府、街道办事处的配合下，对全区医院、学校、宾馆、商场等人员密集场所特种设备进行安全大检查。深入开展隐患排查和专项整治工作，先后开展冶金起重机械和简易升降机专项整治、特种设备生产单位专项整治、液化石油气充装单位专项整治、承压汽车罐车充装单位专项整治和流动式起重机专项整治。

（韩　文）

【特种设备安全宣传培训工作】 加大宣传培训力度，出资近10万元，制作展板25块、光盘70套、印制画册200本、编辑印刷安全知识手册300册，深入企业、学校、街道、社区、农村开展宣传、巡回展等活动。有17家企业专门使用宣传展板，召开安全会议组织员工观看。在宣传教育的基础上加大培训力度，多次聘请专业人士，采取分区域、分岗位、分内容，有针对性地开展培训。举办培训班32期，培训管理人员、企业法人、一线操作人员3342人。

（韩　文）

【乳制品专项整治工作】 9月12日，三鹿奶粉事件发生后，在全区范围内开展乳制品专项整治。成立4个检查组深入乳制品及相关企业进行检查。建立乳制品企业管理档案。选派11名执法人员进驻区内的蒙牛乳业（北京）有限责任公司、北京科尔沁乳业有限公司、北京鑫华星乳业有限责任公司和北京三元食品股份有限公司乳品八厂等4家乳制品生产企业进行驻厂监管。对企业备案的企业标准文本进行监督检查，对奶源食品添加剂和成品监督检查。全面开展乳制品中三聚氰胺含量的检验工作。通过市质量技术监督局的比对考核，取得项目的检验资格。对全区乳制品企业的1203个样品进行三聚氰胺检测。

（韩　文）

【重点产品质量监管】 一是开展10类重点产品质量专项整治和建档工作。通过组织召开动员会、开展调查摸底、建立质量档案、开展执法检查等措施，建立质量档案605份，建档率100%，检查企业336家，查处违法行为2起，实现整治工作的阶段性目标。二是开展危险化学品专项整治工作。对涉及液氯、液氨、剧毒、易制毒等发证产品的使用单位进行检查，检查49家单位，及时消除隐患。三是加强对燃煤的质量监督管理。全年组织开展5次煤炭产品的质量监督抽查。抽查煤炭经营单位和使用单位212家（次），抽取煤炭样品212个。经检测，合格179个，不合格33个，样品合格率84%。对20家使用不合格煤炭的单位进行立案处理，罚款12万余元。四是开展农资产品的专项整治工作。检查农药、化肥、农用机械、农机配件等农资生产企业11家，40种产品。未发现无证生产及产品质量主要项目指标不合格的问题。

（韩　文）

【标准监督管理】 开展标准备案及注册登记工作，为170家企业393个企业标准进行备案，为130家企业的238份标准办理执行标准注册登记，注册登记标准110份。采用国际标准工作，7家企业的23种产品获得采标证书，其中有15个产品获得采标标志证书，完成全年计划的230%。年内，组织开展10类重点产品标准文本监督检查、食品企业标准文本的监督检查、食品标签监督检查、条形码监督检查等，对80余家企业的150个企业标准逐一核查，合格率100%。

（韩　文）

【农业标准化】 区质监局组织协调区农委、区种植中心、区农业技术服务中心等单位的技术人员，对《夏玉米栽培技术标准》和《冬小麦栽培技术标准》进行修订。两项北京市地方标准修订初稿完成并上报审核。启动第六批国家农业标准化示范区工作。本区申报乌鸡、食用菌、观赏鱼、白灵菇、豆芽等5个示范项目。先后组织5个项目的承担单位进行专题培训和学习参观。技术人员多次深入田间开展技术指导。

（韩　文）

【计量监督管理】 2008年，监督检查264家单位，重点围绕奥运安全计量、民生计量、诚信计量、能源计量等，加大日常监督和专项检查力度和频次，严厉打击侵犯人民群众利益的计量违法行为。一是围绕民生计量，对重点行业开展专项监督检查。重点对加油站、医疗卫生单位、宾馆（饭店）、集贸市场和超市、出租汽车计价器等六个行业的计量监督检查。二是在全区启动诚信计量活动，期间抽查计量器具2018件，合格率96%。监督检查交通指示牌250块，道路两侧广告牌98块、媒体刊物18份、版面128版、电视广告108条，发现使用非法定计量单位19处。三是开展保奥运安全计量专项监督检查。对86家加油站进行计量专项监督检查和现场抽测，合格率为100%。深入供奥企业和涉及奥运的重点区域，对在用计量器具进行监督检查，对定量包装产品进行监督抽查，督促企业加强计量监管。四是开展稳定物价专项监督检查。主要对37家定量包装商品生产企业、民用四表等检查相关单位进行检查。五是围绕节能减排，开展能源计量监督检查和检测工作。组织对区内年消耗能源2万吨标准煤以上的企业进行节能降耗座谈，要求企业按照《用能单位能源计量器具配备和管理通则》（GB17167－2006）合理配备计量器具。

（韩　文）

【组织机构代码工作】 全年新办组织机构代码证书5802件，发证数量9569件，IC卡7578件，变更组织机构代码证5188件，年审代码376件，废置数量2356件，迁出企业数量400余家。

（韩　文）

北京市通州区投资服务中心

【概　况】 2007年12月至2008年11月，服务中心接待咨询102528人次，同比增长28%；受理查询、审核、审批56316件，同比增长19.4%；核发各种证照27758件，同比增长12.3%；提供查档、发申请表等项服务4892件，同比减少26%；为4858户企业办理注册资本（金）专项入资48.58亿元，同比分别增长7%和6%；为4526户企业办理划转注册资本（金）44.94亿元，同比分别增长22%和增长11%。新开办企业4796户，同比增长14%，注册资本（金）39亿元，同比增长11.4%。注册资本（金）在100万元以上的企业845户，同比增长1%。其中100万元以上至500万元的667户，同比增长0.9%；500万元以上至1000万元的87户，同比增长47.5%；1000万元以上的91户，同比减少22%。

（杜　文）

【服务中心召开年检工作宣讲会】 3月3日，通州区投资服务中心联合区工商分局共同召开2007年度企业年检工作宣讲会。会议传达、部署市工商局、区工商分局关于2007年企业年检有关规定和操作程序；宣讲新开办企业登记注册方面的相关法律、法规。各乡镇、开发区负责招商和年检工作的领导和工作人员参加会议。

（杜　文）

【创新便民服务方法】 4月，服务中心推出服务便民新举措，进一步方便办事人，提高办事效率和服务水平，一是针对部分窗口的业务更新及政策变动，对大厅内触摸屏、公示板的内容进行改版、更新，将各窗口涉及到行政审批事项的依据、条件、时限、范围等内容加以规范、细化，为办事人提供更加方便、快捷的查询方式。二是将各窗口的审批流程、收费方式等相关内容印制成册，摆放在醒目位置，方便办事人索取。三是将厅内各窗口所需填写的申请表格示范文本进行统一编排、制作，使办事人一目了然，减少办事人在办理审批事项过程中的困难。四是通过中心网站的“一问一答”专栏，为办事人提供更具针对性的帮助。通过丰富中心文化墙内容，加强对奥运精神的宣传。

（杜　文）

【联合执法清理无照经营代办人员】 5月10日，公安分局、工商分局、城管大队联合执法对中心大厅内无照经营的代办人员进行清查，在清理的基础上，中心对进厅从事经营活动的中介组织加强管理：一是对代办人员发布通告督促中介组织约束自身行为，不要从事非法活动。二是要求代办人员在办理相关业务时出示有关证件，无证件者不得在厅内逗留。三是加强巡查，及时清查无证人员，制止其不正当行为。

（杜　文）

【增加文化委窗口业务职能】 6月11日，区文化委领导班子到中心，就进驻办公大厅的窗口职能及工作人员增设调整的工作意向与中心领导交换意见。窗口职能由原有的2项职能增加到6项；窗口工作人员进行岗位轮换，并对新派驻窗口的工作人员实行为期半个月的工作试用。这些措施的落实使区文化委窗口进一步完善社会公共服务职能，在最大程度上方便了企业、群众，提高了工作效能。

（杜　文）

【试行电子排队系统】　7月，中心针对每天服务台人工发号业务量较大，影响工作效率的情况，由中心信息部自主研发，在服务台安装电子取号器，主要负责工商分局窗口的名称查询和划资取号业务。办事人通过触摸屏点击相关业务后，由取票机进行自动出号，号单上显示出等待序号、时间、受理窗口位置、窗口受理业务量等信息，该系统开通后有效节约了办公成本，提高办公系统的利用率。

（杜　文）

财税·金融·审计

财　　政

【概　况】 2008年，区财政局紧紧围绕区委四届五次全会和区四届人大三次会议部署，克服各种减收、增支因素，加强财源建设，强化收入征管，深化财政改革，优化支出结构，着力改善民生，有力保障了北京新城区建设的顺利进行。

（姜　山）

【各项经济指标稳步增长】 2008年，一般预算收入实现20.45亿元，同比增长12.5%，超额完成全年任务。通州区总财力实现75亿元，同比增长17.5%。经济总量的快速增长，增强了财政支持经济社会发展的能力，全年财政支出59.76亿元，同比增长8.1%，有力保障了通州区两新建设的顺利进行。

（姜　山）

【财政保障能力进一步增强】 2008年，面对财政收入形势明显趋紧的不利局面，区财政局把组织收入作为首要工作抓实抓好，保证增收目标的顺利完成。一是加大税源建设。支持产业园区建设，投入资金支持商务园等园区发展，进一步提高区域产业承载能力。筹措资金2300余万元，加大企业技改投入，促进产业优化升级。完善中小企业信用担保机制，提供担保贷款2.8亿元，促进中小企业发展，区域经济活力进一步增强。二是加强组收调度。积极协调两税，并深入区属重点企业和乡镇进行调研，研究制定科学合理的财政激励政策，充分调动乡镇、园区协税护税的积极性，财政增收的基础更加巩固。三是强化非税收入管理。制定实施《关于深化行政事业单位"收支两条线"管理的意见》，积极开展非税收入大检查和财政票据使用专项检查，同时开展资产出租、出借等国有资产收益的专项检查，全年征缴非税收入1.74亿元，同比增长73.7%。四是多方筹措财政资金。加强项目库建设，努力争取市级资金支持，全年到位市级专项资金12.7亿元，比上年同期增长34.2%。五是加大财政债权追缴力度，通过法律等多种途径追回财政欠款156万元。

（姜　山）

【财政应急保障能力进一步提高】 2008年，面对奥运举办、地震灾害和食品安全等重大事件，合理调配资金，协调各预算单位，压缩公用经费及一般专项支出预算5个百分点，着力提高财政应急保障能力。按照急事急办、特事特办的原则，投入资金1.35亿元，保障奥运安保、火炬传递等涉奥工作的顺利进行。汶川地震发生后，紧急安排援助资金320余万元，为通州区救灾医疗队提供经费保障。按照全市统一部署，筹集资金1818万元支持灾区对口援建工作。投入资金260

万元，保证全区手足口病防治及婴幼儿奶粉事件中患儿筛查救治工作顺利开展，群众权益得到保障。

(姜　山)

【加大两新建设投入】 2008年，继续加大新城建设投入，全年投入财政性资金14.6亿元，支持朝阳北路东延、燃煤锅炉房整合、梨园垃圾转运站等城市基础设施建设，城市综合承载能力进一步增强。加大城市综合治理资金投入，支持航空走廊可视区环境整治、火炬传递路线环境治理、城市景观绿化美化等环境建设工程，新城面貌明显改观。加大新农村建设投入，扩大公共财政覆盖范围。推进农业产业化建设，投入资金1.35亿元，支持漷大路都市型现代农业走廊以及南瓜园、观赏鱼等项目建设，大力发展都市型现代农业。支持设施农业建设，投入资金8500万元，实施中低产田改造，新建设施农业1万亩。加大新农村基础设施建设投入，投入资金3.3亿元，加快实施农村改水改厕、道路硬化、垃圾密闭化管理等工作，农民生产生活环境得到改善。落实各项惠农支农政策。针对婴幼儿奶粉突发事件，安排资金210万元，对部分奶牛养殖户实行临时性补贴，减少奶农经济损失。继续做好粮食直补工作，发放粮食直补资金5580万元，广大种粮农民得到实惠。着力推进农业生态化发展。安排资金1.3亿元，保障绿色通道工程、城市防汛、乡村水环境保护、农林业病虫害防治等工作的顺利开展。投入资金6073万元，支持农村公益事业发展，和谐村、镇建设得到加强。

(姜　山)

【支持教科文体事业发展】 2008年，加大全区教育事业投入，全区教育的总投入突破8.5亿元。重点支持史家小学通州分校、于家务中学等一批学校基础设施建设，教育基础设施得到改善。进一步提高教师待遇，落实教育资助减免政策等资金需要，教育保障能力得到增强。投入资金9232万元，重点支持北运河通州段水环境改善等科技创新和科技示范项目，科技事业发展得到保障。投入资金3854万元，完成区体育场改造，新建120余处全民健身设施及村级文化活动场所，支持开展“文艺演出星火工程”等活动，文化通州建设得到有力推进。

(姜　山)

【加大社会保障和卫生事业投入】 2008年，全面落实城乡无保障老年居民保障政策，投入资金1.72亿元，及时发放61000名城乡无社会保障老人和7500名享受新农保人员保障金。投入资金5500万元，为11000名城乡低保人员发放低保金及粮油帮困补助。投入资金近4000万元，保证社区卫生服务机构各项工作的顺利开展。进一步提高新型农村合作医疗财政筹资补助标准，人均筹资标准从220元提高到320元，切实解决群众看病难、看病贵问题。安排资金741万元，解决全区“一老一小”医疗保障问题。落实各项就业再就业政策，投入资金3000余万元，引导城乡失业人员实现再就业。投入资金2800万元，保障军队离退休老干部及复转军人安置工作等工作的有效开展。

(姜　山)

【推进国库集中支付改革】 2008年，重点推进128家全额拨款二级预算单位的国库集中支付工作，顺利完成财政、银行、预算单位之间的数据链接。加大培训力度，保障改革顺利实施。同时，加强账户监管，及时开展专项大检查，杜绝向基本账户倒账等违规行为，确保改革真正取得实效。

(姜　山)

【政府采购工作健康开展】 2008年，进一步扩大政府采购规模，完成46所中小学的校舍维修和操场改造项目的政府采购。进一步规范采购行为，积极开展政府采购执行情况专项检查，减少单位自采行为。建立政府采购支付专户，加强政府采购资金结算管理，提高采购资金的拨付效率。全年完成采购项目241项，采购资金总额3.04亿元，资金节约率达 8%。

（姜　山）

【部门预算改革实现新突破】　2008 年，创新预算管理模式，对预算内外资金、单位自有资金、政府性基金实行统筹管理，增强预算安排的科学性和透明度。突破原有预算编制级次，全面细化二级单位部门预算，保证二级预算单位集中支付改革的顺利进行。

（姜　山）

【加强投资评审工作】　2008 年，进一步拓宽评审范围，在对新城重点工程进行评审的同时，将部分区级专项和乡镇基础设施建设项目纳入评审范围。全年评审项目 261 项，送审资金 26.82 亿元，审减资金 5.12 亿元，审减率 19.1%。其中自主评审项目 193 项，占全部评审项目的 73.9%，有效节约了评审费用支出。

（姜　山）

【行政事业单位国有资产管理】　2008 年，在全区所有行政事业单位全面推行“一物一卡一条码”的资产管理模式。完成全区二级单位以上资产动态管理网络的建设工作，存储资产数据卡片 62 万张，资产总额 47 亿元。进一步加大资产管理培训力度，开展软件操作培训 530 余人次。积极开展资产收益情况专项检查，提高部门预算安排的科学性。加强资产处置管理工作，全年批复处置预算单位报废资产 1779 万元，电子废弃物 186 万元。促进国有资产的整合流转，依托政府公物仓，调拨、调剂办公设备等物资 742 件，实现资产跨部门流动，有效降低了行政运行成本。

（姜　山）

【财政监督检查工作】　2008 年，建立健全财政监督机制，严格执行财政资金追踪问效制度，对专项资金支出进度和使用效益进行跟踪检查。开展涉奥和抗震救灾资金专项检查工作。全年检查市区专项资金 107 项，资金总额 3.2 亿元，资金拨付和使用程序更加规范。

（姜　山）

【绩效考评工作有效推进】　2008 年，积极开展项目绩效考评试点工作，选取 11 个项目进行试点，考评资金达 7687 万元，初步建立以“结果”及“追踪问效”为导向的财政支出绩效评价管理模式，财政资金使用效益进一步提高。

（姜　山）

【会计管理工作】　2008 年，加大会计信息质量监控力度，不断强化会计基础工作。圆满完成会计从业资格考试、初级会计职称考试报名及各系统财会人员业务培训工作。认真开展会计人员继续教育培训及日常会计从业资格管理工作，全区会计管理水平进一步提升。

（姜　山）

【乡镇财政财务管理更加规范】　2008 年，积极推进乡镇财务网络化管理，11 个乡镇全部实现集中财务软件管理。制定出台《关于加强乡镇财政投资评审和政府采购的指导意见》和《关于乡镇国有资产管理职责和工作程序的指导意见》，乡镇预算编制、财政支出以及资产管理得到加强。

（姜　山）

税　务

国家税务

【概　况】　区国税局位于通州区运河西大街 111 号，有干部职工 386 人，内设 10 个科室，另设机关党委办公室、1 个直属单位、3 个事业单位、8 个派出机构。2008 年，区国税局组织税收收入 508800 万元，同比增加 129017 万元，增长 34%，完成市国税局下达全年税收计划的 116.2%，提前 51 天超额完成全年税收收入任务。形成区政府可支配资金57025万元，同比增加15037万元，增长35.8%。

（孟祥胜）

【加强税源户籍管理】 税源户籍管理是税收征管的最基础工作。区国税局自2008年1月1日起，由税务登记岗为新办企业同时办理税务登记和税种登记，从整合资料和证件的提交标准入手，进一步规范和加强税务登记管理。2008年新办税务登记11711户。

（孟祥胜）

【重点税源管理与服务并重】 区国税局依托监控软件，加强对129户重点税源企业涉税信息的采集、审核和综合分析，结合税收管理员制度实施动态监管，并着重推行政策宣传、纳税指导、特事特办等税收服务措施，做到管理到位、服务完备。

（孟祥胜）

【纳税评估工作】 纳税评估分行业与分税种兼顾，通过纳税评估发掘涉税问题，对税源实施有效控管。开展增值税重点行业纳税评估，包括商业企业、工业企业定向评估及水泥行业、小规模纳税人专项评估，查补税款13.77万元，调整留底税额1.2万元。选取所得税微利或亏损额较高企业进行重点评估，调减亏损1152万元，调增应纳税所得额384万元，补交税款和加收滞纳金共计68万余元。

（孟祥胜）

【加强发票日常管理】 根据北京市国税局规定，2008年，将增值税专用发票最高开票限额调整为税务所一级终审，提高审批效率，并于11月启用新版普通发票。与信息化建设相结合，推行抵扣凭证审核检查管理信息系统，取代原增值税防伪税控协查系统，面向4100余户防伪税控企业推行“红字增值税专用发票通知单管理系统”，切实加强以票管税。

（孟祥胜）

【联合评定纳税信用等级】 根据纳税信用体系建设要求，10月，区国税局与区地税局联合开展纳税信用等级评定工作。评定项目涵盖纳税人的税务登记、纳税申报、税款征收、税务稽查、发票使用、账簿管理等方面信息，最终评定纳税信用等级A级企业122户。

（孟祥胜）

【严格落实税收优惠政策】 区国税局准确把握税收减免尺度，认真落实政策，简化审批流程，提高审批效率，确保纳税人按时享受到税收优惠政策。年内，区国税局审批或备案流转税减免税事项170余户次，办理退税2753万元。

（孟祥胜）

【推进所得税管理】 年内，深入张家湾开发区和光机电一体化产业基地宣讲新企业所得税法，按照“抓大、控中、定小”的思路，对所得税企业实施科学分类管理。根据市国税局要求，首次开展涉外企业反避税工作，并集中对汽车零部件企业进行涉外税务审计，调整应纳税所得额11.58万元，补缴企业所得税、加收滞纳金共计5.58万元。全年内、外资企业所得税入库税款合计10.9亿元，占全局整体收入的两成多。

（孟祥胜）

【加强出口货物退（免）税管理】 区国税局针对出口退税政策调整情况，集中培训卷烟企业和小规模出口企业，保证政策落实到位。深入开展调查研究，建立预警机制，做好出口退税情报交换，对纳税人在出口货物经营活动中的异常情况进行评估，防范出口骗税。2008年，区国税局所辖出口企业706户，办理出口货物退（免）税6.25亿元，同比增长42%。

（孟祥胜）

【深化个体税源分类动态管理】 年初，区国税局与区地税局协作，利用两个月时间为全区59个集贸市场内4206户个体工商户核发税务登记证件。深入乡镇、街道、市场，实地调查个体工商户的日常经营情况，严查漏征漏管户。按照查账征收、定期定额征收、未达起征点、免税及临时经营户，对个体工商户进行分类管理，根据实际情况督促个体大户建账，加强源头监管。

(孟祥胜)

【建立税收教育基地】 区国税局与通州区运河中学携手建立税收教育基地，为税法宣传提供载体和平台，4月25日举行揭牌仪式，市国税局和区委区政府相关领导出席。10月，区国税局在税收教育基地举办发票知识讲座。

(孟祥胜)

【开展税收专项整治活动】 对餐饮业、烟草行业、房地产业、电视购物企业和金融保险业进行专项检查，查补收入合计1485万元，调减亏损额2665万元。4月，区国税局与公安分局、区地税局联合开展打击发票违法犯罪专项整治突击行动，成功捣毁一制售、贩卖假发票的窝点，查获各类发票13487份和其他作案工具，切实起到震慑作用。

(孟祥胜)

【税收征管信息系统升级运行】 为适应税收事业发展和征管工作需要，中国税收征管信息系统升级为中国税收综合征管软件整合版(CTAIS2.0)，系统功能、服务全方位提升。根据北京市国税局部署，区国税局顺利完成CTAIS2.0升级的各项准备工作，6月24日，安排部分纳税人进行税务登记、发票发售、文书受理等业务测试成功，6月25日，CTAIS2.0系统正式上线运行。

(孟祥胜)

【推行财税库银联网缴税系统】 根据北京市国税局统一部署，区国税局于9月开始在全区开展财税库银联网缴税系统推广工作，截止到12月31日，将443户纳税人纳入该系统，实现税款资金实时划缴，切实提高税款征缴工作效率，方便纳税人缴税，节约办税成本。

(孟祥胜)

地方税务

【概　况】 通州区地方税务局位于通州区玉桥中路136号，全局有干部职工356人，机构27个，包括12个科室、10个征收税务所、1个后勤服务中心、1个稽查局（科级单位）。截至2008年底，全局税务登记户39586户，其中私营以上内资企业25101户、外资企业531户、国家机关及事业单位440户、社会团体及基层群众自治组织539户、个体工商户12975户。

(刘　冉)

【税收完成情况】 2008年区地税局组织各项收入349072万元，同比增加11684万元，增长3.46%，完成市局年度计划的100.31%。其中税收收入为330073万元，同比增收10180万元，增长3.18%；其他收入18999万元，同比增收1504万元，增长8.60%。在全部税收收入中，营业税收入占37.83%，是区局的支柱税种；排在第二、三位的是个人所得税18.28%和企业所得税14.79%。在非税收收入中，教育费附加所占比重最大，达到全部收入的3.60%。根据缴纳税款所属行业的区分，排在前三位的依次是房地产业22.59%、工业14.88%、建筑业14.64%。区地税局2008年办理各项退税1405万元，其中营业税490万元、企业所得税503万元、个人所得税40万元、契税115万元、城市维护建设税89万元、其他税费合计168万元。

(刘　冉)

【全面推行智能评价系统】 年内，区地税局在全局所有办税服务大厅全面启用纳税人智能排队系统和纳税服务评价系统。智能排队系统的投入使用有效实现纳税人的合理分流，缓解了征期当中办税大厅的拥挤状况。此次全面推行的纳税服务评价系统，为纳税人提供评价税务干部服务水平的有效途径，并在全市地税系统内首次开通所长短信报警功能，该评价系统与政府网手机短信平台连接。

（刘　冉）

【实行纳税服务新举措】 2008年，区地税局全面实行"平推式"纳税服务方式。"平推式"服务要求严格执行税务人员服务用语，做到规范统一，接待纳税人热情、主动。采取税前、税中、税后全过程服务，建立"全程统顾式"服务模式，妥善处理纳税服务事项。年内，在全局各窗口岗位实行纳税服务引导员、纳税服务咨询员和纳税辅导员"三员"服务方式。区地税局各办税服务厅全面实施"ABC岗"无缺位制度，即在窗口服务"AB岗"制度的基础上，在办税服务厅设置"C岗"责任人1名。"C岗"人员主要承担起分担岗位职责，实现全天候不间断服务。各项服务方式的实施，全面提升了服务质量和服务效能。

（刘　冉）

【税法宣传月活动】 区地税局结合区域特色，大力创新税法宣传形式，拓展税法宣传渠道，举办以"携税企诚信之手、促民生和谐发展"为主题的一系列税法宣传活动，唱响"税收、发展、民生"主旋律。一是"税法宣传进农村"，举办"税官村官携手迎奥运　志愿服务深入新农村"大型税法宣传活动暨大学生村官税收宣传志愿者活动启动仪式，向全市5000多名大学生村官和市地税系统青年税务工作者发出联合倡议，号召税官、村官全力开展志愿服务，宣传普及税法知识，传播惠农政策，传递富农信息；二是"税法宣传进园区"，在于家务乡聚富苑、西集工业园区、马驹桥金桥科技产业基地及物流园区，分别邀请内资、涉外、涉奥等企业开展行业税收政策交流和培训，宣传税务常识，现场回答纳税人提出的相关税收问题，并就新企业所得税法在实行过程中的疑难问题进行收集整理；三是"税法宣传进社区、进楼门"，在京艺天朗居民社区税收之家等社区、楼门全方位开展普法活动，向小区的楼门长赠送税收宣传材料，聘请楼门长代表为社区税收宣传员，并与楼门长建立长期的互动联系；四是"稽查开放入人心"，举办全市地税系统首次"稽查开放日"活动，邀请区诚信纳税A级企业、重点税源企业和近年来接受检查的企业法人、财务负责人，以及社会廉政监察员和村官代表百余人，以图文展板、幻灯片、税务稽查案卷、税收咨询台、纳税人座谈会五种形式，将税务稽查机构设置、发展历程、适用法律、履行程序、权利告知、执法服务、廉政监督等各项工作全方位的向纳税人、社会各界开放。同时，广泛听取纳税人的意见和建议。

（刘　冉）

【加强无税申报企业管理】 一是坚持信息审核到位。按户建立《企业"无税申报"清册》，通过分区域逐户约谈或走访审核申报信息、定期复核等措施，确保企业基础数据信息的真实可靠、核查不留死角。二是坚持核算辅导到位。选派税收管理员加强对账簿核算不健全企业进行辅导，发放税收政策宣传材料，进行面对面辅导，同时责成专人收集纳税人反馈的涉税问题，向纳税人提供不间断的周期性辅导服务。三是坚持评估监控到位。对"无税申报"企业有计划地开展纳税评估工作，实施有效的跟踪监控。利用日常开展的纳税评估工作，对疑点企业及时实施调查走访，密切关注经营情况。

（刘　冉）

【加强个体工商户管理】 一是把控税务登记环节，与工商、国税等部门进行信息交换，减少漏征漏管户。二是狠抓日常征管，通过改进和完善税源管理的具体措施，对重点区域、重点行业、重点大户进行监控，同时做好集贸市场分类管理和个体工商户建账管理工作。三是做好纳税服务工作。针对个体户群体特征，采取针对性强、效果明显的服务手段，将宣传与辅导、提醒与警示相结合，提升个体户群体的税法遵从度。2008年通州区个体税源户总计12975户，年度新增7164户，累计入库税款达9208.03万元，同比增长110.24%。个体经济的活跃成为全区一个新的税收增长点。

（刘　冉）

【落实再就业税收优惠政策见成效】 2008年是再就业税收优惠政策执行的最后一年，区地税局继续做到认识到位、宣传到位、配合到位、服务到位、措施到位，落实和实施再就业税收优惠政策。自2002年至2008年，区地税局共审批下岗失业人员再就业减免税申请1362份，扶持下岗失业人员1489人次，减免各项税款1821万元，减免工本费1.85万元。

（刘　冉）

【召开纳税突出贡献单位表彰会】 11月5日，区地税局召开纳税突出贡献单位表彰大会，对通州区入选北京市2000家纳税信用突出贡献单位的56家企业进行表彰。

（刘　冉）

【完成烟草行业专项检查】 区稽查局根据市局烟草行业专项检查工作部署，成立专项检查工作组进行深入细致检查。经企业自查补缴地方各税1331.56万元，滞纳金3.81万元，合计1335.37万元；经检查发现问题追缴地方各税2.51万元，加收滞纳金0.28万元，合计2.79万元。

（刘　冉）

【纳税评估效果显著】 2008年，区地税局以推进依法治税、规范征纳行为、优化税收环境为中心，全面开展纳税评估工作，促进整体税源管理水平的稳步提升和组织收入的和谐发展。截至12月31日，对8085户纳税人履行纳税义务情况进行评估核实，同比增长17.92%，达到全局征管户数的20.42%，为税务稽查部门提供有效案源105户，通过对纳税人实施税务函告、约谈、实地调查核实和税收政策讲解，提请纳税人改正一般性涉税问题，全年纳税人自行补缴税款、滞纳金以及经转行政处罚加收罚款共计6166万元。区地税局加强纳税评估后续服务，做好财务核算辅导服务，实行评估跟踪回访服务，定期进行政策交流辅导。

（刘　冉）

【加强纳税A级企业评定审核】 一是成立国、地税纳税信用等级评定委员会，联合组织、协调企业信用等级评定管理工作。二是召集区工商联、工艺品协会等行业协会中50家优秀成员企业的负责人参加税企座谈会，扩大诚信纳税宣传面。三是由各税务所对申请企业进行初步审核和打分，评估科对申请企业2007至2008年度纳税情况进行严格的全面评估。四是以协查函形式向工商、质监等部门了解申请企业的信用记录，对企业进行社会审核。

（刘　冉）

金　融

工商银行通州支行

【概　况】 中国工商银行股份有限公司北京通州支行位于通州区新华西街47号，在职员工近360人，全行设7个内设部室、1个现金中心、1个融工分部、17个营业网点。2008年，通州支行坚持以科学发展观统揽全局，提升核心竞争力扩大市场领先优势，推进经营转型增强可持续发展能力，加快改革创新增强发展动力，通过服务奥运提升整体金融服务水平，加强全面风险管理保持资产质量稳定，加强党建和队伍建设调动积极性和增强战斗力，各项工作取得显著成绩。2008年在工行分行系统内，基层行内控综合评价中通州支行跨入一级行的行列。

（陈　涛）

【各项业务显著发展】 截至年末，支行实现本外币拨备前利润较年初增长31%；负债业务创历史最好水平，较2007年增长近30亿元，区域同业占比为30%；信贷业务稳步发展，积极支持区内重点项目建设，公司贷款余额较年初增长38%；资产质量不断改善，不良贷款率较年初下降0.4%。

（陈 涛）

【全面提升金融服务竞争能力】 牢固树立“服务无小事”的思想，始终坚持“以客户为中心”的经营理念，围绕2006年“缓解排队年”、2007年“优质服务年”和2008年“奥运服务年”的各项工作部署，坚持加快渠道功能转型、坚持开展流程再造、坚持实施分层营销服务、坚持加强人员队伍建设、坚持严格管理与服务创新，建立长效机制，全面提升服务竞争水平。2008年，通州支行不断增强服务供给能力，改善网点奥运金融服务环境，先后完成武夷花园储蓄所、物资学院网点支行升级改造工程，共增设ATM自助设备近20台、网吧机10余台，购置更换各种室内双语标识标牌400多块、宣传栏60余个，更新各营业厅大门防撞线300多米。圆满完成奥运金融服务工作。

（陈 涛）

建设银行通州支行

【概 况】 建行通州支行下设3个部室，2个业务中心，1个营业部，4个升格支行，7个储蓄所。有中长期劳动合同人员160人。2008年支行以客户为中心、市场为导向，调整网点布局，优化业务结构，推进个人业务实现较快发展，支行储蓄新增、理财产品、保险代销额均列郊区行第1位。

（李 陶）

【成功实现网点转型】 通州支行下辖网点成功实现网点转型，顺利从以前的结算型网点变成现在的营销型网点。

（李 陶）

【优化业务结构】 2008年为适应国家宏观调控政策，支行对公业务适时调整营销的重点客户，采取“有保有压，区别对待，结构优化”的原则，重点密切与几家优质客户的合作，在营销产品、客户结构的调整上取得较大进展。

（李 陶）

【调整网点布局】 2008年，支行继续坚持以“以客户为中心”、市场为导向，大力开拓周边市场。继2007年财满街支行在朝阳区开业后，2008年，管庄汇鸿家园储蓄所建成开业。打破原有区域观念，市场经营范围的扩大为支行发展奠定了基础。同时，区内布局结构调整稳步推进，年内，贵友大厦储蓄所开业。个人理财中心进行着积极尝试，布局结构的调整促进了支行经营思路、业务结构、客户群体的转变。

（李 陶）

【个人业务实现较快发展】 支行个人业务主动应对市场变化，综合营销见成效。2008年在储蓄回流的形势下，个人业务着重加强对保险、理财、黄金的营销工作，实现较大幅度的增长。全行“1+4”项个人金融资产新增368680万元，排名分行系统郊区行第一位。其中储蓄新增、理财产品、保险代销额均列郊区行第一位。

（李 陶）

农业银行通州区支行

【概 况】 中国农业银行北京市通州区支行位于通州区八里桥南街1号院9号楼，有员工361人，全行设25个机构，包括7个机关部门、14个分理处、1个营业部、3个储蓄所。2008年，通州支行着眼于经营战略转型，进一步加大市场营销力度，深入开展科学发展观、员工行为守则教育活动，全面做好股改各项准备工作，各项工作扎实推进。

（徐凤宝）

【支行营业办公楼迁址开业】 中国农业银行北京市通州区支行于2月28日由新华大街61号迁址到通州区八里桥南街1号院9号

楼（北苑高架桥北通典铭居小区），支行办公楼营业面积6400余平方米，其中一层营业部面积700平方米，是旧址的2.5倍；二层设有客户理财区，新址营业办公环境大为改观。为客户提供了良好的服务环境。

（徐凤宝）

【完成股份制改造基础工作】 2008年，通州区支行按照总、分行的相关要求，精心组织，认真安排，圆满完成不良资产剥离工作；加快推进固定资产确权和处置工作；顺利完成股改新建账工作。

（徐凤宝）

【中间业务加快发展】 到年末，共增发借记卡12923万张；贷记卡发卡14381张，激活4439张；自助机具台均业务量301笔；外卡收单完成136万元；新增间联特约商户82户，银行卡业务分行综合排名第三名。目标客户累计51314户，比年初新增16408户。网上银行注册个人客户8133户，企业客户183户。

（徐凤宝）

【大力开展反假币工作】 2008年全行收缴人民币假币4407笔、4458张、金额308497元。5月，为提高全民反假、识假水平，提高农行的知名度，根据农行假币收缴分布特点，组织全行范围的“反假币宣传月”活动，并在集贸分理处设置支行宣传点，采用真假币实物对比的方法讲解假币特征，特别是对《中华人民共和国人民币管理条例》宣传，倍受群众的欢迎。宣传周期间发放宣传材料3000余张，接受咨询近千人次。

（徐凤宝）

中国银行通州支行

【概　况】 2008年末，中国银行股份有限公司北京通州支行有员工169人，平均年龄33岁。内设五部一室，下辖7个营业网点。2008年，支行及时调整发展战略，继续深入贯彻落实“审慎经营、持续发展”的科学发展观，着力于客户经理队伍建设、树立全员营销意识，大胆开拓市场，加大营销力度，推动业务发展。继续构建合规和谐的企业文化，不断加大第一道防线的防控力度，实现各项业务稳健经营。年内，提升硬件环境，完成滨河支行、朝阳北路支行及支行营业部、办公大楼的装修改造。

（陈秋荣）

【主要经营指标】 2008年末，实现考核利润1.41亿元，人均创利83万元。人民币储蓄存款时点余额37.3亿元，增长11.78亿元。人民币公司存款时点余额20.29亿元，增长1.04亿元。外币储蓄存款时点余额5708万美元，增长878万美元。外币公司存款时点余额1688万美元，减少24万美元。公司贷款余额6.16亿元，零售贷款余额12.83亿元。公司不良贷款继续保持零余额的良好质量。零售不良贷款余额3406万元，比年初下降1277万元，不良率2.66%，比年初下降0.46个百分点。

（陈秋荣）

【清收抓降工作取得突破性进展】 2008年宏观调控政策的影响，为授信业务发展带来一定难度，支行抓住优质项目，提前跟进，抢占先机，为提早放款创造条件。2008年，累计发放公司贷款10亿元，发放个人住房按揭贷款8803万元。成功收回潞河房地产担保项下13笔损失类贷款，金额337.08万元。

（陈秋荣）

【负债业务常抓不懈】 2008年，支行全体动员，明确目标，以理财带动储蓄存款增长，加强柜台与理财室的联动，提高中高端客户的忠诚度和贡献度。新增理财客户935户，理财客户人民币储蓄比年初增加4.69亿元，占支行人民币储蓄新增额的40%。理财客户资产维护率达到68%。定期召开各网点的公司存款汇报分析会，对重点客户快速反应，提高重点客户的贡献度。

（陈秋荣）

【拓宽中间业务收入渠道】 抓住奥运契机，以奥运商品为切入点，大力开展奥运商品营销，取得较好的销售业绩。奥运商品和贵金属销售947.52万元，收益146万元。加强产品创新，拓宽收入渠道，理财产品收益获得长足发展，本外币理财产品收益实现264.94万元。

（陈秋荣）

【提高奥运金融服务水平】 建立健全奥运服务组织领导机构，年初成立由行长任组长的奥运服务领导小组，下设服务办公室；层层签订目标责任书，落实考核，兑现奖惩；进行保洁专项投资，为每个网点配备专业保洁员，营造整洁舒适的服务环境。统一为网点柜员配备头饰，统一发型；选派优秀员工担任大堂经理，满足奥运服务对网点咨询人员的需求；精心策划，有序组织，顺利完成奥运门票的销售工作和各项奥运金融服务，实现奥运服务零投诉、业务零差错。

（陈秋荣）

农业发展银行通州区支行

【概　况】 农发行通州区支行位于通州区新华北街55号，在职员工 25人。2008年全行认真贯彻落实总、分行战略部署，开拓进取，求真务实、真抓实干，实现了有效发展，加强了风险防控、内部管理和队伍建设，提高了经营效益。截止到年末，支行各项贷款余额20690万元，各项存款余额3474万元，全年实现利润981万元，同比增加296万元。

（侯碧玉）

【发挥政策性信贷支农作用】 积极支持市区两级储备粮油增储、轮换工作，全年共销售收回政策性贷款5545万元，轮出粮食3576万公斤，发放政策性贷款1171万元，轮入粮食706万公斤。拨付直补资金5432万元，补贴种植面积56万亩。

（侯碧玉）

【经营性贷款业务有效发展】 2008年，积极开展贷款营销工作，对通州区涉农中小企业进行营销，按照择优扶持原则，按期收回到期贷款6000万元，新发放贷款2000万元，企业确认贷款需求5000万元，经营性贷款业务增加利息收入376万元。同时支行在贷前调查、贷后管理环节中，对企业款项使用、资金流动、物资保证、利息及时足额等严格监管，确保风险可控。

（侯碧玉）

北京银行通州支行

【概　况】 2008年，北京银行通州支行员工队伍不断充实、业务量迅速增加，支行围绕“巩固、完善、开拓、发展”的工作方针，坚持强化内控、不断发展完善，采取切实可行的举措，加强经营管理、客户服务、文化建设、员工培训等。通州支行完成各项主要经营指标。截至12月31日，支行的本外币日均存款余额151941万元，其中对公日均存款125580万元，储蓄存款日均存款26361万元，实现利润3704万元。

（何　珊）

【扶植优质中小企业发展】 2008年，北京银行通州支行与区发改委、工商联、中小企业投资服务中心等部门继续保持密切联系，深入挖掘优质中小企业客户资源，加快中小企业融资业务发展。继续加强与专业担保公司的深入合作。结合通州区企业的行业发展特点，加强对“财富1+1”公司金融品牌的理解与对外宣传力度，向客户宣传和推荐“创融通”、“及时予”等融资产品，使他们充分了解北京银行支持中小企业发展计划及具体贷款申请流程等内容。

（何　珊）

北京农村商业银行通州支行

【概　况】 2008年末，北京农村商业银行通州支行下辖宋庄支行、潞城支行、西集支行、漷县支行、永乐店支行、张家湾支行、台湖支行、永顺支行和晶城支行等9个非管辖支行。截至年末，通州支行资产总额142.9亿元，比年初增加18.4亿元；各项存款余额136.9亿元，比年初增加16.5亿元；各项贷款余额61亿元，比年初增加4.3亿元；存贷比为44.6%。2008年通州支行实现考核利润 19,090.7万元，完成总行下达任务的106.1%。

（王向东）

【无社会保障老年居民养老金代发放】 4月，支行开始办理无社会保障老年居民养老金代发业务，涉及11个镇480个村、4个街道5.6万余人。截至年末，完成全部代发开户，累计代发金额1.2亿元。

（王向东）

【强化多层次、专业化培训】 2008年，支行组织高管人员参加总行培训6次，34人次；组织员工参加总行培训67次，326人次；本支行组织各类业务培训35次，1279人次。

（王向东）

【个贷业务取得突破性进展】 支行于年初成立个贷业务中心，主要负责住房按揭贷款、二手房贷款、汽车贷款、个人担保消费类贷款等业务。累计发放按揭贷款215笔、1.02亿元，年末余额9.5亿元；累计发放个人房产抵押贷款92笔、1.03亿元，年末余额1.12亿元；累计发放汽车贷款331笔、1.07亿元，年末余额1.03亿元。

（王向东）

【提高资金盈利能力】 在保证备付金充足的情况下，合理利用资金，采取上存约期存款方式，实现系统内利息收入的最大化。全年共办理约期存款46笔，金额82.5亿元，获得利息收入1亿元。

（王向东）

【票据业务保持良好势头】 截至年末，共办理贴现业务1090笔，累计发生额达20.5亿元，比上年增加4.9亿元，完成年度任务的129%，实现利息收入4559万元，比上年增加726万元，由上年在总行排名第三跃居至2008年排名首位。

（王向东）

【张家湾支行获得“模范职工小家”称号】 支行组织开展各类职工文体活动、劳动竞赛活动、演讲活动等。开展“职工小家”创建活动，2008年，下属张家湾支行荣获中华全国总工会授予的“模范职工小家”荣誉称号。

（王向东）

【北京农村商业银行晶城支行开业】 9月29日，通州支行下辖的第九家非管辖支行——北京农村商业银行晶城支行开业，通州支行班子成员、部门经理以及各非管辖支行行长参加开业庆典活动。晶城支行位于通胡大街12号—2，建筑面积610平方米。

（王向东）

中国人民财产保险股份有限公司通州支公司

【概　况】 2008年，中国人民财产保险股份有限公司北京市通州支公司，继续“坚持效益为中心，实行精细化管理，提高服务质量和水平，依法依规经营”的指导思想，完成各项工作任务。实现保费收入10399万余元，共承保社会财产总额1165000余万元，创税526万余元。处理各种赔案34000余起，支付各项赔款7930余万元。

（刘家福）

【推出车险特色服务】 在2008年度人保系统根据形势的需求及时推出车险12项特色服务：1. 建立合作定损中心网络。在北京精选多个品牌4S店、优质修理企业建立机动车理赔定损中心网络，与其携手向车险客户提供定损、修车、理赔一站式快速保险服务。2. 24小时×365天服务。“95518”全天候提供咨询、投保、报案救援等服务。3. 事故救援，全市免费。出险客户可拨打95518

享受北京市行政区域内 24 小时免费事故救援服务。4. 故障时刻，免费救助。家用车损险及非营业用车损险客户拨打 95518 可免费享受六环内送油、搭电、拖车、换胎等故障救助服务。5. 透明理赔，网上即时查询。登陆 http://beijing.e-picc.com.cn 可查询赔案信息。6. 异地出险，全国通赔。全国 4500 多个网点提供异地查勘、定损、推荐维修等全国通赔服务。7. 及时补偿，限时快赔。根据事故情况对理赔时限做出明显承诺，限时快赔。8. 各种车型，全优维修。精选上百家以四位一体店、特约维修企业、一类修理企业为主的知名修理企业推荐修理，确保修理质量。9. 全速急救，先行垫付。与北京市红十字会 999 急救中心合作启动医疗急救机制。交强险人伤事故启动先行垫付抢救费用流程。10. 百万客户，一站速赔。人保承保的车辆之间互碰，享受一站式快赔服务。11. 黄金周特别关爱服务。在每个黄金周期间提供免费事故救援、免费车况检测、免费洗车等升级服务。12. 贵宾客户，服务升级。VIP 客户可享受全市免费故障救助等升级服务。

（刘家福）

【打击诈骗保险犯罪】 2008 年，公司积极与政府、公安、司法部门沟通，并利用网络平台与中国太平洋、华泰、中国大地、中国平安、中华联合、永安等 7 家财产保险公司联合，共同打击恶意编造交通事故、一起事故多家索赔、假报车辆被盗被抢、酒后出险找人代替等诈骗保险的犯罪行为，挽回经济损失 30 余万元。

（刘家福）

【开展政策性农业保险业务】 2008 年，支公司先后开办粮食作物类、水果类、蔬菜类、牲畜类、家禽类、温室大棚类等 12 个险种。开通 24 小时 95518 客服电话，为农民客户提供咨询、投保、理赔报案等项服务。年内，收取农险保费 661 万余元，处理农险出险赔案 400 余笔，支付农险赔款 1170 万余元。有效地支持了通州地区农村经济的发展。

（刘家福）

中国人寿保险股份有限公司通州支公司

【概　况】 中国人寿北京通州支公司是中国人寿保险股份有限公司旗下的分支机构。2008 年，支公司伴随着国寿全系统的发展，各项工作取得突出成绩，被北京市分公司授予先进单位荣誉称号；通州客户服务中心获得“巾帼文明示范岗”荣誉称号。公司年理赔超万笔，赔款金额逾千万元，为通州社会稳定和群众家庭保障作出了突出贡献。通州支公司营销区部积极在各地开展保险进学校、进社区、进农村“三进入”工作，开展客户说明会和进村保险宣传会，提高广大群众的保险意识。

（王兴东）

北京通政国有资产经营公司

【概　况】 2008 年北京通政国有资产经营公司（管理中心）全面落实十七大报告和科学发展观，投融资平台紧扣新城区重要节点和功能区建设，行政事业单位资产管理工作步入正轨，绩效考评工作稳步推进，担保能力进一步增强。

（王　艳）

【保障重点工程建设进程】 年内进入投融资平台资金 12.77 亿元，拨付 8.16 亿元支持通胡大街工程、朝阳北路东延工程、温榆河西路工程、壁富路建设工程等 24 项建设工程。

（王　艳）

【加大融资力度】 年内融资 2.5 亿元，其中

2亿元用于通州区349户城镇危房户的解危工程和运河核心区建设工程，5000万元为环保园区贷款。为旧城区燃煤锅炉房改造5号工程项目担保贷款3600万元。

（王　艳）

【行政事业单位资产管理网络建设】 年内完成全区二级以上单位的资产动态管理网络的建设工作，并收集各单位上传资产数据卡片62万张，金额47亿元，实现与市财政局资产动态网络的对接，对两家单位开展资产一物一卡一条码式管理试点工作。

（王　艳）

【行政事业单位资产管理培训工作】 年内完成对全区326家单位530名资产管理人员的政策理论、资产处置审批程序、动态管理系统数据上报和条码数据管理系统等知识的培训工作。

（王　艳）

【规范行政事业单位资产处置行为】 年内完成59家单位1786万元资产的处置工作。其中上交公物仓闲置车辆55台，资产金额705万元；跨部门调拨30件，资产金额92.7万元；批复单位自行处置资产1805件，资产金额765.9万元；收回政府公物仓进行集中处置报废电子办公用品375件，资产金额186.9万元。

（王　艳）

【加大绩效考评力度】 年内完成区级绩效考评项目6个，考评金额达7171万元，其中市级资金3231万元、区级资金3940万元，5个项目为“优秀”，1个项目为“良好”。

（王　艳）

【做好担保工作】 年内受理担保项目96个，金额3.8亿元。资金到位项目91个，金额3.5亿元。解除担保项目73个，金额1.97亿元。其中中小企业到位项目80个，金额2.9亿元；涉农资金到位及在保项目11个，金额5650万元。受理5万元以下小额担保贷款11个，金额52万元全部到位。

（王　艳）

审　计

【概　况】 2008年，通州区审计局继续坚持“依法审计、服务大局、围绕中心、突出重点、求真务实”的审计工作方针，坚持“全面审计、突出重点”，全面提高依法审计能力和审计工作水平。年内完成审计项目34个，涉及被审计单位110个。查出违规和管理不规范金额9.5亿元，应上缴税金4433万元，已上缴4421万元。提出审计建议21条。提交审计信息146篇，刊用161篇次。

（李静岭）

【预算执行审计】 本局于2007年12月至2008年4月，对2007年区财政预算执行和其他财政收支情况及2006年审计意见的落实情况进行审计。主要审计区财政部门组织本级预算执行情况；区市政管委、区教委等6个一级部门预算执行情况和区新农村新能源建设专项资金的管理、使用及效益情况。依照资金拨付渠道对39个单位和部门进行延伸审计。6月5日区政府召开了区政府专题会议，听取了《关于通州区2007年预算执行和其他财政收支情况的审计结果报告》。6月20日区第四届人大常委会第十一次会议审议通过《关于通州区2007年度财政预算执行情况和其他财政收支的审计工作报告》。人大领导在审议中对预算执行情况审计工作给予了充分的肯定。针对审计中发现的问题，本局出具相关的审计报告和决定并提出改进意见和建议，基本得到落实。

（李静岭）

【经济责任审计】 认真开展党政领导干部和国有企业及国有控股企业领导人员经济责任审计。重点突出任期中经济责任审计，将财政财务收支数额大、有财政资金分配权和行政审批权、群众反映问题较多的部门和单位及国有骨干企业作为审计重点。在审计内容上，切实加大对领导干部经营决策权、经营管理权和财经政策执行权的关注力度。采取经济责任审计与专项资金等其他审计相结合的办法。截止到11月30日，共接受区委组织部委托的经济责任审计项目13个，涉及领导干部15人，全部完成审计。查出违规和管理不规范金额18939.79万元，应缴未缴税金22.39万元，已上缴19万元。

（李静岭）

【专项审计和调研】　年内，开展多项专项资金审计工作和审计调研工作：一是对区2007年度至2008年9月新型农村合作医疗资金的筹集管理使用情况的审计调查。二是对通州区奥运会、残奥会赛时服务保障工作资金的审计：区财政局对奥运赛时服务保障工作投入1746万元，资金使用单位已支出1595.12万元。三是积极开展抗震救灾捐赠款物审计：自5月13日至9月22日，区红十字会、区接受救灾捐赠事务管理中心共接收捐款4619.75万元，其中红十字会1961.03万元，捐赠中心2658.72万元；捐物折价400.96万元，其中红十字会340.32万元，捐赠中心60.64万元。四是区新农村新能源建设专项资金的管理、使用及效益情况的审计。五是制定通州区财政专项资金制定监督管理意见：健全工作责任制度、健全财务会计基础工作制度、健全专项资金报账制度、健全项目管理制度、健全监督制度、健全责任追究制度。六是完成《通州区农村新能源建设资金使用情况的调查》、《教育资金管理使用情况的调查》、《我区财政预算执行现状和存在问题及解决对策的调查》、《我区职业教育现状调查及对策》4篇审计调研，其中《我区财政预算执行现状和存在问题及解决对策的调查》被区委评为二等奖。七是对通州区新型农村合作医疗基金账户资产的审计。

（李静岭）

【政府投资和企业审计】　一是对通州区2008年北京奥运会重点工程专项资金审计，审计总金额3463万元。二是对北京市通州市政工程公司2007年度资产负债损益的真实性审计，审计总金额为21184.78万元。三是对北京市通州粮食收储库审计，审计资金总额9310.62万元。值得关注的问题是贷款担保可能成为或有负债。

（李静岭）

【内部审计】　一是加强培训：聘请市审计局有关专业人员，对区内审干部进行“财政集中支付”和“转移支付”内容的培训；内审协会协同区经管站联合对乡镇政府内部审计30多人进行为期两天的审计业务培训，重点围绕审计程序、审计方法、审计工作底稿、审计证据、审计报告等内容进行辅导。二是召开二届二次理事大会，对获得2007年度先进集体和先进工作者进行表彰；召开获奖先进单位和先进工作者座谈会。三是规范对内审单位业务的指导，对计生委、种植中心、发改委、金通公司4个单位内审工作进行检查指导，对存在的问题，提出意见和建议，并帮助内审单位建立完善内部制约措施。四是组织理论研讨，不断提高内审人员理论水平，23篇获得市内协研讨论文优秀奖。

（李静岭）

【审计发现的问题】　一是应缴未缴财政收入、财政专户及各种税金4433万元；二是部分单位专项资金管理不规范；三是往来款项清理不及时；四是固定资产管理不规范，如未设固定资产明细账和应记未记固定资产账；五是向非预算级次单位拨付资金；六是会计科目使用不规范；七是会计基础工作有待规范；八是超标准列支招待费和支付现金等。针对上述有关问题，本局提出相关的意见和建议，审计结果基本落实。

（李静岭）

通州区发展和改革委员会

区发改委召开人大代表、政协委员座谈会

2008年基础设施重点工程进展暨2009年安排情况汇报会

2008年，区发改委认真贯彻“新北京、新奥运”的战略构想，一手抓服务和保障奥运，一手抓产业发展和“两新”建设，面对宏观环境出现的新变化、新情况，采取了一系列行之有效的措施，在谋划发展、宏观监测、推进改革、依法治价等方面均取得新的成效。

抓当前、谋长远，高质量做好经济社会运行分析、规划评估，年内完成《通州区后奥运时期项目储备研究》等调研文章54篇，在促进全区经济社会平稳健康发展方面取得新成绩。造环境，强基础，坚持“抓两头带中间”的工作思路，全力加强项目管理工作，创新项目管理模式，争取市级资金到位约10亿元，在大力推进重点工程建设、加强项目管理方面形成新机制。着力调整结构，加强节能减排工作，完成了《通州区促进产业发展暂行办法》等政策文件的起草，在推进经济发展方式转变方面有了新举措。关注民生和城乡一体化发展，认真落实中央各项宏观调控政策措施，加强价格监督检查，加大社会公共服务设施建设力度，推进了区文化中心、消防指挥中心和特勤站、二中分校二期等项目进程，在积极推进社会建设和新农村建设方面迈出新步伐。

第十二届京港洽谈会

金融系统工作会议

举办固定资产投资项目审批管理培训班

法制宣传小分队“三下乡”宣传

通州发改委春节联欢会

通州区市政管理委员会

书记周鸿武陪同区领导视察

主任薄立军陪同区领导检查工作

积极组织应急演练

机场道路周边环境整治取得显著成效

现代化的清扫车

垃圾填埋场环境绿化美化

服务通州新城
建设通州新城

生态文明村镇建设取得丰硕成果

奥运花卉美化通州新城

新华大街

运河西大街

通朝大街

通惠南北路

果园环岛

通州区人口和计划生育委员会

市人口计生委主任邓行舟在副区长刘淑华的陪同下，到计生家庭走访慰问

西集镇计划生育健康知识讲座

2008年，区人口计生委召开“新农村新社区新家庭”表彰大会庆祝《公开信》发表28周年

区人口计生委领导为群众发放计生宣传品

2008年，全区致力于稳定低生育水平，紧紧围绕争创“全国计划生育工作优质服务先进单位”工作目标，不断开拓创新，扎实工作，落实各项措施，狠抓指标达标。全年出生5760人，人口出生率为8.84‰，计划生育率97.27%，人口自然增长率为2.48‰。较好地完成了市政府下达的各项人口计生工作目标任务，全区人口计生工作呈现健康良好的发展态势，形成了统筹解决人口问题的良好格局。

科学发展 统筹推进
全力推动人口和计划生育工作实现新突破

北京市规划委员会通州分局

市规划委主任黄艳、区委书记王云峰、区长邓乃平考察通州新城规划建设情况

市规划委通州分局关于违法建设行政处罚专题培训会

市规划委学习贯彻“惩防体系工作规划”大会

通州区村庄体系规划会

无障碍设施建设取得初步成果

通州区民政局

区委书记王云峰看望高龄特困老人，与老人亲切交谈

区长邓乃平走访慰问优抚对象，为优抚对象送去慰问金

服务大局 改善民生
全面推动通州区民政事业科学发展

局党委书记史瑞堂部署全年工作

通州区民政工作在区委、区政府的正确领导下，以“十七大”精神为统领，深入学习实践科学发展观，以维护民生保障为出发点、落脚点，坚持“以民为本、为民解困”的服务宗旨，在改革中发展，在发展中创新，不断向新的目标迈进，取得了令人瞩目的成就。社会保障体系日臻完善，优抚安置政策全面落实，社会福利事业健康发展，社区建设方兴未艾，基层民主政治建设得到巩固加强，行政管理和执法水平不断提高，为维护社会稳定、构建和谐通州发挥了积极的作用。

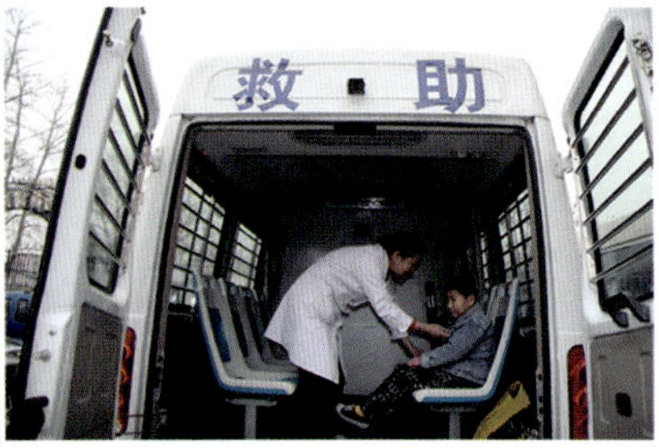

及时对流浪乞讨人员实行救助

五保老人在农村敬老院颐养天年

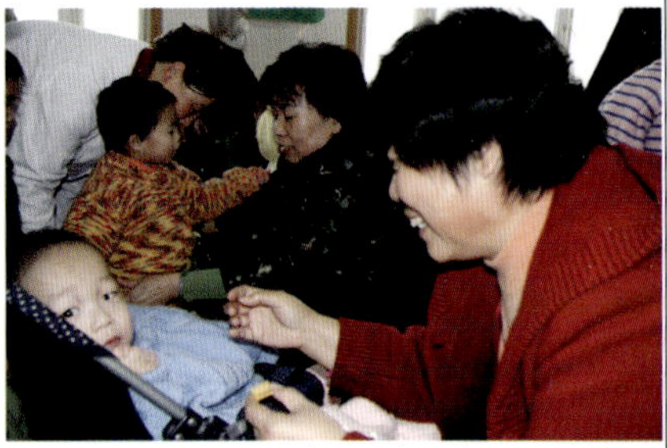

儿童福利院的孩子们得到社会各界的关心爱护

通州区劳动和社会保障局

就业服务村村通工程启动

劳动局领导与部门签订廉政协议

检查企业劳动合同

奥运后深入企业检查

通州区劳动和社会保障局档案升市一级

2008年，按照区委、区政府的工作部署，区劳动保障局以科学发展观为指导，着力改善民生，全力服务奥运，统筹谋划，群策群力，认真贯彻落实《就业促进法》，进一步完善就业再就业援助长效机制，实现了全区“零就业家庭”的动态清零，圆满完成灾区来京务工人员监测、慰问、帮扶任务，全区充分就业社区(村)建设进一步深化；加快完善社会保障体系，城镇无业居民大病医疗保险、“新农保”和老年保障制度顺利推进，实现了城乡居民医疗保障制度全覆盖，城乡社保覆盖面持续扩大，保障水平进一步提高；深入贯彻《劳动合同法》和《劳动争议调解仲裁法》，全区劳动合同管理进一步规范，劳动用工检查和劳动争议调处力度明显加大，劳动保障部门“无工资拖欠”牵头责任有效落实，全区劳动关系始终保持和谐稳定的态势，为全经济发展和“两新”建设做出了贡献。

首批城乡无保障老年人福利养老金存折发放现场

现场办理社保补贴

就业求职绿色通道

北京市国土资源局通州分局

副区长张勇到国土资源局调研新城土地利用总体规划明确细化工作情况

组织各种讲座培训

通州区村镇干部国土资源法律知识培训会

档案数字化二期工作顺利通过市局验收

深入学习实践科学发展观

分局领导到于家务乡果村开展帮扶工作

北京市国土资源局通州分局

北京市国土资源局通州分局于2005年7月正式挂牌成立，机关设办公室、纪检监察科、综合科、地籍科、耕保征地科、土地利用科(地质矿产科)、财务科、执法监察科8个职能科室；下设土地利用事务中心、整理储备中心、权属登记中心、执法监察队、国土资源管理所5个事业单位。

几年来，区国土分局紧紧围绕国土资源管理参与宏观调控的工作要求，圆满完成各项工作任务。完成了土地利用总体规划修编前期研究工作，形成八个专题研究及综合报告，开展新城土地利用总体规划明确细化工作，并获得市政府审批；积极推进经营性用地和工业用地招拍挂工作，总结形成了一套较为完善的运作程序和机制，多次获得市局表彰；完成全国第二次土地调查(农村部分)工作，查清全区土地现状，初步建成城乡一体化地籍管理信息平台，为全区经济社会各项事业发展提供基础数据支撑，被国土资源部评为“全国地籍管理工作先进单位”；做好制度、人员、机制三个保障工作，加强土地执法监察，有效遏制了违法用地现象的发生；规范日常业务审批管理，落实扩大内需政策，建立绿色审批通道，保障通州区经济社会又好又快发展；严格落实耕地总量动态平衡的要求，制定土地后备资源和废弃土地开发整理复垦计划，切实推进土地开发整理复垦工作，完成“通州区地质灾害调查与防治规划”专项规划，实施全市第一个国家级矿山治理项目——宋庄砂石坑矿石地质环境治理项目；建立健全各项规章制度，举办讲座、组织学习和各类活动，着力加强党员和职工队伍建设，推动全局文明程度整体提升，人文环境更加稳定和谐。

自垂直管理以来，区国土分局实现了一年打基础，两年见成效，三年新形象大转变。在2007年全区政风行风评议中，本局在全区35个有行政处罚权单位中，排名由2006年的21位跃居到第8位，2008年在区政府年终考核中被评为优秀，并荣获首都文明单位称号。

分局组织党员到平西抗日战争纪念馆参观

开展“6·25”土地日宣传活动

完成全国第二次土地调查（农村部分）工作

与相关单位共同开展违法用地拆违工作

通州区安全生产监督管理局

区委书记王云峰、区长邓乃平带队检查节日安全生产工作

副区长张华带队检查安全生产工作

通州区安监局成立于2004年4月，为区政府的职能部门，负责全区安全生产综合监管、生产安全事故调查处理、协调重大生产安全事故应急救援、危险化学品综合监管、作业场所职业卫生执法及安全生产宣传培训等工作。

2008年，通州区安全生产工作以科学发展观为统领，坚持“安全发展”指导原则和“安全第一、预防为主、综合治理”方针，全面实施“科技兴安”发展战略，继续加强安全生产综合监管体制机制建设，不断深化隐患整治攻坚，大力强化高危行业和重点领域监管监察，努力打好“平安奥运行动”和“隐患治理年”两场硬仗，实现了杜绝重特大事故、压减一般性事故的既定目标，为全区经济社会健康发展创造了良好的安全生产环境。

全区性危险化学品事故应急救援演练

全区安全生产工作大会

“生命之歌”安全歌曲大传唱

通州区国税局

局长 张玉龙

1月31日，局长张玉龙陪同市局总经济师胡军（中）到第一税务所调研

2月25日，国税局召开巡视工作动员大会

4月25日，国税局在运河中学举办税收教育基地揭牌仪式

2008年，通州区国税局在北京市国税局和通州区委、区政府的正确领导下，着力打造"四型"机关，全力保障"以申报纳税和优化服务为基础，以计算机网络为依托，集中征收，重点稽查，强化管理"的征管模式高质高效运转。通过举办政治理论、税收业务和科学文化知识辅导班，打造学习型机关，有效增强全体干部的职业素质和办事能力。通过优化办税服务厅软、硬件环境，整合业务流程，精简审批手续，寓管理于服务之中，打造服务型机关，切实提升纳税人的税法遵从度和满意度。通过筹划税务文化建设，循序渐进创建物态文化、行为文化、制度文化和精神文化，打造文化型机关，广泛渗透通州国税文化底蕴。通过构建"阳光、效能、平安"的勤政廉政环境，打造廉洁型机关，进一步提升政风行风建设的水准，全面推动整体税收工作又好又快发展。

通州区水务局

市人大常委会主任杜德印、副主任赵凤山等视察东南郊水网

市水务局党组书记焦志忠，区领导王云峰、邓乃平等视察北关枢纽工程

2008 年，通州水务工作围绕服务新城、新农村建设和保障平安奥运的目标，以“深化作风建设、为奥运奉献、为党旗增辉”为主线，在提升建设水平、管理水平和服务水平上，拼搏创新、扎实工作，取得了显著成效。通州区获得市政府授予的“2008 年度雨洪利用先进奖”，区水务局在全区年度有行政处罚权单位行政效能建设考核中名列前茅。

年内完成东南郊水网（通州区）土方工程、农村雨洪利用工程、张家湾坑塘雨洪利用工程、农村安全饮水工程、农业节水灌溉工程、14 个村的污水治理工程、凉水河马桥闸至新河闸段治理工程、新河灌区再生水利用（四期）工程和国家级重点项目机场二通道建设排水工程等。配合市水务部门完成杨洼闸改建工程、北关分洪枢纽改建工程等。

在做好奥运期间的水安全保障工作上，重点突出供水安全、水利设施安全、火炬传递安全、全区安全度汛和参与服务五个方面。期间，对城乡 720 眼水源井开展 5 次安全检查，对全区水利设施进行 2 次安全检查，对水务管辖的 238 座闸桥进行全面检测，确保了城乡供水安全和水利设施的安全运行；从防恐的角度强化安保力量，24 小时坚守北运河潞湾橡胶坝，保证蓄水安全；坚持未雨绸缪、周密部署、保障重点、指挥前移和广泛宣传，保证了奥运期间的城市运行安全。

加强内部管理，制定和完善了涉及党务、行政、人事、财务、项目管理等及党风廉政建设制度，全年举办涉及思想政治、岗位技术及财务管理等培训班 22 期，有效提高了单位领导和基层水务工作者的思想、业务素质。

北运河杨洼闸

北关拦河闸枢纽

通州区水务局

区领导视察东南郊水网

区领导检查防汛工作

市水务局党组书记焦志忠在区领导的陪同下视察东南郊水网工程

纪念“世界水日”“中国水周”宣传活动启动仪式

张家湾水厂

西集侯东仪村新农村治污工程

东南郊水网工程西集段

张家湾高营坑塘雨洪利用工程

通州区林业局

书记、局长 刘卉

局领导班子会

绿化工程 京津城际铁路、京津高速第二通道、机场南线和机场二通道绿化工程被称为通州区的奥运绿化重大工程，也是通州区的形象工程。年内共完成绿化685公顷，栽植各类乔木及花灌木39.8万株，播草600余公顷，完成总任务的89.1%。

林木有害生物防控 奥运会期间，场馆周边发现草地螟危害。为确保绿色奥运的顺利实施，按照市林保站的统一部署，林业局派出3名工作人员，赴奥运场馆区，参与草地螟防治工作。经过两次夜间统一防治，草地螟数量明显减少。8月14日凌晨，工作人员再次赴场馆区开展防治工作，圆满完成防治任务。

提供优质花卉 按照奥组委和通州区委区政府的统一部署，积极为奥运会以及奥运火炬传递提供优质盆花，全区为北京国际会议中心、媒体中心和水立方等场馆提供一品红、红掌和蕨类等盆栽花卉，为通州区火炬传递路线周边绿化美化提供摆花等共计20万盆。

安保服务 年内，区林业局森林公安处选派2名优秀民警参与奥林匹克森林公园安全保卫工作，并有4名志愿者代表林业局参加奥运会、残奥会交通运输团队服务工作，每天10余个小时轮班接送技术官员。圆满完成了安全保卫及服务工作任务，受到奥组委官员的一致好评。

果树栽培技术培训评比

花卉种植蓬勃发展

花园式单位

京津城际铁路、京津高速第二通道绿化

林木有害生物防控

林业果品经济发展迅速

通州区人民检察院

检察长东晓钟在人大做工作汇报

侦查监督处副处长李峥获全国侦查监督“十佳检察官”称号

通州区人民检察院在中共通州区委和北京市人民检察院的领导下，自觉接受人大监督和人民群众监督，积极围绕“强化法律监督、维护公平正义”的检察工作主题，以检察业务为中心、以队伍建设为根本、以基础建设为重点、以改革创新为动力，依法全面履行法律监督职能，注意在业务建设、队伍建设、信息化建设、检务保障建设等各方面积极创新，各项检察执法工作和法律监督水平以及综合检务保障水平不断提高，为首都和通州区的改革开放、为通州区的经济发展和社会稳定以及新城区和新农村建设作出了积极贡献。

举办预防职务犯罪展览

反贪干警执行搜查任务

办公楼远景

公诉人出席法庭运用多媒体技术指控犯罪

通州区交通局

交通局组织全体干部职工为四川地震灾区捐款

交通局执法人员在火炬传递时执行安保任务

进行出租汽车换证检查

运输业户为兴各庄公路检查站送锦旗感谢执法人员见义勇为

在建中的白庙综合检查站

交通局为区政府职能部门，担负着全区客运、货运、水运、汽车维修行业的规划、审批及管理工作。局机关设有法制科、客运管理科、货运管理科、汽车维修管理科、安全管理科、全程代办大厅、综合办公室、政工科、纪检监察科、财务科10个科室，下属有运输管理所、出租汽车管理所、汽车维修管理所、培训中心4个事业单位。2008年，交通局紧紧围绕年初确定的工作目标，全面落实科学发展观，全力服务奥运，强化行业管理，推进运输行业又好又快发展，圆满完成了各项工作任务，取得了新的成绩。

交通局海事执法人员乘坐稽查艇领航奥运火炬运河水上传递活动

北京市路政局
通州公路分局

通州公路分局局长杨帆

通州公路分局党委书记段博新

新改建的宋梁路

马朱路大修工程

乡村公路工程

北京市路政局通州公路分局隶属北京市路政局领导，党、团、工会关系在通州区。通州公路分局是通州区公路建设的行业主管部门，分局的主要职能是：负责通州区境内县级以上公路的计划编制、建设、养护管理和路政执法工作，对全区乡村公路养护、建设管理工作进行监督、检查、指导。

近年来，分局以营造安全、畅通、和谐的交通环境为出发点，坚持建养并重、强化管理，依靠科技、提高质量，依法治路、保障畅通的工作方针，不断加大建设、养护力度，努力提高路网技术状况，开创了通州公路的新局面。为完善新城功能、优化产业结构，推进社会主义新农村建设提供了有力支持。

新建成通车的通顺路城市段

通州区邮政局

局长、职工与区委领导一起在中仓小区进行迎奥运宣传活动

召开营销体系建设推进大会

召开“迎、讲、树奥运志愿服务行动动员大会”，会上局领导和区精神文明办领导一起为先进集体和先进个人颁奖

在运河文化广场临时邮局，营业员正在向顾客出售奥运邮品

本局团员、青年到小区进行志愿环保行动

组织团员、青年进行“迎奥运微笑服务”活动

举行“北京市迎奥运巡回邮展”活动

迎奥运知识竞赛活动

通州区科学技术协会

通州区荣获“全国科普示范县（市区）”称号

通州区科普工作表彰大会

北京科技周 —— 通州科普书画艺术展

现代农业农民培训基地揭牌仪式

首批户外科普园地试点揭牌仪式

数字科普图书馆资源入户工程启动仪式

通州区社区科普益民计划启动仪式

区科协鲁城村蔬菜种植技术培训班

2008 年，区科协以科学发展观统领科普工作全局，以落实《全民科学素质行动计划纲要》和服务通州区“两新”建设为工作主线，创造性地开展科普工作。本年度，召开“通州区科普工作会暨通州区创建全国科普示范区表彰大会”，表彰先进并积极维护科技工作者权益；重点围绕“科普之春”、“科技周”、“全国科普周”等品牌活动积极开展科学技术普及活动，在全区营造了良好的科普氛围；为配合新城和新农村建设，积极开创科普新途径，实施“社区科普益民计划”、“科普惠农兴村计划”、“数字科普图书馆入户工程”等科普项目，深受城乡群众的好评。

通州区文化委员会

传播运河文化

展示通州形象

独具运河文化特色的灯展，在奥运会期间受到世界各地朋友广泛赞誉

区领导为各乡镇、街道文化信息资源共享中心授牌

“相约北京 — 2008”文化节在运河文化广场举行，标志着通州区为期3个月的奥运广场文化活动拉开序幕

新建的村数字影厅

正在升级改造中的通州区电影院

通州区广播电视中心

区委书记王云峰，区委常委、宣传部长张秀余视察广电中心

奥运与我大型电视系列活动总决赛

区广电中心举办防范非法信号插播演练

通州区广播电视中心下设通州广播电台和通州电视台。通州广播电台播出频率为FM107.7兆赫，每天播出17.5小时；通州电视台播出频道为39频道，每天播出4.5小时。

通州区广播电视中心始终坚持团结、稳定、鼓劲和正面宣传为主的方针，围绕区委、区政府中心工作，充分发挥区内主流媒体的引领作用，为全区经济社会发展营造良好的舆论氛围，提供强有力的舆论支持。2008年两台共播出新闻6524篇，专题2044期，全面及时反映通州区各行各业及各项工作科学发展的新思路、新举措、新经验、新突破和新成果，并实现安全播出11682小时。在奥运宣传中，成功举办了“春归运河 情牵五环”迎奥运倒计时100天大型新闻主题现场活动。顺利完成火炬通州运河段传递的新闻宣传和全程录播。在纪念改革开放30年宣传中，开设“30年巨变话改革”和“30年流行语”专栏，全面宣传报道了通州改革开放30年的巨大成就。在汶川地震发生后，中心立即行动起来，全力开展抗震救灾的宣传报道。

2008年是中心的创新之年和事业发展之年。新建的广电发射塔主体工程完工，研制的6讯道箱载系统为录制大型现场节目提供了保障，各部门开展的23项创新工作和活动，为广电事业增添了活力，连续两年被区委、区政府评为“绩效建设”先进单位。

广电中心新建广播电视发射塔主体完工

通州区教育委员会

副区长刘淑华陪同市政府教育督导室主任线联平调研通州教育工作

北京市教委副主任罗洁陪同天津市教委领导参观育才通州分校

举办研修一体论坛活动

潞河中学新课程实验2008夏季论坛

新建成投入使用的龙旺庄学校

新建成投入使用的于家务中学

积极实施“北京新城区”教育发展战略，努力打造“新兴的教育强区”

全面提升教育为“新北京、新奥运”和新城区、新农村建设服务水平

通州区教委以科学发展观为指导，全面贯彻落实党的十七届三中全会、市委十届三次全会精神，紧抓通州区新城建设的历史机遇，较好地完成了各项工作任务。

第二届校长德育论坛获奖校长

办学条件明显改善。改扩建的柴厂屯小学和新建的龙旺庄学校、于家务中学、北京二中通州分校二期工程相继落成并投入使用。史家小学通州分校建设工程、初中建设工程、小学规范化建设工程顺利进行，办学条件主要项目达到新标准。

教育水平、教学质量稳步提高。学前教育普及率达到94%；小学、初中入学率保持100%；特殊教育普及率达到98.3%；高中入学率保持在95%以上，高考上线率继续名列全市远郊区县前列。德育工作途径进一步拓宽。课程改革实验工作积极推进。

职业教育和成人教育进一步发展。建成第一职业学校实习实训基地。充分发挥职业学校和成人学校捆绑教育培训功能，加大农民教育培训工作。在北京市农民教育培训项目评比中6个申报项目获奖。漷县成人学校被市教委评为北京市乡镇成人学校示范校。

教师队伍整体结构进一步优化。对区级学科教学带头人、骨干教师进行重新评选。全区教师队伍的结构日趋合理，在思想素质、专业理论、学识水平和教学能力等方面有了新提高。

示范幼儿园与农村中心园“手拉手”活动启动会

区教委选派优秀英语教师赴美培训学习

奥运英雄阿赫瓦里来到官园小学参加联谊活动

张家湾镇中心小学开展“一校一品”课外活动

小学规范化建设学校—小张湾小学

小学规范化建设学校—于家务民族乡中心小学体育馆

通州区成人教育中心

书记高孝峰为党支部成员讲党课

第一届教职工代表大会

班主任工作《一例谈》征文表彰会

蒙牛公司“职工素质教育”开学典礼

成教中心新年联欢会

通州区成人教育中心建于1997年7月，是全额拨款正处级事业单位。中心编制114人，其中专兼职教师64人，行政后勤和教务教学管理人员50人，外聘教师210人。中层科室有：党政办公室、政工科、财务科、行政后勤科、保卫科、教导处、中专部、大学部、培训一、二部、社区教育中心。中心占地18.2亩，建筑面积1.63万平方米，有计算机房6个，多媒体教室50个及财会模拟教室、语音教室。

办学实体有：北京广播电视大学通州区分校、北京奥鹏通州直属学习中心、通州区中等职业学校、北京市农广校通州区分校、北京电视中专通州区分校、农民科学技术培训中心。

招生、培训专业有：

高等教育：法学专、本科；财会专、本科；工商管理专、本科；行政管理专、本科；护理学专、本科；计算机信息管理专科；农村行政管理专科共7个专业。

中等教育：幼儿教育专业

培训项目及考试点：全国计算机等级考试培训及考点，全国统计人员从业资格培训及考点，全国会计从业资格考试培训及考点，全国英语等级考试培训及考点，全国剑桥少儿英语统一考试培训及考点，北京市英语口语等级考试培训及考点，首都职工素质教育工程培训及考点，成人高考复读培训点，奥林匹克数学班培训点，农机推广员培训点，劳动力转移培训点，实用技术培训点等。

教育专业才艺表演

招生、培训联系方式：

北京市电视广播大学通州区分校：69528871

北京奥鹏通州直属学习中心：69533307

北京市通州区中等职业学校：69533812

培训一部：69551297

培训二部：69555323

北京市通州区青少年活动中心

舞蹈教师深入基层学校辅导学生舞蹈活动

通州区第十一届学生艺术节优秀节目汇演

中小学体育教师自编操比赛

通州区中小学生单片机比赛

通州区中小学生航空模型比赛

2008 年，青少年活动中心全面落实科学发展观，坚持“在活动中体验快乐，在实践中激发潜能”的教育理念，按照“构建五个系统，强化三个结合，实现一网互动”的发展思路，依据国家教育方针，开展丰富多彩的校外教育活动，呈现出又好又快地发展势头，取得令人振奋的成绩，继续在北京市校外教育领域发挥着重要的引领示范作用。

中小学生跳绳比赛

暑期中学生篮球比赛

同学们在艺术节中的精彩表演

北京物资学院

研究生毕业典礼（右二校党委书记刘木春，左一校长王稼琼）

物资学院第二届流通现代化论坛

北京物资学院是一所北京市属以物流学科为特色，以经济学科为基础，以管理学科为主干，涵盖经济学、管理学、理学、工学、文学、法学等多学科协调发展的财经类普通高等院校。其前身是1963年北京经济学院设立的物资管理系。1980年，经国务院批准，成立北京物资学院。学校先后隶属于国家物资局、物资部、国内贸易部，1998年10月划归北京市管理。

北京物资学院位于北京市朝阳北路东段通州区域内，地处京杭古运河源头，环境优美宜人，学校被授予"首都绿化美化花园式单位"和"文明校园"荣誉称号。校园占地近600亩，建筑面积17万余平方米，教学、科研和生活设施齐全，图书馆现有藏书85万多册，另有电子图书近60万册，订阅国内外报纸及期刊1000余种。学校拥有26个实验室，覆盖了经济学、管理学、工学、理学、文学和法学等六个学科门类各专业的公共基础课、专业基础课和专业课。拥有北京市重点实验室——物流系统与技术实验室、北京市高等学校实验教学示范中心——物流系统与技术试验教学中心、北京市人文社科研究基地——北京市现代物流研究基地。

1993年，学校开办了国内高校第一个期货专业；1994年，开办了国内高校第一个物流管理专业。学校设有经济学院、物流学院、信息学院、商学院、劳动人事系、外语系和法政系共7个院系，另设有体育教学部和继续教育学院等教学机构。学校现有20个本科专业：经济学、国际经济与贸易、金融学（另设有证券期货方向）、物流管理（另设有国际采购与供应链管理方向）、物流工程、机械设计制造及其自动化（物流设备工程方向）、商品学（商品质量检验与管理方向）、信息管理与信息系统（另设有计算机软件应用与开发方向）、电子商务、计算机科学与技术、信息与计算科学、统计学、市场营销、工商管理、会计学（注册会计师方向、注册资产评估师方向）、财务管理、人力资源管理、劳动与社会保障、法学（流通法方向、国际商法方向）、英语（国际商务方向、国际传播方向）。

学校自1986年开始招收硕士研究生，设有5个硕士专业：产业经济学、管理科学与工程、企

奥运会倒计时100天庆祝活动

学院大门

业管理、劳动经济学、物流工程。学校拥有 2 个北京市重点建设学科：管理科学与工程、产业经济学；3 个北京市品牌专业：物流管理、人力资源管理、经济学。

2008 年有本科生、硕士研究生、留学生等各类在校生 8000 多人，其中本科生 6000 多人。学校面向全国 28 个省（市、自治区）招生，以北京市生源为主。几十年来，学校为国家培养了大批流通领域的高级专业人才，尤其是在物流、证券期货等行业中，毕业生享有较高社会声誉。

学校教职工近 700 人，其中专任教师 400 人，教授 41 人，副教授 107 人；具有博士学位教师占专任教师比例为 23.30%，具有硕士学位教师占专任教师的 52%；北京市教学名师 3 人，享有政府特殊津贴专家 2 人，北京市优秀青年骨干教师 27 人，北京市师德标兵 2 人，北京市优秀辅导员 3 人。

不断深化教育教学改革，教育教学质量不断提高。近三年来，建有国家级特色专业建设点 1 个、国家级人才培养模式创新实验区 1 个、市级特色专业建设点 2 个、市级实验教学示范中心 1 个；市级精品课程 2 门、市级精品教材 4 部、列入“十一五”国家级规划教材 6 部；市级优秀教学团队 3 个；北京市优秀教学成果奖 4 个；本科生教学研究与创业行动项目 20 项；学校“具有国际化视野的实战型物流人才培养实验区”被教育部批准为 2007 年度国家级人才培养模式创新实验区。2008 年 5 月，学校本科教学工作被教育部普通高校评估专家委员会评定为“优秀”。

学校重视学生综合素质特别是实践创新能力的培养，在国内外各类竞赛中成绩显著。近三年，在国际大学生数学建模竞赛、全国大学生创业计划竞赛、全国大学生物流设计大赛、全国大学生英语竞赛、“外研社杯”全国英语辩论赛、“挑战杯”系列大赛、全国部分地区大学生物理竞赛等国家级学科竞赛中获奖 108 项、在北京市数学建模竞赛、北京市大学生国防知识辩论赛等北京市级竞赛中获奖 69 项。2006 年，学校获得“北京大学生数学建模与计算机应用竞赛十五周年优秀组织工作奖”。

学校坚持以科研促进教学，在流通现代化研究等领域取得了显著成果，培养了一批中青年学术骨干，在社会上有着良好的声誉和影响。学校建成 5 个科技创新平台，组建 19 个科研创新团队。近三年来，学校共承担国家科技攻关项目 1 项，国家自然科学基金和社会科学基金项目 5 项，省部级课题 11 项；出版专著、译著、教材 140 部，发表学术论文 843 篇。国家十五科技攻关项目“小城镇现代流通业关键技术研究与开发”的研究成果在行业内产生了较大的影响。本校教授主编的《北京物流蓝皮书》获北京市哲学社会科学研究二等奖，填补了北京市物流研究的一项空白。

学校主办的《中国流通经济》杂志是中国市场学会会刊、中国经济类核心期刊、中国人文社会科学核心期刊、北京市一级期刊、全国优秀社科学报，发行全国及英、美、法、德、日、俄等十多个国家和地区，已成为流通领域影响力最大的学术理论刊物之一；学校参与主办的“中国物流在线”在国内专业网中具有重要影响。

发展与国内外院校交流合作，已经和日本、英国、澳大利亚、加拿大、马来西亚、韩国、新加坡、美国等国家的 20 多所大学或科研机构建立了良好的校际交流关系。在科研课题、合作办学、互派留学生、教师互访、师资培训等方面开展了一系列合作，促进学科建设以及教学和科研的发展，扩大了学校在国际上的影响。

科研楼

主教学楼

潞河中学

俄罗斯副总理参观访问潞河中学

日本青少年友好代表团访问潞河中学

全国教育科学“十一五”教育部规划课题“新课程改革与校园文学研究”之“刘绍棠现象与新时期校园文学研究”开题报告会

潞园里快乐的孩子们

在“气候酷派”绿色校园行动全国总决赛中获得三等奖

2008、2009级北京青少年科技创新学院“翱翔计划”学员及指导教师

作为北京市首批国家级示范高中的潞河中学历史之悠久，始建于1867年，至1889年已经发展成为包括小学、初中、高中、大学和一所神学院在内的高等学府。其大学部就是著名的燕京大学的前身。

建于1903年的红楼

潞河中学的校园，人们称之为潞园，是目前我国基础教育和早期高等教育存留下来的年代最久、时间最长、原始古老校舍及景物最多、保存最为完好的中国近代教育设施和校园文物之一。校园占地23万平方米，文彬路南北中轴线上，世纪初建成的人民楼（卫氏楼1902）、红楼（谢氏楼1903）、解放楼（文氏楼1922）、饭厅（1919）等风格古朴独特的建筑群与百年古槐翠柏相映生辉。90年代后新建的体育馆、游泳馆、乒乓球馆、科技楼（黄昆楼）、信息中心（仁之楼）等配有高科技先进设施设备的现代化建筑群错落有致。校园绿树成荫，奇花异草覆地，德辰山、博堂亭、协和湖、革命烈士纪念碑散落其间，构成首都教育一道独特的风景。

走进潞园，浓郁的学府氛围扑面而来。文彬路、洛宾道，绍棠路，文昭楼（高二楼）、天钦楼（高三楼）、叔和楼（高一楼）、馨菱楼（初中楼）、黄昆楼（科技楼）、仁之楼（信息中心）等以知名校友命名的道路、楼宇及校园草坪上的校友雕塑无不向万千学子展示着它深厚的文化底蕴。学校西南角的校史馆（潞友楼1935）里可以看到在这片沃土上培养了侯仁之、黄昆、王洛宾、刘绍棠等数以百计的中科院院士、艺术大师及张珍、高沂等共和国的部长将军。校园北边耸立的潞河国际教育学园，主要用于涉外教育，已经启动中英国际高中实验课程、外国学生的语言培训和学历教育项目。潞园已经成为不同民族、不同国度学生全面和谐发展的乐园。

“大学，非大楼之谓也，乃大师之谓也”。潞河中学拥有一支素质精良、治学严谨、业务精湛、富于创新的干部教师队伍。现有专任教师288人，其中特级教师13人，国家级、市区骨干级教师53人。现有教学班72个，学生3000多人，其中新疆民族学生近500人。

2008年老校长张世义退休，新校长徐华上任，潞河中学完成了新老校长的交替。在继承与创新中，作为北京市新课程改革自主课程设置十所学校之一，潞河中学走在了新课改的前列，已构建科学、人性化的具有潞河特色的课程体系。

今日的潞河中学正以崭新的姿态，满怀信心地向全国名校、世界名校的目标迈进！

电　　话：010-69546337
传　　真：010-69546337
学校网址：www.luhe.net
地　　址：北京市通州区新华南路135号

乒乓球馆

仁之楼（信息中心）

金色校园

永乐店中学

区领导王玉辉、张文山、李玉君、刘淑华，镇党委书记张振泉来校视察

副区长刘淑华看望区高考状元张文言

区领导王玉辉、张文山为考入清华大学的区理科状元张文言、考入北京大学的宋洋颁奖

本校教师何伟的论文《实施农村中学高中数学分层教学的研究》入选北京市教育科学规划课题

永乐店中学建于 1952 年，1958 年成为完全中学，1978 年被北京市教育局确定为通县重点中学，2005 年 12 月被北京市教委认定为“示范性普通高中校”。学校位于通州区永乐店镇，占地 11 万平方米，总建筑面积 4 万平方米，现有教工 332 人，学生近 3000 人。学校一向以良好的校风和严谨的管理著称，坚持“育人为本、谋求发展”的办学思想和“让师生在平等、民主、和谐的环境中发展”的办学理念，形成“规范管理、和谐发展”的办学特色。

半个世纪以来，经过历届师生的奋力拼搏，铸就了“严明勤奋、自强不息、不甘人后”的永中精神，构建了适应自身发展的实践模式，取得瞩目的办学业绩。学校连续 10 年被通州区评为“全面育人、办有特色”学校，还被授予北京市德育先进集体、科研先进学校等荣誉称号。

校长兼党总支书记：王子亮

校　　址：北京市通州区永乐店镇

电话(传真)：010—69568463

网　　址：http://www.yongzhong.net

学生辩论赛

学生为地震灾区捐款

校园雕塑“希望之星”

通州区第一实验中学

校长兼党支部书记 张本

区人大常委会主任石进贤到校视察

备战奥林匹克知识竞赛

组织学生参加爱国教育活动

校科技节开幕

整齐壮观的学生操

通州区第一实验中学位于京南重镇马驹桥，坐落在凉水河畔，环境优美，交通便利。学校的前身马驹桥中学于1956年建校至今已有50年校史。2005年10月，易址新建校区落成投入使用，马驹桥中学迁入新校址，更名为通州区第一实验中学。现有24个教学班；在校生900余名、教职工112名。新校园总投资8000多万元，占地56000平方米，总建筑面积28823平方米，其中教学楼12159平方米，共42个普通教室；实验楼4485平方米，内设化学实验室4个、物理实验室4个、生物实验室4个、美术教室2个、音乐教室2个、劳技教室2个、计算机教室6个、多媒体教室2个，办公楼、图书馆和会议厅共3355平方米，会议厅可容纳1000余人。宿舍楼6739平方米，可容纳1000余名学生、130名教师住宿。具有可供1000人用餐的高标准食堂，400米标准塑胶跑道和相应的球类运动场地。学校网络设施齐全，引入宽带网。学校教学设施完备，教育质量上乘，是通州区第一所寄宿制初中校。

近年来，学校努力实施素质教育，以改革发展为主线，更新教育观念，培养师生健全的人格和自身素质，促进师生自主发展，全面提高教育质量。各项工作取得了可喜成绩，先后被评为“首都文明单位”、北京市“普通中学规范化建设达标学校”、“区级规范化建设示范校”、“区级教科研先进单位”、“通州区十五科研重点校”、区级“电教达标一类校”、“区级教育质量综合评价优秀校”、“校本培训示范校”、“北京市百所广播操评比优秀校”、“体育工作先进校”等荣誉称号。每年都有100余名师生在市区级学科竞赛和各类评比中获奖。特别是近两年学校的教学质量迅速提升，教学成绩位于通州区中学前列。得到了当地政府和百姓的赞誉，多次受到上级的表彰。

学校将以全新的教育理念，高标准的教育质量服务于地区、服务于首都，为现代化建设培养更多的合格人才。

潞河医院

Luhe Hospital

区委书记王云峰到潞河医院考察工作

现任院领导班子左起：于振山副院长、何永福副院长、马春光院长、马月明党委书记、郑连海副院长、李毅成副书记、纪智礼副院长

通州区政府、首都医科大学建设潞河医院为首医大教学医院协议签订

区委书记王云峰、区长邓乃平慰问医院驾驶员志愿者

潞河医院外科楼奠基仪式

潞河医院始建于1878年，2008年医院的总资产达到3.44亿元，建筑面积11.2万平方米，有病床700张。医院职工1600余人，高、中级职称人员504人。医院年门诊量达到百万余人次，急诊量为13万余人次，年收治病人2万余人次。

医院设有二级临床学科32个，医技科室21个，在“院有优势、科有特色、人有专长”原则的指导下，重点加强了心内科、骨科、神经内科、神经外科、普通外科等重点科室发展。目前医院的心脏介入诊疗、神经外科的创伤、肿瘤、脑血管疾病及介入诊疗、冠状动脉搭桥手术、先心病矫治、脊柱外科技术、人工关节置换、关节镜技术、肝胆外科技术、腹腔镜技术、各专科内窥镜技术、血液肿瘤科的介入治疗、口腔内科的综合治疗、口腔外科的大中型手术、眼科的超声乳化、肾脏内科的血液净化技术等均已达到或接近国内先进水平。

医院百万元以上大型设备有核磁共振、螺旋CT、大CBC心血管造影机、数字化胃肠机、Cr柯达数字

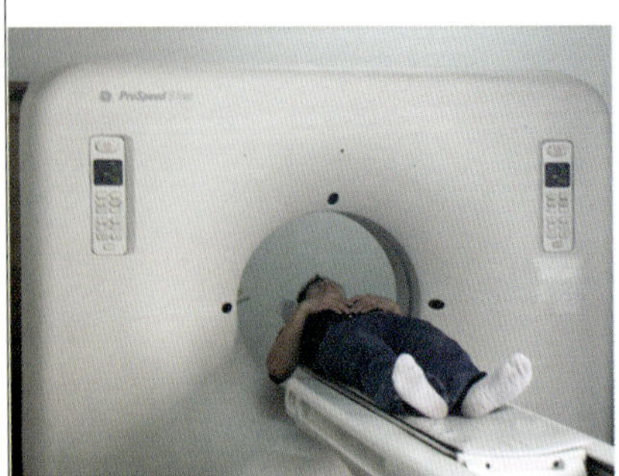

螺旋CT

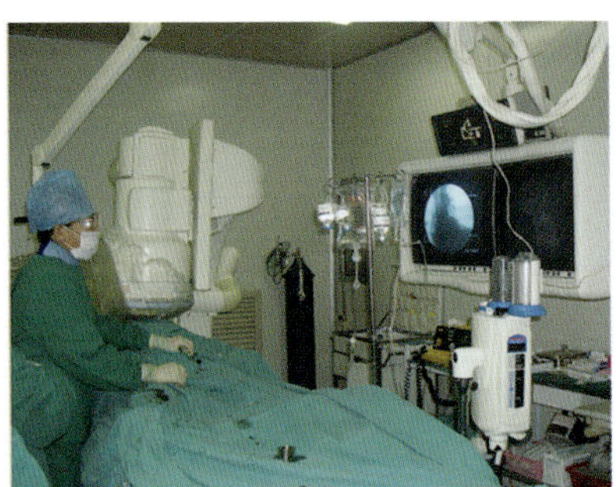

心血管造影机

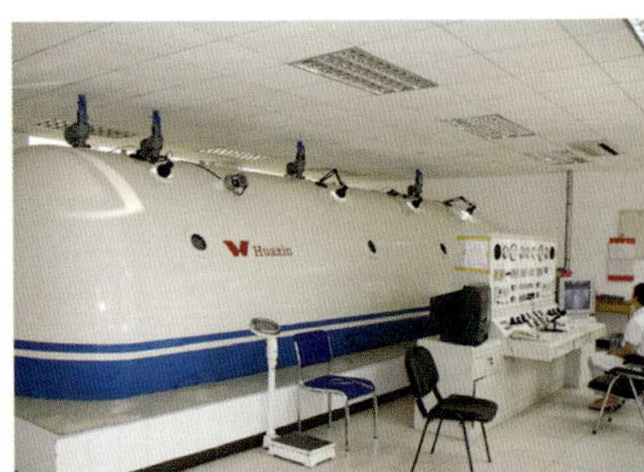

高压氧仓

潞河医院

Luhe Hospital

潞河医院建院130周年庆典大会

潞河医院信息系统升级改造签字仪式

潞河医院召开医疗安全工作会议

一年一度的论文表彰大会

患者为医生送锦旗

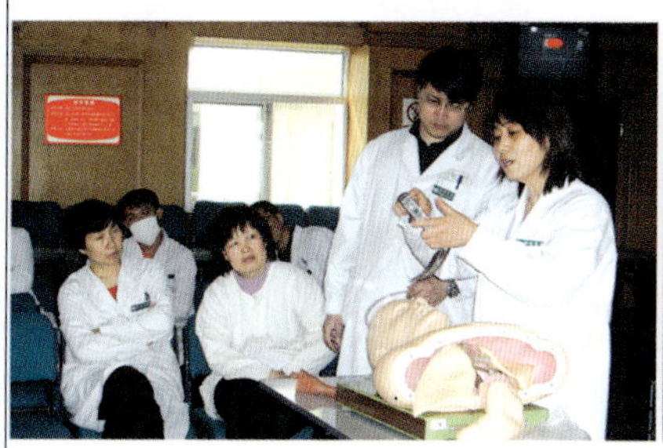

“三基、三严”培训

新护士授帽仪式

潞河医院运动会开幕式

化成像系统、干式激光像机、全自动生化分析仪、彩超、体外循环系统等。血液净化中心装备22台透析设备，成为京东地区最大的血液透析中心，正在满负荷工作。自1996年开始，医院实行计算机网络管理，现在医院的PACS系统、HIS系统、LIS系统、EMR系统正在医疗管理、门诊工作、病案工作及行政办公等方面有序运转，使医院的信息化工作走在同级医院的前列。

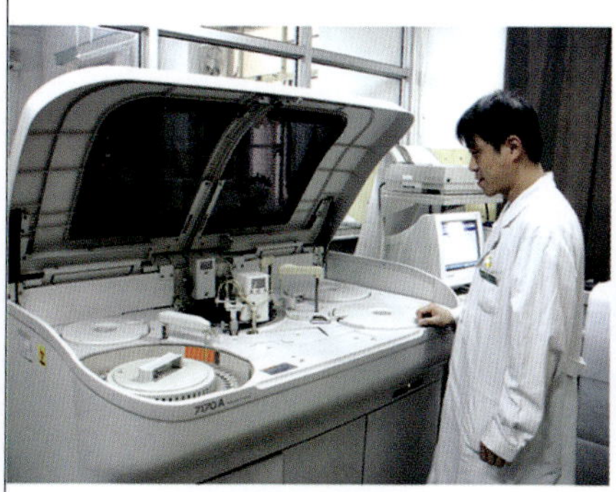

全自动生化分析仪

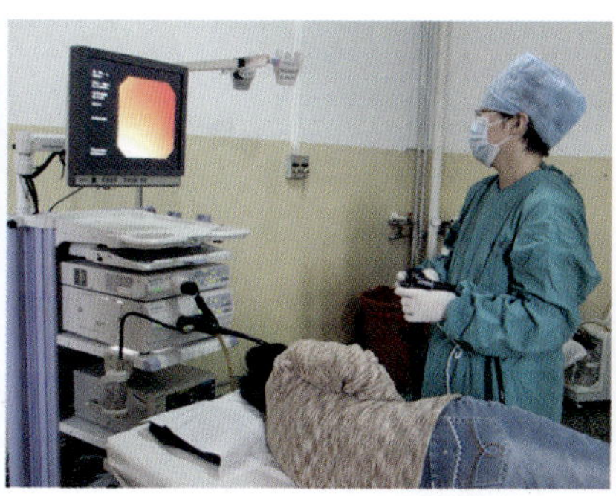

OLYMPUS GIF -XQ260型胃肠镜

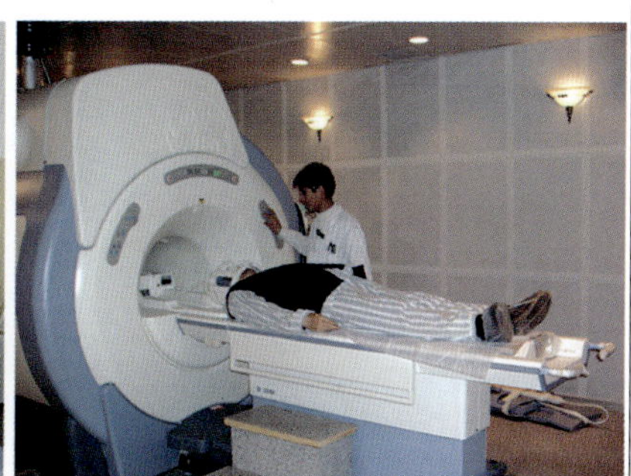

核磁共振

新华医院

区领导视察新华医院

深入学习实践科学发展观活动动员大会

区领导、卫生局领导、市口腔医院领导到新华医院指导工作

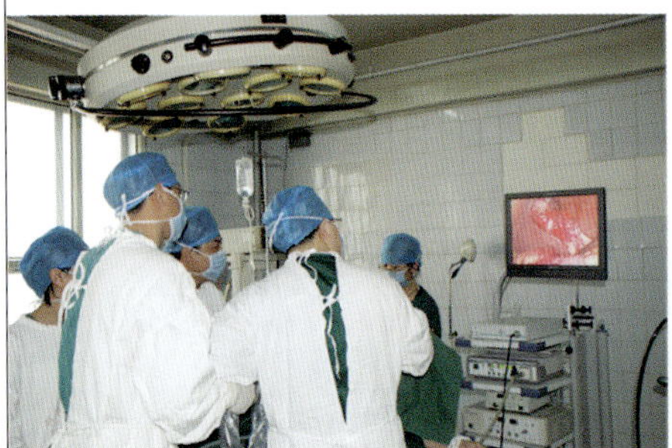

普外科进行腹腔镜手术

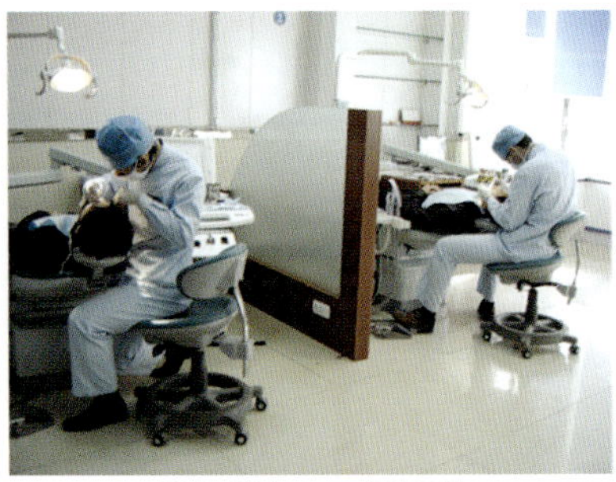

特色科室——口腔科

牙防流动车

新华医院始建于1958年，总面积11300平方米。共有职工541人，专业技术人员376人，其中高级职称15人、中级职称98人、初级职称263人。医院设有内科、外科、妇产科、儿科、急诊科、中医科、五官科、口腔科、检验、放射、CT、B超、心电图、腔镜、胃镜、肠镜等30余个科室，开放床位100张，年总诊疗51.37万人次，收治住院病人2500余人。

新华医院已形成以"口腔医疗"和"社区卫生服务"为两大特色的，集医、教、研、防为一体的二级综合医院。口腔科现有椅位50台，日均接诊患者320余人。新华社区卫生服务中心下设16个社区卫生服务站，覆盖整个通州城区。

医疗安全专题讲座

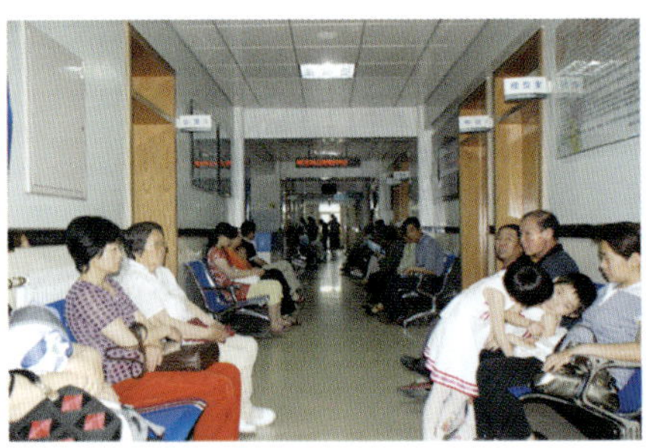

新华医院口腔科候诊大厅

丰富多彩的文体活动

北京市中医学校

与北京大学医学网络教育学院合作办学

教师节表彰优秀教师

教学改革培训班

全校教职工新年联欢会

学生太极拳表演

中医药文化墙

北京市中医学校是北京市唯一一所中等中医药类职业学校，是全国中等中医药教育重点学校，市骨干示范校，职业教育综合督导评估优秀学校，市红十字学校，市职业教育先进单位，首都精神文明单位。

学校开设中药、药剂、护理、中医护理、针灸推拿、康复保健等专业，主要开展全日制中专教育，同时面向社会开办网络教育、成人中专、全国计算机等级考试和各种医学技能培训。

学校始终坚持贯彻落实科学发展观，坚持党的教育方针，在“一切为了学生的未来”的办学宗旨和“和谐 仁爱 健康 进取”的办学理念指导下，不断推进教育教学改革，建立符合学校特色的德育体系，全面提升教育教学质量。学校注重完善制度建设，创新管理机制，加强内涵建设，营造和谐氛围，逐步形成了具有中医学校特色的校园文化体系。

目前，学校正以“科学化、人性化”管理理念为指导，以提高教育质量为中心、专业建设为重点、队伍建设为保障，朝着有特色、高水平的目标稳步迈进！

方圆平安集团

市人大常委会副主任到公司考察

董事长刘宝平被评为优秀建设者

副市长夏占义参观南瓜园核心智能温室

方圆平安集团自1999年成立以来，在党中央和各级人民政府的关怀下，秉承“立于方圆，旨于平安”的经营理念，依靠现代科技和方圆平安人坚持不懈的努力，集团公司已由成立之初的一个小企业发展成为享誉国内外的国家级农业产业化重点龙头企业，集团旗下拥有农产品生产加工企业3家、现代观光农业企业1家、农产品保鲜仓储企业1家、房地产开发企业1家。在农业领域里，集团已形成从种苗培育、生产、研发、销售、配送服务为一体的现代农业产业链，产品已通过有机产品认证，产品出口到美国、韩国、新加坡、日本等国际市场，并成为2008年北京奥运会蔬菜供应商。目前，集团已确立了以农业为主，以物流和房地产为辅的长远发展模式。

方圆平安集团董事长刘宝平创建方圆平安集团以来，坚持“农业企业就是农民的企业”，不断探索龙头企业与农户的利益联结方式和经营模式，始终把利益联结机制放在产业化经营的核心地位，形成了“公司＋基地＋农户”的农业产业化经营模式，有力地带动了农民增收。2008年，刘宝平被评为第十届“北京十大杰出青年”，“全国优秀青年乡镇企业家”、“全国农村优秀人才”，并当选为第十一届北京市政协委员。

豆芽包装车间

种苗培育车间

西兰花种植基地

产品检测中心

北京观光南瓜园

配送车辆

农　　业

综　述

2008年，区农委围绕建设新城区和新农村的中心工作，建立与北京新城区发展相适应的都市型现代农业，实现农民增收、农业增效、农村发展，扎实工作、勇于创新，全区农业持续、稳定、健康发展。

一、完善农业扶持政策。年内重新制定出台《关于建设都市型现代农业，促进农民持续增收的扶持政策》，扶持政策涉及十个方面：扶持设施农业、扶持观光农业、扶持生态农业、扶持籽种产业发展、扶持都市农业、扶持农业龙头企业、扶持农业专业合作组织、扶持农产品品牌及认证、支持农民参加政策性农业保险、加大农业招商引资力度。

落实粮食直补政策。全区小麦补贴面积25.27万亩，综合直补资金3790.63万元。共有9个乡镇346个村4.09万户农民享受到小麦直补。全区玉米种植总面积34.74万亩，补贴资金总额2675.70万元。其中面积补贴金额694.87万元，良种补贴金额415.48万元，综合补贴金额1563.47万元，水稻补贴金额1.87万元。全区380个村，5.49万户农民享受玉米综合直补。

开展农业政策保险。全区小麦参险面积10.20万亩，占全区小麦总面积的39.9%；玉米参险面积9.33万亩，占全区玉米总面积的29.6%；温室大棚参险面积（纯设施面积）6707.31亩，占全区温室大棚总面积的29.2%；种猪参险1400头，生猪参险18438头，奶牛参险248头。苹果、桃、梨、葡萄等果品参险779.02亩，豆类、西瓜、露地菜参险面积584.7亩。全区保费总收入累计1200余万元。保险公司支付保险理赔金1367.53万元。

二、合理调整农业结构，主导产业稳定发展。

（一）蔬菜保护地建设。全区新建日光温室、塑料大棚等保护地设施占地总面积10340亩，建设的重点是漷县镇、张家湾镇、宋庄镇、台湖镇、于家务乡、永乐店镇等。漷大路设施农业产业带建设项目，沿线全长5.5公里，涉及9个村，原有设施2517亩，新建设施1700亩，对1070亩现有设施进行改建。

（二）林果花卉业生产。果品产业建设，一是完成“水蜜桃主题公园”一期建设工程4.7公顷，引进桃树品种12个，定植5000株；二是启动建设4个集观光采摘、休闲娱乐、科普示范为一体的设施型观光果园，占地面积130余公顷；三是成功举办通州区第二届樱桃评比活动和第四届樱桃节，樱桃销售单价提高20%至30%；四是发展唯一性果品，新植金硕油桃2公顷，高接布拉樱桃2公顷，高接垛子桃4公顷，并对部分葡萄品种实施土壤改良；五是加强有机果品生产及认证工作，张家湾葡萄大观园、台湖第五生产队、西集镇明太阳有限责任公司经认证，进入有机果品转化期；六是积极开展果树风险互助活动，全区413户农民参加互助保险面积达268.6公顷，互助金额30.5万元，灾后获理赔50.5万元。花卉苗木产业以蕨类、鲜切花和苗木生产为支撑点，借助吉鼎立达科贸公司、一品园花卉基地和华源发苗木生产基地近年来的成功发展经验，“以点带面”推进全区花卉苗木产业健康发展，一是搭建花农信息化平台，建立花木协会网站，拓宽信息交流渠道；二是搭建龙头企业示范平台，推广先进生产技术，扩大优质品种种植面积；三是协助花卉企业引进郁金香、唐菖蒲、非洲菊等新品种40余个；四是与区旅游局、漷县镇政府联合，成功举办通州区第二届花卉节；五是认真做好苗木种子生产许可证（5件）和苗木种子经营许可证（2件）发放工作，规范生产经营市场。全区花卉总面积360公顷，苗木总面积1290.7公顷。林下产业持续发展。年内，永乐店地区发展林下经济1666.7公顷，其中林菌1000公顷，林桑666.7公顷。林菌产业涉及20个村，从业农户1132户，品种包括香菇、木耳、双孢菇、平菇等，产量达3万吨，销售额1.2亿元。产桑叶茶50吨、饲料桑2000吨、桑叶粉100吨，销售额1500万元。

（三）养殖业生产。全区各类规模化畜禽养殖场220个，农民养殖专业户1.26万户。畜牧生产继续保持着良好运行态势。生猪生产仍在较高价位运行。在生猪生产良好的拉动作用下，禽类生产也正在逐步走出低谷趋于平稳。奶牛养殖生产受三鹿问题奶粉事件的影响，进入调整期。渔业生产继续保持良好势头。养殖业的发展，重点向优质籽种产业发展，加强养殖业良种繁育体系建设。生猪良种体系建设。东方种猪场和东方科奥种猪场，累计生产种猪9700头，实际销售种猪3200余头。全区56个规模养猪场以及“金展旺”、“万泉”、“万源”等生猪专业合作社，共计更新种母猪2800余头。金展旺、手牵手、万全及东方种猪场等五个生猪人工授精点，共计调配优质种猪精液8500瓶，开展人工授精配种4200头。同时，完成金展旺和万全2个商品猪场升级改造为种猪扩繁场建设，累计改建、扩建种猪舍16栋，面积达4880平方米。引进法系大白、美系杜洛克、美系长白种猪共350头。肉羊良种体系建设。全区开展肉羊人工授精配种800余只。积极开展诱导发情、同期发情以及羔羊肥育等现代肉羊生产技术，并在全区范围内确定舍饲养羊试验示范户20个，为其中13户无偿配备优良肉用种羊13只。同时完成对20户试验示范户的基础设施、存栏数量、羊群质量以及饲养方式等方面的调查，制定建设方案。观赏鱼良种体系建设。以北京鑫淼水产总公司国家级良种场建设为龙头，加强唐大庄、桂家坟等苗种繁育场建设力度，完善“鑫淼良种场—苗种场—农户”三级良种繁育体系，经过提纯复壮，形成既适应市场需求，又极具自身特色的高档优质观赏鱼品种，提高良种覆盖率。继续发挥观赏鱼协会和合作社的作用，抓好观赏鱼“一村一品”建设项目，引进优良品种，推广先进的养殖模式，提高苗种孵化率。苗种场为养殖户提供优质观赏鱼苗种8500万尾。

三、扶持龙头企业，加大合作组织建设力度。

（一）组织开展项目申报工作。组织开展对农口单位、各乡镇项目申报人员业务培训30批次。整理入库申报市农委项目76项。其中“一村一品”专业村建设项目23项，高效示范点建设项目17项，设施农业建设项目14项，农业走廊建设项目3项，精准农业循环农业项目2项，绿色养殖区建设项目4项，市场和品牌建设项目3项，观光农业园区建设项目5项，科技支撑项目2项，农业信息服务项目3项。

（二）扶持龙头企业。组织开展银农合作工作。协调通政公司、农商行等单位，全区新增银农合作贷款2490万元。支持北京金信食用菌有限公司食用菌加工车间建设项目90万元，有效保证了马驹桥、永乐店地区3000多户菇农的就近加工转化增值。支持北京文达天星农业科技有限公司温室花卉基地扩建项目300万元，新建现代化联栋温室10000平方米。支持北京市通州区农机公司技术改造项目100万元，用于公司提高批量生产麦秸翻垛机、林地喷药机的能力。支持北京东升方圆农业技术发展有限公司“南瓜主题观光园”建设项目2000万元，完成10000平方米主体展示智能连栋温室，20栋观光接待温室大棚的基础建设。协调有关单位组织实施一系列加工农业发展项目。启动实施金信食用菌烘干加工车间建设，新建食用菌烘干加工车间1000平方米并配备清选、烘干、包装等加工设备。实施仙源酿造食品有限公司设备升级改造项目，新建出口黑醋生产车间1000平方米。加快精优农产品入超市、进食堂步伐，在家乐福、华联等超市新建蔬菜、食用菌销售专柜36处；东升农业种植开发有限公司、金信食用菌有限公司等农产品加工企业与25家市、区级企业、事业单位食堂建立定期配送业务。组织区内相关企业参加第六届国际农产品交易会。在9月15日至21日由农业部举办的第六届国际农产品交易会上，通州区在龙头企业展示区设有4个展位，分别是东升方圆农业种植开发有限公司展位、金信食用菌有限公司展位、永乐绿源食用菌公司展位、鑫淼观赏鱼有限公司展位，参展品种有观赏鱼、食用菌、精包装菜、桑茶、桑鸡蛋等五大类37个品种；在优质农产品交易区设有3个摊位，分别是东升方圆农业种植开发有限公司摊位、金信食用菌有限公司摊位、仙源酿造食品有限公司摊位，参销产品有蔬菜、食用菌、调味品等三大类64个品种。展销会期间，到通州区展位、销售摊位洽谈业务的顾客有5600多人次，实际销售额近150万元。金信大灵芝、罐包装食用菌、桑茶、桑鸡蛋、小包装豆芽菜、巨型和小型观赏南瓜入选到北京主展区参展。

（三）发展合作组织。全区规范建立的农民专业合作组织144家。其中在民政部门注册的农业协会有22家，在工商部门注册的农民专业合作社有122家，2008年新发展合作社42家。按产业划分，涉及种植业68家、养殖业38家、林果花木业35家、手工编织业1家、其它2家。122家合作社全部按照农民专业合作社法的规定组建成立，在工商部门登记注册、在经管站备案，取得农民专业合作社法人营业执照。加入合作社的社员有6500余户，占全区从事一产农户的8.7%（一产户7.8万户），每个合作社平均入社社员53户。144家合作组织全部设立了规范的章程，建立了民主决策管理制度、财务统计和公开制度。

（四）加强观光休闲农业与乡村旅游工作力度。成功举办通州区第四届樱桃节、第二届花卉节、第十届葡萄采摘节、第三届梨采摘节等节庆活动。项目带动，提高观光园区的接待水平。争取市支持资金，强化基础设施建设，改善观光园区整体环境，2008年组织申报乡村旅游与观光农业项目6个，有4个获得市支持资金250万元。组织市民俗旅游村和市级民俗旅游户的申报工作。2008年宋庄镇大邓村和20个民俗旅游户通过市农委和市旅游局验收。

四、加快科技转化应用。

（一）开展多种形式实用技术培训。2008年，通过集中授课、观摩学习、田间学校、科技入户、远程教育、现场指导、入户咨询等多种形式，培训农民16650人次。其中种植业6000人次、养殖业7650人次、林业3000人次。全区开办生菜、食用菌、生猪、肉羊、乌鸡等农民田间学校39所。实施科技入户1532户。其中种植业农业部科技入户示范县入户1047户、市设施蔬菜科技入户145

户、食用菌科技入户209户；养殖业畜牧科技入户50户、水产科技入户81户。

（二）多项措施加大农村实用人才的开发培养力度。成立通州区农村实用人才工作领导小组，制定出台《关于加强农村实用人才队伍建设的实施意见》，建立例会制度、联络员制度、指导教师动态管理制度、督导考核制度、信息上报制度。抓制度建设，强化责任意识，全面推进农村实用人才队伍建设。建立农村实用人才信息库。将懂经营、会管理、有一技之长的种养大户和能工巧匠等农村实用人才汇集，登记造册，建立农村实用人才区级、职能部门、乡镇“三级”信息库。全区有各类农村实用人才705人（其中种植类人才261人、养殖类人才190人、经营类人才97人、农村经纪人41人、文艺类人才32人、能工巧匠84人），有农村实用人才开发培养指导教师182人。

五、加强农产品质量监管，保障奥运农产品供应。

按照市、区的安排，奥运会期间通州区有8家单位为奥运农产品供应基地。其中养殖3家：北京金星鸭业中心梁家务养殖场、北京金星鸭业中心中辛庄养殖场、北京三元食品股份有限公司三元绿荷奶牛养殖中心第一牧场；种植业3家：北京东升方圆农业种植开发有限公司果村基地、北京市西集胜红种植园、北京金信食用菌有限公司。鲜切菜企业1家：大运河配送中心。批发市场1家：北京八里桥农产品中心批发市场。北京奥运会和残奥会期间，区农委系统全面完成供奥农产品保障工作，实现三个100%：一是供奥农产品质量安全合格率100%；二是奥运会、残奥会期间鲜切叶类菜品项和数量“双100%”供应。奥运期间通州区为北京奥运会供应鲜切菜、绿豆芽、食用菌、鸭坯子、肉鸭、鲜奶等农产品50种143.91万公斤。其中大运河鲜切菜11.06万公斤、东升绿豆芽8580公斤、金信食用菌7521公斤、三元鲜奶106.2万公斤、金星鸭25.04万公斤；三是外围农产品质量安全合格率达到100%。

（一）加强农产品质量监督检测。加大奥运农产品抽检力度，市级每10天抽检1次，区植保站、兽医站和水产检测每周抽检1次，企业对供奥产品批批进行自检。6至9月份，抽检种植和养殖基地、屠宰场、批发市场等样品1477个，其中蔬菜抽检227个品种、496个样品，畜禽抽检411个样品，水产抽检570个样品，合格率100%。

（二）加强农业投入品的执法检查。区农委组织农药、兽药等执法单位对辖区内130个种子及农药经营部门、8家兽药生产企业、35家兽药经营门市部、25家动物诊疗单位进行专项检查，农药、兽药的合格率显著提高，未发现违禁药物。为整顿农村经营未经检疫生鲜猪肉现象，通州区农委、养殖中心、商务局、工商局、卫生局等单位联合执法，区兽医卫生监督所执法人员参加8次联合行动，没收销毁未经检疫猪肉1165.35公斤，病死猪产品130公斤。

（三）加强动物检疫监督工作。严格动物及动物产品的检疫出证。严把进京关。5个进京公路动物防疫监督检查站，检疫监督执法人员长期24小时上岗。区动物执法巡逻队对14个非指定路口进行重点巡查。

六、产权制度改革稳步推进。

（一）产权制度改革。农村集体经济产权制度改革试点工作推进顺利。全区11个乡镇83个村开展改革试点，车里坟等57个村完成集体经济产权制度改革工作，成立57家新型经济组织，其中，2008年新启动改革村41个、完成改革村15个，11个乡镇全都启动改革试点。57个完成改革的村，量化集体资产总额13.52亿元，人均持股总额10.01亿元、集体持股3.51亿元，分别占量化资产总额的74%和26%，农民股东人数达到30027人，人均持股3.3万元。梨园镇车里坟和西总屯村、宋庄镇后夏村等15个村累计兑现股份分红3982万元，股东人均分红3940元，个人最高年股金分红2.2万元。

（二）加强农村集体经济合同规范化管理工作，开展村级重大经济事项招投标试点。2008年加强对村级新签订经济合同的指导和监督，对新签订的各类农村经济合同，落实从订立、变更和监督管理的“十步”工作制度，确保新签订经济合同的规范性。截止到10月底，全区新签订村级经济合同200余份，合格率100%。同时，依法对清理出的不规范合同进行完善和规范。年底全区清理出2007年9月1日前不规范合同1500份，涉及金额6200万元，截止到2008年6月底，经过依法履行相关程序，先后完成规范手续的合同有1498份，涉及金额6100万元，约占应完善不规范合同总数的99.7%；另外，还有2份不规范合同正在规范过程中，涉及金额2万余元，约占应完善不规范合同总数的0.4%。在加强农村集体经济合同管理的基础上，2008年在全区开展村级重大经济事项招投标试点工作。全区有20个村启动试点工作。

（王岩军）

种　植　业

粮食及经济作物种植

【概　况】　全年粮食播种面积610059亩，比上年增加87585亩；亩产376.14公斤，比上年减少4.98公斤，总产22946.5万公斤，比上年增加3033.8万公斤。夏粮小麦面积250498亩，比上年增加7.73万亩。夏粮总产8992.6万公斤，比上年增加3000.5万公斤。夏粮亩产358.99公斤，比上年增加12.94公斤。秋粮播种面积359561亩，比上年增加1.026万亩，亩产388.08公斤，比上年减少10.43公斤，总产13953.9万公斤，比上年增加53.9万公斤。其中玉米播种面积351048亩，比上年增加9748亩，亩产391.82公斤，比上年减少11.68公斤。总产13754.8万公斤，比上年减少45.2万公斤。豆类播种面积6428亩，比上年增加216亩，亩产155.41公斤，总产99.9万公斤。

经济作物种植：花生种植面积1094亩，亩产220.29公斤；棉花种植面积3113亩，亩产93.16公斤；药材86亩，亩产46.51公斤；薯类644亩；西瓜种植面积5533亩。

2008年，区种植业服务中心承担部、市、区级试验示范推广项目194项，基础研究课题129个，推广节水、测土配方施肥新技术45项，引进粮经、蔬菜、花卉各类新品种326个，完成小麦、玉米、大豆、甘薯新品种试验、示范品种100个。植保项目21项。做好种子经营工作，全年销售各类种子265.5650万公斤。同时引进“华农118”、“京单128”、“京科308”等玉米新品种。区种植业服务中心强化职能部门的服务意识，围绕发展种植业和富裕农民开展工作。全年下乡9000多人次，深入到田间地头，利用农资连锁配送等方式为农民提供技术服务、技术咨询，利用科普赶集深入全区各重点乡镇、农贸市场下发宣传资料4.5万余份，宣传人数10万余人次，广播讲座电视报道126次，发放各种简报46期5400份，提供各种病、虫、鼠害发生信息30期，举办各类农民田间学校10所，培训新型农民3000人。

（张文泉）

【高产创建取得成效】　2008年，区种植业服务中心按照高产创建方案中的工作要求，对3个高产创建村有组织的进行植保、土肥等综合技术培训。3块地小麦平均产量464.6公斤，玉米593.6公斤，全年上下两茬平均亩产1058.2公斤，圆满完成1000公斤的指标，上下两茬亩纯收入（含粮食直补）1191.73元，实现增产增收。

（张文泉）

【开展科技普法活动】　2008年，区种植业服务中心会同工商、消协，在“3·15”期间，组织种子、农药、植物检疫、技术推广和土肥等科技人员，利用发放技术资料、展板、挂图、画册和实物识别、现场咨询等方式，深入漷县、永乐店、西集等乡镇进行大规模宣传活动。出动车辆16次，中高级技术人员和执法人员80余人次，发放各类宣传资料69种2.93万份，宣传画册500套，展板12块，现场咨询服务4000余人次，收到良好的宣传效果。

(张文泉)

【完成粮食档案调查汇总工作】 2008年完成小麦和春夏播玉米种植档案调查汇总工作，涉及小麦面积255880.8亩，农户40947户；春夏播玉米347987.7亩，农户53785户。

(张文泉)

【季节性裸露农田治理工作】 2008年，全区完成季节性裸露农田治理任务25.5万亩(包括工业园区2730亩)，留茬地9.95万亩，春播作物预留地（大豆、辣椒、瓜地等）4.45万亩。

(张文泉)

【实施有机肥培肥地力项目】 2008年，农业技术推广站与北京市土肥站配合，在通州区实施有机肥培肥地力工程项目。建立西集大沙务草莓基地、张家湾金泽园甜玉米基地、次二基地和金福艺农4个示范基地，示范总面积3000亩。通过项目的开展，全区优质有机肥应用面积1.12万亩，平均亩节本增效24.8元，总效益达27.8万元。

(张文泉)

【测土配方施肥示范县建设项目】 2008年建立27个施肥情况监测点（其中区级22个和国家级5个），确定100个测土配方施肥示范户，取样1500个，根据化验结果，提供有效数据21170个，建立通州区测土配方施肥数据库。制定各类肥料配方26个，全年发放施肥卡3万份。确定10家测土配方施肥专营店，全年累计为高产方、示范基地配送补贴配方肥1659.35吨。全年测土配方施肥技术推广面积60.2万亩，节约化肥3000多吨，农作物总增产1万吨，节本增效2831.5万元。

(张文泉)

【旱作雨养玉米节水示范工程】 2008年，旱作雨养玉米节水示范工程在全区9个乡镇落实雨养玉米示范面积29万亩，占玉米总面积的82.48%。在西集、永乐店、漷县3个镇建立核心示范区，面积1.7万亩。在雨养区推广应用平衡施肥技术，推广“京单28”等优质良种5个。对全区34个墒情监测点位进行动态墒情监测。举办节水宣传培训2次，发放高效节水技术资料800余份，推广应用保水剂17吨。全区雨养玉米核心示范区亩产为519.6公斤，项目区平均亩产为438.2公斤，每亩平均节水50立方米以上，共节约农业用水1450万立方米以上。

(张文泉)

【开展农田环境监测】 2008年，对全区18个位点进行定期取样、化验，准确掌握通州区农田环境质量状况。对全区本年申报的26个无公害农产品基地进行土壤、水源质量取样监测。开展种植业农田基本情况普查工作，通过实地调查和GPS定位等手段，摸清全区农田基本状况、工矿企业区周边农田基本状况。

(张文泉)

【加速农业科技转化】 2008年，农业技术推广站开展大量针对通州区农情的基础性研究工作，推广一大批适合本区的新品种、新技术。全年累计完成各类基础性研究课题129个，展示应用高效节水综合技术、蔬菜高产高效栽培配套技术、测土配方施肥技术等45项农业新技术，对45个新型肥料进行筛选和研究，引进粮经、蔬菜、花卉等各类新品种326个。

(张文泉)

【科技入户工程】 2008年，全区确定各类示范户470户，示范基地（农场）7个，示范面积8000余亩，辐射带动2300户，面积51000亩，推广粮菜新品种60个，推广测墒灌溉等新技术10项，发放滴灌肥10吨，发放各种技术数据、光盘15000余份，培训农民1200人次。实施科技入户使蔬菜生产亩增收300至600元,小麦增收60至120元,采用测墒节水灌溉,亩节水60至120立方米。

（张文泉）

【完成粮食高产创建工作】 2008年是全国粮食高产创建年，通州区选择有代表性的3个千亩以上的粮食高产示范方，总面积5120亩（其中马驹桥镇史村1320亩、于家务乡傅各庄1300亩、漷县镇黄厂铺2500亩）。在3块高产示范方大力开展高产创建技术培训工作，提高农户的种植水平。结合测土配方施肥、墒情监测、叶龄促控等高产配套新技术的应用，示范田获得丰收。3块高产示范田小麦平均亩产464.6公斤，玉米平均亩产593.6公斤,全年累计亩产1058.2公斤，实现年亩产1000公斤的高产创建目标。

（张文泉）

【突出农业成果展示基地功能】 2008年，展示基地承担各类试验示范课题61项，应用农业节水、设施蔬菜高效栽培、特色蔬菜栽培、花卉扦插快繁等新技术45项。展示蔬菜、特色粮经、药材、观赏作物等新品种200个，尤其是食用菊花、番石榴、黑色保健植物、芳香植物以及观赏型向日葵成为展示中的亮点。结合品种的筛选工作，确定适宜通州区发展观光农业的百余个新品种。

（张文泉）

【农业风险互助】 2008年，通州区谷物协会与宋庄、漷县、于家务3个乡镇 39个自然村477户农户（农场）签订小麦风险互助保单，参保面积为10314.9亩，缴纳风险互助金48920.9元。从5月初至小麦收获前共发生6次不同程度的风灾和1次雹灾，受灾面积3677.9亩，占互助面积的35.66%。协会依据有关风险互助条款，向受灾农民发放受灾补贴款139345.4元，赔付率为284.8%。

（张文泉）

【加大肥料执法力度】 2008年，发动执法宣传4次，组织执法活动48次，其中联合执法6次。检查肥料生产企业7个，肥料销售门市110个，抽检各类肥料样品36个。做出责令限期改正通知书6个，受理群众投诉3起。

（张文泉）

【严把小麦种子质量关】 2008年，通州区种子管理站对本区亿兆益农种子有限公司小麦种子繁育田进行品种纯度田间抽查。并详细检查田间档案及其记载情况。抽查3个乡镇，7块小麦籽种田，抽查面积达4600亩，占全区小麦籽种面积40%。抽查品种有“京9428”、“京冬17”、“京冬8”、“中麦175”、“农大3432”、“农大211”。纯度在99.2%以上，抽检合格率100%。

（张文泉）

【种子管理站农作物新品种试验、示范工作】 2008年，种子管理站完成13套108个品种的农作物新品种试验、示范、生产展示工作。包括冬小麦区试15个品种、预试22个品种、生产试验3个品种。春播玉米生产试验16个品种、春播玉米生产展示7个品种、夏播玉米生产展示7个品种。春播大豆生产展示4个品种。中晚熟组西瓜区试7个品种、生产试验2个品种。春播大白菜区试9个品种、春播大白菜生产试验2个品种、春播娃娃菜区试2个品种、秋播大白菜生产试验4组12个品种。完成2008至2009年度北京市冬小麦新品种区试14个品种、预试20个品种、生产试验7个品种、主推品种展示13个品种的年前试验进程。

（张文泉）

【开展种子执法检查】 2008年，种子管理站根据《农作物种子标签通则》规定，按照市种子管理站设计的《农作物种子市场检查登记表》，对每个公司经营的品种逐个进行检查，同时开展棉花种子转基因专项检查，转基因大豆油生产和标识情况的执法检查。全年出动执法人员200余人次，组织执法活动30多次，其中联合执法8次，检查各类种子经营单位220余家次。在检查中，严格要求经营者按照全市统一的档案格式认真填写备查，联合工商部门，对未建立种子经营、销售档案的，责令限期整改；对档案不健全的，及时督促并指导其规范建档。

（张文泉）

【重大病虫害预测预报防治工作】 2008年，通州区植物保护站承担全区主要农作物病、虫、草、鼠害预警信息的发布与指导防治工作，全年发放病虫防治情报30期5000余份，指导全区对小麦蚜虫、吸浆虫、玉米螟、粘虫等各类常发、偶发性害虫的防治，在全区范围内开展大面积农田灭鼠工作。推动各类农作物防治面积140万亩次，开展春、夏两次大面积农田灭鼠，面积60万亩。发放毒饵2.5万公斤，毒饵站1万个、光盘及技术材料1000份。小麦吸浆虫发生面积8万亩，防治面积2万亩次。开展5000亩的防治示范。粘虫发生面积20万亩，防治面积15万亩。

（张文泉）

【开展农药标签专项治理工作】 年内，对检查不合格标签的农药产品一是依据有关法律法规对其实施行政处罚；二是要求进货单位将标签不合格的农药产品退回原购单位。经过治理，2008年通州区农药标签合格率为90.2%，比上年提高5.1个百分点，比全市高4.6个百分点。全年执法检查106天，出动执法人员306人次，出动执法车辆107辆次，检查农药经营部门766个次、农药生产企业74个次、蔬菜基地24个次、农贸市场7个次。

（张文泉）

【召开第十一届小麦观摩会】 2008年，通州区召开第十一届小麦品种观摩会，中国农科院、中国农业大学的专家及领导以及山西、河北、天津等省市的种业界300多人参加。通过座谈、观摩等形式使各地种业界同仁对通州区的小麦良种有更深的认识和了解，全年销售小麦良种220万公斤。

（张文泉）

【种业中心农作物品种试验示范推广工作】 年内，种业中心完成“杂交小麦试验”1套3个品种、“小麦新品种引进试验”1套5个品种、“春玉米品比试验”1套14个品种、“春玉米新品种展示试验”1套26个品种、“春播大豆品比试验”1套5个品种、“春播甘薯品比试验”1套10个品种、“夏播玉米品比试验”1套37个品种，落实秋播小麦丰产方1块。彩色小麦品种展示1块，累计完成试验项目7个，100个品种，为通州区新品种推广工作奠定了坚实的基础。

（张文泉）

【开展农情调研】 年内，种业中心对全区农业种植结构进行全面调查，全区农业占地511309.2亩，其中小麦面积267477.4亩，种植品种以“京9428”、“农大211”、“农大3432”为主，春玉米面积78367.4亩，种植品种以“京单28”、“郑单958”、“纪元1”为主，经济作物15464.4亩，种植作物以大豆、花生、棉花、西瓜为主，蔬菜面积150000亩（其中保护地面积50000亩），以黄瓜、番茄、芹菜、生菜及叶菜类为主。根据调研编写《通州区粮田种植情况》、《通州区蔬菜生产情况调查及建议》调研报告。

（张文泉）

蔬菜种植

【概　况】 全区蔬菜面积15万亩，设施蔬菜面积51293亩，2008年新增设施3609亩，新建设施以漷大路为重点，以标准较高的连栋温室、砖钢结构日光温室、钢架大棚为主。区种植业服务中心以科技为支撑，以促进都市型现代农业发展，富裕农民为主线，稳步推进蔬菜产业化进程。蔬菜专业村、一品村21个，面积55360亩。蔬菜加工配送企业7个，加工厂库24000平方米，保鲜库10380

平方米，年配送量25万吨，配送品种257个。全年蔬菜产量7.62亿公斤，产值8.61亿元。产品除销往各大批发市场、宾馆、饭店、超市外，部分蔬菜远销荷兰、法国、美国、东南亚等国家和地区。

（王艳青）

【稳步推进科技入户工作】 2008年是农业部实施创建蔬菜科技入户示范县工程、北京市实施设施蔬菜科技入户工程第三年，食用菌科技入户工程第一年。年内发展科技示范户、场1401户，其中创建蔬菜科技入户示范县工程示范户1047户，设施蔬菜科技入户工程示范户135户，食用菌科技入户工程示范户209户。一是成立科技入户机构，从组织上强化管理，确立4个技术指导单位、3个技术指导小组，确定54名技术指导员，在食用菌科技入户工程实施中，在示范户中聘用8名村级推广员，承担起试验、示范和田间科技信息栏等工作。二是引进“京茄5号”、“中农16”、“京葫5号”、“迷你二号”等蔬菜新品种60个，长根菇、“大杯伞”（猪肚菇）、鲍鱼菇等食用菌7个品种10万棒。三是推广傻瓜式育苗、两网覆盖、黄板、蓝板诱杀害虫技术10项，其中防虫网、遮阳网两网覆盖技术推广6.2万平方米，黄板诱蚜技术推广5000块；育苗基质育苗技术推广10000公斤；杀虫灯100盏，诱杀害虫面积8000亩；在于家务乡果村、永乐店镇大务村、坚村推广土壤养分速测技术，覆盖面积4000亩；农残速测仪20台；保温被3.6万平方米。三是开展入户指导。指导员全年深入田间地头为示范户现场进行技术指导130天以上，入户指导率98%。发放1300张专家联系卡，为示范户解决生产实际问题1500多个，在永乐店镇大务村、于家务乡果村、漷县镇东定安村建立9个科技氧吧，配备科技书籍2700本，示范户与非示范户、重点示范户与普通示范户、重点园区与普通园区建立“1+1”帮扶体10个。四是示范户主推品种入户率和到位率95.6%、主推技术入户率和到位率97.8%，年收入提高10%以上。

（王艳青）

【开展菜农培训工作】 一是针对不同茬口培训农民，聘请中国农业大学、农科院、市农业技术推广站的专家教授和其它区县生产一线种菜专家，在漷县、西集、台湖、永乐店等乡镇进行秋大棚、日光温室越冬茬的技术讲座。培训菜农1000人，发放《设施蔬菜栽培技术》讲义1500本、光盘1000张。二是利用农闲集中培训。11月3日至12月20日，组织园区负责人、种植大户20人参加小汤山特菜基地举办的设施蔬菜高效栽培技术培训班，培训注重课堂知识与实际操作相结合，改变菜农固有的生产方式。三是开展农民田间学校。在永乐店镇孔庄村，台湖镇胡家垡、次二村，宋庄镇窑上村等村新建食用菌、节水、小型西瓜、配方施肥和蔬菜田间学校9所，培训农民500人。四是“新型农民科技培训工程”。区种植中心抽调推广站、植保站业务骨干10名在全区9个乡镇30个村开展新型农民培训工程。培训农民1200人，每个村全年培训不少于15次，每个指导员田间指导不少于15次，与各实施单位签订合同书，并进行网上招标公示、学员的信息录入、网络填报等工作。

（王艳青）

【做好农业设施防水排涝工作】 为确保土结构的日光温室安全度过雨季，区种植中心对全区9个乡镇、51个基地村、11241栋温室、22780亩温室的防水排涝监督检查工作。一是对基地进行情况摸底调查，根据现状提出农业设施基地排涝及棚体防护工作要求；二是督导各乡镇、村在雨季到来之前要挖好排水沟、进行棚室的维护，防止温室出现坍塌或溜墙现象。

（王艳青）

【开展菜田普查工作】 一是进行第一次农业污染源普查，其中对蔬菜进行不同生产模式、使用肥料、农药种类与数量、农膜残留是否回收等情况进行调查。二是新增菜田进行GPS普查定位。10月15日开始，区种植业服务中心对全区2007至2008年新增设施和露地菜田进行GPS定位普查，普查涉及9个乡镇51个村72个地块，菜田面积10605亩，其中设施蔬菜面积9295亩、露地菜田面积1310亩。对菜田的地理位置、面积进行测量、定位，同时对灌溉方式、基地认证情况、生产主体、劳动力等情况进行摸底调查。普查数据为领导者决策提供可靠的依据。

（王艳青）

【确保供奥蔬菜安全上市】　一是奥运期间，区种植中心抽调15名技术人员分3个小组对9个乡镇蔬菜面积在30亩以上的基地、村7至9月份蔬菜上市品种和分旬上市量进行调查，调查蔬菜面积44053亩，蔬菜品种24个，把准确数据反馈到市农业局，为奥运供应蔬菜提供可靠依据。二是监控供奥蔬菜产品的质量安全。区植保站安排两名专业技术人员进驻东升方圆蔬菜生产基地和金信食用菌生产基地，全面监控供奥蔬菜的生产。供奥期间，两个基地的供奥产品未发生任何问题。三是督促大运河、东升方圆、金信等企业供奥蔬菜品种进行网络上报工作。

（王艳青）

【加强蔬菜示范推广工作】　一是以北京市农科院为依托，在永乐店镇坚村、台湖镇金福艺农基地、次二基地、星湖园、台湖5队园区引进观光采摘蔬菜新品种“京丹绿宝石”、“京甜3号”、“国福308”辣椒；早熟“京茄1号”、“京茄20号”等35个，应用设施蔬菜无公害蔬菜栽培、无公害病虫生物防治、泥碳营养块育苗基质育苗、测土配方施肥、有机肥培肥地力等技术，组织100多名菜农进行观摩与学习，引领他们进行品种更新，学习园区生产管理方式，提高种植水平。二是设施蔬菜高产高效示范点建设。主要在台湖镇、永乐店镇、潞城镇等设施蔬菜产业带上，选择5个基地60个棚（秋大棚、春大棚、日光温室）12种作物（番茄、黄瓜、茄子、辣椒、丝瓜、西葫芦等），在每种作物生长期间每10天进行一次长势记录，并进行田间档案记录。通过选定优良品种、高产高效配套技术实施及课堂讲座与田间指导相结合，请专家适时到田间提供技术指导，平均亩产量比上年提高20%左右，参加市级观摩与评比，增进高产高效栽培技术推广与信息交流，效果较好。三是对近几年蔬菜根结线虫病害发生严重的基地开展化学药剂防治、臭氧消毒等多项防治试验，示范面积800亩，推广防治面积7000亩次。

（王艳青）

【指导科学施肥】　一是实施有机肥培肥地力项目。在西集镇大沙务村、永乐店镇大务村、台湖镇次二村等20个基地施用中轻科林优质有机肥，配送量4500吨，平均亩节本增效24.8元，通过施用有机肥，土壤肥力水平得到提升，生产环境得到改善。二是实施测土配方施肥。全区蔬菜取土样1027个，化验数据10492项，制定肥料配方26个，发放施肥建议卡1.2万份，农业科技成果展示基地、漷县镇草厂村、永乐店镇大务村、大运河、金福艺农1400亩基地成为示范基地，全年蔬菜测土配方施肥10万亩，亩节肥1.35公斤，亩节本增收72.7元。

（王艳青）

【蔬菜安全生产】　2008年，推进安全蔬菜基地建设，把东升、星湖园、金福艺农、坚村、草场、果村、大运河、金福艺农等规模蔬菜基地建成安全生产的示范基地，并延伸和辐射周边，带动蔬菜面积7.5万亩。建立农药连锁配送网点95家，占到全区的80%以上，覆盖全区10个乡镇，销售141个品种320吨农药，市场份额占到近7成。推广生物农药及高效低毒的环境友好型化学农药，在9个乡镇53个村2973户菜农及6个标准化基地实施2.8万亩，每亩补助农药款120元，加上药械补助，补助农民总额达424万元，加强蔬菜农药残留检测工作，从生产、经营、投入品管理等各个环节全面着手，稳步提高蔬菜产品质量。1 至 11 月共进行蔬菜农药残毒检测 35 次，检测品种 472 个，963 个样品，合格率为 98.51%。参加农业部及市安办、药检所抽检 6 次、71 个品种、157 个样品，抽检合格率 100%。有 6 家企业、合作组织配置了产品质量追溯系统。全年蔬菜产品条形码标签使用量 860 万个，贴标量 600 多万公斤，贴标蔬菜品种 145 个。

（王艳青）

【做好协会工作】 一是成立食用菌协会，入会会员、单位 66 个。其中金信、北京盘龙食用菌中心等会员单位 15 个，个人会员 51 个。食用菌协会的成立，有效地把食用菌龙头企业、生产者、合作社、销售商联系在一起。二是组织无公害产业协会的会员 100 多人观摩大兴区张公垡蔬菜基地黄瓜双根稼接、南宫连栋温室生产、立体栽培和无土栽培模式。开拓了会员的眼界，促进生产、经营水平提高。

（王艳青）

养　殖　业

【概　况】 2008 年，通州区动物卫生监督管理局（通州区养殖业服务中心）以奥运安保为中心，以“两新”建设为目标，圆满完成动物防疫、检疫、监督执法等重大动物疫病防控工作。依法整治“泔水猪”、私屠乱宰、奶站及饲料厂，狠抓养殖产品质量安全，净化养殖环境，全面完成了区政府折子工程和办实事项目工作，采取多种形式提高农民素质，通州区养殖业持续稳步增长。

（王春祥）

【通州区动物卫生监督管理局成立】 8 月，根据通州区委、区编委相关文件精神撤销通州区养殖业服务中心，成立通州区动物卫生监督管理局，撤销区畜牧兽医站和区家畜繁改站，成立区动物卫生监督所和区动物疫病预防控制中心，各基层兽医站更名为区动物卫生监督管理局（XX）所，并于年底前完成由服务型职能向动物卫生监管的行政执法职能的体制转换。

（王春祥）

【养殖业生产情况】 2008 年，区动监局系统统计全区有各类畜禽养殖场 232 个，农民养殖专业户 10663 户，家畜总存栏 41.5 万头（只），家禽总存栏 97.19 万只。年内，全区累计出栏各类家畜 73 万头（只），出栏禽类 502.98 万只。其中出栏生猪 34.57 万头，肉牛 1.28 万头，肉羊 10.88 万只；出栏肉鸡 254.51 万只，肉鸭 244.08 万只；产鲜蛋 7429.3 吨，产鲜奶 36560.4 吨。全区有养鱼水面 1.9 万亩。其中观赏鱼养殖水面 8000 亩，庭院小池养殖面积 4.5 万平方米。全年产量 1280 万公斤，观赏鱼 1.7 亿尾。养殖业实现总产值 14.2 亿元。

（王春祥）

【动物卫生监督执法】 2008 年，5 个指定进京路口共检查进京动物 190 万头（只），动物产品 6 万吨，消毒进京运输动物及动物产品车辆 42021 车次。对全区 14 个非指定路口夜查 24 次，出动执法人员 156 人次，查获无检疫证明猪肉 3.4 吨，未经检疫动物及产品 6750 公斤，活禽 51 只，监督销毁病死动物及变质分割动物产品 15.8 吨，依法进行无害化处理。在春季奶牛结核、布氏杆菌病检疫中检出布氏杆菌阳性奶牛 27 头，全部按规定程序进行了扑杀。对无主动物收容工作取得显著成效。按照市、区两级政府要求，制订《通州区无主动物收容救治工作方案》，接报收容电话 46 起，出动执法人员 856 人次，406 车次，收容非犬类动物 68 只，无主犬 10 只。

（王春祥）

【动物防疫和监测】 2008 年，完成高致病性禽流感免疫 305 万只，家畜口蹄疫免疫

44万头只，猪高致病性蓝耳病免疫27万头，猪瘟免疫31万头，鸡新城疫免疫232万只，应免畜禽的免疫率达到100%。全年采集并监测血样总计4.7万份，其中高致病性禽流感2.35万份、新城疫1.22万份、口蹄疫8500份、猪瘟2800份。落实水环境监测检测点11处，监测面积2500亩；水产品安全检测与监督抽检点11家，鲤春病病毒检测点4处，监测各类鱼样56份。通过监测，掌握了免疫的效果和疫病发生的动态趋势，为科学防控疫情提供充足的依据。

（王春祥）

【规模养殖场粪污治理项目】 实施规模养殖场粪污治理，2008年，全区规模养殖场粪污治理15家，其中猪场9家、乌鸡场3家、奶牛场2家、蛋鸡场1家。累计投资574万元，其中采用仿生太阳能沼气治理工艺14家，总投资494万元；采用“生物堆肥”方式1家，总投资80万元。

（王春祥）

【奶站和饲料厂专项整治】 2008年，三鹿奶粉事件发生后，通州区动物卫生监督管理局及时制定紧急应对方案，采取紧急措施，解决奶农售奶难等问题，区政府拨款200余万元对全区7761头成乳牛给予补贴，及时化解了危机。建立长效安全机制，10月19日，区政府召开奶站和饲料专项整治会议，制定整治方案，填补监管空白。对全区11个奶站采取驻站监管、现场督查、实行日报等严格的监管形式，取缔3家不具备收奶条件的流动奶站，保障生鲜奶安全。通州区从事饲料加工的单位总计163家，其中从事生产、经营的饲料厂68家（证明齐全的61家，正在办理生产许可证的7家），养殖企业自配饲料的95家。现场采集249份饲料样品检测，未发现在饲料中添加三聚氰胺等违禁添加物。

（王春祥）

【全面清理“泔水猪”】 4月至6月，通州区动物卫生监督管理局对辖区内有“泔水猪”的7个乡镇进行清理，全区清理“泔水猪”7万头，拆除“泔水猪”舍20余万平方米，总计投资1000余万元。

（王春祥）

【严厉打击农村私屠滥宰窝点】 2008年，通州区动监局联合区商务、工商、卫生、公安、技术监督等局对农村市场私屠滥宰猪肉进行专项治理，联合执法14次，监督查处经营未经检疫猪肉商贩136个，没收未经检疫猪肉产品4356公斤，取缔生猪非法屠宰黑窝点3个，没收非法屠宰的生猪14头。

（王春祥）

【开展奥运期间水产品质量安全检查】 2008年，通州区动监局自4月8日开始对辖区1081个水产养殖场（户）的水产品进行检测或抽样速测，实行覆盖式的渔业执法大检查。重点检查孔雀石绿以及养殖过程中使用违规投入品，保证水产品安全。

（王春祥）

【加强对涉奥养殖、屠宰、加工企业监管】 通州区奥运特供企业有三元金星梁家务鸭场、中辛庄鸭场、三元绿荷第一牧场、北水食品工业有限公司、全聚德三元金星食品有限公司、北京二商大红门肉类食品有限公司7家涉奥企业，区动监局对7个特供企业实行全天候检疫制度，每个企业派2名检疫员驻场，对特供北京鸭、食用鱼、奶牛饲养全过程实施24小时监管，对鲜奶的挤、运、采样和相关设备的消毒实行备案登记制度，确保饲养、运输等中间环节不出纰漏和畜禽产品的屠宰前、中、后的卫生安全。7月20日至8月25日加工白条肉鸭36万只(其中供奥9.5万只)，鲜奶1368吨（其中供奥648吨），屠宰生猪4.5万头（其中供奥40吨鲜肉），均未出现任何问题。

（王春祥）

【观赏鱼大观园建设项目竣工】 观赏鱼大观园建设项目为国家农业综合开发项目，总投资1443.5万元。项目于9月竣工。10月16日，北京市第二届中国金鱼锦鲤大赛暨鉴赏会和金鱼博物馆开馆仪式在观赏鱼大观园举行。全国100余家生产厂家参赛，评比展示100多个品种5000多尾观赏鱼，通州区囊括近三分之一奖项，日接待洽谈业务和赏鱼者6000余人，总交易100万元。中国首家金鱼博物馆为市民提供了一个休闲、赏鱼的场所。

（王春祥）

【通州区养殖业污染源普查】　年初开始进行农业部组织的“全国污染源普查”工作，培训普查工作人员700余人次，涉及全区11个乡镇2963个养殖户，其中畜禽养殖场2035家、水产养殖户928个，养殖水面2万亩。

（王春祥）

【农业生产实用技术培训】　2008年，通州区动监局充分利用养殖业田间学校、一村一品科技示范村培育、科技入户工程及科技赶集、科技大篷车等多种形式开展养殖业人员及农民的培训工作。全年，建立养殖业田间学校19所，学员560名，培训79次，2330人次；全区培育科技示范村25个，培训240次，现场指导162次，总计培训指导9000人次；设立养殖重点示范户131户，办培训班13次，受培训农民800人次。各类培训班350次，直接培训农民1.3万人次，受益群众近4万人。

（王春祥）

【落实能繁母猪补贴政策】　2008年，根据《北京市能繁母猪补贴办法》，通州区动监局组织各乡镇逐村逐户对全区生猪养殖场（户）进行详细登记，按每头能繁母猪补贴100元的标准，对全区23703头能繁母猪发放补贴经费237.03万元。并将发放情况进行公示，确保补贴资金发放公平公正。

（王春祥）

【水产品可追溯技术应用】　2008年，区动监局在具有市级水产标准化生产基地、获得无公害水产品认证的北京海宁通养殖有限公司、永乐店小务村渔业合作社、漷县马务通城绿园养殖有限公司、宋庄瑞海发渔场4家食用鱼生产基地推广水产品可追溯技术，年底前相关设备全部安装到位，其中包括电脑条码标签打印机和打标签机。将可追溯企业信息输入电脑专用系统，消费者购买到上述企业水产品可根据鱼体上标签信息即可查询企业产品生产情况。

（王春祥）

【良种体系建设】　2008年，实施生猪良种体系及二元种猪生产基地建设项目，全年更新引进法系大白、美系杜洛克、长白种猪共350头。销售二元种猪3000余头，建生猪人工授精站点10个，开展人工授精配种7000余头，累计带动农户200余户。完成肉羊新品种引进及繁育体系建设项目，在全区范围内建设舍饲养羊实验示范户20个，无偿配备萨福克等优良种羊22只，完成肉羊良种科技示范基地建设项目，开展肉羊人工授精1000余只。水产养殖引进怀头鲶亲鱼、梭鱼、南美白虾、美国甲鱼、鳄鱼等。全区名优品种有20多个。

（王春祥）

林　业

【概　况】　2008年，林业系统完成造林任务1879.4公顷，新增造林面积683.5公顷，栽植各类绿化苗木424.8万株，各乡镇完成42项市、区、乡镇绿化工程。有13.6万人次参加义务植树活动，植树70万株。全年新种植果树面积143.3公顷，实现果品产量6700万公斤，产值2.1亿元。花卉总面积达360公顷，实现产值8000万元；苗木总面积达1290.7公顷，实现产值46015万元。以林菌、林桑栽培为主的林下产业总面积达1666.7公顷，年产量3.2万吨，销售额1.35亿元。林业有害生物得到有效控制，依法开展林业执法工作。扎实开展森林防火工作，实现连续23年无林地火警、火灾。落实“三河三路”绿色通道造林补偿机制，完成全区1297.82公顷绿色通道永久性绿化带的补偿兑现工作。

（刘　畅）

【奥运绿化重大工程】　2008年，京津城际铁路、京津高速第二通道、机场南线和机场二通道绿化工程是通州区的奥运绿化重大工程，年内完成绿化685公顷，栽植各类乔木及花灌木39.8万株，播草600余公顷，完成总任务的89.1%。

（刘　畅）

【第二道绿化隔离地区建设工程】　年内完成第二道绿化隔离地区建设149.6公顷，其中景观生态林88.27公顷，一般生态林46公顷，经济林15.33公顷。涉及张家湾、梨园、马驹桥、台湖、永顺5个镇及区水务局、区建委2个单位。

（刘　畅）

【市级公路绿化工程】　2008年，完成市级公路绿化20公里，其中京秦铁路5公里，大柏路6.3公里，潞城中路4.5公里，通顺路4.2公里，京榆旧路2.8公里。涉及永顺、宋庄、潞城、漷县4个镇。

（刘　畅）

【三北防护林建设工程】　三北防护林工程涉及张家湾、永乐店、马驹桥、于家务、宋庄5个乡镇，完成建设任务333.33公顷。

（刘　畅）

【中低产田改造及农田林网配套建设工程】　年内，对全区2400公顷中低产田进行改造，工程涉及张家湾、马驹桥、于家务、永乐店、西集、漷县6个乡镇。更新林网78条，总长61.75公里，植树6.6万株。

（刘　畅）

【播草盖沙工程】　年内在北运河、潮白河沿岸实施播草盖沙工程，完成播草盖沙建设任务200公顷，栽植品种为二月兰。

（刘　畅）

【绿化美化达标工作】　年内按标准指导于家务小城镇建设，新增绿化面积56公顷，栽植乔木1.905万株，花灌木7.7万株，草坪1万平方米。西集镇通过首绿委园林式小城镇达标验收。同时，促进全区40个单位开展花园式单位创建工作。

（刘　畅）

【新农村、绿色村庄建设】　2008年，推进23个市级新农村整体推进村建设工作。全区林木绿化率达到25%以上的村庄328个，占全区村庄总数的68.12%。完成8个“首都绿色村庄”的验收。

（刘　畅）

【发展林下经济】　2008年，全区以林菌、林桑栽培为主的林下产业总面积达1666.7公顷，其中林菌1000公顷，从业农户1132户，年产量3万吨，实现销售额1.2亿元；林桑666.7公顷，桑产品年产量2150吨，实现销售额0.15亿元。

（刘　畅）

【苗木花卉生产】　年内，借助大型企业成功发展经验，通过举办花卉节、建网站、龙头企业示范等手段，进一步推广花卉生产先进技术，拓宽花农信息交流渠道。全区花卉总面积达360公顷，实现产值8000万元；苗木总面积达1290.7公顷，实现产值46015万元。成功引进郁金香、唐菖蒲、非洲菊等新品种40余个。

（刘　畅）

【为奥运会提供优质花卉】　按照奥组委和通州区委区政府的统一部署，积极为奥运会以及奥运火炬传递提供优质盆花，全区为北京国际会议中心、媒体中心和水立方等场馆提供一品红、红掌和蕨类等各种名优花卉共计20余万盆。为通州区火炬传递路线周边绿化美化提供摆花2000盆。

（刘　畅）

【果品产业】　年内，重点开展“水蜜桃主题公园”一期建设，指导永乐通主题公园、京果篮农业观光园等4个设施型观光果园建设。保护和发展金硕油桃、布拉樱桃、垛子桃等通州唯一性果品，积极推进有机果品建设。全年新种植果树面积143.3公顷，实现果品产量6700万公斤，产值2.1亿元。有序开展果树风险互助活动，全区413户农民参与互助保险，互助金额30.5万元，灾后获理赔50.5万元。

（刘　畅）

【林业病虫害防治工作】 充分发挥全区88个监测点及各级查防员的作用，认真开展以美国白蛾为主的林业有害生物监测工作。全区成立防治队伍21支，出动防控人员8716人次、防控车辆71辆，投入药械710台套，飞防362架次，与周边省、市、区、县联合开展大规模普防3次，全年累计防治面积3.5万公顷。第一、二、三代美国白蛾发生株数同比分别下降96%、93%和41%，全市发生量排名，由上年的第四下降为第六。分别拔除一、二、三代美国白蛾疫点332个、142个和58个，拔除比率分别为79%、82%、52%，第三代疫点减为53个，完成市防控指挥部下达的“压缩发生范围，降低危害程度，拔除30%以上原有疫点”的工作任务。

（刘　畅）

【森林防火工作】 2008年，落实行政领导负责制和护林防火指挥部成员分片负责制，加强护林员队伍建设，大力开展以林地可燃物清理工作为重点的平原防火工作，并不断使用生物覆盖、化学除草等新技术，清理林地可燃物26.2万公顷，排除林地火险隐患98处，制止野外用火6起。实现全区连续23年无森林火警、火灾发生。

（刘　畅）

【林政资源管理工作】 年内，受理林木伐移申请460件，解决京榆旧路三期、朝阳北路东延、经济适用房等重点工程建设的需要。受理并上报征占用林地审批3件，解决朝阳北路东延工程、天然气门站及管线出线工程和温榆河西侧路工程的需要。对全区48株古树进行逐棵检查，钉挂新标牌，重新签订责任书，制定古树名木养护计划。

（刘　畅）

【执法工作】 2008年，积极开展林区隐患排查和综合治理专项整治行动，接各类举报86件，立案13件，涉及林木167株，罚款约3.49万元，责令补植树木788株。同时对过境木材运输车辆进行严格检疫检查，检查木材运输车辆1023车次，拒绝287车次违法车辆入境，避免林产品及野生动植物的非法运输。

（刘　畅）

【野生动物保护工作】 2008年，集中开展以打击破坏野生动物资源为主的“飞鹰行动”和“一号行动”等专项行动，检查野生动物驯养繁殖场所9个、花鸟市场8个、农贸市场11处、临时摊点3个，野生动植物加工经营场所8处。清理野生动物驯养繁殖场所19处、检查野生动物活动区域65处，出动警力411人次、出动车辆160车次。建立野生动物救助站，救助国家级保护动物4只、市级保护动物6只。

（刘　畅）

【科技工作】 2008年，采用各类仿生药剂38吨，释放周氏啮小蜂3亿头、赤眼蜂3000万头，用于防控以美国白蛾为主的林业有害生物，效果明显。采用科技直通车、科技下乡、专家授课、举办擂台赛等形式，积极开展果生产、病虫害防治等各类林业科技培训，全年培训人数达万余人次。

（刘　畅）

【规划调查】 2008年，完成《通州区林地保护利用规划》、《通州区水系景观绿化规划》、《通州新城滨河森林公园规划设计及实施方案》、《通州区贯彻中共市委市政府“关于推进集体林权制度改革”的实施意见》的编制工作，并经政府专题会、区委常委会讨论通过。协助漷县镇编制完成《漷县花卉园区规划》。按照市局及相关部门要求，先后开展“首都绿化美化花园式单位”基本情况调查（155家），森林资源固定样地调查，“一村一品”花卉建设基本情况调查。

（刘　畅）

【重大活动】 2008年，区林业局协助西集镇成功举办通州区第二届樱桃节，展示通州区优质果品，樱桃销售单价提高了20至30%。协助漷县镇政府举办第二届花卉节，进一步宣传通州的花卉种苗产业，为种植户销售产品，开辟更加广泛的信息渠道。

（刘　畅）

农　机

【概　况】 2008年，区农机服务中心紧密结合通州区农业生产实际，围绕通州区农业主导产业，大力推广农业机械化技术，为通州区农业健康、快速、稳步发展和新城建设做好各项服务。截至年底，全区农业机械总动力24.6万千瓦，农业机械原值20068万元，拥有大中型拖拉机1413台，各种拖拉机配套农具3551台件，拥有小麦联合收割机336台，玉米大中型联合收割机43台，农副产品加工机械211台，林业机械112台，渔业机械3246台，农用运输车2160辆，万亩玉米拥有联合收获机1.2台，万亩小麦拥有联合收割机13.1台，万亩耕地拥有农机总动力0.45万千瓦。

（安玉双）

【推广设施蔬菜机械】 2008年，通州区农机中心积极争取市区、有关部门的支持，投入资金280万元，在通州区各乡镇推广设施农业机械，推广冷藏保温车8台、农残速测仪20台、太阳能杀虫灯100台、保温被3.6万平方米。

（安玉双）

【推广农业保护性耕作技术】 按照北京市农业局要求，2008年通州区继续推广保护性耕作项目，通州区农机中心完成全年推广任务。其中完成春播保护性耕作面积9.5万亩，投入各类机具1169台件；完成夏播保护性耕作面积25万亩，投入各类机具4236台件；完成秋播保护性耕作面积15.7万亩，投入各类机具4824台件。在市区财政的扶持下，投入近180万元新增654型大型拖拉机20台。

（安玉双）

【实现小麦秸秆全面禁烧】 2008年是奥运年，为加强对禁烧工作的领导，通州区成立由主管区长任组长，环保、城管、公安、农委、农机、种植、林业、财政等部门参加的区级禁烧工作领导小组。各乡镇分别成立主要领导挂帅的禁烧工作领导小组。层层落实责任制，主管区长与各乡镇分别签订《禁烧责任书》，明确工作任务与目标。将禁烧工作责任制落实到人、到地块，最大限度地消除了禁烧隐患。2008年实现了100%禁烧目标。广泛宣传禁烧工作“三夏”期间，区农机中心利用电视、报纸及发放宣传材料等多种形式宣传“三夏”秸秆禁烧工作。各乡镇通过宣传车、横幅等形式宣传禁烧，形成上下联动，共同营造良好的禁烧氛围。

（安玉双）

【做好培、复训工作】 2008年“三夏”前，通州区农业机械化学校对参加“三夏”作业的农机手开展培复训，举办培复训班3期，培复训农机手500余人。通州区农机中心监理科对参加培复训的农机手进行考核，并颁发结业证书。凡未经考核或考核不合格的人员一律不准驾机作业。

（安玉双）

【加强农机安全执法力度】 2008年“三夏”前，区农机中心对计划投入作业农业机械进行全面检查，共检查小麦联合收割机、拖拉机、秸秆粉碎机、打捆机、玉米免耕播种机等4236台件，对存在安全隐患的农业机械，提出整改措施并下发《告知书》455份，严禁机具带病作业。对未经检验和检验不合格的机具一律禁止投入“三夏”作业。农机作业时，农机中心监理人员到农业机械作业现场实施监控，设立警示牌，严禁闲杂人和与作业无关的人进入作业区域。积极开展“黑车非驾”专项整治工作，对超速超载、酒后驾驶、驾驶无跨区作业证、未加装粉碎装置的联合收割机参加作业的和进入城区等行为进行劝阻，依法实施安全监管，杜绝了农机事故发生。

（安玉双）

【农机年度检审工作】 截至年底，检验农业机械540台，合格378台，合格率为70%。其中北京B牌照119台、京01牌照103台、京NJ牌照156台。注销机车134台，新增机车5台，新增农机驾驶员17人，农机驾驶员换证227人。

（安玉双）

【农机打假及安全生产工作】 3月14日，在区消协、农委的组织下，农机服务中心在漷县镇集贸市场开展以“强化农机职能，维护农民权益，共创平安奥运”为主题的“3·15”宣传活动。活动中，农机服务中心悬挂宣传横幅1条、宣传展板10块，向过往群众免费发放农机相关法律法规、识假辨假小常识以及农机安全生产知识等14种4000余份宣传材料，解答群众咨询1000余人。“三秋”期间，检查机具3719台件，张贴安全标识1351张、检验合格证240张、发放隐患告知书320份、青饲收获作业现场拉警戒线8000米。

（安玉双）

【保护地田园管理机械应用与推广】 2008年起，通州区农机服务中心在张家湾、永乐店、漷县、潞城、西集、马驹桥、宋庄、台湖、于家务9个乡镇实施保护地田园管理机械应用与推广项目，应用与推广田园管理机械333台套，辐射保护地面积9000亩，带动农户500户，替代体力劳动，大幅度降低劳动强度。

（安玉双）

【推广应用林果植保机械】 2008年，实施林果业植保机械推广与应用项目，推广应用先进适用的林果植保机械121台套，涉及通州区的张家湾、永乐店、漷县、潞城、西集、马驹桥、宋庄、台湖、于家务9个乡镇，辐射林果面积10000亩，带动农户8000户，进一步提高了全区林果业生产机械化水平。

（安玉双）

【做好支持和服务“三农”工作】 2008年，区农机公司进一步完善服务措施，规定部门服务任务和责任，服务工作显著加强，共受理三包服务21台次；汽车农用车受理三包服务139台次，其中强保车辆98台次，外出救援17次，三包外维修361台次；外出修理工程机械20台次，农机21台次。

（安玉双）

【做好农机具宣传和推广工作】 2008年，区农机中心下属单位农机公司继续利用自身规模较大、品种全、质量优、服务有保证的优势，认真做好本地区及其它地区的宣传与新机型推广工作。农机公司针对不同对象进行不同规模、不同形式的机械演示展示活动，同时利用柜台、板报等多种形式进行宣传。全年下乡走访、调研197次，发放宣传材料2500余份，送货500次左右。

（安玉双）

气 象

【概 况】 2008年通州区气象局以建设新城区、新农村为契机扎实搞好气象服务保障工作，特别针对奥运期间气象服务和汛期气象服务及全区重大活动提供准确及时的气象预报服务、气象信息服务以及气象灾害预警信息服务。通过手机短信，编发短时天气预报、周报、旬月报、气象专报等形式及时做好气象服务保障工作。2008年通州区气象局在北京市气象局业务综合考核评比中以99.6分名列前茅，受到北京市气象局的表彰。2008年通州区气象局被区直机关工委评为文明单位。

（张沛刚）

【气候评价】 本年度气候特点是：气温偏高，但幅度不大；降水偏多；日照时数不足。本年度平均气温为13.6℃，比常年同期偏高1.7℃，比上年同期偏低0.4℃。全年12个月当中，除6月份平均气温比常年同期偏低以外，其余各月均比常年同期偏高。其中偏高幅度最大的是3月份，月平均气温为8.9℃，比常年同期偏高3.5℃。2008年极端最低气温为−10.6℃，出现在1月23日。3月上旬，旬平均气温为8.5℃，比常年同期偏高5.3℃，在历史同期（1955～2007年　下同）是不多见的。2008年日极端最高气温为37.1℃，出现在7月3日。

本年度总降水量为575.8毫米，比常年同期偏多14毫米，比上年同期偏多84毫米。全年12个月当中，有5个月降水比常年同期偏少，其余7个月比常年同期偏多。其中偏多幅度最大的是4月份，月降水量为59.2毫米，比常年同期偏多2倍多。最小的是5月份，月降水量为38.7毫米，只比常年同期偏多15%。2008年夏季日降水量只有一天大于50毫米的强降水，日降水量为53.6毫米，出现在7月5日。

本年度总日照时数为2295.4小时，比常年同期偏少301.3小时，比上年同期偏少135.5小时。除2月份和11月份比常年同期偏多以外，其余各月均比常年同期偏少。其中偏少幅度最大的是6月份，月日照时数为172.0小时，比常年同期偏少85.1小时。偏多幅度最大的是2月份，月日照时数为240.6小时，比常年同期偏多55.2小时。

（赵　岩）

【气象灾害】 9月4日19时至20时，受对流云团的影响，通州区永乐店镇东南部地区遭受大风、暴雨、冰雹袭击，夏玉米、葡萄、果树等部分农作物受灾。据当地人所述：19时20分至19时35分，冰雹天气持续时间达15分钟左右，冰雹直径约1.5至2厘米。据调查胡家村村北口6亩多梨树园受大风冰雹袭击出现落果或部分叶片受损，村东口玉米倒伏严重，最严重地块受灾达到九成以上；柴厂屯村东口路边有直径达20多厘米的4棵杨树倾倒；三垡村北口2棵杨树倾倒路边；德仁务南口4棵杨树离地近一米处折断。9月21日至22日，通州区普降中雨，致使张家湾镇土钢结构的温室大棚发生墙溜，溜棚74个，其中后青山村1个、阀头村34个、王各庄30个、中街村9个，每个温室大棚损失约4000元。

（赵　岩）

【援藏工作】 区气象局主管业务副局长张沛刚做为全国气象部门第五批援藏干部于2007年8月赴西藏，担任西藏自治区拉萨市气象局主管业务及服务的副局长，援藏时间1年半。张沛刚在援藏期间工作成绩突出，受到当地政府及上级主管部门的表彰。

（张沛刚）

【气象服务】 2008年，区气象局向区委、区政府、防汛办、市政、应急中心发布气象信息52期260份；向区种植中心、植保站等农业部门发布气象信息及资料180份；以手机短信形式对外发送天气预报、预警31万余条，使用人员增加到852人；向区政府信息科发送气象信息52次。

（张沛刚）

【“3·23”气象日宣传】 3月23日，围绕“观测我们的星球　共创美好的未来”主题，进行世界气象日宣传活动，进行气象法制、科普知识宣传活动，向区委、区政府有关各委办局、街道办事处及各乡镇发送“3·23”气象报及宣传材料100余份。

（张沛刚）

【气象执法】 2008年，区气象局行政审批人员按照《施放气球管理办法》、《通用航空飞行管制条例》办理施放气球行政审批事项71件。对全区620个单位，各类建（构）筑物5597个进行防雷检测，一次性检测合格率为87.6%，发放防雷知识、气象科普资料2万余份。

（张沛刚）

【成立北京市通州区防雷装置安全检测站】 7月1日，根据《北京市实施〈中华人民共和国气象法〉办法》、《北京市防御雷电灾害若干规定》等有关规定和《关于加强和规范防雷减灾工作的通知》，按照京气发〔2008〕107号文件要求成立北京市通州区防雷装置安全检测站，在北京市通州区气象局的领导下，承担本行政区域防雷装置安全检测、新建、改建、扩建建设项目防雷装置设计技术性审核、雷电灾害分析调查、防御雷电技术开发、防雷减灾工作科普宣传等相关工作。

（张沛刚）

农村经济管理

【概　况】 农村经营管理工作承担着落实党在农村的各项政策、统筹城乡发展、维护农民利益、确保农村社会稳定的任务。2008年，通州区经管站以推进新农村建设为目标，在规范“三资”管理、促进土地流转、扩大产权改革试点、发展农民专业合作社等方面均取得显著成效，被市经管站评为北京市农村经营管理工作创新先进单位，被区委区政府评为2008年度绩效突出事业单位。

（付　艳）

【土地流转信息平台成为土地流转主渠道】 2008年，在推进全区土地流转工作中，加强对“农村土地流转信息平台”的宣传，并就其使用方法进行师资培训，让全区广大农民群众知道平台的作用，学会平台的使用，把握信息的应用。广泛的宣传与培训取得很好的成果，全年上传土地流转信息2432条，涉及土地面积4.3万亩，达成流转协议的近3万亩。土地流转信息平台成为农民进行土地流转的主渠道，在活跃农村市场、增加农民收入方面发挥着巨大作用，此项工作得到市、区各级领导的认可和表彰，并在全市郊区县推广。

（宋福胜）

【建立引导土地规范和高效流转机制】 2008年，下发《关于建立农村土地承包经营权流转机制，加快都市农业发展，促进农民增收意见》，建立“政府引导、科学规划、市场调节、集约高效、农民自愿、依法有偿”的土地流转机制，制定规范农村土地流转的七项机制，包括规划调控机制、集约高效机制、产业带动机制、中介服务机制、政策扶持机制、监督管理机制、调处仲裁机制，引导、鼓励全区的土地流转向着“符合都市型农业，促进农民增收”的方向发展。

（宋福胜）

【依法规范村集体经济合同工作成效显著】 2008年底，经过履行相关程序，监督指导有关乡镇完成原有1501份问题合同的规范手续，涉及金额6244万元，规范率100%。按照“十项程序”、“五个统一”规范新签经济合同321份，涉及金额4500余万元，保证农村集体经济合同的公开、公平和公正；积极推进村级重大集体经济事项招投标试点工作，全区确定22个试点村，均取得预期效果。如宋庄镇小杨各庄村在依法履行完相关民主程序，完成村东110亩（多年闲置）集体土地招标方案的基础上，该村委会于10月24日组织召开宋庄镇小杨各庄村土地竞标发包会。北京天圣华星新型建筑材料有限公司以每年每亩6500元的租价中标。仅此一项该村集体经济组织年可获利71.5万元，超出预想收入近50余万元，为壮大集体经济奠定了坚实基础。

（宋福胜）

【村级产权制度改革工作全面推进】 2008年，全区11个乡镇全部启动村级产权制度改革工作，改革的试点村41个，其中20个村完成改制。宋庄镇通过积极工作，完成本镇90%村的改制工作。截止到年底，全区累计完成改制试点村62个，量化集体资产15.2亿元、个人持股11.2亿元、农民股东人数达到50146人、人均持股22369元。年底，46个村兑现股金分红8128.1万元，34372名股东人均分红2364元，人均分红最高村达到13597元。

（杨桂宏）

【加强农村负担监督管理工作】 年内，积极稳妥地推行村内公益事业建设，实行村民一事一议筹资筹劳管理机制，全年完成规范性试点村22个，在试点村的带动下，有59个村通过组织实施村民一事一议筹资筹劳进行村内生产生活公益事业建设，涉及工程项目78项，累计向农民筹集资金219.93万元，村集体投资2453.2万元，社会筹资50万元。清理核查农村义务教育债务金额357.8万元，其中乡镇级义务教育债务277.8万元、村级义务教务债务80万元，核查清理范围涉及11个乡镇、483个村、37个学校。核实9个市级新农村建设试点村的负债情况，账内、账外负债总金额共计3125.8万元，涉及6个村的28个债权人、22个工程项目。发放新一轮《北京市农民负担监督卡》14.5万份，并对农村报刊订阅限额控制制度的执行情况进行监督检查，年内全区村级公款订阅报刊实际发生额为149.9万元，比上年减少55.8万元，下降27%。

（裴金凤）

【审计专项补助资金使用情况】 2008年，对全区2007年度专项补助资金的使用进行审计，使用专项补助资金7361.60万元，其中支付村干部报酬1249.87万元（全区享有补助干部人数2431人），用于办公经费349.60万元，用于五保户供养4.46万元，用于集体公益事业金额5512.95万元，其他开支244.72万元，年初专项补助资金余额1698.66万元，年末结余1467.69万元。审计结果显示，通州区各行政村基本上按照规定管理和使用专项资金，未发现用专项资金购置小轿车、移动电话、高标准装修办公用房、报销通讯费、抵顶生产经营性债务及外出旅游考察等，做到了专款专用。

（安克勤）

【审查粮食直补资金发放情况】 年内，对粮食直补补贴资金发放情况审查核实。2007年全区小麦种植面积是15.75万亩，玉米种植面积33.67万亩，按照市政府2007年的粮食直补政策，全区小麦补贴金额1732.30万元，玉米补贴金额1138.68万元，综合补贴金额889.44万元，2007全区共发放粮食直补资金3760.41万元。经逐户审查核实直补资金的发放情况，粮食直补资金的应发数与核实数基本相同，未发现截留、挪用现象。

（安克勤）

【规范管理促农民专业合作社发展】 年初，出台《关于加快农民专业合作社规范发展的意见》，从科技、市场、金融、财政等方面加强服务体系建设，引导农民专业合作社健康发展；制定有关合作社管理的一整套规范化程序和运行制度，并由乡镇制定实施细则，一部分乡镇还统一制作制度牌，做到制度上墙，加强合作社的规范化建设。开展了法人、财务人员和农产品经纪人职业资格三项培训，培训人数达300人次，极大提高了合作社的管理水平和运营能力，特别是经纪人培训，年内经考试合格获得经纪人证书的超过百人，做到每社能够有一名持证上岗的农产品经纪人。规范的管理使通州区农民专业合作社迅速发展，年内，53家农民专业合作社成立并在工商部门注册登记，吸收农户2038户。截止到年底，全区累计规范建立农民专业合作社131个，吸收社员7200户。

（李国蕾）

【开展资金互助 创新服务职能】 年内，积极开展农民专业合作社资金互助服务试点，采取先行试点、总结经验、典型引路的方法，培育北京果村蔬菜专业合作社、北京手牵手养殖专业合作社等7家资金互助服务试点合作社，参加资金互助的社员360户，筹集互助金120万元，发生借款业务73笔，借款金额41.8万元，解决社员生产过程中流动资金不足的困难，帮助社员增收致富。对开展资金互助服务的农民专业合作社，区财政给予其融集资金总额10%的本金支持，并按照银行一年期存款利率给予贴息支持，2008年兑现扶持资金14万元。年底资金互助服务工作获得北京市农民专业合作社工作创新奖。

（李国蕾）

【规范村级财务管理】 年内，区经管站成立检查小组，抓检查，树典型，开展历时8个月的村级财务专项检查，参加68个村的民主理财会，检查村级落实村账托管及大额资金专储账户管理制度情况，核实票据7358张，金额达2亿元，总结先进经验，对发现的问题给予及时纠正。树立了1个全国和9个市级财务管理规范化试点村。用现代化手段规范村级财务管理，年内为全区35个试点村配送村务公开触摸屏，并对触摸屏管理人员进行培训，全区触摸屏试点村累计47个。

（杨连军）

【推进农村管理信息化建设】 年内，完成信息数据的采集、录入、核实、上报工作，数据涉及10大数据库，3400多万个指标，为各级管理人员提供真实全面的村级信息。分9期对全区11个乡镇483个村537名村级信息化管理人员进行培训，提高村级信息员的业务水平和电脑水平。对全区信息化设备进行软硬件升级，将原有主板及内存升级为二代产品，其中内存由原来的512MB升级为1G，并统一安装诺顿杀毒软件，使全区村级信息化设备的性能大幅提升，在硬件与软件的配置上，充分满足农村管理信息化工作的需求。完成全区土地资源信息采集工作，利用遥感（RS）、地理信息系统（GIS）、全球定位系统（GPS）技术，实现农村土地承包合同空间化（地块边界采集），同时采集地块的经营现状情况，实现对农村土地资源使用的信息化和自动化管理，为各级领导决策提供真实、可靠的信息。

（杨连军）

工　　业

综　　述

2008年，通州区工业系统全力加快区域工业发展和重大产业项目建设，扎实推进农村二三产业发展，工业经济发展快速稳健。区域工业完成现价工业总产值423.9亿元，同比增长16.3%；销售收入483.5亿元，同比增长22.6%；实现利润16.2亿元，同比增长4%；增加值91.5亿元，同比增长17.7%；上缴税金27.9亿元，同比增长35.3%。2008年，区域工业经济较快增长，经济总量进一步增强。全区工业发展进入新的发展阶段，继续坚持“扶优、引强、去劣”，大力调整产业结构，提高项目质量，着力引进符合产业定位、投入产出比例高、科技含量高、能耗水耗少、产业链条长的品牌项目，促进产业高端化发展。金融街控股、阳光保险、韩国乐天、玲珑集团等一批投资亿元以上项目签约落户；IDC、苏宁二期、雨润二期、主题公园等一批项目前期工作加快推进；天宇朗通、捷宸阳光、中冶焊接、国际电子商务中心等一批项目开工建设；北京卷烟厂、澳特莱、利丰雅高、通港物流、李宁二期、普洛斯等一批项目竣工；积极扶持天宇朗通、佩特来、博格华纳、创导陶瓷、万生药业等一批区内企业做大做强。实现了“在谈一批、储备一批、在建一批、竣工一批、扶持一批”滚动发展的良好态势。

规模企业在区域工业中的比重进一步增加。区域规模企业完成产值占区域工业总产值的91.7%，比上年增加4.3个百分点。规模企业数量比上年增加75家。规模大企业的带动作用比较突出，产值超过5000万元的企业有160家，占规模企业个数的22.9%，比上年增加10家，完成产值295.7亿元，占规模企业产值的76%，占区域工业产值的69.7%。产值超过亿元的企业有87家，占规模企业个数的12.4%，比上年增加8家，完成产值243.9亿元，占规模企业产值的62.7%，占区域工业产值的57.5%。产值超过5亿元的有10家，超过10亿元的有4家。税收千万元以上企业达到32家，比上年增加7家，上缴税金7.8亿元，占区域规模工业上缴税金的49.8%。

乡镇工业经济总量不断增强。年初园区体制改革后，各园区划归乡镇管理，带动乡镇经济总量不断增强，11个乡镇（含园区）完成产值379.5亿元，同比增长19.1%，占区域工业产值的89.5%，成为区域工业经济的主体，其它各项指标增速均高于全区增速。其中台湖镇全年完成产值106.7亿元，成为第一个产值突破百亿元的乡镇。

由于受出口政策调整的影响以及人民币升值、原材料与劳动力成本上升等诸多因素的影响，2008年，通州区乡镇出口企业全年完成出口供货额28.1亿元，同比下降6.9%。

开发区发展迅速。5个市级以上开发区

全年完成产值171亿元，同比增长24%，占区域工业产值的40%，对区域工业产值增长的贡献率达到51.6%，上缴税金13.87亿元，同比增长53.9%，占区域工业上缴税金的49.6%。5个园区工业产值过亿元的企业有32家，占全区产值过亿元企业数的36.8%，其中百纳威尔科技有限公司产值达到20.2亿元，京华客车有限公司、摩比斯变速器有限公司产值均超过10亿元。园区管理体制得到完善，进一步向园区集中优势资源，充分调动各方面建设园区的积极性。建立重大项目联席会议制度，加大项目协调督办的力度，解决了一批难点问题，加快产业项目引进建设的进程。制定完善产业政策，相继研究制定了《园区产业发展规划》、《关于建立园区引进项目评审制度的若干意见》、《2008年对各园区的督察考核意见》、《通州区促进产业发展暂行办法》等产业发展相关政策，积极打造良好的产业发展政策环境。开展园区产业定位研究，金桥基地、通州开发区东区、宋庄文化创意集聚区等产业发展定位研究得到加强。

三大主导产业和重点行业稳步发展。通州区重点发展的光机电、都市、汽车零部件三大产业较快发展，三大产业中规模企业完成的产值占区域规模工业产值的69%，比上年底增加7.5个百分点。主要是汽车、专用设备和农副加工等行业增加较多所带动。在工业企业行业中交通运输设备制造业共有规模企业36家，在京华客车有限责任公司的带动下，完成的产值约占区域规模工业产值的19.2%，成为第一大行业。化学原料及化学制品制造业处于第二位。发展较快的农副食品加工业有规模企业24家，在永顺之舟食品有限公司、京裕大红门肉类食品有限公司等企业的带动下，完成产值约占区域规模工业产值的7.4%，发展成为工业的主要行业之一。

金通公司企业经济指标处于持平状态，中市属企业指标下降。区属金通公司企业年完成产值16.1亿元，同比增长1.4 %，占区域工业产值的3.8%。税收和增加值指标略有增长，利润和收入同比下降。驻通中市属工业企业全年完成产值32.1亿元，同比下降6.6个百分点，占区域工业产值的6.7%，其他各项指标均为下降。

全力抓好服务奥运工作。第一，扶持企业参与奥运建设工程。全区有31家企业参与奥运建设工程。其中参与奥运食品供应的企业8家；参与奥运场馆建设的企业18家；参与奥运建设研发的企业5家，涉及10个乡镇。如：北京大红门、北京全聚德食品有限公司为奥运会提供北京鸭、肉食品共105.9吨；北京首嘉钢结构有限公司为奥运会制作主火炬台；北京格申工艺美术品有限公司400多人参与奥运开幕式《击缶而歌》节目2040尊特制“缶”的研发制造等等。第二，做好货运保障。鉴于奥运期间交通管控措施对工业企业生产运行的影响，为确保企业合理安排生产和运输，为35家企业办理203张货运通行证，有效缓解了企业运输难的问题。第三，加强经济运行监测。针对奥运前后工业企业生产运行受到一定影响的现状，密切加强经济运行监测，并主动与各经营企业沟通协调，做好协调应急工作。第四，完成化学品安全管控工作。与各乡镇配合对通州区使用“第二类监控化学品”的企业进行多次检查，要求企业完善出入库手续，并设专人管理，确保奥运期间“第二类监控化学品”处于安全受控状态。

确保电力安全生产正常运转。重点做好通州商务园、半壁店等110千伏电站建设协调工作。光机电110千伏输变电工程建设主体工程基本完工，完成总工程量的60%。配合市级电力企业做好涉奥隐患治理工作，按照“以涉奥重点线路为主，全社会共同行动，消除线下隐患，确保电网安全”的原则，全面开展电网安全隐患整治行动。经过近半年的集中整治，6月底，市级54处线下涉奥隐患全部完成，完成任务总量的100%，伐移树木2499棵，清理违章建筑5570平方米，清理线下堆物8处。同时，配合市电力事故应急指挥部工作要求，开展电力安全百日督查专项行动，进一步落实电力企业和乡镇政府的隐患整治、安全保障职责，及时制定相应计划和措施。群防群治，24小时严防死守重点线路和电力设施。奥运期间对全区重点线路的防护工作采取"专群结合"的方针，按照"专业管理，属地配合"的工作原则，在电力企业自身专业维护、技术防范的基础上，由各乡镇、公安部门配合，发挥基层组织力量，发动沿线群众，将电力设施保护工作细化到村，责任到人，召开全区群众护线守护工作大会，在11个乡镇选拔、培训线路守护员475人，统一下发服装和帽子，对1418个塔基责任到人，确定24小时不间断巡查值守的方案。电力企业负责统一培训，统一标识，规范上岗，实现群防群治，共同保护奥运期间输电线路安全运行。开展了全区电网安全运行环境整治和电力安全宣传咨询活动，效果良好。召开供电协调专题会，工业局制定《奥运期间通州地区电力应急保障工作方案》。7月1日至9月30日，实行电力煤炭运行情况日报制度，24小时值班、24小时待命，随时做好应急准备。奥运期间，全区电力煤炭运行正常。

（张　健）

区属工业

【概　况】　2008年北京金通资产经营管理公司以企事业单位改革和建立现代企业制度为中心工作，大力推进国有和城镇集体企业的各项配套改革、建立权责明确的国有资产管理、监督和营运体系、促进政企分开、不断优化国有资本效能。金通公司自2000年成立以来，共接收管理企业85家，事业单位11家，企事业单位共计96家，涉及工业、商业、建筑业和事业单位，分别来自工业口、民政口、建筑口、水利口、教育口、物资口和政府部门。

（陈文清）

【整体经济运行平稳】　金通公司系统企业34家（其中权属企业9家，归属企业25家），2008年完成现价工业总产值16.01亿元，同比增长1%；完成营业收入18.5亿元（权属企业4000万元，同比降低19%），同比增长0.5%；实现利润1.65亿元（权属企业亏损500万元，同比减亏365万元），同比增长1.8%；完成工业增加值4.2亿元，同比增长0.3%；上缴税金1.23亿元，同比增长14.9%。金通公司系统企业工业总产值、营业收入、实现利润、工业增加值主要经济指标同比基本持平，上缴税金增幅突出，在全球金融危机的大环境下，系统整体经济运行状况基本平稳。

（陈文清）

【离退休人员管理工作】　截至年底，金通公司共管理离退休人员4670人。面对来自不同单位的离、退休人员，公司从实际入手，急离退休人员所急，文明服务，做到百问不烦。经常组织学习各项政策，提高服务水平，服务热情周到，营造一个尊老敬老的良好氛围。建立健全规范化管理制度，提高信息化管理水平；认真做好改革企业离退休人员的接收工作；做好离退休人员人事档案的整理工作；配合劳动社会和保障部门，继续做好企业管理的退休人员在居住地社保所报销门、急诊大额医疗费工作。

（陈文清）

【维修老旧小区基础设施】　金通公司下属通运达物业公司、华远顺达物业公司、经委房管所3家物业管理公司管理着撤销、合并、改制的破产企业的非经营性资产，建筑面积共计60万平方米。由于大多数小区建筑年份较长，存在未进行水改、电改、各种管线老化严重，房屋漏水等诸多问题，在面临维修基金和住房基金提取严重不足的情况下，3家物业公司克服物业费难收取等资金上的困难，投资340余万元分别解决了北京铝材厂、潞潮嘉园、北京水泵厂等小区的水改、电改、路面硬化、锅炉更新、房屋防水等问题，在一定程度上解决了住户困难。

（陈文清）

【亏损企业改制工作】　2008年，金通公司对亏损企业进行改制，分析企业改革工作存在的问题和难点，制定一企一策改制方案。年内完成对物资总公司所属金义联物资销售中心、北京北铝金峰铝业有限公司、通州区房屋拆迁服务所、给排水总队、宏安建筑装饰工程公司、齐天乐园、银龙公司等企业职工的经济补偿工作。完成对宏安建筑装饰工程公司、花丝镶嵌厂的资产审计评估工作。为确保国有资产增值，在完成了对北京北铝金峰铝业有限公司、京空铝合金厂的资产评估后，送北京产权交易所有限公司进行公开拍卖。公司专门成立处理企业破产、改制遗留问题的财务管理中心，加强改制留守人员管理，最大限度保障改制企业职工的利益和国有资产不流失。在改制的同时，通过对所管理的租赁单位的国有资产进行详细走访、排查、逐一登记造册和归档，细化合同，按制度严格把关每一份合同。加大债权、债务管理力度。通过诉讼等手段清缴债权。努力解决历史债务及资产纠纷，使公司能够比较顺利的扔下历史债务的包袱。

（陈文清）

【加强资产管理工作】　2008年，金通公司进一步加强国有资产管理工作，强化制度管理，加强资产处置工作组职能，落实资产交易责任制，凡是涉及到资产处置的工作，均由资产处置工作组牵头进行，通过资产评估、拍卖等方式，做到资产处置的公平、公正、公开。

（陈文清）

乡镇工业

【概　况】　2008年，全区乡镇工业企业完成现价工业总产值379.53亿元，同比增长19.1%，占区域工业总产值的89.5%；完成销售收入435.67亿元，同比增长26.5%，占区域工业销售收入的90.1%；实现利润15.52亿元，同比增长8.7%，占区域工业实现利润的95.6%；完成工业增加值82.98亿元，同比增长19.7%，占区域工业增加值的90.6%；上缴税金25.67亿元，同比增长39.5%，占区域工业上缴税金的91.9%。

（张　健）

【工业循环经济有序推进】　发展工业循环经济是促进产业升级、提高质量和效益的现实途径。一方面，深入推进工业节能减排，发挥企业在实施循环经济中的主体作用，引导企业自觉主动地节约能源、降低污染物排放量。另一方面，继续实施“三高”企业关停并转，经过对各乡镇认真摸底调查，2008年全区退出京华造纸厂、京洲新技术开发公司和永乐店造纸厂等10家“三高”企业。2008年，完成7家企业的全部关停手续，剩余3家全部停产，不具备再生产能力，营业执照待注销。

（张　健）

【企业自主创新能力不断提高】　2008年，引导中轻太阳能、中科印刷、北京全聚德三元金星食品有限责任公司等企业实施技术改造和技术创新。年内，继续在全区深入开展“彩虹工程”，推进企业产业结构的优化升级，促进高校与企业共建科研生产联合体，有5家企业与高校和科研院所签订合作协议：北京仙源食品酿造有限公司与齐齐哈尔大学生命科学与工程学院进行“建立大学生毕业实习基地与合作开发"新项目；北京利强涂料厂与北京工业大学、北京航空航天大学联合研制水性环保防涂鸦抗粘连涂料；北京莱恩斯涂料有限公司与北京化工大学、北京联合大学共同研制防火酚醛保温板，其防火等级达到B1，导热系数0.028；北京顾地塑胶有限公司与北京化工大学材料科学与工程学院共同建立U-PVC内螺旋降噪消音管道联合实验室；宋庄北京鑫凯利汽车电机有限公司与华北科技学院共建机电一体化实习基地。

（张　健）

【促进农民就业增收致富】 年内，组织30家用工企业参加"春风行动"永顺镇、新华办事处和中仓办事处专场招聘活动。30家企业提供库管、板金工、销售人员、行政管理和工程人员等42个工种802个就业岗位，达成用工意向的451人。组织部分乡镇和企业参加由市乡镇企业局、市妇联、市科协共同组织召开的京郊农村"4050"人员培训就业工程启动大会。同时，根据各乡镇的实际情况，对151名农村劳动力进行创业、保洁、面点烹调培训，其中"4050"人员120名。采取措施提高7个农民就业基地发展水平，全年基地培训农村劳动力4100余人，开展装订、安全知识、礼仪、计算机、油漆粉刷等各类培训班30余期。

（张　健）

【34家企业入围市乡镇企业百强】 在2008年度北京市乡镇企业百强排序中，通州区蒙牛乳业（北京）有限公司、北京京裕大红门肉类食品有限公司等7家企业进入市乡镇企业营业收入百强；北京博格华纳汽车传动器有限公司、福耀集团北京福通安全玻璃有限公司、北京通州宋庄铸造厂、北京菲美得机械有限公司等7家企业进入市乡镇企业利税总额百强；北京菲美得机械有限公司、北京北欧管道制造有限公司、北京美采机电设备有限公司等20家企业进入市乡镇企业出口产品交货值百强。

（张　健）

【北京捷宸阳光公司太阳能工程开工奠基仪式】 10月18日，北京捷宸阳光科技发展有限公司太阳能工程开工奠基仪式在金桥基地举行，该项目总投资6亿元。副市长苟仲文出席开工典礼仪式并讲话。市工促局局长李平，区领导王云峰、邓乃平、王玉辉、张华出席奠基仪式。

（张　健）

园　区

概　述

2008年，区委、区政府为进一步完善园区管理体制，联合下发《关于印发〈通州区完善园区管理体制方案〉的通知》（京通发〔2008〕5号）文件，建立区政府园区管委会统筹、乡镇党委政府领导的"一管委一园区"的模式，理顺工作机制，调动各方建设园区的积极性。区政府园区管委会的职能调整为"统筹、协调、指导、服务"，监管范围调整为：负责监管光机电一体化产业基地、金桥科技产业基地、通州经济开发区东区（西集）、通州经济开发区西区（张家湾）、永乐经济开发区、物流基地和宋庄文化创意产业集聚区7个园区。

2008年，园区系统紧紧抓住园区体制调整带来的发展机遇，克服宏观经济形势的变化带来的种种困难，以招商引资为核心，以项目建设为重点，强力推进园区建设，保持了园区经济快速健康发展。6个园区（宋庄集聚区为新建园区，无经济数据）全年完成总收入326亿元，同比增长50%。其中5个工业园区（不含宋庄文化创意产业集聚区和物流基地）全年实现工业总产值171亿元，同比增长24%，占全区工业总产值的比重为40%；工业增加值34亿元，同比增长22%；工业产品销售收入219亿元，同比增长38.7%；利润总额13.6亿元，同比增长36%；工业税收13.8亿元，同比增长53%。8个园区（包括商务园）全年实现总税收16.3亿元，同比增长52%，占全区税收总数的21.8%；光机电基地、金桥基地、物流基地3个园区税收增幅超过40%，分别为7.5亿元、2.7亿元和2.5亿元。招商引资成效突出，项目质量明显提高。8个园区全年引进项目82个，17个入驻园区项目投资均在亿元以上，协议投资总额165.2亿元，平均亩投资额630万元。产业项目建设进展较快，8个园区全年有74个建设项目，其中复工项目18个、新开工项目16个。园区29个基础设施和环境建设项目快速推进，总投资规模达7.8亿元，争取市级以上资金支持1.1亿元。土地一级开发步伐加快，2008年园区土地一级开发投资总额18亿元，涉及征地面积557公顷。土地资源利用明显提高。盘活土地582亩，盘活清退企业14个，盘活闲置资产5.3亿元，引进企业投资30.8亿元，增加年收入18亿元，增加税收2.2亿元。2008年园区入区企业平均容积率为0.63，比上年提高0.12个百分点。产业定位更加清晰，产业发展环境进一步优化。各产业园区纷纷与专业部门合作或邀请专家编制高质量的园区产业发展规划，明确本园区的主导产业。制定完善产业政策，相继研究制定了《关于建立园区引进项目评审制度的若干意见》、《2008年对各园区的督查考核意见》等。中关村通州园建设步伐加快，企业创新创业水平不断提升。研究制定了《中关村通州园建设科技型园区实施方案》，并列入中关村科技园区发展战略规划。按照科技型园区的要求，两基地投资1.6亿元完成7项节能生态环境改造工程，全年园区企业科技活动及研发经营投入达到1.23亿元。宣传推介取得成效，园区品牌形象显现特色。积极参加科博会、京津新干线、各种论坛等一系列有影响力的宣传推介活动，成功举办北京新城·通州国际商务年会四个专场、“2008年首都文化创意产业发展通州论坛”、“‘中关村金桥能源环保产业总部基地’发展定位”新闻发布会等，大大提升了园区的形象。

（郭庆云）

北京通州经济开发区西区

【概　况】　2008年，北京通州经济开发区西区入区企业实现工业总产值40亿元，实现工业产品销售收入39.3亿元，完成税收2.57亿元。北京天使化学技术有限公司、北京市京华客车有限责任公司、北京万生药业有限责任公司等重点企业经济增长迅速，在园区经济中发挥着重要作用。全年引进注册企业30余家，实现税收100余万元。园区重点在谈项目12个，签约和基本达成合作意向的3个。2008年开发区开复工建设项目7个，建筑总投资2亿元，总建筑面积6.74万平方米。进一步完善开发区的基础设施建设，加强项目的配套能力，改善开发区的投资环境。年内盘活方和正圆厂房和正园富田绣花机厂闲置厂房等闲置资源。

（孙　丽）

【两个项目入驻开发区】　10月，吉林森工股份有限公司销售中心项目正式签约，项目总投资2亿元，占地6000平方米，设计运营后年产值10亿元。布尔顿紧固件（中国）有限公司项目正式签约，项目总投资1亿元，规划占地1.86万平方米。

（孙　丽）

【项目建设情况】　2008年，园区开复工项目7个，其中北京万生药业有限责任公司、北京新晨办公设备有限公司、北京月季红线业有限公司、北京东兴堂科技发展有限公司、北京华强精工机械制造有限公司等5个项目竣工，总投资1.19亿元，竣工面积3.29万平方米；京华客车公司二期、北京宏泰旸科技发展有限公司两个项目在建，总投资2.7

亿元，总建筑面积3.45万平方米。其中京华客车公司二期项目列入政府折子工程，项目总投资2.4亿元，建筑面积2.9万平方米。

(孙　丽)

【基础设施与环境建设】 2008年，园区基础设施建设项目5个，总投资2240万元。8月，在宏泰旸公司、京华客车公司两家企业西侧边界实施无偿铺设供水管线工程，解决两家企业生产、生活用水问题。12月，京华客车公司开闭站开工建设。南扩区：2月投资100万元建设300平方米的供水站；5月，投资400万元建设1100平方米的锅炉房，供热能力达到80万平方米；6月，投资240万元建设燃气站。

(孙　丽)

【举办春风行动招聘会】 3月18日，张家湾镇政府、开发区联合举办张家湾镇春风行动招聘会。参加本次招聘会企业36家，提供用工岗位700多个，达成用工意向645人，发放各种宣传材料2000多份。开发区北京万生药业有限责任公司等6家企业参加了本次招聘活动。

(孙　丽)

【入区企业捐助地震灾区】 四川省汶川县发生地震后，开发区立即组织入区企业开展向灾区献爱心活动，其中吉林森工先后捐款捐物折人民币总计680万元。5月15日，吉林森工有限责任公司向灾区人民捐助现金100万元；矿泉水100万瓶，折合人民币150万元；捐助强化木地板1万平方米，折合人民币150万元；其他费用等100万元。累计折合人民币500万元。5月27日，吉林森工再次与陕西、甘肃、四川红十字会分别取得了联系，将第二批救灾物资——价值180余万元的露水河牌贴面刨花板及强化复合地板运往灾区，支援灾区同胞重建美好家园。

(孙　丽)

【正大集团考察开发区西区】 7月30日，正大集团副总裁曾劲松一行到开发区就新媒体数字内容产业基地投资方式进行洽谈。双方就土地价格、土地规划、电力设施、内容环境、政策资金等合作方式进行具体协商，达成合作意向。

(孙　丽)

【为入区企业服务】 年内，为全得交通科技（北京）有限公司办理增资事宜。企业增加投资总额由原来的108万美元增加至300万美元；注册资本由原来的75.6万美元增加至210万美元，取得区发改委批复；为北京三进精工汽车部件有限公司变更投资方式，取得区商务局批复；协助艾奇毕斯（北京）液压系统有限公司办理区发改委立项手续和环评手续；为北京鸿仪四方辐射技术有限公司办理厂房扩建项目，项目总建筑面积1010平方米，总投资860万元。

(孙　丽)

【盘活闲置资源】 盘活北京方和正圆商贸有限公司厂房项目，年内开发区协助方和正圆出租标准厂房面积共计5202平方米，相继有7家企业入驻，协议投资总额约合6000万元人民币。盘活富田绣花机厂闲置厂房，招商部将富田绣花机厂区闲置两年的厂房及办公楼以年租金280万元的价格租赁给布尔顿紧固件（中国）有限公司。

(孙　丽)

北京通州经济开发区东区

【概　况】 2008年，通州经济开发区东区完成工业总产值17.07亿元，销售收入18.42亿元，比上年分别增长15.3%和33%。工业增加值3.71亿元，比上年增长12.3%。上缴税收1亿元，比上年增长32.4%。年内对开发区产业发展进行规划研究，初步确定将节能产业作为主导产业，重点打造电气节能、建筑节能、技术研发、交通节能和物流商贸配套服务五大板块。

(董婷婷)

【国家标准馆项目签订投资意向】 2008年，

国家标准馆及RFID标识与识别系统生产基地项目与开发区签订投资意向，获得区政府项目准入批复。项目占地62亩，投资总额4.08亿元，设计年产值8亿元。

（董婷婷）

【推进签约项目开工建设】 年内，开发区东区成立企业服务部，由园区专人与项目方专人组合成立项目手续办理小组，签约项目各项手续办理进展顺利。中冶焊接基地、乔治费歇尔管路系统公司、北京君山表面技术工程公司（二期）3个项目均完成工商、土地、发改、规划、环保等相关手续的办理。中冶焊接基地和潞电钱江非晶变压器两个项目相继开工建设，开工面积3.8万平方米。

（董婷婷）

【中冶焊接公司产业基地开工奠基仪式】 10月23日，入区企业中冶焊接科技有限公司产业基地开工奠基仪式举行。该项目总投资3.5亿元，设计年产值10亿元。

（董婷婷）

【完善基础设施建设】 年内，开发区东区进一步完善基础设施建设，提升园区配套条件。完成园区1#供热中心土建、设备安装扫尾工程及供热管网设计工作。完成2#开闭站相关手续的办理及设计工作，完成电力管网的设计工作。

（董婷婷）

【有效推进宣传工作】 开发区东区采取多种方式进行对外宣传，扩大知名度和影响力。一是借助西集镇樱桃采摘节，通过建立开发区网站、设置广告牌及各种媒体进行宣传推介。二是积极“走出去”，扩大宣传辐射范围。参加了“2008中国国际工业博览会”，通过设置开发区宣传展板、灯箱等方式，进行全方位、多角度宣传，有近300家国内外知名企业在展会中领取了开发区宣传资料，多家企业有进一步考察投资的意向。三是参加了“2008北京新城·通州国际商务年会——通州园区重点项目对接会”，与多家参会企业进行了沟通交流，与部分企业签订了投资意向。

（董婷婷）

【做好奥运服务安全稳定工作】 2008年，开发区东区将奥运安全稳定工作作为重中之重，成立“平安奥运行动”领导小组，与入区企业签订了涉及安全生产、综治稳定等5个方面的工作责任书，下发各类奥运安保文件11份，组织召开安全例会7次，开展安全生产事故应急预案演练15家次，开展各类专项检查96家次，消除企业安全隐患58项。奥运会后，坚持隐患排查及重大危险源监控的长效机制，全年未发生安全生产责任事故及越级上访事件。

（董婷婷）

中关村科技园区通州园光机电一体化产业基地

【概　况】 2008年，光机电基地全面贯彻党的十七大精神，深入落实科学发展观，一心一意谋发展，攻坚克难办实事，各项工作进展顺利，成绩显著。园区经济发展又快又好：全年共完成工业总产值81亿元，总收入170亿元，实现利润10亿元，上缴税收7.5亿元。项目引进数量质量并重：全年共引进总部经济和园中园项目20家，协议投资总额24.5亿元。发展环境进一步优化：完成了经海六路等4条道路的施工建设，完成110千伏输变电站站址主体工程和设备安装调试；全年新增绿化面积4.4万平方米，物业管理水平进一步提升；失地农民得到有效保障，全年安置就业人员800名；工会组织更加健全，会员单位24家，入会员工7800人。全面推进项目进展：全年共有12家企业开工建设，11家项目竣工投产，开复工面积53万平方米。加强园区管理：实现了安全事故“零”发生，同时全力做好奥运会和残奥会的安保工作。严格财务管理，提供资金保障：全年累计回笼资金1.63亿元，争取支持资金622万元；基地总资产达到11.32

亿元，净资产2.88亿元。

（刘成铭）

【经济指标跨越式增长】 2008年，光机电基地经济发展实现跨越式增长，各项经济指标又创历史新高，李宁（中国）体育用品有限公司、北京天宇朗通通信设备股份有限公司等总部经济增幅明显，纳入统计的60家投产企业，全年共完成工业总产值81亿元，同比增长25%；总收入170亿元，同比增长70%；实现利润10亿元，同比增长42%；上缴税收7.5亿元，同比增长88%；出口创汇2.14亿美元；形成基地财力4850万元。2008年，光机电基地税收占全区税收总额的10%，占八大工业园区税收总额的48%，新增部分占全区新增税收总额的30%以上。全年税收超500万的企业共有15家，税收过千万的企业达到8家，税收超亿元的企业2家。

（刘成铭）

【招商引资成果丰硕】 2008年，光机电基地推出"服务招商"理念，着重引进总部经济和高端产业，招商引资成果丰硕。全年共引进总部经济项目3家，分别是：中国国际电子商务有限公司、北京文创意科技发展有限公司、联东总部科创园，项目总占地面积160亩，协议投资额22.75亿元，亩均投资额1415万元。全年引进高质量园中园项目17家，协议投资额1.75亿元，租用标准厂房面积23710平方米。

（刘成铭）

【发展与投资环境更加优化】 2008年，光机电基地完成了经海六路、经海五路、嘉创五路、科创七街等4条道路的施工建设，竣工面积77820平方米，道路全长2571米，配套市政管线7190米；连接了科创三街、科创七街与亦庄的互通；全年道路建设累计投资4497万元。4月，启动总投资1.2亿元的110千伏输变电站施工建设，完成站址主体工程和设备安装调试。截止到年底，园区路网总长达22公里，基础设施建设投资累计达到12亿元。全年新增绿化美化面积4.4万平方米，园区总绿化面积达到62万平方米。道路、市政管线保持通畅，物业管理提供水、电、治安、保洁等配套服务，污水处理率100%，垃圾无害化处理率不断提高。做好失地农民的保障工作，发放生活保障金1700余万元，安置就业劳动力800名。工会联合会建立了工会服务站，会员单位达到24家，入会员工7800多名。通过科博会、奥运会、中关村科技园20周年成就展和北京新城——通州商务年会几大平台，利用多种形式对基地进行宣传，着力打造"光机电"品牌形象，扩大了基地知名度和公众认可度。大力加强队伍建设和管理，推出"服务招商"和"服务促发展"理念，完善了激励机制，简化了办事程序，提高了工作效率。基地的发展和投资环境得到了进一步优化。

（刘成铭）

【入驻项目全面快速进展】 2008年，光机电基地改变工作方法，突破手续办理难的瓶颈，加快手续办理速度，年内促成北京天宇朗通通信设备股份有限公司、北京市医疗器械检测所、邮政综合处理中心、北京中科信电子装备有限公司二期、北京长源朗弘科技有限公司、北京中电科卫星导航系统有限公司二期、新通利华二期、中国国际电子商务有限公司、北京新华联置业有限公司二期、北京光联投资管理有限公司三期、北京富华燃气有限公司技术改造、宝骏涂料有限责任公司等12家企业开工建设，开工总面积达33万平方米。全年促成李宁（中国）体育用品有限公司二期、北京万里扬变速器有限公司、普度投资控股有限公司、北京新华联置业有限公司三期、北京富华燃气有限公司技术改造项目、宝骏涂料有限责任公司、北京光联投资管理有限公司三期、北京通港物流发展有限公司、北京铭林国际置业有限公司、北京进永汽车部件有限公司二期、北京中丽制机工程技术有限公司二期等11家企业竣工，竣工面积达20万平方米。

（刘成铭）

【总部经济实力壮大】 2008年，光机电基地总部经济实力日益壮大，在园区经济总量上所占比重大增。李宁（中国）体育用品有限公司2008年实现销售收入42亿元，上缴税收3.05亿元，占园区总收入的25%，税收总额的41%；北京天宇朗通通信设备股份有限公司2008年实现销售收入60亿元，税收1.15亿元，占园区总收入的36%，税收总额的16%。

（刘成铭）

【征地拆迁进展顺利】 2008年，光机电基地创新工作方式，切实保护被征地农民的切身利益和被拆迁业主的合法权益，有效促进了征地拆迁工作的顺利开展。全年共完成拆迁面积2.9万平方米，清除青苗树木207亩，支付补偿款1300余万元。征用丁庄、白庄、马庄、孟庄四村土地1624亩，北神树、董村土地785亩，北京军区装备部土地180亩。至此，光机电基地7.5平方公里规划范围内的建设用地全部签订了征占协议。

（刘成铭）

【贾庆林到李宁公司调研】 1月6日，中共中央政治局常委、全国政协主席贾庆林，市委书记刘淇，代市长郭金龙，市政协主席阳安江等，在区领导王云峰、邓乃平、王玉辉等陪同下到光机电基地入区企业李宁（中国）体育用品有限公司调研，贾庆林等听取了李宁公司董事长李宁关于公司营运中心的建设情况，对李宁公司近年来不断发展壮大给予了高度评价，并参观了企业产品展示。

（刘成铭）

中关村科技园区通州园金桥科技产业基地

【概　况】 2008年，金桥基地全面完成各项工作目标。在转变招商思路和手段、优化拓展融资渠道和方法、加快项目手续办理和建设、保证资金平衡和运行、稳步推进拆迁和安置、改进软硬环境和服务、破解发展瓶颈和难点等方面均取得新突破，确保基地正常、有序、健康运行与发展；适时启动并高标准完成了基地“能源环保产业总部基地”新的产业和功能定位工作，确定基地的发展目标。2008年，金桥基地主要经济指标稳步增长，税收完成2.76亿元、同比增长42.8%；总产值29亿元、同比增长15.1%；总收入完成33.3亿元、同比增长32.7%。全面超额完成任务指标。

（罗　宇）

【完成产业与功能新定位】 2008年，为适应新的形势和地区产业发展要求，金桥基地重新进行了产业、功能定位的再选定。金桥基地新的定位是“能源环保产业总部基地”。明确了今后项目的引进锁定在产业链的高端、高效、节能的总部环节上，充分挖掘和发挥自身优势，全面推动基地产业升级和跨越式发展。同时，针对新的定位，迅速启动一系列配套措施，先后组织召开新闻发布、各种推介宣传及招商等工作，效果明显。围绕新的定位认真研究制定环境升级改造方案，对现有道路、景观、绿化进行重新规划设计。

（罗　宇）

【招商引资工作成绩显著】 2008年，金桥基地按照新的定位要求，引进玲珑集团、博旺天成、捷宸阳光3家“核心生产＋总部”项目，总占地面积285亩，协议总投资13亿元；引进以萌蒂制药、嘉事堂药业、日佳电源、康龙化成新药技术为代表的一批标准化厂房（独栋研发楼）入驻项目，建设面积3.5万平方米；独栋研发楼签约、在谈项目20余个。

（罗　宇）

【项目建设稳步推进】 2008年，金桥基地开复工面积48.4万平方米，其中产业类项目开复工面积12.2万平方米，总投资3.15亿元。村民自住楼二期、桑德开闭站、基地3200米道路工程、电力管线入地工程等基础设施项目竣工或加紧建设中，开复工面积

1.2万平方米；房地产35万平方米项目在积极建设中。博海升彩色印刷、联东标准化厂房、宝克测试系统、华威银通印刷企业开工项目全部竣工。列入2008年通州区重点工程的项目2个，总体进展顺利。其中金桥基地路网项目投资约8000万元，总长度4.5公里，部分路段开工，完成10%；珠江逸景家园项目，6万平方米的别墅区正在进行室内外装修工程，29万平方米高层住宅楼进行主体施工。2008年，金桥基地争取市发改委基础设施项目支持资金1000万元到位。

（罗 宇）

【基地企业产品服务奥运】 北京联东钢结构有限公司签约国家游泳中心工程钢结构项目，主要加工制作临时看台、安保通讯设备室、跳塔等钢结构产品，总加工量达到1140吨；签约国家奥林匹克中心体育场改扩建工程钢结构项目，主要加工制作全部钢结构主体工程，总加工量达到5400吨。润生集团下属公司百分百快餐为奥运场馆提供盒饭近两万份，价值25万元。利强涂料向奥运城市靓丽工程提供近千吨的稳定的环保的产品。北京好利来工贸有限公司为奥运提供茶点达20余万盒。

（罗 宇）

北京通州物流基地

【概 况】 2008年，北京通州物流基地抓住园区体制改革和奥运之年的机遇，围绕“适应变化，巩固提高，重点推进，谋求发展”的工作思路，加快开发建设进程。通州物流基地完成销售收入60.5亿元，实现利润2.1亿元，完成税收2.51亿元，比上年分别增长31%、56%和43%。基础设施不断完善，全年新增基础投资5000万元，综合服务楼投入使用，新增绿化面积1万平方米。招商引资工作取得新进展，引入新加坡宝德公司、北京连五洲万景网络公司、华润超级市场有限公司、西尔玛道路养护材料公司等项目，吸引投资3亿元。加快推进项目入驻进程，办理完成两个项目上市工作，全年实现开复工面积15万平方米，两个项目竣工运营。

（曹志远）

【基础设施建设】 基础设施不断完善，全年新增基础设施投资5000万元，实施融商二路道路及地下管网修建工程，1月综合服务楼投入使用。综合服务楼工程总投资2600万元，建筑面积1.1万平方米。加大景观建设投入，新增绿化面积1万平方米。

（曹志远）

【招商引资】 招商引资工作取得新进展，创新招商方式，制订实施“大招商”方案，引入新加坡宝德、万景网络、华润万家、西尔玛项目，吸引投资3亿元。截至年底，基地入驻实体投资项目45家，投资总额60亿元。10月8日，物流基地与北京连五洲万景网络技术有限公司签订房屋租赁合同，项目入驻综合服务楼，该公司是中国连五洲实业（集团）有限公司的子公司，主要从事旅游电子商务网络研发、建设、运营活动。

（曹志远）

【普洛斯项目竣工】 5月20日，美国普洛斯项目竣工运营。该项目占地90亩，建筑面积5万平方米，总投资1.3亿元，主要为联合利华、DHL等企业提供物流服务。

（曹志远）

【重点项目土地入市交易】 6月，华润物流华北总部和新加坡宝德项目土地挂牌上市。华润物流华北总部项目投资2.1亿元，占地174亩，总建筑面积9.42万平方米，主要建设仓库、加工中心、综合办公楼等设施；新加坡宝德项目占地58亩，总投资7000万元，建筑面积2.25万平方米，主要建设仓储及办公设施。

（曹志远）

【开展企业交流活动】 8月13日，物流基地召开企业家联谊会，30余家入区企业以及工商、税务、建设银行等单位参加会议。

会上，物流基地通报了开发建设情况，与企业代表进行了沟通交流。增进了企业间的相互交流，为提高管理服务水平创造了条件。

（曹志远）

【开展宣传推介活动】 本年度，物流基地加大宣传工作力度，提升基地形象，营造品牌效应。4月3日，基地参加2008年中国（北京）第九届国际照明电器博览会和国际医疗仪器设备展览会；10月24日，参加2008北京新城·通州商务年会——通州园区重点项目对接会；11月12日，参加在北京经济技术开发区举行的“第5届京津塘科技新干线论坛”；12月10日，参加由市投资促进局举办的“庆改革开放30周年，聚焦后奥运投资热点——2008北京投资咨询日”活动。

（曹志远）

北京市通州新城金融服务园区

【概　况】 北京市通州新城金融服务园区（北京通州商务园）是北京市委、市政府重点规划建设的四个金融后台服务区之一，是通州区委、区政府重点打造的高端商务园区。2007年4月，北京通州商务园开发建设有限公司正式成立，作为园区土地一级开发建设的实施主体，公司由通州区政府与清华紫光集团有限公司共同出资设立。2008年5月，北京市通州新城金融服务园区管理委员会正式成立，作为区政府的派出机构，负责园区的规划、发展、建设管理和综合协调等工作。园区启动开发建设以来，围绕加快首都金融服务区建设的总体目标，全力以赴加快土地一级开发进程，取得显著成绩。前期手续进展迅速，8个地块取得一级开发授权并获得立项批复，完成集体土地75%的拆迁任务，样板楼建成投入使用，滨河景观公园、园区内部路网、市政建设等重点工程具备开工条件，220千伏电站开工建设，两家重点种子项目顺利签约，商务园品牌影响力和社会知名度逐步扩大，园区土地一级开发进入实质性开发阶段。

（王　珍）

【土地一级开发】 加快土地一级开发进程，至4月底，取得8个地块的一级开发授权批复，总面积249.49公顷，占商务园一期开发总面积的84.43%；8个地块全部获得立项批复，其中两个地块开始办理征地手续；7月8日，控规调整备案正式通过市规委审查；园区交通规划取得市规委批复，共规划园区内部道路24条，包括1条城市主干道、4条城市次干道和19条城市支路。园区市政规划通过各专业部门审核，包括电力、电信、有线、燃气、供热、给排水等专项规划。

（王　珍）

【重点工程建设】 滨河景观公园与运河森林公园项目整体打包为通州区“滨河森林公园”项目，该项目在全市11个“万亩森林公园”项目当中最先启动。总体方案通过审核，项目已立项，资金获批复，完成设计方案；园区内部所有道路的设计方案、市政管线综合方案、立项及定线等工作全部完成，10条道路的施工准备就绪；北马庄回迁楼项目实施方案通过区政府审批，完成回迁楼的选址及设计方案。

（王　珍）

【电力建设】 园区一期范围内共规划3个变电站（先期启动河东的220千伏电站以及河西的110千伏电站），有两条220千伏、1条110千伏和1条35千伏共4条高压线路需要迁移。220千伏电站的可研报告编制完成并通过国网审核，开始进场施工；110千伏电站的可研报告编制完成，正在国网内部进行审核。高压线迁改方案确定，迁改路由规划方案经市规委讨论通过，各项手续办理进展顺利。

（王　珍）

【拆迁工作取得重大进展】 商务园一期开发土地4440亩（296公顷），涉及两镇四村的集体土地约4100亩，并涉及国有土地约340亩，拆迁的任务量很大。年初启动拆迁工作以来，克服多种不利因素，经过数次艰苦谈判，截至年底拆迁工作取得全面进展。集体土地的地上物拆迁方面，与62户签订拆迁协议，完成房屋拆迁面积9万平方米，完成种植拆迁面积25万平方米，已拆迁量占总拆迁量的75%。重点工程涉及拆迁方面，与滨河景观公园工程涉及的8户村民签订拆迁协议，与朝阳北路东延工程涉及的10户村民签订拆迁协议，完成两个电站选址范围内的拆迁工作，同时加快推进高压线迁改新路由占地补偿工作。国有土地地上物拆迁方面，完成地上物的测绘、评估工作，完成温榆河管养站的拆除。

（王　珍）

【项目引进态势良好】 5月16日，园区与金融街集团正式签订入园协议；6月10日，与阳光保险公司正式签订入园协议。金融街集团项目选址河西的B1、B2地块范围，决定进行独立二级开发，建设金融街园中园。项目总占地860亩，建设周期3年。阳光保险公司决定将阳光财险全国总部、阳光财险北京分公司、阳光寿险北京分公司迁入商务园，项目总占地440亩，建设周期2年。

（王　珍）

【大力筹措建设资金】 商务园一期开发计划总筹资24亿元，全年征地、拆迁、工程等一级开发工作累计投资约6.2亿元，采取市场化运作，积极拓宽投融资渠道，采取股东增资扩股、股东借款、银行贷款等方式，有效解决了融资难题，2008年及2009年建设资金全部落实到位，为园区开发建设的顺利进行提供了有力保障。

（王　珍）

【样板楼竣工投入使用】 4月底，商务园样板楼竣工并正式投入使用。样板楼作为展示园区形象的重要窗口是商务园全年工程建设方面的一项重大成果。总建筑面积3358平方米，在材料的应用及设计理念上充分体现出现代、环保、节能、融入自然等特点，展示了商务园高品质的开发理念和优越的投资办公环境。

（王　珍）

【举办通州商务年会商务园专场活动】 10月15日，通州商务年会商务园专场活动在样板楼举行，市区领导和国内外金融界、企业界高管参加。活动内容丰富，形式新颖，针对性强，反响热烈，对扩大商务园知名度起到了较好的宣传推介作用。《投资北京》等杂志和新浪网、千龙网等知名网站均对此次活动进行了宣传报道。

（王　珍）

【精心制作各种宣传载体】 年内制作完成新版宣传画册、宣传片及展示中心内部办公标识系统，创建商务园网站并进行搜索排名推广，建设完成展示中心及桥头Logo墙，两次更新区内道旗，制作安装灯箱广告，编制完成交通指示宣传方案。

（王　珍）

【启动园区节能环保规划研究】 按照商务园“生态园区、绿色园区”的建设理念，与清华大学建筑节能研究中心合作，6月23日，正式启动园区节能管理规划的编制工作，确定对园区一期工程进行全过程的节能规划与管理，进一步打造商务园高品质的投资环境并树立良好的社会形象。

（王　珍）

【成立园区管委会】 5月12日，北京市通州新城金融服务园区管理委员会正式成立，作为区政府的派出机构，负责园区的规划、发展、建设管理和综合协调等有关工作。管委会成立后，从建章立制入手，制定了学习、值班、财务等系列工作制度。通过公开招聘引进6名工作人员，大力开展业务培训活动。通过辅导讲座、小组学习、拓展训练等多种形式，不断提高干部队伍的综合素质。

（王　珍）

中市属企业

北京东方石油化工有限公司 东方化工厂

【各项生产任务全面完成】 2008年，东方化工厂认真贯彻落实公司“双代会”和工厂“职代会”会议精神，以“安全稳定促和谐、夯实基础谋发展”为工作主线，一方面加大降本减费、节能降耗力度，精心组织检修；另一方面继续强化内部精细化管理，维护企业安全稳定，较好的完成了全年各项工作。2008年，公司获得“北京市人民政府2007年度北京市节约用水先进单位”（北京市唯一一家获此殊荣的制造业企业）、“北京市和谐劳动关系单位”、“燕化公司厂务公开先进单位”等称号。东方化工厂现代化管理成果《以极限管理为导向的理念，提高小乙烯收率的管理工程》、《打造节水型企业的技术创新管理工程》分别荣获北京市二等奖。工厂的“高浓度丙烯酸及其酯类废水生物处理中试项目”获燕山石化公司科研成果一等奖。

（东 方）

【完成各项技术经济指标】 2008年，完成工业总产值23.13亿元。工业总产量30.74万吨。其中生产乙烯7.02万吨；生产酯化级丙烯酸3.79万吨；生产当量环氧乙烷4.89万吨。全厂各装置非计划停工5次，同比减少3次，非计划停工时间为66.09小时，同比减少7.34小时。产值综合能耗为1.724吨标煤／万元，同比降低7.4%。厂级设备故障为6起，同比减少3次；影响生产的故障3起，同比减少1次。5月份“双烯”收率创全年最好成绩，为49.195%，仅次于历史最好成绩50.036%；5月份乙烯单耗为3.009吨石脑油／吨乙烯，损失率为0.728%，能耗为648.8千克标油／吨，三项指标均创乙烯装置开车以来最优纪录。

（东 方）

【安全、环保和安保工作】 严格执行“十大禁令”和工厂各项安全管理制度，狠抓“三违”、落实责任，以“巡回检查制”和“设备维护保养制”为重点，实现安全生产“五大指标”为零的目标。全年COD排放量为考核值的77.79%；全年废水排放量为考核值的68.32%，实现重大扰民事故为零的目标。工厂连续第二次获得燕化公司和东方石化公司年度“安康杯”和“HSE先进单位”称号。奥运期间，工厂加强防恐管理，严格门禁制度，实现装置区域封闭管理。对进出厂区的人员、车辆进行严格检查，实现生产区域和办公区域的隔离。重新修订外来人员入厂程序，从第一环节加强对重点人的防范，完善技防措施。成立护厂队，各车间成立装置巡逻队，重点部位由武警值守，提高群防群治能力，实现平安东方、平安奥运，获得“燕化公司平安奥运百日安全生产竞赛先进基层单位”荣誉称号。

（东 方）

【节能降耗、节水减排工作成效明显】 2008年，东方石化公司批复东方化工厂技改技措投资项目43项，已完成、投用项目30项，当年实现经济效益1835万元。设备更新项目78项，更新费用3122.4万元，补充更新项目1项。2008年完成72项，占计划项目的91.14%。电力车间的311、318变电所高压设备更新、低压开关柜更新、水源深井控制盘更新及306变电所低压无功补偿装置安装等项目，更换了国家明令淘汰的高能耗电器设备，采用节电新技术，消除了存在多年的隐患，为企业生产稳定运行和持续发展提供了有力的保障。火炬气回收二期工程，自火炬气回收螺杆压缩机及配套管线4月初投用后，烯烃、热力装置运行平稳；两台流化床锅炉掺烧火炬气量在3000立方米／小时以上，2008年流化床锅炉实际掺烧火炬气568.2万立方米，节煤7235吨，创经济效益约480万元，同时减少火炬燃烧的时间，改善了东方形象。围绕节水和提高水的综合利用程度，相继完成烯烃车间低压蒸汽伴热改造、丙烯酸车间V3080增加换热器回收高温凝结水、热力车间锅炉排污水回用做生产水、水汽车间90单元中水扩大回用范围、二循进一步提高循环水系统浓缩倍数等节水项目，效果明显。东方化工厂被评为北京市节水先进单位。

（东　方）

【提高企业管理水平】 年内，结合工厂实际和中石化“三基”工作标准，重新修订《东方化工厂综合检查标准》，调整和优化经济责任制考核办法。利用厂情发布会将综合大检查中发现的问题，以及职能部室的考核结果进行发布，促进全厂各项管理水平的提升。

（东　方）

【加强收支预算控制】 2008年，继续使用《支出控制手册》和《收入控制手册》掌控全年收支活动，实现应收尽收，完成控制指标。全年安排承兑支出4641万元，缓解了公司在现金流上的压力；通过开展费用控制，工厂完成公司下达的成本及费用目标值以及五项费用专控指标。同时发挥两级审计监督职能，全年合同审计金额4356万元，审减额573万元，审减率13.15%。有效开展压库减费工作，全年利用自存物资及代储物资涉及金额约1279万元。

（东　方）

【完成全厂装置检修】 2008年，精心组织、密切合作，实现了特种设备及压力管道的全检，消除了存在多年的隐患。在检修过程中，各车间利用自存物资1050项，涉及金额78万元；利用东方代储物资601项，涉及金额459.8万元。同时根据检修时间长的特点，充分发挥自己检修的能力，全厂一盘棋，完成“外转内”项目237项，实现了节约费用的目标。

（东　方）

【加强培训工作】 全年有119名职工参加技能等级鉴定培训；671人次参加压力容器取证培训等特种作业取复证培训；114人次参加外出培训；415人次参加班组长培训等专项培训。除内部岗位培训外，全厂职工参加培训1700余人次。李俊涛、李子江在燕山石化公司丙烯酸装置操作工技能竞赛中并列第一名；崔玉红在燕山石化公司循环水操作工技能竞赛中获第三名；陈文旺荣获“2007～2008年度中国石油化工集团公司技术能手”称号。28名高中级管理人员参加东方石化公司举办的培训；12人参加燕化公司挂职锻炼；选送10名团干部参加中央团校的培训。

（东　方）

【开展纪念建厂30周年系列活动】 举行纪念改革开放30周年、庆祝建厂30周年系列活动，编辑出版纪念建厂30周年画册，制作30周年展板，以图文的形式生动地展现工厂在30年改革发展中取得的宝贵经验和伟大成就，增强职工的企业自豪感；印刷30周年文集，举行30年庆典职工文艺演出，表达职工对工厂30年光辉历程的讴歌和对企业未来发展的憧憬，增强职工的企业向心力和凝聚力；进行厂区环境综合治理，美化企业形象，进一步提升东方的影响力。

（东　方）

厂　　长　宋春波
党委书记　张　琦

北京北方红旗机电有限公司

【概　况】 北京北方红旗机电有限公司始建于1969年10月，是隶属于中国兵器工业集团公司的国有大型二级企业，原名北京红旗机械厂，1988年改名为北京北方精密机械厂，2001年12月3日由北京北方精密机械厂整体改制为国有独资有限责任公司，出资人为中国兵器工业集团公司。公司位于北京市通州区佟麟阁街9号，占地37万平方米，工业建筑面积6.3万平方米，拥有资产4亿元，各类机床设备1000余台，从业人员1070人，其中各级管理技术人员369人。2008年，公司合并主营业务收入21213万元。

（马金富）

【业务经营多样化】 公司利用军工优势大力开发民用产品，按照“军品立企、民品富企、三产助企、创新兴企”的发展战略，从单一军品型企业发展成为军民结合型企业。公司的主导民品组合机床及加工中心具有自主知识产权，符合国家产业政策的数控化机床设备，具有极大的市场发展潜力。公司利用良好的区位优势积极发展第三产业，形成宾馆、餐饮、商贸、建设监理、工程安装、科技服务咨询等多种经营项目，主导三产项目红旗宾馆在通州区具有较大的知名度和较高的美誉度，市场发展前景良好。截至2008年底，公司拥有子公司7家，参股公司4家。

（马金富）

【北京北方红旗精密机械制造有限公司】 北京北方红旗精密机械制造有限公司为公司控股子公司，是公司的主导民品项目。2003年，该企业实现产权多元化公司制改建，新体制的建立为企业打开了发展空间。企业主要产品HS系列组合机床广泛装备于摩托车、汽车、燃气用具、制冷、电动工具、仪表等行业，初步形成规模生产能力，曾荣获国防科工委重大科技成果奖、机械部优质产品称号。该企业自2003年以来，通过与台湾公司技术合作，并借鉴日本、韩国相关产品，在充分消化吸收国外先进技术基础上，开发了小型立式高速加工中心，该产品主要技术指标达到国内先进水平，广泛应用于汽车零配件、摩托车及零部件、汽油机行业、军工、建筑水暖行业、冷气机等行业。该企业通过ISO9001质量体系认证、ISO14000环境体系认证，2008年实现主营业务收入10948万元。

（马金富）

【北京红旗宾馆有限公司】 北京红旗宾馆有限公司为公司全资子公司，是公司利用区位优势大力发展第三产业的主导项目，二星级宾馆，拥有高中低档客房、大中小型会议室，并设有餐厅、歌舞厅、KTV包间、健身房、康体中心等，正在为通州区旅游业的发展发挥着越来越大的作用。宾馆2008年实现主营业务收入934万元。

（马金富）

【兼并北京东方机械厂】 为从根本上解决企业实验靶场和危险品库房的安全隐患，为企业拓展更大发展空间，在中国兵器工业集团、北京市政府、通州区政府的大力协调下，1月，公司完成对门头沟区所属北京东方机械厂的整体划转，7月，将该厂整体改制为公司独资子公司，名称为北京东方机电有限公司。2008年底，该公司从业人员111人，拥有资产9639万元，主营业务691万元。

（马金富）

党委书记　李照智
董 事 长　李照智（兼）
总 经 理　张向东

北京市北泡轻钢建材有限公司

【完成各项经济指标】 2008年，公司克服国际金融危机、国家宏观调控等带来的不利影响，面临诸多不确定因素，强化风险意识，加强对顾客进行信用评价，采取在合同签订前详细了解对方经营及资金状况，合同执行中严格按付款方式收取账款，合同完成后建立台账，按工作流程实施清欠计划、债务分析、回款汇总等措施，加强应收账款的管理，加速资金的回笼。2008年回款额2.59亿元，比上年增长26%，提高了资金周转效率。公司注重加强现金流的管理，认真做好资金筹划，优化融资和资本结构，2008年经营性现金流大幅度提高，比上年提高160%。通过提升现金流管理水平，有效的巩固资金链，合理的控制运营风险，促进了企业的发展。2008 年公司各项经营指标超额完成。主营业务收入 22716.6 万元，同比增长 30%；营业利润 458.3 万元，同比增长 1.2%；利润总额 496.4 万元，同比增长 3.9%；经营性净现金流量 164.7 万元，同比增长 125%；全面超额完成隆达公司下达的从 2006 年到 2008 年三年目标责任制的各项指标。

（谢　畅）

【深化营销改进工程】 按照隆达控股公司营销改进工程的总体部署，2008 年公司继续推进和深化营销改进工程。在转变经营理念确定目标市场和企业定位等方面取得了较好的成效。第一，积极建立以客户为导向的营销体系，树立科学的经营理念。公司坚持把营销改进工程作为实现转型的突破口，着力把生产导向和推销导向转变到客户导向和竞争导向上来，把客户的需求作为企业的出发点和落脚点。第二，确立目标市场和定位。公司在进一步细分市场的基础上，深入开展客户调查，在经过深入研究，反复探讨的基础上，确定公司的目标市场为“高速成长的大型制造业”。第三，按照目标市场和企业定位，公司挖掘所面向的高速成长且规模较大有建筑需求的，涉及饮料业、家电业、方便食品制造业等龙头企业的53家潜在客户，并依据潜在客户的发展目标、规模、地域及趋势划分等级。2008 年公司成功挖掘出中国石油天然气股份有限公司、伊利乳业公司等大型客户，并与中国石油天然气股份有限公司签订 1500 万元工程合同。

（谢　畅）

【加强应收账款及存货管理】 2008 年，公司对应收账款和库存物资进行详细调查，分析应收账款和存货产生的原因及构成，摸清现状，划分风险等级。确定清理工作的重点和难点，同时制订相应措施，明确责任，避免资金沉淀，采取多种手段，加大应收账款催收力度，从根本上抑制应收账款和存货上升的趋势。公司清理了长期库存物资，缩短了采购物资的资金周转时间。

（谢　畅）

【完成抗震救灾任务】 5 月，公司承接四川地震灾区过渡安置房建设的夹芯板生产任务。在时间紧、任务重以及资金、原材料、人员都十分紧张的情况下，克服困难，全力以赴，如期完成上级部署。同年 6 月获得中华全国总工会授予的“抗震救灾重建家园工人先锋号”称号。

（谢　畅）

商贸·旅游

商　业

【概　况】 2008年，区商务局围绕“建设北京新城区”的战略部署，以科学发展观统领全局，明确方向、找准定位、强化职能，在优化提升传统商业、引进知名商业品牌、做好奥运服务等方面取得明显成效，商务工作实现又好又快发展。2008年，促进现代物流业发展，年内区政府下发《关于促进我区现代物流业发展的意见》。商业经济指标再创历史新高，全区社会消费品零售额实现164.4亿元，同比增长20.1%，继续保持各郊区县第一，各类市场成交额实现42亿元，同比增长21.2%。

（高士增）

【2008北京新城·通州国际商务年会】 举办2008北京新城·通州国际商务年会。在前两届商务年会的基础上，本届商务年会更加注重实效，突出为产业项目服务，年会分五个分会场：现代物流发展研讨会、高端商务项目对接会、新城重点产业项目对接会、通州园区重点项目对接会、文化创意产业项目对接会。年会突出“打造北京商务新城，促进高端产业发展”的主题，体现了高规格、大规模、多亮点、媒体宣传空前、社会反响强烈的特点，取得圆满成功。本届商务年会上，有14个项目签订了入区协议，涉及文化创意、会展、制药、物流、加工制造等领域，协议投资总额172.2亿元。

（高士增）

【启动社区菜市场和农村集贸市场升级改造工作】 在深入调研和考察学习的基础上，制定《关于我区社区菜市场和农村集贸市场升级改造的建议方案》，获区长办公会审议通过。方案提出了从2008年下半年起，至2010年底，全区范围内社区菜市场及农村集贸市场升级改造的具体时间和任务，至年底，西海子市场及大稿村、半壁店、西小马等5家社区菜市场改造完毕。

（高士增）

【完成奥运会各项服务保障工作】 一是全面完成商业服务业员工培训工作，累计培训员工2000余人；二是组织本区10家大型零售企业和重点餐饮企业，开展“2008好运北京 商业满意服务”主题测试活动，取得成效；三是制定奥运期间生活必需品供应应急预案，确定20余家重点商业企业作为奥运期间商业运行监测企业，密切关注奥运期间全区商业运行情况；四是建立三级审核机制，积极为企业申请奥运特别通行证，确保奥运期间重要商品货源供应；五是认真组织商业企业开展中央空调清洗工作，提高奥运期间商场的购物环境质量。

（高士增）

【超额完成农村连锁超市建设任务】 大力

扶持民营企业福兰德集团发展农村连锁超市、便利店，2008年，发展中心店18家，加盟店117家。超额完成全年新建60家便利店的“折子工程”任务。截至2008年底，累计建设完成593家农村连锁超市和便利店。初步形成以乡镇店为骨干、村级店为基础的农村流通网络。在管理上，福兰德总部对加盟店加大培训力度，根据市场需求及时调整商品种类，使其更加注重商品质量，购物环境和服务水平的提升，在保持加盟店数量快速增长的同时，不断提高商品统一配送率。

（高士增）

【加大商务促进力度】　2008年商务年会14家企业签订入区协议。此外，国内知名老字号餐饮企业全聚德首家郊区直营店在通州正式营业；贵友大厦及物美超市贵友店试营业，建筑面积35000平方米；集大型购物中心、酒店、商务写字楼、高档住宅于一体的城市综合体项目北苑商务区签订合作意向。

（高士增）

【完成粮食专项调查工作】　一是全面完成2007年全区社会粮食供需平衡状况调查，2007年全区粮食供给总量为463644吨，同比增长24%，全年粮食需求总量为455937吨，同比增长29%，全区社会粮食供需基本平衡；二是全面完成区内粮食仓储设施和投资情况调查工作。2007年底，本区现有规模以上粮食仓储企业2家，共12个库点，总有效库容量532440吨，同比增长8.7%；从业人员247人，与前年持平。2007年全区粮食流通基础设施建设投资项目3个，当年全部实现投产，投资总额2172.5万元，其中企业自筹资金2061.5万元、地方财政投入111万元。

（高士增）

【商务执法工作】　一是加强生猪屠宰管理。出动执法人员822人次，取缔私屠滥宰窝点73个，查没私屠生猪及产品140头；牵头组织工商、动监、卫生等部门，对市场进行13次联合执法，现场处罚79个销售私屠滥宰猪肉的摊位，没收未经检疫上市的猪肉产品3651.9公斤；落实新的《生猪屠宰管理条例》，区政府印发《关于进一步加强我区生猪屠宰管理的意见》，明确各部门职责，强化部门联动工作，建立长效管理机制。二是加强盐业盐政管理。采取日常拉网式检查、查堵源头找线索，分批次检查各类食堂、农贸市场、超市、副食店共1200户次，处理盐业违法案件96起，查获私盐2990公斤，罚款7369元。三是强化商业及餐饮经营单位安全生产执法检查。出动执法人员1000余人次，检查企业806户次，查出隐患及安全问题1243条，作出行政处罚5起，罚款25000元。四是采取执法与宣传培训相结合，建立长效工作机制。发放、张贴各类宣传材料8000余份，同时通过报纸、电视等媒体广泛宣传，累计组织24场安全生产培训，培训人数5300余人。

（高士增）

【成品油管理工作】　一是加强春节期间加油站烟花爆竹防范工作，确保春节期间未发生因燃放烟花爆竹引发火灾及伤亡事故；二是加强加油站油气污染控制情况的监管，督促加油站加快油气回收治理改造进度，并对加油站油气污染防治状况进行专项检查；三是认真进行成品油经营资质年审工作。

（高士增）

【全面规范再生资源市场】　2008年，区商务局组织召开全区再生资源清理整治工作动员大会，区08办、工商局、城管大队、公安局、消防支队、11个乡镇、4个街道办事处的主管领导以及区内20余家企业参加会议。会议对2008年通州区再生资源市场整治工作各阶段的工作要求、任务分工、工作标准和工作目标进行统一部署。2008年，全区出动再生资源市场清理整治执法人员1600余人次，执法车辆650余辆，检查再生资源回收站点400余家，发放各类整改通知单300余份，取缔无照经营户80个，罚没非法回收物资40余吨，区内市容环境及再生资源回收市场秩序得到极大改善。

（高士增）

【再生资源回收体系初步建成】 按照市商务局的统一要求，区商务局经过深入细致的调查摸底，确定通州区从事再生资源回收体系建设的两家主体企业，一个作为分拣中心的主体企业，一个作为社区前端收购的主体企业，按照全市提出的“规范站点、物流配送、专业分拣、厂商直挂”的原则，两家企业严格按照全市再生资源回收体系建设的统一标准积极运作。年内，分拣中心项目完成，前端收购企业在全区城区范围内设立收购站点30个，其中规范的回收亭7个。全区再生资源回收体系初步建成，运作模式是由前端收购企业在居民社区内设立固定的收购站点，由专业的回收车辆运至分拣中心企业，分拣中心打包、压块、粉碎，再运至再生资源加工利用企业，形成再生资源回收产业链。

（高士增）

【通州商业资产运营公司概况】 2008年，通州商业资产运营公司坚持国有资产保值增值这一主线，坚持企业改革发展以职工利益最大化、国有资产收益最大化和品牌效益化的原则，坚持改革，大胆创新，在增加经济效益、破产减债、净化投资、盘活大型资产、干部队伍建设等重点难点问题上下大力量，企业发展取得突破性的进展，板块经济的运行基础不断夯实，运行环境不断得到优化，国有资产保值增值保持良好的持续性和成长性。剔除不可比因素，全年销售收入和税金比上年均有不同程度的增长，特别是利润同比增长70.4%，公司机关直属租赁收入2264万元，比上年增加631万元，增长38.6%。根据区委、区政府和区国资委的有关文件精神，按照国有资产有序退出的原则，年内再次撤并两个基层单位，一是通百商场整体出租后对其管理层级进行了撤销，年减少管理费用100余万元，二是通达旅馆并入处在亏损边缘的广利全副食品销售中心，将通达旅馆退出自营整体对外出租，年利润由8万元增至近100万元。年内通百商场6700平方米的改扩建工程竣工并重张开业，扩建后的资产年收入达1055万元。参股的不良投资即通糖物美公司的问题取得阶段性成果，年内双方达成一致，由合作经营转为托管经营，300名企业职工平稳过渡，有效的净化了国有资产投资。年内按区委区政府和区国资委的要求，在时间紧、任务重、要求严、涉及人员广的情况下，采取方式方法得当、思想工作到位、政策宣传到位，圆满完成银地大厦和京门公司的拆迁工作。人民商场退出自营及减债工作取得突破性进展，再次采取改扩建后整体出租的办法，于年内签署合作协议，平均年租金1200万元，遏止了亏损和国有资产流失隐患，节约了改革成本，加快了企业战略规划的实现。年内完成大百集团的破产，合理减员200人，年减少人事费用不低于600万元，并用25万元的破产成本，核减了贷款利息731万元。

（刘红霞）

【通州区粮油贸易公司概况】 2008年，公司以加强企业管理为主线，以进一步转变经营观念为重点，以提高企业经济效益为中心，以增强企业实力为目标，巩固和发展企业的改革成果的工作思路，圆满完成各项工作任务。2008年被公司确定为“管理年”。严格业务经营和干部队伍管理，取得成效。2008年，公司存储中央储备粮9.56万吨，北京市储备粮10.79万吨，区储备粮325吨，中央最低收购价储备粮4.98万吨，贸易粮1.42万吨。做好主业同时，抓好企业资产的开发、盘活工作，全年签订租赁合同64份，收回租金420万元，逐步实现与主业的优势互补。通过抓管理，搞经营，企业经济效益实现4.25%的增长，职工收入增长7.82%。2008年，公司加强精神文明建设。一是广泛发动干部职工发扬“我参与、我奉献”精神，积极投身到奥运服务中。通过健全各项规章制度，完善制度运行机制，确保全年不出现任何安全事故和上访事件，维护企业的安全稳定；二是抓好党员队伍管理，实施党员教育长效机制，干部职工累计向四川灾区捐款近8万元，并及时、高效地完成向灾区运送100吨绿豆的装卸任务。三是加大宣传力度，提高企业影响力。结合改革开放30年，公司编辑整理粮食系统30年的发展，汇编成册。2008年，企业通过抓管理，促经营，保稳定，实现经济效益与精神文明双丰收。

（董　森）

【通州区煤炭公司概况】 通州区煤炭公司是集煤炭加工、销售、运输为一体的国有企业，2008年公司基层单位由原来的4个单位调整为3个单位，即通州区煤炭公司业务科、北京市通州液化气站、通县节能技术推广站。2008年公司实现销售收入8643.15万元，上缴税金238.27万元。按照国资委三年工作规划安排和公司党委五年规划的目标，公司稳步、持续地深化企业内部改革，不断开拓和巩固销售市场，保证职工收入稳中有升，保证企业经营正常有序。

年内，公司继续企业内部改革，优化经营模式，压缩管理层级，合理利用现有人力、物力资源。公司与业务科合并财务核算，推广站与物业管理中心合并，统一由推广站管理，顺利地实现班子和职工的整合，各项工作有序的开展。液化气站完成储气罐的验收、资质审批、完备经营手续的工作，使液化气站实现合理、合法、正常的经营。

公司紧紧抓住煤炭进货重要环节，提前做好冬煤预储工作。针对煤炭市场持续货源紧张的状况，一方面积极向区政府和区国资委反映情况，争取上级政府的支持，另一方面加强与市煤炭总公司及山西、内蒙等产煤地的关系单位联系，最大限度的调进火运煤炭。为及时掌握煤炭市场信息，准确的作出经营决策，从年初开始，业务科每个月到煤炭产地和经营集散地调查了解煤炭市场行情，根据掌握的煤炭市场情况及时召开专题业务会议，研讨和决定煤炭进货储存的具体事宜。争取上级政府的支持，使进货资金得到保证。至9月底，共储存煤炭8.3万吨，为保证煤炭供应奠定了坚实的基础。同时，加大宣传力度，适时召开全区煤炭工作大会和煤炭用户座谈会，通报煤炭市场动态，为煤炭用户提前决策和准备工作提供可靠的信息，保证合同用户的正常烧用，较好的完成了市、区两级政府煤炭应急储备。

10月后，受经济环境影响，煤炭市场形势急转直下，库存积压，价格下滑。工业企业生产停滞，煤炭消耗急剧下降，煤炭销售、利润减少。面临困难，公司制定对策，保证经济正常运营。一是分析当前经济形势，采取应对措施，尽力扩大煤炭销售，二是加大其他收费力度，努力增加收入，同时压缩开支，节省费用，到年底实现扭亏为盈。

（任雪莲）

【通州区供销合作总社概况】 2008年，通州区供销合作总社围绕发展这一中心，努力实现社有资产保值增值，全年完成社会商品销售额3354万元，实现国地两税143万元，利润突破100万元，取得较好的经济效益和社会效益。

2008年，区社新农村商业网络建设按规划逐步实施，自筹资金1500万元翻建4200平方米的漷县综合商业楼。此项目于10月开工，是漷县地区商业系统中面积最大、硬件条件最好的商业设施。年内，进一步整合资产、挖掘闲置资产潜力，投资180余万元改建原远景日化车间1500平方米作为机关办公新址，原优势地段办公楼整体出租。进一步整合全系统零、散、乱的已出租资产，实施整体出租方案，对同一地区的出租资产合并出租，重新签订合同，租金平均增长30%左右，比上年增收80多万元。继续完善“一区一社”建设，合并城区内二合商店、大运河商场和济才中学3家商业网点，统一纳入二合商店行政班子，实现财务统一管理，离退休人员统一管理，资产统一管理。重点整合济才中学，全面完成与时代中学合作办学，使占地10亩的学校整体出租。区社新建700平方米标准花炮库，花炮销售做到安全运营、品种齐全、配货及时、服务到位，实现批发销售600万元，利润80万元，同比增长20%。积极探索企业理财方案，选购稳健理财产品，拓宽资金管理模式，充分利用市社资本平台，加大资金投入，年内收回股金200万元，3年来在资本运营领域现金回报已达1500万元，投放资本增值率达75%。2008年，区社不断加强企业管理，把资产管理落到实处，编制《货币资金管理办法》、《财会人员牵制及制约的规定》、《机关财产及家具管理办法》等相关制度。成立资产监督审核小组，把涉及企业重大资产纳入监督范围，坚持“厂务公开”制度，增强企业经济工作透明度,不断开创工作新局面。

(博丽杰)

对外经济贸易

【概　况】 2008年，全区有375家企业拥有实际出口业绩，进出口总额达到18.8亿美元，同比增长20.5%。其中：出口创汇额达到10.4亿美元，同比增长31.6%；进口付汇额达到8.4亿美元，同比增长9.1%。全区出口创汇额增幅明显，其中IT、机电、化工类三资企业表现尤为突出。北京通美晶体有限公司出口额达到6731万美元；北京菲美得机械有限公司出口额达到6504万美元。在全区出口创汇前十名企业中，三资企业占7家，出口创汇比重占80%。

(高士增)

【对外贸易经营者备案登记情况】 2008年，全区有184家企业办理对外贸易经营者备案登记。其中内资企业175家，外商投资企业9家。至年底，全区申请办理对外贸易经营者备案登记的企业达1082家，其中2008年有出口业绩的企业为375家。

(高士增)

【利用外资稳步增长】 2008年，通州区新批三资企业36家，增减资企业43家。投资总额合计3.11亿美元；注册资金合计1.93亿美元；合同利用外资1.68亿美元，同比增长19%。全区有41家外商投资企业发生实际入资，实际利用外资合计1.34亿美元，同比增长21%。

(高士增)

【外资来源于16个国家和地区】 2008年，外资来源分别来自中国香港地区11家，美国4家，韩国和中国台湾地区各3家，日本、瑞士、新加坡各2家，澳大利亚、土耳其、维尔京群岛、法国、荷兰、俄罗斯、德国、马里、瑞典各1家。

(高士增)

【利用外资行业广泛】 利用外资的行业主要集中在制造业企业13家，批发零售业和商业服务业各8家，科学研究业4家，交通运输、房地产和农业企业各1家。

(高士增)

【外商投资企业增资大幅增长】 2008年，增资企业达43家，同比增长4.9%；增资额1.5亿美元，同比增长36%。其中增资额较大的企业有：北京百纳威尔科技有限公司，投资总额增加6957.42万美元；福耀集团北京福通安全玻璃有限公司，投资总额增加1300万美元；北京太合麦田音乐文化发展有限公司，投资总额增加1168.98万美元。

(高士增)

【全面完成外商投资企业年检工作】 截至7月15日，实际参加年检的外商投资企业445家。投资总额合计20亿美元，注册资本合计12亿美元，合同利用外资合计8亿美元。投资总额在500万美元以上企业85家，占参检企业总数的19%。纳税额100万元以上的企业100家，纳税额合计为10.12亿元，占总纳税额的95%。从行业划分看，纳税额排名前三的行业是：金属机械电气类、合成化工业类和服装纺织类，纳税额分别是3.8亿元、2.2亿元和1.6亿元。

（高士增）

【加大服务企业力度】 2008年，区商务局进一步加强与区投促局、园区管委会等单位的沟通协调，对外商投资重点在谈和签约项目实施联合跟踪服务制度，对确定的19个重点项目进行重点联系、重点跟踪、重点服务。充分发挥贸促会及其他行业协会的作用，开展《中华人民共和国劳动合同法》培训，组织企业申报各项商务发展资金，为企业实施“走出去”发展战略提供服务和支持。

（高士增）

旅 游

【概 况】 2008年区旅游局以“迎奥运、保安全、促发展”为目标，积极履行“指导、协调、监督、服务”工作职能，通过强化旅游环境、安全保障、规范服务，推出运河水上游、夜航游、乡村民俗采摘游、现代创意文化游等系列旅游活动和培育扶持运河文化旅游、农业休闲旅游项目发展，使全区旅游行业在服务奥运、支援灾区、促进旅游经济持续发展方面取得明显成效。2008年全区旅游实现接待游客113.4万人次，同比下降2.6%，旅游综合收入45964.1万元，同比增长2.7%。其中民俗旅游实现接待游客43.3万人次，旅游综合收入5857.1万元，同比分别增长39.3%和14.8%。

（王会文）

【春节黄金周旅游平稳有序】 据不完全统计，2月6日至12日（腊月三十至正月初六），通州区68家旅游企业接待游人27.28万人次，实现旅游综合收入1416.42万元，与上年同比基本持平。客房平均出租率23.94%，旅游市场秩序良好，无旅游投诉和安全事故发生。黄金周期间推出春节庙会、烟花爆竹燃放、特色花卉观赏、民俗旅游等节庆活动接待游人0.42万人次，收入12.95万元。

（王会文）

【北京永安旅行社被批准为国际旅行社】 2月28日，北京永安旅行社经国家旅游局批准，成为通州区首家具有自主经营权的国际旅行社。此前，在本区注册的6家旅行社均属国内旅行社，区内居民出国旅游及国外游客来通州区旅游只能通过其他国际旅行社或门市。北京永安旅行社1996年成立，以其优质诚信的服务得到各界游人认可，此次获批国际旅行社，可直接从事经营国际旅游业务，填补了通州区旅游没有自主经营国际旅游业务的空白。

（王会文）

【旅游行业“平安奥运行动”动员大会】 3月26日，通州区旅游行业“平安奥运行动”誓师动员大会召开，市旅游局副局长安金明、区领导刘淑华出席会议，全区旅游企业的总经理、部门经理和员工代表300余人参加会议。7月18日，通州区旅游行业“迎奥运决战安保工作”再动员部署大会召开，全区星级饭店、旅游景区（点）、民俗村（户）及社会旅馆、旅行社等176家旅游企业负责人、区相关行政主管部门、各乡镇政府的主管领导260余人参加会议。区旅游局与旅游企业代表签订安全管理责任书。

（王会文）

【组团参加北京第十届旅游咨询展暨王府井旅游文化节】 4月5日至6日，区旅游局、区旅游行业协会组织区内宾馆饭店、旅游景区（点）、旅行社、旅游文化公司等30多家旅游企业，参加市旅游局主办的“北京第十届旅游咨询展暨王府井旅游文化节”。通州区展台以“京杭运河第一城，水都逍遥到通州”为主题，以彩绘展板展示、发放宣传材料、现场咨询服务等方式，向京城百姓和各界游人集中推介通州区的旅游资源、旅游产品和服务项目。本次参展，接待咨询群众上千人，发放各类宣传材料和旅游纪念品1.5万份。

（王会文）

【京东运河湿地休闲旅游区】 4月10日，通州区“京东运河湿地休闲带区建设”作为北京市5个乡村旅游示范带项目之一，被北京市政府列入2008年拟办重要实事（第46项）旅游项目。该项目涵盖西集镇全镇90.65平方公里的镇域范围，以北运河、潮白河沿线30.3公里的围堤路作为滨河生态休闲规划带，按照“一带”、“一心”、“四区”功能结构，重点开发乡村旅游观光项目，打造运河生态旅游品牌，建成后将成为以城市湿地和城市森林为特色的森林公园。该项目建设期限：2008年至2020年分近、中、远三期开发。年内已投资40余万元建成大型标识牌和区域指路标识、导览图等基础设施。

（王会文）

【运河水上游活动】 4月26日至10月底，举行“2008北京·通州‘运河水上游’系列活动”接待游客100万人次，其中游船接待游人6万人次，获旅游综合收入115万元。特别是“中秋”、“十一”期间推出运河夜航游、游览漕运码头、韩美林艺术馆和果品采摘等项目线路，吸引了金色旅途、国旅总社等20多家旅行社组织地接，带上海、四川、江西、广西、苏州、厦门等省市5000多名外地游客来通州旅游，打破多年来通州区没有地接旅游团队的局面。

（王会文）

【迎奥运倒计时100天消防演习】 4月28日，区旅游局、区公安消防支队在北京亚太花园酒店举行旅游行业“迎奥运倒计时100天消防联合演习活动”。区领导刘淑华与区旅游局、区公安消防支队、区防火办、区消防协会的领导出席活动，全区50余家旅游企业的主要负责人、保卫部经理和义务消防员130余人观摩了演习。消防演习分自救和专业救援两部分，通过模拟火灾现场、火灾报警、人员疏散撤离、解救被困人员、现场灭火等环节，进一步增强了旅游企业处置突发火情火险和与专业消防协同作战的能力。

（王会文）

【《北京京郊旅游手册》进乡镇进社区】 4月30日至5月8日，区旅游局向北苑、中仓、新华、玉桥4个街道办事处、11个乡镇和社会游人免费发放《北京京郊旅游手册》5.2万册，为区内居民和各界游人出行旅游提供信息服务。由市旅游局和区县旅游局共同编写的《北京京郊旅游手册》重点介绍了通州、顺义、门头沟等14个郊区县的特色旅游项目、精品线路及出游注意事项，配有景点线路图和联系方式，图文并茂、实用性强，是市民郊游的良好参谋与向导。

（王会文）

【“五一”小长假旅游形势喜人】 据不完全统计：5月1日至3日，全区67家旅游企业接待游人12.82万人次，实现旅游综合收入356.14万元，客房平均出租率51.24%。“五一”假日期间全区旅游接待情况良好，秩序井然，无旅游投诉和安全事故发生。2008年“五一”假期是国家节假日调整后首个小长假，为适应游人短线游需求，通州区推出运河水上游、特色花卉展销游、绿色果蔬采摘游和民俗文化游等节庆活动和线路，加大报纸、网络等宣传力度，3天假期接待游人3.89万人次，旅游综合收入34.19万元。特别是运河水上游活动的推出备受游人欢迎，除5月3日阴雨游人减少外，5月1日至2日发各类游船游艇777船次，接待游园和乘船游人2.9万人次，获旅游收入8.51万元。民俗旅游好于上年“五一”，3天假期接待游人0.5万人次，实现旅游综合收入25.05万元。

（王会文）

【通州区回族风情旅游区】 5月23日，“通州区回族风情乡村旅游区”建设项目，作为乡村旅游沟带产品创意策划项目，被列入2008年市政府拟办重要实事旅游项目。该项目涵盖于家务、永乐店两个乡镇，规划面积170.38平方公里，重点挖掘回族特色的民俗文化、历史文化、社会文化，打造回族风情旅游区和现代农业休闲旅游区，建设期限为2008年至2015年，分两期实施。

(王会文)

【第四届樱桃采摘节】 5月28日，区农委、区林业局、区旅游局、西集镇联合主办的通州区第四届樱桃采摘节开幕式在运河人家假日酒店举行。采摘节从5月28日至6月20日历时一个月，向北京市民和各界游人推出1500多亩、30余个樱桃园，10余个品种、80多万斤大樱桃采摘项目。采摘节期间共接待采摘市民和游人37200人次，采摘各品种樱桃401200公斤,实现旅游综合收入2506万元。

(王会文)

【组团参加北京国际旅游博览会】 6月19日至21日，区旅游局、旅游行业协会组织禾阳农庄、大运河水梦园、永安国际旅行社等旅游企业，参加北京市旅游局主办的“北京国际2008旅游博览会”。本次参展通州区以运河文化、乡村旅游为主题，发放各类宣传材料4000余份。

(王会文)

【组团参加中国北方十省市旅游交易会】 6月28日至29日，区旅游局、旅游行业协会组织区内旅游企业一行16人，随北京团参加在吉林延边国际会展中心举行的“2008中国北方十省市旅游交易会”。此次参展通州区精心设计展位，以图片展示、播放《通州旅游》、《中国宋庄》宣传片、发放旅游宣传品和现场咨询服务等形式，向各界游人和旅游组织宣传通州区新城风貌、运河文化旅游、乡村旅游节庆活动、宋庄文化旅游产业等资源，发放各类宣传图册、推介材料4000余份，受到与会者欢迎。

(王会文)

【北京观光南瓜园】 7月19日，位于通州区于家务乡的北京观光南瓜园隆重开园。全国政协原副主席孙孚凌、市委常委牛有成与市旅游局副局长安金明等市属相关委、办、局领导，通州区委、区政府、区政协领导，部分兄弟区县相关部门领导，通州区各委、办、局、乡镇、街道、公司主要领导及当地居民近千人参加开园仪式。北京观光南瓜园一期投资3850万元，占地面积500亩，种植南瓜、西瓜、蛇瓜等各类精品瓜果1000余种，是集南瓜主体观光、特色餐饮、旅游休闲、商务会议、科普示范于一体的综合性农业主题观光园。

(王会文)

【第十届葡萄采摘节】 7月30日至10月中旬，通州区第十届葡萄采摘节在张家湾、台湖、漷县三镇同时举行。采摘节推出张家湾镇葡萄大观园、台湖镇台湖第五生产队、漷县镇澳香园种植基地等12个采摘园，上万亩、百余品种名优特葡萄采摘项目。接待北京市民和各界游人3.7万人，采摘各种葡萄和梨、桃等果品5.5万公斤，实现旅游综合收入207万元。

(王会文)

【“一村一品”项目创意策划专家论证会】 9月8日，区旅游局召开《“一村一品”项目创意策划》专家论证会。北京市旅游局、北京市观光休闲农业协会、北京师范大学、北京神州新纪录规划设计研究院、中国旅游地学研究分会、北京农林科学院、市规划委通州分局等单位领导、专家教授组成的专家组，听取了北京达沃斯巅峰旅游规划设计院关于编制大营村、大邓村《“一村一品”项目创意策划》的汇报，专家组对将潞城镇大营村打造成为“盆景文化创意旅游村”、将宋庄镇大邓村打造成为“宠物犬休闲文化旅游村”的主题定位和创意策划给予充分肯定，并就策划项目建设时序、市场营销、投资与回报分析等方面提出建议。

(王会文)

【“十一”黄金周旅游经济稳中有升】 9月29日至10月5日“十一”黄金周期间，全区74家旅游企业接待游人31.17万人次，实现旅游综合收入1605.64万元，同比分别增长18.43%和9.6%，客房平均出租率56.04%。全区旅游市场秩序良好，无旅游投诉和安全事故发生。通过电视、报纸、网络强化通州区特色旅游宣传，运河游活动新增加的夜航游、登乾隆南巡皇船、参观漕运码头、与奥运火炬合影等项目受到游人欢迎，成为旅游亮点。黄金周期间，运河公园接待游人7.6万人次，收入30.9万元。其中乘船观光游客达1.14万人，游船收入24.92万元。十一期间全区推出的运河游、宋庄镇第三届梨园采摘节、民俗休闲游、花卉展销、果蔬采摘、现代创意文化观光等活动，共接待游人10.27万人次，实现旅游综合收入137.14万元。

（王会文）

【通州旅游走进方庄社区】 10月10日，区旅游局、旅游行业协会组织运河公园、大运河水梦园、永安国际旅行社等旅游企业与丰台区旅游局共同举办“通州旅游走进丰台方庄社区”活动。此次活动向方庄社区居民集中宣传推介运河水上游、乡村民俗游和现代创意文化观光游等项目和线路，受到社区居民普遍欢迎，发放各种宣传材料3000余份，现场20余人报名并于10月12日到通州旅游。

（王会文）

【组团参加第五届东亚国际旅游博览会】 10月10日至12日，区旅游局、旅游行业协会组织区内部分旅游企业随市旅游局组团赴大连，参加由国家旅游局主办的“第五届东亚国际旅游博览会”。本次参展通州区以“运河游”为主题，通过展板展示、发放宣传品、现场咨询服务等方式，集中宣传推介通州区的运河旅游资源和开发建设情况，接待咨询人士1000余人，发放宣传品2000余份。

（王会文）

【第二届花卉节】 10月18日，区旅游局、区林业局、漷县镇政府联合主办的“通州区第二届花卉节”在吉鼎立达科贸有限公司观光休闲示范农业园隆重开幕。区领导王云峰、邓乃平、王玉辉、张秀余、刘淑华出席开幕式。本届花卉节从10月18日至11月15日历时一个月，以“用鲜花美化环境、用鲜花播撒文明”为主题，推出来自30多个国家和地区、可供游人观赏购买的特色花卉300多个品种，同时提供200万斤富士、丹霞、乔纳金等优质苹果，10万斤梨枣、台湾大青枣、郡枣、冬枣等采摘项目。花卉节接待北京市民和各界游人4206人次，获旅游综合收入38.2万元。

（王会文）

【组团参加第三届中国（北京）国际文化创意产业博览会】 12月18日，区旅游局组织区工艺美术协会、北京艺景金古运文化发展公司、北京唐人坊文化发展公司等15家企业，参加第三届中国（北京）国际文化创意产业博览会。此次博览会通州区展示的“盛世运河通州城”手卷图、绢人、雕漆、艺术笔筒、料器、景泰蓝、玉器、砖雕、花丝镶嵌、脸谱、圣诞树、手绘工艺品等400多件精美的旅游商品吸引了众多观众。

（王会文）

【奥运服务保障工作】 2008年，区旅游局在旅游行业奥运服务保障工作中，坚持加强领导、健全组织，深入动员、严密部署，落实责任、狠抓落实，通过在全行业层层建立安全生产责任网络，签订安全生产责任书，持续开展旅游行业安全隐患排查整改，旅游环境秩序综合整治，全员奥运培训岗位练兵等工作，取得了全行业奥运服务保障有力、旅游市场环境秩序良好、全员文明素质服务质量明显提升、旅游接待无投诉、无事故的良好成效，实现全区旅游行业平安奥运的目标。奥运期间红旗宾馆、东方宾馆等8家奥运预定饭店，以良好的环境氛围，热情周到的服务，接待法国、日本、韩国、俄罗斯客人1652人，赢得外宾的一致好评。北京星湖绿色生态观光园，在为残奥会开、闭幕式设备调试组装、节目排练提供场地和为演职人员提供接待服务工作中，投资2050多万元对食堂、浴室、排练场地等进行改建改造，为演职员住宿添置空调、饮水系统等设备设施，并以优质高效、热情细微的服务，圆满完成残奥会开、闭幕式特殊演职人员5000多人次的接待任务，受到李长春等国家领导人和北京市奥组委领导的好评。东方宾馆在接待奥运火炬手培训、餐饮、住宿和运河公园为奥运火炬运河水上传递提供皇船设施服务工作中，做到精心安排、服务到位，为确保奥运火炬传递做出了重要贡献。

（王会文）

交通·邮电

公　路

【概　况】 2008年，通州公路分局坚持树立大局意识、奥运意识、奉献意识，切实遵循“建养并重、强化管理；深化改革，调整结构；依靠科技，提高质量；依法治路，保障畅通”的工作方针，不断加大管理力度，提高依法行政水平，圆满完成全年各项工作任务。2008年分局实施续建工程6项，计划内新开工工程6项，大修工程7项，中小修工程13项，旧桥改造工程3项，铁路道口平改立工程4项，工程共计39项，实现建设养护总投资5.5亿元。2008年，分局启用办公自动化系统，促进各项工作有序开展。

（孙国斌）

【通顺路改建工程】 通顺路改建工程（京哈高速公路至富壁路）起点为温榆河桥桥头K0+650，终点为与富壁路相交的丁字路口北140米K4+000处，道路全长3.35公里，设计标准为城市主干路，主路路面宽24米，为三上三下六车道。工期为2007年12月20日至2008年12月15日。

（孙国斌）

【通顺路上跨京承铁路立交桥工程】 通顺路上跨京承铁路立交桥工程桥梁起点为K2+224.139，终点为K2+447.619，桥梁全长223.48米，双向六车道，全桥宽为28.0米，与既有京承铁路线相交，斜交角度为27.8度。全桥孔跨布置为1孔40米简支箱梁+1孔128米下承式钢管混凝土拱桥+1孔40米简支箱梁。施工中采用超长桩施工、大体积混凝土施工、预制箱梁施工、顶推法施工等多项国内先进性桥梁施工工艺。工期为2007年12月20日至2008年12月20日。

（孙国斌）

【友谊大桥改建工程】 友谊大桥改建工程位于现况桥南侧，桥梁全长436.16米，全宽10.5米。桥梁上部结构为预应力混凝土简支T梁，下部结构为钻孔灌注桩基础。桥头引道起点与现状武兴路顺接，终点与河北省道路相接，全长927.9米，设计标准为二级公路标准，路基宽19米，路面宽16米，两侧人行步道各宽1.5米。工期为2007年12月10日至2008年12月15日。

（孙国斌）

【富壁路改建工程】 富壁路改建工程起点为通顺公路，起点桩号K0+152.418，终点桩号K8+230，全长8.078公里，设计标准为城市道路主干路，道路横断面均为四幅路形式，路基全宽50米，其中中央分隔带宽6米，中央分隔带两侧各设11.5米宽行车道（0.5米路缘带+3×3.5米机动车道+0.5米路缘带），单侧机非分隔带宽2.5米，非机动车道宽5米，人行步道宽3米；其中新建尹各庄小桥一座。工期为2008年3月18日至6月30日。

（孙国斌）

【宋郎路大修工程】　宋郎路大修工程（含郎府东桥）道路全长13.35公里，设计标准为三级公路，工程共分三段，即第一段起点桩号K4+280，终点桩号K12+300，路面宽7米，路基宽8.5米；第二段起点桩号K19+600，终点桩号K24+404.87，路面宽10.5米，路基宽12米；第三段郎东路起点桩号K0+000，终点桩号K0+520.65，路面宽6米，路基宽7.5米。以及郎府东桥一座，全长15.04米。工期为2008年3月15日至5月31日。

（孙国斌）

【九德路大修工程】　九德路（房通路至渠头）大修工程道路全长7.72公里，工程共分两段。第一段起点桩号K19+480，终点桩号K26+140，设计等级为平原三级公路，路面宽7米，路基宽8.5米；第二段起点桩号K28+970，终点桩号K30+030，设计等级为平原二级公路，路面宽16米，路基宽20.4米，两侧人行步道各宽2.2米。工期为2008年3月15日至5月31日。

（孙国斌）

【养护管理】　全年分局以奥运保障为目标，管养公路里程达468.675公里，其中国道2条、36.646公里，市道12条、173.31公里，县道29条、258.719公里。完成养护总投资4873万元，其中中修工程10项、总投资1089.3万元，小修工程3项、总投资300万元。处理道路破损及坑槽51472平方米，处理道路翻浆8438平方米，整修边坡931千平方米，整修路肩249千平方米。绿化养护总投资493万元，飞机打药29架次，修剪路树3000余棵。生态绿化工程1项，总投资660万元。交通工程总投资361万元，完成标线63公里共计12536平方米，标志248面（套），护栏900米。实施隐患点专项整治工程1项，完成标线400米共计974平方米，标志27面（套），维修交通量观测站9处。指路标志改造总投资524万元，改造完成18条路202公里。投资约95万元，委托2家专业检测单位对148座公路桥梁进行全面定期检查，并对21座桥梁进行材质检测，制定桥梁应急预案和奥运期间保障措施，确保桥梁安全。及时处理突发事件3次，储备融雪剂300多吨。

（孙国斌）

【乡村公路管理】　全年分局完成乡村公路建设道路68项、80.1公里，桥梁4座、627.42平方米。完成路面补坑3.6万平方米，整修路基5457公里，保洁18万平方米，完成11个乡镇4.7万平方米的中小修工程并全部通过验收。组织开展乡村公路大修工程管理及存在问题，乡村公路、桥梁现状及存在问题等5项调研活动，完成1500余公里的外业采集和数据汇总上报工作。对全区23个新农村基础设施整体推进村道路硬化面积进行核实，核实面积103万平方米。另外完成张家湾镇枣林庄对外连接道路建设面积的核实任务，核实面积6600平方米。加强乡村公路建设和养护管理，分局制定《通州区乡村公路中小修工程管理办法》、《通州区乡村公路建设工程管理办法》和《通州区乡村公路建设、养护资金使用、拨付管理办法》。

（孙国斌）

【公路养护管理及路政巡查子系统项目】　分局以通州公路路网为对象，建设公路养护管理及路政巡查子系统项目。该项目包含自动交通信息采集设备、视频交通监控和可变情报板设施、公路基础数据库、公路行业电子地图，进一步完善和优化了通州公路路网视频监控点的总体布局，整合外场设备的动态数据，实现公路路网管理与应急处置、公路路政巡查及综合信息管理、公路养护综合信息管理，以及面向公众的公路信息服务，从而实现通州公路路网高水平的日常运行管理。

（孙国斌）

【路政执法】 年内，分局分5个巡视组负责巡视公路里程达735.58公里，其中高速公路5条、266.9公里，国道2条、36.65公里，市道12条、173.31公里，县道29条、258.72公里，保证国道、市道、高速公路每天巡视1次，县道每2天巡视1次的巡视频率，巡视覆盖率达到100%。全年分局办理处罚案件30件，处罚金额6.9万元；办理路产赔偿案件76件，收取赔补偿金额17.9万元；全年治超检测车辆8308辆，卸载374辆，卸载3546吨，其中流动治超查处超限车5辆，卸载112吨。全年受理行政许可案件65件，法定时限内审结65件，收取补偿费110万元。圆满完成北京铁路地下直径线盾构大件、博鳌亚洲论坛大件等大件运输配合工作3次。全年分局组织执法力量对辖区内县级以上公路开展5次清理工作，清理擎天柱巨幅广告4块，悬臂式及其他组合式大型非公路标志38块、各类灯箱、道旗、条幅300余个。在交通部交通行政执法责任制检查工作中，通州公路分局被评为交通行政执法责任制示范单位，李清华被评为交通文明执法标兵。

（孙国斌）

【征稽执法】 分局将养路费征稽窗口的文明服务工作作为全年征稽工作的重点，创新服务载体、拓宽服务渠道、完善服务细节。2008年，征稽所内业组先后荣获“通州区三星级青年文明号”和“北京市青年文明号”荣誉称号，全年征收养路费为12165万元。征稽所外勤稽查队采取错时稽查和联合执法等手段，加大稽查催缴力度，规范稽查执法程序，全年稽查人员暂停使用违法车辆134辆，119辆车接受处理，稽查清欠收入230万元。

（孙国斌）

运　输

【概　况】 区交通局为区政府职能部门，担负着全区客运、货运、水运、汽车维修行业的规划、审批及管理工作。局机关设有法制科、客运管理科、货运管理科等10个科室，下属有运输管理所、出租汽车管理所、汽车维修管理所、培训中心4个事业单位。2008年，交通局围绕年初确定的工作目标，认真贯彻落实区委四届四次、五次、六次全会精神，全面落实科学发展观，全力服务奥运，强化行业管理，推进运输行业又好又快发展，圆满完成各项工作任务。年内，办理人大代表议案、政协委员提案10件，答复群众来信来访101件。实施政务公开、信息公开，核对、更新网上公开信息40条，加强网站内容保障，全面梳理、公开行政办事事项59项。

（陈　颖）

【客运行业基本情况】 通州区客运行业包括：境内客运、出租汽车、旅游客运、人力三轮车运输。其中境内客运企业1家，有运营线路30条（其中区境内线路25条，区县间线路5条），运营车辆173部（其中22部为政府投资购置的专营村村通公交线路的车辆），运营线路长度925公里，覆盖通州11个乡镇，通达行政村205个，企业从业人员414人，年客运量3093万人次，运营收入3156万元。出租汽车企业11家，个体经营业户17户，运营车辆2043部，从业人员3647人，年客运量3148万人次，年营业收入36743万元。旅游客运企业2家，运营车辆11部，从业人员15人；人力三轮客运车辆839辆，从业人员844人。此外，在区内经营大公交客运的企业主要为北京市公共交通控股（集团）有限公司所属的北京八方达巴士长途客运有限责任公司通州分公司、公交客运第五客运分公司，上述公司在通州经营的线路共计50余条，车辆1300余部，车型全部为大型客车。

（陈　颖）

【水运行业基本情况】 游船业户2户，游船145艘，年运送游客16.47万人次，年营业收入183.27万元。

（陈　颖）

【货运行业基本情况】 货运业户7321户，运营车辆20501部，总吨位61206吨，为全市各区县之首。其中货运场站2户；化危运输企业28户，842部主车94部挂车，吨位3304吨；普通货物运输企业7036户，车辆18650部，吨位48500吨；集装箱运输企业37户，129部主车111部挂车，吨位3413吨；大型物件运输41户，53部主车 49部挂车，吨位1420吨；物流企业128户，车辆893部，吨位3920吨；个体运输业户5729户，占总户数的 78.3%，车辆6619部，占总车数的32.2%，吨位16622吨，占总吨位数的 27.2%；农用车辆2241部，占总车数的 11%，吨位2049吨，占总吨位数的3.34%。

（陈　颖）

【汽车维修行业基本情况】 汽车维修企业542家，其中一类企业24家，二类企业137家，三类企业381家，年汽车维修总量361906辆次。

（陈　颖）

【完成奥运运输服务保障任务】 一是开展运输行业奥运培训和奥运服务专项培训，组织培训出租汽车驾驶员，水运、化危运输从业人员7800余人次。二是从客、货运输企业选调22名政治过硬、业务能力强的管理人员作为奥运会交通运行团队专业调度和管理人员，参加奥运期间的交通服务保障工作。三是完成赛时指定场馆的出租运力保障任务，涉及奥运场馆2处，参与保点管理人员和驾驶员107人，保点车辆68辆。四是16家货运企业、363辆车组建奥运城市配送“绿色车队”，完成奥运期间城市货物配送运力保障任务。五是完成境内客运运营保障工作，采取个别线路、客流高峰期或遇特殊情况临时增加班次等措施，满足百姓出行需求，并确保安全便捷，7月20日至9月20日，运营班次8.5万余次，运送乘客500万人次。六是完成奥运圣火通州段水上传递活动的水域航线现场勘查、船只安检、行政许可和领航任务。七是从局内选派5名技术过硬的驾驶员作为奥运驾驶员志愿者，12家运输企业及24名同志受到奥组委的表彰，得到了嘉奖，交通局及局属四个部门分别被市交通委、市运输局、市执法总队和区委、区政府评为先进集体，30余名干部职工被评为先进个人。

（陈　颖）

【开展奥运运输行业环保治理】 完成160辆运输汽、柴油罐车的油气回收改造。开展黄标货运车辆淘汰、治理工作，对全区货运业户进行广泛动员，宣传黄标车的治理意义，积极申请市级补助资金，按照工作流程进行受理审核，淘汰、治理黄标车732辆。完成汽车维修企业喷（烤）漆房有机排放物的综合治理，有效控制了有机排放物对环境空气质量的影响。

（陈　颖）

【继续落实村村通公交工程】 依据通州新城规划和通州新城控制性详细规划，结合郊区公共客运公交化和村村通公交的要求，修改完善《通州区公共交通客运发展规划》。推进基础设施建设，改善农村乘客候车环境，争取市级建设补助资金70万元，在各乡镇、行政村建设完成70个候车亭。

（陈　颖）

【实行境内客运票价改革】 制定并组织实施《通州区境内客运改革方案》。自1月15日，乘坐境内客运车辆实行现金购票五折优惠，经过与市有关部门的大力协调，9字头城市公交刷卡乘车在原票价八折基础上继续降至

四、二折优惠。改革方案实施后得到全区百姓的普遍欢迎。积极协调区政府迅速出台财政扶持政策，确保1800万元票价折扣亏损补贴及时发放到位。

（陈　颖）

【加快出租汽车更新速度】 全区2043部出租汽车已更新2025部，占车辆总数99%以上。统一出租汽车驾驶员在运营时间的着装规范，8月1日起全部着行业统一职业装上路运营。

（陈　颖）

【行业日常监管工作】 加强对运输企业日常管理的监督考核，做好行政审批工作， 严把市场准入关，引导运输行业依法经营、规范管理。在货运、汽车维修行业开展质量信誉考核，加快道路运输市场诚信体系建设。完成汽车维修行业高级管理人才、技术人才调查，全面掌握了行业人才的基本信息和总体状况。完成出租汽车营运证件换发，做好《出租小轿车营运服务规范》贯标工作，规范车容车貌和配套设施。加大水上交通安全监督和水运行业管理力度，确保水域游船安全服务。加强行业培训服务，进行从业资格证换证工作，共换发1.2万余个，举办10期客运货运驾驶员从业资格培训，2040人经考核合格领取了从业资格证。

（陈　颖）

【加强行业专项调查统计工作】 完成货运车辆抽样调查、公路水路运输量专项调查等各项行业统计工作，特别是在奥运期间，加强对城市生活基本物资运输供应情况、客运和货运行业运营及安保巡查情况等的统计日报，为市交通委、市运输局指导全市运输保障和安全监管工作提供依据。深入开展调查研究，为行业管理提供智力支持。

（陈　颖）

【加强全程代办建设】 不断健全全程代办服务工作每个环节的制度，进一步调整人员配置，明确各岗位职责和权限，更新公示内容。推进网上审批服务系统建设与应用，加强与市运输局、局内职能科室的业务衔接和工作协调，注重学习培训，办公效率、业务水平有很大提高。全年受理许可事项20003件，均在规定时限内办结，为经营业户提供良好服务，群众满意认可。

（陈　颖）

【行政执法人员培训】 开展普及法律知识和专业知识的培训，全年集中培训16次，111学时，521人次参加。加强执法人员资格管理，进行案卷制作和法律知识双项考核，138人经考核合格，换发交通行政执法证件。

（陈　颖）

【加强行业安全监管】 本着“全面监管、重点突出”的原则，各职能部门和运输企业高度重视，切实加强安全基础工作，保持行业稳定、安全运营的良好势头，全年未出现大的安全生产事故。一是层层落实安全生产责任制。与80余家监管的重点单位签订《安全生产责任书》，全面建立行业安全监管网络。二是扩大安全知识社会宣传。组织开展“治理隐患，防范事故——携手共筑奥运平安”为主题的安全生产月活动。三是组织开展安全生产联合大检查，消除安全隐患。累计检查运输企业390家，开具检查通知单及巡查表120份。加强对轻轨通州段的安全监管，坚持周巡检查制度。奥运期间，加大检查力度；落实境内客运安全员制度。四是进一步加强化学危险品运输的安全监管。做好化危运输企业日常行政许可，每月进行有重点的例行检查，对有问题的企业限期整改并组织复查。落实车辆等级评定抽检工作，按要求对化危运输企业进行“安全评价”。2008年，全区28家化危运输企业全部通过“安全评价”，车辆全部安装GPS，在职化危运输从业人员全部持证上岗，企业安全管理水平明显提高，各项制度得到较好落实。

（陈　颖）

【运输市场秩序进一步规范】 组织开展客运、货运、汽车维修行业综合整治，采取以教育为主处罚为辅原则，开展日常执法检查和行业服务，进一步规范企业经营行为，确保运输管理费应收不漏。全年进行执法检查83054车次，做出行政处罚6497起，行政执法保持无投诉、无上访、无行政复议。

（陈 颖）

【巩固治超成果】 围绕“服务奥运、保障奥运”这条主线，完善长效管理机制，强化治理效果，保证奥运车辆、救灾物资的顺利通行和绿色通道畅通，基本实现对进出北京东大门的超限超载车辆的全面防控。全年出动运政、路政、交通、公安执法及工作人员36084人次，检查车辆9357辆次，查出超限超载车辆533辆次，卸载货物3159.2吨。

（陈 颖）

【公路综合检查站建设】 年内，京津二通道永乐店站竣工，9月15日启动治超功能。京哈高速白庙站开工在建，完成综合楼主体工程建设。其它站点建设的前期手续正加紧进行报市、区相关部门审批。

（陈 颖）

【完成抢险物资运输任务】 2月2日凌晨2时，支援南方冰冻雨雪灾及时启动应急预案，调配人员和车辆，全力奋战两小时，将运往南方冰冻雨雪灾区的一万余床棉被运往火车站装车，圆满完成抢险物资运输任务。

（陈 颖）

邮 政

【概 况】 通州区邮政局位于运河西大街174号，全局干部、职工572人。区局机关设五部一室，下设物流公司、零售公司、集邮公司和函件局。设有邮政支局9处，邮政所25处，邮政储蓄网点28处。其中邮政储蓄银行4处，邮政储蓄代理网点24处。全局设邮路11条，投递道段125条，其中汽车投递道段5条、摩托车投递道段4条、自行车投递道段114条，机要投递道段1条，包裹直投道段1条，投递里程3691公里。信筒信箱250处；报刊亭（门市部）63处；村邮站484个；投递点8921个，担负着全区907平方公里100余万人口的邮政通信服务工作。

2008年，通州区邮政局认真贯彻落实北京市邮政公司的工作部署，以“升位晋级”为目标，突出重点，开拓经营，全面推进、贯穿发展这一主线，牢牢把握改革、发展、稳定三个关键环节，制定以“升位晋级”为核心的一系列发展政策，有效地促进全局各项工作的开展。全年未发生上访及职工犯罪事件，未发生安全责任事故，企业经营、精神文明建设等方面均取得可喜的成绩。

（刘雁军）

【实施升位晋级新机制】 2008年是北京邮政政企分开的第二年，按照下管一级、重奖增量的原则，健全以升位晋级为核心的绩效考核机制，把主要项目指标进行排位，升位晋级情况与单位的经营管理者效益直接挂钩，奖优罚差。将除工资外的人工成本按照经营单位收入认档情况进行核批，将计划使用权限下放支局，提高基层单位自主权限，使绩效考核与经营规模、效益发展、公平竞争密切联系。区局每月召开经营分析会，对各单位经营情况进行升位晋级排名。通过机制的调整，极大地激发了各级管理干部“争先创优、比学赶超”的意识，进一步增强了责任意识和使命感。

（张素霞）

【完成各项业务指标】 全年完成业务收入7295万元，同比增长17.36%，完成年计划的102.83%。邮务类业务收入完成2687.50万元，同比增长100.61%，完成计划115.79%。速递、物流类业务收入完成852.3万元，同比增长27.01%，完成计划112.3%。金融类业务收入完成3755.9万元，同比增长2.51%。储蓄余额净增4.07亿元，再创新高。成本费用 4561 万元，同比下降 5.95%。完成收支差额 2663 万元，同比增长 128.2%，完成任务 100%。

（王 雪）

【开发奥运邮品项目】 通州区邮政局抓住奥运会契机，开发奥运集邮产品，结合奥运火炬在通州传递的有利时机大力宣传，提高营销技巧，多渠道、多方式进行奥运邮品的销售。实现收入 632.33 万元，同比增长 232.2%，取得历史性的突破。一是为迎接奥运火炬在通州传递，制作 2 万枚“08 火炬经过我的家”主题明信片。二是加大宣传和公关力度，做好《第 29 届奥林匹克运动会世界邮票大全》营销工作，销售大全册 40 套，实现收入 119.2 万元。开发制作个性化邮品“金色童年”800 版，创收 3.2 万元。三是在奥运倒计时 100 天和迎奥运巡回邮展活动中，组织职工参观学习，同时设展位，宣传、销售邮品，创收万元。四是围绕奥运火炬通州传递活动，为火炬传递活动制作邮品 5000 册，实现收入 50 万元。

（赵 力）

【参与奥运文化广场活动】 在北京奥运会、残奥会期间，区邮政局参与通州区奥运文化广场活动。在通州区运河文化广场设立奥运临时邮政所，历时 72 天，搭建发展奥运经济平台，为通州区广大集邮爱好者提供热情周到的服务，实现奥运邮品收入 28.74 万元。同时在中仓支局成立奥运特许零售商品专卖店，实现收入 32 万元。

（任海燕）

【发展邮务类业务】 全局函件专业实现收入 732 万元，完成年计划的 90.04 %，国际函件专业收入任务 26.18 万元，完成年计划的 163.6%。一是数据库营销实现新突破。通州邮局积极推广宣传打造精品数据库，解决客户所需，实现精细营销。全局使用邮政名址制作商函 48 万件，增幅达到 348%。二是“喜从信来”业务再创佳绩。全局累计制作“喜从信来”商函 24.39 万件，完成年计划指标的 122%，首期完成年计划指标。三是积极对外宣传邮资图封片业务，加强邮政企业与客户良好的合作关系，全年计划任务 70 万元，累计完成 70.80 万元，完成任务的 101.14%。四是 DM 广告业务实现跨越发展。充分抓住房地产销售旺盛的有利时机，利用现有资源，为客户代投广告业务，为 DM 广告的发展开辟新的业务增长点。全年制作 DM 广告 29 期，制作量达到 67.75 万份，代投广告 5 批次，累计达到 81 万份，实现收入 87 万元。

（王怀增）

【邮政贺卡实现超常发展】 做好 2008 年贺卡营销工作，进行市场细分，确定目标客户群，加大扶植力度。全员营销与专业营销相结合，并对营销人员进行邮政贺卡营销技巧的专题培训。扭转贺卡定、销比例，定制型收入 64.5 万元，比上年增长 284%。2008 年邮政贺卡完成 120.9 万元，完成年计划 80.5%，同比增长 17.8%。

（王怀增）

【提高窗口服务水平】 以奥运服务为契机，改善邮政服务质量，狠抓规范服务和职工培训工作。全年组织各类业务知识培训 9 次，营销知识培训 4 次，职业技能培训 6 次。进一步提高窗口员工的服务水平，用户满意度达到 85 分以上。圆满完成奥运会、残奥会、奥博会期间的邮政通信服务工作。2008 年通州区邮政局被授予“全国精神文明建设工作先进单位”、首都“迎奥运、讲文明、树新风”活动先进集体、“首都服务奥运好先锋”，北京市邮政公司授予“北京邮政服务奥运会、残奥会优秀团队”称号。

（王 辉）

【“平安邮政”建设活动形成机制】 2008 年各项安全指标全部完成，实现全年安全生产。开展“平安邮政”建设活动以来，经过不断发展完善，形成以建设“平安邮政”为主题，以实现安全稳定为目标的，以通信安全和邮政安全为重点的具有行业特色的综合治理机制。平安建设活动已纳入到本局的精神文明建设中，成为邮政文化的具体内容进入到管理程序，形成有效的管理机制。在“平安邮政”建设活动中，确保奥运邮件安全、服务安全、邮政设施安全，确实做到奥运安全工作万无一失。2008年通州区邮政局被北京市邮政公司评为“安全生产达标先进单位”、“平安邮政先进单位”。

（王忠厚）

【安全防范设施建设】 安全防范设施建设全面实现规范化。2008年加大对技防、人防、物防等方面的投入，金融运钞实现振远押运，全局新装监控摄像头5个，增设电动门杆三套。为新华支局、梨园支局增设保安员4人，提高安全防范能力。为全局及报刊亭更新灭火器180个。

（刘雁军）

【完善基础设施建设】 加强局所建设，完成7处局所改造及食堂扩建工作，局所装修面积2183平方米；投资20余万元，为一线更新一批邮资机及微机设备，并配备生产用打包机30台；完成区局机关局域网建设；贯穿全年的投递网建设按部就班有序推进，完成制度上墙、投递桌椅更换等工作，成立新华、运河、梨园3个投递部，增加管理人员，完善基础资料，强化投递部管理水平，优化原有作业组织流程。2008年进一步改善顾客的用邮环境。一是积极与区政府职能部门配合，全力支持“三农”建设。全面开展服务中小企业走访工作，完成23个村邮站的用品用具配送工作，为他们新制作村邮站职责及工作范围，并负责安装上墙。二是完成对全区楼房通邮情况的统计工作。为182家单位、270栋楼房，计16908户办理通邮手续，为33栋、1661户补装信报箱，在政府支持下，解决了云景西里南区19栋楼，1056户的长期不通邮问题。三是为全局所有局所改建残疾人坡道。四是新安装筒箱28个，全局总数达到254个。

（张素霞）

电　信

【概　况】 2008年，中国网通（集团）有限公司北京市通州区分公司在北京公司的领导下，紧密围绕公司“建功奥运、创新发展、精品服务、促进和谐”的主旋律，以奥运为主线，以发展为根本，以创新谋发展，以服务促发展，以和谐保发展，在发展过程中积极创新、提升服务、铸造和谐，确保了奥运通信保障万无一失和主要业绩指标的完成。年内，全区电话普及率为59.67部／百人，主线普及率为57.51线／百人。2008年，分公司全面完成固定资产投资预算、资本性支出预算、交资转固预算等项任务指标。

（张云伟）

【全面完成业务指标】 2008年，完成合并主营业务收入，完成预算的104.76%；移动业务全年累计完成主营收入年预算的96.1%；普话实增、宽带用户实增完成预算指标；企业责任客户投诉量≤5件，完成考核指标；宽带网络质量综合指标完成100%；PHS基站完好率平均达到98.85%；其它考核指标均完成。

（张云伟）

【完善各项服务措施】 完善服务措施，提高服务质量，分公司组织三级及以上经理到营业厅值班。二级经理到营业厅值班6次，三级经理到营业厅值班74次。经理通过在营业厅的明查和暗访，了解营业厅服务现状和影响服务质量问题，并进行积极有效的整改，促使分公司营业厅服务水平稳步提升。2008年公司满意度调查中，通州分公司大客户满意度总体得分92.79，商务客户满意度总体得分82.77，公众客户满意度总体得分86.18，第一次三项指标全面达标，均高于目标值，其中大客户、公众客户满意度有了大幅度的提升。全面落实六分局、两个营业厅的奥运服务达标工作，5月各单位全部达标。新华厅获得“全国百佳营业厅”称号。

（张云伟）

【完成奥运会重点通信保障任务】 分公司积极落实各项奥运达标工作，确保在规定时限内机房、设备、保障人员全面完成奥运通信达标工作；制定各级应急预案，完善各项制度及流程；加强巡视、排除安全隐患；加强网络监控和分析，做好用户支撑工作；严格执行公司封网管理制度和安全信息零汇报制度；完成奥运火炬在通州境内的顺利传递和奥运会闭幕式焰火燃放的通信保障任务；组织突发事件实战应急演练，提高员工防范意识和应对突发事件综合能力，实现奥运期间通信服务万无一失的目标，为奥运通信保障提供有力的支撑及后勤保障。

（张云伟）

【全力支持新城区、新农村建设】 通州分公司积极推进“光进铜退”工作，解决通州区域偏远地区客户上网需求，全年新建光进铜退的局所及室外多功能箱达50处，有效解决了偏远农村的宽带网络覆盖问题，实现通州界内村村通宽带。

（张云伟）

【公司变更为中国联合网络通信有限公司北京市通州区分公司】 10月15日，中国联通与中国网通合并成立中国联合网络通信有限公司，正式挂牌。10月30日起，启用中国联合网络通信有限公司北京市分公司印章。11月12 日，北京市分公司新设通州区19个营业厅为中国联合网络通信有限公司北京市分公司通州（XX）营业厅。

（张云伟）

城乡建设

综述

2008年，全区建筑系统积极应对经济、社会形势的新变化，抓住奥运后新城建设大发展有利契机，严格规范行业建设，提高服务质量，圆满完成全年任务。建筑业开复工面积752万平方米，同比下降12.9%，新开工面积314万平方米，同比增长4.7%，竣工面积128万平方米，同比下降32.6%。其中房地产开复工面积440万平方米，新开工面积217万平方米，竣工面积41.3万平方米，同比分别增长66%、113.9%和14.9%。完成税收8.38亿元，其中房地产税收实现4.345亿元，同比降低16.4%。

基础设施建设取得新成绩。路桥建设工程顺利推进，东六环西侧路、潞苑东路、富壁路、通顺路城市段、运河左堤路基本完工，潮白河白庙桥、武兴路友谊桥、通香路新桥具备通车条件，京榆旧路三期、觅西路、九德路改建等工程进展顺利。配合市有关部门完成机场二通道、机场南线、京津二通道和京津城际铁路建设。通州新城道路框架进一步完善，城市功能得到加强。

人居条件进一步改善。廉租住房、经济适用住房、限价商品住房审核和建设全面展开，加快建设玉桥东小区经济适用住房及半壁店限价商品住房、配建廉租房两个项目工程。北京工具厂经济适用住房、配建廉租房及芙蓉花园限价商品住房等4个项目开工建设。坚持新城建设和旧城改造并举的方针，完成全区城镇直管公房危房408户、1.1万平方米搬迁改造任务。确定新城南街、帅府园、齐天乐园为政府公益性项目拆迁工程，新城南街改造拆迁工作完成总量的82%。通州区老城区被确定为北京市棚户区“三区四片”改造试点之一，通州区住房保障和棚户区改造工作均位于全市前列。房屋管理工作加强小区物业管理，全区新建小区物业管理覆盖率100%，直管公房实现安全度汛，完成新城南街直管公房拆迁工作及直管公房解危工作，完成市委、市政府提出的“五无”工作目标中无城镇危房的指标。

四大行业管理水平进一步提升。建筑业加强工程管理和企业管理，全面提升行业品质。优化工程管理一条龙服务链，建立电子申报平台，创新质量安全工作机制，将管理延伸到施工一线，全年开展各类检查3000余次，未出现重大质量安全事故。企业管理完成2008年建筑企业信誉信息、动态监管和二级建造师注册初审三大平台的建立、管理工作，推动全区建筑企业实力进一步提升。房地产业以产业结构、市场、统计分析、资质管理、项目管理五项优化措施为工作重点，在全市首次办理“限制权限资质证书”，全年对15个住宅项目建设方案进行审核公示，开展房地产市场秩序专项整治，全年办理房屋交易并颁发房屋所有权证23275件，成交总额72.21亿元。实施房屋登记数字化工作。建材业按照“亮起来、暖起来、循环起来”三大工程的要求，全面开展新农村建筑节能工作，改造面积1.3万平方米，全市农村首个应用新型专利节能产品的外墙改造项目竣工验收，完成节能改造项目采集工作，全年受理民用建筑工程建筑节能专项验收备案、建设工程材料供应备案188件。

（徐　滨）

重点工程

【概　况】 2008年，基础设施重点工程建设取得新成绩，东六环西侧路、潞苑东路、壁富路、通顺路城市段、运河左堤路、潮白河白庙桥、武兴路友谊桥、通香路新桥竣工。京榆旧路三期、觅西路、九德路改建等工程进展顺利。温榆河西滨河路、朝阳北路东延及跨温榆河邓家窑大桥开工建设。徐尹路、宋郎路北延、玉带河东大街东延、六环西辅路北延等工程加快办理前期手续。配合市有关部门，实施机场二通道、机场南线、京津二通道和京津城际铁路建设，加快亦庄线征地拆迁工作。

（徐　滨）

【富壁路改造工程】 富壁路改造工程起点为通顺路终点至通州区与顺义区交界处，道路全长7700米，投资42092万元。管线整体工程和道路整体工程均完成95%。

（徐　滨）

【通顺路改造工程】 工程起点为京哈高速终点至富豪村，道路全长4220米，投资34318万元。工程于3月复工，6月底主路完成面层油的施工。11月初，辅路全部面层油铺装完毕。12月底上跨京承铁路立交桥完工，通顺路改造工程竣工通车。

（徐　滨）

【东六环西侧路工程】 工程起点为京津公路终点至运河大街，道路全长5133米，投资41218万元。工程于2006年5月1日开工，2008年6月1日道路工程竣工，达到通车条件。

（徐　滨）

【武兴路道路建设工程】 武兴路道路建设工程施工段长840米，投资2000万元。工程于9月30日开工，12月10日竣工通车。

（徐　滨）

【北运河左堤路工程】 北运河左堤路工程起点为六环路跨北运河桥下，终点至武兴辅线，全长8.425公里，年底通车。

（徐　滨）

【京津城际轨道工程】 京津城际轨道工程线路全长115公里，通州区段35公里，沿途经过通州区台湖镇、张家湾镇、于家务乡、永乐店镇，涉及4个乡镇26个行政村，征用土地1533亩，发放征地拆迁补偿款7.5亿元。签订树木补偿协议652份，签订厂房及民房协议125份。京津城际轨道于8月1日全线开通运营，通州境内预设永乐站。

（徐　滨）

【京津第二通道工程】 京津高速公路北京段路线全长约34公里，通州区段沿途经过台湖镇、张家湾镇、于家务乡、永乐店镇4个乡镇25个村庄，征用土地4706亩，发放征地拆迁补偿款10亿元。签订树木补偿协议685份，签订厂房及民房协议79份。京津二通道于7月16日全线开通。

（徐　滨）

【机场南线工程】 机场南线工程全长18.2公里，其中通州区段2.7公里，涉及宋庄镇吴各庄、管头、葛渠3个村庄，征用集体土地510.3亩，发放征地拆迁补偿款2亿元。签订树木补偿协议89份，签订厂房及民房协议43份。工程年内建成通车。

(徐　滨)

【机场二通道工程】　机场二通道工程道路全长约11.5公里，通州区段长2.5公里，涉及宋庄镇管头村，征用集体土地164亩，发放征地拆迁补偿款6764万元。签订树木补偿协议39份，签订厂房及民房协议3份。工程年内建成通车。

(徐　滨)

【保障性住房工程】　为落实区委、区政府关于尽快解决通州区中低收入家庭住房实际困难的工作目标，2007年通州区确定69.38万平方米保障性住房及限价商品房建设任务。其中玉桥东小区经济适用住房项目建筑面积12.98万平方米，房屋1834套；半壁店大街25号限价商品住房项目建筑面积54.73万平方米，房屋5974套；半壁店大街25号廉租住房项目建筑面积1.67万平方米，房屋374套。以上项目均于2007年12月全面开工建设，计划2010年竣工并交付使用。2008年确定约50.82万平方米保障性住房及限价商品住房建设任务。其中限价商品住房采取集中建设和配建方式，建设29.86万平方米，分别在芙蓉花园等3个项目中建设。保障性住房由半壁店23号北京工具厂项目提供，建设约20.96万平方米，其中建设经济适用住房18.84万平方米；配建廉租房2.12万平方米。

(徐　滨)

规划管理

【概　况】　2008年，北京市规划委员会通州分局编制完成一系列重要规划，开展13项规划研究，完成821项行政许可，1563项村民建房的审批，办理或协助办理区政府折子工程5项、重点工程64项，办复人大建议、议案16件，办复政协委员提案24件，圆满完成全年工作任务。

(刘晓光)

【通州新城控制性详细规划】　编制完成《通州新城近期建设行动计划》，对通州新城近期城市建设时序进行合理安排，提出完善“两河一线一路”的空间发展格局等新城建设九大行动计划。

(刘晓光)

【镇(乡)域规划】　通州区11个乡镇中，台湖镇、于家务乡、宋庄镇、潞城镇、永乐店镇、漷县镇、西集镇、张家湾镇8个乡镇的镇域规划均通过市规划委审查并获批复。因永顺镇、梨园镇纳入通州新城规划范围研究，马驹桥镇纳入亦庄新城规划研究范围，故不再编制镇域规划。通州区在全市郊区县中率先实现镇域规划全覆盖。

(刘晓光)

【功能区规划】　年内，完成北运河中心区、商务园、宋庄文化创意产业集聚区等地块的控制性详细规划编制工作，并通过市规划委审查备案。完成河东果园、福田建材用地的重新核准。完成区文化中心项目、宋庄文化创意产业集聚区公共服务平台项目的规划意见手续办理。完成商务园路网规划方案审查和商务园滨河绿化景观工程、园区消防站前期规划手续。

(刘晓光)

【重大公共设施规划工作】　完成河东三级甲等医院、区文化馆新馆等重点工程的选址和规划意见书工作；完成档案馆新馆和运河博物馆的选址工作。

(刘晓光)

【城市特色规划】　年内，完成《通州新城景观水系规划》、《通州新城色彩规划》、《通州新城地名规划》三大城市特色规划编制工作。通过特色规划，强化通州新城的可识别性，展现通州多河富水的地方特色。

(刘晓光)

【修建性详细规划】 组织潞河医院、北京北方红旗机电有限公司、北京财贸职业学院和北京胸部肿瘤结核病医院4家单位开展大院修建性详细规划编制工作，为军队大院、大专院校、科研院所等单位建设提供规划指导。

（刘晓光）

【重点工程规划工作】 完成北京光机电一体化产业基地科创二街道路工程、北京国家环保产业园区景盛南二街道路工程、北京物流基地融商三路道路工程等27条道路工程前期规划手续办理。完成通州烟厂燃气工程、皇木厂变电站电力管线工程、潞苑东路热力管线工程等37个市政工程前期规划手续办理。

（刘晓光）

【通州区村庄体系规划】 《通州区村庄体系规划》通过区政府审查。该规划覆盖全区483个村，其中城镇化型村庄197个，保留型村庄240个，迁建型村庄46个。

（刘晓光）

【新农村建设试点村规划】 组织完成台湖镇蒋辛庄村、马驹桥镇大松垡村、永乐店镇大务村、于家务乡南仪阁村、宋庄镇小营村、潞城镇前疃村、张家湾镇大北关村、西集镇王庄村、漷县镇西黄垡等50个社会主义新农村建设试点村规划。

（刘晓光）

【旧城区改造规划工作】 年内，结合棚户区改造工作的开展，配合区建委和新城基业公司完成现状调查统计、拆迁安置区域与范围划定、实施方案制定等工作。

（刘晓光）

【创建节能环保示范小区】 年内，确定新通国际花园、宏鑫花园等两个项目为节能环保示范小区。指导建设单位和设计单位在设计和建设中执行节能、环保、人性化相关设计规范，提高项目建设标准和水平。

（刘晓光）

【规划调研】 年内，完成《通州新城第五立面管理研究》、《通州新城工业资源整体利用初步研究》、《区域服务中心产业区建设标准研究》、《通州新城核心区交通体系规划研究》、《北京市小产权房问题解析》等13项规划调研工作。

（刘晓光）

【规划审批】 全年审批规划意见书76件，其中建筑工程48件、建筑规模795.6万平方米，市政工程28件。办理建设用地规划许可证54件，其中建筑工程49件、用地规模329.9万平方米，市政工程5件。办理建设工程规划许可证203件，其中建筑工程191件、建设规模322.56万平方米，市政工程12件。

（刘晓光）

【规划监督】 全年完成规划验线81件，建筑面积197.27万平方米，其中合格74件、建筑面积186.6万平方米，不合格7件、建筑面积10.67万平方米。完成规划验收219件，建筑面积313.61万平方米，其中合格189件、建筑面积269.85万平方米，不合格30件、建筑面积43.75万平方米。检查处理违法建设4件，违法建筑面积7.05万平方米。

（刘晓光）

【规划执法】 认真落实2008年卫星查违工作，对31处8.32万平方米违法建设进行核实，并依法做了相应处理。协助区"2008"环境建设指挥部办公室全面开展奥运环境建设和整治工作。对机场周边可视范围、高压走廊沿线、航煤管线沿线、京津二通道沿线等地区进行整治。出具违法建设认定函119份，认定违法建设9万余平方米；拆除各类违法建设113处，建筑面积2.5万余平方米。

（刘晓光）

【地名工作】 年内，办理标准地名使用手续49件，核准建筑名称6件，办理标准地名命名4件。

（刘晓光）

【基础测绘】 通州区正式成为国家测绘局数字城市地理空间框架建设试点。年内，及时更新部分基础用图的地理信息数据。完成网上测绘资质申报注册工作，通过测绘资质年度审核。完成各项测绘业务165项。

（刘晓光）

【城建档案管理】 年内，完成219栋建筑工程档案预验收。完成2450卷城建档案编制工作。

（刘晓光）

国土资源管理

【概 况】 2008年，通州国土分局围绕国土资源管理参与宏观调控的工作要求，完成全年的各项工作任务。通州新城土地利用规划明确细化方案获得市政府审批，并在此基础上对新城土地利用总体规划进行进一步修改和完善，着重突出“集约高效利用、宜居和谐发展、内聚外优引导”基本思路。努力做好土地预审和征地工作，全年办理建设项目用地预审78件，涉及52项重点工程，总用地面积851公顷。上报征占地项目39个，总用地面积1024公顷。其中农用地转用面积758公顷，超额完成全年500公顷的土地利用计划。受理宅基地申请40个村、103户，约1.8公顷，全部获得区政府批复。顺利完成全国第二次土地调查工作，成果上报国土部。土地登记管理更加规范，全年受理国有土地登记发证145宗，面积508万平方米。办理集体建设用地使用证6宗，面积11万平方米；办理土地抵押登记218宗，抵押面积705万平方米，抵押价款146亿元，贷款总额101亿元，抵押注销登记189宗。及时有效供应各行业用地，区内审批出让的工业用地招拍挂项目14宗，面积69.88公顷，应收合同地价款为6315.65万元；划拨用地1宗，面积1公顷。国有土地工业用地区内转让审批办理8宗，转让面积29公顷，总转让金额1亿元，应收转让契税300.48万元，办理合同变更30宗。完成17宗工业用地项目入市交易工作，规划总用地面积134公顷，成交金额11亿元，其中政府土地收益9824万元。完成2宗经营性用地入市交易，面积21公顷，成交总价约7.16亿元。完成4个项目的一级开发验收工作，总用地面积约37.7公顷；有35个经营性项目取得授权批复，正在进行一级开发工作，总用地面积约832公顷。继续深入推进土地开发整理复垦工作，完成西集镇河八村基本农田整理项目工程建设，建设总规模为1万亩，总投资1412万元，新增耕地313亩；于家务乡果村等6个土地开发整理项目的实施进度均过半。建立健全土地管理共同责任机制，严格查处违法用地，全年下发行政处罚决定书58份，申请人民法院执行22起，拆除违法用地上建筑物及其他设施5.6万平方米，收缴罚款447.8万元。开展两个国家级开发区和3个市级开发区土地集约利用评价工作，年内完成国家级开发区调查。

（张 键）

【新城土地利用总体规划明确细化方案通过市政府审批】 区国土分局历时半年完成通州新城155平方公里用地控制范围内土地利用总体规划明确细化工作，结合已批复的通州新城规划及各专项规划，在上轮各项规划总指标不变的前提下，对新城内建设用地、基本农田等进行空间布局调整，保障商务园、主题公园、中欧论坛等新城重点项目的建设用地指标，优化基本农田布局，实现集中连片。该规划方案通过了市发改委、市国土局、市规委、市农委等相关部门的联合审查，5月获市政府审批。

（张 键）

【全面实施工业用地招拍挂制度】 成立工业用地招拍挂工作领导小组，区委常委、常务副区长张永明任组长，区委常委、副区长张勇，副区长张华任副组长，相关部门负责人任组员，具体负责研究议定通州区工业用地的前期开发、出让方案、地价审核、地块征收、收购方案和拆迁改造安置工作的总体方案，协调解决工业用地前期开发及招标拍卖挂牌出让工作中的重大事项和问题。区政府印发《关于实行工业用地招标拍卖挂牌出让实施细则（试行）的通知》，继经营性用地实施招拍挂制度后，通州区 2008 年开始全面实施工业用地招拍挂制度。

（张 键）

【首个土地整理复垦项目获市国土局立项批复】 通州区首个土地整理复垦项目——宋庄镇尹各庄村土地整理复垦项目获市局立项批复，项目总规模 513.4 亩，批准投资总预算909.48万元，规划设计新增耕地256.8亩，建设期为 1 年。项目工程包括土地平整和农田水利、道路、防护林等配套工程，项目的实施将有效避免项目区土地的闲置和浪费，进一步促进对耕地的节约集约利用，同时对保护温榆河沿岸生态环境、改善周边居民生活环境起到积极作用。

（张 键）

【遏制违法用地】 做好“四个保障”，以最强有力的手段遏制违法用地。一是制度保障。区政府与乡镇党委、政府签订《土地管理责任书》，制定出《通州区土地管理目标责任制考核办法》等相关文件，将耕地保护和违法用地查处工作列入乡镇年度考核指标，实行责任管理制度。二是人员保障。各乡镇聘用 230 名村级土地规划义务监督员，将土地执法监察工作延伸到基层每个地块，保证对违法用地行为实现早发现、早制止、早处理。三是机制保障。初步建立由区国土与监察、建委、规划等部门组成的协调查处机制，抽调执法人员，组成联合执法队伍，定期开展动态巡查并公开联合查处典型案件，形成更大合力。四是机构保障。充分发挥国土管理所基层触角作用，协助做好国土资源管理尤其是违法用地查处、信访等工作。

（张 键）

【通州区完成全国第二次土地调查工作】 开展全国第二次土地调查工作，重新核定通州区有 87636 个图斑，总面积为 905.81 平方公里。经调查，土地现状变更涉及图斑 20383 个、面积 55.5 万亩，变更及新增宗地 1309 宗，实测面积 16.5 万亩。形成地籍档案 16124 宗，其中国有土地使用权宗地 6355 宗（含城调国有宗地 4402 宗），集体所有权宗地 1717 宗,集体建设用地 8052 宗，成果上报国土部。

（张 键）

【档案数字化二期工作通过验收】 12 月 25 日，区国土分局档案数字化二期工作顺利通过市局验收。按照市局统一部署和要求，区国土分局于 2007 年 9 月 28 日正式启动档案数字化二期工作。将区国土分局 2007 年 3 月底以前形成的所有土地专业档案 25 类 138507 卷 1137655 页，全部数字化完毕，形成初步的数字化成果。

（张 键）

房屋管理

【概 况】 房屋管理部门加强对直管公房和普通地下空间的管理，确保全区房屋住用安全，创建和谐的居住环境。做好物业管理企业资质管理工作，加强日常巡检、确立项目备案制度，健全项目档案管理制度，进一步提高小区物业管理服务水平。加强业主委员会建立工作的指导和培训。对老旧小区的实际情况和通州区物业管理现状进行研讨。开展“迎奥运、创平安物业、建和谐小区”活动，全区新建小区物业管理覆盖率达到 100%。直管公房顺利实现安全度汛，确保直管公房住用安全。圆满完成新城南街直管公房拆迁和直管公房解危工作，全区城镇直管危房

408户1.1万平方米全部腾空，落实市委、市政府提出的无城镇危房户工作目标顺利完成。结合“平安奥运行动”工作部署，加强对全区普通地下空间整治工作，对230处普通地下室进行排查，下发整改通知书27份、告知单43份。奥运会期间，全区45处用于出租住人的普通地下室全部关停。全力配合做好流动人口和出租房屋基础调查工作，对450余家建筑企业、110家在施工程项目部以及370余家房地产经纪机构基础调查工作进行安排和部署。

（徐　滨）

【直管公房管理】 通州区直管公房建筑面积51.2万平方米，其中平房建筑面积17.98万平方米、楼房建筑面积33.22万平方米；全年办理房改售房52套，优惠价及标准价改成本价6套；解危拆迁400户、大修翻建8户；新城南街旧城改造拆迁299户。

（徐　滨）

【直管公房安全度汛】 认真执行汛期值班制度及雨前查房、雨中巡视、雨后抢修工作规范，出动1564人次查房，苫盖漏雨平房162间、楼房18栋32处，紧急拆砌山檐墙6处，确保汛期直管公房安全。

（徐　滨）

【落实无城镇危房户工作】 从彻底改善居民居住条件出发，经区委、区政府研究，通州区把落实“无城镇危房户”工作与旧城改造、城市房屋拆迁和保障性住房工作结合起来，制定《通州区落实无危险房屋工作实施细则》。解危采取保障性住房和限价商品房对接安置、货币补偿及少数房屋翻建3种方式，4月2日至6月1日，全区城镇直管危房408户1.1万平方米全部腾空，通州区落实无城镇危房户工作顺利完成。

（徐　滨）

【直管公房房租收缴】 加大直管公房租金的收缴力度，制定相应的工作措施，同时利用法律手段最终对仍欠租的16户居民进行租金催缴，在公房拆迁面积近2万平方米的情况下，2008年完成租金收缴260万元。

（徐　滨）

【物业企业资质管理】 全年审批新设立物业服务企业16家，核定三级资质等级5家，核定二级资质等级4家。全区具备物业服务企业资质的企业202家，其中在通州区注册的163家，异地注册本地管理企业39家。在通州区注册的163家企业当中，具备一级资质企业1家、二级资质企业10家、三级（三级暂定）企业152家。全区实施物业管理备案项目294个，建筑面积2300万平方米。

（徐　滨）

【业主委员会建设】 开展业主委员会“三讲、三心”（即：讲政治、讲法律、讲程序；推进公心、责任心、热心）教育，明确业主委员会的责任与义务。全年接待咨询业主委员会组建事宜50余次，先后指导7个小区成立业主委员会。全区有业主委员会48个，占全区备案项目总数的16.3%。

（徐　滨）

【加强物业服务企业检查力度】 加强物业服务管理，每月对本辖区内的物业服务项目进行日常检查不少于5次。全年对150家物业服务企业进行了执法检查。在奥运会召开前，对全区备案项目中有小高层、高层的项目进行集中检查，大部分项目达到服务等级规范的要求，个别项目经整改后达到要求。

（徐　滨）

【出租房屋监管】 年内，检查房地产经纪机构（含分支机构）173家，涉及出租房屋700余间。依标准印制《房屋完损等级标准》，印发《关于做好出租房屋建筑安全清查工作的通知》至各乡镇、街道办事处，为通州区出租房屋建筑结构安全隐患的排查提供依据。

（徐　滨）

城镇住房制度改革

【保障性住房受理审核工作】 开展保障性住房受理审核工作，3月3日起，各街道乡镇保障窗口开始进行政策咨询，3月10日正式受理经济适用住房、廉租住房申请，全区15个窗口全年累计初审受理3605户，市复核通过并备案3218户，3049户通过公开摇号，1464户进行选房。全区的“三房”受理审核量在远郊区县排名第一。

（徐 滨）

【宣传促进工作】 通过《通州时讯》、《法制晚报》、《京华时报》、《竞报》、通州电视台、北京电视台一频道“特别关注”栏目等媒体对通州区保障性住房的申请条件、工作程序、监督管理及各受理窗口地址、咨询热线等内容进行大量宣传报道，让广大居民对保障性住房工作有更明确的了解。实行“住房保障服务下基层”、“申请家庭监督项目进度”等创新性做法，推进工作的开展。

（徐 滨）

【保障性住房建设】 以改善民生问题为工作重点，高度重视住房保障工作，健全充实工作机构，制订完善管理办法，全区廉租住房、经济适用住房、限价商品住房审核和建设全面展开，玉桥东小区经济适用住房及半壁店大街25号限价商品住房、配建廉租房两个项目近70万平方米主体工程加快建设。11月底北京工具厂经济适用住房、配建廉租房及芙蓉花园限价商品住房等4个项目约50余万平方米开工建设。

（徐 滨）

【棚户区改造】 积极利用相关政策，探索旧城改造新途径，通州区老城区被确定为北京市棚户区“三区四片”改造试点之一，本区成立领导小组，制定实施方案，完成全区棚户区的基本情况调查，按照先易后难的原则，确定上营为试点区域，相关工作进展顺利。通州区棚户区改造工作位于全市前列。

（徐 滨）

【公有住宅房屋出租出售】 2008年公有住房的租金为每使用平方米3.05元。公有住宅楼房出售价格为每建筑平方米1290元。办理112件房改批复，涉及住房435套，面积57269.48平方米，办理件数与上年基本持平。其中：房改售房68件、1001套，面积35141.09平方米；变更产权28件、259套，面积20176.68平方米；调整住房7件、10套，面积720.81平方米；建立住房公积金方案9件、20套，面积1230.90平方米。

（徐 滨）

【发放离休干部住房补贴】 年内，调查离休干部基本情况，制定《通州区无房和住房未达标离休干部住房补贴发放实施方案》，召开动员大会及培训会议。调查对象涉及60个单位，离休干部724名，符合发放住房补贴条件的干部512名，其中无房134名，住房未达标378名；补贴总金额为1919万元，其中利用单位自有资金支付496万元，财政负担1423万元。年底全部发放到位。

（徐 滨）

房地产开发

【概 况】 2008年，规范管理与服务水平，以产业结构、市场、统计分析、资质管理、项目管理五项优化措施为工作重点，加强房地产业监管与服务。进一步优化房地产业结构，完成《通州区商务地产发展环境分析和未来发展对策建议》的调研。优化市场，清理整顿房地产市场秩序，2008年分两批注销59家房地产开发企业的资质。完成各项整治工作。优化资质管理手段，在全市首次办理“限制权限资质证书”，优化项目管理方式，进一步细化同步交用预验收流程，实施配套设施与项目建设方案相结合的新型房地产项目管理方式，全年对15个住宅项目建设方案进行审核公示，并加强实施过程中的监督检查。以实施三个转变为工作重点，加强房地产交易管理。实施受理方式转变，达到“所有窗口办理所有业务，所有业务所有窗口都能办理”的目标；实施交易与权属机构一体化转变，做到全部房屋登记工作，由一个部门统一办理；实施办公网络化转变，基本建立起覆盖商品房预售、现房销售和存量房交易网上签约和公示信息的房屋交易管理系统。全年房屋交易并颁发房屋所有权证23275件，成交总额72.21亿元；办理房地产抵押登记10415件，抵押金额89.3亿元。

（徐　滨）

【出台住宅小区配套设施管理办法】 3月24日，《通州区新建商品住宅小区住宅与市政公用基础设施、公共服务设施同步交付使用管理办法》经区政府批准印发并实施。《办法》对通州区行政区域内的商品住房小区与市政公用基础设施、公共服务设施建设的相关问题作出规定。

（徐　滨）

【优化开发企业资质】 为优化市场、清理整顿房地产市场秩序，2008年分两批注销不符合条件的59家房地产开发企业的资质。同时在全市首次办理“限制权限资质证书”，此举作为资质管理的一种新办法得到市建委的肯定。

（徐　滨）

【房地产市场秩序专项整治】 3月底，完成为期10个月的房地产市场秩序专项整治工作。有关部门密切配合，制定专项整治方案，建立转办协办制度，开展查处市场违规问题，为通州区房地产市场健康、有序发展打下坚实的基础。对通州区在售的19个售楼处现场、120余家经纪公司进行联合检查，调处各类投诉113件。向存在问题的楼盘提出限期整改要求，对投诉较多的项目和经纪机构进行重点巡查。在市专项整治办的两次检查调研中，通州区专项整治工作得到市有关部门的肯定。

（徐　滨）

【房地产经纪机构监管工作】 年内，对173家房地产经纪机构（含分支机构）进行执法检查，其中经纪机构57家，分支机构116家。向存在问题的62家公司下发整改通知书，针对未备案的17家经纪机构责令其立即办理备案；对其中7家不按期整改的公司进行约谈告诫。2008年，新增备案的房地产经纪机构（含分支机构）80家，同比下降56.5%，在通州区注册并经建委备案的房地产经纪机构（含分支机构）达378家，其中经纪机构175家，分支机构203家。

（徐　滨）

【房地产交易服务大厅实行平行式办公】 房地产交易服务大厅由按初始登记、转移登记、抵押登记设置受理窗口，转为每个受理窗口办理所有房屋登记业务的平行式办公模式，达到“所有窗口办理所有业务，所有业务所有窗口都能办理”的目标，方便群众，推动通州区房地产交易和权属登记管理规范化。

（徐　滨）

【房地产交易量略有下降】 2008年，办理房屋交易并颁发房屋所有权证21088件，发证面积377.24万平方米，成交总额64.53亿元。其中商品房办理9752件，发证数量同比下降1%；初始发证房办理295件，发证数量同比上升21%；存量房、已购公有住房及拆迁换产房办理6245件，发证数量同比下降13%；房改房及转移、变更房办理4796件，发证数量同比上升166%；房地产抵押登记9348件，抵押登记面积310.95万平方米，抵押登记金额78.37亿元，发证数同比下降15%；注销登记办理6513件，同比下降24%。由于上半年办理平房分户情况较多，因此转移变更房发证数量大幅增加；由于房产市场低靡等诸多因素，致使商品房及存量房等交易量略有下降。

（徐　滨）

【实施房屋权属登记数字化平台建设】 数字化平台是实现房屋权属登记高效、安全的基础，分两阶段，第一阶段，完成档案数字化后期工作，对历史业务档案全部建立电子登记簿并导入权属登记系统，实现全部房屋登记业务都在权属系统上办理，即房屋登记数字化。年内完成第一阶段工作，通过市建委房屋登记中心的验收，成果在全市推广。

（徐　滨）

【新城南街拆迁工作】 新城南街拆迁项目与帅府园、齐天乐园片区拆迁项目被列为区政府公益性项目。成立新城南街拆迁指挥部，相关部门现场办公，5月24日起工作人员正式进驻拆迁现场，入户宣传解释政策，确保该项目顺利推进，实现近81.6%的签约率，取得良好的效果，为通州区旧城改造的实施积累了宝贵经验。

（徐　滨）

建筑·建材

【概　况】 建筑行业加强工程管理和企业管理，全面提升行业品质。工程管理，优化工程管理一条龙服务链，从工程前期手续办理、开工建设到竣工验收，全程服务与监控，打造高质量的精品工程。通过建立电子平台等手段，缩短前期手续办理时限，全年办结施工许可97件。创新质量安全“四位一体”工作机制，即在日常监管的基础上，辅以综合执法检查，科室联合执法检查，并进一步扩充协管力量的新型管理模式，将管理延伸到施工一线，全年开展各类检查3000余次，未出现重大质量安全事故，建筑工地的规范管理位居全市前列。特别是奥运期间，对建筑工地开展一系列整治，确保平安奥运目标的实现。企业管理完成2008年建筑企业信誉信息、动态监管和二级建造师注册初审三大平台的建立、管理工作，推动全区建筑企业实力进一步提升。

建材行业坚持节能和创新，进一步规范管理。按照“亮起来、暖起来、循环起来”三大工程的要求，全面开展新农村建筑节能工作，改造面积1.3万平方米，全市农村首个应用新型专利节能产品的外墙改造项目竣工验收。完成节能改造项目采集工作。多部门联动加大执法力度、拓宽检查范围，保障建材使用质量。全年受理民用建筑工程建筑节能专项验收备案、建设工程材料供应备案188件，返退新型墙体材料专项基金和散装水泥专项资金180余万元。

（徐　滨）

【坚持安全生产例会制度】 全年组织召开6次由全区建筑工地项目经理、项目总监理工程师以及区属建筑企业法人参加的建筑业安全生产工作会，印发上级文件25份，及时传达施工现场各阶段的要求与规定，组织各参建方认真学习文件精神。总结执法检查情况，讲评施工现场存在的问题，通报批评存在隐患较多的施工单位及项目经理，并将通报工地列为下阶段监管工作重点，高度警示各施工单位负责人提高安全生产责任意识。

（徐　滨）

【务工人员安全生产教育】 严格落实各施工单位农民工入场前的三级教育，全区120个施工工地全部建立“农民工夜校”，要求施工单位通过授课、阅览、多媒体等方式，每月组织不少于两次的全体农民工安全生产教育培训工作，做好培训工作记录。发放5000余册《建筑工人安全生产及基本操作实用手册》、《首都市民防灾应急手册》以及市建委最新编制的5套《施工现场安全生产教育培训试题》，要求各施工单位负责人认真组织日常培训和考核，执法人员将教育培训工作记录和考核记录作为检查工作重点。

（徐 滨）

【开展“安全生产月”宣传活动】 围绕“安全月”开展各种宣传活动，举办“安全在我心中”演讲比赛活动，各建筑企业均踊跃参加。组织开展为期两个月的安全生产进工地活动，制作安全生产事故展板、摄影资料展，在全区各项目部进行巡回展出，以真实的事故现场向工地施工人员展示违章操作造成事故的惨痛教训，提高各施工人员的安全生产意识。

（徐 滨）

【专项治理】 结合季节性施工特点及重要活动时期施工要求，开展一系列专项治理工作。包括冬季防火、防煤气中毒专项治理工作，雨季基础隐患排查专项治理工作，防“高坠、物打”专项治理，夏季生活区、食品卫生专项治理工作，“安全生产月”施工现场安全标准化达标活动，起重机械专项治理工作，奥运期间施工现场隐患排查工作，打击安全生产非法违法行为专项行动等8个专项治理活动。专项治理期间，针对不同时期的施工特点细化专项检查内容，对存在安全隐患的单位加大处罚力度，确保通州区建筑工地安全管理工作进一步提高，推动通州区建筑施工安全生产状况的根本好转。

（徐 滨）

【推行农民工实名制卡】 按照市建委《关于全面推行农民工实名制卡》通知要求，进一步推广农民工实名制卡的办理工作。针对通州区建筑业的实际情况，采取安全工作例会进行广泛宣传、下发红头文件反复进行督促、逐一排查监督落实的三项手段全面督导相关企业做好实名制卡的办理工作，通州区建筑工地累计办理农民工实名制卡5200余张，办卡率列全市各区县前茅。

（徐 滨）

【新版质量监督档案】 进一步规范质量监督档案内容和要求，避免因人员调动等原因造成监督档案丢失，方便监督档案的收集管理，创新制定了监督档案的标准范本和新的监督档案管理制度，经过一年的准备和调整，年初新的《质量监督档案》正式实施，新开工的339项工程全部采用新档案，质量监督资料整理更加规范。

（徐 滨）

【质量月检查工作】 开展质量月活动，检查重点是通州区的重点工程和住宅工程。检查内容主要涉及建设单位、施工单位、监理单位责任主体的质量行为；工程实体的质量；施工单位技术资料情况三方面。检查项目近40个，单体工程400个，检查在施住宅工程面积334万平方米。

（徐 滨）

【制作工程电子地图】 针对通州区工程建设规模不断扩大，工程管理任务日益艰巨的形势，开发出一套工程管理GIS监控系统，该系统整合全区建设工程信息资源，制作成一幅建设工程电子地图，直观地反映出全区建设工程分布情况，在地图上点击一个工程，就会出现该工程的开工手续办理、招投标、施工进度、质量安全管理、竣工验收等信息以及建筑队伍资质和从业人员情况等，实现对工程的全过程、全方位的动态监控、无缝覆盖。同时电子地图依托网络有效实现资源共享，加强部门间的工作联动，大幅提高通州区建设工程的监管效能，电子地图7月底全面制作完成并正式投入使用。

（徐 滨）

【建筑企业资质管理】 年内，完成资质初审申报获批66家，其中新办19家、升级13家、增项2家、去暂15家、变更16家、转入1家。依据市建委相关文件进行动态监管76家、召开动态监管工作会3次、行政执法备案3家、处罚申报3家。通州区有资质备案企业总计352家，其中总承包企业78家、专业承包261家、劳务分包企业13家。

（徐 滨）

【新农村节能改造】 为了落实市委、市政府提出的让本市农村“亮起来、暖起来、循环起来”三大工程的有关要求，通州区农村全面开展建筑节能工作，在3个村改造200户农宅，改造建筑面积近1.3万平方米，年内全部竣工并通过验收。将小务村和兴各庄村农宅原有非节能的木窗、钢窗等更换为更节能、更保温的塑钢中空双玻平开窗，将武疃村农宅外墙铺金属压花复合板内衬70mm厚挤塑聚苯板。改造总额近270万元。其中武疃村的外墙改造应用新型专利节能产品“金属压花复合板内衬保温板”，在全市农村中尚属首个应用此产品的项目。改造后降低农村采暖季耗能，解决农村住宅普遍存在的“冬不暖、夏不凉” 的问题，提高村民居住的舒适度。

（徐 滨）

市政建设

【概 况】 2008年，通州区市政管理委员会在完成市政日常维护管理工作的同时，全力做好奥运期间市政基础设施的服务保障，确保奥运期间市政各项基础设施安全正常运行。年内继续实施城市道路改造工程，先后完成西田阳垃圾填埋场二期工程、梨园垃圾中转站工程、玉带河盖板沟工程、邓家窑天桥建设工程、微循环道路工程、公厕和清洁站升级改造工程、城乡环境综合整治等工程。

（龚林杰）

【道路维护管理】 全区市政设施维护养护范围包括130条主次干道市政及11座桥梁维护，道路长91.96公里，面积203.32万平方米，其中步道长62.31公里，面积42.39万平方米。2008年重点维护滨河路、外环路、杨庄路、东方路、乔庄北街、新华南北街、梨园东里、艺苑东里、新城南街、中山街等，主要解决道路塌陷、局部破损等质量问题。道路补油面积3.05万平方米，挖旧路材料1830立方米，铣刨路面2.14万平方米，运弃（旧路材料）2897.5立方米，混凝土平缘石186米，混凝土立缘石450米。根据市路政局的要求，管委委托有资质的专业桥梁检测单位对管辖范围内的便民桥、通惠闸桥、四中人行过街天桥、潞河医院过街天桥4座桥梁进行检测，根据最终的检测报告结果，通知相关单位对桥梁进行维修。

（龚林杰）

【道路景观灯维修养护】 为确保奥运期间“景观灯扮靓通州”，7月底到8月初市政管委组织有关人员对京津公路、运河大街、新华南北街、新华大街的景观灯、步道灯、庭院广告灯以及北苑高架桥、4座过街天桥的景观灯进行多次全面复查。通过详细排查，摸清了各条线路景观灯的故障情况，对一些过去权属不清的景观灯和电器设备明确了管辖职责，全年共计维修景观灯6431盏。

（龚林杰）

【西田阳垃圾填埋场二期工程】 西田阳垃圾填埋场二期工程于3月23日开工，市政管委承担库底土方回填、碾压和库区厂区道路的施工任务。工程历时4个月，于7月25日完成工程任务。共计填挖土方约9万立方米，其中道路土方3万立方米、库区土方6万立方米。填铺卵石4万余立方米。奥运会结束后，启动西田阳垃圾填埋场二期工程配套道路工程，该工程总筑路面积约1万平方米，11月完成全部工程。

（龚林杰）

【邓家窑天桥建设工程】 邓家窑天桥位于朝阳北路通州段邓家窑村附近，主要为解决当地居民出行难问题而新建。该桥主桥共两跨，自北向南长21.33米，宽4米，高4.5米。于12月建成完工。

（龚林杰）

【通济桥加固改造工程】 通济桥位于滨河路，加固改造工程主要包括：拆除原桥上部结构，加固桥墩，桥面铺装沥青混凝土、铺装步道、安装栏杆。工程于 3 月 20 日正式开工，7 月 20 日竣工。

（龚林杰）

【玉带河盖板沟工程】 玉带河盖板沟工程位于玉桥中路西侧，北起运河西大街，南至梨园南街（内环路），工程全长 1343.20 米。其中已建砖砌方沟 363.4 米，本次新建方沟 979.8 米，新建方沟采用钢筋混凝土结构，其断面形式为双孔 3.6 米～4.2 米 ×2 米方沟。该工程由区水务局承建，于 9 月 27 日开工，12 月中旬全部工程完工。

（龚林杰）

【改造城区街巷照明设施工程】 通惠河北岸路灯工程，通惠河北岸（东起通惠北一街东口，西至通惠北四街西口）道路全长 4.31 公里，安装路灯 112 基（8 米铁杆，250 瓦光源），柱变 4 台。玉桥东路南段路灯工程，玉桥东路南段（北自梨园北街东口，南到梨园南街北侧通州区地税局家属宿舍东侧）全长 400 米，安装道路路灯 12 基（9 米灰杆，150 瓦光源）。新街下坡路灯工程，新街下坡（北自中山大街，南到四员厅街）全长 420 米，安装道路路灯 15 基（8 米铁杆，150 瓦光源）。小北苑胡同路灯工程，小北苑胡同位于新华西街 111 号西侧胡同内，工程安装灯杆 1 基，加装路灯 9 盏（光源 250 瓦）。

（龚林杰）

【道路整修工程】 年内，对乔庄北街等多条道路进行修补。乔庄北街位于鑫隆市场南侧，周围有大型社区、学校、商店等，人口密集车流量极大。整修工程对该道路破损部分全部挖除新建，重铺沥青路面，总施工面积约 1 万多平方米；完成南大街胡同、十八个半截胡同及通州清真寺周边区的道路、中山街和帅府园小区北侧道路整修工程，对道路进行换填无机料和沥青修补，共整修道路 4000 余平方米。

（龚林杰）

园 林 绿 化

【概　况】 2008 年，通州区市政管理委员会园林绿化办公室围绕绿化建设目标，全面统筹、真抓实干，绿化工作取得新进展。城区实有各种树木 295.03 万株、草坪 559.79 万平方米，城区绿地面积 1514.63 公顷，绿地率达到 37.71%，人均绿地面积 75.77 平方米，人均公共绿地面积 14.04 平方米，建成花园式单位 132 个。2 008年用于园林绿地维护养护管理投资进一步扩大，累计达到 778.2 万元。新增树木 18.08 万株，新植草坪 23.4 万平方米，新增绿地面积 34.25 公顷，新建花园式单位 8 个。

（龚林杰）

【奥运景观花卉布置】 奥运景观花卉布置突出“绿色奥运、科技奥运、人文奥运”主题，将花卉布置成为四处节点、三线花廊、两桥花带、一主会场的摆放格局。“四处节点”即针对火炬传递路线中的彩虹福娃、鱼跃广场、一二号码头、鱼跃码头，“三线花廊”即新华大街、通胡路、芙蓉路，“两桥花带”即火炬进入通州的第一印象处——京哈高速出入口和耿庄桥。“一主会场”即火炬传递的终点。摆放品种针对 8 月份北京高温、高湿，筛选出 20 余种抗热、花期较长的新优品种。此次花卉栽摆面积近 5000 平方米，栽摆花卉 19 余万盆，总投资 150 万元。摆放时间历经奥运会、残奥会并持续到国庆节，是历年摆花时间最长的一次。

（龚林杰）

【美国白蛾病虫害防治】 2008 年，有效开展美国白蛾等危险性病虫害防治工作，采取强有力的控制措施对城区绿地进行布控，召开病虫害防治专题会严加防范，邀请业内病虫害防治专家对一线工作人员进行培训指导，每天实行零报告制度。加大投入，购进杀虫灯40台、杀虫灯泡60个、诱捕剂210瓶、升压器80个、药物1.4吨，启动打药车2800车次，人工360人次，投资总额63.64万元。本年通州城区内仅发生4例美国白蛾成虫和1例幼虫寄主树，与上年同期美国白蛾发生率相比大幅下降。

（龚林杰）

【网锥蛾野螟防治】 7月，北京地区突发网锥蛾野螟病虫害，且发现时正处于暴食期。区市政管委立即对城区启动应急预案，积极组织相关承包单位及街道办事处进行科学的药物普防，并派专业防治人员和车辆对严重地区进行重点喷药。此次防治工作动用车辆150台班，人员210人次，总开支20万元左右，经过严格、及时、科学合理的防治，全区草地螟害虫在短期内即得到有效控制。

（龚林杰）

【古树名木复壮保护】 通州区城区范围内现有在册古树90株，分别由城镇绿化队、西海子公园管理处两家专业单位和20余家驻通单位以及个人负责管护。其中一级古树12株，二级古树78株。市政管委下拨5万元专款到古树名木管理单位，对所有古树进行浇水、施肥、病虫害防治、修补树洞、枯枝修剪等复壮抢救工作，完成对90株古树名木挂牌工作，并向相关管护责任人送达《古树名木管护责任告知书》，建立健全古树档案。

（龚林杰）

【园林绿地维护养护】 2008年，区市政管委加强园林绿地维护养护工作，发现问题及时通知养护单位整改。同时坚持群防群治的方式，鼓励广大群众发现问题积极举报，养护监督取得良好效果。7月上旬开始，对管辖绿地进行全面的中耕除草、打药、施肥、浇水和修剪等；确保绿地清洁卫生；对未发芽的树木及时进行补植，做到规则栽植的不缺株，散点栽植的不露土。

（龚林杰）

环境卫生

【概　况】 通州区市政管理委员会环境卫生系统围绕“新北京、新奥运”的战略构想，践行“绿色奥运、科技奥运、人文奥运”的理念，真抓实干，全区城乡环境整治工作取得显著成效。年内，按照《北京市城市环境建设规划及折子工程》和市、区两级“08办”工作部署及市农委推动新农村建设的总体工作要求，结合通州区环境建设具体情况，坚持建设与管理并重，组织动员全区人民参加大规模的城乡环境综合整治活动，重点解决群众反映强烈和急需解决的环境卫生问题。开展广泛宣传《北京市市容环境卫生条例》活动，推进城乡环境建设。

（龚林杰）

【完成奥运火炬传递路线环境整治】 2008年制定《通州区奥运火炬传递路线环境整治工作实施方案》，组织有关乡镇、街道和有关单位按照方案要求，对奥运火炬传递路线各节点进行环境综合整治。清理堆物堆料53处，清运积存垃圾渣土3.3万吨，捡拾白色污染物190公斤，粉刷油饰房屋外立面11.65万平方米，治理户外广告牌匾170处，查处无照经营184处，完成绿化3.38万平方米，硬化路面4577平方米。

（龚林杰）

【道路沿线环境整治】 对京津城际铁路、京津高速第二通道和机场南线、机场二通道沿线环境整治，涉及宋庄镇、台湖镇、张家湾镇、马驹桥镇、永乐店镇、于家务乡和有关责任单位。共清运积存垃圾渣土126.45万吨，清理废弃施工场地16.72万方，简易绿化15.97万平方米，捡拾白色污染4133公斤，粉刷油饰房屋外立面4.86万平方米，治理户外广告残标1537处。

(龚林杰)

【完成主要大街清洗粉饰建筑物外立面】 年内，协调各有关单位圆满完成新华大街、新华南北街、通惠南北路、车站路、滨河路两侧房屋外立面3.751万平方米的清洗、粉饰工作，完成主要大街外立面清洗粉刷15.79万平方米。

(龚林杰)

【完成河道沟渠沿线两侧环境综合整治】 2008年，全面开展通州区水网一期河道、沟渠沿线两侧环境综合整治工作。区水务局、城管监察大队、各乡镇和街道按照属地管理原则制定工作方案，并开展实施工作。各乡镇共完成清运垃圾渣土8.09万吨，清理枯草5.88万平方米，捡拾白色污染物1630公斤，拆除临建房屋4368.7平方米。各项整治工作全部完成。

(龚林杰)

【铁路(轻轨)公路沿线环境整治】 2008年，组织相关单位对全区境内的京承铁路、京秦铁路、八通轻轨和进京公路沿线两侧的环境卫生进行综合整治。出动人员2390人次，车辆209辆次，清理垃圾5.57万吨，捡拾白色污染物913公斤，清理绿地500平方米，覆盖土方3.61万立方米，拆除临建违建48.3平方米，清除卫生死角3处。

(龚林杰)

【开展迎奥运环境卫生大扫除】 上半年在全区范围内开展环境卫生大扫除活动，工作重点是奥组委确定的宗教场所周边和街巷、居民小区、机关企事业单位院落、交通站点、城乡结合部、拆迁改造地区、城市绿地、河湖、农贸市场等进行全面清扫保洁。在区市政管委的组织协调下，开展3次大规模的环境卫生大扫除活动。全区出动人员3万余人次，车辆828辆次，清除卫生死角205处，清理堆物堆料300余处，清运垃圾渣土1932吨，捡拾白色污染物226.5公斤，清除小广告2440张。

(龚林杰)

【开展农村垃圾密闭化管理】 2008年，完成最后48个村庄垃圾密闭化管理工作，其中西集镇9个村、漷县镇10个村、永乐店镇6个村、于家务乡3个村、张家湾镇20个村，密闭方式为张家湾镇20个村使用垃圾箱、其他28个村为地下箱站。全区5乡镇48个村庄共投入资金1168余万元。至此完成全区所有村庄垃圾密闭化管理工作。

(龚林杰)

【开展20%村庄环境整治】 2008年，继续在91个村庄开展环境整治工作。区市政管委积极协调各乡镇政府加大对各村基础设施建设的资金投入，按照“干净、整洁、路畅、村绿、建制”的标准，开展村庄环境整治工作。各项整治工作全部完成，并通过市农委和市08环境办的检查验收。

(龚林杰)

【开展“门前三包”辖区管理】 落实“门前三包”责任，市政管委开展了两项大的行动。一是按照《条例》要求，在城区范围内“门前三包”单位、居民小区、机关企事业单位开展清洁大扫除活动，清除卫生死角、乱贴小广告，规范广告牌匾等。二是联合区城管监察大队、工商局、交通支队等单位发布《关于进一步加强“门前三包”责任制管理实施意见》，建立联席会议制度以及“门前三包”责任制长效管理机制。2008年城区“门前三包”责任书共签订3829份。

(龚林杰)

【开展“环境优美乡镇”、“文明生态村”创建活动】 区市政管委协调有关乡镇积极做好“环境优美乡镇”和“文明生态村”创建活动的宣传、组织和评选工作，对参与创建的永顺镇，按照25项考核指标体系逐项落实，改善全镇的环境面貌；参与创建的南屯村、杨秀店村等7个村庄，按照15项考核指标体系进行逐项落实，在原有村庄整治的基础上，提高了各村的“净、绿、美、亮”档次。市农工委、市环保局联合组成的检查组对永顺镇和7个村庄进行实地检查、考核、询问等形式的检查验收，永顺镇被命名为“北京郊区环境优美乡镇”，7个村被命名为“北京郊区文明生态村”。

（龚林杰）

水务管理

【概　况】　2008年，通州水务工作以服务新城区、新农村建设和保障平安奥运为目标，以“深化作风建设、为奥运奉献、为党旗增辉”为主线，在提升建设水平、管理水平和服务水平上，拼搏创新、扎实工作，取得显著成效。年内完成东南郊水网（通州区）土方工程、农村雨洪利用工程、张家湾坑塘雨洪利用工程、农村安全饮水工程、农业节水灌溉工程、14个村的污水治理工程、凉水河马桥闸至新河闸段治理工程、新河灌区再生水利用（四期）工程和国家级重点项目机场二通道建设排水工程等。在做好奥运期间的水安全保障工作上，重点突出供水安全、水利设施安全、火炬传递安全、全区安全度汛和参与服务五个方面。其间，对城乡720眼水源井开展5次安全检查，对全区水利设施进行2次安全检查，对水务管辖的238座闸桥进行全面检测，确保城乡供水安全和水利设施的安全运行；从防恐的角度强化安保力量，24小时坚守北运河潞湾橡胶坝，保证蓄水安全；坚持未雨绸缪、周密部署、保障重点、指挥前移和广泛宣传，保证奥运期间的城市运行安全；全局9人当选奥运志愿者司机，112名党员参加社区志愿者服务，53名干部职工参与安保巡逻，树立良好的社会形象。加强内部管理，制定和完善涉及党务、行政、人事、财务、项目管理等及党风廉政建设制度，全年举办涉及思想政治、岗位技术及财务管理等培训班22期，有效提高了单位领导和基层水务工作者的思想、业务素质。在做好上述工作的基础上，配合市水务部门完成杨洼闸改建工程、北关分洪枢纽改建工程等。启动了《通州区水务志》续编工作。在年度农村水务建设评比中，通州区获得市政府授予的“2008年度雨洪利用先进奖”、区水务局在全区年度有行政处罚权单位行政效能建设考核中名列前茅。

（翁　琳）

【农民安全饮水工程】　2008年农民安全饮水工程于9月下旬开工，12月31日完工。工程涉及8个乡镇、40个村，解决了4万名农民的安全饮水问题。建设内容包括：新建联村供水工程1处，单村供水工程5处，原水厂扩户供水工程14处；新打水源井12眼，新建井房12座，新建600立方米清水池1座，安装消毒设备10台套；铺设主管道51.3公里、村内管网668.5公里；安装水表15983块、节水龙头31966个。建设总投资7387万元，市政府固定资产投资5171万元，其余资金由区筹措解决。

（冯桂芹）

【农村雨洪利用工程】　2008年农村雨洪利用工程于4月开工，12月31日完工。工程涉及西集、张家湾、马驹桥、于家务等9个乡镇。建设内容包括枣林庄、高营、三间房、大沙务、老庄户等村42处坑塘雨洪利用工程。主要工程量包括：土方开挖37.9万立方米、回填土方4万立方米、清运垃圾16.9万立方米，铺设碎石路面1.8万平方米、透水砖步道2242平方米，种植小叶黄杨24.5万株、紫穗槐1.7万株、垂柳7191株、国槐286株、芦苇18340平方米、菖蒲7738平方米、水生植物2276平方米，配置柴油发电机12台、混水泵12台，新建管涵3110米、桥梁1座等。工程总投资2270万元，其中市补资金1600万元。完工后新增蓄水能力325.2万立方米。

（郝少魁）

【张家湾坑塘雨洪利用工程】　张家湾坑塘

雨洪利用工程位于张家湾镇西定福庄村西，凉水河畔，张家湾闸下游。建设内容包括：(一) 开挖整理蓄水坑塘1处，面积327亩，开挖土方156140立方米；坑塘周边绿化3405米，生态护坡25896平方米，种植乔木1450株、灌木68100株，种植水生植物43637平方米。(二) 实施小盐河河道清淤3700米，清淤土方39246立方米，清运垃圾12600 立方米；河道两侧堤顶绿化3000米，种植乔木1200株、灌木6000株；新建凉水河拦河橡胶坝1座,坝高3.5米,坝长100米。(三) 新建坑塘退水闸1座。(四) 维修小盐河节制闸1座。工程总投资2338万元，其中市政府固定资产投资1636万元，剩余资金由区筹措解决。工程于4月开工，年底完工。

(郝少魁)

【新农村街坊路硬化工程】 新农村街坊路硬化工程于2007年4月20日获区发改委批复。涉及台湖镇窑上，宋庄镇翟里，西集镇黄东仪、侯东仪、前东仪、史东仪，漷县镇东定安、西定安、黄厂铺，张家湾镇北仪阁，于家务乡枣林，潞城镇太子府，永乐店镇应寺，马驹桥镇六郎庄等9个乡镇14个村。建设内容主要包括：修建道路总长度14.73万米，总面积65.5万平方米。其中主路总长度6.35万米,面积32.22万平方米；支路总长度8.38万米，面积32.28万平方米。工程于2008年5月开工，年底完工，总投资7222万元。

(郝少魁)

【新农村污水治理工程】 新农村污水治理工程为2007年11月7日市发改委批复的跨年度项目。工程包括污水收集管网和污水处理站两部分，涉及9个乡镇14个村。污水收集管网建设内容包括铺设管线19.56万米，建检查井7636座，工程总投资5481万元，于3月开工，8月完工。污水处理站建设内容主要包括建设22个污水处理站，总投资1498万元。工程于10月开工，至12月，22个污水处理站的主体部分全部完成。

(郝少魁)

【凉水河清淤加固二期工程】 凉水河(通州段)清淤加固二期工程于3月开工，5月完成。工程自马桥闸至新河闸，长10公里，结合通州区东南郊水网工程建设，清淤土方51万立方米，方砖、碴石、浆砌石护坡共5万立方米。工程总投资8700万元，全部由亦庄经济技术开发区投资。此项工程的实施解决了亦庄经济技术开发区的排水和下游行洪安全问题，并且配合上游污水处理厂的建设和运行，有效地改善了凉水河水质及两岸生态环境。

(郝少魁)

【杨洼闸改建工程投入运行】 北运河杨洼闸改建工程于2006年9月开始重建，于2008年6月12日完成验收并投入运行。该闸位于北京市与河北省香河县交界处的杨洼村东南，是北运河主河道上北京市境内最后一座闸桥合一式拦河建筑物。主要功能是调排洪涝、蓄水灌溉。新闸15孔，单孔净宽8米，在拆除原闸位置新建；紧邻闸室建设交通桥，桥长139.6米，桥宽10米，工程采取2级建筑物，河道洪水设计标准由原20年一遇提高为50年一遇、河道洪水校核标准由原50年一遇提高为100年一遇。工程总投资9331万元。重建后的杨洼闸提高了防洪、排水标准，对北运河的防洪调度具有重要作用，并成为北运河上重要的标志性景观。

(刘铭琴)

【北关分洪枢纽改建工程通过验收】 北关分洪枢纽改建工程位于通州新城北运河，由拦河闸和分洪闸组成，是关系到北京、河北、天津三省市北运河防洪安全的控制性工程。主要实施内容包括：新建拦河闸1座、船闸1座、分洪闸1座，整治河道2.3公里，建设人工湿地1处以及管理所及自动化监控系统等。其中拦河闸采用闸桥合一设计，为7孔，每孔净宽12米，加上船闸共计9孔，总宽为108米，顺水流向总长152.3米。桥长110.3米，桥宽13.1米，汽车荷载等级为公路－Ⅱ级。分洪闸采用常规闸型，即液压弧门，共9孔，每孔净宽10米，总净宽90米，闸底高程16.86米，闸室总宽度105.20米，水闸顺河向总长为170.80米。工程总投资约2.7亿元。该工程于2007年11月开工建设，于2008年12月12日通过验收。改建完成后，河道洪水设计标准由原20年一遇提高到50年一遇，河道洪水校核标准由原50年一遇提高到100年一遇；对提高通州新城防洪能力、完善城市水系布局、合理利用水资源、重现运河源头历史风貌等起到重要作用。

（刘铭琴）

【东南郊水网工程获批复立项】 北京市东南郊水网（通州区）工程于2008年12月5日获市发改委立项批复。批复工程总投资14508万元，建设内容包括整治河道、沟渠33条，新建凉水河水南橡胶坝、运潮减河师姑庄橡胶坝各1座，新建马驹桥泵站1座，拆除、新建、维修改造旧建筑物37座。该工程涉及全区8个乡镇。年内完成土方工程302.5万立方米。

（刘铭琴）

【奥运供水安全隐患检查】 4月至6月，区水务局联合区卫生局对辖区内11个乡镇348个单村自备井供水、24座集中和联村水厂、500眼水源井和227个自备井供水单位进行拉网式检查，发现118处水源井存在安全隐患。为确保奥运期间村镇供水安全，区水务局和区卫生局向供水单位下发整改通知书。7月，对存在安全隐患的供水单位进行复查。经过实地走访，所有存在安全隐患的水源井均进行了整改。

（高　乐）

【北运河水系水污染防治调研】 根据区委、区政府、区人大提出的联合治理北运河污染的工作要求，区水务局联合相关单位对区域内地表水、地下水的现状进行调研。其一，地表水资源现状是北运河水系在通州区境内有11条支流，总长度245.3公里，年均出境水量6.3亿立方米，占全市出境水量的74%。由于污染严重，可利用水资源量不足15%。现场调查11条干支流，进行36个断面、180次地表水水质监测，调查298个入河污水口，取得水质水量监测数据。境内外的排污使北运河水系水体污染愈加严重，现状水质均为劣Ⅴ类。其二，地下水资源现状经调查北运河水系通州境内上、中、下游具有代表性的20个村、40眼井的地下水水质状况：有20眼深层井水质较好（其中17眼井达到地下水Ⅲ类标准，3眼井铁指标达到Ⅳ类），20眼浅层井均不能达到地下水Ⅲ类标准，即不符合生活饮用水水源的要求。

（高　乐）

【玉带河应急综合整治工程】 玉带河应急综合整治工程为通州区“为民办实事工程”。工程北起运河西大街，南至通环南路，全长1343.2米。工程保留363.4米现状砖砌双孔方沟，其余979.8米河道改造为双孔雨水方涵，工程于9月26日开工，12月6日竣工。整个工程完成导流排水7万立方米，土方开挖1.87万立方米，清淤土方8300立方米，土方回填2.84万立方米。

（高　乐）

【应急度汛工程】 为确保2008年安全度汛，汛前由区政府投资对全区主要排水沟渠实施应急度汛改造。其中南大沟清理长度2234米，清淤量3.7万立方米；护坡长153米，清淤量2386.8立方米；更换闸板4块；总投资173余万元。黄土沟明沟清淤拓宽200余米，恢复原断面并全部加盖盖板，总投资75万元。修复萧太后河张湾4孔闸下游被冲毁护坡200余米，小盐河入北运河段被冲毁护坡300余米，总投资270万元。上述工程于7月5日开工至主汛期前全部竣工。凉水河左岸护砌长400米，投资74万元，7月5日开工后，由于灌溉蓄水需要，暂停施工（于2009年3月竣工）。此工程较好地解决了通州区南部地区排水问题。

（安志彬）

【水资源利用情况】 2008年全区总用水

32580.46万立方米，其中用再生水13544.18万立方米，用地下水19036.28万立方米。在总用水中农业用水24076.49万立方米，其中用再生水13506.32万立方米、用地下水10570.17万立方米；工业用地下水2107.62万立方米；家庭居民生活用地下水3491.36万立方米；公共服务用水2890.2万立方米，其中用地下水2852.34万立方米、用再生水37.86万立方米；城镇环境用地下水14.79万立方米。

(高淑红)

【水事违法违章案件查处】 年内查处各类水事违法违章案件387起，结案376起，处罚款41711元，结案率为97.2%。联合执法73次，夜间执法18次。其中重点查处挖沙取土案86起，违章建筑案27起，违章打井案23起（封井17眼），破坏水工程案15起，违章修建水工程案16起，违章倾倒垃圾案17起，水资源案8起，私设排水口案10起，市政排水管道案1起，市政设施调查案11起，水事纠纷协调案56起，其他案件117起。拆除违章建筑7789.9平方米，拆除围墙510延米，清运垃圾464立方米，清理移栽各种树木3.4万株，回填土方4299.5立方米。全年查处一般案件21起，简易案件11起。

(郭冬丽)

【水法宣传活动】 3月22日是第十六届“世界水日”，22日至28日第二十一届中国水法宣传周（简称“中国水周”）期间，区水务局在全区组织开展以“发展水利，改善民生”为主题的系列宣传活动，主要形式有：在区电视台滚动播放“和谐奥运，水务先行”和“新北京，新奥运，新水务”等公益宣传口号；在《通州时讯》刊登“全面建设滨水环境，倾力打造宜居新城”专版进行宣传；设立宣传站进行现场宣传咨询；组织人员深入机关、学校、企事业单位，发放宣传材料，书写、刷新永久性标语和张贴临时性标语并利用村广播进行宣传等。有750人次参加宣传活动，印发宣传材料1.5万份，设宣传站27个，悬挂宣传横幅23条，张贴临时标语1050条，书写和刷新永久标语170条，设立咨询台17个，解答群众咨询2000余人次，演示节水器具2处，循环播放节水知识光盘2.5小时，利用村级广播宣传约100小时。全区宣传教育的覆盖面达95%以上。

(郭冬丽)

供　水

【概　况】 2008年北京潞洲水务有限公司以“转变观念、创新机制、保障供水、提高利润”为经营理念，通过实行权责分明、科学管理，激励和约束相结合的现代化管理制度，圆满完成2008年北京奥运会、残奥会期间及全年的安全供水保障任务，全年实现供水2781万立方米。公司安全工作管理办公室获北京市公安局内保系统奥运安保先进集体二等功。年内，公司顺利通过ISO9001国际质量管理体系改版认证。

(张小莉)

【完成年度供水工作】 全年完成供水总量2781万立方米。其中本厂供水1701.9万立方米，市区供水1079.1万立方米。供水总量比上年增加276.4万立方米，日均供水7.7万立方米，高日供水8.7万立方米。水质合格率100%，售水量2263.4万立方米，比上年增加144.2万立方米，实收水费6887.2万元，收费率96.32%。

(张小莉)

【新增补氯设施】 为进一步提高通州城区西南部地区管道末端的供水质量，公司出资45万元在朝阳北路DN1200的供水管线处增加补氯设施，于1月26日正式投入使用。

(张小莉)

【启动供水一级防护】 为确保平安奥运各项工作的顺利开展，确保通州安全供水，公司制定并完善各类应急保障，专门制定下发《加强重点部位防护工作方案》对公司的水厂、水源井、补压井等重要供水设施、设备进行重点防护。实行24小时一级防护措施，保证奥运会、残奥会期间通州区供水安全无事故。

（张小莉）

【重点工程】 配合通州新城建设的发展需要，根据通州供水规划，2008年相继实施富壁路上水工程，铺设DN400球墨铸铁管线3500米，通顺路上水工程铺设管线3300米，京榆旧路三期给水工程，铺设DN400球墨铸铁管2800米，扩大了供水面积。公司投资80万元，更新改造水源地3号井，出水量60立方米/小时，提高了供水安全系数。

（张小莉）

节　水

【概　况】 2008年，全区节约用水工作围绕《中华人民共和国水法》等法规，以科学发展观为指导，以行业用水定额为依据，大力开展节水宣传，控制用水总量，同时结合用水单位的实际需要，积极鼓励开发利用再生水和雨水，并加大水资源的管理力度。年内免费为城镇低保户家庭换装节水龙头1854个、便器水箱418套、便器水箱配件31套。完成5项雨水利用节水项目，征收地下水资源费2134万元、污水处理费304万元，并全部上缴财政。

（徐景跃）

【开展节水宣传系列活动】 年内，结合“世界水日”、“中国水周”和“全国城市节水宣传周”，在全区广泛开展节约用水系列宣传活动。期间，组织全区500名节水志愿者上岗；1360多个用水单位在本单位内设立节水宣传站，利用广播、电视宣传片、板报、标语以及印制的各种节水宣传材料等进行深入地节水宣传，收到很好的宣传效果。

（徐景跃）

【创建节水型单位成效显著】 为推进节水型社会建设，在节水日常管理工作中，积极向用水单位推广使用节水器具和节水技术，帮助用水单位建立健全各项节水管理制度和各类用水统计台账。年内，国家广播电影电视总局572台、北京东亚铝业有限公司、北京京裕大红门肉类食品有限公司、北京市东方叶杨纺织有限公司、宾堡（北京）食品有限公司、北京金海燕资产经营有限责任公司、北京工业大学实验学院、蒙牛乳业有限责任公司、北京森德散热器有限公司、北京东方宾馆10个企业（单位）和新华联家园小区、瑞都国际、运乔嘉园北区、运乔嘉园4个居民小区通过北京市节水管理中心的验收，成为北京市节水型单位(小区)。通过“双创建”活动的开展，进一步提高了用水单位的用水管理水平，并有效地促进了节水型社会建设的深入发展。

（徐景跃）

【雨水利用节水项目】 年内安排辖区内用水单位雨水节水技术改造项目5个，于7月全部完成主体工程，并通过区节水办的初步验收。工程总投资202.5万元。年综合利用雨水量4.3万立方米，汇水面积约11万平方米，雨水储存池容积为0.85万立方米，铺设透水砖面积为60平方米，修建下凹式绿地面积为1080平方米。工程完成后，基本做到所降雨水不外排。

（徐景跃）

【城镇低保户节水器具换装】 年初根据市水务局、市节水管理中心的指示精神，组织人员对全区的城镇低保户情况进行调查摸底：城区有966户城市低保户，需要换装水龙头

1854个、冲水马桶449套（件）。8月正式对低保户的用水器具进行换装。换装工作由厂家负责节水器具安装，由各街道办事处负责换装队伍与社区居委会、低保户家庭之间的组织、协调及换装进度、质量、数量的监督。期间区节水办派专人对节水器具的换装工作进行全程质量跟踪检查。此次换装更换节水龙头1854个，便器水箱418套，便器水箱配件31套，年节水量为7000立方米。

（徐景跃）

【安全供水管理】 落实《平安奥运供水安全保障方案》的工作要求，区节水办分别编制《自备井供水安全保障方案》，建立安全供水保障工作组织机构，明确供水安全监管责任，并分别与648眼自备井的547个用水单位签订《自备井供水安全责任书》，落实供水单位“一井一人”负责制，并建立健全安全供水管理措施和制度，完善供水应急预案，开展自备井（供）用水单位安全供水培训和安全供水检查，督促提供生活饮用水源的自备井使用单位，取得生活饮用水卫生许可证，落实自备井供水报表制度。奥运会期间，及时准确地完成通州区自备井安全供水情况“一日一报”工作，日报上报率达到100%。

（徐景跃）

【再生水管理】 年内，对辖区内的再生水工程项目进行详细梳理，对项目的设计能力，中水来源和用途、处理的工艺流程，中水的利用量、计量情况，水质检测情况以及使用单位的基本信息等进行登记，建立再生水资料库。同时，加强中水安全的监管工作，设专门科室不定期地进行走访和调查，重点关注中水设施的运行及中水的出水水质情况。

（徐景跃）

燃　气

【概　况】 通州区自1998年实施天然气工程，至2008年燃气工程设施建设初具规模，累计铺设天然气中压管线240公里，建高中压调压站3座，天然气采暖锅炉212台，供暖面积650万平方米。发展居民用户10万户，其中压缩天然气用户2万户；工业用户3家；公服用户70多家。2008年通州区有燃气企业85家，其中液化石油气储灌厂站15家、液化石油气瓶组供气站14家、压缩天然气站12家、液化石油气换瓶站29家、自管站12家、天然气加气站1家、马驹桥供气小区2家。年供气能力7.6万吨，供应着通州区和北京市区的民用户和公服用户。加强对燃气企业的管理和规范服务，企业均达到燃气行业的相关标准和要求。根据北京市市政管委的部署，2008年大力推进燃气企业行政许可工作，全年有40家企业获得行政许可批准。

（张宝山）

【天然气管线铺设工程】 2008年，铺设10条DN300以上中压市政天然气管线，总长度达20公里。其中商务园路（通顺路—温榆河）1.2公里、六环路西辅路（运河西大街—通胡路）4.5公里、云杉路（京津公路—张家湾镇东定村）1.4公里、潞苑北大街（通顺路—京承铁路）0.5公里、京榆旧路三期（宋庄镇—潮白河）4.9公里、北京卷烟厂专供线（潞城镇东堡村—梨园镇大稿村）1.0公里。

（张宝山）

【陕京二线通州门站建设工程】 陕京二线通州门站是陕气二线进入北京的主要门站之一。门站位于潞城镇东堡村，是市级重点工程。经市燃气集团和通州区燃管办、潞城镇政府共同努力，12月中旬工程竣工并向北京供气。

（张宝山）

【天然气入户工程】 2008年，根据各开发小区、单位的用气需要，区燃气管理办公室组织协调市区相关部门编制小区用气规划、燃气施工设计并组织施工，为久居雅园、富新园、运河明珠等5个小区建设庭院线和调压站（箱），完成新楼入户3800户，完成复兴里、运输十四厂、光荣院、93708部队等旧楼入户安装工程1200户。入户总数为5000户。

（张宝山）

【实施天然气锅炉配套工程】 2008年，通州区继续贯彻落实市、区有关发展燃气锅炉和锅炉煤改气的指示，为新建燃气锅炉（含直燃机）安装天然气配套设施。为区种子公司和中医医院新楼安装7台燃气供暖锅炉及配套设施，总吨位达35蒸吨，供暖面积30万平方米。

（张宝山）

【压缩天然气（CNG）小区建设】 2008年，燃气管理办公室对城边有用气需求而离主干管线较远的居民区继续实施压缩天然气（CNG）建设工程。完成张家湾镇马营小区、台湖镇田府压缩天然气的建设工程，入户安装1000户。

（张宝山）

【燃气岗位培训】 2008年，燃气管理办公室继续对从事燃气行业管理、销售、操作人员进行上岗培训，有25人取得燃气企业从业人员岗位证书。

（张宝山）

【燃气安全检查】 2008年，区燃气管理办公室对全区85家燃气企业进行8次安全大检查，纠正部分企业的违规、违章操作，联合城管大队查处无照经营燃气的个体商户，消除了安全隐患。

（张宝山）

【奥运安全工作】 采取五项措施确保奥运期间全区燃气安全运行。一是强化认识，加强对全区燃气企业法人、经理的教育、培训，召开迎奥运全区燃气安全管理动员大会，向区相关委办局、物业公司、居委会、燃气企业的负责人讲解燃气安全管理的要求；二是完善全区燃气安全管理责任制，与全区85家燃气企业签订《奥运期间燃气安全管理责任书》，明确责任，完善事故追究制度；三是加强对燃气企业的安全检查，奥运会之前和奥运会、残奥会期间，抽调燃气办32名工作人员，组成8个检查组对全区85家燃气企业的储存、灌装、运输、换瓶、安检、消防、人员管理等进行拉网式检查，死盯死守；四是加强协调，协调市燃气集团对全区10万市政天然气用户加强管理、巡检、维护；五是深入到燃气企业中，加强督查和指导，及时传达市区领导的指示精神。五项措施的实施，确保了向用户稳定供气，未出现任何安全问题。

（张宝山）

环境保护

【概　况】 2008年区环境保护局围绕奥运期间空气质量和环境安全保障工作目标，不断拼搏进取，扎实工作，较好的完成了奥运会期间空气质量保障工作，创下7年以来全区空气质量最高记录。严格执行建设项目“三同时”审批制度，2008年办结建设项目环境保护审批项目888件，完成建设项目环境保护验收项目117件。落实市政府第十四阶段控制大气污染措施，2008年累计完成二级和好于二级以上天数257天，超额完成全年68%的目标任务。开展北运河城市段排污企业专项治理工作，对19家相关违法企业下达限期整改通知。督促企业采取自建、联合建设的方式对排放的污水进行有效治理，确保北运河河道治理和生态治理二期工程顺利开展；受理来信来访及人大、政协提案1933件（次）；加强环保监测工作，全年监测燃煤锅炉221台，工业废水330家／次，厂界噪声监测263家；加强联合执法开展路检、巡查机动车尾气排放工作，全年上路检查机动车1426辆，进京路口劝返超标车1144辆；开展环境科普“三下乡”宣传活动，以“六·五”环境日为契机，开展十余次较大规模环境保护宣传教育活动，通过各种媒体和宣传渠道使全社会关注环境，努力提高公众参与环境保护意识。

（高莉莉）

【做好奥运空气质量保障工作】　建立辖区内污染源监管台账，并加大对污染源的现场检查频次和力度，累计检查企业338家／次，做到对重点区域和重点污染源的严防死守，杜绝违法排污行为发生。累计出动800余人次对辖区内109家锅炉使用企业进行拉网式检查，保证全区在用燃煤锅炉排放达标。落实全市污染源监管应急预案，组织执法人员连续奋战40多个小时，督促区内29家企业和40家工地全部落实停产和停工，保障奥运开幕当天不利气象条件下实现达标。8月8日至24日17天奥运会赛事期间，通州区空气质量全部实现达标，并收获8个1级（优）天，所占比例近50%，创下7年以来通州区空气质量最高记录，为北京兑现奥运会期间空气质量承诺做出了重要贡献。

（高莉莉）

【严格执行环境影响评价制度】　2008年，按照环境影响评价制度和行政许可相关规定，严格环境准入，坚持增产不增污的原则，从源头控制污染。严格按照审批权限及《建设项目环境保护管理条例》、《建设项目环境保护分类管理名录》等相关规定实施行政许可。2008年办结建设项目环境保护审批项目共计888件，其中工业项目463件、服务业项目384件、非生产项目41件。完成建设项目环境保护验收117件。

（徐金峰）

【加强环境安全应急工作】　区环保局积极联系市环保局专家指导通州区危险化学品生产使用单位的排查工作。根据排查情况，将全区危险化学品生产、使用单位列入台账，并建立事故状态下各企业应急对策，将事故状态下危化企业对河流水质的影响降到最小。建立风险源控制档案，印发《通州区危险化学品生产和使用单位申报材料的通知》，要求各相关单位申报原料名称及使用量、产品名称和产量、重点防范位置、防范措施等企业基本信息，建立企业台账、档案；建立日常监察及排查制度，对重点企业加强日常监管，组织应急队员开展学习研讨活动，明确分工，制定《通州区突发环境事件应急预案》和《通州区核事件、放射性污染突发事件应急预案》，为应急工作奠定坚实的基础。

（张旭辉）

【改善大气环境质量】　起草通州区第十四阶段控制大气污染措施，根据各部门职责和权限，进行分解细化，明确任务和标准，及时对各类污染源开展调查、统计、治理等工作，有重点、有步骤、有目标落实各项监管和治理措施。加强燃煤排放检查和监测，对超标单位进行处罚。奥运会前夕，环保局先后对12家超标和违法使用燃煤设施和超标排放单位进行处罚，处罚金额9万元。加强有机废气排放行业的检查，开展对化工、印刷、家具、汽修、干洗等有机废气排放行业的监管和治理，以减少空气中有机废气含量。协同交通局、商务局等部门依照法规权限督促99家 加油站、5家单位169辆油罐车、3家油库进行治理。加强子站周边污染源控制，每天安排专人巡查，及时制止和消除污染问题。期间有5家燃煤单位、7家工地、3家粉尘排放单位按要求停产，确保子站正常监测。全年通州区累计完成空气质量二级和好于二级以上天数257天，占已过天数的

70.2%，比上年多19天，超额完成68%的任务指标。

（张学刚）

【强化水污染防治】 区环保局加强对工业园区污水处理厂、城市污水处理厂及排水量特别大的工业企业监测频次，及时监控水环境质量变化。每月对全区12条主要河流的17个断面进行常规监测，全年得到2200多个数据，为实施防治措施提供科学依据。抓好工业污水稳定达标工作，坚持常规检查与抽查相结合，不断完善水污染防治设施，保证设施正常运转，确保污水稳定达标排放。对未稳定达标排放的企业进行限期整改，开展电镀行业专项检查，召开通州区电镀行业环境保护专题会议，对专项检查中发现问题的企业下达限期治理通知书。召集辖区内造纸企业节能减排工作会议，加大对造纸行业监督检查力度，确保通州区造纸行业达到节能减排的目标。对东南郊水网工程范围内58家企业开展专项水污染隐患排查，严防污水超标排放行为发生。对13家违法排放污水企业进行处罚，处罚金额25万元。

（张旭辉）

【推进生态示范区创建工作】 通州区生态示范区创建工作深入开展，《通州区生态示范区、生态区建设总体规划》通过专家评审，经区政府批准正式实施。各项考核指标达标工作顺利推进，26项指标中已实现达标或接近达标的21项，达标率超过80%。

（高莉莉）

【环境信访工作】 2008年，受理信访投诉1933件，比上年增长26%。其中市环保局12369转来的1449件，区环保局直接受理的484件（包括区信访办转办48件，区行政投诉中心网上转办28件。）全部按照法定时限处理、回复完毕，未发生一起上访、集体访事件。

（张旭辉）

【完成日常监测任务】 按照市监测中心要求，每月对全区12条主要河流的17个断面进行常规监测，总体上除凉水河、小中河水质略差于上年，其他河段持平或略有好转。对全区11家重点工业废水排放单位总排污口、4家污水处理厂进出口、4家燃煤锅炉大户（采暖期5家）按月进行监测，获得检测数据1600余个，对污水排放、锅炉排放起到有效的监督作用。完成锅炉监测221台次、工业废水330家次、厂界噪声263家次、餐饮业油烟监测70家次、加油站19家、机动车尾气监测27.6万辆，除噪声外均比上年有所增加，实现监测费28.3万元。同时对一条高速公路、12家农村污水站和3个区域环境影响评价进行委托监测。配合人大北运河水系污染情况调研及东南水网改造工程，监测站对全区9条主要河流的103个排污口污水排放情况进行采样检测及基本数据分析。

（徐晓云）

【尾气监测成果显著】 加强外埠进京机动车尾气排放检测工作。全年上路检查机动车1426辆，进京车辆尾气检测站检测外埠进京机动车58716辆，劝返尾气排放超标车辆1144辆。利用遥感监测车上路监测，全年监测机动车239839辆，取得有效数据29719辆，处理排放超标车辆1325辆。

（裴志鑫）

防震减灾

【概　况】 2008年通州区地震局以保障北京奥运会的顺利召开为中心，围绕防震减灾工作的三大任务，积极推进通州区各项防震减灾工作，特别是在“5·12”汶川大地震前后，通州区各部门、社会各阶层高度重视防震减灾工作，加大宣传的力度、落实各项措施，有力地推动了防震减灾工作的开展。

2008年通州区地震局获得北京市地震系统2008北京奥运会残奥会地震安全保障先进单位。

（费　芸）

【召开普法座谈会】　3月4日，区地震局组织召开纪念《中华人民共和国防震减灾法》实施十周年座谈会，人大城建委、司法局、法制办、应急办、建委、规划分局等单位主管领导参加座谈。会上各部门领导围绕防震减灾三大体系建设内容，总结十年来通州区防震减灾工作，交流各自发挥职能部门作用、促进防震减灾工作发展的经验，并着重探讨抗震设防、避难场所建设管理、农居地震安全工程建设等问题。

（费　芸）

【召开2008年度防震减灾工作会议】　6月6日，在北京市农业干部培训中心召开全区2008年度防震减灾工作会议暨通州区抗震应急指挥部第一次会议，部署年度防震减灾工作意见，建立健全全区灾情速报网络工作。

（费　芸）

【开展学校校舍地震安全性排查工作】　7月18日，在区应急指挥中心召开区抗震应急指挥部第二次全体成员会议，会议主要贯彻落实市防震抗震领导小组会议精神，具体部署开展学校校舍地震安全性排查工作任务。会后实施排查工作，截至10月底完成通州区学校地震安全性排查工作任务。

（费　芸）

【防震减灾宣传教育工作】　年内，区地震局协助区科普网增设地震应急科普专题，在科普画廊开展地震科普、抗震救灾宣传；5月29日在通州电视台《提问时间》节目，以访谈的形式从认识地震、避震要诀、自救互救等三方面进行关于地震应急知识的科普专题宣传；10月10日，在区教委组织的学校安全教育工作会议上，提出学校的地震安全教育工作要求。截至年底，向区属单位发放各种宣传材料3万余册。

（费　芸）

【加强地震监测设施建设】　3月，通州区完成两台点增设CO_2的安装使用工作；9月，配合市局新建西集镇杜柳棵小学强震台。

（费　芸）

【奥运地震保障工作】　一是细化安保工作各项措施，完善预案体系建设：制定《奥运期间地震应急预案》、《奥运期间突发地震事件风险评估报告》、《奥运期间通州区防灾减灾工作运行方案》、《地震灾情速报实施细则》等7项具体方案措施，奥运时段要求全体人员双岗双班、加密会商，确保各观测站仪器正常运转。二是稳步推进抗震应急体系机制。截至6月底建立覆盖全区的地震应急工作组织体系，设立防震减灾工作助理员、联络员、灾情速报员，涉及全区39个机关、企事业单位246人，乡镇、街道及其辖区行政村、社区的796个单位2400人，同步建立地震工作领导机制；7月18日，区地震局举办通州区防震减灾助理员、联络员、速报员培训班，组织基层80名兼职人员参加专业培训。三是适时开展内部演练，配合措施的落实组织3次内部桌面演练，并积极开展应急设备全员实操技能比赛。四是加强地震应急管理工作，在全区范围内广泛开展地震应急数据采集工作，重点是生命线工程的平面布置和参数设定；同时就全区部分建、构筑物抗震设防情况进行摸底调查；适时启动应急设备的物资储备。

（费　芸）

【加强地震监测管理工作】　一是确保地震观测站(点)观测系统的正常运行。上半年大东、马驹桥、徐辛庄地震观测站（点）压磁应力先后出现故障，区地震局与市局及时联系排除故障，做到解决问题不过夜，保持数据的连续完整。二是加强宏、微观异常落实与上报工作。严格震情会商制度，及时排除宏观异常。5月25日通州张家湾开发区纳百川物流公司地面出现裂缝，区地震局派员与市局技术人员连夜到现场排查，排除了地震裂缝的可能，第二天区地震局在媒体报道上作出正面解答保持地区稳定。三是平息地震谣言,稳定社会秩序。"5·12"四川汶川发生8.0级地震后，北京震感强烈，首都各大媒体转载新华网通州发生3.9级地震的消息，随即在网上出现北京地区12日晚将发生2～6级地震的谣传，电话来访不断，区委宣传部、新华社记者、八通社区网记者驻守区地震局了解震情,区地震局立即启动地震应急预案，采取系列措施消除地震影响，安定民心、稳定社会生产、生活秩序。

（费　芸）

城管监察

【概　况】　2008年，城管监察工作紧紧围绕北京奥运会实战之年对城市环境建设的目标要求,以创建"平安奥运",营造优美环境，服务通州"两新"建设为目标，严格落实岗位责任制，通过深入开展"严格履职、文明执法、和谐城管、平安奥运"主题教育活动，开展"平安奥运城管先锋行"和"假日文明行动"主题实践活动,进一步创新管理机制，强化监管力度，圆满完成以奥运环境建设为中心的各项工作任务。年内，纠正各种违章行为10.4万余起次,实施处罚1.5万余起次。在市、区奥运会总结评比中，城管大队分别获得北京奥运会、残奥会环境建设先进集体，北京市奥运安保工作先进集体,北京奥运会、残奥会通州区先进单位等称号；2008年被市执法局、人事局评为北京市城市管理综合执法系统先进集体。

（秦来富）

【奥运会及重要节假日环境保障工作】　针对奥运会及重要节假日环境保障工作特点，适时制定工作方案和工作预案，以责任书的形式明确到责任领导、责任单位和责任人。工作中，以主要大街、运河城市景观段、奥运火炬传递沿线、两个非注册记者采访村沿线等为重点监管治理地域，根据不同时间段要求，适时进行综合整治和专项治理，奥运会及重要节假日、中考高考期间环境保障工作取得明显成效。奥运会、残奥会期间，出动6个车组，协助公安机关参加维稳巡察工作。区城管大队先后被市、区评为奥运环境建设先进集体，21人次被评为先进个人。

（秦来富）

【有效遏制城市环境污染】　全年，检查各类施工工地1160场次，纠正违规施工、施工扰民等行为903起次，实施处罚169起次；不断强化对露天烧烤、焚烧树叶和秸秆、垃圾等污染大气环境的监控查处工作，依法纠正和取缔露天烧烤行为1200余起次，收缴销毁各种烧烤工具2700余件，城市环境质量明显改善。

（秦来富）

【拆除违法建设工作】　4月，组织力量对首都机场南线、机场二通道等重点建设、绿化工程违法建设实施拆除。年内拆除各类违法建设165处、12.5万平方米，为实施城市规划创造了条件。

（秦来富）

【依法查处黑车非法运营行为】　年内，会同公安、工商、交通、交警等部门，对黑车非法运营问题进行综合治理。纠正违法行为1.1万余起次,规范车辆停放11.6万余起次，依法实施处罚1256起次。

（秦来富）

【严格查处无照游商经营行为】　查处无照经营行为，将主要大街、繁华商业区、校园、医院等周边地域作为监管和查处重点，采取日常管理与重点治理，专人盯守和车辆巡察相结合的方式，年内纠正违章行为2.2万余起次，实施处罚6700起次，市容环境秩序明显改进。

（秦来富）

【查处非法小广告及治理广告牌匾工作】　年

内，查处小广告案件315起，收缴非法小广告40.5万张；暂停小广告通信号码1050个；规范户外广告1550块，拆除擅自设置广告牌、灯箱广告300块，拆除大型户外广告26块。

（秦来富）

“2008”环境建设

【概　况】 2008年是奥运环境建设的实战之年，区委、区政府召开“通州区2008年环境建设工作大会”，对2008年的环境建设工作进行整体部署。区“08”办下发《通州区“2008”环境建设指挥部2008年工作要点》，实施14项专项整治任务，积极稳步地推进全区环境建设工作，确保奥运会的顺利召开。11月3日，区“08”办召开“通州区‘北京奥运会残奥会’环境建设总结表彰大会”，对为奥运会和通州区环境建设做出贡献的先进单位及个人进行表彰。

（陈新宇）

【航空走廊环境整治】 年内，完成空地荒地绿化1903亩，粉刷建筑物外立面3.64万平方米，拆除违法建设2.73万平方米，完成管头村、葛渠村等12个村屋面清理工作，清除航空走廊可视区域内乱堆乱放260处，清运路边渣土、垃圾42.8吨，规范门前三包环境秩序单位63家，治理废品回收站点和游商27处，清除各类墙体喷涂小广告773处，没收非法散发小广告400余张。

（陈新宇）

【铁路（轻轨）、公路沿线整治】 年内，完成京承铁路、京秦铁路、八通轻轨和进京公路沿线两侧环境卫生综合整治工作，出动人员2390人次、车辆209辆次、清理垃圾5.57万吨，捡拾白色污染物913公斤，清理绿地500平方米，覆盖土方3.61万立方米，拆除临建违建48.3平方米，清除卫生死角3处；完成京津城际铁路、京津高速第二通道沿线环境整治工作，清运积存垃圾渣土122.35万吨，简易绿化15.97万平方米，捡拾白色污染4133公斤，粉刷油饰房屋外立面4.86万平方米，治理户外广告残标757处；完成康化路环境综合整治工作，拆除违法建设1200平方米，铺设雨水、污水管道980米，砌污水井27个，植树7万株，更换马路路沿石4400延米，整治荒地500亩，整治安装新广告牌匾1100平方米，粉刷墙面1.1万平方米。

（陈新宇）

【火炬传递路线环境整治工作】 对奥运火炬传递路线周围环境进行整治，清理堆物堆料53处，清运积存垃圾渣土3.3万吨，捡拾白色污染物190公斤，粉刷油饰房屋外立面11.65万平方米，治理户外广告牌匾170处，查处无照经营184处，完成绿化3.38万平方米，硬化路面4577平方米。

（陈新宇）

【建筑物外立面清洗粉饰】 上半年，完成新华大街、新华南北街、通惠南北路、车站路、滨河路两侧房屋外立面3.751万平方米的清洗、粉饰工作，完成主要大街外立面清洗粉刷15.79万平方米。

（陈新宇）

【集中空调通风系统清洗工作】 年内，在区卫生局及相关单位的积极努力下，全区完成36家集中空调通风系统清洗工作。

（陈新宇）

【治安秩序建设】 一是针对新华大街、轻轨沿线、梨园犬市、易初莲花等重点治安地区加强社会面集中整治：出动警力1318人次，其他社会力量2850人次。清理整治无照游商388处、散发小广告101处、黑车运营786处，查处游商扰序违法人员446人、黑车运营376人、散发小广告178人，其中治安拘留散发小广告违法人员44名，没收小广告1.56万张，运营黑车238辆。二是统一部署和组织开展集中震慑行动25次：检查娱乐场所480余家次，登记审查从业人员2700人次。三是加强犬类管理工作：查处无证养犬行为551起，警告522人，罚款22000元，没收和收容无主犬、无证犬、大型犬585只，吊销养犬登记证22个。四是确保各项涉奥活动安全：会同综治、城管、工商等部门，对运河文化广场、清真寺、画家村涉奥接待点周边开展大规模综合治理，营造良好的社会环境，确保涉奥接待点在奥运会期间实现“零发案”和“零事故”。

（陈新宇）

【市容环境秩序建设】 全年纠正无照经营行为1.9万余起次，暂扣经营工具三轮车579辆，实施处罚14983起次，罚没款53.2万元；清理规范露天烧烤及大小排档197家，收缴销毁各种烧烤工具近580件；纠正非法运营行为1300余起次，规范非机动车停放11.6万余辆次；查处小广告案件315起，罚没款16.52万元，查抄小广告窝点6个，收缴各类小广告40万余张，责令相关单位清除张贴、喷涂小广告1.8万余处，暂停小广告通信号码1050个；规范户外广告牌匾1550余块，拆除擅自设置广告牌匾、灯箱广告300块，拆除大型户外广告23块，全部清除主要道路两侧违规设立的户外广告；检查施工工地1411场次，纠正违规施工行为322次，处罚违法施工、运输行为136起，罚款25万余元；拆除各类违法建设165处125307.1平方米，围墙1140.99延米。

（陈新宇）

【交通秩序建设】 年内，集中销毁三无车辆2次，组织联合执法85次，组织各种形式的夜查活动127多次；共处罚各类违法行为20.71万起，罚款3402万余元，查获涉牌违法行为5538起，闯红灯3201起，酒后驾车895起，拘留交通违法行为人588名；查获黄标车268起、违反单双号974起、违反限制通行2656起；扣留违法车辆9480辆，其中“摩的”964辆、二轮摩托车998辆、货车2008辆，销毁两轮摩托车、正三轮摩托车共106辆；固定设备录入违法行为55078起，移动设备录入违法行为17615起，粘贴违法停车通知单5281张。

（陈新宇）

【市场秩序建设】 年内，组建市场秩序控制、知识产权、食品安全、消费者权益保护和快速反应5个专项执法组，同时成立“平安奥运”督导组以及奥运综合保障组，制定市场秩序保障应急预案和专项演练方案，加强对奥运突发事件以及辖区风险点的控制能力。重点抓好食品、药品等安全工作，奥运期间抽检鲜肉、蔬菜、面制品、豆制品等20余种食品样品3266件，检测合格率为98.7%，取缔非法制售食品行为30起，规范食品经营行为89起，处理食品类投诉举报55起；不间断的开展取缔废旧金属、非法娱乐场所、黑中介、危险化学品等非法经营专项清理整治工作，会同公安、城管、卫生开展大规模专项检查130余次，无照经营挂账数从2006年初2333户下降至611户，结案无照经营97件，罚没款60余万元；与全区20家大型商场、超市及电器经营者建立消费争议快速解决绿色通道，发放《告维护消费者合法权益一封信》及《商品质量承诺书》各3万份，对奥运期间接到的涉外投诉或群体投诉及时跟踪、高效解决、信息畅通；会同区知识产权局、城管大队和文化委就奥运商品特许经销单位的经营情况以及户外广告发布情况开展专项检查，在奥运保障期间，查处6起侵犯奥林匹克标志案件，扣留侵权商品51件，侵权标识118件，没收国旗、奥林匹克会旗2000余面，罚没款7万余元，市场秩序明显好转。

（陈新宇）

【旅游秩序建设】 全年出动执法人员500余人次，车辆164辆次，对区内旅游企业进行检查；针对旅游市场存在的非法“一日游”站牌问题，先后5次对重点地区、重点街道进行巡查，清理非法“一日游”站牌63张(块)。同时，多次组织公安、工商、城管、交通等部门联合对新华大街、运河大街、梨园政府大街、西海子公园等13个重点地区进行联合执法，重点整治非法“一日游”站牌、非法小广告及黑车违法运营及无照游商经营等行为。

（陈新宇）

【再生资源市场整治】 年内，登记备案再生资源市场274家，并多次组织有关部门开展多种形式、各种规模的整治活动，全区累计出动再生资源市场清理整治执法人员1600余人次、执法车辆650余辆，检查再生资源回收站点400余家，发放各类整改通知单300余份，取缔无照经营户80个，罚没非法回收物资40余吨，使区内市容环境及再生资源回收市场秩序得到较大改善。

（陈新宇）

【大气污染防治】 年内，先后实施了14个大气污染控制阶段措施，本区大气污染控制取得实效。截至11月2日，本区累计完成空气质量二级和好于二级以上天数257天，占已过天数的70.2%，比上年度多完成19天。尤其是在奥运会期间，本区空气质量除全部达标，8月和9月与上年同期相比，创下了7年来本区空气质量最高水平，为北京兑现奥运会期间空气质量承诺做出重要贡献。

（陈新宇）

【城乡环境综合整治】 年内，一是继续开展村庄实施垃圾密闭化管理工作，2008年列入计划的48个村全部完成，密闭方式除张家湾镇20个村采取垃圾箱外，其他28个村为地下箱站，5乡镇48个村庄投入资金1168余万元。按照“干净、整洁、路畅、村绿、建制”的标准完成91个村庄环境整治工作。投资260万元完成城区23座清洁站升级改造工作。组织开展3次大规模的环境卫生大扫除活动，据不完全统计，全区出动人员3万余人次，车辆828辆次，清除卫生死角205处，清理堆物堆料300余处，清运垃圾渣土1932吨，捡拾白色污染物226.5公斤，清除小广告2440张。完成1个“环境优美乡镇”和7个“文明生态村”创建工作。完成10个乡镇65个非正规垃圾场治理工作，治理工作自2007年8月开始，历时11个月，累计清理垃圾47.72万吨，覆盖土方34.76万立方米，植树1650棵。

（陈新宇）

【加强环境建设宣传工作】 2008年，区“08办”配合市相关部门陆续开展“家家阳台美，整洁迎奥运”、“净空宣传图片进村展”等大型活动，动员社会各界参与环境建设和整治。继续加大宣传组织力度，充分依托通州电视台、《通州时讯》、通州区内部信息网，配合专项整治的开展做好宣传动员工作。2008年，《通州时讯》刊发环境建设方面的报道383篇，通州电视台播发环境建设方面相关报道172条。向市级以上媒体投稿193篇，刊发43篇。年内，《“2008”环境建设信息》印发普刊48期、专刊15期。

（陈新宇）

新农村建设

【概　况】 继续坚持城乡统筹发展战略，以加强农村基础设施和公共服务设施建设为重要内容。2008年，通州区新农村建设工作按照“三个层次、四种类型”推进思路，加强对新农村建设协调工作，积极引导公共财政向农村地区倾斜力度，农村面貌发生明显变化，广大农民得到更多的实惠，新农村建设工作取得显著成效。

（张　骞）

【新农村建设12项全覆盖工程】 2008年完成48个村的农村垃圾密闭化管理，实现全区480个村100%覆盖的目标；完成50个村全民体育健身场所建设，累计完成494处，覆盖率达100%；完成111个农村社区卫生服务站建设任务，累计完成540个卫生站、室建设，覆盖率达100%；完成40个村的农村安全饮水改造工程，全区458个应改水村庄全部完成改造，覆盖率达100%；完成37个村的主干路建设，全区村级主干路全部实现硬化，覆盖率达100%；搭建农村信息服务站建设56个，覆盖率达80%；完成1.5万座农村户厕改造工程，覆盖率达74.5%；完成42个村的有线电视入户，入户覆盖率达68.5%；发展80家农村便民连锁超市，累计发展535家，覆盖率达88.8%；村域林木绿化率达标工程完成19个村，累计完成329个村，覆盖率为68.12%；新建农村文化活动中心18个，覆盖率达95.8%；完成50个村“亮起来”工程，“亮起来”村庄达到461个，覆盖率达95.4%。

（张　骞）

【新农村重点工程项目】 为2007年14个新农村基础设施建设整体推进村铺设污水收集管网19万延米，建污水收集检查井7600座，建设22座污水处理站，完成街坊路硬化工程；对2008年23个新农村基础设施建设整体推进村的街坊路进行硬化；修建乡村公路100公里；新建农村公厕36座；加快建设新农村林业生态体系，全区实施重点绿化工程45项，完成造林面积2.1万亩，栽植各类树木及花卉灌木24.8万株；建设村邮站47个；投资700万元完成于家务乡22个村和永乐店镇8个村的电气化工程，按城市居民用电标准统一配置、更换低压接户线157.6公里，满足村民今后8至10年的用电需求；在9个乡镇新建67处太阳能公共浴室、3个沼气站和5个生物质集中供气工程，安装太阳能路灯5000盏；区新农办联合区种植中心、区安监局、区燃气办、区气象局、区消防局、区质监局等相关部门对已建的沼气和生物质气化集中供气工程，开展安全检查、规范安全操作行为、配备安全设施、设置安全标识等工作，保障农民用气安全；完成50个村的村庄规划编制工作，累计完成123个村的规划编制工作；对潞城镇武疃村、兴各庄村和永乐店镇小务村的200户农宅进行节能改造，其中采用金属压花复合板内衬挤塑聚苯板保温材料对潞城镇武疃村69户农宅进行保温墙体改造7870平方米、采用中空双玻塑钢窗更换潞城镇兴各庄村51户和永乐店镇小务村80户农宅4357平方米，夏季农宅起到隔热、冬季提高室内温度3—5℃。

（张　骞）

【建立新农村建设长效机制】 一是完善公共财政资金对重点领域倾斜的资金投入机制。2008年在新农村建设资金安排上重点做到向新农村产业发展领域倾斜、向农村环境建设整治领域倾斜、向农村社会事业发展领域倾斜、向农村社会保障和就业领域倾斜、向农村基层组织建设领域倾斜。二是建立完善的部门联动、多方筹资的资金投入机制。合理安排预算内资金、调剂增量设立新农村建设专项资金、引导乡镇财政资金投入新农村建设、积极争取上级新农村建设的资金支持、建立财政支持新农村建设的其它筹资方式，引导农民将自有资金、村集体资金、社会资金参与到新农村建设当中。三是建立新农村公共基础设施的管护机制。制定《通州区新农村公共设施管理办法（暂行）》，3月起开始实施，通过各项制度的落实，确保新农村公共设施管护措施的到位和项目效益的发挥。四是进一步完善社会各界力量支持新农村建设的广泛参与机制。建立区级四大家领导联系乡镇结对共建机制。区属各职能部门年初确定的186项新农村建的折子工程顺利推进。建立各种社会力量参与新农村建设的激励机制，引导机关、企事业单位、社会团体组建121支农村帮扶工作队结对帮扶新农村，取得显著效果。

（张　骞）

北京新城基业投资发展有限公司

【概　况】 2008年，新城基业公司积极参与新城的开发建设工作，全力推进运河核心区规划、土地一级开发、经济适用房建设和运河旅游开发工作。储备地块的上市工作取得实质性进展，玉桥东小区经济适用房建设工程顺利进行，推出运河旅游新项目，扩大景区经营成果。配合相关部门完成服务奥运会相关工作和电视剧《漕运码头》拍摄工作。2008年新城基业公司被评为北京奥运会残奥会先进集体、北京奥运会残奥会环境建设先进集体、奥运会残奥会交通保障工作先进集体、服务奥运贡献突出先进单位、北京市水域游船安全服务规范2008年度达标先进单位，运河公园被评为首都文明旅游景区。

（赵　彬）

【运河核心区规划工作】 在新城总体规划、街区规划相继批复后，新城基业公司根据新的街区规划精神及时完成运河核心区控规成果的完善深化工作，成为通州区第一个完成控规成果备案并取得地块控规审查意见的片区项目。与此同时，运河核心区各地块的市政综合规划工作分片区陆续编制，有效地推动运河核心区各地块土地一级开发工作。

（赵　彬）

【土地一级开发工作】 2008年，新城基业公司积极推进土地一级开发工作，完成玉桥东小区、福田、河东果园、铜牛和果园D地块5个项目共计883.89亩土地的一级开发整理工作，已储备地块的上市工作取得实质性进展。其中玉桥东小区项目于1月上市，河东果园项目于12月上市，实现土地上市交易460亩，福田、铜牛、果园D地块3个项目基本具备上市条件。年内公司启动运河核心区2号、3号、5号（一期）、6号和7号地5个项目共计4138亩土地的一级开发工作，完成一级开发实施方案，可研、环评、交评等各类报告编制45份，取得授权、立项、环评、交评、规划意见书等各类批文28份，征收集体土地1074亩。

（赵　彬）

【启动解危工作】 2008年，新城基业公司组织专业公司完成运河核心区5号(一期)、6号、7号地的入户调查工作，入户住宅7828家、企业68家，总建筑面积60.54万平方米。完成3个地块内355家危房户的搬迁及危房拆除工作，解危建筑总面积达9868平方米，支付解危补偿款1.2亿元。

（赵　彬）

【完成奥运火炬通州段传递相关工作】 2008年公司为奥运火炬通州段水上传递做了大量的基础性工作，为圆满完成火炬传递任务作出突出贡献。一是高标准完成环境整治工作。铺设绿化喷灌给水管线961.1米，修建沥青道路6747平方米，安装护栏2400米，铺装维改人行便道1296.5平方米，栽种奥运用花20余万盆，绿地整理3.7万平方米，草坪种植1.5万平方米，播种草籽2.9万平方米。二是配合完成奥运文化广场演出活动。完成临时供配电工程，安装临时护栏550米，增派保安1200余人次，保证36场演出活动的顺利进行。三是圆满完成奥运火炬水上传递船只保障任务。按时完成奥运会火炬传递用船的建造工作，保证仿古船顺利下水，并开展奥运会火炬水上传递训练工作，期间练习317航次，动用员工2万余人次。

（赵　彬）

【漕运码头影视基地竣工】 4月30日，新城基业公司投资1000万元兴建的漕运码头影视基地竣工。漕运码头影视基地位于运河东岸的潞城镇大营村，占地面积6000平方米，房间59间，总建筑面积1000平方米，房屋采用明清建筑风格，重点建筑包括：过斛厅、记账房、木牌楼、石牌楼。漕运码头工程全长168米。影视基地作为向北京市解放60周年献礼的电视剧《漕运码头》的外景拍摄场地。

（赵 彬）

【运河公园景区管理与运营工作取得新成效】 2008年，新城基业资产运营公司围绕“建设好、管理好、经营好”的工作目标，积极拓展经营思路，加大招商力度，扩大经营成果。一是按标准完成运河公园基础设施配套和规章制度完善工作，运河公园被市旅游局评定为国家AAA级景区，被首都精神文明建设委员会评为“首都文明旅游景区”。二是宣传工作以奥运火炬水上传递为契机，围绕运河游开航、运河夜游等主题进行大密度的宣传报道，提高通州运河游的知名度。举办运河公园水上观光游项目推介会、国庆长假专题推介，参加北京市赴日韩旅游产品推介活动，加强旅游企业对运河的了解，为开展合作奠定基础。三是加强旅游项目的策划与开发，完成玉带河大桥至六环路运河沿岸夜景照明工程、河道助航标志系统工程，增设运河夜游项目。2008年全年场地出租、奥体场馆项目及商亭出租收入实现114.94万元。运营季（4月26日至11月3日）与包括通州两家旅行社在内的多家旅行社门店开展业务合作，水上项目接待游客6万多人次（其中自航船15017人次，快艇体验3860人次，非自航船10424船次4.2万人次），接待各级领导参观考察252批次，实现船票销售收入118.65万元，达到“零伤亡、零事故、少投诉”的工作目标。

（赵 彬）

科 教 文 卫 体

科　　技

【概　况】 2008年，通州区科技工作围绕通州新城区和新农村建设的总体目标，加快推进科技进步与创新，不断强化科技的支撑与引领作用，有效地推动了通州经济和社会的各项事业的快速发展。全区科技企业总数达163家，按照国家新颁布的《高新技术企业认定管理办法》全区认定高新技术企业23家，全年总收入58.50亿元，工业增加值4.14亿元，净利润1.19亿元，上缴税金1.65亿元，出口创汇7209万美元。组织实施科技计划项目40项，其中市级科技计划项目15项、区级科技计划项目25项。年内，被批准为国家级科技型中小企业技术创新基金项目1项，获得项目支持资金65万元；被批准为市级科技型中小企业技术创新资金项目5项，共获得项目支持资金195万元；组织通州区高成长企业专项18项，其中有3个项目获得支持资金310万元；评出2006、2007年度通州区科学技术奖40项，其中2006年20项、2007年20项，受理2008年度通州区科学技术奖励申报项目35项。推荐参加2008年度北京市科学技术奖评审项目11项。完成技术合同认定登记16份，成交总金额988.01万元，其中技术额928.01万元。新建农村远程教育站点16个，通州区远程教育站点达到146个，组织开展培训1900期，培训人数达到38924人次。建设农村科技协调员工作站23个。创建典型农村科技协调员工作站5所。

（陈　兵）

【高新技术企业】 12月，按照科技部、财政部、国家税务总局《关于印发〈高新技术企业认定管理办法〉的通知》和《关于印发〈高新技术企业认定管理工作指引〉的通知》以及《北京市高新技术企业认定管理工作实施方案》，通州区高新技术企业认定23家，职工总数4410人，其中科技人员1115人。资产总额38.49亿元，工业总产值57.00亿元，全年总收入58.50亿元，工业增加值4.14亿元，净利润1.19亿元，上缴税金1.65亿元，出口创汇7209万美元。

（张永浩　陈　兵）

【科技企业孵化器建设】 截至年底，方和正圆科技企业孵化器有限公司入驻企业达60家，在孵企业总数28家，光机电和新材料等重点专业领域在孵企业18家。

（康连元　陈　兵）

【科技型中小企业技术创新基金】 年内，北京君山表面技术工程有限公司的“连续退火线高温炉辊先进涂层”项目被批准为国家级科技型中小企业技术创新基金项目，获得项目支持资金65万元。5个项目被批准为北京市科技型中小企业技术创新资金项目，共获得项目支持资金195万元，其中北京创导高科绝热材料有限公司、北京赛凡光电仪器有限公司分别获得项目支持资金45万元；北京布兰科技有限公司、北京欧普光学仪器有限责任公司和北京雷格讯电子有限公司分别获得项目支持资金35万元。

（康连元 陈 兵）

【科学技术奖励】 年内，按照《通州区科学技术奖励办法》的规定，经行业专家评审组评审，通州区科学技术奖评审委员会审议，有40项成果获得2006、2007年度通州区科学技术奖。其中2006年20项，一等奖4项、二等奖8项、三等奖8项；2007年20项，一等奖6项、二等奖8项、三等奖6项。受理2008年度通州区科学技术奖励申报项目35项。推荐参加2008年度北京市科学技术奖评审项目11项。“100nm大角度离子注入机”项目荣获北京市2007年度科学技术一等奖。

（张树杰 陈 兵）

【优秀科技企业、优秀科技带头人评选】 12月，依据《通州区优秀科技企业评选奖励办法》，评选出北京中科信电子装备有限公司等10家企业为年度通州区优秀科技企业。依据《通州区关于优秀科技带头人评选办法》，评选出刘宝平等30人为年度通州区优秀科技带头人。

（康连元 陈 兵）

【召开优秀农村科技协调员表彰会】 2月，组织召开通州区优秀农村科技协调员表彰会，对2007年度工作成绩突出的侯桂森等10名优秀农村科技协调员标兵、吕秀云等90名优秀农村科技协调员进行表彰。

（赵国亮 陈 兵）

【组织实施科技项目】 2008年，组织实施科技计划项目40项，其中市级科技计划项目15项、区级科技计划项目25项，项目涉及农业、环境保护、社会可持续发展等多个领域。其中北运河通州区城市段水环境改善研究与示范项目被列为北京市科委重大科技项目，种业新品种展示基地及繁育体系建设项目被列为北京市科委2008～2010年绿色通道项目。

（张春兰 鲁新龙）

【种养业优良品种引进、繁育与推广项目建设】 年内，绿色通道项目“种养业优良品种引进、繁育与推广”项目进展顺利。项目结合全区蔬菜、林果、花卉、食用菌及肉羊等主导产业发展，进行新品种的引进、繁育与推广，促进了产学研结合和科技成果的转化。

（张春兰 陈 兵）

【生产力促进型农村科技服务体系建设】 年内，绿色通道项目“生产力促进型农村科技服务体系”项目建设取得成效，项目通过完善三层农业生产力促进体系，增加硬件投入及12个农业科技示范基地建设，创新服务模式，提高农村科技服务水平，带动农业产业发展，促进农民增收。

（张春兰 陈 兵）

【种业新品种展示基地及繁育体系建设项目】 年内启动种业新品种展示基地及繁育体系建设项目，针对现代农业中种业发展存在问题制定任务目标与实施方案，进行蔬菜新品种展示基地建设及葡萄新品种及酒文化基地建设，开展新品种及新技术引进与展示，为农民的培训教育和选用良种提供便捷的观摩平台，促进产学研结合和品种的更新换代。

（张春兰 陈 兵）

【村级公共浴室节能环保技术综合应用示范项目】 年内，全面完成市科委“绿色通道”项目“村级公共浴室节能环保技术综合应用示范”的研究与示范任务。项目以科技为统领，采用地源热泵采暖、太阳能热水系统、新型节能保温墙体材料、污水处理等一系列新型节能环保技术，在通州区实施村级太阳能公共浴室示范建设工程，形成经济、合理利用可再生能源的村级公共浴室建设规范，为通州区乃至全市的新农村建设提供科技支撑。

（鲁新龙 陈 兵）

【通州区农村污水粪便处理项目】 年内，开展通州区农村污水粪便处理项目工作，完成9个乡镇12个污水处理站点建设，并全部进入试运行阶段；完成通州区东方种猪场利用粪污制造有机肥的各项建设工作。该项目通过市科委组织专家的结题验收。

（康连元 陈 兵）

【高成长企业专项】 年内，组织通州区高成长企业专项18项，有3个项目获得支持资金310万元，其中北京同易中特种纤维有限公司、北京英泰世纪环境科技有限公司分别获得项目支持资金80万元，北京华东电气股份有限公司获得项目支持资金150万元。

（康连元 陈 兵）

【科技成果转化】 年内，北京聚龙科技发展有限公司的 “YJL高速列车全自动三层作业立体检测平台”、北京永乐华航精密仪器仪表有限公司的“智能型数字化加速度计”被认定为北京市高新技术成果转化项目。

（鲁新龙 陈 兵）

【火炬计划项目】 年内，北京中科信电子装备有限公司的太阳能成套装备制造与太阳能电池生产线项目被列入国家火炬计划项目。北京中纺锐力机电有限公司的“高性能伺服型开关磁阻调速系统”、北京新福润达绝缘材料有限公司的“高性能酚醛棉布板”、北京驰普网络技术有限公司的“饲料行业（管理软件）系统”，被列入北京市火炬计划项目。

（张春兰 王万清）

【国家重点新产品计划项目】 11月，北京中纺锐力机电有限公司的“高性能伺服型开关磁阻调速系统”项目被列入国家重点新产品计划项目。

（张春兰 王万清）

【创新型科普社区】 截至2008年底，完成首批创新型科普社区果园西、黄厂铺社区的验收命名和挂牌；实施第二批创新型科普社区复兴南里、天桥湾、玉桥北里的创建工作和第三批创建社区申报工作。社区的科普氛围和科普能力得到进一步提升。

（蔺文颖 陈 兵）

【农村远程教育站点建设及培训】 2008年新建农村远程教育站点16个，通州区远程教育站点达到146个，其中农村和专业协会的站点达到125个，为开展农民科技培训提供信息传播平台。全年通过专家授课、农民田间学校等形式，组织开展“设施农业系列讲座”、“乡村旅游”、“家庭安全保障”和“农业实用技术”等培训1900期，培训人数达到38924人次。

（蔺文颖 陈 兵）

【农村科技协调员工作站建设】 年内，建立农村科技协调员工作站23个，涉及全区蔬菜、林果花卉、籽种及养殖等主导产业。分别为每个服务站挂牌，配设相关设备，指定各站管理员，明确管理员职责。同时，创建蔬菜、观赏鱼、葡萄及花卉等协调员工作站点。各工作站积极与北京市农林科学院、中国农业大学等科研院所合作，引进品种及技术进行推广。

（赵国亮 陈 兵）

【科技政策培训】 年内，编印发放2007年《科学技术政策法规汇编》合订本400册。先后在金桥科技产业基地、光机电一体化科技产业基地及园区管委会，组织园区管理人员和辖区内高新技术企业举办2008年度“北京高成长企业自主创新”、“北京市科技型中小企业技术创新资金”、“北京市科委科技咨询专项资金”，技术合同认定登记，知识产权质押贷款，高新技术企业科技保险等科技政策的系列培训会和专题讲座，参训人员330余人。聘请北京市科委高技术创业服务中心专家对2008年科技部、财政部、国家税务总局出台的《高新技术企业认定管理办法》及配套的《高新技术企业认定管理工作指引》等文件内容进行讲解，全区160多家企业450余人参加培训。

（康连元 陈 兵）

【奥运法制宣传】 年内，深入街道、企业、园区开展4次奥运法制宣传活动，进行8期奥运法制专题讲座。赠送奥运书籍1000本，发放宣传手册1000册，宣传单、宣传挂图和其它宣传品5000余份。

（康连元 陈 兵）

【科技直通车】 2008年，科技直通车参与“三下乡”以及各类科普宣传、培训、参观学习等活动50余次，行程3300余公里，受益1.2万人次。发放科普书包、科普扑克、科普扇子、科普海报、农业科技彩页等3万余份。

（张亚利 陈 兵）

【电视台播放12期科技专题】 2008年，区科委与通州电视台合作，开办《通州科技》栏目，全年播出12期。全面系统的宣传科技管理部门的职能及科技工作的整体思路和主要成果。

（任中平 陈 兵）

【科技计划项目结题工作】 年内，通州区完成多项市级科技计划项目的结题验收工作，先后完成“通州区农村污水粪便处理技术研究与示范应用”、“优质菜产加销配套服务产业化提升工程”、“北运河通州城区段水环境改善总体方案研究”、“村级公共浴室节能环保技术综合应用示范”、“社会主义新农村科技服务示范工程建设”、“通州区‘科技直通车’服务工程”、“永乐店镇林地综合开发利用示范工程”、“通州区‘生产力促进型’农村科技推广服务体系建设”、“通州区农村科技信息服务体系建设”、“通州区突发公共事件应急指挥平台关键技术研究与示范”等项目的结题验收工作。

（鲁新龙 陈 兵）

【农村科技协调员教育培训工作】 年内，开展农村科技协调员的教育培训工作。编写出版《通州农村科技协调员队伍建设工作汇编》，向乡镇、农村、企业等相关部门印发1000余册。制作完成通州区农村优秀科技协调员宣传片《农村科技服务的先锋》。5月，组织全区优秀农村科技协调员典型20余人赴山东寿光“第九届中国国际蔬菜科技博览会”参观学习。

（赵国亮 陈 兵）

【技术创新资金】 2008年为新农村建设、乡镇企业、教育多个行业领域提供科技创新资金支持。支持“全自动爬楼椅研制”、“中外课程比较的研究”、“通州区突发公共事件应急指挥体系研究”、“酿造行业节能减排与废渣综合利用的应用研究”、“食用菌立体种植不同材料应用试验”、“食用菌产品研发，引进及技术推广”、“富贵蕨引进繁殖技术试验示范”等多个项目进行技术创新及新品种、新技术的引进示范与推广工作。

（鲁新龙 陈 兵）

【数字化教室建设】 年内，位于区科委的通州区数字化制造培训教室正式启用。开展数控车、铣床使用，计算机多媒体设计等方面的培训，全年累计培训300人次。

（毕 铮 陈 兵）

教 育

概 述

2008年，通州区教委积极实施北京新城区教育发展战略，努力打造新兴的教育强区，全面提升教育为“新北京、新奥运”和新城区、新农村建设服务水平，较好地完成各项工作任务。

办学条件明显改善。改扩建的柴厂屯小学、投资1.2亿元新建的龙旺庄学校、投资1亿元建设的于家务中学相继落成并投入使用。北京二中通州分校二期食堂、宿舍楼工程投入使用。投资1.8亿元的史家小学通州分校教学办公楼主体封顶。完成28座旱厕所、12块土操场和5所农村乡镇中心幼儿园活动室和厨房的改造任务。初中建设工程第三批11所学校中的9所于10月完成建设工作。小学规范化建设工程自2007年启动以来，第一批30所学校的基建维修改造工程结束，办学条件主要项目达到新标准。通州区教育传媒工作室建成并投入使用。整合教育资源，撤并3所农村小学和1所农村中学。

教育水平、教学质量稳步提高。学前教育普及率达到94%；小学、初中入学率保持100%；特殊教育普及率达到98.3%；高中入学率保持在95%以上，普通高中的录取率56%；公立高中应届生上线率达到96%，全区所有考生高考上线率83%，高考上线率继续名列全市远郊区县前列。接收外来务工人员子女29339名。其中公办学校接收17266名，民办学校接收8058名，自办学校接收4015名。协调各中小学接收128名地震灾区学生来京借读，并免除其学习期间的一切费用。圆满完成"两免一补"、高中助学金、职业学校奖学金和助学金申报与发放工作。

德育工作途径进一步拓宽。深入开展中华美德教育，印发《传承中华美德——过中国节"行动方案（征求意见稿）》，组织编写《汶川载大爱，中华扬美德——通州区中华美德教育读本》，广泛开展读书活动。召开通州区第三届优秀德育干部表彰会；积极做好"北京市中小学生社会大课堂"通州区资源单位的调查和确认工作；举办通州区中小学校长德育论坛。加强民族教育、特殊教育工作和奥林匹克教育，全面提高中小学教育整体水平。

课程改革实验工作积极推进。组织干部教师认真学习《北京市实施教育部义务教育课程设置实施方案的课程计划》和课程标准。通过召开座谈会、现场会、培训会，参加"北京市中小学义务教育课程计划实施与管理"课题研究，提高教师基本功，开展校本教研，校本课程课堂教学评优活动，积极推进课程改革实验。组织"启蒙杯"、"秋实杯"、"春华杯"、"民族杯"、"启慧杯"教学竞赛。

职业教育和成人教育进一步发展。建成占地45亩的第一职业学校实习实训基地。探索技能加基础农民中等学历培训班教育方式，600余名农民参加培训。充分发挥职业学校和成人学校捆绑教育培训功能，加大了农民教育培训工作，全年培训近40万人次。在北京市农民教育培训项目评比中6个申报项目获奖。漷县成人学校被市教委评为北京市乡镇成人学校示范校。

教师队伍整体结构进一步优化。年内引进大中专毕业生194人，其中研究生64人、大学本科81人、大专42人、中专7人。组织170名教师到农村支教，其中东城区支教教师46名、招聘大学生80名、区直小学优秀教师44名。对区级学科教学带头人、骨干教师进行重新评选，评选认定10名名教师、2名名校长。全区教师队伍的结构日趋合理，在思想素质、专业理论、学识水平和教学能力等方面有了新提高。

督导和督查工作成效明显。开展民办学校办学、学校食堂卫生、节假日"减负"、学校执行收费公示制等各项检查工作。强化审计工作，突出重点、提高效率，深化教育内审工作的监督职能。始终坚持"督政"与"督学"相结合，注重督导工作创新。圆满完成对初中建设工程的专项督导工作。进一步加强固定资产管理，出台《关于进一步加强教育系统国有资产管理的指导意见》，开展固定资产管理使用情况检查。进一步完善教育收费公示工作。通州区被评为2007年度北京市"规范教育收费示范区县"。

（勾庆祥）

学前教育

【概　况】　2008年，通州区有幼儿园79所，在园幼儿11701人（含学前班2138人）。其中教育部门办园5所，在园幼儿2364人（含学前班384人）；民办幼儿园26所，在园幼儿5964人（含学前班1108人）；集体办园45所，在园幼儿3136人（含学前班646人）；其它部门办园3所，在园幼儿237人。全区幼教职工1212 人。其中园长82人，专任教师 695人，保健员74人，其它361人。专任教师中本科学历57人，专科412人，具有小学高级职称52人。教育部门办幼儿园教育投入1604.43万元，其中国拨1075.04万元、自筹529.39万元。

（勾庆祥）

【承办城乡幼儿园手拉手活动】 4月29日，北京市教委学前教育处主办、通州区教委承办的北京市示范幼儿园与农村乡镇中心幼儿园手拉手活动总结表彰会暨第二轮手拉手活动启动会在通州区张家湾镇中心幼儿园召开。教育部基础教育司幼教处处长姜谨、市政府教育督导室以及各区县有关领导和市级示范园、参加手拉手的农村中心园园长参加了活动。会上，为北京市学前教育系统优秀支教工作者颁发证书，15所市级示范幼儿园与农村乡镇中心园分别签约。通州区漷县镇中心幼儿园与东城区分司厅幼儿园手拉手位列其中。

（勾庆祥）

【园本教研制度建设现场会】 4月29日，通州区东里幼儿园承办了通州区教委学前科组织的园本教研制度建设现场会。活动中，东里幼儿园向全区各类幼儿园园长、教师展示了园本教研课题研究的教育活动，现场交流了幼儿园开展园本教研工作的经验，并分别有6名教师交流了在园本教研工作中的收获和体会。全区各类幼儿园的业务园长89人参加了现场会活动。

（龚春玲）

【召开继续教育培训会】 10月21日，通州区幼儿园教师“十一五”继续教育必修课培训工作会在教师研修中心召开，全区幼儿园的业务园长及继续教育专管员参加了会议。会上，责任研修员针对幼儿园教师“十一五”继续教育必修课培训的具体目标，培训内容、形式、对象，考核方式及培训时间等进行了全面阐释。参会人员针对参加继续教育培训中遇到的问题、存在的困惑以及相关的意见、建议，开展了广泛的交流。

（勾庆祥）

【改善办园条件】 截至11月30日，通州区教委利用市550万元专项资金，改善马驹桥镇中心幼儿园、永顺镇中心幼儿园、漷县镇中心幼儿园、徐辛庄幼儿园、牛堡屯幼儿园办园条件。每园110万元，主要用于改建室内活动场所、卧室、盥洗室、厕所、衣帽间、玩具储藏室及厨房等。

（勾庆祥）

【组织幼儿操培训】 12月24日至25日，通州区教委学前科会同区教师研修中心学前研修部共同组织了幼儿园教师幼儿操培训班，对全区42所幼儿园的84名教师进行幼儿操培训。培训选择适合大、中、小三个年龄段班的模仿操、轻器械操、韵律操、广播操等8套幼儿操。此次活动针对考核活动中发现的幼儿操种类少、缺少童趣、不符合年龄特点、编排不科学等问题而组织的。

（勾庆祥）

基础教育

【概　况】 2008年，通州区有小学89所（教育部门办学81所、其他部门办校1所、民办校7所），教学班1306个。招生8159人，毕业5557人，在校生44589人（含借读生21515人）。教职工3674人，其中专任教师3149人。中学48所（完中11 所、高中7 所、初中20 所、九年一贯制学校10所）。教学班924个（初中570个、高中354 个），招生11120人（初中6714人、高中4406人），毕业11613 人（初中6813人、高中4800人），在校生34972人（初中20307人、高中14665人）。教职工4503人，其中专任教师3181人（初中1334人、高中1847人）。特殊教育学校1所，在校生120人。校外教育单位1个，教职工77人。教育部门办中小学专任教师学历合格率：小学100%、初中99.29%、高中99.64%。专任教师中具有高级专业技术职务445人。中小学校园占地总面积230.72万平方米，建筑面积72.94万平方米，图书馆藏书204.12万册，固定资产总值13亿元。全年教育经费投入81369.5万元，其中国拨76796.2万元、自筹4573.3万元。

（勾庆祥）

【举办研修一体展示会】　1月8日，北京“十一五”教育科学规划校本研究课题中期研讨及研修一体引领下的校本研究展示会在通州区运河中学召开。中央教科所科研处、北京教科院课程教材发展中心、北京教育科学规划办等单位领导和全区各校教科研组长及市区课题组负责人100多人参加。会上展示了“运河文化”校本课程4节研究课教学片断，汇报了总课题进展情况，3组高中学生分别展示了关于运河旅游、诗歌、饮食的研究性学习成果，课题的开发与成效。与会的两位专家作了点评。

（马力行）

【召开民族杯活动表彰会】　1月9日，通州区教委召开首届“民族杯”课堂教学评优暨“民族团结教育先进个人”表彰会。来自全区7所民族学校、幼儿园干部教师100人参加大会。会上16名“民族杯”获奖者和10名民族团结教育先进个人受到表彰。于家务中学、小学分别作典型发言。北京市民委宣教科、北京市教委基教处、通州区民委有关领导受邀参加。市民委相关领导作了关于如何做好民族团结教育工作的辅导。

（勾庆祥）

【召开小学规范化建设评证会】　1月28日至29日通州区教委在教师研修中心召开“通州区小学规范化建设规划评审论证会”。区教委有关科室和直属单位领导、全区小学校长、区教委聘请的小学规划化建设工程的市区专家参加了论证会。为期两天的论证会上，北京市教委基教处、北京教科院基教所等单位特邀专家逐一对学校的规划做了详细点评。

（勾庆祥）

【举办高中新课程试验论坛】　2月17日至18日，通州区潞河中学高中新课程试验2008春季论坛在潞河中学举行。北京教委基教处、通州区教委有关领导与学校近80名教师参加论坛。论坛主题为“课程建设与学校发展”。就《潞河中学高中新课程自主排课实验方案》、《新课程组织、管理与评价》、《学生综合素质评价》及后勤保障、图书馆及信息技术的支撑，中外课程内容与评价对比，学科整体建设和学科教学经验的交流。对新课程改革进行一次全方位的讨论，为课改操作层面上提供了有价值的建设性意见。

（梁　娟）

【史家小学通州分校破土动工】　2月29日，举行北京市史家小学通州分校奠基开工仪式。北京市政府教育督导室副主任李氍、区委书记王云峰、区长邓乃平、北京市史家小学校长卓立等人共同为史家小学通州分校培土奠基。北京史家小学通州分校工程选址于通州区玉桥东小区规划用地1区。总用地61000平方米（91.5亩），其中建设用地面积40050平方米（60.1亩），总建筑面积30629.30平方米。建设内容包括教学楼、体育馆、游泳馆、教育辅助中心、食堂、学生宿舍、运动场、中水站、大门等设施。

（勾庆祥）

【潞河中学学生池斯楠获马克特基金会奖】　3月4日，通州区潞河中学高一学生池斯楠在2008～2009学年度中国教育国际交流协会AFS国际学生交流项目北方区选拔活动中表现出色，经AFS全国办公室严格审核和考察，获得由德国马克特基金会提供的北京地区唯一一个一等奖学金35000元人民币。该同学于年内前往德国进行为期一年的学习交流活动。

（梁　娟）

【区特殊教育中心承办体育教研课活动】 3月19日，通州区特殊教育中心承办北京市特殊教育学校体育教研组研究课活动，来自全市各所学校的体育教研员20多人参加。与会人员观摩了该中心展示的中国功夫配音的武术操、吉祥三宝配音的筷子操；集体听了体育教师的一节研究课。之后，结合特色操、体育课研讨了特殊教育课堂教学如何教书育人。与会者对该中心的教学工作给与充分肯定。

（张海燕）

【启动市区联动教研】 3月25日，北京教科院基教研中心与通州区小学研修员2008年学科联动启动会召开，市区小学各学科全体教研员参加此次活动。市区教研员深入通州区玉桥小学进行联合视导。听取该校9个学科12节课和学校领导全面汇报，并与作课教师、校长进行了反馈。之后，在研修中心举行市区联动教研启动仪式。

（勾庆祥）

【纪念周文彬诞辰百年】 4月19日，潞河中学举行纪念1928年老校友周文彬烈士诞辰100周年暨中共通州区第一个党支部成立80周年大会。会上，潞河中学党总支命名高一（11）班为“周文彬班”。周文彬烈士生前战友、北京市原市长焦若愚为班级授牌。教育部原副部长、周文彬生前战友李涛向同学们介绍了烈士生前的点点滴滴。区委书记王云峰回顾了周文彬烈士从潞河中学走上革命道路，为祖国解放与民族复兴开展的革命斗争和英勇事迹。潞河中学全体党员、入党积极分子、优秀共青团员、学生代表600余人参加大会。

（梁　娟）

【新疆人大调研组访问潞河中学】 4月22日，新疆维吾尔自治区人大常委会副主任杜秦瑞、自治区人大常务会教科文卫工作委员会主任阿拉布江、依明一行7人到潞河中学调研。调研组听取了学校关于内高班办班模式、教育管理体制的汇报，与部分教师、新疆班学生进行座谈。并参观了新疆班学生教室、宿舍、餐厅等教育生活设施。调研组感谢潞河中学给与新疆学生创造的良好学习生活条件，给与的帮助关怀。并授予学校“勤为边疆培育英才，爱心谱写和谐乐章”锦旗。

（梁　娟）

【选派优秀教师出国学习】 7月16日至8月13日，通州区教委选派25名优秀青年教师赴美国纽约城市大学皇后学院继续教育学院参加以TESOL课程为主，兼修教育方法学的英语教学培训。年内共派出85人次到英国、美国、加拿大、俄罗斯等国家和中国香港地区进行合作研究、学习交流，出席国际会议等活动。

（勾庆祥）

【两名学生获全国青少年未来工程师总决赛二等奖】 7月23日至28日，通州区台湖学校代表通州区参加在杭州举行的第五届全国青少年未来工程师总决赛，来自全国200余名选手参赛。该校学生刘伟臣、马存经过现场设计、专家问辩、公开展示、素质测评、技能测试等一系列的角逐，在“航天器探月归来”项目比赛中获全国总决赛二等奖。

（勾庆祥）

【龙旺庄学校落成投入使用】 8月30日，通州区龙旺庄学校落成举行开学典礼。市督导室领导、区四大家主要领导、全区各学校负责人、学校师生近2000人参加典礼。该校坐落在永顺镇潞邑西路东侧，占地97亩，建筑面积3.3万平方米，总投资1.2亿元。校区分为中学和小学两部分，各为教育法人单位。中学30个教学班（初中）、小学24个教学班。学校整体设计突出体现节能环保意识，利用太阳能提供照明等部分用电，并利用地源热泵系统为校园提供冬季取暖和夏季空调制冷。按照现代化标准配建教学楼、实验楼、图书馆、室内体育馆、400米标准塑胶跑道运动场等。配置理科实验室、音美专用教室、形体房、心理咨询室以及可容纳400人的报告厅和1000人的食堂等。为每名教师配有一台电脑，每个教室配装一套多媒体教学设备。

(勾庆祥)

【撤销4所农村中小学】 至8月31日，通州区教委撤销4所农村中小学（中学1所、小学3所）。依据区“十一五”办学规划，将渠头中学并入于家务中学，应寺小学、三垡小学并入柴厂屯小学，垡头小学并入枣林庄小学。

(勾庆祥)

【于家务中学新址落成典礼】 9月8日，通州区于家务中学举行新址落成典礼，于家务中学由原于家务回族中学与渠头中学合并而成。区委、区政府等四大家主要领导、全区教育系统单位负责人、学校师生1500余人参加，市教育督导室副主任应邀出席仪式。该校坐落在张采路于家务乡段，占地110亩，一期建筑面积为31700平方米，总投资近亿元，设施完备，建有教学楼、行政楼、师生公寓、食堂，可容纳1700余名初高中学生就读。室外体育设施400米塑胶环形跑道、标准的全塑胶操场和看台等。整个校园采暖和制冷采用地源热泵中央空调系统制动。

(勾庆祥)

【召开教师节庆祝大会】 9月10日，通州区委、区政府在教师研修中心报告厅召开通州区2008年教师节庆祝大会。市教育督导室副主任应邀出席。会议由区长邓乃平主持，区委副书记张文山致词，副区长刘淑华宣读表彰决定。会上对2名“名校长”（一次性奖励1万元）、10名“名教师”（一次性奖励1万元）、105名学科教学带头人、397名骨干教师进行表彰。区委书记王云峰到会讲话。

(勾庆祥)

【通州区获规范教育收费示范区称号】 9月，在北京市秋季教育收费检查工作动员会上，通州区被授予“2007年北京市规范教育收费示范区”称号，并获800万元奖励。

(勾庆祥)

【潞河中学在全国中学生田径锦标赛上获佳绩】 10月1日至4日，2008年全国中学生“多威杯”田径锦标赛在武汉华师一附中举行。来自全国24个省市的101所中学1397名选手参赛。潞河中学22名运动员和教练员表现出色，共获8金6银2铜。获男甲团体第三，女甲团体第一，学校团体第二的优异成绩。禹涛在1500米和5000米比赛中分别以3分52秒、14分35秒打破赛会纪录（3分54秒、14分36秒）。教练赵小冲、贾殿嘉被评为优秀教练员，禹涛、陈骄获优秀运动员称号，潞河中学获体育道德风尚奖。

(梁　娟)

【完成普通高校招生录取工作】 10月7日，通州区2008年普通高校招生录取工作完成，全区考生高职自主招生录取113名（未参加高考）。参加高考考生6946人（不含潞河中学新疆班考生），5261名考生被录取。其中高职单考单招考生697人，录取师资本科1人，专科316人；统招考生6249人，录取4944人。按学历分，本科生2657人，专科生2287人；按科类分，文科生1584人，理科生3360人；按届别分，应届生3948人，往届生996人；按性别分，男生2261人，女生2683人。

(勾庆祥)

【举办中小学校长论坛】 11月19日，通州区第二届中小学校长德育论坛在教师研修中心举行。全区中小学校长、德育副校长、主任、团队干部、班主任代表500余人参加，北京市教育学院、区政府、督导室等有关领导应邀出席。论坛以“育人为本，德育为先，把立德树人做为教育的根本任务”为主题。会上，对校长提交的德育论文认定的一等奖12名、二等奖38名给予表彰。之后，于家务中心小学、北京二中通州分校、永顺镇中心小学、北关中学、官园小学、第三中学等6位校长从理论和实践的角度对德育工作进行研讨和交流。北京教育学院教授张红、迟希新，对6位校长的发言逐一进行点评。

（勾庆祥）

【运河中学启动名校长工作室】 12月26日，通州区运河中学依据《通州区名校长工作室建设与管理工作规程》，启动张佳春校长工作室。该区甘棠中学等6名青年校长入室参加研修活动。参观了运河中学的办学条件，听取了校长“抓教师专业发展，促进教育质量提高”的辅导讲座。校长张佳春回答青年校长提出的自身学习、教育教学等11个问题。

（马力行）

职业教育

【概 况】 2008年，通州区有中等职业学校8所。其中中等职业技术学校3所、职业高中校5所（教育部门办3所、民办2所），开设专业7个。教委管辖校招生249人，毕业816人，在校生1133人。教职工 241人，其中专任教师153人。全区教委管辖职业学校占地总面积 40.7万平方米，建筑总面积18.08万平方米，图书馆藏书14.46万册，固定资产总值3471.79万元。全年教育经费投入5515.46万元，其中国拨1683.58万元，自筹3831.88万元。

（勾庆祥）

【组织农民实用技术项目培训】 3月17日至6月30日，通州区第一职业学校组织了面向市级、区级、镇级新农村建设试点村“精细化管理标杆户实用技术培训”项目。项目确定的品种为西红柿、黄瓜、生菜、芹菜、桃等6个。聘请大学生村官、市区农业专家12人为兼职教师，编印5种培训教材，采取集中培训、地头指导、热线答疑、参观学习、科普增氧等培训方法。直接受益者为5个乡镇7个村的400多个农户，普遍增加经济效益10%以上。

（勾庆祥）

【实训实习基地建成投入使用】 10月15日，通州区第一职业学校利用市级专项资金400万元建成的45亩实训实习基地投入使用。其中15000平方米种植基地，建有8个75米长、7.5米宽的大棚，种植黄瓜、草莓、芹菜、西红柿等；总占地15000平方米的养殖基地，建有3000平方米水面鱼池和2000平方米鸭舍。养殖红番鸭、各种食用鱼等。

（勾庆祥）

成人教育

【概 况】 2008年，通州区有成人教育单位66个，其中成人教育中心1个、教委辖管乡镇成人学校11个、其他培训机构54个。开设外语、计算机、农业技术、文明素质等培训科目。教职工1068 人（不含外聘教师），其中专任教师688 人。教委辖属乡镇成校占地总面积45668平方米，建筑总面积8621平方米，图书馆藏书27150 册，多媒体教室座位307个，计算机268 台，远程教育设备11 套，固定资产总值599.45万元。全年教育经费投入1975.56万元，其中国拨927.52万元，自筹1048.04万元。

（勾庆祥）

【配发村级成人学校计算机】 1月9日，通州区教委举行市教委专项采购计算机配置村级农民文化技术学校发放仪式，助力社会主义新农村建设。全区首批9个市级试点村北窑上、兴各庄、老庄户、垡头村、草场村、小务村、胡家堡、小杜社、仇庄村成人学校，每校15台，共计135台，资金投入90万元。

（勾庆祥）

【举办信息化管理培训班】 3月17日至18日，通州区张家湾成人文化技术学校与镇经管站联合举办农村会计信息化管理培训班，来自全镇57个行政村选派的70余人参加。聘请两名专业人员担任教师，讲解了电算化管理相关知识。学后测评全部达到培训班要求。

（勾庆祥）

【完成市电大分校秋季招生】　8月30日，北京市电大通州分校2008年秋季共招生534人。其中专科354人、本科180人。开设专业10个（本科4个、专科6个）分别为会计学（专、本）科、法学（专、本）科、工商管理（专、本）科、行政管理（专、本）科、计算机信息管理专科及农村行政管理专科。

（裴志军）

【3所成人学校开设本科学历班】　9月中旬，通州区教委辖属3所成人文化技术学校开设的成人教育学历本科班共235名学员入学开课。其中台湖镇成人学校设商务管理专业，学制2年，双休日上课，招录30名学员，为本镇机关、企事业干部职工及社会青年；永顺镇成校设商务管理专业，学制2年，双休日上课，招录120名学员，为镇村干部；马驹桥镇成校设公共管理、行政管理、商务管理3个专业，学制2.5年，双休日上课，招录85名学员，为该镇居民。

（勾庆祥）

【6项目获市专项奖】　11月17日，通州区教委辖属成职学校6个服务新农村建设实用技术培训项目获市教委专项奖。其中第一职业学校“市级试点村精细化管理种植标杆户培训”项目获一等奖；张家湾镇成人学校“番茄种植技术培训”、马驹桥镇成人学校“生菜种植技术培训”项目分获二等奖；永乐店镇成人学校“无公害芹菜种植技术培训”、西集镇成人学校“无公害果品生产技术培训”、宋庄镇成人学校“优质黄瓜实用技术培训”项目分获三等奖。

（勾庆祥）

北京工业大学实验学院

【概　况】　北京工业大学实验学院按照北京工业大学和通州区人民政府合作办学协议，于2007年1月迁入通州，位于通州区潞苑南大街89号，占地230亩，总建筑面积6.2万平方米。该校是一所多学科综合院校，下设信息工程系、经济管理系、建筑与环境系、文法系、机电工程系、基础教学部五系一部。本科设有电子信息工程、信息管理与信息系统、科学与技术、会计学、土木工程、法学、经济与贸易、工商行政管理8个专业，专科设有网络系统管理、计算机和信息管理、经济与贸易、市场营销、工商行政管理、会计电算化、旅游管理、文秘、建筑工程技术、汽车运用技术10个专业。学院以培养应用型人才为宗旨，以学科专业建设为龙头、师资队伍建设为重点，不断深化教育、教学改革，全面提高教育教学的质量。为彰显办学特色，突出实验特点，学院在稳步提高教育教学质量的同时，加强与北京市特别是通州区企事业单位的联系，进一步落实实践教学基地建设，开展产学研合作教育，加强培养人才的针对性，为全面提高学生实践教学质量，加快师资队伍建设奠定坚实基础，为北京和通州区经济建设献策献力。在原有7个实训基地的基础上，年内文法系与北京知识产权法律诊所签订合作协议，挂牌创立校外实习基地，经管系同北京通州经济开发区东区合作建立的实训基地正式挂牌。学院的校外实习、实训基地累计达到9个，为学生校外的实习、实训、就业创造有利的条件。

在奥运之年，学院大力开展立足本职、奉献奥运活动，号召全院教职工做好本职工作，提高综合素质，组织学生开展“五彩奥运、青春风采”主题系列教育活动，积极组织奥运志愿服务与文明拉拉队活动，为成功举办奥运会贡献力量。

2008年学院有教职工304人，其中专任教师184人。专任教师中，教授4人，副教授58人，讲师94人。学院聘用学科专业导师10人，全部为教授。2008年，学院引进12人，其中博士7人。

2008年，毕业生508人，其中本科生173人、专科生335人。招收本科生487人、专科生578人，至年底，在校学生3322人，其中本科1641人、专科1681人。

（穆怀勇）

【召开整合建院一周年纪念大会】 1月5日，举行整合建院一周年纪念大会。北京工业大学校长范伯元、党委书记王守法、通州区委书记王云峰、区长邓乃平等出席会议。实验学院全体教职工与部分学生代表近500人参加会议。实验学院副院长周竞学代表学院作工作汇报，教师与学生代表分别作大会发言，通州区委副书记杨林与工大副校长卢振洋先后讲话。最后与会者一同观看了学院办学一周年回顾片和师生风采展示。

（周 敏）

【加强学生心理健康教育】 加强学生心理健康教育，促进学生身心健康发展，学院心理咨询室每周为学生进行心理问题辅导，为心理委员进行团体心理辅导。5月举办以“微笑 互助 同行奥运”为主题的第二届心理文化宣传月系列活动。10月通过大学生心理健康测试量表（又称SCL−90）、人格测试量表16PF和大学生人格测试量表(UPI)、心理测试量表对专科580余名学生进行了心理测试，并对测试结果进行统计分析和筛查，建立心理健康档案。心理健康宣传册《心语》季刊于10月正式出版并发到各班。培养大学生“自我心灵”关注意识，11月心理咨询室面向全院学生举办“阳光心理”演讲比赛活动，经过预选赛，专、本科15名选手进入决赛，11月20日在综合楼报告厅举行决赛，通过学生的积极参与，形成人人关注心理健康、促进身心健康发展的良好氛围。

（张 银 李卫国）

【签订裕兴软件有限公司校外实习基地协议】 4月，信息工程系与裕兴软件有限公司正式签订校外实习基地协议，每年将选派学生直接进入企业完成毕业设计，从同事关系、开发过程、管理制度、工作压力、奖惩办法等方面使学生感受企业工作氛围，具备实践项目经验。

（周 敏）

【与市保护知识产权举报投诉服务中心共建实践基地】 11月21日，实验学院与北京市保护知识产权举报投诉服务中心（北京12312）举行共建实践教学基地签字暨揭牌仪式，为学生的实习实训活动又创设了一个良好的场所。

（周 敏）

【举行与大师级的企业一起成长报告会】 11月28日，Adobe中国研发中心总监南宁如一行应邀到学院作题为“与大师级的企业一起成长”的报告。本次论坛在实验学院报告厅举行，有400余名师生参加，报告会收到良好的效果。

（周 敏）

文 化

文化文物

【概 况】 2008年，通州区文化文物工作以迎奥运为主线，加强公共文化服务体系建设，保障全区广大群众的文化权益；加强文化设施建设和管理，提高文化服务水平；加强文化遗产保护，推动全区文博事业进一步发展；加强文化市场管理和文化产业服务工作，促进全区文化产业进一步发展；加强文化执法工作，净化全区文化发展环境；加强作风建设，提高行政效能，形成强大合力，推动通州区文化建设大发展大繁荣，完成年初确定的各项任务。6月23日到9月17日，通州区城市奥运文化广场活动在运河文化广场组织了演出、展览、灯展等庆典活动，组织文艺演出36场，400个节目，参加演出演员3800人次，布置灯展58组，展出300

余幅图片，免费发放各类纪念品30000多份，参与广场活动的工作人员超过1万人次，吸引观众45万人次。8月7日，组织群众在火炬传递路线起点、沿途、终点等重点地段进行花会、舞龙、舞狮、大合唱、鼓乐表演等文化展示活动。中央电视台、北京电视台、《中国文化报》、《中国艺术报》、《北京日报》等多家市级以上媒体对通州区城市奥运文化广场活动进行宣传报道。进一步加快文化设施建设，通州区社区群众文化服务中心升级改造工程中心主楼、功能楼主体工程、内部装修完成；通州区文化中心前期筹备工作进展顺利；投资500余万元的奥运数字大屏幕投入使用；新建村级文化活动室63个，19100平方米；新建村级文化广场23个，34900平方米。群众文化活动更加丰富多彩，通州区第18届农民艺术节举办各类文艺演出17场，4600人参加演出，吸引观众8万余人；文艺演出"星火工程"演出1800场次，实现300人以上的行政村每季度安排1场文艺演出的目标；"周末场演出计划"演出54场次，吸引观众15800多人次；组织"我家住在运河旁"公共文化赛事活动，设置歌曲、戏剧、合唱、艺术家庭、书法、摄影、美术、舞蹈八项比赛。进一步加强文化团队建设，"运河之声"农民艺术团、梨园大众艺术团、宋庄明星艺术团等一批民间职业剧团和业余艺术团队逐渐发展壮大。通州图书馆建立北京市少儿科普阅览中心通州分中心，办理各类借阅证3853个，到馆16.6万人次，书刊外借5.6万人次，书刊外借15.5万册次，举办讲座32场，参加活动近2000人次。文化信息资源共享工程完成90个试点村的设备安装、调试，实现农村党员教育和文化信息资源共建、共享。"农家书屋"建设工程完成摸底调研和统计工作。区电影管理中心为全区放映电影1.5万场次，吸引观众71.8万人次。通州区有301个数字电影院（厅）验收达标。第三次全国文物普查工作全面展开，对98项文物进行详细登记建档，其中新发现文物75项。多渠道开展文物征集工作，征集到唐代墓志铭、抗战时期通州历史文献资料等文物600余件(套)，其中清代、民国、解放初期的年画500余件(套)。区文物、建设等部门联合做好旧城拆迁改造中文物保护工作，确保王芝祥故居、冯玉祥将军营盘等古建筑的安全。区级文物保护单位通州起义指挥部旧址的管理使用权划转到文物管理部门。系统整理36方墓志铭，完成墓志铭拓片制作、装裱，整理志文和注解近26万字。设立"通州非物质文化遗产展厅"，通过展板和实物展示的形式，详细介绍通州区24个保护项目的历史、现状和保护情况。"三教庙"文化庙会举办7天，由8大活动板块组成，在活动内容、形式以及市场运作上进行有益的探索。6月25日，韩美林艺术馆正式开馆。通州博物馆推出系列新展览、"与圣火同行——通州篆刻作品邀请展"、"寻找逝去的年画"等12个展览，吸引观众5万余人次。区文化委对352家印刷企业进行审核登记，为通过审核登记的印刷企业换发《印刷经营许可证》。编制的《通州区产业发展规划》、《通州区产业发展指导目录》、《北京市通州区文化创意产业促进发展政策》等文件为全区文化产业发展提供政策支持。北京出版发行物流中心成为第二批11个市级文化创意产业集聚区之一，全区征集28个特色产业项目，其中13个项目通过市领导小组严格初审，有5个项目得到资金支持。通州区与北京电视台联合摄制40集电视剧《漕运码头》。深入开展"平安奥运行动"专项清理、"文化娱乐服务场所安全生产执法检查周"、"取缔无照经营文化娱乐场所集中执法周"、"打击非法运输、销售卫星电视广播地面接收设施、非法买卖文物集中执法周"和"整治印刷复制、运输、销售非法出版物、盗版音像制品集中执法周"等执法行动，出动执法人员3420人次，检查印刷企业、上网服务等场所3206家次。为确保奥运火炬通州段顺利传递，文化执法部门会同公安、工商、城管等部门先后对通州区奥运火炬传递路线周边、新华大街沿线、八里桥地区歌舞娱乐场所等开展了联合执法检查行动。

（邢振华）

【举办庆祝奥运倒计时200天文艺演出】 1月20日，在梨园镇举办“通州区庆祝奥运倒计时200天文艺演出”，市文化局副局级巡视员阮兰玉，区委常委、宣传部长张秀余，副区长刘淑华与群众观看文艺演出。

（邢振华）

【未成年人思想道德建设主题观影教育活动】 区电影管理中心在3月、4月、9月、11月组织中小学生开展未成年人思想道德建设主题观影教育活动。放映影片《长江7号》、《88995》、《童话西游》、《大灌篮》等。活动中放映电影266场，观看学生4.8万人次。

（邢振华）

【联合执法检查行动】 4月15日，区文化委会同通州区公安分局、工商分局、城管监察大队和梨园镇政府等部门对通州区梨园镇高楼金地区开展联合执法检查行动，查获“黑网吧”1家、“黑影吧”1家，收缴电视5台、电脑10台、DVD机5台、盗版光盘300余张。5月14日，区文化委会同通州区公安分局于家务派出所、工商分局永乐店工商所、于家务乡政府等部门对于家务乡地区无证照的“黑网吧”进行专项执法检查，取缔“黑网吧”4家，暂扣电脑88台。

（邢振华）

【“平安奥运行动”安全管理及法规培训会】 4月22日、23日，区文化委组织召开通州区文化企业“平安奥运行动”安全管理及法规培训会，463名企业负责人参加会议。会上，向企业发放《安全生产制度汇编》材料及光盘，对培训成绩合格且安全制度健全的企业颁发《通州区“平安奥运行动”法规培训合格证》，并与企业负责人签订《“平安奥运”责任书》，增强了企业负责人平安奥运安全意识。

（邢振华）

【2008年北京奥运倒计时100天文化广场活动】 4月29日，迎接2008年北京奥运倒计时100天文化广场活动——庆奥运 建新城“村庄里的歌声”在漷县镇圣火文化广场举行。市文化局副局级巡视员阮兰玉，区领导王云峰、石进贤、王玉辉等参加活动。

（邢振华）

【与圣火同行通州篆刻作品邀请展开幕式】 4月29日，由通州区文联主办的“与圣火同行通州篆刻作品邀请展”开幕式在通州区博物馆举行，北京市文联副书记、副主席黎晶，通州区委常委、宣传部长张秀余及众多篆刻、书法艺术家参加开幕式。此次展出25位篆刻、书法艺术家近百幅篆刻、书法作品，艺术家们以特有的方式表达对奥运会的关注和支持。

（邢振华）

【“寻找逝去的年画展”赈灾义展】 5月8日，举办“寻找逝去的年画展”赈灾义展，于“世界博物馆日”在通州区博物馆隆重开展。参加开幕式的有区委常委、宣传部长张秀余，北京民俗协会副主席兼秘书长于志海，北京民俗专家、著名画家何大齐等。展出的年画包括天津杨柳青、山东潍坊杨家埠、河北武强、河南泉仙镇等多地具有很高的艺术和观赏价值的50余幅民间年画。

（邢振华）

【开展文化市场安全生产月活动】 6月6日，区文化委在佟麟阁街开展“全市安全生产月”宣传咨询日活动。活动主要包括：现场解答有关文化市场法规问题，普及宣传文化市场安全发展观、“隐患治理年”、文化市场安全生产法律法规和各类场所应急科普知识等。同时，免费向群众发放《文化市场经营单位政策法规选编》700余册、标有“12318”举报电话的钥匙扣300余个、小扇子270余把、环保手袋100余只。

（邢振华）

【"相约北京——2008"奥林匹克文化节】 6月23日至29日，"相约北京——2008"奥林匹克文化节文艺演出在运河文化广场举行。来自美国杨百翰大学歌舞团、纽约哈特福德合唱团、洛杉矶米尔肯中学表演艺术团和天乐合唱团等美国演出团体为通州区广大群众奉献了爵士舞、大合唱、幽默表演等具有异域风情的文艺节目。市文化局局长降巩民，"北京2008"城市奥运文化活动协调小组办公室副主任阮兰玉，市文化局纪检组长崔国红，中国对外文化集团公司副总经理阎文卿，区领导王云峰、邓乃平等与群众一起观看演出。

（邢振华）

【"北京2008"通州区奥运文化广场庆典活动启动仪式】 7月13日，举行"北京2008"通州区城市奥运文化广场庆典活动启动仪式，演出了杂技、京剧、器乐、舞蹈、歌曲等多种形式的精彩文艺节目。市文化局纪检组长崔国红，内蒙古通辽市副市长道尔吉，区领导王云峰、邓乃平、石进贤、王玉辉等出席启动仪式。

（邢振华）

【俄罗斯乐队、哥伦比亚舞蹈团到通州区演出】 7月17日，来自俄罗斯的NANA乐队和哥伦比亚舞蹈团为通州上千名观众带来丰富多彩的歌舞表演。哥伦比亚驻华大使吉列尔莫·里卡多·佩雷斯·隆多尼奥和夫人玛塔·乌里韦，市文化局领导阮兰玉、崔国红，区领导张秀余、刘淑华观看演出。

（邢振华）

【第五届奥运宣传法制电影放映月活动】 7月21日至8月31日，开展第五届奥运宣传法制电影放映月活动，全区11个乡镇、4个街道办事处放映法制教育片《福娃说法》和喜剧片《杨德财征婚》等90场次，吸引观看4000余人次。

（邢振华）

【运河之声合唱团唱响运河文化广场】 8月17日，"唱响运河千年音律，扬起通州万里风帆"系列演出——运河之声合唱团专场演出在运河文化广场举行，合唱团为观众奉献《开漕的日子》、《通州三宝》等10余首自创歌曲。区领导张秀余、刘淑华到场观看演出。

（邢振华）

【奥运文化广场舞蹈展示决赛】 8月24日，由区委宣传部和区文化委主办的"扬帆运河·舞动通州"—奥运文化广场舞蹈展示决赛在运河文化广场举办，23支花会、舞蹈队伍参加比赛，评出一等奖3名，二等奖3名，三等奖10名。区领导王云峰、王玉辉、李玉君、张秀余、尹燕京、刘淑华、王子江等观看了花会舞蹈大赛。

（邢振华）

【"三下乡"送书活动】 9月11日，通州区"三下乡"送书活动在漷县镇举行，区新华书店参加此次活动，为群众免费赠送科学、文化图书155册，3000元码洋，受到广大群众的欢迎。

（邢振华）

【"纪念改革开放30周年暨庆祝建国59周年"文艺演出活动】 9月27日，由市农工委主办、通州区委协办的"纪念改革开放30周年暨庆祝建国59周年"文艺演出活动，在运河文化广场举办。北京市委常委牛有成，副市长赵凤桐，市委农工委书记杨德宏、副书记白仙畔，区领导王云峰、邓乃平等观看演出。北京市郊区县及农口委办局11家单位，1700余人参加此次活动。

（邢振华）

【庆祝建国59周年广场文艺演出】 9月28日，由区委宣传部、区文化委、区文联、北京新城基业投资发展有限公司主办，区文化馆承办的"运河儿女颂祖国"——通州区庆祝建国59周年广场文艺演出在运河文化广场举行。区领导张秀余、刘淑华、王子江等观看演出。

（邢振华）

【发放第二批农村数字电影院（厅）建设专项

资金】 11月25日，通州区第二批农村数字电影院（厅）建设专项资金发放仪式在区电影管理中心举行。仪式上，区文化委为建成的301个农村数字电影院（厅）发放总额2348.2万元的支持资金。区委常委、宣传部长张秀余就农村数字电影院（厅）的管理使用提出四点要求。副区长刘淑华主持仪式。

（邢振华）

【通州区首家“拥军图书室”挂牌成立】 区委宣传部、区文化委在周波烈士生前所在部队建设拥军图书室，12月14日正式挂牌揭幕。拥军书屋使用面积60余平方米，区图书馆为图书室赠送军事科技、计算机知识、多媒体知识、公文写作、工具书和心理学、中外名著、英语、人物传记等十一大类1500余册图书，并订阅40余种报刊杂志，购置8组书架和阅览桌椅等。

（邢振华）

【“我家住在运河旁”大型公共文化服务赛事活动】 为纪念改革开放30周年，进一步推动通州区公共文化事业的繁荣与发展，强化和延伸“大运河”文化品牌形象，丰富本区群众精神文化生活，由区文化委、区文联主办“我家住在运河旁”公共文化服务赛事活动于10月、11月在区文化馆举行。赛事活动设置歌手、戏曲、合唱、艺术家庭、书法、摄影、美术、舞蹈等八项比赛，3.16万人参加各项比赛。12月30日，通州区在财贸学校礼堂举办“迎新年暨‘我家住在运河旁’公共文化服务赛事活动汇报演出”，区领导张秀余、王子江、刘淑华参加活动，并为八项文化活动赛事的102名获奖人员颁奖。

（邢振华）

【花丝镶嵌制作技艺入选国家级非物质文化遗产名录】 2008年6月，国务院批准文化部确定的第二批国家级非物质文化遗产名录，通州区申报的花丝镶嵌制作技艺入选。至此，通州区成功申报1项国家级、5项市级和24项区级非遗项目。其中5项市级项目先后于2006年和2007年入选，为通州运河船工号子、通州运河龙灯、通州大风车、北京“面人汤”面塑、北京花丝镶嵌制作技艺。

（邢振华）

广播电视

【概　况】 2008年，区广播电视中心按照“服务大局保证正确导向，突出重点提高节目质量，强化培训优化队伍素质，改革创新促进事业发展”的工作思路。在做好时政等常规宣传报道的基础上，对区委、区政府的重大部署、重点工作、重要活动进行多层次、多角度、全方位、有深度的及时宣传报道。《通州新闻》和各类专题节目重点宣传通州区在招商引资、产业改革、经济发展、新城建设、民生工程、新农村建设等各方面取得的成绩。通州电台、电视台全年播出新闻6524篇，各类专题2044期，发挥广播电视应有的导向作用，为推动通州和谐社会建设提供了强有力的舆论支持。

（张娟娟）

【周波事迹宣传报道】 2月14日，解放军驻通某部重庆籍战士周波为抢救两名落水儿童献出了年仅20岁的年轻生命。通州电视台第一时间派记者赶到现场进行采访，及时组织策划了宣传报道方案，当即播出《驻通部队战士周波为营救落水儿童光荣牺牲》的新闻。责成专人进行为期20天的“带着感动同行”跟踪采访，从周波牺牲到烈士英魂荣归故里（2月14日至3月15日），全程跟踪报道了一组组催人泪下的《宣传英雄事迹、悼念烈士英灵》的新闻，在区内引起强烈震撼。通州电视台共制作播出相关新闻报道36篇、专题节目两期，宣传了英雄的高尚心灵和人民群众缅怀英雄的朴实情怀。

（张娟娟）

【录制“春归运河 情牵五环”大型新闻主题活动】 4月13日，电视台成功录制“春归运河 情牵五环——通州电视台与您携手走进奥运”大型新闻主题活动，于北京奥运会倒计时100天之日在通州电视台播出，把通州区迎奥运工作推向高潮。区领导王云峰、邓乃平、石进贤、王玉辉等和各相关部门领导以及奥运火炬手、志愿者等200多人参加录制活动。

（张娟娟）

【抗震救灾工作宣传】 5月12日汶川大地震发生后，电视台按照上级的要求和部署，调整节目内容，周密策划，全面出击。从5月13日至5月底，采播抗震救灾新闻107条、相关专题10余期，全面真实地记录通州区各界为灾区捐款捐物的感人事迹和场景。特别是5月19日至5月24日，电视台只保留了《通州新闻》一个节目，新闻记者坚守在红十字会、捐赠中心和社会的各个角落，多方位地采写新闻，宣传通州人民“一方有难，八方支援”的崇高精神。电台《6538服务台》节目，针对抗震救灾工作实际制作一批有关灾后心理干预、心理服务和心理咨询等常识性的节目。

（张娟娟）

【举办防范非法信号无线插播演习】 6月27日，市广播电视局在位于潞城镇大甘棠村的通州广播电视新塔址附近举办防范非法信号无线插播演习。区广电中心的两支的应急小分队按照指令及时出击，定位准确，得到市局领导及专家观摩团的肯定和赞扬。

（张娟娟）

【开展《奥运与我》电视系列活动】 电视台组织《奥运与我》电视系列活动，将普及奥运知识与体育游戏结合起来，提高观众的参与度和节目的娱乐性。有5000余名观众通过各种形式参与这项活动，感受奥运激情，填补了通州电视台举办大型户外活动的空白。

（张娟娟）

【火炬传递活动宣传】 电视台按照火炬传递前、火炬传递中和奥运召开期间三个阶段展开宣传，新闻和专题节目分别行动，合力打造，整体烘托，全面真实地记录全区各行各业为奥运做出的巨大贡献，表达全区人民支持、参与、服务奥运的喜悦心情。特别是8月7日奥运火炬在通州传递期间，两台记者全部出动，分多个机位对火炬传递盛况进行全方位的报道，用镜头记录奥运火炬在运河上传递的难忘情景和通州人民喜迎圣火的热烈场面。节目播出后得到各界群众的一致认可。

（张娟娟）

【纪念改革开放30年宣传】 电视台在《通州新闻》栏目中开设“30年巨变话改革”专栏，选取各行各业具有代表意义的人和事，编辑记者深入基层，采访、挖掘、追溯、延伸，进行系列宣传报道，从不同侧面展示改革开放30年来通州经济社会发展的历程。《看通州》栏目以独特的视角，推出11集特别系列节目——《30年流行语》，生动展现30年来人们思想观念和生活的变迁，勾起人生百味，引起人们共鸣。《通州这方土》、《今日梨园》、《潞电之光》等专题栏目开设相关专栏，以灵活多样的形式，反映行业巨变。

（张娟娟）

【通州电视台打造精品节目】 通州电视台推出新闻评级制度，把新闻节目从原来偏重于数量管理转向侧重于质量管理，精品意识得到明显强化。专题部在打造精品栏目、提高节目的感染力上下功夫，重点打造《劳动保障》、《走进乡村》两个优秀栏目。节目包装成绩显著，先后设计完成《喜迎奥运》、《30年巨变》、《通州明天更辉煌》、《火样情》等30个片花和宣传片。

（张娟娟）

【完善监控体系　确保播出安全】 通州电台、电视台针对设备严重老化的情况，技术人员坚持周检查、月维护、季检修，设置信号监督体系，多次把事故消灭在萌芽状态，实现制播设备安全运行。完善广播电视信号故障监测系统和发射监督机制，提高安全播出系数。特别是在奥运会召开前夕，对用电器材、供电线路进行匹配调整，对二次供电系统进行更新，在奥运会召开和重大节日期间启动预防邪教“法轮功”非法插播信号的预案，坚持双人双岗盯班，杜绝事故，实现电台安全播出6752小时、电视安全播出4930个小时的优异成绩。

（张娟娟）

【新发射塔主体结构工程完工】 位于潞城镇大甘棠村的通州广播电视新发射塔基础工程于2007年10月15日开工，主体结构于2007年12月26日正式开始安装，至2008年4月6日主体结构安装完工，5月9日发射塔场地内的供排水项目完成。6月2日电视和调频发射天线安装完毕并进行初步测试，6月10日发射塔通过主体工程验收，9月完成塔楼装修。

（张娟娟）

【突出做好法制宣传】 2008年，电台、电视台在法制宣传中，坚持全方位、多视角、多容量的原则，法制新闻亮点频现，群众收视率明显提高。据不完全统计，全年广播电台、电视台共播出有关法制新闻138条。广播电台、电视台还分别与区工商分局合作举办专题节目《食品安全通报》、《工商快报》、《红盾伴你行》累计播出40余次；与通州区公安分局、通州区交通支队、通州区司法局等单位合办《警务直通车》、《普法园地》、《安全》等法制节目，累计播出95余次。特别是电台与通州区交通支队协办制作的交通安全公益广告滚动播出，2008年播出1万余条次。《劳动保障》、《计划生育》等专题栏目通过具体、生动、直观系统的典型案例和事例，以案说法。同时紧紧抓住与广大人民群众生产、工作、生活密切相关的法律问题进行深入浅出的法律解释，不断增强法制宣传的吸引力、感染力和说服力，使广播电视法制宣传成为广大人民群众掌握党的方针政策、学习法律知识的重要渠道。

（张娟娟）

卫　生

医疗卫生

【概　况】 2008年，通州区卫生系统统计辖区内有各类医疗机构583家。其中三级医疗机构1家，二级医疗机构6家，一级医疗机构24家，村卫生室344家，门诊部27家，诊所、卫生所、医务室99家，社区卫生服务站73家，其他9家。有各类医务人员5794人，其中卫生技术人员4763人，平均每千人口拥有卫生技术人员7人。有病床2538张，平均每千人口拥有病床3.9张。

2008年，卫生系统统计全区出生4884人，出生率7.52‰，死亡3573人，死亡率5.50‰，人口自然增长率2.02‰。死亡原因顺位依次为：脑血管病、心血管病、恶性肿瘤、呼吸系统疾病、损伤中毒、内营代免（内分泌、营养代谢、免疫性疾病）、消化系统疾病、泌尿系统疾病、神经系统疾病、先天畸形、变性和染色体异常。全年辖区医疗机构门诊317.69万人次，急诊48.7万人次，入院60724人次，出院60784人次，病床使用率86.8%，治愈率64.3%，好转率35.4%，死亡率1.4%，诊断符合率99.7%。

（田剑韦）

【社区医疗】 2008年，通州区社区卫生服务管理中心正式成立，负责全区社区卫生服务的管理工作。重新调整通州区社区卫生工作领导小组成员，设立领导小组办公室。完成社区卫生服务管理体制改革，原17所乡镇卫生院改建为社区卫生服务中心，新华医院改建为新华社区卫生服务中心，永顺社区卫生服务中心完全从区妇幼保健院剥离出来。6月底前，完成市政府折子工程中111个社区卫生服务站建设任务，总建筑面积13320平方米；该项目总投资3875万元，市政府安排投资1960万元，其余由区、镇政府自筹解决。全区19所社区卫生服务中心、191个社区卫生服务站、344个村卫生室的社区卫生服务网络体系构建完成，社区卫生服务机构100%覆盖，辖区居民可公平享受到“六位一体”的社区卫生服务。年内区编办核准社区卫生服务机构人员编制总数为1717人，到位编制1077人，其余人员按照每年增加160人的标准，分四年逐步到位。在社区卫生服务机构实行药品零差率销售的基础上，从1月1日起，全区280个乡村卫生室实行药品零差率销售，让利于百姓。制定《2008年北京市居民健康档案建立工作实施方案》，区财政拨付80万元专项经费用于全民建档工作的开展，印制家庭健康档案50万份、个人健康档案120万份、档案袋40万个，19所社区卫生服务中心全部完成全民建档工作。全区建立家庭健康档案295654份，个人健康档案805579份，其他个人健康档案189995份，建档完成率103.2%，全区服务人口全部建立了健康档案。根据市卫生局相关文件精神，4月30日前为社区卫生服务管理中心和19所社区卫生服务中心配置“社区健康通”手机，于5月1日向社会公布投入使用。

（田剑韦）

【新型农村合作医疗】 2008年度，全区参加合作医疗人员322188人（包括低保人员7287人），占符合参合条件人口的95%，人均筹资320元，筹资总额为10310万元。本参合年度一次报销的有95695人次，发放报销款6965万元；其中领到5000元以上报销款的3386人次，达到7万元封顶金额的11人；二次补偿报销的23062人次，发放报销款2590.17万元，达到2万元封顶金额的39人。

（田剑韦）

【传染病管理】 2008年，全区报告法定传染病三类17种，发病7515例，总发病率为908.45/10万，与上年相比下降8.77%，总死亡率为0.84/10万，病死率为0.09%。7月1日启动国家级乙肝病例监测工作，调查病例63例，采集监测对象血清48份。全区乙肝疫苗应种34552人次，实种34472人次，接种率为99.77%。全年完成人类免疫缺陷病毒（HIV）检测109991人，其中28例阳性者，同比增加3人。对新发现的HIV阳性者全部进行流行病学调查，坚持对感染者的随访工作，抽血检测免疫细胞（CD4细胞）46人次，同比增加29人次，增加152%。接受自愿咨询检测577人次，同比增加288人。进一步加强检测哨点的监督指导和监管场所的HIV检测工作；深入开展艾滋病初筛实验室和性病门诊的管理工作。组织基层卫生院防保人员进行鼠疫、病毒性肝炎、禽流感等重点传染病及相关专业知识培训25项，1632人参加。

（田剑韦）

【计划免疫】 2008年，圆满完成区内流动儿童强化查漏补种工作，调查流动儿童12289人，补卡2291人，补证1114人。全区21家医疗机构开展常规急性弛缓性麻痹（AFP）监测工作，完成监测病例617302例，主动监测病例253538例。全年各单位完成疫苗接种736739人次，比上年增加40%；接种二类疫苗25万人次。对60岁以上老年人免费接种流感疫苗近6万人，学生接种4万余人。继续做好外来儿童的常规查漏补种工作，涉及全区524个村（居）委会、278401户、学龄前儿童约4万人，全年调查264612户次，村调查覆盖率为98.09%，户覆盖率为95.05%。启用免疫规划信息系统，全区21家接种门诊免疫规划信息系统运行顺利，实现联网、信息自动化。

（田剑韦）

【结核病防治】 2008年，完成10168人次的PPD（结核菌素）监测工作，补种卡介苗2958人次，微量元素检查6142人次，全年完成新登记345例肺结核病例，其中涂阳肺结核患者84例，完成1865例追踪核实病例。为进一步加强大学新生PPD监测工作，杜绝结核病在大学校园的传播及暴发流行，召开通州区大学生PPD监测工作会，完成8339例大学新生PPD监测、1500名大学生胸片拍摄和1564例追踪核实病例。

（田剑韦）

【公共卫生】 2008年，全区有各级各类公共场所17819户。其中各类食品生产经营单位14660户，食品加工厂406户，饮食服务业1885户，集体食堂793户，食品批发零售10630户，食品摊贩900户。公共场所1674户，其中旅店161户、公共浴池159户、理发美容业1297户、娱乐场所27户、游泳场所13户、商场17户。供水单位（包括自来水厂、高层建筑供水、城镇自备水源、农村集中式供水等）238户。医疗保健机构（包括疾病预防控制中心、各级医院、厂矿医务室、社区卫生服务站、门诊部、私人诊所、乡村卫生室等）583户，工矿企业435户，学校（包括大学、中专技校、中学、小学）93所，托幼机构68所，放射性同位素与射线装置单位50户，消毒产品生产单位21户。全年开展卫生监督执法8971户次，卫生行政处罚760起，罚款金额90.2万元。其中监督检查各类食品生产经营单位3941户次，达标3621户次，合格率91.90%；公共场所卫生监督1554户次，达标1434户次，合格率92%；生活饮用水卫生监督354户次，达标345户次，合格率97.5%；传染病消毒卫生监督2130户次，达标2113户次，合格率99%；学校卫生监督165户次，合格154户次，合格率93%；职业放射卫生监督210户次，达标189户次，合格率90%；医政监督617户次，合格592户次，合格率96%。

（田剑韦）

【奥运保障】 北京奥运会、残奥会保障期间出动监督车辆1000余次，监督人员4000人次，制作现场检查笔录及下达卫生监督意见书1000份，排除各类卫生安全隐患达30项。为保证10家奥运特供企业的食品卫生要求，派食品卫生监督人员33人驻厂监督，做到保障期间所有特供食品相关投诉为零，先后有6个保障单位送来感谢锦旗“携手奥运，共创辉煌”。通州区卫生局制定奥运会期间食物中毒、生活饮用水污染应急预案，成立由26名专业人员组成的食物中毒、生活饮用水污染应急处置小分队，配备快速检测仪器设备、检测试剂以及电子网络执法设备，24小时应急准备，确保突发事件发生时立即赶赴现场应急处置。

通州区120医疗急救分中心和次渠、漷县、于家务、徐辛庄、西集5个医疗急救分站承担着全区院前急救和突发事件、灾害事故的紧急救援任务，同时接受市120急救中心的统一调度。奥运会期间，出动救护人员151人次，急救车48辆次，成功完成运河城市文化广场、火炬传递等重大活动的医疗急救保障任务。北京星湖绿色生态观光园为残奥会开闭幕式部分节目彩排训练基地，区卫生局在训练基地设置临时医务室，派驻医生、护士6名，配备常用药物，保证24小时应诊和随时巡诊。

（田剑韦）

【职业卫生】 2008年，根据卫生部职业卫生重点监督检查工作要求，对企业本年度立项可能产生职业病危害的新建、改建、扩建和技术改造、技术引进建设项目是否按照《中华人民共和国职业病防治法》的规定进行职业卫生审查和验收的情况进行监督检查。全区有3个建设项目通过预评价与验收，并且通过审查，其中1家通过竣工验收。纳入管理的涉及有毒有害企业435户，建企业档案435卷。根据卫生部及市卫生监督所职业卫生检查工作要点，开展对家具制造、铸造、生产企业及其他行业的职业病防治工作的检查，共检查企业150户次，其中有20户企业受到行政处罚，并对接触职业病危害企业建立劳动者健康监护档案、职业卫生管理制度操作规程，完善职业卫生档案。

（田剑韦）

【妇幼保健】 2008年，全区分娩产妇13951人，孕产妇系统管理率99.09%，门诊筛查高危产妇5118人，高危妊娠发生率为36.69%，高危管理率100%。重点高危追访301例，危重孕产妇追访32例。妇幼保健指标完成情况：户籍人口孕产妇死亡1例，孕产妇死亡率为20.47/10万；围产儿死亡25例，围产儿死亡率为5.10‰；出生缺陷发生率为6.83‰；计划生育手术总数34132例，并发症1例，并发症发生率0.35/万；孕产妇系统管理率98.64%；5岁以下儿童死亡22例，死亡率为4.5‰；儿童保健覆盖率为98.99%，0～6岁儿童体检率97.63%；新生儿听力筛查6356人，筛查率为45.36%；新生儿疾病筛查13709人，筛查率97.84%，比上年上升1.44个百分点；高危儿智力监测339人，监测率97.6%。

（田剑韦）

【爱国卫生】 1月25日，通州区“除四害”工作中“灭鼠”活动通过北京市爱国卫生运动委员会专家组的单项考核验收，自此通州区进入创建国家卫生区（以下简称创卫）综合阶段。在创卫任务62项指标中，有53项达标，全年的除“四害”工作从4月～9月进行集中控制与消杀。政府下拨除“四害”专项经费400万元，聘请两支专业消杀公司对运河、通惠河等大型水体和餐饮店、农贸市场及36平方公里创卫区域的外环境进行专业消杀。特别是运河等水体的治理，为奥运火炬在通州水上传递创造优美的环境。对城区内居民发放杀虫类药9.544吨、灭鼠药1.89吨、杀蟑套餐2000套、粘鼠板650块、喷雾器60个、捕蝇笼500个，有效控制“四害”密度，确保除“四害”的长期效果。全年按照市爱卫会配比计划应完成户厕改造11000座，实际完成18000座，经检查改造后的无害化厕所均达到标准。完成台湖镇联村水厂供水工程，保证台湖镇东部10个村的农民饮水问题；完成马驹桥镇史村和神驹村2个单村水厂的更新改造工程；完成梨园镇刘老公庄村、张家湾镇张辛庄村、漷县镇张庄村和马驹桥镇东田阳村4个单村水厂的水处理工程，受益人口达4880人。

（田剑韦）

【专业培训】 为创建“平安”奥运，做好全区奥运期间实验室生物安全管理和生物恐怖防范工作，对辖区内65家实验室单位369名实验室专业技术人员开展人间传染的病原微生物实验室生物安全管理和生物恐怖防范知识培训；对辖区内所有医疗卫生单位的4721人进行核生化反恐培训。全年派出18人参加市卫生局举办的3年全脱产住院医师、全科医师规范化培训；一、二级医疗机构派出进修人员121名；乡村医生参加培训人员522人，培训时间60学时。全系统专业技术人员参加大专学历教育371人、本科学历教育212人、在职研究生6人，总计589人参加学历教育。

（田剑韦）

【献血工作】 2008年，通州区采血中心采集血液134940单位，其中全血123468单位，成分血11472单位，比上年增长30.38%。检测血液标本79149人次，比上年增长30.29%；各种血液成分包装16.35万袋，比上年增长26.74%；全血入库12.65万袋，比上年增长45.97%；机采血小板入库11472袋，比上年增长11.17%；浓缩血小板入库11462袋，比上年减少84.98%；为医院发送各种血液136930单位，比上年增长43.79%。通州区采血中心实现血制品品类齐全、长期储备、随时供血目标，满足了医疗救治用血需求。

（田剑韦）

药品监督管理

【概　况】 2008年，药监通州分局围绕平安奥运开展工作，以药品安全为核心、以质量保障为重点，不断创新监管方式，加大市场监管力度，加强队伍自身建设，各项工作顺利开展，出色完成奥运药品安全保障任务，实现“监管地域无盲区，监管单位无盲点，监管品种无遗漏，监管环节无断层”的“四无”工作目标，有力保障了辖区内人民群众的用药安全。

年底辖区内有药品生产企业34家，经营企业547家（其中药品批发企业7家、药品零售企业387家、药品代销点153家）；医疗器械生产企业51家，经营企业527家；保健食品生产企业12家，经营企业591家；化妆品生产企业11家，经营企业2000余家；一级以上医疗机构31家，一级以下医疗机构555家。

全年受理药品零售筹建申请398件，验收申请118件，变更申请104件，注销申请18件，核发药品经营许可证77个；办理医疗器械行政许可审批187件，其中医疗器械生产企业16件、医疗器械经营企业171件；核发保健食品卫生许可证189件、变更地址6件、即时办理25件。

年内受理各种举报案件160起，其中立案查处114起，案件受理率100%，立案率为71%，办结率93%。没收违法所得113.32万元，没收物品价值77.56万元，罚款301.75万元，罚没款492.63万元。移送工商管理部门案件2起，查办生产销售假药、制造假证伪造国家机关公章等大案要案6起，其中移交公安涉刑案件5起，涉及违法分子10人，其中判刑1人、刑拘6人、教育释放1人、正在抓捕中2人。

年内完成药品抽验任务511件，其中针对性抽检210件（含避孕药专项8件）、基础测试201件、监督性抽验100件，不合格2件，合格率99.6%；完成医疗器械抽验任务20件，合格率100%；完成保健食品13批次抽样任务，合格率100%；完成化妆品45批次抽样任务，不合格1件，合格率97.8%。

（李　季）

【开展假劣和过期药品销毁活动】 1月22日，分局在北京市马驹桥垃圾处理场开展集中销毁假劣药品、医疗器械、保健食品和过期药品活动。本次销毁的药品是药监通州分局在前一时期执法中没收的假劣药品、医疗器械和通过药品三级监督网络回收及辖区内药品生产、经营、使用单位及百姓家里收集的过期药品。在社会监督员的监督下，假劣过期药品、医疗器械、保健食品被倒入垃圾处理机，经过压榨、粉碎成粉末后被填埋，整个销毁过程为无害、无污染处理。销毁各类假劣过期药品、医疗器械、保健食品400箱、9000余公斤，价值近80万元。

（李　季）

【举办安全用药进万家小品竞赛】 3月6日，为深入宣传贯彻《中华人民共和国药品管理法》，普及安全用药知识，增强群众的法律意识，药监通州分局与中仓街道办事处共同举办“药监杯”安全用药知识暨小品大赛。副区长于世疆、市药品监督管理局副局长从骆骆等领导参加赛会。比赛以家庭为单位，通过初赛和复赛，从16个社区参赛的32个普通家庭中，评出一等奖1名、二等奖2名、优秀奖5名。

（李　季）

【强化含兴奋剂药品管理】 贯彻落实《反兴奋剂条例》等相关法律法规，进一步规范药品市场，1月17日举办辖区药品类兴奋剂专项检查培训班。培训对象是覆盖全通州区480个行政村的18个药品打假工作站的药品专管员及重点地区的药品协管员。4月8日至10日，药监通州分局分别召开全区药品生产、经营、使用单位兴奋剂药品管理工作会，下发《含兴奋剂目录所列物质的化学药品、生物制品及中药品种》千余本，要求相关单位认真对照目录开展自查。同时，与全区33家药品生产企业、近600家医疗机构以及380家药品经营企业签订《药品生产企业生产、销售兴奋剂（或含兴奋剂）药品责任书》、《医疗机构购入、使用兴奋剂（或含兴奋剂）药品责任书》。强化企业对兴奋剂治理工作的责任意识。5月1日，药监通州分局开展兴奋剂整治工作“五一专项行动”，对辖区内30家药品零售企业销售含兴奋剂药品情况进行专项检查。

（李　季）

【取缔8家非法诊所】 5月5日，为整顿规范医疗服务药品市场秩序，严厉打击非法行医活动，在区政府的统一部署下，药监通州分局与区卫生局卫生防病监督所、公安分局联合对台湖镇次渠地区的医药市场进行突击检查。依法取缔非法行医黑窝点8家，查处非法行医人员9人，没收非法行医药品及器械13箱，价值近1万元。

（李　季）

【“药监杯”家庭安全教育知识竞赛】 创建平安奥运，进一步教育引导广大家庭和儿童增强安全意识，组织家庭成员学习、宣传安全知识活动，包括安全用药、安全防火等家庭安全知识，药监通州分局与区安监局、区妇联开展“通州区‘药监杯’家庭安全教育知识活动”。此次活动自3月启动，以各乡镇街道为单位，由各级妇联组织发动，向全区10万个家庭发放家庭安全知识问卷10万份，同时，各乡镇和街道还组织“药监杯”家庭安全教育知识竞答预赛活动。活动收回答题卡6万余份，从全区11个乡镇、4个办事处选出15个优胜家庭，于5月10日，在区财政局礼堂举行“通州区‘药监杯’家庭安全知识竞赛”，通过必答、抢答和选答环节，决出一等奖3名、二等奖6名、三等奖6名。另外，从6万余份有效答题卡中抽取“参与奖”100名，给予奖励。市妇联副主席李红梅、副区长张华及相关部门领导出席此次活动，200多名群众现场观看比赛。

（李　季）

【保奥运安全专项检查】 药监通州分局根据辖区特点，制定《奥运安全保障专项检查实施方案》及《关于药品经营企业兴奋剂专项检查指导意见》，组成8个检查组对辖区555家药品经营企业进行全覆盖检查，确保检查工作“无盲点、无遗漏、无断层、无盲区”，通过连续三周的拉网检查，发现部分药品经营企业未在营业店堂明示“禁止销售蛋白同化制剂、肽类激素（胰岛素除外）”和“含有兴奋剂的药品运动员慎用”的警示标语、未凭处方销售需凭处方销售的含兴奋剂类和抗生素药品、经营场所或仓库面积缩小、无合法票据及销售凭证等问题。检查组针对存在问题的企业作出责令改正、查封扣押、立案调查等行政处罚措施。查封扣押药品198种，警告33家。并对在药品经营活动中存在3个及以上严重缺陷项目的9家通过GSP认证的药品经营企业，建议撤销GSP证书，移交市场科处理。同时抽查药品代销点37家，查封扣押未标注规定标识的兴奋剂类药品103种，封存部分未从规定渠道进货的药品。

（李　季）

【开展民办医疗机构突击检查】 6月23日，药监通州分局对11家民营医疗机构实施雷霆行动，进行突击检查。提取民办医疗机构采购药品供货商票据61张，检查药品（制剂）品种数645种，未发现无批准文号药品品种和未经批准配制、使用医院制剂品种。对存在其他问题的药品采取异地查封扣押的方式等待销毁或送市药品检验所进行检验。

（李　季）

【强化农村医疗机构依法执业】 7月5日，药监通州分局联合区卫生局在新华联培训中心召开通州区农村医疗机构平安奥运药品安全暨依法执业大会。全区一级以下医疗机构的477名负责人参加会议。会议就近期对全区保奥运药品安全拉网地毯式检查中出现的问题进行通报，对医疗机构药械管理中存在的问题进行规范要求，对医疗机构依法执业提出要求。副区长于世疆到会讲话。

（李　季）

【安全用药送法下乡、进社区】 为增强社会宣传效果，分局多次在辖区内开展三下乡、“进社区、进楼门、进乡村”活动，用宣传展板、宣传条幅、发放宣传资料、知识讲座、现场答疑及辨别真假药品等多种形式，普及法律法规及安全用药知识，在全区11个乡镇18家卫生院设立“安全用药大课堂”。全年组织大型宣传和送法下乡镇进社区活动6次，发放各种宣传材料8800余份（件），展板24块，接受群众各类问题咨询400余人次；开展各类宣传讲座活动61次，受益人员近万人，发放宣传知识手册两万册。

（李　季）

【封存完达山药业公司生产的所有注射液】 10月16日，分局接到市局下发的紧急查封黑龙江省完达山药业公司生产的所有注射液的通知。分局在第一时间启动应急预案，利用通州电视台和《通州时讯》，在17、18日的通州新闻后黄金时段与18、19日的《通州时讯》第二版刊发有关提示信息，提醒全区人民群众严禁使用上述问题注射液。截至10月21日，分局完成对辖区内485家医疗机构和药品经营企业的全面清查，出动执法人员970人次，车辆485车次。将辖区内5家医疗机构涉及的694支完达山制药厂生产的刺五加注射液及完达山制药厂生产的双黄连注射液651支全部召回。

（李　季）

【查处通州最大生产假药案】 7月1日，根据群众举报查处北京万生药业有限公司将化工产品直接用于药品生产的制造假药案，因该公司违反《中华人民共和国药品管理法》，被处以没收违法生产药品3.72万盒，折合人民币29.31万元；没收违法所得111.73万元；并处违法生产、销售药品货值金额的二倍罚款282.09万元，以上2、3项共计393.82万元。

（李　季）

【捣毁两个制药黑窝点】 11月27日、29日，药监通州分局与通州公安分局联合行动，捣毁两个制售假药黑窝点，抓获制售假药不法分子3人，其中刑事拘留2人、教育释放1人，查获制假工具10余件，制假原料180千克，降糖、降压、激素类假药11种共计10171盒（瓶），无名胶囊63850粒，查扣制售假药的车辆一部。

（李　季）

【网络销售假药“万艾可”5人落网案】 11月26日，分局接到群众举报，有人利用网站销售美国原装伟哥，举报人怀疑其购买的药品“万艾可”为假药。分局主管局长、执法人员与公安人员共同制定抓捕行动方案。12月21日10：00至18：30，执法人员从通州到市区行程260多公里先后抓获销售假药“万艾可”的不法分子5名，收缴假药“万艾可”102瓶，货值金额39.87万元。此案已进入检察院审查起诉阶段，检察院对公安刑事拘留的5人，除第一个送货人王某取保外，其余4人已批捕。

（李　季）

潞河医院

【概　况】 2008年，潞河医院适应通州区经济建设的快速发展，完成区域医疗中心的工作任务，各项建设稳定发展，区域医疗中心建设更加完善，综合技术水平进一步提高。全年业务收入4.82亿元，同比递增22%，门诊98.6万人次，同比增长16%；急诊15.2万人次，同比增长12%；出院病人20024人次，同比增长8.7%；全院床位占用率92.13%；床位周转率30.43次／床／年。

年内全院发表学术论文80篇，其中在国家刊物上发表52篇，省市刊物28篇；参加国内和国际学术交流67人次；申报区科技进步奖5项。选派48名骨干到首医大附属医院参加师资培训。

（谢卫国）

【医护人员入川抗震救灾】 5月12日，四川汶川地区发生8级地震后，潞河医院按照市、区卫生局关于组建赴灾区医疗救援组的紧急通知要求，迅速安排此项工作，抽调以4名骨科大夫为主的6名精干的医护人员组成救援小分队，备齐所携医疗药品1025种、器械物品3000多件、帐篷、小型发电机、食品等共计5796件。6月29日，本院抽调7名医护人员随通州区卫生系统（23人）赴川医疗队入川工作，参加震后什邡市的医疗保障工作。7名同志入川后，积极配合通州区医疗队各项工作，认真做好本职工作，在条件艰苦的环境下，成功地完成多台神外和普外难度较大的手术。至9月29日，医疗组7名同志完成任务安全返回。

（谢卫国）

【建院130周年庆祝活动】 庆祝潞河医院建院130周年，医院组织了系列迎院庆活动。11月18日，组织10余名专家到后南仓居委会，为近百名居民进行健康义诊活动。11月23日，在多功能厅隆重举行通州区人民政府与首都医科大学合作建设潞河医院为首医大教学医院协议签订仪式和潞河医院外科手术病房楼奠基仪式。11月25日，韩国首尔医疗院院长俞炳旭一行7人到院进行学术交流。同日，医院体检中心邀请3位专家为通州多源商贸公司职工进行健康宣教及体检咨询。11月26日，举行潞河医院130周年大型庆典活动。区领导王云峰、邓乃平、王玉辉、张文山、李玉君、张秀余、蒋洪昉、于世疆、高志禄、杜宏谋、王子江等出席庆典仪式。北京市委原组织部长赵家骐、卫生部医政司副司长周军、韩国首尔医疗院院长俞炳旭、朝阳医院院长王辰等到场祝贺。

（谢卫国）

【北京市消化疾病中心通州基地揭牌仪式】 9月13日，在潞河医院多功能厅举行北京消化疾病中心通州基地揭牌仪式。副区长于世疆、区卫生局局长白玉光、友谊医院院长张澍田、友谊医院消化科主任于中麟、北京大学第一医院消化科主任刘新光参加揭牌仪式。基地的建立标志着通州区消化疾病中心工作正式启动。

（谢卫国）

【神经外科成功切除颈部巨大神经鞘瘤】 年内，潞河医院神经外科收治一名颈部巨大肿物患者。经全面细致的检查，初步诊断为椎管内脊神经并突出到颈部皮下的巨大神经鞘瘤。该肿瘤起源于神经束膜雪旺氏细胞或神经纤维细胞，需进行手术切除。该肿瘤位于第2、3颈椎交界处，属于高颈段肿瘤，手术中若损伤周围正常脊髓或脊神经会给患者带来严重的并发症，手术难度很大。经过周密的术前准备，运用显微微创技术，在主任田力学的主刀下，经过2小时手术，成功切除折磨患者8年之久，约5cm×4cm×3cm大小的肿瘤。术后患者恢复顺利，无不良并发症，安全出院。此例手术的成功标志着潞河医院神经外科在高颈段椎管肿瘤微创外科手术领域达到国内先进水平。

（谢卫国）

【与中日友好医院签署《心血管介入帮扶协议》】 10月17日，中日友好医院与潞河医院在多功能厅举行《心血管介入帮扶协议》签约仪式。帮扶重点是指导提高本院心内科医师对心血管急、重症及疑难病症的诊断处理水平。

（谢卫国）

【心内科博士在全国介入心脏病学大会上做报告】 3月20日，在北京举行的全国介入心脏病学大会上，潞河医院心内科的博士郭金成在大会上做《超声引导下凝血酶注射治疗股动脉假性动脉瘤40例》的报告，得到与会者的高度重视和评价。该方法系国内首创，已经在临床上广泛应用。

（谢卫国）

【义诊活动】 6月20日，组织部分党员到潞河医院帮扶村通州区西集镇任辛庄，为本村及周边村民进行义诊活动。参加此次义诊医生来自神内、普外、骨科、心内、综合科等8名专家，专家们为老百姓义诊、咨询、耐心地解答老百姓的一些疑难问题。此次义诊近百人次。

（谢卫国）

体　育

【概　况】 2008年通州区体育工作全面实施《全民健身计划纲要》，大力宣传《北京市全民健身条例》等体育法规；以唱响“全民健身与奥运同行”的主题，以奥运火炬传递为中心，进一步加强新农村体育设施建设，配建50处全民健身工程，全区村村建有体育设施，覆盖率100%。年内，完成网球场改建羽毛球馆工程。开展平安奥运行动，加强安全生产工作，对各乡镇、街道及辖区内向社会公众开放的经营性体育场所进行隐患排查专项整治。对全区80余家体育项目经营单位进行地毯式检查。以举办通州区第六届全民健身体育节为龙头，开展丰富多彩的全民健身活动，发挥民间体育社团作用，组织各类体育竞赛、表演、培训，掀起全民健身新高潮，营造浓郁的奥运人文氛围。

（冯晶晶）

【举办第二届迎奥运和谐社区杯乒乓球比赛】 3月13日，区委、区政府在中仓街道召开通州区第二届迎奥运和谐社区杯乒乓球比赛活动动员部署大会，宣布开展迎奥运和谐社区杯乒乓球比赛活动方案和规程及整个活动优秀组织奖的评选办法。3月13日至4月中旬为初赛阶段，各乡镇、街道吸纳各界人士积极参与，参与人数达8万多人，参赛运动员3万多人次，年龄最大的78岁，最小的7岁，来自11个乡镇选拔的29支队伍和4个街道办事处的14支社区代表队，分乡镇和街道两个组展开激烈地角逐。本届新增混双项目，成为比赛新看点。经过行政村、社区的初赛选拔和乡镇街道的预赛选拔，进入区复赛阶段。4月19日区复赛结束后，选拔出北苑街道复兴南里社区队、玉桥街道玉桥社区队和永顺镇运乔嘉园社区队3支队伍，代表通州区参加北京市总决赛，队员中年龄最大的63岁，最小的10岁。北京市总决赛在来自18个区县及亦庄开发区、燕山石化的20个代表团、60支队伍、1000多名运动员之间展开。永顺镇运乔嘉园社区队获总决赛一等奖；北苑街道复兴南里社区队、玉桥街道玉桥社区队获得二等奖。通州区人民政府和北苑街道办事处、玉桥街道办事处、新华街道办事处、永顺镇政府、西集镇政府、潞城镇政府、永乐店镇政府、梨园镇政府、漷县镇政府、张家湾镇政府10个单位，被北京市迎奥运和谐社区杯乒乓球比赛组委会授予“优秀组织奖”。

（冯晶晶）

【召开体育运动项目经营单位法人会议】 3月14日，召开全区体育运动项目经营单位法人会议，深入贯彻市体育局、市安监局《关于加强2008年体育行业安全生产监管工作的通知》和区安委会关于《“平安奥运行动”安全生产保障工作方案的通知》精神，在全区近百家体育健身场所全面开展了“平安奥运行动”，区体育局与经营单位签订《“平安奥运行动”安全保障责任书》。

（冯晶晶）

【召开部署“平安奥运行动”大会】 区体育局与区安监局、区公安分局、区公安消防支队、区卫生局、区质监局、区工商分局联合制定《通州区“平安奥运行动”体育运动项目经营单位安全生产行业执法检查工作实施方案》，4月30日，联合召开通州区体育行业“平安奥运行动”动员部署大会，40家体育运动项目经营单位的50多位法人或负责人参加会议。体育局局长车林平与体育运动项目经营单位的法人或负责人分别签订《通州区体育行业“平安奥运行动”安全保障责任书》；区卫生局卫生监督所所长王英与游泳场馆的法人或负责人分别签订《通州区游泳场馆卫生管理责任书》。

(冯晶晶)

【开展“平安奥运行动”专项整治】 落实市、区关于广泛深入开展平安奥运行动，保证体育健身场所安全运营的总体要求，5月4日至6月20日，区体育局相关人员到各乡镇、街道，对辖区内向社会公众开放的经营性体育健身场所进行隐患排查专项整治工作，出动车辆25辆次、人员50人次，对80余家体育运动项目经营单位进行地毯式检查，对检查中发现的制度不健全、措施不完善两类安全隐患问题，分别予以登记告诫限期改正完善，并进行跟踪复查，问题得到及时改正。7月1日至8日，对各健身场所的防火安全工作进行两次夜间检查，共检查11家单位。7月14日至18日，通州区体育运动项目经营单位安全生产联合执法检查领导小组7家成员单位组成联合检查工作组，连续5天出动45人次，重点对24家游泳馆、健身房等场所进行联合抽查，发现游泳救生器材不全的4家，下发整改通知4份；两家异地经营的场所，由工商部门责令办理相应手续；安监、消防、卫生部门均针对存在的专项问题开具了整改通知书。专项联合检查促进了各健身场所安全管理主体责任的进一步落实和安全管理工作的完善。

(冯晶晶)

【全民健身体育月启动仪式】 6月21日，区体育局、体育总会、台球协会在新华联家园会所内劲美康健身俱乐部台球厅举行“通州区领导干部台球赛暨全民健身体育月启动仪式”，区领导王云峰、张文山、王春元、张秀余、刘淑华等出席。启动仪式后，区级领导分两个组进行了比赛；来自全区28个单位29支处级领导干部代表队的145名队员参赛。

(冯晶晶)

【武术协会活动】 2008年，通州区武术协会组织表演队参加多场市、区奥运祥云圣火传递和北京奥运会马拉松赛场全民健身项目的展示活动，被活动组委会授予优秀表演奖。7月15日，参加区体育局与区610办公室举办的《2008年通州区全民健身与奥运同行健身项目风采展示》比赛，区武术协会100人的太极功夫表演分队的24式简化太极拳与太极功夫扇分别获二、三等奖，滨惠南三街社区太极拳辅导分站的健身气功《易筋经》获二等奖。8月6日参加2008北京奥运会北京地区祥云圣火在故宫、端午门举行的传递圣火启动仪式，区武术协会100人太极功夫表演分队在天安门广场北端东西沿线最显赫的位置表演太极功夫扇。8月7日下午参加运河源头祥云圣火的传递活动，区武术协会组织260人（包括100人的太极功夫表演分队）太极功夫扇和300人的24式简化太极拳在火炬传递的起止点——运河一号和二号码头进行阵容宏大的表演展示。8月17日、24日，在马拉松决赛主会场国家体育场鸟巢，通州区武术协会100人太极功夫表演分队与东城区武术协会等7支表演分队组合的1200人表演总队参加表演3场。分别为：8月17日，在女子马拉松决赛主会场参加第二场“中华武术展英姿”表演太极功夫扇；8月24日，在男子马拉松决赛主会场参加第一场“舞动北京”表演太极拳，第六场“和谐世界”表演太极功夫扇。

(冯晶晶)

【风筝协会活动】 区风筝协会举办2008年春季“全民健身与奥运同行”风筝单项放飞比赛，68名会员参加；6月25日，在奥体公园组织以奥运题材为主的自制风筝现场观摩展示，有9个基层会（队）、30名会员、90只风筝参加活动；6月26日，在文化广场北侧举办不同放飞方式表演赛，有9个基层会（队）、22名会员参加；10月10日，在奥体公园南侧鱼跃广场举行通州区第五届风筝团体赛，有12个基层会(队)、31名会员、61只不同类型风筝参加活动。

(冯晶晶)

【体育设施覆盖率100%】　2008年，区体育局利用体育彩票公益金和财政支持，在各乡镇的配合下，于6月30日前，配建50处全民健身工程。至此，全区480个行政村村村建有体育设施；覆盖率达到100%。

（冯晶晶）

【体育场改造工程】　通州体育场改造一期工程于2007年初至2007年9月完成田径场、篮球场、大众健身走廊、大众健身步道及配电、防水、绿化等附属设施投入使用；二期工程2007年9月至2008年10月重点完成网球场改建羽毛球馆工程，馆内设有面积3172平方米的乒乓球馆。经过一个月的试运营，11月24日正式对广大群众开放。工程总投入2630多万元。

（冯晶晶）

【奥运火炬传递和奥运保障工作】　根据北京奥组委“北京地区2008年奥运会火炬手选拔工作”会议精神，北京地区（通州区）从2007年6月27日正式启动火炬手选拔工作，在火炬手选拔工作领导小组的领导下，有计划、有步骤开展工作，严格按照分配名额、选拔范围、选拔标准进行等额推荐。面向广大群众，采取自上而下布置，自下而上组织推荐提名，履行评审程序，选拔出11名火炬手。2008年8月7日奥运圣火在通州区段传递，为确保传递过程中火炬手运行的按时、准确、有序，依据总体要求，制定了《通州区奥运火炬传递组织实施方案》、《投放收集组工作方案》、《火炬手接待组工作方案》、《观众组织实施方案》、《水上救生安全预案》等，成立通州区火炬手运行指挥部，进行路线勘测，开展测量、定点、场地布置、培训志愿者及观众的集合与疏散演练等各项工作，确保圣火在通州区段传递取得圆满成功。

（冯晶晶）

【奥运火炬通州段传递活动】　8月7日17:08至17:30，历时22分钟，通州段的火炬传递活动在运河上举行。火炬传递活动从运河1号码头起到鱼跃广场止，总长度为1800米，火炬手22人（通州籍火炬手11人）。其中水上传递1400米，14分钟，火炬手14名；陆上传递400米，6分钟，火炬手8名。在火炬传递沿线，组织1500人的文体表演，包括大型太极扇体育表演，具有通州特色的歌曲“运河之歌”大合唱、舞龙舞狮、大秧歌、小车会、旱船、高跷等特色活动展示，威风锣鼓，太极拳等团体项目表演。在运河两岸组织观众10000人，拉拉队2000人，穿着统一样式印有“新北京、新通州”等宣传口号的T恤衫，手持国旗、奥运五环旗等宣传物品观看火炬传递。在火炬传递沿线插挂各色彩旗10000面，在运河西岸放置14个以宣传通州新城建设为主题的宣传牌。

（冯晶晶）

【通州区首届羽毛球赛暨羽毛球馆剪彩仪式】

10月24日，通州区首届羽毛球比赛暨羽毛球馆剪彩仪式在通州区羽毛球、乒乓球综合馆内举行，来自区直机关和各委办局的29支代表队，200多名运动员、裁判员及工作人员参加比赛活动，副区长刘淑华出席剪彩仪式并讲话。

（冯晶晶）

【学校体育创佳绩】　2008年，潞河中学在北京市田径传统校比赛中获得高中组团体总分第一名。通州新华体校有8个项目116人次参加了北京市青少年锦标赛，6个项目比赛成绩获得金牌10枚、银牌9枚、13枚铜牌。时代青少年体育俱乐部在每两年一次的市级评估中获得二等奖。2008年通州区向上级传统校输送运动员9名，向体育院系输送运动员12名，共计21人。

（冯晶晶）

社　会　生　活

精神文明建设

【概　况】　2008年，全区精神文明建设紧紧围绕区委四届五次全会提出的全力服务奥运、推动科学发展、促进社会和谐的工作总体要求和主要任务，以“迎奥运、讲文明、树新风——我参与、我奉献、我快乐”活动为主线，深入开展群众性精神文明创建活动，全力推进迎奥运秩序、环境、服务、礼仪、赛场五大文明行动，市民文明素质和城市文明程度显著提升，为北京奥运会和“两新”建设营造了良好社会环境。

（王桂新）

【召开2008年通州区精神文明建设工作会议】　4月11日，在通州区教师研修中心召开2008年通州区精神文明建设工作会议，区长邓乃平主持会议，区委常委、宣传部长张秀余作工作报告，副区长刘淑华宣读了《关于命名表彰通州区2007年度区级各类精神文明建设先进单位的通报》，区领导向先进单位代表进行了颁奖，首都文明办正局级巡视员尹学龙和区委书记、区精神文明建设委员会主任王云峰出席会议并讲话，区领导石进贤、王玉辉、李玉君出席会议。

（王桂新）

【开展“知荣辱、树新风、我行动”道德实践活动】　4月3日，北京市“知荣辱、树新风、我行动”道德实践活动启动仪在北京市第二中学通州分校举行，全区各中小学校紧密结合教育实际，广泛开展“做一个有道德的人”主题活动，进一步完善学校、家庭、社会“三结合”教育网络，大力营造全区人民关注、关心未成人健康成长的良好社会环境。中国文明网登载了此项活动的报道。

（王桂新）

【开展“过路要看红绿灯，开车礼让斑马线”社会宣传活动】　4月26日，在全区广泛开展“过路要看红绿灯　开车礼让斑马线”大型社会宣传教育实践活动，在银地交通示范路口设立主会场，各乡镇街道和有关部门联合行动，通过多种形势，广泛进行宣传，并组织交通文明志愿者引导队，劝阻不文明交通行为。区委常委、宣传部长张秀余，副区长赵玉影参加活动。

（王桂新）

【组织参加全国“迎奥运讲文明树新风”礼仪知识竞赛答题活动】　4月，组织参加全国“迎奥运讲文明树新风”礼仪知识竞赛答题活动，全区市民共12万余人次参与平面媒体和网络媒体答题活动，区建设委员会代表通州区参加全市的选拔赛。通州区获得全市“迎奥运讲文明树新风”礼仪知识竞赛组织活动三等奖。

（王桂新）

【评选推荐全国精神文明建设先进单位】　5

月至6月，按照《关于推荐第二批全国文明城市、文明村镇、文明单位和第四批全国创建工作先进城市、村镇、单位的通知》精神，开展全国精神文明建设工作先进单位、全国文明村、全国创建文明村镇工作先进村评选推荐工作，经择优推荐、考查审核、区委常委会研究、听取群众意见等程序，推荐全国各类先进单位名单。梨园镇大稿村被评为全国文明村，永顺镇龙旺庄村和于家务回族乡仇庄村被评为全国创建文明村镇工作先进村，区建设委员会、区市政管理委员会和区邮政局被评为全国精神文明建设工作先进单位。

（王桂新）

【开展“当好东道主，热情迎嘉宾”市民宣讲活动】 6月至7月，以“当好东道主，热情迎嘉宾”为主题，围绕“开放、文明、热情、友善、包容”等理念，组织专家学者、基层宣讲骨干、模范人物深入机关、社区、学校、农村、企事业单位开展宣讲活动，激发全区人民爱国热情，增强主人翁意识，展示全区人民喜迎奥运、参与奥运、奉献奥运的精神风貌，树立热情友好、文明礼貌的良好形象。

（王桂新）

【召开首都精神文明建设先进单位表彰暨深化文明区创建工作座谈会】 7月24日，首都精神文明建设先进单位表彰暨深化文明区创建工作座谈会在北京市农业干部培训中心召开，区委常委、宣传部长张秀余主持会议，副区长刘淑华宣读了《关于表彰通州区2007年度首都精神文明建设先进单位的通报》，主席台领导为先进单位代表颁发奖牌，5个先进单位作表态发言，区委副书记张文山出席会议并讲话。

（王桂新）

【开展“通州公德之星”评选表彰活动】 年内，为推动社会形成学习、关爱、崇尚、争当道德模范的良好风尚，继续开展“通州公德之星”评选表彰活动。截止到2008年，全区命名表彰140余名“通州公德之星”。公德之星孟宪峰被推荐为2008年北京奥运会火炬手。

（王桂新）

【开展“快乐假期——争当‘社区奥运文明小使者’”主题活动】 为充分发挥全区未成年人在“迎奥运、讲文明、树新风”活动中的重要作用，按照全市总体部署和要求，在寒暑假期，以学习宣传奥运文明礼仪知识为主要内容，在全区中小学生中开展“快乐假期——争当‘社区奥运文明小使者’”主题实践活动，全区171名“文明小使者”和20个“文明示范家庭”被市精神文明办命名表彰。

（王桂新）

【深化窗口行业奥运培训】 年内，按照全市奥运培训工作的总体部署和要求，坚持把推进服务文明建设作为落实人文奥运理念的重要举措，加强窗口行业奥运培训工作统筹协调和督促检查，全面完成邮政、旅游、环卫、商业、博物馆等14个窗口行业的15000余名员工的奥运培训任务，实现应训人员全覆盖、应训内容全培训、参训人员全合格的目标。促进培训成果向服务奥运实际行动转化，进一步提升窗口行业从业员工综合素质，圆满完成火炬传递及奥运会期间的各项接待任务。通州区荣获“2008年首都窗口行业奥运培训成果展示优秀组织奖”。

（王桂新）

【扎实推进社区居民奥运培训】 年内，大力弘扬人文奥运主题精神，把社会主义核心价值体系建设融入到市民教育和精神文明创建活动中，大力开展迎奥运“秩序、环境、服务、礼仪、赛场”五大文明行动，积极培育通州人民文明礼貌、积极向上、乐观开朗、热情好客的良好精神风貌。扎实推进社会公德、职业道德、家庭美德、个人品德建设。全区广大社区居民的文明素质都得到全面提升，为北京奥运会创造了良好的人文社会环境。通州区荣获“2008年首都社区居民奥运培训成果展示优秀组织奖”。

（王桂新）

【开展“迎奥运讲文明树新风志愿服务行动”】 2008年，以“迎奥运、讲文明、树新风——我参与、我奉献、我快乐”活动为主线，全力推进文明风尚、赛场文明、窗口行业、平安奥运、改善城乡环境、文明交通、扶残助残七大志愿服务行动，大力弘扬“奉献、友爱、互助、进步”的志愿精神，广泛发动全区社会各界广大干部群众，以志愿服务的形式参与奥运、支持奥运、奉献奥运，取得显著成效，为北京奥运会、残奥会的成功举办做出突出贡献。组织全区5000余市民参加“迎奥运讲文明树新风志愿服务行动”心语卡征集活动，通州区获得“迎奥运讲文明树新风志愿服务行动”心语卡征集活动组织奖。

（王桂新）

【召开“一助一”助学工程总结推进工作会】 11月26日，全区“一助一”助学工程总结推进工作会在潞城镇政府大会议室召开，会议全面总结了2004年以来全区广泛开展的“一助一”助学活动，通报表彰了助学活动中表现突出的先进单位，先进单位代表介绍了本单位助学工作的好经验、好做法。区委副书记张文山就进一步抓好全区“一助一”助学工作，讲了三点意见。首都文明办未成年人处副处长李建国，区委常委、宣传部长张秀余，副区长刘淑华出席会议。《北京日报》对通州区“一助一”助学工程进行专题报道，首都精神文明建设工作简报刊登通州区“一助一”助学活动经验材料。

（王桂新）

【广泛开展军（警）民“迎奥运联片共建”活动】 年内，广泛开展多种形式的军（警）民“迎奥运联片共建”活动，在提高军民文明素质、改善首都地区环境面貌、维护社会安全稳定、加强军政军民团结等方面发挥了主力军作用，涌现出一批先进单位和个人。通州区张家湾镇地区被评为首都军（警）民“迎奥运联片共建”活动先进地区，通州区新华街道办事处、宋庄镇政府、台湖镇政府被评为首都军（警）民“迎奥运联片共建”活动先进单位，通州区东方小学与解放军63993部队共建的少年军校被评为首都少年军校示范校。

（王桂新）

【深入开展“城乡携手迎奥运 共建文明京郊行”活动】 年内，积极协调北京市东城区委组织部等12家本市首都文明单位和28家本区精神文明建设先进单位分别与40个行政村结成共建对子，积极改善农村环境、完善设施、培育新型农民，形成城乡共建共享的良好局面，提升农民文明素质和农村文明程度，促进“两新”建设。通州区荣获2008年度全市“城乡携手迎奥运、共建文明京郊行”活动组织奖。

（王桂新）

【开展“排队推动日”、“让座日”活动和“假日文明行动”】 利用全市“排队推动日”、“让座日”，每月突出一个主题，重点在公交、医院、商场、公园、医院等公共场所广泛开展舆论宣传和行为引导活动，培养全区市民文明排队、文明礼让意识。组织发动党员干部到公共场所参加“假日文明行动”，推进社会文明风尚建设。

（王桂新）

【考核推荐2008年度首都各类精神文明建设先进单位】 下半年，针对首都文明办关于申报2008年度首都各类精神文明建设先进单位的工作部署，对全区各申报单位进行全面复查与严格审核，经区委常委会研究和社会公示，推荐并被首都文明委命名表彰7个首都文明乡镇、4个首都文明街道、50个首都文明村、11个首都文明单位标兵、32个首都文明单位、17个首都文明社区、2个首都文明旅游景区，1个首都公共文明示范地区。

（王桂新）

人口管理

【概　况】 2008年底，通州区有户籍人口311527户，649314人（男322884人，女326430人）其中非农业人口308091人，未落常住户口359人。全年登记出生6613人(男3436人,女3177人),死亡4142人(男2256人,女1886人),迁入3400人（市内迁入236人，市外迁入3164人），迁出853人（迁往市内28人，迁往市外825人）。

（张云龙）

【流动人口和出租房屋管理】 2008年底，通州区登记流动人口489271人，办理暂住证468077人，办理临时登记10587人，携带15岁以下儿童10607人。登记出租房屋46154户127062间，有出租房屋管理站176个，配备专职协管员494人。处罚违法出租房主512 户，罚款101650元。年内，通州公安分局在打击各类违法犯罪工作中，刑事拘留流动人口中的犯罪嫌疑人1155人，治安拘留流动人口中的违法人员2648人；列管流动人口高危人员3109人，抓获流动人口网上逃犯139人。

（张云龙）

【户口申报审批】 年内，通州公安分局办理各类审批户口1777份1967人，其中分局审批1286份1378人，上报市公安局审批491份589人，规划占地农转非户口两个村、215人。

（张云龙）

【证件管理】 年内，通州公安分局办理二代居民身份证38605件，办理临时居民身份证5294件，居民身份证地址追加702件，办理边境通行证17件。

（张云龙）

民　　政

民政工作

【概　况】 2008年，通州区民政工作坚持“以民为本、为民解困、为民服务”的工作宗旨，维护民权、解决民生、落实民利，开拓进取、发展创新，充分发挥民政部门在构建和谐社会中的职能作用。年内，区民政局有7项民政工作被评为全国先进；39项工作被评为市级先进；37项工作被评为区级先进；63人次被评为市、区级先进个人。

（夏文利　李　默）

【民政信息】 民政信息严格把握时效性、真实性和全面性，不断加大采编数量，提高信息质量，为领导决策提供依据。全年收集、处理各类政务信息730余篇，被《民政部信息网》、《中国民政》、《昨日市情》、《北京民政信息》、《通州信息》、《信息快报》、《人大信息》等各大信息刊物采用340篇次。

（夏文利　李　默）

【民政宣传】 民政宣传工作进一步创新形式，通过展板、电视、广播、报刊等多渠道加大宣传力度。年内，投入20万元用于硬件设施建设，进一步提高工作质量和工作效率。民政宣传有了新的突破，全年拍摄民政图像宣传新闻16条，被通州电视台和通州有线电视台录用播出18条次，扩大了民政工作的社会影响。编印《通州民政》专刊7期，制作宣传展板10期，向各大报刊报送宣传稿件430篇，在《中国民政》、《京郊日报》、《劳动午报》、《通州时讯》等报刊刊登1670篇次，一版刊登重头稿件98篇。

（夏文利　李　默）

【民政信访】 认真贯彻落实《北京市信访条

例》，建立健全信访工作长效机制，成立信访排查调处工作领导小组，坚持局长信访接待日制度，每件信访件局长均亲自阅批，及时化解矛盾。年内，受理各级（部门）转办群众来信29件（含联名信件），其中市民政局转办7件、区信访办转办13件、区政府转办2件、直接收办7件；接待群众来访8737人次，信访件办结率和群众满意率均为100%。

（夏文利　李　默）

【民政理论调研】 2008年，通州区民政理论调研工作在局党委的领导下，建立健全组织领导机构，成立民政理论调研工作领导小组，制定下发《2008年民政理论调研工作实施意见》，围绕全局的中心工作，进一步拓宽思路，不断更新工作理念，积极营造民政理论调研工作亮点。年内，全局机关干部根据自身业务工作撰写调研报告86篇，创造全局历年调研篇数之最，调研材料质量也在历年的基础上有新的提高。局长郭辉题为《充分发挥民政部门职能作用，切实做好民生保障工作的调查思考》刊登在《通州调研》第二十期上，并在《北京农村经济》刊物发表。综合办公室编发《民政理论调研专刊》23期，并将30篇优秀调研报告编印成册，供全体干部职工学习、借鉴和交流。

（夏文利　李　默）

【全程代办服务】 全程代办服务大厅牢固树立“以民为本、为民解困”的工作宗旨，进一步拓宽和更新服务理念，以群众满意为工作标准，以争创一流为工作目标，不断提高工作水平和服务水平。2008年，服务大厅接待政策咨询9836人次，咨询事项9553件次。办理行政审批事项1015项。其中农村最低生活保障329项，城市最低生活保障425项，社团登记5项，民办非企业登记15项，更改民族成份32项，审批清真食品生产、加工、经营企业使用清真专用标识185个。按照行政审批服务承诺和服务时限，全部时限内办结，执法合格率及群众满意率100%。

（夏文利　李　默）

【网上服务监察系统】 年内，区民政局将全程代办网上服务监察与机关效能建设及“双百”考核紧密结合，做到“四个及时”即及时沟通、及时检查、及时汇报、发现问题及时解决。全年承办网上监察服务行政审批和服务事项10037项，时限办结率和群众满意率100%。

（夏文利　李　默）

【征地超转管理】 全区征地超转工作始终坚持以维护超转人员的切身利益为出发点和落脚点，认真履行职责，依法依规为征地超转人员排忧解难。年内，为805人次征地超转人员报销医疗费437.2万元，接待来信来访160件次，做到事事有回音、件件有答复，群众满意率100%。

（夏文利　李　默）

优抚安置

【概　况】 全面贯彻落实国家各项优抚安置政策，竭力为优抚对象办实事、解难题。年内，为全区460名义务兵兑现优待金460万元；对全区85名生活困难的优抚对象实行临时性救助，发放临时救助金45万元；元旦、春节期间广泛开展走访慰问活动，各级领导走访慰问110户和1503名优抚对象，慰问金总额96.48万元，同时为他们送去棉被、大米、食用油等慰问品。

（夏文利　金禄春）

【制定军人抚恤优待实施细则】 区民政局为进一步做好全区军人抚恤优待工作，维护和保障优抚对象的合法权益制定相关工作细则。依照国务院《军人抚恤优待条例》及北京市人民政府关于《北京市实施〈军人抚恤优待条例〉办法》文件精神，在广泛征求区财政局、区卫生局、区劳动和社会保障局、区武装部等有关单位意见的基础上，经区长办公会议研究通过，区政府出台《通州区军人抚恤优待实施细则》，使通州区优抚对象抚恤优待工作得到进一步规范。

（夏文利 金禄春）

【参战参试人员认定】 为切实做好军队退役参战参试人员相关政策的落实，区民政局按照文件精神，严把政策关，深入细致地做好参战参试人员的调查确认工作。截至年底，全区确认参战参试人员114人。

（夏文利 金禄春）

【优抚对象医疗保障】 年内，区民政局会同区劳动和社会保障局、区卫生局等成员单位，通过调查核实，将74名城镇“一老一小”优抚对象和无收入优抚对象纳入医保范围、787名农村优抚对象纳入农村合作医疗。全区有861名优抚对象在享受城镇“一老一小”和新农合药费报销的基础上，同时享受优抚对象医疗减免比例报销的优惠政策。

（夏文利 金禄春）

【军功奖兑现】 2008年，通州籍现役军人有109人立功受奖，其中荣立个人三等功16人，荣获优秀士兵称号93人。按照通州区人民政府关于加强拥军优属工作的有关规定，三等功每人每次奖励2000元、优秀士兵每人每次奖励200元的标准，及时将50600元军功奖下发到立功受奖人员家属手中。

（夏文利 金禄春）

【优抚对象危旧房改造】 为进一步解决优抚对象住房难状况，依照优抚对象危旧房改造政策，在广泛调研的基础上，年内，市、区、乡镇投入危旧房补助资金60万元，完成8个乡镇20户、96间优抚对象房屋的翻建工作，汛期前危旧房翻建工程全部竣工，老优抚对象全部搬进新居。

（夏文利 金禄春）

【见义勇为权益保护】 为弘扬社会正气，维护社会稳定，推进全区见义勇为权益保护工作的持续发展，依法保护见义勇为人员的合法权益，在广泛征求区宣传部、区文明办、区财政局、区卫生局、区劳动和社会保障局、区武装部等12家见义勇为权益保护工作成员单位意见的基础上，经区长办公会议通过，区政府出台《北京市通州区人民政府关于进一步加强见义勇为权益保护工作的意见》，调整抚恤表彰奖励标准，进一步完善见义勇为保障政策。元旦、春节期间走访慰问见义勇为人员53人，发放慰问金47800元。

（夏文利 金禄春）

【见义勇为行为确认】 2008年2月14日，驻通警卫三师部队义务兵周波、刘冰恒勇救落水儿童，落水儿童获救，周波英勇牺牲。区民政局与区委宣传部、区双拥办紧密配合，组织系列宣传英雄事迹活动，弘扬社会正气。按照有关文件精神，完成对周波、刘冰恒勇救落水儿童见义勇为行为的确认工作；周波、刘冰恒被北京市政府批准为首都见义勇为荣誉市民；周波被北京卫戍区政治部批准为革命烈士；周波、刘冰恒被通州区政府评为见义勇为积极分子。此外，年内还对“小排骨”餐厅4名员工勇救落水儿童的见义勇为行为进行了确认。

（夏文利 金禄春）

【烈士纪念建筑物维护】 烈士纪念建筑物维护工作在实地调查的基础上，年内投资20万元对永乐店镇、漷县镇、台湖镇等7个乡镇所属的9所烈士纪念建筑物进行整修。在整修过程中，为纪念物制作了墓碑、平整道路并进行绿化美化，烈士纪念建筑物面貌焕然一新。

（夏文利 金禄春）

【复退军人安置】 2008年接收退役士兵258名，其中城镇退役士兵171名（转业士官22名），农村籍退役士兵87名（三期复员士官1名）。区民政局努力做好退役士兵安置工作，千方百计为退役士兵排忧解难，同时鼓励城镇退役士兵自谋职业，扩宽安置渠道。通过与用人单位协调，将3名城镇退役士兵推荐到市属事业单位，51名安置到市属企业单位，90名自谋职业，8名复学，4名自主择业，15名安置到区属其他单位；

87 名农村籍退役士兵按照相关政策得到妥善安置。安置率 100%。

（夏文利　谢　科）

救灾救济

【概　况】 2008 年，社会救灾救济工作以维护困难群众的基本生活权益为出发点和落脚点，建立健全各项保障制度，为困难群众提供系统、全面、规范的基本生活保障。社会福利社会化步伐加快，各项救灾救济政策得到落实，"五保"供养水平、城乡低保标准进一步提高。年内，全区有城市低保对象 2140 户 4007 人，年保障资金 1366.8 万元；农村低保对象 4123 户 7120 人，年保障资金 817.4 万元；为全区城乡低保对象发放临时性生活补贴 210 万元；对 223 名因病、因灾等特殊原因造成生活暂时困难的人员给予一次性和阶段性的生活救助，发放临时性救助金 25 万元；为 641 名城乡特困群众办理医疗救助，发放救助金 90.3 万元；对 127 名困难大学生进行资助，发放助学金 31.8 万元。

（夏文利　马兆东）

【城乡低保对象动态管理】 年内，区民政局和乡镇、街道办事处民政科、街政科认真做好低保入户调查、公示上墙、受理审批等每个环节的工作，确保实现动态管理下的应保尽保。为严把审批关，全区 476 个居（村）委会成立居（村）委会主任为组长的城乡低保申请评议小组，严把初审关。与此同时，各乡镇、街道民政科、街政科严格依据有关政策，进一步规范审批程序，加强管理，全年新审批享受城市低保待遇 149 户 192 人、享受农村低保待遇 163 户 303 人。区民政局对享受城乡低保待遇的民政对象采取半年复审、不定期抽查、社会监督相结合的原则，进一步加大动态管理力度，全年调查城乡低保对象 6000 余户 11000 人，重点抽查 1100 户 3300 人；收到群众来信来访 23 件次，对群众反映的情况全部进行调查核实，对所涉及的城乡低保户酌情进行停发和调整，全年停发城乡低保 254 户 434 人，调整 216 户 532 人。

（夏文利　马兆东）

【城镇低保对象就业服务】 按照《建立促进城市低保就业服务对象就业机制暂行办法》及相关政策，认真做好城市低保对象失业登记工作，全区 11 个乡镇和 4 个街道办事处低保对象失业登记告知率 100%，登记率 100%。年内，协调区劳动和社会保障局，对有劳动能力而尚未就业的城市低保对象提供就业援助，开展技能培训。

（夏文利　马兆东）

【救灾应急预案管理】 为确保民政对象安全度汛，区民政局制定《汛期抢险应急预案》，下发《关于做好奥运会期间安全防汛工作的通知》，与各乡镇、街道办事处签订汛期灾民救助工作责任书。年内下拨 60 万元救助资金，发放救助卡 6100 张，保证特困群众在春荒、冬令期间的基本生活；为 5227 户低保家庭发放冬季燃煤取暖补助 157 万元；为 6262 户困难家庭发放元旦、春节慰问金 227.8 万元。

（夏文利　马兆东）

【农村特困户危旧房修建】 年内，市、区、乡镇、村投入资金 247.5 万元，为 95 户农村特困户修缮房屋 336 间，其中翻建 85 户 306 间、维修 10 户 30 间，汛期前全部竣工。

（夏文利　马兆东）

【救助流浪乞讨人员】 积极协调公安、城管、卫生等部门，成立专职救助巡视队，在全区开展平安奥运流浪乞讨人员集中救助行动，救助城市生活无着的流浪乞讨人员 230 人次，流浪乞讨、露宿街头等现象明显减少。

（夏文利　马兆东）

【五保供养】 2008 年，全区农村五保供养 197 人，其中集中供养 180 人、分散供养 17 人，五保老人年生活标准 6000 元。全区 19

家养老服务机构总床位数 2209 张，床位使用率 78%。

（夏文利　马兆东）

社区建设

【概　况】 通州区社区建设工作加强领导，完善制度，落实责任，以创新体制作为工作出发点和立足点，把构建和谐社区、促进社会发展作为工作重点，紧抓机遇，不断发展创新，切实研究解决突出问题，为广大社区居民提供多方面、全方位的社区公共服务。与此同时，进一步推进社会管理体制改革和体制创新，促进通州区社区建设的健康稳步发展。

（夏文利　王　宁）

【召开社区建设工作会】 3 月 12 日，通州区召开社区建设工作大会，区长邓乃平、区委副书记杨林、副区长赵玉影等区领导参加会议。副区长赵玉影代表区政府和区社区建设工作领导小组向大会作题为《着眼奥运大局、着力改善民生、促进和谐社区建设持续发展》的工作报告。中仓街道、玉桥街道、新华街道、北苑街道和马驹桥镇分别作典型发言。区长邓乃平就 2008 年全区社区建设工作提出三点指导性意见。

（夏文利　王　宁）

【楼门建设】 2008 年，城区街道、城乡结合部完成 10200 个规范化楼门建设，使老旧楼门得到更新，新建楼门居住环境得到提升。年内，有 84000 户、30 余万人直接参与楼门建设，培育由近万名楼门长组成的社区志愿者队伍，此举推进了奥运文化进楼门工程的实施，在全区范围内出现奥运楼门、青少年楼门、康乐楼门、宝宝楼门、温馨楼门等各具特色的文化楼门。

（夏文利　王　宁）

【农村社区建设】 为有效推进全区农村社区建设工作的开展，2008 年，通州区农村社区建设坚持以点带面、点面结合、试点先行、分步实施的工作思路，出台相应的政策加以指导，先后建设小杜社、史东仪等 15 个农村试点社区。通州区农村社区建设作为北京市唯一农村社区建设的实验区县得到民政部、市民政局的充分肯定，并作为典型参加全国农村社区建设实验工作交流会。

（夏文利　王　宁）

【平房院整治】 2008 年，通州区借鉴楼门建设做法，坚持因地制宜、逐步推进、维护稳定的原则，在暂不进行拆迁改造的平房区进行试点整治建设，并在中仓、新华、玉桥、北苑 4 个街道的 10 个平房院先行完成试点工作，这些平房院面貌焕然一新。

（夏文利　王　宁）

【社区节活动】 2008 年，通州区以“社区总动员，激情迎奥运”为主题，成功举办“心系灾区、喜迎奥运”社区诗歌朗诵会、魅力楼门评比、社区活动创新项目征集及楼门文化建设论坛等社区节系列活动。本次社区节的特点是，活动时间长、社区居民参与率高、活动丰富多彩，充分展示通州人民喜迎奥运、奉献奥运、共享奥运的奥运氛围。

（夏文利　王　宁）

【社区服务信息网络】 社区服务信息网络工作秉承“民有所呼，我有所应；民有所求，我有所助”的服务宗旨，年内通州区录入信息量 7666 条；开展大课堂 131 次；为居民提供服务 122789 次。为做好奥运期间网络监控，强化信息安全保障，建立信息更新机制；普及推广社区版和街区应用版，加强对街道、社区的社区信息化指导，圆满完成社区公共服务平台的版本升级和数据更新工作。

（夏文利　王　宁）

基层自治组织建设

【概　况】 2008 年，农村基层自治组织建设以《中华人民共和国村民委员会组织法》颁布 10 周年纪念活动为契机，以加强村务公开民主管理为平台，不断扩大农村基层民主，创新民主管理长效机制。年内，区村务公开领导小组办公室印发《关于做好村务公开民主管理专项督察暨2008年度北京市“村务公开民主管理示范单位”申报工作的通知》，在全区深入开展村务公开民主管理专项督察。区委组织部将村民自治纳入党的建设“三级联创”活动和争创农村“五个好”乡镇党委、“五个好”村党支部的重要内容。通过农村民主日活动及全区村级干部“双述双评”，农村基层自治组织建设进一步巩固和加强。在推进村级组织工作的制度化、规范化建设中，永乐店镇被评为北京市村务公开民主管理示范镇，永顺镇小潞邑村等48个村被评为北京市村务公开民主管理示范村。

（夏文利　郭宝江）

【民主管理专项督察】 为贯彻落实北京市村务公开办公室《关于开展村务公开民主管理专项督察暨示范单位创建活动检查的通知》精神，区村务公开领导小组办公室印发通知，对全区村务公开民主管理专项督察和示范单位创建申报工作进行专题部署。全区各乡镇党委、政府积极组织各相关部门，组成督察小组，深入基层，广泛了解社情民意，对照示范单位创建标准，指导村委会完善和落实各项制度，对乡镇所辖各村的村务公开民主管理工作进行全面督察。年内，区纪委、区委组织部、区民政局、区经管站组成联合督查组，集中一周时间，深入乡镇、村，就村务公开民主管理情况进行全面督察。从督察结果看，全区村务公开民主管理工作机构健全，制度落实，基层民主政治建设健康发展。

（夏文利　郭宝江）

【农村民主日活动】 为推进全区农村基层民主建设长足发展，认真做好两次农村民主日工作，区村务公开领导小组办公室印发《关于组织开展好全区农村民主日活动的安排意见》，全区各行政村按照法定程序顺利召开村民代表大会；村民代表按法定程序审议村务工作报告和财务收支报告；全区各行政村开展“双述双评”活动。通过农村民主日活动，有效地保障农村广大群众的知情权、决策权、参与权和监督权。

（夏文利　郭宝江）

【村委会组织法宣传纪念活动】 为纪念《中华人民共和国村民委员会组织法》颁布实施10周年，区村务公开领导小组办公室以文件形式印发《关于组织开展〈村民委员会组织法〉颁布实施10周年纪念活动的意见》，明确10月份为全区组织开展《中华人民共和国村民委员会组织法》颁布实施10周年纪念活动宣传月，各乡镇及有关部门积极采取悬挂横幅、张贴宣传画、发放宣传材料、组织文艺演出等形式开展宣传活动。为进一步扩大宣传，区民政局与通州电视台联合录制纪念《中华人民共和国村民委员会组织法》颁布实施10周年电视专题片，积极营造纪念活动的浓厚氛围，推进全区农村基层民主建设。

（夏文利　郭宝江）

【村级组织规范化建设】 为使村务公开民主管理各项工作落到实处，步入规范化、制度化轨道，区民政局与区委组织部联合编辑印制《通州区村级组织工作手册》。《手册》将“村两委联席会议”、“八步决策法”、“双述双评”、“村民代表会议”等制度内容逐一进行规范和细化，并将法定程序设计成统一格式，同时将村“两委”、“两个小组”等村务管理人员、村民代表、村民小组长基本情况及村委会印章使用情况等设计成统一表格，推进全区村级组织工作的规范化、制度化建设。

（夏文利　郭宝江）

【社区居委会建设】 2008年，经区长办公会研究，梨园镇新成立4个社区居委会、永顺镇新成立3个社区居委会。两镇新建社区居委会加大了城乡结合部社区建设力度，进一步推进通州区城市化建设进程。

（夏文利　郭宝江）

综合执法

【概　况】 2008年，区民政局将依法行政作为民政工作的重中之重，坚持学法与用法相结合、法律宣传与法律实践相结合，不断提高民政干部的法律素质和行政执法水平。年内，有执法职能的科室系统地开展民政政策法规的宣传教育和培训，认真贯彻落实行政执法责任制，进一步规范行政执法行为，做到准确执法、严格执法、文明执法，持证上岗率和执法合格率100%。

（夏文利　赵一默）

【“五五”普法】 区民政局按照《通州区民政局法制宣传教育第五个五年规划》的具体要求和部署，明确民政局“五五普法”工作指导思想、实施办法和具体要求，建立健全组织领导机构和考核机制。为把工作落到实处，定期深入到街道和乡镇开展送法下乡活动，通过广播、电视、报刊、橱窗、展板等形式，广泛深入地开展民政法律法规的宣传。

（夏文利　赵一默）

【法律培训】 为提高执法人员的法律素质，区民政局购买《行政许可法》、《村委会组织法》、《公务员法》等法律读本发至人手一册。年内，区民政局举办13期各类法制培训班，不仅有执法职能科室人员参加培训，全体机关干部均参加培训。此外，组织机关公务员参加各类学习培训11次，组织22名执法人员参加市民政局与区法制办组织的执法资格考试，经考试合格，全部获得执法资格证书。

（夏文利　赵一默）

【法制宣传】 为加大各项法律法规的宣传力度，区民政局在通州民政信息网开辟法制宣传园地，广泛开展民政政策法规的宣传。年内，与通州区依法治区领导小组办公室合编《城乡最低生活保障申请审批程序有关问题解答》宣传手册，并将宣传手册发放到有关单位及480个行政村；结合“12·4”普法宣传日，开展以宣传宪法和民政相关法律法规为主要内容的普法宣传活动，此项普法宣传活动遍及11个乡镇和4个街道办事处。

（夏文利　赵一默）

【清明祭扫接待工作】 为确保清明节期间群众扫墓服务工作安全、有序进行，成立由区政府办公室、区民政局、区公安分局等部门组成的通州区群众扫墓服务工作指挥部，召开有22个指挥部成员单位领导参加的清明节群众扫墓接待工作协调会。清明节前夕，联合指挥部成员单位对辖区内公墓(陵园)、骨灰堂、公益性集体埋葬点进行安全检查，对在检查中发现的问题责令限期整改。清明节期间，通州殡仪馆、永安公墓、通惠陵园、京运陵园、惠灵山陵园5个扫墓接待点接待扫墓群众165955人、车辆34392辆，由于组织周密，措施有力，未发生一起安全责任事故。

（夏文利　赵一默）

【移风易俗宣传】 区民政局开展形式多样的移风易俗教育宣传，内容包括：殡葬改革法律法规宣传、现代文明礼仪教育等，在全区范围内广泛开展反对封建迷信及大操大办等社会现象。为进一步加大移风易俗宣传工作力度，清明节期间，区民政局在通州电视台新闻时段滚动播出“移风易俗　文明祭扫”等宣传内容，在《通州时讯》设立专栏，向社会倡导鲜花祭奠、植树祭奠、网络祭奠等文明祭奠方式。

（夏文利　赵一默）

【综合治理】 为有效治理殡葬用品的违法经营活动，区民政局会同区工商分局、区公安分局、区城管监察大队、区发改委等有关部门，组成联合执法检查组，对全区15家丧葬用品销售网点进行联合执法检查。检查中查没冥纸、冥币等封建迷信用品20000余张，对无照经营者勒令立即停止非法经营活动，并没收全部的非法经营物品。与此同时，对在室外乱摆乱放、不明码标价等行为采取有效措施，进一步规范丧葬用品市场。

（夏文利　赵一默）

社会组织管理

【概　况】 年内，通州区社会组织管理工作紧紧围绕服务和谐社会建设，坚持培育发展和监督管理并重，稳步发展，不断创新，加强社会团体规范化建设，积极推进民办非企业单位信息公开和承诺服务活动，不断加强社会组织规范管理，推出加快社区社会组织发展新举措，发挥社会组织作为党和政府联系人民群众的桥梁与纽带作用，积极参与奥运服务和抗震救灾，发挥社会组织在和谐社会构建中的作用。2008 年底，累计登记注册社会组织 256 个，其中社会团体 102 个、民办非企业单位 154 个。为推进社区社会组织的健康发展，区民政局出台《北京市通州区民政局关于培育发展社区社会组织的指导意见》。

（夏文利　曹新亮）

【社会组织年检】 为强化社会组织监督管理，结合社会组织年度检查工作，区民政局积极推进社会团体规范化建设、民办非企业单位信息公开和承诺服务活动，认真做好每个环节的工作，确保年度检查工作取得实效。2008 年，全区应参检社会组织 226 个，实检 221 个。其中社会团体年检合格 89 个，基本合格 1 个，限期整改 1 个，拟注销登记 4 个；民办非企业单位年检合格 113 个，基本合格 4 个，拟注销登记 7 个，办理转制 2 个，已注销 2 个，未参加年检 2 个。社会组织网上年检率 100%。

（夏文利　曹新亮）

【奥运维稳工作】 为确保奥运期间全区社会组织安全稳定，区民政局认真做好全区社会组织的调查摸底、清理整顿和监督管理工作，深入到 11 处公寓及写字楼办公的社会团体和民办非企业单位进行分拣、核对，并按照管理工作职责会同业务主管部门，对 3 家民办非企业单位进行奥运安保工作的检查。同时加强与有关部门的联系沟通，确保平安奥运的胜利召开。

（夏文利　曹新亮）

【“两村”工程信息平台建设】 为发挥“中关村牵手新农村”工程网络信息平台联结市场的作用，使农民享受到信息化服务，让农民通过信息致富，区民政局积极配合北京“两村”高科技术有限公司，举办“两村”工程捐建农专协会网站信息员培训班，深入到 10 家农村专业经济协会，指导整理、规范、发布信息，并专门摄制农业视频发布到信息平台。年内，10 家农村专业经济协会接受现场指导 20 次，开通模块 92 个，发布农产品信息 338 条，点击次数达 90573 次。

（夏文利　曹新亮）

【社会组织参与奥运服务】 为发挥社会组织服务社会、服务奥运的作用，区民政局号召各类社会组织发挥各自的优势和特长，拓展服务项目，提高服务质量和水平，树立社会组织的新形象。区无公害蔬菜产业协会引进 40 个蔬菜新品种，通过加大无公害、绿色和有机蔬菜产品认证力度、多形式开展蔬菜技术培训、加强蔬菜产品农药残留检测力度等措施，确保奥运蔬菜质量。区道路交通安全协会积极开展奥运会驾驶员志愿者选调工作，通过专业培训、岗位培训、实地操作培训等，圆满完成奥运赛事服务任务，成为为奥运会、残奥会 T3 高级官员服务的 18 区县中唯一实现交通安全零事故、服务对象零投诉、奥体场站零批评、人员零缺勤的“四零”服务目标队伍。

（夏文利　曹新亮）

【社会组织参与抗震救灾】 5 月 12 日，汶川地震发生后，区民政局立即号召全区社会组织向地震灾区开展募捐活动。全区各类社会组织积极响应，自发地向地震灾区募集款物，有力地支持抗震救灾工作，全区 74 家社会组织直接捐款 53.87 万元。此外，社会团体组织动员会员单位捐款 1100 万元。

（夏文利　曹新亮）

婚姻登记

【概　况】 2008年，婚姻登记管理工作依照《中华人民共和国婚姻法》、《婚姻登记条例》和《婚姻登记工作暂行规范》要求，以服务奥运为核心，坚持依法登记，不断完善各项制度，广泛开展宣传教育，进一步提高工作水平和服务水平。全年办理结婚登记7170对，离婚登记1058对，补领婚姻登记证1011对，上门登记4对，出具无婚姻登记证明216份，出具查档证明100份，办理收养登记10件。完成2007年婚姻档案移交入库工作，整理移交婚姻档案750卷，装订2008年婚姻档案924卷，收养档案10卷，接待电话咨询及现场解答40000余人次。年内协助司法部门查办案22件，检查出冒用假证件办理婚姻登记30起，有效地维护了法律的尊严。为喜迎奥运，开展“08新人祈福北京 祈福奥运”赛场礼仪知识问答活动，发放奥运赛场礼仪知识问卷6000余份。2008年，区婚姻登记处被首都精神文明委员会授予“首都文明行业”称号，被区妇联授予“巾帼文明岗”称号，分别被民政部及北京市民政局评为服务保障奥运会残奥会先进集体，被民政部评为全国婚姻登记规范化建设合格单位。

（夏文利　刘广宇）

【特殊婚姻登记日工作】 为切实做好8月8日婚姻登记工作，区民政局成立以局长郭辉任组长的通州区民政局结婚登记高峰日领导小组，全局上下全力以赴，组成14个工作组，制定《通州区民政局2008年8月8日结婚登记高峰日应急工作方案》，同时，由区民政局牵头，成立由区委宣传部、区民政局、区公安分局、区交通局等11家单位组成的结婚登记高峰日领导小组，召开结婚登记高峰日协调会议，确保结婚登记高峰日工作有条不紊地开展。通过周密部署，协调配合，8月8日结婚登记高峰日各项工作井然有序，高峰日办理婚姻登记694对，未发生一起投诉事件，群众满意率100%。

（夏文利　刘广宇）

【婚姻法律法规宣传】 2008年，区婚姻登记处通过多种媒体向全社会宣传婚姻法律法规，并在《通州时讯》、《通州新闻》、市婚姻登记业务网等新闻媒体刊登宣传稿件50余篇。同时，区民政局婚姻登记处积极采取上街宣传、集市宣传及社区宣传等形式，加大《中华人民共和国婚姻法》、《中华人民共和国收养法》等法律法规的宣传力度，向社会群众发放宣传材料10000余份。

（夏文利　刘广宇）

【社会监督】 为进一步提高机关行政效能，确保婚姻登记群众满意率。年内，区婚姻登记处认真开展网上监察服务，做到公正、公开、透明，全年将9239件婚姻登记办结情况通过监察服务系统向群众公布，加强社会监督，增加工作透明度，执法合格率和群众满意率100%。

（夏文利　刘广宇）

【便民服务】 为解决补领婚姻登记证当事人的实际困难，区婚姻登记处积极与区公安分局、乡镇民政科协调沟通，采取补领登记在符合《婚姻登记条例》的基础上简化手续，为补领婚姻登记当事人解决实际困难。同时积极开展上门登记服务，全年为4对有困难的补领结婚证老年人办理上门登记服务。为方便群众办理结婚登记手续，对原有排队叫号系统进行改进，做到咨询、审证、取号、呼叫“一站式”服务，进一步提高工作效率。

（夏文利　刘广宇）

福利事业

【概　况】 通州区社会福利事业坚持社会福利服务社会的工作宗旨，福利企业以市场为导向，挖潜改造，稳中求进，实现经济效益与社会效益双赢；福利彩票发行围绕“安全稳定、管理规范、拓宽市场、和谐发展”的发行方针，不断优化服务，加强网点制度化、规范化建设管理；通州区光荣院进一步巩固首都文明行业创建成果，不断加强服务管理，竭力为孤老优抚对象创造优雅的生活环境；通州区社会福利院进一步加强软硬件建设，不断强化服务意识，为维护社会稳定做出积极贡献。

(夏文利　李　默)

【福利生产】 认真贯彻落实福利企业税收优惠新政策，组织相关人员进行培训，确保企业税收优惠政策及时、准确到位。坚持属地管理，按照社保政策，妥善安置退出福利企业的残疾职工，为他们解除后顾之忧。2008年，全区35家社会福利企业有职工2816人，其中残疾职工960人，占职工总数的34.1%。35家福利企业克服困难，以质量求生存，实现销售收入41732.7万元，利税2705.1万元。

(夏文利　李　默)

【福利彩票销售发行】 2008年，福利彩票销售发行面对彩票市场疲软、销量下滑等，积极寻求对策，扩大发行范围，实现福利彩票销售额1.35亿元，列北京市第六位、远郊区县第二位。此外，奥运期间，福彩中心销售北京奥运主场即开纪念套票10100套，精装奥运场馆即开票纪念册150本，销售额114万元。年内筹集福利金14万元，资助全区28户社会贫困家庭。

(夏文利　李　默)

【光荣院服务管理】 通州区光荣院进一步巩固首都文明行业建设成果，按照《首都文明行业标准》完善各项规章制度，规范岗位职责，对全院工作人员的业务技能进行培训，进一步提高职业素质和服务水平。2008年，区光荣院各项优抚政策落实到位，在院优抚对象每人每月伙食标准650元，零用钱310元。为改善优抚对象的医疗条件，年内，区光荣院购置了医药柜、送药车、治疗车等设施，为孤老优抚对象提供更好的服务。

(夏文利　李　默)

【社会福利院服务管理】 通州区社会福利院坚持以人为本的服务理念，积极为精神病患者及社会弃婴奉献爱心，维护社会稳定。2008年，全院收治精神病患者286人，门诊治疗2300人次，稳定率98%。认真做好孤残儿童的收养、治疗、康复、教育工作，全年收养弃婴20名，为5名弃婴完成康复手术。为确保奥运会的胜利召开，奥运期间，区社会福利院制定《病区护理工作应急预案》，成立安全保障领导小组，扎扎实实地做好维稳工作。

(夏文利　李　默)

老龄工作

【概　况】 年内，区老龄委积极开展为高龄特困老人送温暖、“敬老、爱老、助老”、“空巢老人”安全越冬、度夏大检查系列活动，竭力为老年人排忧解难；区老龄委认真抓好京政办发〔2008〕47号文件精神落实工作，一是制定《通州区关于加强老年人优待工作实施意见》；二是建立高龄津贴制度；三是为全区65周岁及以上老年人免费制作《北京市老年人优待卡》；四是加强对全区11个为老服务场所贯彻落实《实施意见》情况进行监督检查，积极营造全社会尊老敬老助老的良好氛围。此外，区老龄委组织全区老年人开展丰富多彩的文体活动，丰富老年人文化生活，促进老年人身心健康。

(汪　岩　张连芹)

【老年活动站建设】 以创建社会主义新农村示范村为契机，加大对全区老年福利服务设施的建设投入，使老年活动站（室）的硬件建设规模水平与新农村建设同步发展。与此同时，软件服务也进一步得到加强，制度上墙、管理规范。年内，全区新建15个村委会老年活动中心，面积均在200平方米以上，配备有棋牌室、阅览室、卫生保健室，并组建老年合唱团、舞蹈队、秧歌队等，进一步丰富老年人的业余文化生活。

(汪　岩　张连芹)

【老龄工作经验交流】 为深入研究新时期老

龄工作面临的新情况、新方法，为基层开展老龄工作提供服务和帮助，2008年，区老龄委举办空巢、独居老人帮扶工作专项交流会。会上，7个单位进行典型发言。年内，中仓街道上营社区和梨园万盛北里社区筹建老年餐厅，解决辖区内空巢、独居老人的吃饭问题。

（汪　岩　张连芹）

【老年人维权】　认真贯彻落实北京市老龄委、北京市司法局联合下发的《关于加强维护老年人合法权益工作的意见》，进一步建立健全村（居）委会老年维权服务工作网络，形成区、街（乡镇）、居（村）委会三级老年维权服务工作网络。网络设有联络员，负责办理老年人来信、来电、来访等项工作，做到登记清楚、处理及时。此外，每个社区均有法律宣传橱窗，每个社区半年开展1至2次法律咨询，认真做好老年人的维权工作。为探索新时期做好老龄维权工作的新途径和新方法，年内，区老龄办、区司法局、区法院联合举办老年维权工作会，25个老龄委成员单位、15个乡镇、街道办事处的50余名负责人参加工作会。学习宣传贯彻《中华人民共和国老年人权益保障法》，印发宣传材料、宣传画5000余份，在区内主要公共场所、集市和交通要道设有宣传点，向群众发放宣传材料；利用广播、办宣传栏、张贴宣传画、咨询解答等形式宣传《老年人权益保障法》，弘扬尊老敬老爱老的传统美德，促进家庭和睦。

（汪　岩　张连芹）

【为老年人办实事】　为满足农村老年人对健康知识的需求，年内，区老龄办邀请清华大学附属医院神经内科专家为潞城镇老年朋友讲授心脑血管疾病防治知识；积极协调资金为农村700名空巢、独居老人安装救助门铃；组织100名老年人参观奥运主场馆，开阔老年人的视野；组织100名老年人观看市老龄办金秋艺术团文艺表演，丰富老年人业余文化生活；2008年为全区1115名90周岁及以上老年人发放高龄津贴109余万元；为全区4.8万余名65周岁及以上老年人免费制作北京市老年人优待卡，为5300多名老年人办理老年证。

（汪　岩　张连芹）

【走访慰问】　年内，区政府拨款10万元，为全区191名95岁以上高龄老人发放高龄补助金、为50户特困老人发放困难补助金和15名百岁老人发放营养补贴金。重阳节期间，区委、区人大、区政府、区政协的主要领导走访慰问全区特困老人和百岁老人，并送去慰问品和慰问金。

（汪　岩　张连芹）

【老年人文体活动】　为丰富全区老年人的文化生活，5月6日，区老龄办举办为期3天的“拉拉操”项目专业培训。全区50多名文艺骨干参加培训，通州区成为北京市第二个开展老年“拉拉操”培训的区县。9月19日，区老龄办与体育局在区体育场联合举办通州区庆重阳中老年体育健身项目表演赛，全区有14支代表队350余人参加。年内，区老龄办组织由20余名运动员所组成的通州区太极拳代表队，参加由北京市老年体育协会举办的北京市第十一届中老年优秀健身项目表演赛，荣获最佳表演奖，区老龄办荣获最佳组织奖。

（汪　岩　张连芹）

民族 宗教 侨务

【概　况】　2008年，区民委按照市民委、市宗教局和市侨办关于民族宗教侨务工作的指导思想、工作思路和工作任务，认真学习贯彻科学发展观，从通州区民族宗教侨务工作的实际出发，全面落实党的民族宗教侨务政策，加强民族团结进步，依法管理宗教事务，积极引导宗教与社会主义社会相适应，努力维护民族宗教领域的稳定，为构建和谐社会做出积极贡献。

（刘　嵩）

【扶持发展民族经济】 年内，区民委协调资金161万元，用于于家务回族乡农民就业基地、枣林庄精品农业、小楼饭店设备改造、如意食品公司技术改造、大顺斋食品公司贷款贴息等经济项目的扶持，为全区的民族经济发展做出积极贡献。

（刘 嵩）

【清真食品专项检查】 为落实市民委、市工商局《关于迎奥运、加强清真食品管理工作的通知》精神，区民委会同区商务局、区工商局对全区清真饮副食经营、清真食品供应及规范管理情况进行专项检查。此次检查调查走访商户405个，审批和重新认定清真网点249个，为符合条件的185个商户办理清真标志牌，及时纠正部分商户擅自悬挂清真标志牌等问题。

（刘 嵩）

【专项扶持资金检查】 5月26日，市政协检查组对通州区落实少数民族经济发展专项扶持资金使用情况进行检查。检查中，市政协民宗委主任佟根柱、副主任宁奭等政协委员听取通州区2002年以来少数民族经济发展专项扶持资金使用情况及于家务乡经济发展情况的汇报，视察了专项资金扶持的于家务乡标准化厂房、枣林庄村蔬菜大棚等项目建设。市政协领导对通州区专项资金使用情况表示满意，并就今后专项资金使用提出具体意见和建议。

（刘 嵩）

【促进民族教育发展】 儿童节、教师节期间，区民委走访慰问3所民族中、小学校及1所民族幼儿园。与区教委联合在民族学校中开展民族团结教育示范校评选、检查、评估活动，进一步促进全区的民族教育事业。

（刘 嵩）

【民族体育活动】 年内，区民委与区教委联合举办通州区第四届民族学校传统体育运动会。组织民族学校参加市民委举办的蹴球、陀螺民族传统体育项目的比赛，获得团体总分第五名的好成绩，促进了民族学校体育活动的开展。

（刘 嵩）

【天主教爱国会代表会召开】 12月15日，通州区天主教爱国会第二届代表会议召开。来自全区3个教堂2个下会点的103名天主教信教群众参加会议。会议选举产生新一届委员会及领导成员，明确区天主教爱国会今后几年的工作思路。市委统战部、市宗教局、市天主教爱国会领导出席大会。

（刘 嵩）

【宗教界奉献爱心】 为支援灾区，区民委组织区级宗教社团及13个宗教活动场所为南方冰灾、四川地震灾区及四川都江堰灾区新建小学捐款29.8万元。

（刘 嵩）

【宗教场所奥运维稳】 为做好宗教场所奥运接待工作，奥运前夕，区民委邀请市民委副主任、宗教局副局长程二雁等领导讲授宗教场所奥运接待相关知识，并组织全区500余名宗教界人士参加宗教形势、接待礼仪、奥运知识等内容培训，印发《通州区奥运宗教对外宣传提纲》等宣传资料。为保证奥运期间通州区宗教界的安全稳定，全区宗教场所制定突发事件应急处理预案，投资27万元安装视频监控系统装置等安保设施。年内，区民委联合宗教团体对区内13个宗教活动场所进行巡回检查，组织宗教人士到河南考察，加强横向交流。开斋节、圣诞节等重大节日，区民委深入到各宗教场所进行安全检查，确保全区各宗教活动场所的安全稳定。

（刘 嵩）

【行政执法检查】 2008年，区民委会同区公安分局、区工商分局、区商务局等有关部门依法对民族宗教违法行为进行检查。协助区公安分局取缔一起有10余人参加的基督教非法聚会活动。

（刘 嵩）

【侨务工作】 侨务工作认真贯彻落实《中华人民共和国归侨侨眷权益保护法》，坚持定期组织侨界人士学习和参观；利用春节、中秋节、重阳节等传统节日开展暖侨心、联侨情等走访慰问活动，认真接待和妥善处理侨界人士上访，为归侨和侨眷解决生活中遇到的困难。年内，区民委深入侨资企业走访，为侨资企业牵线搭桥，提供服务。

（付海兵）

人民生活

【概　况】　2008年，通州区城乡居民收入稳步提高。城镇居民人均可支配收入20708元，比上年增加1821元，同比增长9.6%；农民人均纯收入10212.9元，比上年增加1097.9元，同比增长12%。城乡居民储蓄余额365.5亿元，比上年增加89.2亿元，同比增长32.7%。

（刘海燕）

【城镇居民耐用消费品拥有量】　2008年，城镇每百户居民家庭拥有耐用消费品：彩色电视机107台、电冰箱99台、洗衣机96台、空调127台、家用电脑62台、淋浴热水器93台、微波炉79台、家用汽车14台。

（刘海燕）

【农民生活质量不断提高】　现代化生活用品的大量拥有，显示农民生活质量和水平在不断提高。农民家庭平均每百户已拥有洗衣机99台、电冰箱103台、彩色电视机134台、摩托车31辆、照相机29架、空调99台、影碟机31台、家用电脑52台、手机179部、抽油烟机63台、微波炉43台、淋浴热水器79台。2008年，农民人均用于食品类消费支出2486元，同比增长16.1%。其中主食增长7.4%；副食增长19.6%，副食中的肉、禽、蛋、奶消费支出增长23.3%；家庭设备用品支出416.6元，同比增长21.2%；

（刘海燕）

【城镇居民人均消费增长2.5%】　2008年，城镇居民人均消费性支出12741.2元，比上年增长2.5%。其中食品消费支出4557.4元，同比下降0.5%；衣着消费支出1225.2元，同比增长3.4%；居住消费支出1357.1元，同比增长36.8%；家庭设备用品消费支出904.3元，同比增长27.8%；交通和通讯消费支出1591元，同比下降20%；文化教育娱乐消费支出1373.3元，同比增长0.2%；医疗保健消费支出1246.4元，同比增长1%；其他商品和服务消费支出486.5元，同比增长32%。

（刘海燕）

【农民人均生活消费增长13.4%】　2008年，农民人均生活消费支出6766.2元，同比增长13.4%。其中食品消费支出2485.7元，同比增长16.1%；衣着消费支出447.8元，同比增长15.9%；居住消费支出989.5元，同比下降3.1%；家庭设备用品消费支出416.6元，同比增长21.2%；交通和通讯消费支出810.2元，同比增长41%；文化教育娱乐消费支出775.4元，同比增长0.3%；医疗保健消费支出716元，同比增长18.8%；其他商品和服务消费支出125.1元，同比增长1.9%；

（刘海燕）

【城镇居民收入不断提高】　城镇居民人均家庭总收入22353.2元，同比增长13.8%。其中工资性收入14383.7元，同比增长22.9%；经营性收入1219.4元，同比增长37%；财产性收入323.5元，同比增长27.1%；转移性收入6426.6元，同比减少5.4%。

（刘海燕）

【城乡居民居住条件不断改善】　2008年，农村居民人均住房面积45.1平方米，比上年增长1.1%；城镇居民人均住房使用面积达到21.2平方米，比上年增长9.3%。

（刘海燕）

社会组织活动

通州区企业联合会

【概　况】 2008年，通州区企业联合会认真遵守《北京市社会团体登记管理条例》、《北京市通州区企业联合会章程》规定，紧紧围绕职能工作开展活动，发扬团结协作、努力创新的精神，在会员企业沟通交流、协调服务、参与社会实践、服务奥运等方面做了大量工作，取得了成效。区企联被评为区先进社会团体组织。

（衡启民）

【抗震救灾捐款】 5月12日，四川汶川地震发生后，区企业联合会发出倡议，号召全区企业及会员单位发扬“一方有难、八方支援”的精神，积极参加向灾区捐款捐物献爱心活动，向灾区人民献上一份关爱和真情。会员企业累计捐款100余万元，为帮助受灾群众早日渡过难关、重建家园做出了贡献。

（衡启民）

【深化大学生通州社会实践系列活动】 为进一步扩大“大学生通州社会实践系列活动”宣传范围，增进大学生对“智力通州”的了解，6月4日，区企联组织北京工业大学实验学院70余名师生参观北京烟草物流中心、北京出版发行物流中心、物流基地及园区内重点企业。

（衡启民）

【组织中、市属企业参观北京奥林匹克公园活动】 8月21日，区企联根据北京市政府、通州区政府的指示精神，圆满完成组织驻通中、市属企业参观北京奥林匹克公园活动。这次组织活动是企业联合会成立以来组织人员最多，规模最大的一次，东方化工厂等17家单位近2000人参加参观活动。

（衡启民）

【组织参观国际图书博览会】 9月3日，区企联组织区文化创意产业园、中国农业印刷厂等重点单位和优秀企业参观由中国图书进出口集团公司承办的第十五届北京国际图书博览会。拓宽了信息渠道，加大与国际相关机构的沟通交流。

（衡启民）

【参加中小企业电子应用高峰论坛】 11月5日，区企联组织中科印刷等企业参加由中国光华科技基金会、中国中小企业协会、悦商网共同举办的中小企业电子应用高峰论坛。会上，区企业通过专家对信息化营销手段、科学的管理模式和多元化融资渠道等内容的详尽解读，深入了解电子平台应用、电子资源优势等方面问题。引导企业转换传统交易模式、完善经营手段、提升管理水平、增强企业生存能力。

（衡启民）

【开展“爱祖国、爱北京、爱家乡”主题宣传教育活动】 为纪念改革开放30周年，按照市委宣传部关于在全市开展“爱祖国、爱北京、爱家乡”主题宣传教育活动的工作要求，11月12日，区投资促进局、企业联合会共同组织区中、市属企业开展“爱祖国、爱北京、爱家乡——金秋十月逛通州”主题活动。中市属企业代表参观了运河城市段、商务园、宋庄文化创意产业集聚区等。

（衡启民）

【组织推荐评选第七届北京优秀创业企业家】 6月至11月，区企联积极组织推荐评选第七届北京优秀创业企业家活动。11月21日，在2008“全国企业家活动日”暨第七届北京优秀创业企业家表彰大会上，经区企联推荐的苏宁电器华北区执行总裁范志军、东升方圆总经理刘宝平获得“第七届北京优秀创业企业家”称号。

（衡启民）

【加强网站建设】 2008年，区企联继续加强“通州企业网”建设，更新板块内容，发布企联工作动态、企业服务、企业动态、企业维权政策、行业协会等方面的信息160余条。通州企业网站对发布企业信息、企业产品促销、进行企业推介等提供了更广阔的信息互动平台。实现企业与政府、企业与社会、企业与企业的相互沟通，为广大会员提供了高效便捷的信息服务。

（衡启民）

通州区消防协会

【概　况】 通州区消防协会有团体会员132家，个人会员35家，各乡镇、街道办事处和相关委局消防主管领导及安监科科长均是协会的个人会员。全会围绕区政府消防中心工作，开展消防安全流动展览等形式多样、富于效果的活动。年内全区7.4万余名干部职工和学生接受了消防安全教育。建立健全协会组织体系、深入为会员单位服务、不断拓展消防安全社会化宣传教育和培训等工作，积极发挥协会的桥梁和纽带作用，推进全区消防社会化的进程。

（马　静）

【消防安全流动展览】 推动消防安全“进学校”、“进企业”，强化协会消防安全科普宣传工作，增强会员单位整体的防灾能力。年内，协会开展3次“消防安全”流动展览活动。5月12日至6月12日，协会在北京通盛达交通运输经营管理公司、北京工业大学实验学院、北京上科华联商厦、北京市通州区潞河医院等12家会员单位举办2008年第一轮消防安全流动展览，有4.9万余名在校学生、企业职工参观展览。6月20日至7月23日，协会设计制作两套“平安奥运，预防火灾”流动展览展板，在北京市西集创益投资发展有限公司、北京五木服装有限公司、北京东方宾馆、北京金马驹开发建设有限公司、北京市通州人民商场、北京八里桥农产品中心批发市场等12家防火重点会员单位举办2008年第二轮消防安全流动展览，有1.6万余名企业职工参观展览。10月20日至11月21日，在漷县片组、西集片组、北京工业大学实验学院举办2008年第三轮消防安全流动展览，有9000余名企业职工和学校师生参观展览。协会还结合流动展览组织相关单位的消防安全培训和演练。

（马　静）

【加强协会组织建设】 10月28日，通州区消防协会第二届一次会员大会召开。大会认真听取并审议通过了题为《求真务实、勇于创新，为推进全区消防安全社会化进程贡献力量》的通州区消防协会第一届理事会工作报告和协会第一届监事会工作报告。并审议通过了《通州区消防协会会费收缴办法》。大会选举产生协会第二届理事会和第二届监事会组成人员。经协会第二届理事会和第二届监事会第一次会议选举产生第二届通州区消防协会理事长、副理事长、监事长和秘书长。

（马　静）

【消防宣传教育活动】 年内，协会紧密配合全区“安全生产月”、“奥运安保行动”和“119消防宣传月”等重大活动，按照区政府及有关领导部门的指示，积极参加2008年通州区“守望和谐暨消防安全与和谐社会”演讲大赛、2008年通州区“119宣传月”大型宣传活动、2008年永乐店镇村级义务消防队成立暨“消防安全技能大比武”等一系列声势浩大、丰富多彩的消防安全宣传活动。活动中，协会举办“消防安全”流动展览、发放宣传材料。

（马　静）

通州区关心下一代协会

【概　况】 2008年，通州区关心下一代工作取得新进展，老年志愿者队伍进一步壮大，老干部的特殊优势得到更好的发挥，青少年思想道德建设更加广泛深入，实现了老同志和青少年“双受益、双提高、双发展”。区关协被评为首都未成年人思想道德建设先进集体。会长罗敬义和葛布店北里社区关协原会长李作章被评为首都未成年人思想道德建设先进个人。

（吴桂森）

【创新壮大队伍新途径】 区关协秘书处在2007年广泛深入调查研究的基础上，2008年初，形成并向区委呈报《按照党的十七大关于“着力加强基层党的建设”的要求，进一步动员和组织我区关心下一代工作队伍的一点建议》，得到区委有关领导的充分肯定和高度重视，关心下一代工作被纳入到基层党组织建设范畴，正式列入区委2008年组织工作要点，有效地促进了关心下一代工作与基层党组织建设的紧密结合，带动了全区基层老党员老干部发挥自身优势，为加强未成年人思想道德建设积极奉献力量，涌现了区人大机关关协、于家务回族乡仇庄村关协、宋庄镇翟里村关协等一批先进典型，为组织发动更多的基层老党员老干部投身关心下一代工作开创一条新途径。

（吴桂森）

【开展系列教育活动】 2008年，区关协紧密围绕中心工作，开展三大项系列教育活动。一是围绕举办北京奥运会开展活动。区关协联合区文明办、区体育局，由北京教育学院通州分院退休特级体育教师吴庆茂执笔编写了《奥运赛场观赛的礼仪常识》，印刷3000册，发到各基层关工组织和中小学校，孩子们通过读书指导观赛，在增长各类体育比赛知识的同时，受到文明礼仪教育。区关协文艺团80多名老年文艺志愿者，在奥运期间发挥特长，冒着酷暑进行两场奥运文化广场专场演出和四场参与演出，并为奥运文化广场27场演出活动组织社会观众1700多人次。二是围绕抗震救灾开展活动。区关协秘书处通过区红十字会向灾区捐款3000元。各位顾问、常务理事和基层关协的广大成员踊跃捐款捐物，并抓住契机，对广大青少年组织多种形式的抗震救灾精神的教育。三是围绕纪念改革开放30周年开展活动。召开常务理事扩大会进行专题研讨，区委副书记、区关工委主任张文山到会；区关协秘书处与4个街道关工委联合组织40名城镇中小学生，参观张家湾镇皇木厂村和于家务回族乡仇庄村社会主义新农村建设典型，并发动同学撰写观后感，增强教育效果；区关协秘书处与4个街道关工委联合制作宣传改革开放三十年辉煌成就的大型图片展板——复兴之路，在社区和中小学校组织巡展；区关协与教育系统关工委、区教委团委联合组织中学生业余党校学员与部分离退休老干部举办纪念改革开放三十年专题座谈会，畅谈改革开放的伟大成就，对青少年进行共产党好、祖国好、社会主义好、改革开放好的生动教育；区关协文艺团积极参与农村文化星火工程，在永顺镇辖区基层举办7场以改革开放为主题的文艺演出，深受群众欢迎。

（吴桂森）

【开辟中华文明教育活动新内容】 2008年，区关协组织开设了中华民族传统节日知识和运河文化知识两个小课堂，引领青少年弘扬中华文化，传承中华民族传统美德。在进行中华民族传统节日知识教育方面，春节期间，区关协总结推广区人大关协的经验，在城乡部分中小学生中，组织开展《欢欢喜喜过大年》手抄小报活动，共有9个街道和乡镇关工委组织此项活动，77名学生制作的手抄小报作品受到区关协的表彰和奖励。孩子们通过动脑动手的实践活动，受到一次生动的爱党爱国爱家乡的教育。清明节期间，区关协、宋庄镇关工委和区教委联合在周波烈士所救儿童的学校——徐辛庄小学组织《英雄在我心中》大型主题教育活动，烈士生前所在部队代表和学校500多名师生深受教育。端午节前夕，区关协秘书处在司空分署街小学组织过端午主题班会，请原通县教育局长、退休干部王鸿权为小学生们讲述端午知识，通过介绍爱国主义诗人屈原的故事，使孩子们受到爱国教育。中秋节前夕，区关协秘书处在东方小学组织一次欢度佳节主题班会，70名小学生聆听了王鸿权讲中秋节的美丽传说，帮助孩子们领悟节日的文化内涵，传承中华传统美德。为了更持久更大范围地在少年儿童中普及中华民族传统节日知识，区关协联合区文化委、区广电中心，由王鸿权执笔编写了《中华民族传统节日知多少》一书，印刷5000册，发到全区关心下一代基层组织和各小学校，供开展青少年思想道德教育参考。在进行运河文化知识教育方面，利用暑假期间，区关协在新华街道天桥湾社区试点，一是请区关协常务理事、区文物所原所长周良向社区孩子们介绍京杭大运河开凿经过和它在历史上发挥的重要作用，并组织填写运河知识答卷，使孩子们受到一次知家乡爱家乡的生动教育；二是区关协与区档案局联合邀请通州籍面塑大师、“面人汤”二代传人汤夙国，向社区孩子们介绍面人传统工艺的悠久历史以及在世界的广泛影响，亲自演示并传授捏面人的高超技艺，孩子们边听大师讲课边动手制作，在享受快乐中学到了知识。试点工作取得成功，为今后在青少年中更广泛更深入地进行弘扬中华文化，传承中华传统美德的教育奠定了基础，积累了经验。

（吴桂森）

街　　道

中仓街道

【概　况】　中仓街道位于通州城中部，辖区面积6.5平方公里，常住人口20551户47257人，流动人口24366人；有单位114个、门店998家；辖区有13个民族居住，其中城区最大的少数民族回族居住区南大街，现有回民2752户5822人。2008年，中仓街道努力做好服务奥运的各项保障工作，进一步规范社区建设与管理，围绕民生、民需，大力服务居民办实事，不断探索新时期保持党员先进性的有效途径，在建设和谐社区的进程中迈出坚实的一步。2008年，多项工作获得先进，中仓街道被评为首都文明街道、市计生系统计划生育工作优秀单位，街道红十字会获得“北京市抗震救灾先进集体”称号，中仓义工分会被评为北京市社区志愿服务先进单位；中仓街道被评为通州区平安奥运暨社会治安综合治理先进单位、出租房屋和流动人口管理先进集体、奥运会环境整治先进单位。

（郭　玮）

【开展“平安奥运行动”】　组建街道、社区两级奥运安保防控工作小组，与68个辖区单位签订奥运安保责任书；完善平安奥运联合行动工作机制和工作总结交流制度等，为开展工作奠定坚实的基础，有效地保证平安奥运工作安排落实到位。

（雷宗海）

【整治奥运火炬传递路线周边环境】　开展奥运火炬传递路线周边环境整治日等活动，粉饰奥运火炬传递路线周边墙面3000多平方米，铺设草坪5000多平方米，补修硬化破损道路3000多平方米，同时对广告标牌和牌匾进行统一规范。

（张玉平）

【开展奥运志愿服务】　街道19个团支部320名团员青年参与了奥运城市志愿者站点服务，义务志愿服务524小时，出岗358人次，解答各类咨询4973人次，提供奥运赛事讯息和场馆路线指引等特色服务项目，发放各类宣传材料12876份，义务便民服务1265次，展示了城市奥运志愿者风采。

（王秀珍）

【深化精品楼门建设】　深入开展楼门建设，采用居民自创书法、绘画和摄影作品235幅，提升楼门文化建设品位；组建30余支邻里互动队伍，丰富文化活动形式，提高居民参与程度；在运河明珠家园和同心嘉园安装规范化高档次文化宣传板270块，奥运主题宣传板45块，建成39个精品楼门。

（王　健）

【创新实施“和谐6+1”社区党建工作模式】
“和谐6+1”党建工作模式把构建和谐社区作为党建创新活动的出发点和落脚点，党组织围绕和谐社区建设的6条标准，对应组建6支党员义务服务队，开展服务居民、奉献社区等党员志愿者活动。5月，街道举行启动仪式，1800名党员、3800名群众组成党员服务队，规范服务制度，明确责任和义务，开展各类便民利民服务活动。

（刘士军）

【安全隐患排查整改到位】 办事处联合相关部门检查地下空间22处，生产经营企业4家，医院、饭店、商（市）场、网吧等人员密集场所43处，“九小”单位933次，安全隐患及时整改到位；开展安全生产教育宣传进社区、进家庭、进学校、进单位活动，营造良好的安全防范氛围。

（赵万奎）

【落实信访维稳工作】 认真落实信访工作领导负责制，开展领导干部大接访活动，坚持奥运期间24小时接访到位。全年接到各类信访事项52件，其中便民电话15件、人民来信访17件、来人访16批17人次、网上信访4件，无群体访事件。

（张胜泳）

【群防群控力保平安奥运】 组织警力324人次，协管力量810人次，群防力量426人次，对3名邪教“法轮功”重点人、68名精神病人、45名刑事解教人员和35名社区矫正人员进行排查管控；组织发动民警、保安、治安积极分子及辖区单位安保力量8000余人，在56个道口、36个有线电视光接点、5处重点繁华场所开展有效的巡逻防控。

（雷宗海）

【开展环境秩序整治活动】 年内，出动1000余人次、车辆50台次分别整治博物馆西侧、西营中街、铁路周边、中山街等卫生死角，清理垃圾及渣土300余吨；协调出动执法人员500余人次取缔车站路非法劳务市场；开展迎奥运“清洁城市，走进2008”群众性公益整治活动，发放宣传材料8000余份、环保小提袋2000个，清理绿地2万平方米，清除小广告3000多条，清运垃圾100余吨。

（张玉平）

【就业服务再创佳绩】 全年开发就业岗位1332个，安置失业人员就业1240人，分别完成任务指标的178%与191%；接收各类失业人员档案1875份，办理求职证2048个、再就业优惠证1781个；为就业困难人员提供职业指导服务3500余人次；发放失业金300万余元，办理退休人员医药费申报手续8824人次，报销金额1600余万元。

（郭丽君）

【社会保障工作】 年内对659名低保对象动态管理档案进行系统化、规范化的整理，入户核查700余次，为88户居民新办理政策救助，为25户增加救助金。全年累计发放低保、优抚、临时救助金306万元；办理65岁老龄优待证2460个，为57名90岁以上高龄老人办理优待手续，发放高龄补助金6.3万元。全年组织集中募捐活动4场次，募集捐款49万余元，其中募集抗震救灾捐款47.3万元。

（王　健）

【搞好计生服务】 全年办理生育服务证410个，兑现独生子女父母奖励费近15.6万元，发放独生子女一次性奖励7.4万元；组织优生优育及健康知识培训4000余人次；组织大型法制宣传4次，发放计划生育宣传品5万余件，宣传材料2.7万份；投资10万余元制作人口计生文化宣传墙和宣传橱窗。全年计划生育率达到98.4%。

（李玉华）

【住房保障工作扎实有序开展】 建立并完善申请保障性住房的家庭独立档案管理工作体系，全部档案实行电子化网络专人管理，档案数据完整清晰，内容及时更新。全年接待咨询1万多人次，受理申请家庭649户，通过区二次公示的597户。

（高　峪）

【加强流动人口和出租房屋管理】 全年检查出租房屋户4000次，检查门店2000余次，整改隐患出租房屋261户,停租房屋86间。辖区出租房屋登记备案5852户、流动人口24366人，签订安全治安责任书1235份，累计代征代缴出租房屋房产税85万余元。

(窦菲菲)

【社区服务不断深化】 建立4万余份居民个人健康档案，2万余份家庭健康档案，健全社区健康教育网络，组织96156健康教育大课堂活动6次；发挥街道小呼叫热线服务系统作用，组织服务商培训4次，96156服务商队伍发展到15支；成立131个社会组织分会,完成3800名义工的社区志愿者登记。

(张玉萍)

【开展“迎奥运、讲文明、树新风”活动】 建设奥运知识文化墙，开展奥运知识及观赛礼仪培训50余场次；组织居民参观奥林匹克公园及场馆建设，参与运河奥运文化广场活动；开展“文明社区”、“文明小区”、“千户和谐家庭”、“文明十星户标兵”、“公德之星”等评比表彰活动，营造良好文明氛围。

(曹宝文)

【开展文明礼仪活动】 完善一场、一校、一室、一团、一栏、一刊、一墙的“七个一”工程；举办居民文明礼仪知识竞赛、家庭才艺展示等活动，开展居民家庭礼仪知识讲座22场次、培训2万余人次，制作300余张光盘，发放礼仪知识宣传材料6万余份。

(曹宝文)

新华街道

【概　况】 新华街道位于通州卫星城东北部，东北起温榆河、北运河中心线，西至新华北街、通顺路中心线，南至新华大街中心线，面积3.25平方公里。辖区下设如意、司空、贡院、东大街、天桥湾、新建、北关7个社区居民委员会，有户籍人口9817户21759人，外来人口9829人。2008年，新华街道围绕全力服务奥运、统筹改善民生、推进社区建设的工作大局，抓住新城区建设的机遇，充分发挥街道在城市管理中的主力军作用，完成各项工作任务，实现全面推进和谐社区建设的目标。

(王　川)

【成立困难职工帮扶工作站】 5月12日，京郊首家困难职工帮扶工作站在新华街道成立，该站为辖区企业会员提供法律援助、为下岗职工再就业人员提供岗位培训、对困难职工提供资金和物质救助，并已陆续在7个社区设立分站。截至年底，累计为60名下岗再就业人员提供岗位培训。

(郑友松)

【“情系汶川”系列活动】 5月,组织开展“情系汶川”募捐活动，累计收到社会捐款29万余元、“特殊党费”15.96万元、“特殊团费”1306.5元；工委、办事处主要领导多次到共建单位海军卫生防疫队和新华街消防中队进行慰问，送去价值5.6万元的慰问品；8月，举办“抗震救灾英雄事迹报告会”，从抗震救灾一线凯旋的部分官兵为辖区学生作事迹报告，受到热烈欢迎。

(王　环)

【4个社区服务站通过验收】 5月，如意、司空、贡院、天桥湾4个社区服务站通过市社区服务中心验收，安装了统一标识和设施。建成后的社区服务站，将作为政府在社区层面设立的公共服务平台，在街道办事处的领导下和政府职能部门的业务指导下开展工作，履行整合社区资源、开展便民服务、反映社情民意等职责。

(王　华)

【举办“唱响2008”群众文艺汇演】 6月18日,办事处以“迎接奥运 情系汶川”为主题，举办“唱响2008”群众文艺汇演，参加演出的500余名演员全部为辖区居民，平均年龄60岁，整台节目体现了群众参与率高、自创作品多等特点，表达了社区群众迎奥运的喜悦心情和对灾区群众的关爱之情。

（王　华）

【评选星级楼门】　7月11日，召开新华街道星级楼门命名暨楼门长效管理工作推介会。区政协主席王玉辉，区委常委、宣传部长张秀余等为如意社区14号楼1单元、13号楼2单元等星级楼门揭牌并进行参观。

（王　环）

【开展代表联系选民月活动】　10月，区人大新华街工委开展代表联系选民月活动。一是对未落实的问题，要求代表到社区联络点进行“回访”，向代言员解释、说明情况；二是每名代表到联络点集中接访选民代言员一次，广泛听取选民的意见和建议；三是对选民有要求的或针对某些问题需约访的，代表要准时到约定地点接待代言员；四是代表主动深入选区，深入选民，倾听民声，认真填写联系选民代言员登记表。通过此活动解决问题12件。

（薛　玲）

【住房保障工作】　截至10月底，接待咨询19462人次，发放各类宣传材料25012余份。有469户通过市备案（其中廉租房市备案通过39户）。245户参加经济适用房摇号，177户参加限价房摇号，128户窗口申请家庭参加限价房选房。

（董　倩）

【组建奥运志愿者队伍】　组织奥运志愿者近万人，设置服务、防控岗位100余个，为市民提供信息咨询、应急救助等服务，并对重点人、重点场所、重点设施实行严格管控，实现“平安奥运、平安街道、平安社区”的目标。

（万　磊　刘晓磊）

【残疾人保障服务工作】　年内，在6个社区分别建立残疾人辅助器具租赁服务分站；在新华医院、骨伤医院、新华社区卫生服务站、新建社区卫生服务站分别建立医疗康复站；在东大街、贡院社区分别建立社区康复站；在北关社区建立新华街道益智职业康复站，15名智力残疾人入站进行益智职业康复；在新建、北关、司空3个社区开展无障碍设施建设进家庭工作，为22户残疾人家庭安装无障碍设施，帮助10名残疾人走上集体就业岗位。

（常占伟）

【低保档案规范化管理】　年内，办事处对辖区内正在享受和已经停止享受的500余户城镇低保家庭，进行低保档案规范化管理，实现低保“一户一档”的规范化管理要求。

（王　环）

【开展创建党建示范社区活动】　年内，街道工委积极推进党建示范点工作，落实社区申报、社会评价、命名表彰、管理审核四个步骤，党建示范社区、服务群众特色社区创建活动扎实推进，评选出党建示范社区2个，服务群众特色社区5个。

（万　磊）

【深化党员承诺制活动】　年内，街道工委以服务奥运为主题，进一步深化党员承诺制活动。新组建胡同服务队14支，编写出版反映承诺制活动的《承诺服务党旗红》一书1000册，社区党员签订承诺书累计840份，参与承诺制的党员占社区党员总数的66%。

（万　磊）

【规范社区人口计生宣传员队伍】　年内，办事处采取六项措施加强社区计生宣传员队伍建设：一是制定《新华街道社区人口计生宣传员管理办法》；二是划分责任区，细化工作任务；三是为每名计生宣传员配发红袖标；四是宣传员人手一册“工作手册”，把入户采集的信息、了解的育龄妇女情况等及时记录在册；五是办事处对计生宣传员增加100元／人／年的一次性补贴；六是对计划生育工作在物力、财力投入上不封顶。

（董文华）

【社保工作】　全年城镇登记失业人员控制在301人（指标任务600人）；1155名失业人员实现再就业，其中“4050”人员570人，分别完成全年任务的124%和163%；推荐成功就业602人，完成全年任务的116%；采集空岗信息2642条；开发就业岗位1214个，安置863人，分别完成全年任务的162%和133%；362名失业人员参加免费培训；召开11场招聘洽谈会；发放小额担保贷款2笔10万元，征集5个创业项目；累计为725名符合条件的失业人员办理自谋职业、灵活就业相关手续；零就业家庭实现动态清零；对1500余名退休人员进行生存认证；为4000人次退休人员报销门、急诊医疗费800余万元；为204名无业居民、1214名符合"一老一小条件的人员办理大病医疗保险；累计为503名符合条件的老年人办理福利养老金申领手续。

（赵文祥）

北苑街道

【概　况】 北苑街道位于通州新城中心城区西部，北临通惠河，南至运河西大街，东至新华南北街，西与朝阳区接壤，辖区面积8.7平方公里，辖17个社区，户籍人口近7万人，登记流动人口3.62万人。2008年北苑街道围绕"坚持科学发展、构建和谐北苑"的总体思路，以服务奥运为重点，在辖区内大力营造幸福安居、互助友爱、积极进取、人人服务奥运的和谐氛围，和谐街区建设步伐稳步加快。完成年初确定的街巷改造、规范社区建设、楼门文化建设、奥运服务等工作。基层党组织建设不断创新，民生工作和社会建设不断加强，宣传思想和精神文明建设工作不断深入，为民服务水平进一步提升，居民归属感、安全感进一步增加。2008年，北苑街道环境卫生、人口计生、残疾人服务、社会保障、宣传思想等多项工作被评为市级先进。

（张宗梅）

【完成为民办实事项目】 年内，完成156个老旧楼门的粉刷工作，改善新华西街社区和京贸国际社区办公用房。配合区节水办完成辖区143户低保家庭免费安装节水器具的工作任务。对新华西街社区水务局西侧胡同道路进行改造。

（魏志军　王　刚）

【住房保障工作】 年内，成立住房保障办公室，抽调2名机关干部负责住房保障工作。受理保障性住房申请567份，完成入户调查565户，公示493户，上报区住保办482户。

（赵金虎）

【矛盾调处工作】 2008年，成立社会矛盾排查调处领导小组、信访督察督办小组、信访突发事件处置队。建立三级排查调处机制，全年排查各类矛盾和问题20个，接待来访18批25人，约访4人，办理群众来信来电23件次，办结率100%，确保群众非正常上访和集体性事件"双零"指标，有效保证了辖区的安全稳定。

（李友田）

【辖区环境整体提升】 年内，开展"环境卫生整治月"、奥运会倒计时100天环境整治等迎奥运环境大扫除和集中整治活动。清理京承、京秦铁路沿线两侧垃圾渣土1000多吨，砌筑围墙1500米，完成新华北路、铁路沿线等道路两侧建筑物外立面8万平方米的粉刷油饰任务，硬化道路1.5万平方米，增加绿化面积1.1万平方米，为奥运会的召开营造良好的环境。

（赵全喜）

【基层党组织建设】 年内，建立"下沉到基层→工作到一线→检查督促到人→追踪追访到事→落实到头"的奥运特种工作模式。创新基层党建，建立服务党员的"红色计划"，服务居民的"点线面工作模式"，"四位一体"的社区治理模式，以及"党员三主"的服务群众工作机制。通过收看《北京党建》频道等方式组织辖区广大党员进行党建知识、十七大精神的学习。

（牛春刚）

【政府信息公开工作】 年内，主动公开政府信息116条，其中全文电子化率达100%。设立1个专门的信息申请受理点，开辟电子信息查阅点，设立社区公示栏。在政府信息公开网站上依法公开办事处的基本概况、主要职能、内设机构、办事指南、政策法规和工作动态等信息。

（张宗梅）

【精神文明建设工作】 2008年，深化“道德警察”、“公德之星”评选和开展“争当社区劳模”活动，举办“通州区当好东道主、热情迎嘉宾北苑街道专场宣讲活动”，举办迎奥运交通漫画比赛和纪念改革开放30年成果展览展示活动。扩大宣传典型人物张品正,出版长篇报告文学《超越亲情》,并在《通州时讯》连载、通州电视台连播。果园西社区获评北京市科委首批“创新型科普社区”，在复兴南里社区建立市级室外科普园地。

（李永刚）

【奥运安保工作】 年内，成立奥运安保工作领导小组，投入群防群治力量3267人，开展迎奥运专项检查，检查生产经营单位364家，清查出租房屋807户，与辖区生产经营企业签订消防安全责任书1000份，对辖区危化品经营及人员密集场所进行检查1993家次，其中整改隐患467处、要求停业9家，做到及时发现、及时整改。

（刘玉龙　王国中）

【做好奥运志愿服务】 完成奥运城市志愿者的招募、审查、注册工作，奥运期间共有520人次参与北苑奥运站点服务，向行人提供信息咨询、语言翻译、应急服务等，共提供信息咨询4000余人次，发放宣传资料8000余份。辖区730余名在职党员在奥运会召开期间分别服务在治安巡逻、信息咨询等岗位，组织职工文明啦啦队500人次参加奥运会、残奥会共计10个场次的观赛。辖区居民、全国孝亲敬老之星张品正成为奥运火炬传递手，参加奥运火炬传递。

（叶国良　高新凤）

【劳动保障工作进一步加强】 年内，接到劳动争议举报案38起，为劳动者追回拖欠工资296.09万元。有12个社区达到充分就业，有1446名失业人员走上自主创业、灵活就业之路。2008年，北苑街道社保所被评为北京市“微笑服务”示范单位和“北京市优质服务文明窗口”先进单位。

（周士宽　宋卫红）

【扎实做好社救工作】 组织为冰冻雪灾、四川地震灾区捐款66余万元，募捐新的棉衣棉被1277件。做好辖区90岁以上高龄老人津贴的发放工作。年内，为辖区低保、优抚家庭发放低保金、优抚金、临时救助金、医疗救助金共计332.1万元，基本做到应保尽保。

（王　刚）

【街区文化生活繁荣活跃】 2008年，组织“喜迎奥运、喝彩中国”群众歌咏活动大赛、残疾人趣味运动会等一系列迎奥运活动，组织开展参与、观看奥运文化广场演出活动10个场次。建立健身舞蹈队、老年门球队、康益社、文体协会、棋类协会等32个文体组织，有力推动了创建文明街道、文明社区工作的全面展开。

（阴　佺）

【各项服务工作扎实有序】 2008年，深入开展“传承社区亲情，走进特需家庭”活动，为辖区独居老人提供整理家务、陪同购买等多种形式的特殊服务。建立残疾人综合服务中心，为社区内残疾人提供康复培训和生活帮助。办理生育服务证177个，办理独生子女证102个，为2107人发放独生子女费127435元。2008年获评北京市社区志愿服务先进单位。

（张宗梅）

【加强廉政建设】 年内，完善机关工作人员和社区工作者新建廉政档案170份，并建立党风廉政建设责任制工作台账。以效能建设为切入点，深化全程代办和网上监察工作。年内整合审批事项、办事程序34项，网上监察507项，并进行回访和跟踪访，群众满意率99%。

（崔志颖）

【参加社会工作职称考试】 年内，组织社区工作人员参加首届全国社会工作者职业水平考试，有30人顺利通过考试获得初、中级职称。

（王 刚）

玉桥街道

【概 况】 玉桥街道位于通州卫星城东南部，辖区面积11.2平方公里，北以京秦铁路为界，西南到果园环岛沿京津公路，东南由大运河接市六环路环绕。辖区下设社区居委会13个，有户籍人口4.3万余人，外来人口1.4万余人，总计5.7万余人。2008年玉桥街道办事处以“三区一门”和文化楼门为抓手，深入广泛地开展和谐社区建设活动，在服务中凝聚党心民心，加强党的先进性建设，推进社区自治，创建工作取得新成绩，发挥党组织战斗堡垒作用和党员先锋模范作用。

（姚春娜）

【完成奥运保障任务】 采取多项措施圆满完成“平安奥运行动”，一是组织严密，防控到位。成立玉桥街道奥运安保社会面控制指挥部，从街道党政办公室、综治办、公安派出所、工商玉桥所、城管玉桥分队、规划科、安监科、宣传部、街政科等部门抽调人员组成奥运安保指挥办公室，负责日常各项事务。加强社会面整体控制，形成“重点人员有人看、敏感部位有人守、复杂场所有人控、重要路段有人巡”的社会面防控网络。从7月20日0时至9月20日24时，全面启动应急机制，24小时应急值守和领导带班制度，实行突发事件“每日零报告”制度。设岗定责，设定三级防控岗位195个，其中涉及高风险有现实危害、需严密控制的一级岗3个，有一定现实危害的二级岗27个，现实危害和风险较低的三级岗165个，分别由义务力量组成的监控小组落实监控措施。二是及时化解矛盾、消除隐患。进一步加大各类社会矛盾纠纷的排查化解力度。实现奥运会、残奥会期间，到重点地区、奥运场馆、运动员驻地、外国记者住所等处非正常上访“零”指标；实现辖区群众非正常上访和群体性事件“双零”指标。三是社区广大志愿者表现出极大的热情和奉献精神。高质量完成京秦铁路沿线、梨园中街、玉桥东路南段、源泉苑小区北侧路、格兰晴天小区南侧路等路段共计94065.2平方米的清扫保洁任务；组建300人的奥运会城市服务志愿者队伍，启动鑫隆市场奥运会城市志愿服务站点；组织玉桥舞蹈队和百灵艺术团参加奥运文化广场的舞蹈培训和比赛活动。

（姚春娜）

【社区建设工作稳步推进】 一是进一步规范社区财务管理制度，制定下发《玉桥街道办事处社区财务管理制度》，对财务管理更加规范和严格。二是狠抓社区干部的政治理论和业务知识的学习，组织全体社区干部学习“1+4”系列文件。三是在社区居委会办公用房建设上加大协调力度，重点解决了玉桥南里南区和乔庄北街社区居委会办公用房问题。

（姚春娜）

【社会保障工作关注民生】 一是努力开发就业岗位，提高街道社保所服务水平。二是以监察、仲裁、培训、宣传为手段不断加大劳动用工管理，落实劳动合同制度。三是对低保家庭和弱势群体实行动态管理，有142户287人享受低保，全年发放民政事业费200

多万元。为辖区 234 名老年人办理老龄证，为 14 名残疾人办理重残无业补助。实行“一助一”关爱志愿者联系制度，保证弱势群体安全度汛。五是在汶川大地震期间，组织两次大型捐赠活动，捐款 27 万余元，捐款人数达 22600 人。六是强化社区服务网点规范化管理，约束和规范租赁和经营者行为。七是圆满完成住房保障工作。2008 年接待来电、来访 9210 人次，发放申请核定表 961 份，受理 461 份，审核 454 份，入户调查、评议、公示 454 户，上报区住保办 429 份，发放摇号通知单 272 份。

（姚春娜）

【计生工作取得新成果】 2008 年，建立居民健康档案 3 万多份，开展社区健康教育大课堂活动 20 余次，完成 5 个规范化社区服务站前期建设。深入开展计生协会工作，在流动人口较为集中的企业建立流动人口计生协会，发展协会会员 150 余名。2008 年办理一胎《生育服务证》272 个、《独生子女父母光荣证》238 个、再生育服务证手续 20 个、随父入户手续 66 个。

（姚春娜）

【文化楼门建设工作取得阶段性成果】 一是硬件改造，对楼门内进行装饰、防盗门安装任务基本完成。二是涌现出大批楼门长和小楼门长，楼门长队伍不断壮大，发挥了明显的作用。三是涌现出一部分精品楼门，如玉桥东里、葛布店北里、梨花园等社区的精品文化楼门。四是对文化楼门建设的认识和思路越来越清晰，各个社区均实现了 80% 楼道防盗门改造任务。11 月玉桥东里社区的幸福艺居 15 号楼、16 号楼，梨花园社区 6 号楼，玉桥北里 39 号楼，葛布店北里 8 号院分别被通州区社区建设领导小组评选为魅力楼门。

（姚春娜）

【街道环境明显改观】 认真开展“门前三包”责任制的落实，提高主次干道、小街小巷的日常管理和保洁力度，清理垃圾渣土 2900 多吨、发动辖区居民 5740 多人参与环境建设。奥运期间玉桥街道被市、区奥运会指挥部评为先进街道办事处。

（姚春娜）

【精神文明建设】 年内，承办“社区周末大讲堂”启动仪式，参与“春归运河，情系五环”奥运倒计时 100 天活动及“迎奥运、讲文明、树新风”——益民书屋带给我知识和“服务奥运、建设新城、支援灾区——党旗高高飘扬”暨庆祝建党 87 周年征文演讲比赛。放映露天电影 15 场次，观看运河文化广场迎奥运活动演出 25 场次。

（姚春娜）

【勤政廉政建设深入推进】 年内，制定《玉桥街道行政效能监察实施办法》，开展行政效能监察活动。开展以“三区一门”为依托征集人民建议活动的意见、“社区党务、居务公开”、“效能建设回访、跟踪访”等制度。深化全程代办服务制，利用效能建设回访、跟踪访制度、全程代办网上服务监察系统等方式进行监督。完成玉桥街道 ISO9001 质量管理体系年度审核工作。

（姚春娜）

【群团工作】 一是玉桥北里、玉桥东里、梨花园、葛布店北里均建成各具特色的青少年楼门，“小楼门长”队伍扩大到 307 名。二是圆满完成鑫隆奥运城市志愿者服务站点的工作。三是妇联组织辖区妇女开展健康知识讲座，为她们提供法律、就业等内容的咨询。四是街道武装部严把兵源质量关，超额完成 2008 年冬季征兵和辖区 13 个民兵连的民兵组织调整工作。五是人大、办公室、工会和财务工作进一步履行各自职能，较好地体现了为领导、机关、群众服务的理念。

（姚春娜）

乡　　镇

永顺镇

【概　况】永顺镇总面积43平方公里，辖25个村。2008年全镇实现税收4.52亿元，同比增长3.8%，其中国税11500万元，增长23%，地税36500万元，增长7%。人均可支配收入1.35万元，同比增长10%。全年出生人口593人，死亡人口308人，人口自然增长率4‰。

（王一青）

【社救工作取得进展】　2008年，对城镇低保130户225人、农村低保100户120人开展临时性救济救助工作；对全镇21个因病致贫和因病返贫的特殊困难家庭实施了每个庭3000元的大病救助，救助金额达6.3万元；对低保家庭中60岁以上的农村低保和特困老人30人办理每人500元的免费慈善医疗救助卡。

（王一青）

【开展优抚工作】　“八一”建军节前后，在组织全镇老复员军人以及现役军人家属免费进行身体健康检查的基础上，结合2008年奥运会的召开，为全镇71名老复员军人和军烈属等发放每人100元的购物卡，并对6名老复员军人开展送医送药活动；对15名优秀士兵给予立功奖励，为全镇43名现役军人家属发放每户1万元的优待金。

（王一青）

【投资促进活动成效显著】　年内，招商促进工作引进并完成工商注册193家企业，投资总额82871万元。引进企业中投入运营的135家。投资额千万元以上的23家，全年盘活35个项目，盘活资产29320万元，可实现就业8553人。其中比较大的项目是：3月，永顺镇与中国冶金地质总局一局就正元矿业大厦项目达成协议；永顺镇与澳氏集团就建设孕妇胎儿检测中心达成协议，设计总投资达3～4亿元；中石油集团拟在永顺镇建立华北区销售总部。

（王一青）

【安全检查工作】　全年排查企业460家，检查锅炉房77座182台，下发检查记录单412份，下发限改通知书48份，发现隐患347起。以政府名义下发各类安全生产文件37份，召开全镇各类安全会议30余次，与25个村、15个社区居委会、16家重大危险源单位签订《安全生产责任书》、《烟花爆竹安全管理责任书》、《平安奥运安全生产保障责任书》。对个别企业存在的制度不健全、预案不落实等问题提出限期整改意见，确保危险行业安全无事故。

（王一青）

【工会工作】　2008年，新建工会组织27家，发展会员570人。对建会企业执行集体合同情况进行全面检查，集体合同的签订率达到

100%。2008年镇工会联合会获北京市总工会举办的“迎奥运、讲文明、树新风”争做首都文明职工活动优秀集体称号。

（王一青）

【保障性住房办理工作取得进展】 自3月开始，先后办理中低收入住房困难家庭申请保障性住房登记373份，其中经济适用房登记审核通过126份、廉租住房审核19份、限价房228份。有251户申请家庭领取了经济、廉租和限价房正式登记表，有167户申请家庭经过“三审两公示”，完成了填表、调查、评议相关工作，并报到市级住房保障部门备案。此外，先后为9个民警家庭、31个对口单位家庭完成了入户调查、评议以及网上审核等工作。

（王一青）

【救灾备灾工作】 年内，及时启动自然灾害紧急处置预案，在10天内先后向通州区红十字会、通州区接收救灾捐赠事物管理中心捐款260余万元和一大批救灾物资。组织辖区内居委会开展红十字募捐活动，向通州区红十字会捐款2.5万元、上缴会费5000元，并对15户困难家庭协调救助资金1.5万元、为3户大病困难家庭申请大宝真情互动，争取到救助金1.5万元。开展“捐助一件棉衣(被),温暖你我他”爱心捐助活动。2008年，永顺镇组织镇域内各村和民营企业及开发商开展爱心捐助活动，捐款4万元，捐赠棉衣被3000件。

（王一青）

【龙旺庄学校竣工】 按照《北京市“十五”发展教育规划》文件精神，由永顺镇政府投资建设龙旺庄学校，办学层次为中小学，其中小学24个教学班，初中30个教学班，建设总用地面积6.16公顷，建筑面积3.3万平方米。该校的建成满足了人民群众对优质教育的强烈要求，改善了永顺镇的办学条件。

（王一青）

【新型农村合作医疗工作】 全年接待普通门诊441人次，报销金额28.35万元，特病门诊80人次，金额51.72万元，普通住院1335人次，金额416.3万元。全镇补偿1856人次，补偿金额496万元。补偿金总额占筹备金总额的61%。全镇有17人实现即报，报销金额76593元。有34名在校生享受到《农村学生儿童医疗保障补偿》6.7万元。

（王一青）

【解决农转非遗留问题】 经统计，全镇有315名超转人员。超转人员死亡3人，发放生活补助及医疗补助238.47万元，其中生活补助230.92万元，医疗补助7.55万元，报销医疗费150人次，金额31.56万元。

（王一青）

【残疾人保障工作】 年内，为19名视力残疾人免费做白内障手术。为4名肢体残疾人免费装配普及型假肢，价值30000元。对117名贫困残疾人免费发放轮椅、拐杖等辅助器具，价值2万余元。对 235名重度残疾人，每月发放生活补助金，2008年合计发放60万余元。对73名低保家庭残疾人，发放特困生活补助67800元。对全镇10户贫困残疾人家庭子女发放助学金7500元。

（王一青）

【产权制度改革工作进展顺利】 邓家窑村作为永顺镇村级产权制度改革的试点单位，经过半年多工作，改革工作顺利完成。改革后的邓家窑社区合作社注册资本金1500万元，村委会持股比例25%,持有资本金375万元。社员股东的持股比例为75%，持有的资本金1125万元；社员股东的股本均来自资产量化时的基本股，涉及股东人数763人，基本股654.8股。邓家窑村的成功改革为永顺镇农村产权制度改革工作积累的宝贵经验。

（王一青）

【精神文明建设】 围绕奥运主题，积极开展文明村、文明新风户、文明示范街等创建活动，深入开展“文明永顺人、微笑迎奥运”系列主题活动，评选出10个镇级道德模范人物，人民群众文明程度进一步提高。加强基层文化体育设施建设，新建体育健身场所4个、小型文化广场2个、村级图书室5个，为群众放映电影150场，全镇精神文明建设取得新的进步。

（王一青）

【交通安全管理工作】 2月，永顺镇安委会与辖区各基层单位、学校签订2008年度交通安全责任书和奥运会、残奥会期间交通安全责任书550余份，驾驶员责任书和保证书800余份。对辖区内私人大货、大客车进行核查和备案80余份，对每季度超标单位进行追查。奥运会、残奥会期间组织义务交通宣传队，人员约400人。

（王一青）

【交通安全设施建设】 2008年，永顺镇投资完成一批路段的交通设施建设，杨庄南路和潞邑西口新装路灯220余盏，规划西路北段新装路灯50盏；杨庄南路和潞邑西口新增减速路埂140余米。制作交通文明张贴画、交通违法的展板、宣传手册和重大交通事故案例的展板进行宣传。

（王一青）

【人口和计划生育工作】 全年发放宣传材料8500份，受教育群众达2.1万人次。参加政府组织的"法规知识下乡"活动，并组织大型宣传服务活动5次。各村组织计生宣传服务月活动，全镇开展宣传活动25场次，发放宣传材料近1.5万份，计生方便提袋5000余个，直接或间接受教育人次1.5万人次，免费发放避孕工具1万只。

（王一青）

【社会治安综合治理】 组织发动群防群治力量6054人，其中保安人员、治安联防等职业力量1417人，社会志愿者、治保积极分子等各种义务力量4637人。对永顺镇591个防控岗位，按照区"人头对地头"的要求逐一落实防控人员。为全镇群防群控人员购置防暑降温药品、遮阳大伞30把、雨伞3200把、帽子3200顶、红袖标2500个、水杯4000个、马扎60个，为奥运安保做好后勤保障工作。在辖区内主要交通路口设立30个治安防控固定岗。协调各村投资200余万元，为调动广大志愿者的积极性奠定坚实物质基础。

（王一青）

【流动人口管理工作】 流管办与区公安分局、永顺派出所、焦王庄派出所、消防队、城管等部门联合出动94次2万多人次，先后到流动人口聚集的八里桥市场及永顺、新建、杨庄、焦王庄、邓家窑、西马庄、新潮嘉园、南关、龙旺庄等10多个村委会开展出租房屋清查整治活动。重点宣传《北京市房屋租赁管理若干规定》，对违法租赁房屋的户主和流动人口中存在的不安全隐患进行查处；散发出租房屋管理和治安安全防范等宣传资料16500多份。清查出租房屋 7630多户，查验流动人口53700多人。永顺镇流动人口和出租房屋的基础调查工作取得突破性的进展，为2008年奥运会提供了确切的流动人口和出租房屋信息。

（王一青）

【大额资金管理制度实施情况】 实施大额资金管理制度，全年核实审批大额资金822笔，金额78756万元，补充备用金121笔，金额3225万元。经审核民主程序不合格的22笔，金额696万元，被退回村里。经完善民主程序后批回使用的14笔511万元。

（王一青）

【房地产业稳步推进】 推进世纪星城、金隅7090、万福家园、尚东庭等一批规模房地产项目建设，全年新开工面积60余万平方米，复工面积140余万平方米，竣工面积66万平方米，实现税收1.45亿元，占税收入库总额的32%。

（王一青）

【重点工程实施情况】 全力配合区里做好通顺路、潞苑东路、温榆西路、温榆东路、潞苑北大街、朝阳北路东延线至通顺路段等6条道路拆迁和服务工作，拆除房屋136户，拆迁面积近5万平方米。高标准新建潞邑西路工程，改善了周边群众出行环境。

（王一青）

【社区建设工作】 年内，新建艺苑东里、杨庄南里南区、潞苑家园3个社区居委会，社区管理覆盖面进一步扩大。新建5个社区服务站，社区服务设施和功能得到提升。加强15个社区楼门的文化建设，楼门文化长效机制得到完善。完成11个平安社区和4个示范社区建设，和谐社区基础工作得到加强。

（王一青）

【城市环境治理】 2008年，全镇累计治理乱堆乱放41处，拆除私搭乱建400平方米，修砌边沟80米，清理垃圾19344吨，平整硬化道路1.52万平方米，整治坑塘1200立方米，绿化美化9.99万平方米。顺利通过市农委的检查验收。组织全镇各村开展春季环境综合整治大会战，全镇出动人员2万人次，大小车辆200余辆，清理垃圾渣土3万余吨，捡拾白色污染200余公斤，清理卫生死角60余处。改造永顺西街地下垃圾大箱2个，新建龙旺庄学校、北马庄、乔庄地下垃圾大箱共8个。

（王一青）

【促进就业工作】 多渠道提供就业岗位3381个，培训875人，安置失业人员和农村富余劳动力1718人。加强失业人员管理，为1156人办理求职证，发放失业金90余万元。进一步加强村级就业服务站建设，完成5个充分就业村创建工作。

（王一青）

【法制建设】 全年办理人大议案、建议26件，办复率为100%。扎实开展"五五"普法工作，完成15个村、10个社区法制宣传栏阵地建设，依法治镇取得新的进展。深入贯彻实施政府信息公开条例，深化政务公开，大力推行阳光工程，政府工作透明度进一步增强。

（王一青）

【绿化及林木防护工作】 年内，组织二级班子和各科室工作人员在上营发电厂地块种植柳树6000株，打机井1眼，清理建筑垃圾1万余方，总投资35万元。将扩建的潞邑西路进行绿化，全长800米，绿化面积12000平方米，栽植银杏、紫叶李、玉兰、黄杨球、小叶黄杨、女贞、小檗等7万余株，总投资75万元。永顺镇域内景观林地2300亩，为保护好这些林地，春季普遍进行春尺蠖的防治工作，出动人员200人次，用车100车次，投入资金10万元。夏秋季进行大面积的除草灭荒，清理可燃物，为林地冬季防火安全越冬做好充分准备，投入人工3000个，投资20万元。永顺镇现有公路绿化面积8万平方米，主要有永顺路、永顺南街、永顺北街、物资学院路、规划七路、潞邑西路，全年进行浇水修剪补植、防治病虫害等管护工作。总投资达90万元。

（王一青）

【非正规垃圾填埋场整治工作】 永顺镇有非正规垃圾填埋场6处，其中需以填埋形式整治的有4处，分别为杨庄黄瓜园村2处、邓家窑村1处、王家场村1处，需以清运消纳形式整治的有刘庄村、耿庄村2处。此项整治投入资金360万余元，清理垃圾1.8万立方米，覆盖好土9.01万立方米，出动大小车辆71辆，并进行绿化美化，植树1100株。

（王一青）

梨 园 镇

【概　况】 梨园镇位于通州城南部，镇域面积24.87平方公里，辖26个行政村，15个社区居委会。辖区总人口18.4万人，其中户籍人口44347人（农业人口11353人，非农业人口32994人），全年出生人口637人，计划生育率99%。全镇有47个基层党支部

(党总支)，党员总数2056人。

(赵宝贵)

【经济保持平稳增长】 全镇年内税收实现55189万元，同比增长7.1%。其中国税实现22180万元，同比增长67.9%；地税实现33009万元，同比下降13.85%。克服国际金融危机和国内房地产市场低迷等不利因素的影响，全镇经济仍保持平稳增长。地区农民人均纯收入11862.4元，同比增长12.4%。

(赵宝贵)

【产业结构进一步优化】 梨园镇坚持"实施大项目战略，促进总部和高端现代服务业发展，加快三产内部结构调整"的产业发展思路，不断促进产业结构优化调整，2008年三次产业税收构成比例为0.1∶19.2∶80.7，三产比重进一步提高。从第三产业内部结构看，房地产业实现税收21449万元，同比下降21%，占税收总量的38.9%，同比下降13.8个百分点；除房地产以外的其它第三产业实现税收20490.63万元，同比增长26.9%，占税收总量的37.1%，同比增长5.8个百分点。除房地产以外的其它第三产业的高速发展确保了地区经济持续增长。

(赵宝贵)

【招商引资工作成效显著】 年内引进各类工商企业44家，盘活闲置资源8.96万平方米。其中投资总额在1000万元以上的有贵友通州店、北京太阳花酒店等11家企业。在新引进的企业中，龙湖中佰、北京住总集团通州分公司、北京六建集团第七工程部、贵友大厦通州店等40家企业当年实现税收6500余万元。

(赵宝贵)

【破产减债工作进展顺利】 梨园镇政府与农商行梨园支行签订第二批债务打包协议，协议减债金额4096万元，减债工作正在实施之中。

(赵宝贵)

【城市基础设施及公共设施建设】 韩美林艺术馆建设竣工，6月底正式对外开放。投资500万元完成万盛中一街等道路建设工程。投资330万元完成黄土沟、渔场路及群芳路排水方涵改造工程。投资120万元完成6个社区卫生服务站建设。同时，协助区有关部门，完成区消防指挥中心和特勤站、5号燃煤锅炉房的前期手续办理工作。完成烟厂供电设施、烟草物流用地、半壁店电站和两限房配套学校用地的拆迁工作。

(赵宝贵)

【旧村改造工作取得新进展】 全镇旧村改造整体方案通过区政府批准。半壁店村拆迁安置后期工作如期完成；砖厂村自住楼竣工，等待进行整体搬迁；西小马庄一期自住楼主体工程完成。其余各村建设手续进展顺利，东小马庄、西小马庄西区自住楼建设方案通过区审批。高楼金、孙王场、曹园、小稿村4个村的自住楼项目取得规划意见书；刘老公庄、东小马庄2个村的商业楼项目正在报批中。

(赵宝贵)

【城市环境综合整治】 以迎接奥运为契机，全面加强环境建设。投资200余万元，完成料器路等背街小巷的整治工作。投资50余万元，启动政府大街交通文明示范街创建工作。建立《梨园镇城市管理服务中心保洁员岗位目标责任制》，对全镇主要道路大街实行定岗定人巡查，确保管理、监督到位。落实《梨园镇绿化管护工作意见》等长效工作机制，做好了镇属125万平方米绿地、林木的日常养护。

(赵宝贵)

【平安奥运专项行动收到明显效果】 一是全面改善了社会治安环境。开展对高发案地区和流动人口、出租房屋的清理整治，对治安隐患进行及时整改。组织以民兵预备役人员为主的50余人的社会治安巡防队，加大群防群治力度，落实"看人"、"控地"各项工作任务，地区刑事案件发案率同比下降49.8%，提高了群众满意度。二是有力维护了良好环境秩序。投资300万元进一步完善辖区内道路交通设施建设，成立1000余人的交通安保志愿者队伍，完成奥运会、残奥会期间车辆消减、公路卡口、劝返岗的各项工作。对辖区轻轨沿线各站点及周边地区黑车运营、散乱摊点进行集中整治。对全镇23家农贸市场、再生资源市场进行联合整治，制定4家市场的升级改造方案。三是确保了全镇安全稳定。对全镇进行安全生产大检查，消除各类安全隐患1000余处。做好镇域内动、植物疫病防控工作。开展食品卫生专项整治行动，确保镇域内食品卫生安全。完善信访工作台账，坚持重点案件领导包案制度，严把初信初访关，群众反映的问题得到有效解决和处理。

（赵宝贵）

【开展奥运文化活动】 新建和改、扩建6个村的文化活动场所，协调资金160万元，做好10个村、2个社区和1个企业的数字电影放映厅建设工作。迎奥运倒计时200天社区文艺汇演、群众歌咏汇演等系列奥运主题活动收到良好效果。圆满完成运河奥运文化广场3个梨园专场的演出任务和区级歌咏、秧歌调演活动。做好首都职工文明拉拉队培训工作，认真组织安排9个场次、1600余人次参与火炬传递和观赛工作。

（赵宝贵）

【农村集体经济产权制度改革稳步推进】 年内，将军坟、三间房两个村的改制工作进入收尾阶段，半壁店、砖厂、大马庄3个村的改制工作正在积极进行中，地区农村级集体经济组织成员的利益得到进一步维护。

（赵宝贵）

【加强城乡社会保障建设】 完成2006年1月以后退休人员的养老金重新审批和补支工作。全镇“一老一小”大病医疗保险参保人员达到2590人。全镇新型农村养老保险参保人数达到5185人，参保率达到65.2%。为退休人员发放养老金1448万元。为全镇14800名参加新型农村合作医疗人员拨缴医疗保险费184万元，发放报销款229万元。为2151名符合条件的人员办理了无养老保障相关手续，累计发放福利养老金440万元。为131名符合条件的无业居民办理了无业居民大病医疗保险。为超转人员发放养老金669万元，报销医药费194万元。在区民政局支持下，积极筹措、协调资金近200万元，开展对优抚对象、社会救助对象、低保对象的慰问和救助。与区残联协调价值60万元的康复器材，建立了6个村级残疾人医疗康复站；在市、区残联支持下，协调资金40万元，成立残疾人温馨家园。投入35万元，对敬老院供暖、供水系统进行改造。

（赵宝贵）

【劳动培训就业工作扎实推进】 年内累计完成培训2600人次，培训合格率达到100%。先后举办10次招聘会，全年安置就业2230人次。

（赵宝贵）

【社区建设不断完善】 完成4个社区居委会的筹建工作，进一步扩大了社区工作的覆盖面。投资40万元，为2007年成立的8个社区居委会配置办公设施。开展11个社区楼门文化建设工作，在15个社区中开展特色社区创建工作。

（赵宝贵）

【宣传思想工作】 扎实开展宣传思想教育工作。围绕贯彻落实“十七大”精神、“迎奥运、讲文明、树新风”和“改革开放30周年成果”开展宣传教育活动，举办全镇大型讲座、报告，组织有关知识竞赛，收到良好效果。强化对内对外宣传工作，在梨园政府网站上开办《梨园时讯》电子杂志，并开辟“政策理论”、“百姓就业服务岗”等栏目，增强了服务性与时效性，在《通州时讯》上开设“梨园专版”，宣传渠道和宣传方式得到进一步拓展。

（赵宝贵）

宋 庄 镇

【概 况】 宋庄镇位于通州区北部，东邻潮白河，西邻温榆河，是通州区连接顺义区、朝阳区以及河北省三河市燕郊之间的结合地，北部紧邻首都国际机场，机场南线穿境而过。全镇面积116平方公里，辖47个行政村，人口近10万人。2008年全镇耕地面积58906亩，粮食产量1722吨，年末农户总户数35206户，户籍人口76708人，其中农业人口46729人，非农业人口13412人，外来人口16567人，出生492人，人口出生率8‰。2006年12月8日，经北京市文化创意产业领导小组审定，认定北京宋庄原创艺术与卡通产业集聚区为北京市首批十大文化创意产业集聚区之一。2008年10月，宋庄原创艺术与卡通产业集聚区被国家广电总局确定为国家动漫产业基地。

（杨海英）

【经济持续健康发展】 2008年，完成税收4.86亿元，同比增加1.1亿元，增长30.4%。重点支柱行业、企业保持稳定的发展势头。税收超千万元的企业达到8家，其中佩特来全年税收突破8000万元，成为2008年在镇企业中的第一纳税大户。小堡、富豪、草寺3个村税收突破千万元，其中小堡村达到2652万元。2008年全镇地方财政收入达到6000万元，同比增加1000万元，增长20%。全镇农民人均劳动所得实现11609元，同比增加860元，增长8%。

（杨海英）

【法国驻中国大使馆文化参赞考察宋庄镇】 3月4日，法国驻中国大使馆文化参赞齐安捷一行就拟建蓬皮杜艺术中心姊妹馆项目到宋庄镇考察。在实地参观宋庄美术馆和部分画家工作室后，法国驻中国大使馆文化参赞齐安捷、文化专员白尚仁，中央美术学院院长潘公凯，昭德公司董事长李伯潭与区领导进行了座谈。副区长张华向法国客人介绍通州区经济和社会发展基本情况，宋庄创意园区负责人介绍宋庄原创艺术与卡通集聚区规划和发展情况。法国驻中国大使馆文化参赞齐安捷介绍了蓬皮杜艺术中心项目的情况，希望双方进一步开展合作，共同促进中法文化交流更深层次的发展。会后，区长邓乃平会见法国驻中国大使馆文化参赞齐安捷一行。

（杨海英）

【都市现代农业项目快速起步】 2008年，全镇农业转型取得突破性发展，农业产业开始升级，一产向三产转化，农田向园田转化的工作格局初见成效。宠物乐园、观光采摘园、文化园等业态相互兼容项目相继开工，建设进程日益加快。2008年规划申报4个规模农业项目，其中宋庄农业风情园项目总占地6700亩。已完成总体规划设计，并实现土地集中流转1500亩。该项目开始建设道路设施、大棚设施等，规划三年时间完成全部设施建设。富豪百马生态牧场项目1200亩土地流转工作完成，平家疃伯爵生态园项目占地2600亩，前期300亩启动区的建设正在进行，其它区域的土地流转工作进入协商工作当中。葛渠蓝贵坊生态花园占地450亩，土地流转工作完成，规划编制潮白河、温榆河旅游区项目。

（杨海英）

【基础设施建设全面提速】 年内，富壁路建设基本完成，京榆旧路三期基础建设进展顺利，徐尹路建设启动前期工作，徐内路建设主要路段完工，窑平路建设启动前期工作，积极配合区重点办完成潞苑北大街、机场二通道、机场南线、双埠头铁路平改立等工程。

（杨海英）

【环境建设取得显著成效】 2008年，投资8200余万元高标准、高质量组织实施航空走廊可视区、文化产业聚集区、奥运火炬传递路线、京秦和京承铁路及京哈高速公路沿线、机场南线和二通道沿线等迎奥运专项整治工作，完成渣土清运、空地荒地绿化、屋面美化、外墙粉饰、道路改造、路灯安装及绿色景观建设等17项环境建设工程，完成机场南线全部绿化任务。投资900万元建成葛渠临水公园，占地面积470亩。投资451万元实现全镇47个村垃圾密闭化管理。完成镇域内14个非正规垃圾场的整治工作；拆除镇域内违法建设达11.18万平方米；加大对非法“泔水猪”养殖场的整治力度，清理存栏“泔水猪”3.9万余头，拆除猪舍及附属设施近12万平方米。2008年，宋庄镇被市“08办”评为市级迎奥运先进单位。

（杨海英）

【产权体制改革主体任务全部完成】 全镇47个村的产权体制改革主体工作全部完成。改制完成的30多个村实现股份分红，2008年分红总额达到2500万元以上。为了确保产权体制改革后村级股份合作社规范管理、高效经营和长期增收，镇党委、政府拟定《规范村级民主理财工作的管理意见》、《关于村级重大经济事项招投标工作的实施意见》等规范性文件以加强指导。凡是改革完成的村均出现和谐、稳定、发展、增收的良好局面。

（杨海英）

【农民就业工作取得新成绩】 全镇上下把农民就业增收当做重点事项来抓，实行劳动部门及工青妇武齐抓共做的办法，积极组织开展家政服务员、营养师、面点师等各类专业技术培训。2008年举办各种技能培训班36期，培训专业持证人员3010余人，安排介绍就业2300人。

（杨海英）

【社会保障工作取得新进展】 2008年，镇财政补贴380余万元，大力推进新型农村合作医疗工作。44548人入保，入保率达到95%。3600人报销医药费530万元。加入新型农村社会养老保险的人数20316人，入保率81.08%。镇级投入社会救济救助资金160余万元，对优抚对象和社救对象107间危旧房进行翻建，救助困难农民1086人，900余人享受农低保政策。认真落实残疾人各项政策，全年发放残疾人救助金125万元，建立6个残疾人康复站，培训残疾人237人，安排就业49人，残疾人综合救助水平不断提高。

（杨海英）

【社会治安综合治理】 2008年，投资200万元建成小堡监控中心和44个村级流管站，全镇治安网络进一步完善。同时聘用49名安全协管员，加大安全隐患排查消除力度，年内全镇未发生一起重大安全生产事故。同时治安发案率明显低于全区平均水平。全镇信访总量比上年下降50%。

（杨海英）

【加强机关效能建设】 2008年，全程代办中心接待办事群众5300多人次，为1300多名弱势群体办理老年证、残疾证，仅此一项为群众节省交通费、误工费10万余元。办理完成的各类事项达3700余件，其中村级代办室为1040家企业办理工商注册和税务登记手续。

（杨海英）

张家湾镇

【概　况】 张家湾镇位于通州区中部，镇域面积105.4平方公里，下辖57个行政村。全镇税收总额实现6.4亿元，同比增长20.2%，其中国税4.08亿元、地税2.32亿元，同比分别增长30.2%和5.9%。实现工业总产值83.8亿元、销售收入85.3亿元、利润2.54亿元，同比分别增长19%、10.1%和20.9%，农民人均所得实现10351元，同比增长8%。全年出生462人，计划生育率达到96.3%以上。

（孙凤霞）

【举办2008年企业年会】　12月9日，组织召开“积极应对形势，共谋和谐发展”张家湾镇2008年企业年会。区领导王云峰、邓乃平、张文山、张华及相关委办局的负责人，全镇完税在100万元以上的73家企业负责人参加年会。北京中油公交、正大集团、福耀集团、铜牛股份有限公司、吉林森工、东亚铝业等企业代表在会上进行了经验交流。区委书记王云峰、区长邓乃平在年会上就如何应对新形势，紧抓机遇，推进经济又好又快发展和与会人员进行交流。

（孙凤霞）

【基层党建取得新成效】　党建工作通过推行村级干部“双述双评”制度，提高村级党组织的执政水平和能力，发挥基层党组织的领导核心和党员干部的先锋模范作用；开展基层党组织“承诺制”，全镇57个村级党支部分别与镇党委签订《承诺书》，调动了村干部工作的积极性，促进任务指标如期完成；完善村级“党务公开”制度，党群干群关系更加密切，农村民主政治建设水平明显提高；深入开展“三级联创”活动，有效落实《关于在奥运期间充分发挥全镇基层党组织先进性作用的意见》，基层党建工作呈现积极活跃新气象。

（孙凤霞）

【精神文明创建评选工作】　张家湾镇结合奥运环境年建设，开展“靓丽一条街”、“文明之星”的创建和评选活动，评选出10个文明标兵村、25个文明村、9个文明标兵单位、17个文明单位、10个文明靓丽一条街、10名“公德之星”先进个人、150户文明十星户。

（孙凤霞）

【园区招商引资工作进展顺利】　2008年是开发区划归乡镇管理的第一年，园区发展定位走现代服务业和总部型经济之路；园区与珠江公司研讨提出南扩区家居产业示范园走发展“泛家居”的新概念，并研究一系列相关招商引资政策，将产业逐步实现由家具到家居总部型经济的扩张；园区利用已掌控的550亩闲置土地打造“数字文化产业园”。与正大置地公司、“火狐”、信达资产等多家行业领军确立合作意向，完成整体架构，园区整合投资方、产业集成商及10余家行业领军企业组建理事会，指导项目公司开始编制项目概规及可研报告工作。

（孙凤霞）

【项目引进工作有新进展】　张家湾镇通过对土地利用进行合理规划和布局，盘活场地850亩，厂房20.3万平方米。引进北京市第五季家具有限公司、北京中加保罗生物科技有限公司等企业600余家。北京瑞中天明门业有限公司、福耀集团北京福通安全玻璃有限公司等项目已投产运营。

（孙凤霞）

【总部型经济进一步壮大】　北京东方石油化工有限公司销售中心、北京中油公交石油销售有限公司实现税收6000万元和2300万元，拉动全镇税收的增长。

（孙凤霞）

【完成平安奥运工作】　为全面落实人力、物资、通讯、运输、医疗和治安维护等各项应急保障预备措施，张家湾镇制定《奥运期间张家湾镇对外接待突发公共事件总体应急预案》等8个应急预案，确保预测预警、指挥协调、应急处置等各项工作全部到位。抓好涉奥采访接待工作，设立奥运媒体接待站，通过落实媒体宣传、人员培训、环境整治、治安防控等各项工作，圆满完成接待任务。发动2000余人参与社会面大防控，严厉打击各类刑事犯罪，全镇社会治安形势良好。

（孙凤霞）

【综合整治工作成效显著】　张家湾镇全年粉刷大件路等4条主要道路两侧可视范围的房屋墙体，拆除违法建设7000余平方米；投资500余万元对奥运媒体采访接待点皇木厂村进了整体环境改造；8个环境整治村达到市农委验收标准；推进垃圾分类工作，新建一座日处理垃圾200吨的垃圾中转站；整顿张湾镇、枣林庄、陆辛庄三个集贸市场，规范商户的经营行为。

（孙凤霞）

【实现维稳工作双“零”指标】 严格落实领导干部“大接访”工作，年内接待群众来访148批次，全镇信访形势好于往年。完善村干部接访制度，要求“两委”班子轮流坐班接访，实行“民声畅谈室”机制，有效化解基层矛盾，奥运期间全镇未出现到区以上重点地区上访事件，实现维稳工作双“零”指标。

（孙凤霞）

【高标准完成绿化美化工作】 张家湾镇全年绿化美化投资达1000余万元。先后协助市、区高标准完成京津二通道、京津城际铁路两侧500米可视范围内林网建设及510亩二道隔离绿化工程；顺利完成12个村400亩残次林改造及3个村1500亩平原治沙工程；540亩雨洪区的100亩景观林及沿河绿地景观建设如期完工，种植乔木、花灌木5000余株。

（孙凤霞）

【重点工程建设有序开展】 完成九德路扩建工程的拆迁补偿工作，该工程已进入施工阶段。潞河中学分校二期、张湾卫生院及社区卫生服务中心项目开工建设。投资1600余万元，完成总面积近7万平方米的何牌路等7条道路建设。启动垡头等12个村改善农业生产条件土地开发项目，建设规模13847亩，完成东翟路、小北路、垡小路约6000米道路建设。

（孙凤霞）

【发展都市型现代农业】 镇域内2000亩保护地蔬菜基地配套建设进展顺利；投资400余万元用于改善农田基础设施建设；完成5000亩中低产田改造、水利工程建设工作；投资1500余万元对张凤路、胜利干渠路绿色旅游产业带进行整体改造升级；投资1.5亿元，占地12万平方米的北京合美渔都农产品市场落成并投入使用。

（孙凤霞）

【新农村建设稳步推进】 投资1200余万元狠抓新农村建设各项重点工程。对唐小庄等9个村进行饮用水改造，全镇饮用水改造完成率达到100%；完成北大化等3个村改厕任务，1000余户农民直接收益；安装太阳能路灯750盏；建成苍头等7个村太阳能公共浴池；完成东永屯村生物质气化炉工程；有线电视接收入户的村总数达46个；建设数字放映厅、文化广场、图书阅览室35个；村村拥有健身场所。

（孙凤霞）

【农村改革不断深化】 规范土地承包经营权流转，新增流转面积2487亩，发展农业专业合作社达14个；完成5个村集体经济产权制度改革工作，全镇累计完成10个村的改革工作；有效实施支农惠农政策，1732户农民参加农业政策性保险。

（孙凤霞）

【抗震救灾工作成绩突出】 全民积极参与抗震救灾工作，“5·12”汶川特大地震发生后，全镇捐助各种款物363万余元，2985名党员缴纳特殊党费65.9万元。大本营彩钢、北泡轻钢有限公司为灾区生产活动板房17000余套。

（孙凤霞）

【实施教育基础建设】 投资1000余万元完成牛堡屯、陆辛庄等6所学校标准化建设，完成垡头和枣林庄两所小学的撤并工作。

（孙凤霞）

【劳动就业和社会保障工作】 全年举办各种招聘会10次，开发就业岗位1831个，安置富余劳动力1400余人；农村合作医疗参保人数41384人，发放报销款496万元。为700多户优抚、社救对象发放补助费、救济款、低保金等110万元，对重残、无业、无固定收入的残疾人给予生活补助76万元。

（孙凤霞）

漷县镇

【概　况】　漷县镇位于通州区东南部，镇域面积113.68平方公里，辖61个行政村，全镇总户数32871户，总人口69576人，其中农业人口46248人、非农业人口23328人。年内人口出生率为6.64‰。耕地面积92564亩，其中粮食面积81912亩。工业企业398家，建筑业23家。年内完成税收3.1亿元，同比增长20%；实现工业产值26.38亿元，同比增长20%；工业销售收入24.68亿元，同比增长20%；利润总额4800万元，同比增长29.1%；农民人均劳动所得9239.1元，同比增长6.82%。2008年，漷县镇获得首都文明乡镇称号，在全区乡镇整体工作评价中名列第三位。

（王海山）

【招商引资和盘活工作取得新进展】　2008年，漷县镇始终坚持"工业立镇、工业兴镇"的发展思路，通过工业发展带动全镇经济和社会各项事业共同发展。年内引进实体企业7家，总投资9.6亿元；引进注册企业219家，总注册资金4亿元，其中1000万元以上的7家、500万元以上的13家；盘活企业65家，总投资4.1亿元。

（王海山）

【做好企业服务工作】　年内，为英泰世纪、安达办公家具等12家企业贷款1520万元；为甜叶菊制品厂减免贷款130万元；与农商行协商，用原皮件厂、挂车厂、雨衣厂三家企业的厂房、场地打包，减免贷款本息8000万元；完成北京东方美林装饰材料有限公司、北京中联天盛建材有限公司等6家企业的国际质量体系认证；完成北京正源东兴科技有限公司、北京绿友食品有限公司等10项财政支持项目的申报。

（王海山）

【加强农业基础设施建设】　实施总投资360万元的7000亩中低产田改造项目，更新低压管线改造450米、机井19眼、农田井护套20套、低压输水管道46400米，新建桥涵40座，修建砂石路13000米，实施林网更新等工程。

（王海山）

【编制完成两个农业规划】　以设施农业为突破，以富裕农民为目标，不断探索农业产业结构调整和机制创新新途径。一是编制完成《漷大路设施农业发展规划》。启动高庄、纪各庄等村14655亩的保护地蔬菜产业带建设，其中新建冷棚和日光温室1115亩、改建350亩；建立100亩食用菌示范区，探索林菌间作立体种植新途径，实验种植速生丰产林下露天食用菌"竹荪"，发挥"以林养菌，以菌促林"的生态效应。二是编制完成《漷县镇花卉发展规划》。成功举办通州区第二届花卉节，为漷县镇花卉产业发展搭建了推介平台，把花卉生产作为农民增收的新亮点，以北堤寺村吉鼎立达花卉基地和草厂村一品园花卉基地为龙头，带动周边村花卉产业发展，着力打造花卉品牌。

（王海山）

【推进农民合作组织建设】　年内，成立18个专业合作社。充分发挥草厂、东定安、黄厂铺等合作社的示范带动作用，以农民田间学校、农民合作组织为依托，以培训农民为基点，促进农民科技水平的提高，辐射带动周边村发展蔬菜、小麦籽种产业的种植，加快推进农民增收致富的步伐。

（王海山）

【深入开展农村制度改革】　不断探索农村土地承包经营权流转的新机制，充分发挥农村土地流转平台的作用，完成4000亩土地承包经营权流转。同时，完成西定安村集体经济户权制度改革，实现历史新突破。

（王海山）

【家庭手工业带动农民致富】 充分发挥妇联组织的桥梁纽带作用，引导农村妇女从事家庭手工业生产。全镇从事家庭手工业专业大小龙头户近50家，从业妇女3000人，加工项目12大系列200余个品种，年加工生产能力达600余万件。家庭手工业初具规模，成为全镇富民工程中新的经济增长点。

（王海山）

【小城镇建设迈上新台阶】 镇域规划和中心区控制性详细规划成果得到正式批复；完成投资150万元的社区篮球场馆建设工程；实施总投资6129万元的小城镇中心区污水处理厂工程；完成垃圾转运站周边路的建设工程；协助区级重点工程觅西路完成涉及漷县镇5个村的拆迁工作；完成侯黄庄等4个行政村的规划编制工作；完成漷兴六街、漷兴北一街、漷城西一路中心区路网工程的道路定线、项目评审等工作。公共服务设施的加快建设，使小城镇功能日趋完善，城市承载能力明显提高。

（王海山）

【新农村建设取得新突破】 镇村投资360万元用于环境专项整治，不断完善环境整治月度考核办法，加大监督考核力度，全镇环境面貌焕然一新。完成南阳、沈庄等12个环境整治达标村及南屯村生态文明村的创建；实施军屯、丁庄等12个村道路硬化10万余平方米；完成前尖平、中辛庄等10个村的垃圾密闭化建设工程；栽植美化苗木11万株；完成漷县、马务等17个村720盏太阳能路灯的安装；建成村级数字影院26个；为30个村配备文化资源共享工程设备；为各村配备健身器材200余件；完成苏庄、靛庄等14个村的社区卫生服务站建设；实施1000户农户改厕工程；完成东定安、黄厂铺、西定安三个村的污水处理工程；完成马务至郭庄村的水厂扩户外管线工程；在33个村推行便民服务卡，推进村级全程代办服务工作。龙灯、路灯老会、李氏家谱、花丝镶嵌四个项目参加通州区非物质文化遗产展示和授牌活动。成功举办奥运倒计时100天、门球赛、通州区书画作品及优秀文化遗产展示等项活动，发挥群众做文化主人的优势。

（王海山）

【全力做好奥运安保工作】 奥运期间，全面落实奥运安保总体要求，制定奥运安保社会面控制工作方案，全镇形成“面上有人控、线上有人巡、口上有人卡、重点部位有人防”的社会面防控格局，加强72条进京路口和6条机动车进京主要路口的安全防范，保障外国元首的平安出入。杜绝奥运期间生产事故、各类危及社会安全的重大事件、食品安全等事件的发生，维护社会安全稳定的局面，圆满完成了两个奥运的安全保障工作。

（王海山）

【5家企业参与奥运筹备工作】 镇域内的北京通州开关有限公司、北京全聚德三元金星食品有限责任公司、北京京绢制花厂、北京格申工艺美术品有限公司、北京海德霍顿建材有限公司直接参与奥运场馆、道具、表演等准备工作（残奥会闭幕式600万片枫叶、奥运会和残奥会开幕式上领导佩戴的胸花、奥运会开幕式表演的缶、“鸟巢”等场所卫生间隔板、高低压配电柜、食品），为奥运会的成功举办做出积极的贡献。

（王海山）

【强化新时期党建工作】 全面推进村级党支部“六服务”创建活动，健全和完善支部书记考核的激励机制，加大村两委班子成员的培训力度，开展村干部“双述双评”活动，推行农村党员量化考核办法，深入开展“做党的忠诚卫士、当群众的贴心人”主题教育活动。全力推进以大学生村官为骨干的农村党员干部现代远程教育工作，以“党委＋基地＋村官”三级联创模式，成立大学生村官蔬菜示范基地，辐射带动村级设施农业发展。

（王海山）

【改善教育教学环境】 投资585万元对漷县中心小学、草厂小学等学校进行整体改造，进一步改善教育教学环境，为市级规范化学校建设验收奠定基础。

（王海山）

【劳动和社会保障工作】 充分发挥村级就业指导站的作用，努力搭建就业平台，全年实现农村劳动力向二三产业转移1397人。实施新型农村社会养老保险制度，落实城乡无社会保障老年居民养老保险办法，为7631人办理无保障居民养老保险，为13708人办理新型农村社会养老保险，为514人办理“一老一小”大病医疗保险。年内接收645份城镇失业人员档案，发放失业金268836元，报销失业医疗费17634元；办理灵活就业、自主创业手续106人，失业人员再就业401人；管理退休人员档案201份，发放退休金103181元；32157人参加合作医疗，发放报销款600余万元；解决拖欠工资、经济补偿、劳资纠纷等案件74起，涉及金额163.95万元。

（王海山）

【完善民政优抚工作机制】 开展对全镇农低保户和城低保户入户调查工作，实行动态管理。对低保户、烈属、伤残军人、老复员军人等弱势群体实行长期扶助和临时救助相结合，成立成年智力残疾人职业康复劳动站、残疾人康复站，多渠道开展康复服务，有效的改善社会弱势群体的生活质量。

（王海山）

【开展计生宣传教育工作】 认真贯彻落实计生政策法规，不断加大计生基础设施建设，新建4个计生文化大院、2面计生文化墙及4个计生文化园，涉及到10个村，增强计生知识的知晓率，全力打造人口和计划生育的新型生育文化平台。

（王海山）

马驹桥镇

【概　况】 马驹桥镇地处北京东南郊，通州区西南部，全镇行政区域面积82平方公里，辖50个行政村，17827户41827口人，其中农业人口28803人、非农业人口13024人，全年出生人口421人，出生率10‰。2008年全镇各项经济指标持续增长，全年实现税收6.4亿元，同比增长26%，列全区第二，比上年提前了3位，其中国税完成2.8亿元，同比增长69%；地税完成3.6亿元，同比增长5%，地方财政收入达到2.04亿元，同比增长10%。

（绳少红）

【营造稳定奥运环境】 一是夯实组织基础，建立健全制度。7月初，成立马驹桥镇奥运安保社会面防控指挥部，抽调人员组建奥运安保办公室。研究制定《马驹桥镇大防控建设实施方案》，建立《安全隐患排查情况》、《出租房屋和重点房》、《各类门店企业》等七大类电子台账，印发《“九小”单位安全检查记录单》、《平安奥运专项整治综合执法检查情况统计表》等10余种表格，为工作顺利开展夯实基础。二是加大社会治安管理力度，实现技防和人防的有机结合。在技防方面，投资310万元建设一个覆盖镇域内的治安监控系统，该系统主要用于监控全镇各个路口及重点部位的情况，布设140个点位，每个点位在配备高清彩色摄像机的同时，在摄像机两侧分别配置两个红外灯，保证深夜没有路灯时照样监控路面情况。在人防方面，投资130万元设置“看人”和“控地”岗位575个，村级责任岗23个，行业责任岗7个，发动群防群治力量4843人，实现“面上有人控、线上有人巡、重点部位有人守”。三是开展奥运安全宣传和大接访活动。深入各户开展奥运安全宣传，发放各类宣传品 2.6 万份，张贴宣传标语 3600 幅。在此基础上，采取领导包案、定期回访、主动约访、司法超前介入等措施开展大接访活动，最大限度地化解矛盾，实现奥运期间信访工作“双零”指标。四是开展安全隐患综合执法行动。成立镇、村两级“平安奥运”专项整治行动执法队，对镇域内存在的安全隐患进行全面检查。检查小门店 8900 家，出租房屋 5100 户，流动人口 1.8 万人，排查各类安全隐患 1160 处，拆除违章建筑 49 处 1.2 万平米，拆除临时建筑 25 处 1060 平方米，拆除灯箱牌匾 63 处。

（绳少红）

【企业直接参与奥运服务】 2008 年，镇域内多家企业直接参与奥运服务。一是北京好利来工贸有限公司成为北京第 29 届奥林匹克运动会茶点主要供应商，奥运期间公司有 20 余万盒奥运食品走进“鸟巢”、“水立方”等奥运主场馆，被各国运动员、奥运大家庭贵宾和数十万观众品尝享用，实现零责任客诉、零食品安全事故、零食源性兴奋剂检出。二是北京联东钢结构有限公司在北京奥运会场馆筹建中承担部分场馆建设工程的钢结构项目。2005 年 6 月公司签约国家游泳中心“水立方”工程钢结构项目，主要加工制作临时看台、安保通讯设备室、跳塔等钢结构产品，总加工量达到 1140 吨；2006 年 6 月，公司签约国家奥林匹克中心体育场改扩建工程钢结构项目，主要加工制作全部钢结构主体工程，总加工量达到 5400 吨。三是北京金秋铜装饰材料有限公司承担北京盘古大观项目建设中长铜拉手、楼梯扶手、楼梯护板、灯池、花格门、镜框等铜装饰生产任务，共用铜 80 多吨；承担郑泉广场项目建设中大型宫灯的制作、吊挂及安装；承担通州运河船的铜装饰工作。四是北京通州利强涂料厂于 2007 年初通过北京市“2008”环境建设指挥部办公室等 7 家委、办、局联合组建的专家评审和实地考察等综合评价工作，入围奥运环境建设工程建筑外墙涂料生产企业目录，成为奥运环境整治外墙涂料指定供应企业，参与城市环境改造工程。先后承接海淀区花园路外立面粉饰工程、马甸小区老旧小区改造工程、2008 海淀区建筑物外立面清洗粉饰紫竹院街道项目、安贞小区改造工程、水碓子社区粉饰工程、朝阳工商局粉饰工程以及通州区政府粉饰工程等诸多城市靓丽工程，提供近千吨稳定的环保产品。北京金秋铜装饰材料有限公司和北京市通州利强涂料厂 2008 年分别被北京市工商业联合会评为“首都非公经济参与奥运服务奥运先进集体”称号。

（绳少红）

【小周易村民主管理成效显著】 一是坚持“民主决策”，保障群众的参与权。对于村内重大事项的决策，在广泛征求党员群众意见的基础上，召开村民代表大会进行表决，全年召开村民代表大会 12 次，讨论决定事项 65 项。二是坚持“村务公开”，保障村民的知情权。凡遇村内重大事项，坚持事前公开征求意见，事中、事后公开接受监督。三是加强“民主监督”，保障村民的监督权。每年对两委班子成员进行两次述廉、述职报告，由全体党员和村民代表测评打分。四是坚持“公开接访”保障村民问题及时解决。实施村干部随时公开接访制，村民有任何问题，在任何时间都可以去找村干部咨询、解决。与此同时，在村委会门前和村文体活动中心分别设立意见箱，每周对群众提出的问题进行汇总归类，及时答复和解决。各项民主制度的落实，充分调动了村民在新农村建设中的主体作用，从根本上保障了村内的和谐稳定，推动了全村经济发展，村民福利待遇每年增幅 5 ～ 10%。年内，仅用于发放村民粮、油、煤气等生活必需品的费用就达 120 万元。同时，义务教育阶段的学生，按年级每人每年补助 200 元至 600 元，成人教育补助学费 30%；凡女满 55 岁、男满 60 岁以上的村民，每月可领取400元退休金；村民二次医药报销额从2007年的70%增加到90%，村里完全实现“幼有所依、老有所养、病有所医”。2008年，小周易村被北京市委农村工作委员会、北京市农村工作委员会、北京市人事局联合评为“民主管理先进村”。

（绳少红）

【纪检监察成绩突出】 一是注重制度建设，强化源头治理。坚持“标本兼治、综合治理、惩防并举、注重预防”工作方针，在深入调研的基础上，不断完善《镇、村“三重一大”工作制度》、《村干部述职述廉制度》、《村级经济合同备案管理制度》、《村级大额资金专储账户制度》、《村级基本建设项目阳光工程制度》及《村干部公开接访制度》等一系列党风廉政建设和反腐败工作制度，在全镇形成“用制度管权、按制度办事、靠制度管人”的党风廉政建设制度体系，从源头上预防和减少各种腐败行为的发生。二是加大解决信访问题力度。年内，接待村民来访185批236人次，解决群众信访问题193件；受理群众信访举报140件次，信访案件办结率保持在100%，避免矛盾的累积和升级，有效维护社会稳定。三是开展廉政教育活动。邀请区检察院等相关部门人员，为全体机关干部、50个村“两委”班子成员及96名大学生“村官”进行预防职务犯罪专题讲座，并组织大家参观预防职务犯罪案例展。与此同时，投资2万元在六郎庄、房辛店2个村建立廉政文化墙。四是加强全程代办效能监察工作。全年抽取230余件全程代办事项，对服务对象进行跟踪回访，增强工作人员服务意识和责任意识。7月，在中纪委组织的全国农村基层党风廉政建设经验交流会上，马驹桥镇纪检监察工作的做法作为文字材料在会上进行交流。2008年，马驹桥镇被北京市纪委监察局、北京市人事局评为“北京市先进纪检监察组织”。

（绳少红）

【新农村建设取得新进展】 一是完善村庄规划。委托规划院完成大松垡和小松垡2个村新农村村庄规划编制工作。截至年底，全镇累计完成13个村的新农村村庄规划编制工作。二是加强基础设施建设。投入1500万元用于支持各村基础设施建设，截至年底，12项新农村建设重点工程在10个试点村实现覆盖率100%，垃圾密闭化管理、饮用水改造、有线电视村村通等7项工程在全镇50个村也实现全面达标。三是明确农业发展思路。构建设施农业为主体的新型产业框架，加大对龙头企业的扶持力度，深化“公司＋基地＋农户”的发展模式。年内，新建反季节蔬菜、生态园花卉基地、农业观光园等5个设施农业重点项目，总投资达4890万元；龙头企业金信食用菌公司和绿园伟业蔬菜公司带动750户农户增收，每户最少增收4500元，最多增收2万元。四是改善村庄环境。完成6.73万平方米道路硬化工程（主干路4.03万平方米、支干路2.70万平方米），铺设排水管线2.94万米，植树10.57万棵，新建社区卫生服务站16处、体育健身场所13处、文化活动中心7处。

（绳少红）

【党建创新有特色】 一是构建“五站”模式，增强村级组织服务功能。将村级服务资源进行整合，实施“五站”建设，即党员教育站、村民议事站、群众服务站、民情倾诉站、文化娱乐站。各村利用村级“教育站”开展党员群众培训教育活动，全年播放电教片250多场次，举办培训班40多场次，受教育党员群众1200多人次，提升了党员群众的理论素质和致富能力。依托“服务站”为群众提供建房审批、法律服务、市场信息咨询等服务项目，解决群众生产生活上的难题。全年为群众完成全程代办事项2550件，兑现新型农村合作医疗二次报销费210万元，获得种植业保险赔付金21.9万元。依托“议事站”和“倾诉站”接待群众来访，与村民商议村内大事小情，倾听群众的建议和意见，促进村内的和谐稳定。利用“娱乐站”开展群众文体活动和“迎、讲、树”活动，营造文明和谐村风。二是实施分类考核，激发村级干部工作热情。建立“四把标尺”量干部的村级考核工作体系，形成科学考核、分类推进、整体提高的工作机制。主要内容针对各村在工业、农业、城镇建设的布局特点，将全镇50个村分成四种类型，分别设置“四把标尺”对村干部工作实绩进行考核。第一种类型是已转居、农民整体搬迁上楼的村。重点从农村社会保障、村大额资金监督与使用、农村社区管理、精神文明、村内和谐稳定等方面进行量化考核；第二种类型是镇中心区周边各村。着重从加强流动人口管理、创新党组织设置和工作方式、加强村容村貌治理、促进农民就业等方面进行量化考核；第三种类型是物流、环保两大基地规划范围内的村。突出村干部在加强宣传引导、做好拆迁安置、搞好农民就业培训、村党支部与非公企业党支部联建、规范土地承包租赁关系等方面进行量化考核；第四种类型是农业为主导产业的村。把考核工作的重点定位在推进带领群众发展农业产业、加强基础设施建设、壮大集体经济、提高村民福利、关爱生活困难群众、发挥中心户党员作用等方面进行量化考核。三是建立流动人口临时党支部，探索服务流动党员、流动人口新方式。建立政府职能部门、基层党组织和流动党员“三级服务网络”，在流动人口密集区建立流动人口临时党支部。4月，流动人口临时党支部试点工作在周营村正式启动。按照流动党员居住地进行划片，实行流动党员联系流动人口制度。周营村流动党组织为流动人口提供入学、就医、计划生育等方面咨询700余次，为流动人口提供租房信息300余次，调解因租房发生矛盾纠纷23次。四是开展党员干部培训工作。年内，集中组织党员干部培训12期，培训党员1500人次，两委干部900人次，种植养殖能手360人次。

（绳少红）

【阳光监审制效果明显】　年内，完成52个镇、村投资建设工程项目审核，涉及资金6596万元，审减资金1218万元。其中完成政府投资建设工程审核项目40个，涉及资金6166万元，审减资金1084万元；完成村集体投资建设工程审核项目12个，涉及资金430万元，审减资金134万元。自2006年2月在全区率先实施阳光监审制以来，累计完成241个镇、村投资建设工程项目审核，涉及资金24017万元，审减资金3726万元。其中完成政府投资建设工程审核项目135个，涉及资金17698万元，审减资金2848万元；完成村集体投资建设工程审核项目106个，涉及资金6319万元，审减资金878万元。

（绳少红）

【旧村改造稳妥推进】　年内，签订拆迁补偿协议316户，拆迁房屋6.9万平方米，支付补偿款1.6亿元。大白村、马村和西店3个村的村民自住楼开复工面积达17万平方米，竣工面积7万平方米，其中建筑面积3.5万平方米的A区7栋楼竣工并完成验收工作，西店和大白村的177户(192套)搬迁村民实现回迁入住。

（绳少红）

【重点工程如期推进】　完成投资4200万元的通州区第二医院住院楼和综合服务楼建设工程，于5月30日正式投入使用，改造后的通州区第二医院成为全区最大的农村社区医院。完成投资1300万元、建筑面积3000平方米的社会保障所办公楼建设工程，新的社会保障所成为集劳动和社会保障服务、劳动力转移培训、农民再就业及退休职工活动等多种功能为一体的综合服务平台。投资3380万元的马桥路、兴华南街道路建设工程正在办理征地、招标、开工等相关手续。

（绳少红）

【教育事业蓬勃发展】　2008年中考成绩突出，镇内2所中学考入市、区重点学校的学生达到128人，考入普通中学186人，高中升学率达到62.76%；学历教育参加人数达到历史新高，在校学员达672人，其中中专420人、大专146人、本科106人。全年投资600万元对中心小学、小张湾小学、大杜社小学等学校的教学环境进行升级改造。

(绳少红)

【稳妥推进失地农民转非安置】 依据北京市人民政府令第148号《北京市建设征地补偿办法》，对已完成21个村11261名失地农民安置工作的基础上，开展21个村中的一街等8个村农民转非工作并进行社会保险衔接安置。截至年底，转非安置4138人，投入社会保障衔接资金7.33亿元。

(绳少红)

【加大盘活闲置资产力度】 年内，加大对闲置资产的盘活重组力度，充分利用现有资源盘活存量、引进增量。全年盘活闲置资产17处，总占地面积100亩，引进投资额4500万元，年形成税收170万元，解决近400名劳动力就业。

(绳少红)

【中低产田改造工作】 年内，投资620万元对大松垡、小松垡及东田阳3个村5000多亩中低产田进行改造，疏挖斗沟8条，修建斗沟农桥19座、闸涵2处，修建斗沟管桥8座，增架低压线4000米，修机耕路10125米，修建扬水站40座，新打及更新机井10眼。完成中低产田沟、路、林网配套6条，种植雄株毛白杨9500株。

(绳少红)

【劳动就业工作】 全年举办培训班10期，培训人员1839人，接待求职人员1400人，接待用工单位120家，提供就业岗位1200个，实现成功就业1100人，其中农村劳动力就业990人。

(绳少红)

【加大环境综合整治投入】 投入资金317万元扩大垃圾中转站规模，新增垃圾压缩设备2套，进一步提高了生活垃圾处理能力；投入资金450万元开展西马各庄等9个环境整治村的创建工作，5月25日和9月23日，9个村分别通过市有关部门验收。截至年底，全镇50个村开展的环境整治村创建工作全部通过市有关部门验收。

(绳少红)

【发展第三产业】 年内，引进1000多平方米的世纪家家福大型连锁超市1家，新建3000多平方米的百分百大型购物中心1家，进一步提高全镇服务业整体水平。全年房地产业开复工面积达到75.94万平方米，金地格林小镇、珠江奥城等一批高品质房地产项目的开发建设，推动了全镇经济发展。

(绳少红)

【农村金融服务实现新突破】 7月16日，在小周易村设立的农村商业银行自动取款机正式投入使用，群众持有银行卡足不出村就能取到现金，实现了镇内农村金融服务的又一新突破。

(绳少红)

西 集 镇

【概　况】 西集镇地处通州区东南部，镇域面积90.65平方公里，耕地面积45064.5亩，辖57个行政村。户籍人口40561人，其中农业人口32886人、非农业人口7675人。年末人口总户数20684户，其中农业户数14182户、非农业户数6502户。全镇有实体企业323家，其中规模企业40家。全年实现税收2.45亿元，同比增长38.9%，其中国税10616万元，同比增长15.6%，地税13852万元，同比增长64.3%。工业实现产值23.24亿元，同比增长20.3%；销售收入21.56亿元，同比增长20.2%；利润9400万元，同比增长20.5%。农民人均纯收入达到9472元，同比增长9%。

(王思文)

【实现奥运期间安全稳定】 奥运会期间，西集镇按照通州区“平安奥运行动”方案总体部署，认真开展平安奥运行动和社会面防控工作，重点开展严厉打击刑事犯罪、文化娱乐服务场所清理整顿、矛盾纠纷排查化解、安全检查、重点人群排查、外来人口普查和管理等六个方面的专项行动，建立完善长效机制，各行政村按照镇平安奥运领导小组的要求，遵循属地管理原则，组建治安巡逻志愿者队伍，每天设卡巡逻，定期对属地企业、六小门店进行安全检查，宣传安全防范知识。实现奥运会期间的安全稳定，圆满完成社会治安防控任务。

（王思文）

【环境综合整治成果显著】 全年镇村两级投入资金3634万元用于环境整治，年初制定下发西集镇环境卫生综合整治工作意见和奖惩办法，开展绿化美化活动。完成春季绿化面积460亩，栽植花草树木近5万株。集中开展主要公路沿线环境整治，组织850人次对通香公路周边的环境进行集中整治，完成清运垃圾、拆除违章建筑、拆除广告牌匾、清除小广告等工作，使通香公路沿线的环境有很大改观，全面提升村庄环境卫生的整体水平。开展大规模环境整治，各村以创建“生态文明村”为目标，加大环境整治资金、人力、物力投入，强化环境整治长效机制和队伍建设，为营造舒适、优美的生活环境提供长效管理和有力保证，涌现出大沙务、老庄户、史东仪等一批先进集体。

（王思文）

【基础设施建设力度加大】 加快西集镇中心区综合配套设施建设，完成开发区供热中心主体工程建设，建筑面积2749平方米，工程总投资1500万元；完成新觅西路西集段道路改造及跨北运河大桥工程建设，该工程采用二级公路标准设计，路基宽12米，路面宽10.5米；投资440万元完成镇级公路侯肖路南段、南环路东段、南环路中段、杜太路等镇级公路大修工程，修复道路总长度4410米，面积24890 平方米。

（王思文）

【强化农业基础设施建设】 以发展都市型现代农业为目标，积极改善农业生产条件。投资400万元完成5000亩中低产田改造；投资250万元完成3000亩设施大棚道路及排水设施建设；投资1675万元实施牛牧屯等5个村7347亩土地的整理项目，新增耕地221.27亩，修建道路21.8公里，铺设地埋管42.3公里，新打、更新机井75眼、安装水泵及配套电机75台套，铺设输电线路20.1公里、安装变压器22台套；投资3000万元实施小辛庄等8个村1.26万亩基本农田整理工作，通过整理新增耕地403.5亩，修建道路31.3公里，铺设地埋管90.38公里，新打、修缮机井74眼、安装水泵及配套电机74台套，铺设输电线路35.88公里、安装变压器27台套。

（王思文）

【农业结构调整取得实效】 围绕运河果品产业带、潮白河蔬菜产业带建设，制定种植业结构调整扶持办法，进一步加大果蔬结构调整力度。2008年全镇果品面积达到3.2万亩，其中新发展果树800亩、更新果树300亩，全镇樱桃总面积发展到5000亩，大樱桃特色效应、品牌效应更加突出。沙古堆、郎西、儒林、小辛庄4个村实现产业带连片种植，形成“一村一品”种植模式，为实现优质果品的规模种植做出贡献。

（王思文）

【农旅结合产业快速发展】 年内，成功举办通州区第四届樱桃采摘节基础上，投资200万元完成6处果园道路硬化、厕所改造、休息凉亭建设；投资60万元完成6000多米采摘园竹艺围栏、5个竹艺门楼、2处竹艺宣传栏的修建；投资70多万元完善旅游指示系统，为滨河生态旅游及整体招商营造良好的环境。全年接待采摘游客3.2万多人次，仅采摘樱桃达8万公斤，采摘收入480万元，旅游收入同比增长7%。

（王思文）

【一批高端项目落户西集】 中冶焊接科技产业基地落户通州经济开发区东区，于10月23日正式开工建设。该公司以中冶集团建筑研究总院的焊接技术、成果、人才为核心，由中冶宝钢技术服务有限公司、中冶京城工程技术有限公司共同出资设立的科技企业。该项目总投资约3亿元，占地面积9万余平方米分为两期建设，3年内全部建成，其产能规模为年产特种焊接材料4万吨和配套的焊接与切割专用装备。通州经济开发区东区入区企业潞电钱江非晶变压器项目主体工程竣工；乔治费歇尔、君山二期等项目完成工商注册、环保审批，办理完成项目规划意见书；国家标准馆及RFID标识与识别系统生产基地项目签订合作意向书。

（王思文）

【盘活闲置资产】 西集镇成立资产运营办公室，进一步加大镇村和企业闲置资产盘活力度，2008年引进工业项目46个，其中投资总额1000万元以上项目21个，投资总额100万元以上项目25个，盘活和利用闲置场地102亩，闲置资产5500万元。推行节能减排工作，对全镇194家污染源进行普查，引导钰鑫达精密铸造、金黎光铸造等21家冶金行业企业投资130多万元，改造升级有关燃力锅炉、电力线路和设备，大大降低了产品能耗。

（王思文）

【扎实推进新农村建设】 投资618.47万元完成前东仪等4个（东仪）村的生活污水管网建设工程，铺设管线24.6公里；完成22个村25.2公里太阳能路灯安装任务，安装路灯720盏；完成6个村太阳能公共浴池选址设计；投资668万元对19个村进行村内道路硬化，硬化总长度27.9公里，总面积11.14万平方米；投资59.5万元，完成6个村的7座环保公厕建设。

（王思文）

【促进农民就业】 加大农村富余劳动力培训力度，组织果树管理、服装、电气工等级培训等培训班20期，培训农村劳动力1035人，提高劳动者的技术水平和职业修养。社保所、工会、妇联、团委等部门联合组织12次招聘洽谈会，开发就业岗位1265个，实现农村富余劳动力转移就业1425人。

（王思文）

【社会保障体系逐步完善】 加大无保障老年人养老金登记、发放工作力度，6614名无社会保障老年人享受每人每月200元的福利养老金。积极推进新农保、新农合工作，2008年全镇15337人参加新型农村社会养老保险，参保率达到72.86%；28237人参加新型农村合作医疗，参合率达94%，全年为2639人次报销医药费393万元。加大社会救助力度，投资33.9万元，为15户困难家庭翻建房屋。

（王思文）

【精神文明和民主法制建设】 加强精神文明建设，开展群众喜闻乐见的文化活动，创办《西集月报》，举办迎奥运合唱大赛、纪念改革开放30周年图片展等活动，全面提升全镇群众的精神文明素质。汶川特大地震发生后，全镇干部群众踊跃捐款捐物，共捐款114.1万元，捐赠棉衣被1500件，2440名党员共交纳特殊党费34万余元。加强公共文化基础设施建设，新建18个村级文化活动室、15个村级图书室、2个益民书屋、32个数字影厅，为广大村民提供更为广阔的文化活动平台。加强文化队伍建设，新成立郎西、史东仪2支演出团队和老庄户秧歌队，成立70人的镇级合唱团，组织156场星火工程文艺演出，为新农村建设创造良好的文化氛围。高质量完成征兵工作，向部队输送优秀青年16人。大力推进依法治镇、依法治村工作，以加强村级财务管理为重点，在全镇推行村级“三重一大”工作制度，细化村集体经济合同规范化管理制度，全面推行村级重大经济事项招投标制度，推行村级民主理财参席制度，村级财务工作进一步走上规范化、制度化的轨道。

（王思文）

【开展“五星级党支部”创建活动】 2008年在全镇村级党组织中开展“五星级党支部”创建活动。通过创建“发展星”，各村集体经济彰显出快速健康的发展态势，农民增收致富步伐加快；通过创建“团队星”，党员干部队伍凝聚力战斗力得到有效发挥；通过创建“文明星”，精神文明建设取得长足进步；通过创建“民主星”，村级工作机制逐步完善，民主管理监督水平上新台阶；通过创建“民心星”，群众关心的热点难点问题得到有效解决。创建活动与村支部书记待遇挂钩，镇党委组织部、纪委、团委与相关部门每季度对各村“五星级党支部”建设情况进行检查打分。经过一年的“五星级党支部”创建，全镇57个村中有8个村达到“五星”的标准，充分发挥村级党组织推动发展、服务群众、凝聚人心、促进和谐的作用。

（王思文）

潞　城　镇

【概　况】 潞城镇位于通州城东部，运河与潮白河两河之间，东与河北省大厂县相邻。镇政府所在地于胡各庄村北。镇域面积70.76平方公里，辖56个自然村，54个行政村、3个居民社区。常住人口70776人，户籍人口36058人，其中农业人口27994人、非农业人口8064人，乡村户数21231户。2008年完成税收55629万元，其中国税28610万元、地税27019万元，完成工业增加值94763万元，工业利润完成12257万元，工业总产值完成36.47亿元。全年出生人口304人，出生率7.76‰。有89个基层党支部（党总支），党员总数2447人。

（石　慧）

【党建工作不断完善】 围绕三级联创工作，认真开展党员教育培训工程，350名党员参加政治理论培训班；进一步强化软、硬件设施建设，更换村级支部创建展板，组织进行村级档案管理培训；结合建党87周年开展以“庆七一、迎奥运、展风采”为主题的书法、绘画、摄影比赛活动；组织城口单位与潞城镇10个村结成新一轮帮扶对子，签订帮扶工作责任书；实施党员干部远程教育工程，为各村党支部统一安装数字电视和政府网线路；采取“三荐两考”的方式选拔村级后备人才；继续坚持党代表常任制特色工作，全年召开1次全体党代表会议和2次党委扩大会议，组织代表视察2次，36条意见、建议中有2条转化为党委决议并付诸实施；继续深化“双述双评”制度，加强对村级干部的考核和管理，结合民主日活动的开展，完成全镇54个村的村级述评和组织考评工作；在离任村干部中实施“温暖工程”，加强对村级离任干部的关心照顾，并采取离职补贴数额与任职时间长短、村规模大小相挂钩的方式激励支部书记工作的积极性。

（石　慧）

【精神文明和文化建设取得新成绩】 加强精神文明建设，举办专题报告会，聘请专家教授讲课，进一步加深对十七大精神的理解和认识。深入各村进行普法知识、奥运文明礼仪知识等培训8期。开展各类普法宣传5场，下发宣传材料5000余份。2008年，潞城镇5个村被评为首都文明村，潞城镇被评为首都文明乡镇。广泛开展文化建设活动，协助区文委办好奥运主题文化活动，“五月的鲜花”群众歌咏比赛、庆祝改革开放30周年文艺演出深受群众欢迎；“星火工程”演出专业团体为百姓送去评剧、魔术、舞蹈、小品、相声等节目；出动流动电影放映车放映电影180场次，固定数字电影放映厅14个，全年放映电影1500余场，吸引观众13.5万人次；新建村级文化活动室6个，文化广场2个，有40余个村建起文化娱乐场所，全镇54个村都建有图书室和图书角。

（石　慧）

【向四川地震灾区献爱心】 四川地震后，全镇各村、企业、社区向灾区捐款143.73万元，全镇党员交纳“特殊党费”42.39万元；“六一”儿童节前夕，为镇域内川籍儿童举办慰问联欢会，向其发放新书包等日常用品；成立“灾区来京务工人员情况监测慰问工作”专案应急工作小组，对镇域内四川灾区的求职人员提供无条件就业指导、职业介绍等系列服务，积极联系辖区用工单位向其推荐。

（石　慧）

【重点项目有序推进】 哈佛医疗城北京京哈医院经卫生部和北京市卫生局批准，正式落户潞城镇，总占地面积432亩，总体规划设置1000张病床，项目建成后将极大地改善本地区及周边群众的医疗卫生条件；通州新城运河核心区3号地规划建设成集住宅、商业、金融为一体的综合区域，总占地面积2316.63亩，建筑面积150万平方米，报市发改委立项审批。

（石　慧）

【加大基础设施建设力度】 初步完成中心镇的建设规划方案，完成中心路和刘大路的初步设计方案，该项目报区发改委立项；为解决居民、企业用电需要，积极做好8公里10千伏的出线工作；食品园区内新建道桥1座，改造维修危桥2座，保证园区企业出行安全；对潞城中路55盏夜间照明路灯进行节能改造，方便群众出行。

（石　慧）

【盘活闲置土地资产】 2008年，全镇企业发展到近700家，其中规模企业48家。食品农民就业产业基地入驻企业41家，规模企业22家。全年对镇域内4处食品厂、木门厂等闲置资产进行盘活，占地面积48亩，厂房约5000平方米，安置富余劳动力近百人。企业经过简单改造、建设已经投入生产经营。

（石　慧）

【稳步推进农业项目建设】 根据《潞城镇农业产业总体规划》调整蔬菜种植面积10236亩，以种植经济农作物为主。逐步形成以南刘、八各庄、东堡等村为代表的蔬菜种植专业村。通过大运河配送中心产业协会把全镇松散的农户组织起来集体经营，进行农产品的加工和销售，同时引进新品种，增加蔬菜产业的附加值，带动周边从事蔬菜种植的3400个农户共同增收致富；加快推进兴各庄村林菌间作、兴各庄村设施农业、潮白河都市风情园、露地蔬菜基地、前榆村奶牛社、前疃村设施农业建设等六个农业项目，带动周边农业的发展和农民的增收。

（石　慧）

【市领导调研奥运蔬菜保障工作】 7月28日，市委常委牛有成、副市长程红到潞城镇大运河配送中心调研奥运蔬菜保障工作，听取了生产车间及流程的整体介绍并实地观看奥运蔬菜的洗、拣、切过程，牛有成对市、区、镇各级部门的协作、支持表示肯定。

（石　慧）

【新农村建设工作扎实推进】 镇村两级共同出资改善全镇新农村建设的总体环境，包括东南水网建设，镇级公路大修工程及村级新农村建设配套资金奖励等。完成武疃村村民住宅墙体保温和兴各庄村村民住宅节能门窗改造工程；郝家府村投资70多万元建公益型墓地约20亩，改善长期存在的乱埋乱葬情况；前疃村“生态文明村”创建工作通过市农委验收。通过几个村新农村建设的示范作用，带动周围村的积极性。2008年全镇总计修路近16万平方米，建造遮挡墙近1万平方米，铺设下水4万延米，铺步道砖3000平方米；太阳能路灯安装750盏；安装电子监控10套198个摄像头；改厕1700个，建公共厕所14个；5个村太阳能浴池开工建设；小豆各庄村秸秆气化机房、燃气管道建设完成。

（石　慧）

【镇域环境整体改善】 加大丰字沟、减运沟、榆武沟、武兴沟的环境整治工作力度，累计出动1200多人次、垃圾清运车150多辆次、推土机、挖掘机28台班，对四条沟两侧乱堆乱放、垃圾渣土及白色垃圾进行集中整治，清运垃圾、渣土5500立方米，捡拾白色污染25公斤；先后完成1.2万平方米的奥运火炬传递路线沿线的建筑物外立面清洗粉饰工作；帮助魏庄、杨庄等9个村完成13.2万平方米的硬化道路工作，新建排水沟5000余米、拆除私搭乱建300平方米、整治坑塘1050立方米。经过3年努力，潞城镇54个行政村的环境整治达标创建工作顺利完成。

（石　慧）

【深入开展“平安奥运行动”】 奥运期间潞城镇成立“平安奥运行动”指挥协调领导督查小组，建立周汇报、月汇报、季汇报工作制度进行总结部署；相继召开村级协管员工作会和镇域内所有企业参加的流动人口信息采集工作部署会，对全镇流动人口管理和信息采集工作进行详细部署，在全区率先完成流动人口和出租房屋的登统工作，录入流动人口36423人，出租房屋2925间，镇流管办被评为北京市流动人口和出租房屋基础调查工作先进集体；广泛发动社会各界力量参与平安奥运社会面控制中来，发动专业巡防队、各村两委干部、全镇党员、团员、村民代表等各界力量共3200余人。镇综治办荣获“北京市奥运会、残奥会通州区先进单位”称号。继续加强对信访热点问题的排查工作，建立和完善信访矛盾纠纷排查调处的工作机制，建立上访老户档案并将其纳入不稳定因素信息管理系统，及时分析动态、沟通信息，控制上访的发端点。围绕“两会”和奥运会等重要阶段进行信访工作排查和信访法律知识宣传普及，努力推动信访工作在维稳中的作用。

（石　慧）

【安全生产工作成绩显著】 周密部署安全生产、特种设备安全管理及消防各项工作，加大监察力度，狠抓教育和培训，以多种形式开展安全宣传活动等有效工作。组织大型安全知识培训，受训人员2400余人，全面提高企业领导和从业人员的安全意识和素质；以“两责八制”为中心规范企业基础管理工作，对全镇687家企业合理划分，新建三项专项管理档案，制定6类专项安全事故应急预案；加大防火安全检查力度，将重点放在隐患排查工作上，下发145份《安全隐患整改通知书》，其中限期整改116家，停产、停业整顿29家。实现全年特别是在奥运会、残奥会期间零事故的目标。2008年，潞城镇被区政府评为2008年安全生产监督检查、隐患排查治理、宣传教育、特种设备管理四项先进单位。潞城镇安监科被评为奥运会、残奥会先进集体，潞城镇“安全教育基地建设”活动被北京安全生产月活动组织委员会评为“最佳实践组织奖”和“优秀组织奖”。

（石　慧）

【高度重视民生工作】 积极推行农保工作，将农保工作纳入村级年终考核。2008年全镇有7212人参加“新农保”，参保金额700余万元；举办的10余场大型专场招聘会提供就业岗位340个，通过各种形式推介富余劳动力1221人；积极开展各种培训班，对300余人进行专项劳动技能培训；及时了解下岗失业人员就业需求，为其提供优质服务，使潞城镇无一例“零就业”家庭；完成优抚翻建房6户、维修3户，对低保群体按相应标准发放低保补助金，对困难群体给予临时救助，提高困难群体的生活质量；全镇健身器材的安装覆盖率达100%；建成12个社区卫生服务站；先后在潞城医院和甘棠卫生院建立综合康复指导站，在14个村、社区建立康复站，全镇残疾人康复覆盖面达到80%以上，率先实现“2010年人人享有康复”的目标。

（石　慧）

【工会工作有序进行】 潞城镇工会组建的职工文明拉拉队先后参与“好运北京”马拉松测试赛和“奥运火炬传递”的赛前任务，圆满完成10场543人次的持票和应急观赛任务。新建基层工会组织4个，新增会员1018人，基层工会总数达到116个，覆盖企业151家；12个代表队140余人参加“潞城镇第一届职工篮球赛”；先后规范蒙牛、宝佳等企业的职代会制度，努力推进民主管理厂务公开工作；在全镇范围内组织开展“经济技术创新评比”活动，有130余家企业参加，创新产品103个，提出合理化建议410件，采纳53件，创效661万元；5月，首批100名职工参加在蒙牛北京公司举行的职工素质教育开学典礼，由此潞城镇2008年职工素质工程全面启动。

（石　慧）

台　湖　镇

【概　况】 台湖镇位于通州区西部，北接通州新城，西临北京经济技术开发区，西南为亦庄新城和光机电产业基地，地处北京五环路和六环路之间，辖区面积81.3平方公里，辖45个自然村，46个行政村，常住户数19127户，有4万户籍人口和8万流动人口。

（王若莲）

【全镇税收实现跨越式增长】 积极推进结构调整，转变增长方式，主攻工业，优化农业，推进第三产业，以工业化带动城镇化、农业产业化和三产多元化，一、二、三产联动，主要经济指标保持高速增长态势。2008年税收总额实现10.36亿元，比上年净增4亿元，增长61%，其中国税完成7.45亿元，同比增长66.81%，地税完成2.91亿元，同比增长46.35%，农民人均劳动所得达到10717元，同比增长12.8%。

（王若莲）

【村级税收增长迅速】 2008年，全镇46个村的村级税收总额达到9320万元，有23个村税收完成100万元以上，其中江场村税收突破1千万元。

（王若莲）

【大项目支撑作用凸显】 2008年，全镇有45家企业税收完成200万元以上，其中两家企业完成税收亿元以上，李宁（中国）体育用品有限公司完成税收3.07亿元，北京天宇朗通通信设备股份有限公司完成税收1.06亿元。北京摩比斯变速器有限公司等7家企业税收完成千万元以上。

（王若莲）

【工业指标超额完成】 2008年，全镇完成工业产值105.9亿元、销售收入140.5亿元、利润11.6亿元、增加值26.6亿元，同比分别增长22%、28%、40%和23%。全镇规模企业完成工业产值97.9亿元、销售收入103.1亿元、利润5.6亿元、增加值16.9亿元，全镇工业经济平稳、快速发展。

（王若莲）

【招商引资成效显著】 2008年，全镇引进企业128家，投资总额32.06亿元，其中投资亿元以上项目4个，分别为总投资20亿元的中国国际电子商务中心、总投资5亿元的雨润食品二期及华北总部、总投资3亿元的新华联协和药业变态反应源项目和总投资1.3亿元的宝骏环保涂料有限公司；投资1000万元以上项目18个。通过引进项目，盘活企业闲置资产8300万元，为全镇经济发展增加强劲动力。

（王若莲）

【设施农业蓬勃发展】 设立600万元专项奖励资金，调整农业产业结构，先后对口子等多个村的近1000亩土地进行流转，前营村30个新建日光温室投产；次二村南果北种工程涉及80栋日光温室，部分果品已上市；

金福艺农公司扩建项目启动，在全市率先实现日光温室向智能温室转化。以观光采摘和礼品蔬菜配送为主攻方向，星湖园、台湖第五生产队、金福艺农公司的名优蔬菜瓜果取得良好的经济效益，实现农产品的高附加值。

（王若莲）

【特色小镇城市功能逐步提升】　投资约1900万元对永东路、口永路等7条镇级道路进行改造，工程全部竣工通车；投资约3000万元进行次渠中学一期改造；投资约4200万元的次渠卫生院项目、投资约5000万元的台湖医院项目、投资约850万元的次渠派出所工程和九德路南延工程进展顺利；光机电基地110千伏变电站建设基本完工；李宁二期、光联三期、通港物流公司、铭林国际公司、进永二期、中丽制机二期工程竣工，建筑面积17万平方米；普渡投资公司、天宇朗通等12个项目开复工，总面积46万平方米，年初制定的重点工程圆满完成。

（王若莲）

【园区一级开发进展顺利】　光机电基地内，丁庄、白庄、马庄3个村1624亩土地的征地得到市国土局批复；北神树、董村的780亩征地前期工作就绪，征地材料上报市国土局；星湖农民就业基地剩余30公顷土地的一级开发工作启动，并得到授权，成为首个农民就业基地得到一级开发授权的乡镇。

（王若莲）

【新农村建设取得阶段性成果】　2008年，以改善农村基础环境面貌为基础，投资2500万元进行道路修建、改水、改厕、太阳能路灯安装等一系列工程，提高全镇新农村12项重点工程覆盖率。在村内积极兴建农村社区卫生服务站、老年活动中心等。进一步规范农民专业合作社建设，不断建立健全各项制度，带动农民增收。全面完成农村饮用水改造，提高农民生活质量。

（王若莲）

【民生工作强力推进】　以健全社会保障体系，逐步解决人民群众后顾之忧为出发点，进一步规范实施城乡低保工作，切实解决特困群众的基本生活问题。实施大众健身园建设，为全部46个村安装体育健身器材。在市、区大力扶持的基础上，镇财政直接投入资金，创新劳动就业服务体系，加强农民技能培训，提供就业信息，拓宽就业渠道，完成农村富余劳动力向二三产业转移1100人。截至年底，全镇农村合作医疗报销金额达到611万元，报销人次达到5915人；二次报销金额达到171万元，报销人次为3915人，全镇参合农民医疗报销比例达到60%以上，全镇基础服务工作逐渐完善。

（王若莲）

【党建创新取得实效】　全面启动党员教育培训工程，采取多种形式丰富培训内容，拓宽培训范围。通过开展“五个一”主题实践活动，并结合“党员责任区”、“无职党员设岗定责”等多种形式服务奥运，进一步增强党员服务群众的意识和本领。不断完善硬件设施，紧抓“质量、规范”两个关键点，推动农村党员干部现代远程教育工作顺利进行，建成覆盖全镇的农村党员干部现代远程教育体系。组织全镇党员为灾区缴纳特殊党费46万余元。积极推进村级组织规范化管理，形成一套科学的村级组织规范化管理制度体系。

（王若莲）

【完成奥运会、残奥会保障工作】　严格落实责任，提出“立足防范、落实责任、健全网络、加大保障”的总体工作思路，确保达到“全天候、全地域、全人口”防控到位的目标；推行领导干部监督负责制，结合台湖镇《维护社会安全稳定，实现平安奥运目标责任书》，制定《2008年度台湖镇社会治安综合治理工作考核细则》，对各村的稳定工作实施考核；坚持广泛发动、全民参与、群防群控的工作方针，有效开展镇村巡逻防控、“平安村”创建、科技防范等活动。协调联动开展村级环境整治、流动人口管理等环境综合治理工作。设立500万元奖励资金对“泔水猪”进行集中清理，镇村整体环境得到提升。加强安全生产工作，针对存在的薄弱环节和突出问题，集中力量开展专项整治。通过有效的措施，高标准完成奥运会、残奥会保障工作，社会秩序、社会稳定和社会环境得到加强。

（王若莲）

【北京科普之春启动仪式】 3月21日，第十届北京科普之春暨通州区文化科技卫生三下乡启动仪式在台湖镇举行。启动仪式上，举办大型奥运、科学健身图片展览、现代农业农民培训基地揭牌等活动。中国科协科普部副部长高勘，区委常委、宣传部长张秀余等市区领导出席启动仪式。

（王若莲）

【“中国印记·2008时尚北京之夜”活动】 6月18日，北京李宁体育用品有限公司在光机电基地举办“中国印记·2008时尚北京之夜”活动，全国政协副主席、全国人大常务委员会副秘书长、台盟中央主席林文漪、北京市政协主席阳安江、区委书记王云峰等领导参加此次活动。

（王若莲）

【台湖镇举办首届全民运动会】 9月27日，台湖镇举办首届全民运动会。设置2个集体项目和33个个人项目及展示项目，全镇77个单位3060人次报名参赛。陆航学院院长郝政利，区委常委、宣传部长张秀余，区委常委、武装部政委储怀森，副区长刘淑华等出席运动会开幕式。

（王若莲）

【中国北京国际文化创意产业博览会台湖国际图书分会场展会】 12月17日，第三届中国北京国际文化创意产业博览会台湖国际图书分会场展会在北京出版发行物流中心内的北京国际图书城开幕，来自国内外900多家出版发行机构和数千名全国各地图书馆、团购客户以及众多批发商到场参加各项活动。区委常委、宣传部长张秀余出席开幕式。

（王若莲）

【第五届全国书画专业媒体书画年展开幕】 12月28日，和平颂——神七太空飞行艺术之旅代表作品展及第五届全国书画专业媒体书画年展在台湖国画院开幕。此次画展展出曾经伴随神州七号载人航天飞船遨游太空的300幅绘画、书法、篆刻等艺术作品，以及来自中国书法杂志社、中国书画杂志社等全国23家书画专业媒体，86位书画家的160余件作品。区委常委、宣传部长张秀余出席开幕式。

（王若莲）

【市领导到本镇调研】 1月6日，中共中央政治局常委、全国政协主席贾庆林到通州区调研，视察北京出版发行物流中心，中共中央政治局委员、市委书记刘淇等市区领导陪同。3月11日，副市长牛有成就新农村建设工作到通州区调研，察看了台湖镇次渠二队太阳能浴池及设施农业园建设情况。7月1日，市委常委牛有成到通州区调研，察看“金福艺农”农业观光园特色农产品种植情况。10月29日，副市长丁向阳到通州区调研，视察北京出版发行物流中心。

（王若莲）

永乐店镇

【概　况】 永乐店镇位于通州区域东南部，距通州城30公里，京津塘高速公路、京津第二条高速公路穿境而过，并设有进出道口，京津城际高速客运铁路经镇域腹地。全镇辖38个行政村，镇域面积105平方公里，总人口41081人，镇政府所在地永乐店村。永乐经济开发区隶属于永乐店镇。全镇实现税收2.4069亿元，同比增长20.3%，其中国税0.7104亿元，同比增长39.5%，地税1.6965亿元，同比增长13.7%。农民人均收入实现 9057 元，同比增长 12%。

（杨存田）

【实现平安奥运目标】 奥运期间，永乐店镇组建 42 个督导小组，负责全镇奥运防控工作的检查、指导、协调工作。加强对企业的安全监管，重点加强对危化企业的专项检查。确保社会安全稳定，全镇村村设卡、路路设岗，安排专人对进出车辆、人员进行登记，24 小时做好社会面防控工作。加大信访排查力度，及时发现并处理基层矛盾，继续保持越级集体访零指标。通过采取上述措施，全镇政治稳定、社会安定、秩序井然，农村各类发案得到有效遏制，治安、刑事案件及安全生产事故实现“零”指标，胜利实现“平安奥运”工作目标。

（杨存田）

【产业项目引进取得新进展】 抓住园区管理体制改革的契机，基本解除与珠江投资开发有限公司的合作协议，理顺体制，为开发区正常、有序、高效推进奠定基础。凤凰城集团就镇中心区 450 亩土地的环球永乐基地项目进行一级开发的各项准备工作。北京富勤食用菌科技有限公司完成全部建设工程。2008 年盘活闲置资产 8 处，解决当地劳动力就业 750 人。

（杨存田）

【基础设施建设取得新成绩】 坚持以规划为先导，9 月《永乐店镇中心区和德仁务片区控制性详细规划》获得市规委批复。重点工程项目进展顺利，镇污水处理厂工程于 9 月正式开工，至年底完工量约为 40%。启动永德路、中心镇幼儿园、消防站、柴厂屯派出所的选址及前期手续办理。完成 5 条村级路建设，新修道路长度 3530 米，硬化面积 1.95 万平方米。完成柴厂屯小学建设工程。

（杨存田）

【新农村建设成效显著】 大力发展都市型现代农业。食用菌产业化进展顺利，种植面积 10000 亩。生产销售食用菌约 3000 万公斤，销售收入近 4500 万元。发展设施农业面积 8600 亩。大力发展旅游、观光、休闲农业，桑瑞生态庄园投资 2419 万元，完成工程量的 90%；食用菌主题公园投资 1200 万元，建设食用菌试验、示范、展示棚室 150 亩，引进鲍鱼菇、灵芝、长根菇等 10 余种食用菌新品种；永乐高效现代农业科技产业园投资近 3000 万元，完成高标准日光温室建设，接待、餐饮等场所正在建设之中。农村土地流转初见成效，全镇引进 10 家较大规模的农业企业，初步形成四种土地流转形式，分别是农户之间的流转、农户与公司之间的流转、农户和村委会或合作社之间的流转，通过上述模式，全镇流转土地近 35000 余亩，促进农业产业化和现代农业的发展，有效地拓宽农民增收渠道和就业机会。不断强化农村环境综合治理。全镇 38 个村环境整治工作整体推进，完成 27 个村户户通水泥路工程，完成 15 个村村内绿化美化任务，实现主街道、巷道全部绿化。完成孔兴路、德小路等主要道路的绿化美化和京津城际铁路及京津二通道沿线环境整治。西河村市级文明生态村创建达标。38 个村均实行两委班子成员和责任区党员环境联合检查制度，32 个村开展白色垃圾换日用品活动；老槐庄、西河、陈辛庄等村在村内实行卫生达标户、卫生优秀户挂牌活动；半截河、陈辛庄、德仁务前街等村实行对全年卫生达标户优惠使用燃气的措施。全镇环境建设基本达到干净、整洁、路畅、村绿、建制的标准。加快推进新农村建设重点工程。在新能源利用工程上，发展村级秸秆气化集中供气站 1 所，发放生物质炊事炉具 340 台；完成应寺村污水排放工程；在全区率先完成全镇户厕改造，完成 9 个村的社区服务站建设，4 个村通过市级卫生促进示范村验收；新建村级固定影厅 13 个。

（杨存田）

【双述双评考核办法进一步完善】 2008 年镇党委在支部书记述职大会上增加现场测评内容，由参会人员现场打分，现场投入票箱，镇组织部统一汇总。从测评情况看，全镇38个村的支部书记80%达到优秀标准。考核机制的完善，为基层群众正确行使权利、合理表达意愿提供平台，党群、干群关系进一步和谐融洽。

（杨存田）

【各级领导到永乐店镇参观、考察】 1月19日，团中央组织全国十大杰出青年农民到永乐店镇就新农村建设进行考察。1月31日，北京市委办公厅巡视组到永乐店镇半截河村就土地流转工作进行调研。听取镇主要领导对土地流转情况汇报，实地考察了半截河村流转土地2000余亩发展高效农业及解决200多剩余劳动力就业的情况，并观看聚隆迪公司设施农业建设和温室大棚生产。4月19日，北京市农委主任王孝东、市农业局局长赵根武等到永乐店镇调研设施农业，重点考察了小务村温室大棚等设施农业建设情况。7月26日，中央候补委员、中央联席会议办公室主任、国家信访局局长王学军等一行到永乐店镇督导工作，听取了全镇经济发展、领导干部接访、党员干部发挥带头作用、确保社会稳定等情况汇报，并实地考察坚村生态农庄和东河村百菇园。

（杨存田）

【公开招考村级后备干部】 2月至3月，永乐店镇进行村级后备干部招考工作。来自全镇38个村的71名考生在镇政府接受由区、镇干部组成的考评组的笔试和面试考核。合格后进行村级两委班子的综合考察，确定最终人选。此次招考正式录取20人作为村级正式后备干部，经过集中培训和在镇职能科室挂职锻炼后充实到各村任职。

（杨存田）

【农业受灾投保获理赔】 9月4日，永乐店镇发生异常天气，大风加冰雹，全镇玉米大面积遭受不同程度的损害。年初镇党委、政府按市、区的工作要求，积极动员农户参加政策性农业保险。玉米每亩缴保费32元，其中个人缴保费6.4元，政府补贴25.6元，政府出资80%，用于补贴玉米保险。全镇参加农业保险的夏播玉米15422亩，受灾面积14452亩，涉及31个行政村，获得理赔486万元，亩均337元，将农民的损失减少到最低程度。

（杨存田）

【永乐店派出所新址办公】 11月17日，永乐店派出所迁入新址，改善办公条件。办公楼位于镇政府东侧，占地4800平方米，建筑面积2100平方米。办公楼为4层。新楼的建成改善了干警的工作条件。

（杨存田）

于家务回族乡

【概　况】 于家务回族乡位于通州区南部，距通州卫星城21公里，是北京市五个少数民族乡之一，也是通州区唯一的少数民族乡。全乡下辖23个行政村，总面积65.7平方公里，耕地面积50081亩。总户数10773户，人口23007人，其中农业人口18335人，非农业人口4672人，回族人口2784人，占全乡总人口数的12.1%。人口计划生育率达到98%，人口出生率控制在4.91‰以内。主要经济指标实现较快增长，税收总额实现16364万元，同比增长28.7%。其中国税实现7375万元，同比增长50.5%；地税实现8989万元，同比增长15%。地方财政收入实现2273万元，同比增长21%。

（李　成）

【市领导到于家务回族乡调研】 5月26日，市政协民族和宗教委员会主任佟根柱等一行15人到于家务回族乡视察少数民族专项资金效益情况。7月1日，市委常委牛有成及市农委主要领导到北京观光南瓜园调研。7月15日，市人大常委会副主任赵凤山、市政府副秘书长安钢一行30余人，到于家务回族乡对乡村基础设施建设进行视察。

（李　成）

【完成奥运服务保障工作】 2008年，完成京津城际铁路、京津塘高速第二通道沿线绿化美化和环境整治任务，新植、补植林网31条，清运垃圾渣土上万吨。加强社会治安综合整治，组织开展严厉打击刑事犯罪、废品回收市场清理、文化娱乐场所整顿等专项活动。坚持安全生产隐患排查，相继开展特种设备、危险化学品、消防安全等专项整治活动。开展领导干部大接访和矛盾纠纷排查调处，减少不和谐因素。落实奥运限行规定，严格交通管控措施，保障奥运期间交通畅通。东升农业蔬菜、华德永佳、金宝华地毯等企业出色完成奥运会供应任务。组织参加奥运圣火通州段传递，参与奥运会城市欢乐庆典演出等活动。建立奥运文化宣传墙，发放倡议书、公开信及文明礼仪、奥运常识等宣传手册，举办知识竞赛、征文演讲、文艺巡演等活动，采取多种形式普及奥运知识。

（李　成）

【招商引资工作取得新进展】 2008年，北京市银建房地产、金索恒盾防护设备等项目相继落户，协议投资总额达3.1亿元。意德法家木业、加增工贸食品、优派克包装印刷等项目正式投产。杏林药业、成百星建筑材料等项目加快推进，主导产业实现滚动发展的良好态势。全年工业产值、销售收入和工业增加值均同比增长30%；工业利润同比增长25%。盘活闲置土地132.2亩，盘活厂房及地上物1.68万平方米。

（李　成）

【基础设施建设不断完善】 2008年，完成乡政府大街、渠头大街大修，九德路西垡至前伏段道路拓宽，张凤路神仙至渠头段改造，凤港河南岸东马各庄至南仪阁段道路新建等工程。全年累计硬化路面12万平方米。对神仙桥、六支桥、渠头北口及西垡东南口的4处桥梁进行加固修缮。聚富苑B区环路项目基本完工。

（李　成）

【提升绿化美化水平】 2008年，全乡新增绿化面积193万平方米。完成2007～2008年度中低产田农田林网改造绿化工程植树18520株，完成京津城际铁路两侧500米可视范围农田林网建设工程植树18443株。发展首都花园式单位3个、绿色村庄1个，残次林改造1200亩，灌草覆盖600亩。加大垃圾综合治理力度，完成垃圾中转站建设，整治非正规垃圾填埋场2处。加强户外广告管理，规范广告牌匾30余处，清除非法小广告800余处，市容环境秩序进一步加强。

（李　成）

【扎实推进新农村建设】 完成8000亩中低产田改造工程。建立1300亩粮食丰产示范方，发展设施温室4000亩，露地菜5800亩，完善3个村的设施蔬菜基地建设。完成南仪阁、神仙2个村的新农村规划编制工作。推进重点村基础设施建设，完成枣林村的主辅路硬化、沼气集中、污水处理厂；小海字村、果村公厕等项目建设。对4个村进行安全饮用水改造，改造农村户厕940套。完成新农村电气化乡建设工程，全乡供电可靠率达到99.8%。推广农业政策性保险和完善农民合作社资金互助工作，有效提高农民抗风险能力和解决农民小额贷款难题。按照培养新型农民三年规划，以乡级新型农民培训学校、农民田间学校等为载体，开展蔬菜种植、病虫害防治等培训。开展“优秀新农民”评选活动，评选出先进典型100名。

（李　成）

【北京观光南瓜园开园】 7月19日，北京观光南瓜园正式开园。该园占地600亩，具有南瓜观光、休闲娱乐、科普文化、餐饮宴会等多种功能。园区建有12000平方米的南瓜品种展示大棚，其内包含200多个品种的南瓜展示长廊、南瓜万圣广场、南瓜雕塑广场、蔬菜科谱种植和在建的梦幻科技馆。园区内建有20栋的日光温室供游客体验田园式生产种植方式。南瓜园的建立，带动农民种植南瓜面积达2000多亩，并组织成立了北京东升富民南瓜专业合作社，解决了农民的就业和产品的销售，社员人均收入增长2000元。

（李　成）

【于家务中学落成并投入使用】　于家务中学占地150亩，一期建筑面积30500平方米，总投资近亿元，9月8日正式投入使用。新建成的于家务中学设施完备，教学楼设计为H型，共四层，设有初中部、高中部普通教室44间、教研室12间，同时配备化学实验室、物理实验室、美术教室、音乐教室、劳动技能教室、史地教室等；行政楼主要安排行政办公室，并建有医务室、阅览室、图书馆、报告厅等；生活区主要包括师生公寓和师生食堂。整个学校的采暖和制冷采用地源热泵中央空调系统，具有节能、环保功能。

（李　成）

【劳动和社会保障力度加大】　2008年，举办农村劳动力培训班19期，培训人员955人，实现就业716人，培训就业率达到75%。拓宽劳动力转移输出渠道，保持"零就业家庭"动态清零。实施新型农村合作医疗制度，参合率达到90.21%。实施新型农村社会养老保险制度，参保农民达到7288人。落实城乡无保障老年人福利养老金，全乡3383名老年人受益。完成城乡低保和专项救助制度，为全乡60岁以上老人发放生活补助金近80万元；建立残疾人扶贫基地，为56名残疾人申请无固定收入重残补助；为13户困难群众的的危房进行翻建和改造；协调北京市基督教两会、北京农商行等单位，为全乡83名困难学生发放助学金15.7万元。

（李　成）

【加强基层组织建设】　以村党支部班子建设为重点，完善村党支部书记工作手册制度和月例会制度，实施村干部届中考察，推行村干部"双述双评"，建立健全村级干部考评体系。制定重点村整顿方案和整改台账，后进村整顿工作取得实效。建立推荐优秀青年入党制度和入党积极分子考试制度，强化"双推双公示"制度和票决制，保证党员发展质量。建立农村党员评议制度，有效发挥党员监督作用。以深化无职党员设岗定责为基础，建立后备人才培养考察体系，壮大村级后备干部队伍。落实年度党员干部培训计划，举办各类培训55期，培训党员1100余人。全面推进村民服务中心建设，建成率达到100%。党建亮点村工程全面启动，首批7个试点村基本达到创建标准。完成14个村的远程教育示范基地建设，远程教育网络覆盖率达到100%。扎实做好帮扶协调工作，争取帮扶资金120万元投入各村的新农村建设。在奥运期间开展"弘扬民族精神、为奥运奉献、为党旗增辉"主题党日活动和党员承诺服务奥运行动，党的先锋模范作用进一步显现。在支援四川抗震救灾过程中，全乡党员缴纳"特殊党费"18.6万余元。廉政风险防范管理工作稳步推进，党风廉政建设不断加强。

（李　成）

【精神文明建设成果显著】　以"迎奥运，讲文明、树新风——我参与、我奉献、我快乐"活动为载体，深入开展公民道德教育和社会公德教育，全乡涌现区级文明村12个、文明单位4个、文明十星户100个、公德之星18名。加强农村数字影厅、乡图书室等文化场所建设，组织参加"迎奥运健身秧歌风采大赛"、"扬帆运河、舞动通州"舞蹈大赛等文体活动。利用健康教育大课堂广泛普及卫生保健知识，倡导健康科学的生活方式。以《今日于家务》、《通州时讯》、《北京青年报》、和谐中华网等媒介为平台，扩大宣传，为经济社会发展营造浓厚的舆论氛围。

（李　成）

人　物

组织机构负责人名单

一、区委机构

中国共产党北京市通州区委员会

书　记　王云峰
副书记　邓乃平　杨　林(女，4月免)
张文山(7月任)
常　委　王云峰　邓乃平　杨　林(女，4月免)
张文山　王春元　李玉君
张秀余　邵明星(4月免)
张永明　尹双曼(女，11月任)
尹燕京　张　勇　储怀森(4月任)
办公室主任　肖志刚
督查室主任　崔淑芬(女，6月任，副处级)
组织部部长　王春元
宣传部部长　张秀余
精神文明建设委员会办公室主任　王增哲
统一战线工作部部长　李淑华(女，回族)
台湾事务办公室主任　孙月山
政法委员会书记　李玉君
综合治理委员会办公室主任　王金成
防范和处理邪教问题领导小组办公室主任　刘海涛
维护稳定领导小组办公室主任　刘海涛(8月任)
流动人口和出租房屋管理委员会办公室主任　王金成(8月任)
研究室主任　李彦明(1月任)
区直机关工委书记　肖志刚
老干部局党组书记　姚广生
局　长　董思瑞
区保密办公室主任　吕威生(11月免)
田晓江(11月任)

中国共产党北京市通州区纪律检查委员会

书　记　张文山（7月免）
尹双曼（女,11月任）
副书记　赵潮英(女)　张希芳　陈广强
常　委　张文山（7月免）
尹双曼（女,11月任）
赵潮英(女)　张希芳　陈广强
刘德昉（3月免）田晓江（11月免）
张永胜　王介民　李俊志
杨泽军（3月任）

二、人大机关

通州区人民代表大会常务委员会

主　任　石进贤
副主任　蒋洪昉　王　平　韩振福
仇春利　张晓燕(女)
委　员　马克生　王玉庆　王成江
王金凤(女)　刘玉山　刘学力
刘晓云(女)　刘维佳　杜俊红(女)
李文才　李清俊(女)　张春兰(女)
张俊胜　张梅菊(女)　张慧敏
赵　冬(女)　黄春来　曹歧连
崔大柏　韩克非(女)　潘月东
办公室主任　刘学力
财政经济工作委员会主任　潘月东
内务司法工作委员会主任　刘晓云(女)
教科文卫工作委员会主任　曹歧连
城乡建设环保工作委员会主任　黄春来
农村工作委员会主任　马克生
代表联络室主任　李清俊(女)
研究室主任　王玉庆(11月免)
刘志刚(11月任)

三、政府序列

通州区人民政府

区　长　邓乃平
副区长　张永明　张　勇　赵玉影
于世疆　刘淑华(女)　张　华
办公室主任　马峰成
督查室主任　李学东(副处级)
监察局局长　赵潮英(女)
信访办公室党组书记、主任　汤德月
民防局党组书记　谷维臣(11月免)
王玉芳(11月任)
局　长　谷维臣
工业局党组书记　唐国良(6月免)
陈国庆(6月任)
局　长　陈国庆
区委园区工委书记　陈国增(1月免)
区政府园区管委会党组书记　陈国增(1月任)
园区管委会主任　张　华
农业工作委员会书记　李柏松
农业委员会主任　李柏松
建设委员会党委书记、主任　张志强
教育工作委员会书记　宋京璋
教育委员会主任　宋京璋
教育督导室主任　孙玉起
商务局党组书记、局长　王士杰
科学技术委员会党组书记、主任
季志会(女)
发展和改革委员会党组书记、主任　崔松光
国有资产监督管理委员会　党委书记、主任
王栓成
人口和计划生育委员会
党组书记　轩淑清(女,1月免)
傅志刚(1月任)
傅志刚(8月免)
张湛军(11月任)
主　　任　轩淑清(女,6月免)
刘美俊(女,6月任)
市政管理委员会党委书记　周鸿武
市政管理委员会主任　周鸿武(11月免)
市政管理委员会党委副书记、主任
薄立军(11月任)
文化委员会党委书记　赵俊臣(6月免)
杜德久(6月任)
主　　任　杜德久
文联主席　杜德久
人事局党组书记、局长　罗明光
机构编制委员会办公室主任　罗明光
劳动和社会保障局党委书记、局长
王振良
财政局党委书记、局长　刘汝林

审计局党组书记　孙文宽(11月免)
吕咸生(11月任)
局　长　孟繁虎
环境保护局党组书记　李冠健
局　长　彭殿军
统计局党组书记、局长　张春良
体育局党组书记、局长　车林平
卫生局党委书记　白玉光(11月免)
马月明(11月任)
局　长　王文永(11月免)
白玉光(11月任)
交通局党委书记、局长　李永锋
林业局党委书记　张春华(6月免)
刘　卉(女,6月任)
局　长　刘　卉(女)
绿化办主任　刘　卉(女)
水务局党委书记、局长　张冠启
动物卫生监督管理局(新组建)
党委书记、局长　杜中方(7月任)
旅游局党组书记、局长　张兰荣(女)
民政局党委书记　史瑞堂
局　长　郭　辉
民族事务委员会主任　郭　辉
司法局党组书记、局长　宁秋君
安全生产监督管理局党组书记、局长
朱志高
法制办公室主任　徐景发
人民法院党组书记、院长　高洪涛
人民检察院党组书记、检察长　东晓钟
城管监察大队党委书记、队长　闵乃水

四、政协机关

中国人民政治协商会议北京市通州区委员会

主　席　王玉辉
副主席　高志禄　杜宏谋
李淑华(女，回族)　金建华
杜少勋　王子江
秘书长　张丽华(女)
常务委员　马玉敏(回族)　王　昆
田春华(女)　边学锋(女)
吕　东　刘进民　池雪斌
许淑泉(女，回族)　孙大公
杜　伟　李旻杰(女)　宋金平(女)
张　松　张　京(女)　张绍武
陈越光　金文岭　周　正
庞　玉　郑　岩　胡建功
洪　岚(女，侗族)　胥振阳
贾光红(女)　郭　枫　郭海螺
樊淑玲(女)
办公室主任　杨克杰
研究室主任　杨广文
专委会一室主任　李北江(3月任)
专委会二室主任　赵振华
专委会三室主任　石国辉
专委会四室主任　王　昆

五、群众团体

区总工会党组书记、主席　林殿彪
共青团北京市通州区委员会书记　张若冰
区妇女联合会主席　张小艳(女)
区科学技术协会主席　杜　伟
区工商业联合会党组书记　刘晓波(女)
主　席　金文岭
区残疾人联合会党组书记　尹宝宇
理事长　刘景山
区红十字会常务副会长　王青春(6月免)
安志江(6月任)

六、区直属事业单位

档案局（档案馆）党组书记　罗文路
局　长　苏光兴(12月免)

高德澍(12月任)
经济信息中心主任 张　朋(副处级)
投资服务中心主任 马月明(12月免)
党史区志办公室主任 陈宏毅
知识产权服务中心主任
李彦军(副处级，9月免)
宋长福(副处级，9月任)
铁路道口安全管理办公室主任
冯振华(副处级)
通州时讯报社总编 安继连(副处级)
区委党校党委书记 李　括(6月免)
王青春(6月任)
校　　长 杨　林(女,8月免)
张文山(8月任)
行政学校校长 张永明
种植业服务中心党委书记、主任 张福贵
农机服务中心党委书记、主任 刘庆生
养殖业服务中心(机构变更)
党委书记、主任 杜中方(7月免)
农村合作经济经营管理站
党组书记、站长 张玉刚
广播电视中心党组书记 高德澍(11月免)
主　　任 王志刚
职业教育中心党委书记、主任 王雅岚(女)
潞河中学党总支书记、校长 张世义(9月免)
徐　华(9月任)
潞河医院党委书记 马月明(11月任)
潞河医院院长 马春光
燃气管理办公室主任 张文宽
地震局党组书记 黄志伟
局　　长 王德胜
投资促进局局长 李金玺
通政国有资产经营公司
董事长 刘汝林
经　理 徐思清

七、街道 乡镇

中仓街道办事处
工委书记 于海春
人大街工委主任 于海春
办事处主任 姜富龙
新华街道办事处
工委书记 张玉震
人大街工委主任 张玉震
办事处主任 鲁新洪(12月免)
朱军辉(12月任)
北苑街道办事处
工委书记 孔维民
人大街工委主任 孔维民
办事处主任 刘德昉(2月任)
玉桥街道办事处
工委书记 袁廷权
人大街工委主任 袁廷权
办事处主任 刘立新
永顺镇
镇党委书记 董维毅
镇人大主席 王成江
镇　　长 张玉和
梨园镇
镇党委书记 王岩石
镇人大主席 王岩石
镇　　长 于立东
宋庄镇
镇党委书记 胡介报
镇人大主席 范玉全
镇　　长 裴志刚
张家湾镇
镇党委书记 尚祖国
镇人大主席 尚祖国
镇　　长 孙奎亮
漷县镇
镇党委书记 杨连元
镇人大主席 杨连元
镇　　长 囤国常
马驹桥镇
镇党委书记 薄立军(11月免)
房亚军(11月任)
镇人大主席 薄立军(12月免)
房亚军(12月任)

镇　　长　房亚军(12月免)

鲁新洪(12月任)

西集镇

镇党委书记　刘雪峰

镇人大主席　刘雪峰

镇　　长　张德启

漷城镇

镇党委书记　苏雅文(女)

镇人大主席　苏雅文(女)

镇　　长　甄　宇

台湖镇

镇党委书记　贾君刚

镇人大主席　贾君刚

镇　　长　刘贵明(3月任)

永乐店镇

镇党委书记　张振泉

镇人大主席　董建忠

镇　　长　禹学河

于家务回族乡

乡党委书记　陈　宇

乡人大主席　魏金生

乡　　长　何志强

八、双管单位

北京市规划委员会通州分局

党组书记、局长　禹学垠

北京市路政局通州公路分局

党委书记、局长　段博新

通州区质量技术监督局

党组书记、局长　赵久治

北京市国土资源局通州分局

党组书记、局长　刘占恩

通州区气象局党支部书记、局长　池长春

通州区邮政局党委书记、局长　刘国军

中国人民解放军北京市通州区人民武装部

部　长　邵明星(1月免)

芦　峰(1月任)

政　委　储怀森

通州区国家税务局党组书记、局长　张玉龙

通州区地方税务局党组书记、局长　牛明奇

工商行政管理局通州分局

党组书记、局长　廉建设

北京市公安局通州分局

党委书记、局长　尹燕京

政　　委　王　健

北京市药品监督管理局通州分局

党组书记、局长　刘术旺

通州区烟草专卖局（公司）

局长（经理）　武玉清

九、其他单位

中国联合网络通信有限公司北京市通州区分公司

党委书记、总经理（局长）

王树生(11月免)

李　健(11月任)

中国人民财产保险公司通州支公司

党组书记、总经理　祝　倚(女,6月免)

刘玉纯(6月任)

中国人寿保险公司通州区支公司

经　　理　胡振英(女)

建设银行通州区支行行长　韩少卿

工商银行通州支行行长　齐兆惠

农业银行通州区支行行长　巩全禄

中国银行通州区支行行长　王海波

北京银行通州支行行长　李　伟

农业发展银行通州区支行行长　常崇祥

北京农村商业银行通州支行

党委书记、行长　张新忠

北京电力公司通州供电公司

党委书记　梁红强(10月免)

靳福东(10月任)

经　　理　王增志

北京新城基业投资发展有限公司

董事长　张　洪

总经理　胡克诚

先进人物

周　波　革命烈士。重庆市涪陵区青羊镇兴圆村人，1987年4月27日出生，2006年12月入伍。汉族，初中毕业，中共党员，生前系北京卫戍区警卫三师防化连三排九班战士。2006年在新兵连受嘉奖一次，2007年底被连队评为优秀士兵。

2008年2月14日下午14时30分许，部队组织新兵进行实弹射击，在靶场南侧执行警戒任务的周波突然听到靶场西南侧水塘内传来小孩的救喊声，周波在最短的时间内赶到现场，奋不顾身跳进冰窟窿，两名落水儿童得救了，周波英勇牺牲，年仅21岁。

周波牺牲后，根据他的生前表现，北京卫戍区追认周波为中共党员，批准周波为革命烈士，北京市授予他“首都见义勇为荣誉市民”称号和“五四青年”奖章，通州区授予周波“见义勇为积极分子”荣誉称号，重庆市涪陵区授予他“见义勇为好青年”称号，2008年底周波被北京市授予“京华见义勇为奖”。

季志会　女，全国科技管理系统先进工作者。1961年出生，中共党员，农业技术推广研究员、享受国务院政府特殊津贴专家。现任通州区科学技术委员会党组书记、主任。在从事农业机械化新技术、新产品的引进、研制和推广工作21年中，共完成农机科研课题40多项，其中：通过部级鉴定成果2项；市级鉴定12项；7项分别获得星火科技进步推广一、二、三等奖，并得到广泛的推广，在较大范围内起到示范作用。2002年从事科技工作，任通州区科委党组书记、主任，她同全区科技工作者一起，大力开展科技创新，加快科技成果的引进、转化和推广，为通州区经济发展提供有效的科技支撑。围绕通州区新城建设，实施了“通州区突发公共事件应急指挥平台关键技术研究与示范”、“数字化制造系统集成研究与应用”、“北运河通州区城市段水环境改善研究与示范”等重大科技项目，在城市应急、环境治理、园区发展等方面提供技术支持。组织实施市、区科技项目53项，火炬计划11项，星火计划项目11项，市成果转化项目9项，中小型企业创新基金项目9项，极大地推动通州区高新技术产业的发展和壮大。围绕社会主义新农村建设，建设“生产力促进型”农村科技推广服务体系和科技协调员队伍；实施农村信息化示范区建设，建立146个农村远程信息站点，开通“科技直通车”，解决了农村科技传播“最后一公里”问题。围绕都市型现代农业的需求，实施“优质菜产加销配套服务产业化提升工程”、“农业中试与熟化基地建设”等绿色通道项目，开展观赏鱼品种繁育、奶牛胚胎移植等关键技术示范，培育了观赏鱼、葡萄等一批区域特色农产品，提高了通州区的农业科技含量。2001年，季志会荣获首都农业科技先进工作者称号，2005年荣获北京市农业技术推广二等奖，2006年被评为北京市先进科普工作者，2008年荣获北京市“三八”红旗奖章，2008年被评为北京市科技管理系统先进工作者，2008年获首都劳动奖章，被中华人民共和国人力资源保障部、中华人民共和国科学技术部评为全国科技管理系统先进工作者。

李清华　交通部系统交通文明执法标兵。1981年9月出生，中共党员，北京市路政局通州公路分局路政大队副大队长。自参加工作以来，李清华较好的完成各项工作任务，基本构建起了分局依法行政工作体系，推动了分局法治化和路政管理规范化进程。在办公室从事法制工作及担任办公室副主任期间，分局的法制工作、普法工作、政务公开及行政效能建设工作均取得了长足的进步，在通州区依法行政考评中，考核成绩不断提高。在路政大队担任副大队长，主持路政全面工作以来，带领路政全体队员努力工作，在市路政局系统中，其所在的路政大队成绩名列前茅，2007年被评为2007年度市交通委行政执法先进工作单位，2008年被评为交通部交通行政执法责任制示范单位，连续五年被评为通州区精神文明建设先进单位。李清华2005年被评为通州区政府法制工作先进个人，2006年被评为通州区电子政务先进个人，2008年被评为交通部交通文明执法标兵、市路政局系统优秀共产党员，通州区优秀共产党员。

高　浩　公安部授予的奥运会、残奥会安保工作先进个人。36岁，中共党员，大学文化，1996年参加公安工作，现任通州分局巡警支队白庙治安检查站民警。高浩先后三次被分局评为优秀公务员，六次荣获个人嘉奖。在奥运会、残奥会安全保卫工作中，高浩承担"护城河"外围设卡工作，工作中他严格执行市局提出的"逢车必查，逢人必检，逢疑必核"的工作标准，共查获各类违法人员48人。其中查获上网逃犯5人、刑事拘留5人、行政拘留14人、教育24人，收缴管制刀具5把。查获4张被盗窃、抢夺的奥运货车通行证，其中3名不法司机被刑事拘留。查获使用伪造、变造的奥运货车通行证33张，行政拘留12人。高浩将严格执法贯穿外围设卡工作的始终，认真履行设卡盘查勤务规范，加大对进京可疑人员、可疑车辆、可疑物品的盘查和检查力度，严把关口，有效地将各类不稳定因素拦截在京门之外。特别针对一些不法分子伪造、盗窃、抢夺特种通行证企图蒙混过关的违法犯罪行为，他努力钻研，积极向公安部一所的相关人员学习辨别假通行证方法，并将所学的知识传授给全站民警，使站内其他同志掌握了识别假通行证的技巧，为共同打击伪造、使用假"通行证"的违法行为奠定了基础。在日常工作中，他将盘查重点放在对持证司机的审核力度上，严查细审，不放过任何蛛丝马迹。他为平安奥运做出了积极贡献。2008年，高浩被公安部授予奥运会、残奥会安保工作先进个人称号。

光　荣　榜

全国先进单位、先进个人

全国科普示范区

通州区

创建全国计划生育优质服务先进单位

通州区

全国精神文明建设工作先进单位

通州区邮政局

通州区市政管理委员会

通州区建设委员会

全国文化产业工作先进集体

通州区文化委员会

全国服务农民服务基层文化建设单位先进集体

通州区文化委员会市场管理科

国家卫生镇

通州区梨园镇

全国文明村

梨园镇大稿村

创建全国文明村镇工作先进村

永顺镇龙旺庄村

于家务回族乡仇庄村

全国市县测绘管理工作先进单位

北京市规划委员会通州分局

2007年全国投入产出调查先进集体

通州区统计局投入产出办公室

交通部交通行政执法责任制示范单位

通州公路分局

全国民主法制示范村

马驹桥镇小周易村

全国巾帼文明岗

通州区住房保障及旧城改造领导小组办公室

通州区潞河医院护理部

全国抗震救灾重建家园工人先锋号

大本营彩钢制品(北京)有限公司物流部

全国百佳营业厅

中国联合网络通信有限公司北京市通州区分公司新华厅

中国百名优秀母亲

李银环

北京市先进单位、先进个人

2008年度农村水务建设雨洪利用先进奖

通州区

规范教育收费示范区

通州区

北京市信访排查调处工作目标管理考核优秀单位

通州区

首都劳动奖状

通州区永乐店中学高三工会小组

北京市优秀科普社区

新北苑社区

天桥湾社区

北京市优秀科普场馆

通州区科技馆

人民满意的政法单位

宋庄法庭

北京市法院十佳人民法庭

宋庄法庭

北京市三八红旗集体

北京工业大学实验学院

北京银行通州支行

北京永安国际旅行社有限公司

新城东里幼儿园

梨园镇社保所

中国网通(集团)有限公司北京市通州区分公司梨园营业厅

张家湾镇妇联

通州区社会福利院

通州区三八家政服务就业基地

运河文化广场保洁班

中仓街道妇联

通州区日光彩虹幼儿园

西集卫生院妇产科

北京君子兰涂料有限公司

张家湾镇党政办公室

北京仙源食品酿造有限公司

宋庄镇小堡村姐妹指路队

甘棠卫生院

北京金宝华地毯有限公司

永顺镇盛业社区居委会

首都未成年人思想道德建设先进集体

通州区妇联

北京市校外教育先进集体

通州区体育局游泳中心

首都未成年人思想道德建设先进集体

通州区关心下一代协会

北京市人口和计划生育红旗单位

梨园镇人民政府

宋庄镇人民政府

北京市人口和计划生育先进集体
永顺镇人民政府
张家湾镇人民政府
马驹桥镇人民政府
西集镇人民政府
潞城镇人民政府
漷县镇人民政府
台湖镇人民政府
永乐店镇人民政府
于家务回族乡人民政府
玉桥街道办事处
中仓街道办事处
新华街道办事处
北苑街道办事处
区广播电视中心
区教育委员会
区财政局

首都文明街道
玉桥街道
中仓街道
北苑街道
新华街道

首都文明社区
北苑街道新华西街社区
北苑街道北苑桥社区
北苑街道帅府社区
北苑街道长桥园社区
北苑街道锦园社区
新华街道如意社区
新华街道司空社区
中仓街道上营社区
中仓街道西营社区
中仓街道东里社区
中仓街道莲花寺社区
中仓街道新华园社区
玉桥街道玉桥东里社区
玉桥街道玉桥南里南社区
玉桥街道柳岸方园社区
玉桥街道柳馨园社区
永顺镇永顺西里社区

首都文明乡镇
永顺镇
梨园镇
台湖镇
张家湾镇
潞城镇
永乐店镇
漷县镇

首都文明村
梨园镇大稿村
梨园镇西总屯村
梨园镇车里坟村
梨园镇曹园村
梨园镇刘老公庄村
梨园镇魏家坟村
宋庄镇小堡村
宋庄镇后夏公庄村
宋庄镇北窑上村
宋庄镇师姑庄村
宋庄镇葛渠村
台湖镇朱家垡村
台湖镇桂家坟村
台湖镇大地村
台湖镇东下营村
马驹桥镇小周易村
马驹桥镇小杜社村
马驹桥镇房辛庄村
马驹桥镇神驹村
永顺镇龙旺庄村
永顺镇南关村
永顺镇杨庄村
永顺镇北马庄村
永顺镇乔庄村
永顺镇邓家窑村
张家湾镇苍头村
张家湾镇皇木厂村
张家湾镇张湾村
张家湾镇垡头村
潞城镇留庄村
潞城镇武疃村

潞城镇刘庄村
潞城镇霍屯村
潞城镇堡辛村
漷县镇许各庄村
漷县镇马头村
漷县镇西黄垡村
漷县镇草厂村
漷县镇罗庄村
于家务回族乡仇庄村
于家务回族乡后伏村
于家务回族乡西垡村
于家务回族乡东垡村
西集镇史东仪村
西集镇大沙务村
西集镇太平庄村
西集镇老庄户村
永乐店镇西河村
永乐店镇张各庄村
永乐店镇兴隆庄村

首都文明单位标兵

通州区市政管理委员会机关
通州区邮政局机关
通州区人民检察院
通州区殡仪馆
通州区潞河中学
通州区劳动和社会保障局机关
通州区建设委员会机关
北京电力公司通州供电公司机关
通州区司法局机关
北京市规划委员会通州分局
通州区地方税务局机关

首都文明单位

通州区人民法院
通州区民政局机关
通州区国税局机关
通州区财政局机关
北京市公安局通州分局机关
北京市公安局通州分局胡各庄派出所
北京市工商行政管理局通州分局机关
北京市工商行政管理局通州分局永顺工商所
通州区国有资产监督管理委员会机关
北京市万通兴汽车检测站
北京市通州区粮油贸易公司
北京八里桥农产品中心批发市场有限公司
北京上科华联商厦
北京潞洲水务有限公司营销管理部
通州区教育委员会机关
通州区运河中学
通州区官园小学
通州区青少年活动中心
北京市通州潞城水务一所
通州区环境卫生管理所
通州区卫生局卫生监督所
通州区宋庄卫生院
通州区邮政局新华支局
通州区人口和计划生育委员会机关
北京市国土资源局通州分局
通州区城管监察大队
北京京东正齐胜信息咨询服务公司(永顺)
北京潞电电气设备有限公司(西集)
北京电力通州供电公司西集供电所
李宁(中国)体育用品有限公司(台湖)
北京方和正圆商贸有限公司(张家湾)
福耀集团北京福通安全玻璃有限公司(张家湾)
北京佩特来电器有限公司(宋庄镇)

首都文明旅游景区

通州区大运河水梦园
韩美林艺术馆

首都创建公共文明示范地区工作先进地区

通州区运河文化广场地区

首都绿化美化园林小城镇

西集镇

首都绿化美化花园式单位

永顺供电所
刘庄新村
北京赛科物业管理有限公司(绣江南小区)
梨园地区小稿村民委员会(小稿村小区)
北京泛茂物业管理有限公司(加州小镇)
北京翠屏南里物业管理有限公司(翠屏南里小区)
德邑新时空小区

台湖镇蒋辛庄村民委员会
中国人民解放军陆军航空兵学院
北京出版发行物流中心
北京中科稼英半导体有限公司
张家湾镇太玉园小区
通州区草厂小学
漷县镇社会福利中心
西集镇肖林小学
北京东方华睿职业技能培训学校
北京北水食品工业有限公司
三泰正方生物环境科技发展有限公司
金桥污水处理厂
纳尔特(漆业)北京有限公司
总政治部汽车驾驶员训练基地
北京展辰化工有限公司
永乐店镇应寺村委会
宝佳制衣(北京)有限公司
北京蒙特服装有限公司
华德永嘉地毯有限公司
金宝华地毯有限公司
永恩投资集团有限公司
于家务回族乡职业介绍所
北京泉兴农牧园有限责任公司
北京通惠陵园
蓝调沙龙•雅园
潞河中学北家属区
北京市通州兴华物业管理公司海阔名园小区
北京通纳物业管理有限公司(柳岸景园)
北京市北运河管理处
北京中原华夏物业管理有限公司世纪星河名苑物业管理处
通典铭居小区
北京通纳物业管理有限公司(柳岸方园)
北京新建房地产开发有限公司雅丽世居小区

首都全民义务植树先进单位

北京同仁堂股份有限公司同仁堂药酒厂
通州区委直属机关工作委员会

首都绿化美化先进单位

潞城镇武疃村
于家务回族乡枣林村

首都绿色村庄

永乐店镇西河村
永乐店镇鲁城村
永乐店镇小务村
台湖镇桂家坟村
张家湾镇台营村
西集镇辛庄村
漷县镇前元化村
潞城镇兴各庄村

市森林防火先进单位

张家湾镇

北京市卫生镇

永顺镇
马驹桥镇

北京市改厕先进镇

永乐店镇

北京市爱国卫生红旗单位

通州区区委机关
通州区人民检察院
通州区人民商场
通州区建设委员会
北京市同仁堂集团通州仓库
北京公安交通管理局通州大队
通州区财政局
通州区劳动和社会保障局

北京市爱国卫生先进单位

通州区民政局
通州区审计局
通州区市政管理委员会
新华街道办事处
新华街道如意社区居委会
北京市国土局通州分局
北京市药品监督局通州分局
北京市农业干部培训中心
北京市结核病胸部肿瘤研究所
北京财贸职业学院通州学区
北京市公路局通州分局
北京古船食品有限公司
北京同仁堂股份有限公司同仁堂药酒厂
北京铁路成人中等公安学校

北京东方石油化工有限公司东方化工厂
核工业北京化工冶金研究院
运河中学
通州区林业局
通州区邮政局
北京金瑞牧业有限责任公司
玉桥北里社区居委会
通州区卫生局
通州区司法局
北京市电力公司通州分公司
通州区东方宾馆
通州区质量技术监督局
通州区成人教育中心
东方小学
通州区上科华联商厦
通州区教师研修中心
北京郭林家常菜食品有限责任公司通州分公司
潞河中学
北苑街道办事处
通州区房地产开发公司
中国工商银行北京市通州支行
北京通州红旗宾馆
北京北方红旗机电有限公司
北京护士学校
中共北京市通州区委党校
北苑街道后南仓社区居委会

北京市健康社区

中仓办事处运河园社区
中仓办事处东里社区
中仓办事处莲花寺社区
中仓办事处新华园社区
新华办事处天桥湾社区
新华办事处贡院社区
新华办事处东大街社区
新华办事处北关社区
北苑办事处新华西街社区
北苑办事处后南仓社区
梨园镇东总屯社区
梨园镇刘老公庄社区

北京市卫生村

马驹桥镇团瓢庄村
永乐店镇老槐庄村
潞城镇崔楼村
台湖镇西下营村
宋庄镇吴各庄村

北京市健康促进示范村

宋庄镇西赵村
宋庄镇北寺村
漷县镇徐官屯村
台湖镇新河村
马驹桥镇神驹村
马驹桥镇东田阳村
潞城镇小豆各庄村
潞城镇大豆各庄村
潞城镇贾后疃村
于家务乡果村
于家务乡小海子村
西集镇耿楼村
西集镇沙古堆村
西集镇和合站村
张家湾镇西永和屯村
张家湾镇北大化村
张家湾镇东永和屯村
永乐店镇后营村
永乐店镇老槐庄村
永乐店镇半截河村

北京郊区环境优美乡镇

永顺镇

北京郊区文明生态村

宋庄镇吴各庄村
永乐店镇西何各庄村
于家务回族乡富各庄村
潞城镇前疃村
马驹桥镇杨秀店村
台湖镇东下营村
漷县镇南屯村

北京市先进纪检监察组织

马驹桥镇

安全生产达标先进单位

通州区邮政局

北京市档案系统先进集体

通州区档案局

第六届首都民族团结进步先进集体

通州区财政局

于家务回族乡

北京市司法行政系统先进集体

通州区司法局

治超工作先进集体

通州区交通局

北京市交通安全先进单位

通盛达公司

平安邮政先进单位

通州区邮政局

北京市城市管理综合执法系统先进集体

通州区城管大队

北京市2008年度文物安全和执法工作先进集体

通州区文化委员会行政执法队

北京市2008年扫黄打非文化市场管理先进集体

通州区扫黄打非办公室

2008年全民健身活动先进单位

通州区体育局

2008年度消防工作先进单位

通州区财政局

北京市社区志愿服务先进单位

北苑街道

北京市优质服务文明窗口先进单位

北苑街道社保所

2008年度北京市先进乡镇企业局

通州区乡镇企业局

2008年度促进京郊乡镇企业发展先进单位

通州区工业局

2008年度暨奥运安保集体嘉奖

通州区财政局

北京市奥运安保工作先进集体

通州区城管大队

通州区爱卫会办公室

北苑街道办事处

奥运会、残奥会交通保障工作先进集体

通州区交通局

首都服务奥运好先锋

通州区邮政局

北京邮政服务奥运会、残奥会优秀团队

通州区邮政局

北京市非紧急救助服务系统服务奥运优秀单位

北京市非紧急救助服务中心通州分中心

首都非公经济参与奥运服务奥运先进集体

北京东升方圆农业种植开发有限公司

北京金秋铜装饰材料有限公司

北京市通州利强涂料厂

北京奥运会、残奥会马拉松赛场全民健身项目展示活动突出贡献奖

通州区体育局

北京市奥运期间信访排查先进单位

通州区建委

通州区信访办

北京平安奥运先进单位

通州区信访办综合办公室

北京奥运会、残奥会环境建设先进集体

通州区城管大队

通州区旅游局

奥运应急无偿献血志愿者先进单位

通州公路分局

“首都劳动奖章”获得者

刘汝林　季志会　郭金成　张万龙　赵小冲
王学礼　刘爱萍　李云胜　孙　伟

“北京市三八红旗奖章”获得者

邵明红　郭书霞　刘会菊　贾光红　李　峥
王洪波　金焕芝　王春霞　郑雅莲　付玉荣
臧秀华　王永珍　周　莉　张品正　冯利英
李鲜娜　孙晓东　王桂茹　马　伟　王大华
张琴琴　华　飞　赵潮英　张兰荣　金祥芹
张秀明　周　颖　马伟哲　苏雅文　王雅岚
王杰群　刘　卉　季志会　王玉英　范秀云
田玉娥　王元霞　张立芳

“奥运巾帼奉献奖”获得者

刘洪娟　苏秋红　马春明　杜宏波　吕惠娟

王文兵 樊春玲 陈玉玲 于振芹 赵丽霞
张福琴 毕永凤 何继勤 李雅静 张建红
聂兰英 陈景云 王文玲 李　萌 康秀清
邓长云 王金荣 于学荣 马雪梅 杨秀芬
吕秀荣 王　华 任金荣 陈玉华 周彩云
葛　静 王　巍 常秀菊 张　爽 张　利
程靓波 马海艳 刘晓燕 郑文慧 任海燕

北京市"文明示范家庭"

杨洪玲 郑文成 崔丽君 王连荣 张红英
田新建 孙自然 沈小杰 李绥玲 郎燕庚
王秀东 王保珍 高艳玲 周振柱 张广仁
何春红

首都未成年人思想道德建设先进个人

罗敬义 李作章

北京市人口和计划生育先进个人

王志刚 徐景发 宋京璋 王增哲 王振亮
郭　辉 王希亮 刘汝林 梁　萍 宁秋君
王岩石 郎浩俊 董维毅 张玉玲 刘雪峰
张德启 苏雅文 甄　宇 杨连元 信福元
胡介报 裴志刚 尚祖国 孙奎亮 于国秀
王会影 孟轩昂 燕国萍 韩秋增 李　蕊
刘德昉 刘松霞 刘贵明 何春红 陈　宇
何志强 禹学河 董建忠 董文华 郑平平

首都绿化美化积极分子

王岩石 王德华 丛丽娟 冯志慧 冯国祥
朱宝均 刘光锐 刘洪春 杜友俊 杨迪龙
李泽生 李宝军 李宝增 李　清 何志强
张明泽 张宝常 张洪亮 张冠启 陈玉图
陈均芝 武绍述 郑学忠 胡介报 徐德生
姬淅萍 董艳芹 韩伟伟 程卫国 蔺再坤

市森林防火先进个人

张千秋 张焕启 董向泉 张春波

北京市爱国卫生先进工作者

华　飞 张卫东 鲁　嵩 蔡力凯 赵士华
张玉平 崔淑敏 赵全喜 刘宝全 张永来
窦洪海 王文宝 李定增 李国忠 辛士华
刘　海 杜妍杰 殷文平 董建忠 蒋瑞东
朱长华 郝振亮 赵松山 陈玉起 乔玉华
王怀艳 任瑞启 王　瑛 张学军 唐一清
曲　欣 赵春平 田玉娥 张忠朋 周月娜

北京市2008年扫黄打非文化市场管理先进个人

吴宝玉

北京市文物安全先进个人

郭　生 郑旭升

北京市治超工作先进个人

李永锋 王天哲 马贵霖 陈宝林 纪婉玲
高艳华 陈　颖 杨　超 梁道嶷 张逢时

第六届首都民族团结进步先进个人

李淑华 李广和 王志勇 何志强 孟洪峰

"北京市总工会奥运立功首都劳动奖章"获得者

王　君

北京市奥运保障先进工作者

于世疆 华　飞 赵全喜
张永来 张玉平 王文宝

北京奥运安保工作先进个人

路长程

奥运会、残奥会交通保障工作先进个人

胡　蓝 于冬博

奥运会、残奥会交通运输服务保障工作先进个人

关　中 王　勇

北京市平安奥运先进个人

崔海举

北京市奥运期间信访工作先进个人

王　丽 王成江 姚华锋 张胜勇

首都服务奥运好先锋

关　中

统 计 表

2008年通州区国民经济主要指标统计表

项 目		2008	2007	2008年为2007年%
综合				
地区生产总值	(万元)	2128804	1867566	114.0
第一产业		137236	121181	113.2
第二产业		1058788	944658	112.1
第三产业		932780	801727	116.3
地方财政收入	(万元)	340433	242971	140.1
#增值税		36018	26745	134.7
营业税		66030	75406	87.6
企业所得税		32473	29710	109.3
地方财政支出	(万元)	597607	552671	108.1
#农林水事务支出		70569	59480	118.6
社会保障和就业		63516	46713	136.0
各项税收	(万元)	745914	632928	117.9
#地税	(万元)	349072	337388	103.5
各项存款余额	(万元)	6226946	5126220	121.5
各项贷款余额	(万元)	1988328	2061578	96.4
人口和劳动力				
户籍人口	(人)	649314	642794	101.0
男		322884	319656	101.0
女		326430	323138	101.0
#非农业人口		308091	298078	103.4
出生率	(‰)	8.84	8.94	98.9
死亡率	(‰)	6.35	6.22	102.1
自然增长率	(‰)	2.48	2.72	91.2

注：地区生产总值为初步统计数据

续表2

项　　目	2008	2007	2008年为2007年%
人民生活			
城镇居民人均可支配收入　（人）	20708.0	18887.0	109.6
农民人均纯收入　（元）	10212.9	9114.5	112.1
城乡居民储蓄余额　（万元）	3654785.4	2755110.6	132.7
农村经济			
农业用电量　（万千瓦时）	16344.9	16250	100.6
现价农业总产值　（万元）	379552.0	332019.7	114.3
种植业	194342.0	174774.7	111.2
林业	10526.7	8549.8	123.1
牧业	145449.2	117102.6	124.2
渔业	22695.6	23092.6	98.3
农林牧渔业服务业	6538.5	8500	76.9
农作物总播种面积　（公顷）	56657.0	50857.5	111.4
粮食作物	40670.6	34831.6	116.8
经济作物	286.2	566.2	50.5
其他作物	15700.2	15459.7	101.6
农副产品产量　（吨）			
蔬菜	664363.1	655842.3	101.3
水果	56271	52033	108.1
水产品	9600	12780	75.1
鲜奶	86768	87772	98.9
鲜蛋	7429.3	8737.3	85.0
畜产品产量			
出栏生猪　（头）	345737	326731	105.8
出栏羊　（只）	108779	111958	97.2
出栏肉牛　（头）	12762	12864	99.2
肉鸭　（万只）	426.9	266.6	160.1
大牲畜年底存栏数　（头）	24905	26143	95.3
#牛	24820	25950	95.6
驴	54	123	43.9
外经、外贸			
实际利用外资　（万美元）	13425.1	11095.1	121.0
出口创汇　（亿美元）	10.4	7.9	131.6

续表3

项　　目		2008	2007	2008年为2007年%
旅游				
旅游收入	（万元）	45964.0	44767.9	102.7
接待旅游人数	（万人次）	113.4	116.5	97.3
教育				
学校数	（个）			
小学		89	93	95.7
普通中学		48	49	98.0
中等职业教育学校		9	9	100.0
招生数	（人）			
小学		8126	7830	103.8
初级中等学校		6714	6858	97.9
高级中等学校		4406	4486	98.2
中等职业教育学校		1548	1926	80.4
在校学生	（人）			
小学		44589	45108	98.8
初级中等学校		20307	21005	96.7
高级中等学校		14665	16434	89.2
中等职业教育学校		6804	7193	94.6
毕业生	（人）			
小学		7512	7593	98.9
初级中等学校		6813	7664	88.9
高级中等学校		4800	4168	115.2
中等职业教育学校		1928	2067	93.3
幼儿园、托儿所个数	（个）	79	84	94.0
幼儿在托数	（人）	11701	10900	107.3
文化				
公共图书馆	（个）	1	1	100.0
公共图书馆藏书	（万册）	29	28.2	102.8
区级以上重点文物保护单位	（个）	54	38	142.1
卫生				
卫生机构数	（个）	239	210	113.8
#医院		12	13	92.3
卫生院		18	17	105.9

续表4

项　　目		2008	2007	2008年为2007年%
床位数	（张）	2538	2503	101.4
#医院		1811	1874	96.6
卫生院		439	433	101.4
平均每千人拥有床位数	（张）	2.5	2.7	92.6
卫生技术人员	（人）	4763	3874	122.9
公用设施				
体育场馆	（个）	1	1	100.0
道路长度	（公里）	2287	2250	101.6

注：① 教育部分学生数含外省市户口学生数
② 平均每千人拥有床位数按常住人口计算
③ 部分项目因经济普查数字未落实此表未收

附　　录

中共北京市通州区委主要文件目录

中共北京市通州区委文件

京通发〔2008〕1号	关于调整中共北京市通州区委外事工作领导小组组成人员的通知
京通发〔2008〕2号	中共北京市通州区委　北京市通州区人民政府关于调整通州区人口和计划生育领导小组组成人员和成员单位职责分工的通知
京通发〔2008〕3号	关于成立中共北京市通州区园区管理委员会党组的通知
京通发〔2008〕4号	中共北京市通州区委　北京市通州区人民政府关于印发《2008年区委、区政府折子工程》的通知
京通发〔2008〕5号	中共北京市通州区委　北京市通州区人民政府关于印发《通州区完善园区管理体制方案》的通知
京通发〔2008〕6号	中共北京市通州区委　北京市通州区人民政府关于成立北京市通州区奥运绿化重点工程指挥部的通知
京通发〔2008〕7号	中共北京市通州区委　北京市通州区人民政府关于开展向周波、刘冰恒等同志学习的决定
京通发〔2008〕8号	中共北京市通州区委　北京市通州区人民政府关于对2007年度考评优秀单位进行表彰的决定
京通发〔2008〕9号	中共北京市通州区委关于印发《区委常委会2008年议题计划》的通知
京通发〔2008〕10号	中共北京市通州区委关于做好2008年调查研究工作的意见
京通发〔2008〕11号	中共北京市通州区委关于2008年干部理论学习的安排意见
京通发〔2008〕12号	中共北京市通州区委关于充分发挥全区各级领导班子、领导干部和基层党组织、共产党员在举办2008年北京奥运会中的作用的意见
京通发〔2008〕13号	中共北京市通州区委转发《中共北京市通州区人大常委会党组关于进一步加强人大代表工作的若干意见》的通知
京通发〔2008〕17号	中共北京市通州区委　北京市通州区人民政府关于调整通州区党风廉政建设责任制领导小组的通知

京通发〔2008〕18号	中共北京市通州区委　北京市通州区人民政府关于调整通州区精神文明建设委员会组成人员及工作小组分工的通知
京通发〔2008〕19号	中共北京市通州区委关于对帮扶新农村建设试点工作先进单位和优秀工作队队员进行表彰的决定
京通发〔2008〕20号	中共北京市通州区委　北京市通州区人民政府关于加大推进农村集体经济产权制度改革工作力度的意见
京通发〔2008〕24号	中共北京市通州区委关于做好支援抗震救灾工作的通知
京通发〔2008〕25号	中共北京市通州区委　北京市通州区人民政府印发《关于全面加强人口和计划生育工作统筹解决人口问题的实施意见》的通知
京通发〔2008〕26号	中共北京市通州区委　北京市通州区人民政府关于北京市通州区卫生局卫生监督所职能配置、内设机构和人员编制规定的通知
京通发〔2008〕27号	中共北京市通州区委　北京市通州区人民政府关于北京市通州区动物卫生监督管理局职能配置、内设机构和人员编制规定的通知
京通发〔2008〕28号	中共北京市通州区委　北京市通州区人民政府印发《北京市通州区争创“全国双拥模范区”实施方案》的通知
京通发〔2008〕29号	中共北京市通州区委关于推行廉政风险防范管理工作的实施意见
京通发〔2008〕30号	关于撤销“中共北京市通州区养殖业服务中心委员会”成立“中共北京市通州区动物卫生监督管理局委员会”的通知
京通发〔2008〕31号	中共北京市通州区委关于改革开放30周年纪念活动的通知
京通发〔2008〕32号	中共北京市通州区委　北京市通州区人民政府关于开展全区党政领导干部大接访活动的意见
京通发〔2008〕33号	中共北京市通州区委　北京市通州区人民政府关于进一步规范健全通州区奥运筹办和赛时保障工作领导小组的通知
京通发〔2008〕34号	中共北京市通州区委　北京市通州区人民政府印发《奥运会残奥会期间通州区突发事件应急处置工作方案》的通知
京通发〔2008〕35号	中共北京市通州区委关于张文山同志工作分工的通知
京通发〔2008〕36号	中共北京市通州区委关于2008年对区委各部门的督查考核意见
京通发〔2008〕37号	中共北京市通州区委　北京市通州区人民政府关于2008年对乡镇党委、乡镇政府的督查考核意见
京通发〔2008〕38号	中共北京市通州区委　北京市通州区人民政府关于2008年对街道党工委、街道办事处的督查考核意见
京通发〔2008〕39号	中共北京市通州区委关于进一步明确北京市通州区农村基层组织建设领导小组成员单位职责的通知
京通发〔2008〕40号	关于批转《中共北京市通州区人大常委会党组关于召开通州区第四届人民代表大会第四次会议的请示》的通知
京通发〔2008〕41号	关于批转《中共政协通州区委员会党组关于召开政协通州区第四届委员会第三次会议的请示》的通知
京通发〔2008〕42号	关于同意召开北京市通州区工会第三次代表大会的通知
京通发〔2008〕43号	中共北京市通州区委关于印发《中共北京市通州区第四届委员会常委会工作规则》的通知

中共北京市通州区委办公室文件

京通办发〔2008〕1号　中共北京市通州区委办公室关于印发《2008年春节期间区级领导慰问活动安排意见》的通知

京通办发〔2008〕2号　中共北京市通州区委办公室关于对2007年度通州区党委系统办公室工作先进单位及先进个人进行表彰的通报

京通办发〔2008〕3号　中共北京市通州区委办公室　北京市通州区人民政府办公室关于对2008年因公出国进行严格控制的通知

京通办发〔2008〕4号　中共北京市通州区委办公室　北京市通州区人民政府办公室关于紧急开展为灾区捐赠物品的通知

京通办发〔2008〕5号　中共北京市通州区委办公室　北京市通州区人民政府办公室关于印发《京津城际铁路、京津高速第二通道、机场南线和机场第二通道重点绿色通道工程实施方案》的通知

京通办发〔2008〕6号　中共北京市通州区委办公室　北京市通州区人民政府办公室关于加强冰面安全管理的通知

京通办发〔2008〕7号　中共北京市通州区委办公室　北京市通州区人民政府办公室印发《关于深入开展"平安奥运行动"的工作意见》的通知

京通办发〔2008〕8号　中共北京市通州区委办公室关于对2007年度办理政协党派团体和委员提案工作先进单位、先进个人进行表彰的通报

京通办发〔2008〕9号　中共北京市通州区委办公室　北京市通州区人民政府办公室印发《关于加强基层应急管理工作的意见》的通知

京通办发〔2008〕10号　中共北京市通州区委办公室　北京市通州区人民政府办公室关于调整通州区调查研究工作协调联席会议组成人员的通知

京通办发〔2008〕11号　中共北京市通州区委办公室印发《关于做好区委常委会上会议题准备工作的规定》的通知

京通办发〔2008〕12号　中共北京市通州区委办公室　北京市通州区人民政府办公室关于调整通州区科普工作联席会议组成人员的通知

京通办发〔2008〕13号　中共北京市通州区委办公室　北京市通州区人民政府办公室关于对2007年度调研工作先进单位、调研先进工作者和优秀调研成果予以表彰的通报

京通办发〔2008〕14号　中共北京市通州区委办公室　北京市通州区人民政府办公室印发《关于做好北京奥运会、残奥会通州区驾驶员志愿者管理保障工作的意见》的通知

京通办发〔2008〕15号　中共北京市通州区委办公室　北京市通州区人民政府办公室关于做好北京奥运会、残奥会通州区驾驶员志愿者脱产培训相关工作的通知

京通办发〔2008〕16号　中共北京市通州区委办公室　北京市通州区人民政府办公室印发《通州区国家机关网站建设与管理实施意见》的通知

京通办发〔2008〕17号　中共北京市通州区委办公室　北京市通州区人民政府办公室转发

	《通州区信息化工作领导小组关于加强2008年信息安全保障工作的意见》的通知
京通办发〔2008〕18号	中共北京市通州区委办公室 北京市通州区人民政府办公室关于调整通州区农村集体经济体制改革领导小组组成人员的通知
京通办发〔2008〕19号	中共北京市通州区委办公室关于印发《关于在全区农村开展党员干部现代远程教育工作的意见》的通知
京通办发〔2008〕20号	中共北京市通州区委办公室 北京市通州区人民政府办公室关于调整通州区双拥工作领导小组组成人员的通知
京通办发〔2008〕21号	中共北京市通州区委办公室 北京市通州区人民政府办公室印发《关于进一步加强区委区政府有关部门同政协各专门委员会对口联系的意见》的通知
京通办发〔2008〕22号	中共北京市通州区委办公室 北京市通州区人民政府办公室关于成立通州区奥运筹办和赛时保障工作领导小组的通知
京通办发〔2008〕23号	中共北京市通州区委办公室 北京市通州区人民政府办公室关于调整通州区国防动员委员会组成人员的通知
京通办发〔2008〕24号	中共北京市通州区委办公室 北京市通州区人民政府办公室转发《中共北京市委办公厅 北京市人民政府办公厅关于在全市党政机关深入开展汽车节油、节电和压缩公用经费支出工作的通知》的通知
京通办发〔2008〕25号	中共北京市通州区委办公室 北京市通州区人民政府办公室关于通州区突发公共事件应急委员会领导成员及组成人员的通知
京通办发〔2008〕26号	中共北京市通州区委办公室 北京市通州区人民政府办公室转发《区纪委关于建立反腐倡廉宣传教育组织协调工作机制的意见》等五项意见的通知
京通办发〔2008〕27号	中共北京市通州区委办公室 北京市通州区人民政府办公室转发《北京市人民政府办公厅关于2008年北京奥运会残奥会期间实行错时上下班有关工作的通知》的通知
京通办发〔2008〕28号	中共北京市通州区委办公室 北京市通州区人民政府办公室关于印发《2008年通州区党风廉政建设和反腐败工作主要任务分工》的通知
京通办发〔2008〕29号	中共北京市通州区委办公室印发《通州区第29届奥运会火炬传递活动安全保卫工作方案》的通知
京通办发〔2008〕30号	中共北京市通州区委办公室 北京市通州区人民政府办公室转发《中共中央办公厅、国务院办公厅关于切实做好北京奥运会、残奥会期间有关工作的通知》的通知
京通办发〔2008〕31号	中共北京市通州区委办公室 北京市通州区人民政府办公室关于加强奥运会赛时重要紧急信息、敏感信息报送工作的紧急通知
京通办发〔2008〕32号	中共北京市通州区委办公室关于印发《2008年通州区党委系统督查工作考核办法》的通知
京通办发〔2008〕33号	中共北京市通州区委办公室 北京通州区人民政府办公室关于推荐北京奥运会、残奥会先进集体和先进个人的通知
京通办发〔2008〕34号	中共北京市通州区委办公室 北京市通州区人民政府办公室关于调

	整部分区属议事协调机构及领导成员有关事项的通知
京通办发〔2008〕35号	关于做好2009年度《人民日报》、《求是》杂志和《北京日报》、《前线》杂志等党报党刊发行工作的通知
京通办发〔2008〕36号	关于做好2009年度《通州时讯》发行工作的通知
京通办发〔2008〕37号	中共北京市通州区委办公室关于印发《2009年春节期间区级领导慰问活动安排意见》的通知
京通办发〔2008〕38号	关于批转《共青团北京市通州区第三届委员会关于召开共青团北京市通州区第四次代表大会和基层团代会的意见》的通知
京通办发〔2008〕39号	中共北京市通州区委办公室　北京市通州区人民政府办公室关于做好2009年元旦、春节期间有关工作的通知

北京市通州区人民政府主要文件目录

北京市通州区人民政府文件

通政发〔2008〕1号	北京市通州区人民政府关于表彰2007年度通州区安全生产先进单位、先进企业和先进个人的决定
通政发〔2008〕2号	北京市通州区人民政府关于印发区长邓乃平在通州区第四届人民代表大会第三次会议上作的《政府工作报告》的通知
通政发〔2008〕3号	北京市通州区人民政府关于印发通州区2008年在直接关系群众生活方面拟办重要实事的通知
通政发〔2008〕4号	北京市通州区人民政府关于印发通州区2008年重点工程任务的通知
通政发〔2008〕5号	北京市通州区人民政府关于印发区长邓乃平在区政府第二次全体会议上讲话的通知
通政发〔2008〕6号	北京市通州区人民政府印发关于实行工业用地招标拍卖挂牌出让实施细则（试行）的通知
通政发〔2008〕7号	北京市通州区人民政府　北京市通州区人民武装部关于表彰2007年度先进人民武装部和先进专武干部的通报
通政发〔2008〕8号	北京市通州区人民政府关于印发行政执法责任制配套制度的通知
通政发〔2008〕9号	北京市通州区人民政府关于印发通州区经济适用住房管理办法（试行）的通知
通政发〔2008〕10号	北京市通州区人民政府关于印发通州区住房保障工作实施方案（试行）的通知
通政发〔2008〕11号	北京市通州区人民政府关于印发通州区城市廉租住房管理办法的通知
通政发〔2008〕12号	北京市通州区人民政府关于表彰2007年度政府法制工作先进单位重视政府法制工作的领导和政府法制工作先进工作者的通报

通政发〔2008〕13号	北京市通州区人民政府关于表彰2007年度劳动保障工作先进单位的决定
通政发〔2008〕14号	北京市通州区人民政府关于加快退出高污染、高耗能、高耗水工业企业的意见
通政发〔2008〕15号	北京市通州区人民政府关于实施新型农村社会养老保险的意见
通政发〔2008〕16号	北京市通州区人民政府关于贯彻实施《中华人民共和国就业促进法》的意见
通政发〔2008〕17号	北京市通州区人民政府关于落实北京市城乡无社会保障老年居民养老保障办法的通知
通政发〔2008〕18号	北京市通州区人民政府关于印发区长邓乃平在通州区绿化美化表彰暨动员大会上讲话的通知
通政发〔2008〕19号	北京市通州区人民政府关于印发区长邓乃平在2008年社区建设工作会上讲话的通知
通政发〔2008〕20号	北京市通州区人民政府关于加强图像信息管理系统建设工作的意见
通政发〔2008〕21号	北京市通州区人民政府关于印发通州区新建商品住宅小区住宅与市政公用基础设施、公共服务设施同步交付使用管理暂行办法的通知
通政发〔2008〕22号	北京市通州区人民政府关于开展危险化学品生产单位专项整治工作的意见
通政发〔2008〕23号	北京市通州区人民政府关于成立“环球影城”主题公园项目指挥部的通知
通政发〔2008〕24号	北京市通州区人民政府关于进一步解决拖欠农民工工资问题的意见
通政发〔2008〕25号	北京市通州区人民政府关于印发通州区限价商品住房管理办法（试行）的通知
通政发〔2008〕26号	北京市通州区人民政府关于建立园区引进项目评审制度的意见
通政发〔2008〕27号	北京市通州区人民政府关于印发通州区第十四阶段控制大气污染措施的通知
通政发〔2008〕28号	北京市通州区人民政府关于实施质量奖励工作的意见
通政发〔2008〕29号	北京市通州区人民政府关于印发通州区饮用水地下水源保护区水污染防治管理办法的通知
通政发〔2008〕30号	北京市通州区人民政府关于印发奥运会残奥会期间通州城乡运行工作总体方案的通知
通政发〔2008〕31号	北京市通州区人民政府关于印发通州区城镇劳动年龄内无业居民大病医疗保险工作实施方案的通知
通政发〔2008〕32号	北京市通州区人民政府关于印发通州区落实《北京市非建筑业农民工工资保证金专用账户办法（试行）》实施细则的通知
通政发〔2008〕33号	北京市通州区人民政府关于加强财政专项资金使用管理的意见
通政发〔2008〕34号	北京市通州区人民政府关于开展通州区第二次全国经济普查的通知
通政发〔2008〕35号	北京市通州区人民政府关于2008年北京奥运会开幕式当天放假的通知
通政发〔2008〕36号	北京市通州区人民政府关于通州区住房保障及旧城改造领导小组加

	挂通州区棚户区改造领导小组牌子的通知
通政发〔2008〕37号	北京市通州区人民政府关于2008年对政府各部门的督查考核意见
通政发〔2008〕38号	北京市通州区人民政府关于促进我区现代物流业发展的意见
通政发〔2008〕39号	北京市通州区人民政府关于授予张宝和、王书敏等十二名同志通州区"名校长"、"名教师"称号的决定
通政发〔2008〕40号	北京市通州区人民政府关于评选认定区级学科教学带头人、区级骨干教师的决定
通政发〔2008〕41号	北京市通州区人民政府关于成立通州区创建无障碍建设城市领导小组的通知
通政发〔2008〕42号	北京市通州区人民政府关于进一步加强我区生猪屠宰管理工作的意见
通政发〔2008〕43号	北京市通州区人民政府转发北京市人民政府关于实施交通管理措施通告的通知
通政发〔2008〕44号	北京市通州区人民政府转发北京市人民政府关于实行错时上下班措施通告的通知
通政发〔2008〕45号	北京市通州区人民政府　北京市通州区人民武装部2008年冬季征兵命令
通政发〔2008〕46号	北京市通州区人民政府关于农村五保供养制度的意见
通政发〔2008〕47号	北京市通州区人民政府关于进一步加强见义勇为权益保护工作的意见
通政发〔2008〕48号	北京市通州区人民政府关于印发通州区军人抚恤优待实施细则的通知
通政发〔2008〕49号	北京市通州区人民政府关于落实北京市加快发展循环经济建设资源节约型环境友好型城市2008年行动计划的意见
通政发〔2008〕50号	北京市通州区人民政府关于落实开展创建全国无障碍建设城市工作的实施意见
通政发〔2008〕51号	北京市通州区人民政府关于印发通州区2009年重点工程任务表的通知
通政发〔2008〕52号	北京市通州区人民政府关于白玉光免职的通知

北京市通州区人民政府办公室文件

通政办发〔2008〕1号	北京市通州区人民政府办公室关于成立北京市通州区工业用地招标拍卖挂牌领导小组的通知
通政办发〔2008〕2号	北京市通州区人民政府办公室关于开展安全隐患排查整治工作的紧急通知
通政办发〔2008〕3号	北京市通州区人民政府办公室转发国务院办公厅关于严格执行有关农村集体建设用地法律和政策文件的通知
通政办发〔2008〕4号	北京市通州区人民政府办公室印发关于进一步加强职业卫生监管工作意见的通知

通政办发〔2008〕5号	北京市通州区人民政府办公室关于做好通州区四届人大三次会议代表建议和政协通州区四届二次会议委员提案办理工作的通知
通政办发〔2008〕6号	北京市通州区人民政府办公室关于印发2008年度区政府系统信息工作意见的通知
通政办发〔2008〕7号	北京市通州区人民政府办公室关于做好施行《中华人民共和国政府信息公开条例》的通知
通政办发〔2008〕8号	北京市通州区人民政府办公室关于印发通州区村级土地规划义务监督员管理办法的通知
通政办发〔2008〕9号	北京市通州区人民政府办公室转发市农委关于2008年市级扶持发展农村产业指南的通知
通政办发〔2008〕10号	北京市通州区人民政府办公室转发区交通局关于通州区境内客运改革方案的通知
通政办发〔2008〕11号	北京市通州区人民政府办公室关于表彰2007年度区政府系统办公室工作先进单位及先进个人的通报
通政办发〔2008〕12号	北京市通州区人民政府办公室关于清明节期间加强殡葬管理工作的通知
通政办发〔2008〕13号	北京市通州区人民政府办公室关于成立北京市通州区推进有线电视数字化工作领导小组的通知
通政办发〔2008〕14号	北京市通州区人民政府办公室关于印发通州区2008年乡镇、街道、系统交通安全工作任务书的通知
通政办发〔2008〕15号	北京市通州区人民政府办公室印发关于解决通州新城开发建设中旧村改造遗留问题项目实施方案审查意见的通知
通政办发〔2008〕16号	北京市通州区人民政府办公室关于印发通州区奥运食品安全保障工作实施方案的通知
通政办发〔2008〕17号	北京市通州区人民政府办公室关于成立通州区奥运食品安全保障领导小组的通知
通政办发〔2008〕18号	北京市通州区人民政府办公室关于成立通州区网络与信息安全协调小组的通知
通政办发〔2008〕19号	北京市通州区人民政府办公室印发关于2008年安全隐患整改工作任务的通知
通政办发〔2008〕20号	北京市通州区人民政府办公室转发区农委、区经管站关于建立农村土地承包经营权流转机制加快都市农业发展促进农民增收意见的通知
通政办发〔2008〕21号	北京市通州区人民政府办公室转发区农委、区经管站关于加快农民专业合作社规范发展意见的通知
通政办发〔2008〕22号	北京市通州区人民政府办公室关于贯彻实施《北京市农村消防安全管理规定》的意见
通政办发〔2008〕23号	北京市通州区人民政府办公室关于分解落实平安奥运行动社会面火灾防控工作任务的通知
通政办发〔2008〕24号	北京市通州区人民政府办公室关于驻通部队随军家属就业安置工作

的意见
通政办发〔2008〕25号　北京市通州区人民政府办公室转发区地震局关于2008年防震减灾工作意见的通知
通政办发〔2008〕26号　北京市通州区人民政府办公室印发关于进一步加强安全生产工作意见的通知
通政办发〔2008〕27号　北京市通州区人民政府办公室关于印发通州区“十一五”期间主要污染物总量减排工作方案的通知
通政办发〔2008〕28号　北京市通州区人民政府办公室关于成立通州新城电网建设领导小组的通知
通政办发〔2008〕29号　北京市通州区人民政府办公室关于成立北京市宋庄文化创意产业集聚区开发建设领导小组的通知
通政办发〔2008〕30号　北京市通州区人民政府办公室印发关于贯彻落实北京市“十一五”期间城市社区发展规划消防工作实施方案的通知
通政办发〔2008〕31号　北京市通州区人民政府办公室关于印发2008年通州区构建平安奥运火灾防控体系落实政府消防工作责任制绩效评价项目书分解落实账单的通知
通政办发〔2008〕32号　北京市通州区人民政府办公室关于开展行政规范性文件清理工作的通知
通政办发〔2008〕33号　北京市通州区人民政府办公室关于印发通州区2008—2010年安全生产培训工作规划的通知
通政办发〔2008〕34号　北京市通州区人民政府办公室关于成立通州区第二次全国经济普查领导小组的通知
通政办发〔2008〕35号　北京市通州区人民政府办公室关于配合“北京奥运博物馆”开展文物征集工作的通知
通政办发〔2008〕36号　北京市通州区人民政府办公室关于做好2008年开斋（尔代）节及斋月期间工作的通知
通政办发〔2008〕37号　北京市通州区人民政府办公室关于印发通州区产业发展规划的通知
通政办发〔2008〕38号　北京市通州区人民政府办公室关于区政府重点工作督查考核意见
通政办发〔2008〕39号　北京市通州区人民政府办公室关于印发2008年通州区政府网站管理和服务工作考核办法的通知
通政办发〔2008〕40号　北京市通州区人民政府办公室关于部分少数民族职工开斋（尔代）节放假的通知
通政办发〔2008〕41号　北京市通州区人民政府办公室关于成立通州区乡村公路质量年活动领导小组的通知
通政办发〔2008〕42号　北京市通州区人民政府办公室关于印发通州区乡村公路质量年活动具体实施方案的通知
通政办发〔2008〕43号　北京市通州区人民政府办公室印发关于迎接国家人口计生委“十一五”人口和计划生育事业发展规划中期评估争创全国优质服务先进单位工作方案的通知
通政办发〔2008〕44号　北京市通州区人民政府办公室关于印发通州区奶站专项整治行动实

	施方案的通知
通政办发〔2008〕45号	北京市通州区人民政府办公室关于印发通州区饲料质量安全专项整治工作实施方案的通知
通政办发〔2008〕46号	北京市通州区人民政府办公室关于印发通州区棚户区改造实施方案的通知
通政办发〔2008〕47号	北京市通州区人民政府办公室关于深入开展全民节能行动的通知
通政办发〔2008〕48号	北京市通州区人民政府办公室关于编制《通州区 2009 年在直接关系群众生活方面拟办的重要实事》的通知
通政办发〔2008〕49号	北京市通州区人民政府办公室关于印发通州区 2008−2009 年冬季供热工作方案的通知
通政办发〔2008〕50号	北京市通州区人民政府办公室关于印发通州区违法用地查处工作方案的通知
通政办发〔2008〕51号	北京市通州区人民政府办公室关于做好 2008 年圣诞节工作的通知
通政办发〔2008〕52号	北京市通州区人民政府办公室转发区老龄办关于加强老年人优待工作意见的通知

通州区社区居委会名录

北苑街道办事处(17个)

新华西街	新华西街5号院北门外	69531046
新城南街	新城南街36号	69519160
后南仓	后南仓12号楼南侧	69553562
帅府	帅府小区40号楼北侧	69516593
玉带路	复兴庄37号	80886601
果园西	运河西大街甲19号院内平房	81531314
新北苑	杨庄1号院新北苑社区	60534924
五里店	杨庄路5号	60533861
长桥园	长桥园小区会所206室	89503063
西关	西关大街107号	80880548
中山街	新华大街174号201室	80880623
复兴南里	北苑南路38号院底商2楼6号	80814056
北苑桥	八里桥南街1号院E座地下室	60530243
锦园	五里店西路6号院6号楼底商101号	60536578
新华联家园北区	新华联家园北区东北门旁	80812378
滨惠南三街	北苑135号院	69555117
京贸国际	八里桥南街16号院D座地下室	89506243

中仓街道办事处(16个)

中　仓	中仓小区10号楼东侧平房	69513099
四员厅	三官庙1号院	69536342
东　里	东里小区17号楼北平房	69536431
西　营	玉带河大街甲50号院内	69548171
悟仙观	南大街周仓庵2号楼北平房	69555872
莲花寺	南大街莲花寺5号	69554865
白将军	南大街东顺城街甲8号	69551915
小　园	窑场10号院	69513149
西上园	西上园小区物业办公楼一层	60562853
上　营	赵登禹大街53号	60561778
东　关	赵登禹大街35号	60561467
新华园	新华小区北侧平房	69536809
星　河	河东果园66号楼3单元地下室	80855652
中上园	玉带河东大街115号	60563020
运河园	通州区兽医站南侧	80852774
滨　河	玉带河东街2号运河明珠家园5号楼地下室	52113080

新华街道办事处(7个)

天桥湾	天桥湾13号楼前平房	69519272
东大街	东大街60号	69555734
新　建	新建小区1号楼前平房	69518591
贡　院	瓷器胡同10号	69519271
司　空	司空小区9号楼前平房	69526371
如　意	吉祥园甲18—1	69522210
北　关	姜厂子53号	80880104

玉桥街道办事处(13个)

乔庄北街	乔庄北街1号院	81585317
土　　桥	滨河路108号	80586390
玉桥东里	幸福艺居14-422	81546160
艺　　苑	艺苑西里7号楼南	81534001
运河东大街	格兰晴天21号楼111号	81525744
玉桥南里	玉桥南里22号楼北	81586364
玉桥北里	玉桥北里47号楼	81586392
葛布店南里	北杨洼262号院	81512199

葛布店北里	果园47号2-102	81524780
梨 花 园	梨花园6号楼北	60526533
柳岸方园	玉桥西里86号楼西一底商（柳岸方园小区）	52101079
柳 馨 园	柳馨园小区7号楼4单元地下室	60549175
玉桥南里南	玉桥南里31号楼南	81584071

永 顺 镇(21个)

天赐良园	天赐良园二期15号楼地下室	80544295
富河园	富河园小区29号楼104号	69556193
运乔嘉园	运乔嘉园小区23号楼地下室	81588242
盛业家园	芙蓉园小区209号楼3101号	51070549
龙旺庄	龙旺庄煤气站东院停车场院内平房	89517535
潞苑南里	潞苑南里三号院18号楼底商5门	89596035
东潞苑西区	东潞苑小区60号楼4单元302室	89596690
潞邑	新潮家园小区三区三单元201室	89597806
运通园	潞苑南大街85号北通集团院内西侧平房	89557072
西马庄	西马庄小区二期售楼处（17号楼南侧）	60512196
苏荷雅居	苏荷雅居14号楼地下室	58014723
世纪星城兴业园	通朝大街323号商务楼二层	52106137
杨庄南里西区	杨庄小区1号楼平房院内	60533302
永顺南里	永顺村甲266号院内	60514252
永顺西里	永顺西里甲36号院内（天线厂宿舍）	60511094
竹木厂	永顺镇竹木厂村	
岳庄	永顺镇岳庄村	
杨富店	永顺镇杨富店村	
艺苑东里	永顺镇南关村艺苑东里小区	81538215
杨庄南里南区	杨庄村22号院	60531051
潞苑家园	潞苑家园小区物业公司办公楼内	89590326

梨 园 镇(19个)

新华联家园南区	新华联家园南区10号楼502号	81557495
格瑞雅居	格瑞雅居小区北平房	81573413
靓景名居	怡乐园三区靓景明居会所三区	58013927
万盛北里	万盛北里小区361号楼地下室	81573410
龙 鼎 园	翠景南里西区6号楼104号	81551873
金侨时代家园	金侨时代小区353号楼411号	60524454
梨园东里	梨园东里南区物业楼一层	81573402
京 洲 园	梨园镇京洲南路40号（中泽雅园底商40号）	60545691

翠景北里	梨园镇瑞都国际小区（南区9号楼）	81518043
葛布店东里	北杨洼小区28号楼前平房	81541462
群芳园	云景东路66号院群芳园小区老年活动中心二楼	81524368
云景东里	梨园镇时尚街区南门平房5-7号	81577966
云景里	云景里小区25号、26号楼之间平房	60529914
颐瑞西里	梨园镇颐瑞西里5号楼底商	60529747
颐瑞东里	梨园镇颐瑞东里127号、128号楼之间平房	81578395
欣达园	九棵树东路998号1层	
曼城家园	曼城家园小区公建1层	
云景北里	云景北里小区公建1层	
翠屏北里	翠屏北里小区1号楼北侧	

潞城镇(3个)

三元	三元楼甲14号楼	89522535
紫荆雅园	紫荆雅园1号楼179单元一层	89524333
水仙园	水仙园9号楼7单元	89524333

通州区村民委员会名录

永顺镇(21个)

上营	69544959	北马庄	89551644
乔庄	81589096	范庄	69545204
小圣庙	69571336	焦王庄	89590597
南关	69559898	王家场	89597701
果园	81525324	刘庄	89597700
杨庄	81566933	李庄	89591962
永顺	89532837	耿庄	89593773
前上坡	69556752	龙旺庄	89590357
西马庄	60513606	小潞邑	89597311
邓家窑	60519196	苏坨	89597682
新建	69535187		

梨园镇(26个)

半壁店	81567623	东总屯	81525795
李老公庄	81563244	西总屯	81522184
刘老公庄	81522440	小街一队	60525633
小稿村	60522734	小街二队	60525822

小街三队	60525079	东小马庄	60521855
西小马庄	81521609	魏家坟	60521733
大稿村	81564910	将军坟	60524095
曹园	60524038	高楼金	61567166
大马庄	81514851	三间房	60526667
孙庄	60521755	梨园	60524999
车里坟	60521574	北杨洼	81514009
孙王场	60522744	公庄	60522577
九棵树	60522782	砖厂	69573088

宋庄镇(47个)

关辛庄	89571470	小邓各庄	69599158
郝各庄	89572596	大邓各庄	69594178
西赵村	89572556	师姑庄	69595098
港北	89572534	北刘各庄	69591072
南马庄	89572537	摇不动	69591082
高各庄	89571189	平家疃	89572384
翟里	89571481	大庞村	89567534
北寺庄	89571591	小营	89567347
小杨各庄	89571519	内军庄	89567704
白庙	69595380	徐辛庄	89567417
任庄	69592297	沟渠庄	89567694
喇嘛庄	69596776	双埠头	89567409
辛店	69591318	富豪	89551542
大兴庄	69596764	尹各庄	89551774
宋庄	69591208	草寺村	89567384
小堡	69595829	岗子	89567814
疃里	89599022	北窑上	89567864
六合村	69591536	王辛庄	89567764
后夏公庄	69591012	寨里	89559724
前夏公庄	69591015	寨辛庄	89559934
邢各庄	69591031	葛渠庄	89559534
丁各庄	69593741	吴各庄	89559640
高辛庄	69591049	管头	89559504
菜园	69591050		

张家湾镇(57个)

张湾村	69573172	施元	69573004
张湾镇	61568516	宽街	69572972

小庄 69573703
立禅庵 69573724
大高力庄 69573432
南许场 69571033
北许场 69571866
土桥 69572643
皇木厂 69573040
上马头 69571606
张辛庄 69573093
梁各庄 69572441
东定福庄 69573431
西定福庄 69574789
贾各庄 69573743
姚辛庄 69573493
里二泗 69573348
烧酒巷 69573451
上店 69571313
大辛庄 69571097
枣林庄 69577014
何各庄 69573746
瓜厂 69573747
南姚园 69572939
齐善庄 69572938
牌楼营 69573014
马营 69573714
前街 69581366
中街 69581403
后街 69581407
后坨 69581443
小耕垡 69583531
前南关 69581776
后南关 69571430
北仪阁 69571669
前青山 69581450
后青山 69571440
苍上 69588655
王各庄 69581457
东永和屯 69571462
西永和屯 69581459
小北关 69582358
大北关 69581417
垡头 69581420
三间房 69588620
北大化 69585050
陆辛庄 69581126
苍头 69581153
南火垡 69585262
十里庄 69581432
南大化 69581415
柳营 69582178
坨堤 69584487
高营 69587741
样田 69581147

漷县镇(61个)

马头 80586102
马堤 80586103
三黄庄 80586945
石槽 80586105
毛庄 80586107
高庄 80586040
沈庄 80585757
后地 80586760
小香仪 80580180
大香仪 80588888
东黄垡 80586034
西黄垡 80586024
漷县 80586132
杨堤 80586109
长凌营 80586121
榆林庄 80586095
苏庄 80586097
马务 80586007
翟各庄 80585242
许各庄 80586275
南阳 80586090
靛庄 80586094

吴营	80589309
王楼	80586092
郭庄	80587172
中辛庄	80586091
南丁庄	69568406
东鲁	69569754
西鲁	69569348
草厂	80571215
大柳树	80573774
周起营	69568414
北堤寺	69568405
黄厂铺	69568457
小屯	80566043
曹庄	80566082
纪各庄	80569674
侯黄庄	80566515
马庄	80566842
张庄	80563274
东寺庄	80566123
凌庄	80566350
前尖平	
后尖平	80566149
徐官屯	80562346
东定安	80561195
西定安	80562348
军屯	80564522
柏庄	80561195
龙庄	80566131
李辛庄	80566059
尚武集	80565257
觅子店	80566221
南屯	80566042
穆家坟	80590341
军庄	80566535
边槐庄	80566038
梁家务	80565218
罗庄	80566045
前元化	80561003
后元化	80564186

马驹桥镇(50个)

北海	60509296
南海	60509398
胜利	60509264
河北段	60509527
壮丁屯	60509308
北门口	60509484
马二街	60509416
马三街	60509202
马一街	60509492
西后街	60509494
辛屯	60509516
大葛庄	60500272
东店	60509861
西店	60509403
马村	60509581
小白村	60509327
姚村	60505858
张各庄	60509272
大白村	60509745
张村	60509227
古庄	60509490
房辛店	60509517
小张湾	60505058
周营	60509228
杨秀店	60509417
郭村	60501226
柴务	60509519
小周易	60506702
大周易	60509219
史村	60509491
前银子	60509338
后银子	60500244
驸马庄	60591198
南堤	60591108

大 杜 社	61585729	东 田 阳	61583398
小 杜 社	61585740	南 小 营	61582571
西马各庄	61582737	团 瓢 庄	61582666
六 郎 营	61582733	姚 辛 庄	61585996
大 松 垡	61584561	前 堰 上	61585951
小 松 垡	61585747	后 堰 上	61585935
神　　驹	61585753	陈 各 庄	61583508
柏　　福	61585752	西 田 阳	61582058

西 集 镇(57个)

曹刘各庄	61576083	胡　　庄	61579436
南 小 庄	61576061	协 各 庄	61576043
上　　坡	61576063	西　　集	61576041
和 合 站	61576065	石　　上	61516914
安 辛 庄	61578189	王　　上	61576115
吕 家 湾	61576014	林　　屯	61576059
杨 家 洼	61579713	岳　　上	61576081
辛　　集	61576238	郎　　东	61558071
肖 家 林	61576040	郎　　西	61558003
前 寨 府	61577119	老 庄 户	61558374
后 寨 府	61576093	冯 各 庄	61558147
东 辛 庄	61576095	耿　　楼	61558230
大 灰 店	61576109	陈　　桁	61558203
大 沙 务	61576046	王　　庄	61558204
小 灰 店	61576113	金　　坨	61558993
小 沙 务	61576119	何 各 庄	61558213
牛 牧 屯	61576584	金 各 庄	61558240
桥　　上	61576107	张 各 庄	61558132
杜　　店	61576105	望 君 疃	61558243
前 东 仪	61576121	杜 柳 棵	61558259
史 东 仪	61576004	马　　坊	61558126
侯 东 仪	61576005	任 辛 庄	61558047
黄 东 仪	61576009	太 平 庄	61558008
尹 家 河	61576124	小　　屯	61558186
赵　　庄	61513442	小 辛 庄	61558148
侯 各 庄	61576013	供 给 店	61558618
于 辛 庄	61576015	儒　　林	61558184
车　　屯	61571336	沙 古 堆	61558610
武 辛 庄	61576371		

潞城镇(54个)

东杨庄	89521604	兴各庄	61521186
魏庄	89521688	燕山营	61521238
霍屯	89521653	凌家庙	61521313
古城	89582750	李疃	61521264
杨坨	89582757	武疃	61521995
郝家府	89581857	前疃	61521284
辛安屯	89582031	东前营	61521294
胡各庄	89582070	贾后疃	61521244
大台	89582151	前榆	61522190
留庄	89582352	后榆	61522642
东夏园	89582453	卜落垡	61521711
庙上	89582475	刘庄	61521314
大营	89584001	岔道	61521075
东小营	89582652	侉店	61521297
前北营	89582674	大甘棠	61522818
后北营	89582760	小甘棠	61521214
黎辛庄	89581373	大豆各庄	61521394
南刘各庄	89581206	小豆各庄	61521242
八各庄	89583992	武窑	61521505
七级	89581804	夏店	61521385
堡辛	69594175	崔楼	61521364
常屯	69594280	肖庄	61521090
东堡	89581927	大东各庄	61521324
西堡	89592060	小东各庄	61521046
召里	69594138	谢楼	61559044
后屯	69594387	康各庄	61559204
孙各庄	89598871	太子府	61551656

台湖镇(46个)

董村	81501387	北堤	69501822
北神树	81501276	崔窑	69502246
丁庄	69501281	水南	69503089
白庄	69501282	北小营	69502245
马庄	69501280	西太平庄	69502474
孟庄	69501384	次一	69501725
郑庄	69508385	次二	69501237
安定营	69508386	东石	69502248

桂家坟	69501578	碱　厂	61531737
麦　庄	69502417	尖　垡	61531743
永隆屯	69503727	兴武林	61531754
大　地	69509494	窑　上	61531763
新　河	69500546	北火垡	61534143
高古庄	69500416	蒋辛庄	61531907
桑　园	69501548	外郎营	61531916
垛　子	69509471	周坡庄	61532380
徐　庄	69500545	胡家垡	61531936
台　湖	61536096	江　场	61531950
玉甫上营	61531617	口　子	61531952
西下营	61531639	铺　头	61531962
东下营	61531705	前　营	61532014
北姚园	61531732	田　府	61531335
唐大庄	61534299	朱家垡	61531895

永乐店镇(38个)

永乐店一村	69569024	小　务	80551012
永乐店二村	69568744	大　务	80551192
永乐店三村	69568632	鲁　城	80551414
新西庄	69568493	马合店	80553586
南堤寺东村	69568489	后　营	80551315
南堤寺西村	69568487	西槐庄	80551454
小南地	69569155	坚　村	80551313
大　羊	69569314	小　安	80551312
孔　庄	69567366	临沟屯	80511342
老槐庄	69568751	应　寺	80511306
陈辛庄	69560538	胡家村	80512105
邓　庄	69567975	柴厂屯	80511241
后　甫	69568355	熬硝营	80511248
东张各庄	69568736	小甸屯	80511475
德仁务前街	69569990	三　垡	80511407
德仁务中街	69568153	半截河	80511097
德仁务后街	69568308	兴隆庄	80511424
西　河	80551310	前马坊	80511397
东　河	80551978	后马坊	80511492

于家务回族乡(23个)

于家务	80531963	东马各庄	80531950

西马坊	80531951	渠头	80521362
果村	80531776	南三间房	80521397
神仙	80531934	富各庄	80521367
北辛店	80532820	王各庄	80523898
大耕垡	80532945	满庄	80522084
南仪阁	80531946	崔各庄	80522074
仇庄	80521158	东垡	80521474
南刘庄	80521997	西垡	80521359
吴寺	80522067	前伏	80521379
枣林	80521014	后伏	80521543
小海字	80522196		

通州区中小学校、幼儿园名录

中学

通州区潞河中学	新城南关31号	69546337
通州区第二中学	玉带河西街28号	69554963
通州区第三中学	女师胡同3号	69542090
通州区第四中学	新华西街45号	69522231
通州区第六中学	西顺城街32号	69543268
通州区运河中学	运河东大街79号	81523528
通州区玉桥中学	梨园北街23号	81588780
通州区北关中学	永顺西街62号	69555728
通州区北苑学校	北苑杨富店104号	69542948
通州区永乐店中学	永乐店镇永三村1号	69568463
通州区新华学校	新华大街77号	69549645
通州区宋庄中学	宋庄镇宋庄村	69594477
通州区潞州中学	宋庄镇徐辛庄村北	89569796
通州区胡各庄中学	潞城镇胡各庄村	89581581
通州区南刘中学	潞城镇南刘村	89581056
通州区甘棠中学	潞城镇侉子店村西侧	61521142
第二中学通州分校	潞城镇三元村东	80851527
通州区西集中学	西集镇国防路47号	61576275
通州区郎府中学	西集镇郎东村	61558070
通州区漷县中学	漷县镇漷兴一街	80585485
通州区觅子店中学	漷县镇觅子店村	80566041
通州区侯黄庄中学	漷县镇侯黄庄村	80566129
通州区小务中学	永乐店镇小务村	80551584

通州区柴厂屯中学	永乐店镇柴厂屯村	80511402
通州区于家务中学	于家务回族乡于家务村	80531922
通州区第一实验中学	马驹桥镇马二街村	60509343-801
通州区大杜社中学	马驹桥镇大杜社村	61582377
通州区台湖学校	台湖镇台湖村	61536208
通州区次渠中学	台湖镇次一村	69502312
通州区潞河中学分校	张家湾镇工业开发区广源路西街8号	69571821
通州区牛堡屯学校	张家湾镇牛堡屯中街村	69581391-8009
通州区陆辛庄学校	张家湾镇陆辛庄村	69585189
通州区龙旺庄中学	永顺镇龙旺庄村东	89594808
通州区梨园中学	梨园镇公庄村南	60523022
北京育才学校通州分校	梨园镇群芳中二街3号	81576616
北京市陶情中学	南关窑厂10号	69543711
北京市逸仙中学	北苑155号	60539022
私立树人•瑞贝学校	宋庄镇小堡南区甲一号	69592783
北京市剑桥中学	台湖镇台湖村	61531419
北京市济才中学	南大街50号	69542620
北京市时代中学	运河西大街9号	81584862
北京中加学校	宋庄镇丛林庄园	89598885
北京潞河国际教育学园	玉带河西街10号	69541981
通州区自奋希望学校	永顺镇岳庄村147号	69513902
通州区月河学校	台湖镇次渠一村	81509419
通州区新未来实验学校	宋庄镇宋庄村	89578346
通州区立华学校	梨园镇高楼金村	81528665
商务科技学校高中部	富河园小区26号	69539284

特　教

通州区培智学校	运河西大街6号	81524430

小　学

通州区东关小学	顾家坡1号	60562767
通州区南关小学	东营后街9号	80886253
通州区北关小学	永顺镇牛作坊甲126号	69544207
通州区中山街小学	新华西街16号	69544116
通州区后南仓小学	新仓路53号	69537055
通州区东方小学	西顺城街甲32号	69542593
通州区运河小学	运河西大街246号	81513954
通州区官园小学	新仓路29号	69544034
通州区贡院小学	贡院胡同1号	69545603

通州区司空分署街小学	司空小区10号楼	69543921
通州区玉桥小学	玉桥东路1号	81587322
通州区民族小学	回民胡同47号	69553754
通州区永顺小学	永顺西街61号	69544474
北京教育科学研究院通州区第一实验小学	梨园镇刘老村西	81526570
通州区北苑学校	北苑杨富店104号	69542948
通州区新华学校	新华大街77	69549645
通州区宋庄镇中心小学	宋庄镇宋庄村	69592651
通州区北寺庄小学	宋庄镇北寺庄村	89573204
通州区师姑庄小学	宋庄镇师姑庄村	89513799
通州区翟里小学	宋庄镇翟里村	89571609
通州区徐辛庄小学	宋庄镇徐辛庄村	89563232
通州区双埠头小学	宋庄镇双埠头村	52116030
通州区富豪小学	宋庄镇富豪村	89551130
通州区葛渠小学	宋庄镇葛渠村	89559876
通州区潞城镇中心小学	潞城镇召里村	69591524
通州区南刘小学	潞城镇南刘村	89583724
通州区大营小学	潞城镇大营村	89582099
通州区后屯小学	潞城镇后屯村	69595020
通州区杨坨小学	潞城镇杨坨村	89515162
通州区大东各庄小学	潞城镇大东各庄村	61521136
通州区大豆各庄小学	潞城镇大豆各庄村	52332826
通州区卜落垡小学	潞城镇卜落垡村	61521714
北京市第二中学通州分校	潞城镇三元村东	80851527
通州区西集镇中心小学	西集镇政府街25号	61576249
通州区肖林小学	西集镇肖家林村	61576144
通州区大灰店小学	西集镇大灰店村	61576408
通州区新东仪小学	西集镇前东仪村	61576064
通州区郎府小学	西集镇郎东村	61558074
通州区杜柳棵小学	西集镇杜柳棵村	61558108
通州区沙古堆小学	西集镇沙古堆村	61558162
通州区漷县镇中心小学	漷县镇漷县村	80586050
通州区靛庄小学	漷县镇靛庄村	80586567
通州区草厂小学	漷县镇草厂村	69569035
通州区马头小学	漷县镇马堤村	80599336
通州区大香仪小学	漷县镇大香仪村	80586537
通州区黄厂铺小学	漷县镇黄厂铺村	69564035
通州区觅子店小学	漷县镇觅子店村	80566040
通州区边槐庄小学	漷县镇边槐庄村	80566242
通州区东定安小学	漷县镇东定安村	80566385

通州区张庄小学	漷县镇张庄村	80566079
通州区曹庄小学	漷县镇曹庄村	80566583
通州区永乐店镇中心小学	永乐店镇永一村	69568681
通州区德仁务小学	永乐店镇德仁务中街村	69569364
通州区小务小学	永乐店镇小务村	80551547
通州区东张各庄小学	永乐店镇东张各庄村	69568184
通州区柴厂屯小学	永乐店镇柴厂屯村	80511545
通州区于家务乡中心小学	于家务乡于家务村	80531942
通州区于家务乡渠头小学	于家务乡渠头村	80521541
通州区西垡小学	于家务乡西垡村	80521422
通州区马驹桥镇中心小学	马驹桥镇兴华大街9号	60509413
通州区小张湾小学	马驹桥镇小张湾村	60500604
通州区大杜社小学	马驹桥镇小杜社村西	61585952
通州区台湖镇中心小学	台湖镇次渠村	69502313
通州区北神树小学	台湖镇北神树村	81502319
通州区东石小学	台湖镇东石村	69505272
通州区台湖镇麦庄小学	台湖镇麦庄村	69506220
通州区台湖学校	台湖镇台湖村	61536208
通州区张家湾镇中心小学	张家湾镇新镇	69572781
通州区张家湾镇张湾村民族小学	张家湾镇张湾村	61561781
通州区张湾镇民族小学	张家湾镇张湾村	69571173
通州区枣林庄民族小学	张家湾镇枣林庄村	69573469
通州区里二泗小学	张家湾镇里二泗村	69573448
通州区上店小学	张家湾镇上店村	69571442
通州区张辛庄小学	张家湾镇张辛庄村	69573197
通州区三间房小学	张家湾镇三间房村	69582274
通州区牛堡屯学校	张家湾镇牛堡屯中街村	69581391-8009
通州区陆辛庄学校	张家湾镇陆辛庄村	69585189
通州区永顺镇中心小学	永顺镇杨庄村	81564281-8817
通州区西马庄小学	永顺镇西马庄村	60513380
通州区乔庄小学	永顺镇乔庄村	81585845
通州区发电厂小学	永顺镇小圣庙村	61563183
通州区龙旺庄小学	永顺镇龙旺庄村	89519604
通州区焦王庄小学	永顺镇焦王庄村	89597737
通州区范庄小学	永顺镇范庄村	69553172
通州区梨园镇中心小学	梨园镇群芳园小区东	60523455
通州区大稿新村小学	梨园镇大稿村	81566724
通州区小街小学	梨园镇小街村	60528166
北京育才学校通州分校	梨园镇群芳中二街3号	81576616
北京探矿机械厂子弟小学校	梨园地区半壁店大街8号院	81563601-259

私立树人•瑞贝学校	宋庄镇小堡南区甲一号	69592785
通州区自奋希望学校	永顺镇岳庄村147号	69513902
通州区月河学校	台湖镇次渠一村	81509419
通州区新未来实验学校	宋庄镇宋庄村	89578346
通州区立华学校	梨园镇东小马庄工业区4号院	81528665
通州区七彩小学	台湖镇田家府村北	61533117
通州区私立博羽小学	永顺镇杨庄村	81567016
通州区艺才小学	马驹桥镇大葛庄124号	60500839
通州区红星小学	马驹桥镇二街村15号	60593305
通州区兴顺实验小学	永顺镇刘庄村	89590564
通州区明星小学	宋庄镇尹各庄村	89576788
通州区台湖镇培彦学校	台湖镇东石村	81509183

幼 儿 园

通州区幼儿园	中山街36号	69544030
通州区新城东里幼儿园	车站路2号	69545284
通州区教工幼儿园	后南仓甲35号	69544818
通州区民族幼儿园	靳家胡同3号	69542233
通州区如意中心幼儿园	如意园甲12号	69541360
通州区宋庄镇中心幼儿园	宋庄镇宋庄村	69596550
通州区宋庄镇邢各庄幼儿园	宋庄镇邢各庄村	69596550
通州区宋庄镇大邓幼儿园	宋庄镇大邓村	69598948
通州区宋庄镇任庄幼儿园	宋庄镇任庄村	69596550
通州区宋庄镇徐辛庄中心幼儿园	宋庄镇徐辛庄村市场西	89567104
通州区宋庄镇葛渠幼儿园	宋庄镇葛渠村	89559534
通州区宋庄镇尹各庄幼儿园	宋庄镇尹各庄村	89567104
通州区宋庄镇沟渠庄幼儿园	宋庄镇沟渠庄村	89567104
通州区宋庄镇寨辛庄幼儿园	宋庄镇寨辛庄村	89559934
通州区潞城镇中心幼儿园	潞城镇胡各庄村	89583867
通州区潞城镇宝宝乐幼儿园	潞城镇孙各庄村	89591427
通州区潞城镇杨坨幼儿园	潞城镇杨坨村	89583867
通州区潞城镇八各庄幼儿园	潞城镇八各庄村	89582138
通州区潞城镇郝家府幼儿园	潞城镇郝家府村	52110116
通州区潞城镇武窑幼儿园	潞城镇武窑村	52119714
通州区潞城镇侉店幼儿园	潞城镇侉店村	52339155
通州区西集镇郎府幼儿园	西集镇郎东村	61511846
通州区漷县镇靛庄幼儿园	漷县镇靛庄村	80589620
通州区漷县镇西黄垡幼儿园	漷县镇西黄垡村	80587780
通州区漷县镇高庄幼儿园	漷县镇高庄村	80585523

通州区漷县镇马头幼儿园	漷县镇马头村	52337760
通州区漷县镇吴营幼儿园	漷县镇吴营村	80580493
通州区漷县镇黄厂铺幼儿园	漷县镇黄厂铺村	69560874
通州区漷县镇东鲁村一园	漷县镇东鲁村	69560733
通州区漷县镇东鲁村二园	漷县镇东鲁村	69567959
通州区漷县镇北寺一园	漷县镇北堤寺村	80571686
通州区漷县镇北寺二园	漷县镇北堤寺村	69565937
通州区漷县镇漷县二园	漷县镇漷县村	80588750
通州区漷县镇李辛庄幼儿园	漷县镇李辛庄村	80566292
通州区漷县镇曹庄幼儿园	漷县镇曹庄村	80561893
通州区漷县镇觅子店幼儿园	漷县镇觅子店村	80566932
通州区漷县镇小屯幼儿园	漷县镇小屯村	80563705
通州区漷县镇龙庄幼儿园	漷县镇龙庄村	80564809
通州区漷县镇侯黄庄幼儿园	漷县镇侯黄庄村	80563771
通州区马驹桥镇中心幼儿园	马驹桥镇西店村	60599598
通州区马驹桥镇小张湾幼儿园	马驹桥镇小张湾村	60500604
通州区马驹桥镇大杜社幼儿园	马驹桥镇大杜社村	61582396
通州区台湖镇中心幼儿园	台湖镇台湖村	61531059
通州区张家湾镇中心幼儿园	张家湾镇西定村东	69573184
通州区张家湾镇儿童乐园	张家湾镇中街村	69582371
通州区永顺镇中心幼儿园	永顺镇新建村	69551672
通州区永顺镇小潞邑幼儿园	永顺镇小潞邑村	89597311
通州区梨园地区中心幼儿园	梨园镇群芳园小区东侧	60523615
通州区梨园地区杨洼幼儿园	梨园镇北杨洼村	60524273
通州区梨园地区大稿村幼儿园	梨园镇大稿村	81563179
通州区情智幼儿园	通惠南路1号	60519296
双鹿艺术幼儿园	玉桥西路1号	69545541
通州区天鹅湖幼儿园	磁器胡同18号	69551013
通州区玉桥街道运河幼儿园	葛布店北里8号楼北侧	81528111
中国科学院印刷厂幼儿园	杨庄1号院	60534592
北京七色光艺术幼儿园	永顺镇新建工业区5号	81579191
运乔蓝天幼儿园	运河大街乔庄东区2号院运乔嘉园	81591166
通州区天使宝贝双语艺术幼儿园	通胡大街25号	80855170
通州区贝乐康双语艺术幼儿园	梨园镇半壁店大街10号	81568844
通州区春蕾双语艺术幼儿园	艺苑小区东里1号楼	81510266
通州区玉桥幼儿园	玉桥北里47号	81587114
通州区新苗艺术幼儿园	北关新建小区5号楼	69549895
通州区童乐幼儿园	通惠南路29号	69545714
通州区瀚林华馨幼儿园	台湖镇次渠大街19号	69505829
通州区东方幼儿园	玉带河大街141号	69541141

通州区小小兵幼儿园	新华北路144号	80883793
通州区小脚丫幼儿园	潞城镇三元村南	89529066
通州区龙旺庄双语艺术幼儿园	永顺镇龙旺庄村	89595336
北京通州哈佛摇篮幼儿园	通胡大街68号武夷花园牡丹园	89527785
北京武夷大地幼儿园	通胡大街68号	89524395
通州区芬芳幼儿园	梨园镇砖厂村北	69572943
通州区星河幼儿园	玉桥西里70号	81537959
通州区运河宝宝双语艺术幼儿园	永顺东街甲122号	80883815
通州区启智贝尔幼儿园	玉桥东路58号	81598268
北京通州天天双语艺术幼儿园	漷县镇长凌营村商业广场B段	80588786
通州区小海豚双语艺术幼儿园	潞苑南大街85号	89512389
中国人民解放军总参谋部陆航部幼儿园	张家湾镇三间房总参陆航部大院内	66858361
北京北方精密机械厂幼儿园	佟麟阁大街3号	69518398
北京探矿英明双语艺术幼儿园	梨园镇半壁大街8号	81563648

通州区卫生机构名录

潞河医院	佟麟阁大街54号	69543901
中医医院	车站路31号	69542682
妇幼保健院	玉桥中路38号	81588625
新华医院	新华大街47号	69544236
中西医结合骨伤医院	新华大街21号	69545941
老年病医院	永顺东街152号	69544987
第二医院	马驹桥镇	60509269
梨园卫生院	梨园镇葛布店南里11号楼	81511566
次渠卫生院	台湖镇次渠村	69502154
宋庄卫生院	宋庄镇宋庄村	69595708
漷县卫生院	漷县镇漷县村	69586031
郎府卫生院	西集镇郎府村	69578015
徐辛庄卫生院	宋庄镇徐辛庄	69597032
西集卫生院	西集镇西集村	69576285
张家湾卫生院	张家湾镇张家湾村	69572762
于家务卫生院	于家务乡	80534409
牛堡屯卫生院	张家湾镇牛堡屯村	69581337
永乐店卫生院	永乐店镇永乐店村	69568653
觅子店卫生院	漷县镇觅子店村	69566218
甘棠卫生院	潞城镇侉店村	61521017−8020
大杜社卫生院	马驹桥镇大杜社村	61585937

潞城卫生院	潞城镇胡各庄	89584074
台湖卫生院	台湖镇	61532140
结核病防治所	梨园北杨洼221号	60526582
疾病预防控制中心	新城南关2号	69540023
卫生局卫生监督所	新城南关2号	69542957
中心血站	通胡大街21号	69543732
医学会	梨园北街6号	81591787
新型农村合作医疗办公室	西大街62号	69545239
社区卫生服务管理中心	西大街62号	80883994
药物依赖性医治疗养院	永乐店镇柴厂屯村	80513806
农村改水领导小组办公室	梨园镇西总屯村	81520382

通州区公证处、法律服务所及律师事务所

北京市潞洲公证处	中仓路5号	69553774
中仓街道法律服务所	中仓街道办事处院内	69551794
玉桥街道法律服务所	玉桥街道办事处院内	81585143
北苑街道法律服务所	北苑街道办事处院内	69549401
新华街道法律服务所	新华街道办事处院内	69531138
永顺镇法律服务所	永顺镇政府院内	69543029
梨园镇法律服务所	梨园镇政府院内	60524279
西集镇法律服务所	西集镇政府院内	61576273
宋庄镇法律服务所	宋庄镇政府院内	69596207
台湖镇法律服务所	台湖镇政府院内	61531526
张家湾镇法律服务所	张家湾镇政府院内	61567086
漷县镇法律服务所	漷县镇政府院内	80580362
马驹桥镇法律服务所	马驹桥镇政府院内	60504990
永乐店镇法律服务所	永乐店镇政府院内	80572588
潞城镇法律服务所	潞城镇政府院内	89581506
于家务乡法律服务所	于家务乡政府大院对过50米	80532826
北京致宏律师事务所	玉桥西里财政局西北侧	60527851
北京天正律师事务所	法院西门北侧50米	60520927
北京天安律师事务所	法院北	52101033
北京亚东律师事务所	梨园小区51号楼101室	60526505
北京德通律师事务所	格兰晴天小区	81528173
隆康律师事务所	梨园东里三间房村委会	60528650
北京明非律师事务所	新建街938部队里	66019802
北京金帝律师事务所	玉带河大街119号	69519005

内蒙古大法杨律师事务所	梨园镇梨园村52号	81964999
北京陈晓琼律师事务所	玉桥西里70号院70号楼111室	81534843
北京市廉峰律师事务所	法院西门北侧	52101313
北京周涛律师事务所	潞城镇岔道村村委会办公房	13366185341
北京王松丹律师事务所	通胡大街23号楼四层	89522038
北京李文恒律师事务所	梨园村51号楼512室	13031138751
北京薛鹏律师事务所	梨园村	81515031
北京邵迹律师事务所	玉桥西里70号院	81573471

通州区小区建设名录

建筑物名称	核准时间	地　址
天桥湾住宅楼	1995.4.6	新华北路东侧（区政府对面）
运通花园	1995.4.7	潞苑南大街南侧（原王家场西）
丛林庄别墅（丛林庄公寓）	1995.4.22	疃里新村北侧
云 景 苑	1995.5.9	云景里
枫 露 苑	1995.5.25	陈列馆路西
西 潞 苑	1996.6.25	安顺路东侧（原永顺镇范庄村）
华 兴 苑	1996.7.9	华兴园（原五里店）
东 潞 苑	1996.9.2	陈列馆路东（原焦王庄村）
武夷花园	1998.4.13	通胡大街两侧
梨 花 园	1998.7.23	梨园北街南侧
潞河名苑	1999.7.21	四员厅街两侧
源 泉 苑	1999.8.10	玉桥东路东侧
新华小区		故城东路西侧
西马庄园	2000.4.18	永顺镇西马庄
天赐良园	2000.5.30	永顺镇西富河园
鑫　　苑	2000.7.17	杨庄南街南侧（科印厂南）
运乔嘉园	2000.7.17	乔庄东区
景 欣 园	2000.8.31	九棵树东路东北侧（原肉联厂）
至善家园	2000.9.5	潞苑南大街北侧（原通县构件厂）
中 泽 园	2000.11.1	梨园镇京洲园（原大稿村）
新华联家园	2000.11.28	通朝大街南侧
荞 馨 园	2000.11.28	乔庄东区
运 河 园	2001.2.6	通胡大街南侧（东关大桥东）
怡佳家园	2001.4.26	新华西街北侧（原筛子庄）
达 富 苑	2001.5.16	北苑南路北侧（原酿造厂）
美然百度园	2001.7.27	玉桥东里北侧运河西大街南侧
京贸国际公寓	2001.8.30	八里桥南街南侧
长桥星园	2001.9.20	八里桥南街北侧（长桥园）

新华联锦园	2001.9.24	五里店西路东侧
潇雅居	2001.11.12	新华南路东侧（红旗宿舍院内）
皓月苑	2001.12.20	玉桥西路西侧（原低压电器厂）
馨通家园	2002.1.10	永顺南街北侧（263医院西侧）
金源泉家园	2002.1.29	北苑南路北侧（原北京挂车厂）
岸芷汀兰家园	2002.4.8	西潞苑
龙鼎园	2002.4.22	翠景南里（西区）（梨园镇）
海通梧桐苑	2002.5.14	万盛北里（原梨园镇后场）
恒隆家园	2002.6.27	梨园村
园景阁	2002.7.8	云景东路
新华经典丽园	2002.7.15	新仓路
东逸佳苑	2002.7.23	潞邑西路东侧（原市农机仓库）
雅景嘉园	2002.8.22	新华南路东侧（原油脂公司）
京通新潮嘉园	2002.8.22	小潞邑村
柳岸景园	2002.9.25	运河西大街北侧
朝通嘉园	2002.10.11	三八友谊林西侧
亮雅嘉苑	2002.10.11	通胡大街北侧（原电机厂）
京艺天朗嘉园	2002.10.11	运河西大街南侧
澜花语岸佳园	2002.12.9	潞苑南大街南侧
中泽雅园	2003.2.19	京洲南街南侧（原大稿村南）
天地美墅家园	2003.2.25	万盛北里（梨园镇）
一世情园	2003.2.25	马驹桥兴华大街南侧
金侨时代家园	2003.2.25	云景南大街北侧
莲水怡园	2003.3.17	马驹桥西后街村
久居雅园	2003.5.25	云景东路东侧（原魏家坟村）
新华联家园北区	2003.5.26	通朝大街北侧（原北机厂）
蓝调沙龙雅园	2003.6.2	翠屏里（梨园镇）
映翠居	2003.6.2	云景西里（南区）
东阁雅舍	2003.6.11	永顺东里（万福家园内）
苏荷雅居	2003.6.20	翠屏北里（西区）
当代名筑家园	2003.7.8	九棵树东路东侧（原肉联厂）
达富雅园	2003.7.17	复兴北里（原农机修造厂）
靓景明居	2003.7.17	怡乐中街南侧
锋阁嘉园	2003.7.25	怡乐园二区
群芳丽景苑	2003.7.25	云景东路西侧
格瑞雅居	2003.7.28	翠屏西路东侧
月亮河休闲寓所	2003.8.7	运潮减河南堤外
通典铭居	2003.8.12	八里桥南街北侧（原塑料二厂）
祥云天地家园	2003.9.10	新华东街南侧（原二毛厂，现称摩卡空间）

土博仕园	2003.9.11	宋庄镇吴各庄东
瑞都景园	2003.9.23	翠景北里（果园环岛南侧 原铸石厂）
碧水明珠阁	2003.9.23	富河园居住小区
北杨名居	2003.10.10	北杨洼居住小区
世纪星河名苑	2003.10.14	东果园（运河园路东侧）
格兰晴天家园	2003.11.17	梨园路西侧
雅丽世居	2003.12.2	北苑南路东侧（原通县木材厂）
荔景园	2004.1.13	紫运西里
蓝谷竹园	2004.2.11	京洲园（原氮肥厂）
水恋佳庭	2004.3.11	芙蓉园（通胡大街北侧）
盛业家园	2004.3.22	芙蓉园（通胡大街北侧）
世纪星城兴业园	2004.5.24	杨庄南里（通朝大街北侧）
天时名苑	2004.11.29	杨庄北里（原北京水泵厂）
运河明珠家园	2005.3.15	玉带河东街南侧
泉蔷佳苑	2005.3.23	云景东里
龙尚小筑	2005.3.23	翠屏北里
上河美墅	2005.4.29	潞城镇普欣南里
润都嘉苑	2005.5.19	马驹桥镇新海南里
海阔名园	2005.5.23	云景北里
万福家园	2005.6.2	永顺东里
曼城家园	2005.6.24	万盛北里
柳岸方园	2005.7.18	玉桥西里
运乔嘉园北区	2005.8.1	乔庄东区
翠海花园	2005.9.12	芙蓉园
雅士居	2005.9.26	漷县镇长凌营村北
亦语林居	2005.11.22	马驹桥镇新海南里
云景大厦	2005.11.22	群芳三园
万驰家园	2006.1.10	漷县镇漷兴北大街
君合家园	2006.3.1	临河里（原小街村）
北美佳苑	2006.10.24	宋庄镇疃里东区
金地格外翠园	2006.12.15	马驹桥镇新海南里
金隅上河名居	2007.1.15	净水东路东侧（原水泥厂）
珠江逸景家园	2007.4.24	马驹桥镇环保园区内
中泽馨园	2007.4.24	梨园镇京洲园（原大稿村）
北京国际图书城	2007.7.18	台湖镇
钱潮古运家园	2007.9.18	梨园镇梨园西里
珠江逸景科技园	2007.9.18	马驹桥镇环保园区内
古韵新居	2007.10.22	潞苑南大街
京艺天朗雅园	2008.2.25	玉桥东里

欣艺景园	2008.3.17	玉桥南里
大方居	2008.4.21	怡乐中路西侧
华盛香堤苑	2008.4.21	怡乐中路西侧
香雪兰溪家园	2008.7.10	马驹桥镇国家环保园区
嘉明阳光苑	2008.7.25	颐瑞中二路东侧
蔚澜香堤苑	2008.9.10	马驹桥镇国家环保园区

通州区标准地名命名

地名	命名时间	地　点
净水园	2008年1月28日	通州区梨园镇梨园南街南侧
兴贸三街	2008年5月28日	通州区马驹桥物流产业园区
融商四路	2008年5月28日	通州区马驹桥物流产业园区
科创东七街	2008年11月28日	通州区光机电一体化产业基地

通州区2008年度纳税千万元以上企业名录

北京卷烟厂
中国烟草总公司北京市公司
李宁（中国）体育用品有限公司
北京苏宁电器有限公司
北京东方石油化工有限公司东方化工厂
北京天宇朗通通信设备股份有限公司
北京佩特来电器有限公司
中国建筑第二工程局有限公司
北京潞电电力建设（集团）有限公司
北京摩比斯变速器有限公司
北京富河房地产开发有限责任公司
北京市通州烟草公司
北京东方石油化工有限公司销售中心
蒙牛乳业（北京）有限责任公司
北京比亚迪模具有限公司
中国石油化工股份有限公司催化剂北京奥达分公司
北京珠江房地产开发有限公司
北京瑞景房地产开发有限公司
北京龙湖中佰置业有限公司
中国农业银行北京市通州区支行
天合富奥汽车安全系统（长春）有限公司北京分公司
北京珠江房地产开发有限公司珠江逸景分公司
北京博格华纳汽车传动器有限公司
北京天使专用化学技术有限公司
北京东亚信诚国际会展中心有限公司
北京蒙牛宏达乳制品有限责任公司
曼城置业（北京）有限公司
北京金地兴业房地产有限公司
中国建筑技术集团有限公司
北京潞电电气设备有限公司
北京同仁堂健康药品经营有限公司
北京百纳威尔科技有限公司
北京宝洁洗涤用品有限公司
北京新城基业投资发展有限公司
北京通州宋庄铸造厂
北京融科卓越房地产开发有限公司
北京海港房地产开发有限公司

北京市京华客车有限责任公司
北京八里桥农产品中心批发市场有限公司
北京联成房地产开发有限公司
北京农村商业银行股份有限公司通州支行
北京潞电建筑工程有限公司
中国工商银行股份有限公司北京通州支行
北京恒聚化工集团有限责任公司
中国建设银行股份有限公司北京通州支行
北京联东房地产开发有限公司
北京东南压铸有限公司
北京中佰龙置业有限公司
北京中蓝隆基房地产开发有限公司
北京伯雅房地产开发有限公司
北京顺华房地产开发有限公司
北京铜牛股份有限公司
北京华成通房地产有限公司
中铁十六局集团北京轨道交通工程建设有限公司
北京东杰房地产开发有限公司
北京华油联合燃气开发有限公司马驹桥分公司
北京于家务建筑工程中心
北京武夷房地产开发有限公司
华润超级市场有限公司
北京万生药业有限责任公司
福耀集团北京福通安全玻璃有限公司
北京凯瑞房地产开发有限公司
北京金隅嘉业房地产开发有限公司
北京星海钢琴集团有限公司
北京美采机电设备有限公司
北京二商希杰食品有限责任公司
北京卓宝科技有限公司
中国网通（集团）有限公司北京市通州区分公司
北京市欣达园房地产开发有限公司
北京马桥神龙房地产开发有限公司
宾堡（北京）食品有限公司
北京磁通设备制造有限公司

永乐店农场

深入学习实践科学发展观活动大会

永乐店农场七届六次职代会暨2009年度工作会

职工培训

永乐店农场大门

永乐店农场位于北京市总体规划东部发展带的通州区永乐店镇。距京津塘高速公路出口5公里；距京沈高速公路出口10公里；紧邻京津高速公路德仁务出口，交通便捷。现有国有企业15家，国有土地2000亩。2008年根据北京三元集团公司改革精神，永乐店农场与双桥农场、三元绿化公司进行了重组，实现了土地、资金、人才和管理结构的进一步优化。重组后，永乐店农场根据上级要求结合自身实际针对农场面临的形势进行了全面分析，认真调研。因势利导，重新制定了《永乐店农场发展规划》，进一步明确了今后的发展思路。

今后农场将以资产经营为工作重点，按照“远近结合，统筹安排，科学发展”的方针，充分发挥资源位置优势，努力将资源优势转化为产业优势、资金优势。进一步加快农场闲置资产招商步伐，按照规划要求，在抓好短期招商引资的同时，抓住京津第二高速公路开通，农场酿酒厂、磷肥厂和二砖厂等连片厂区紧临其德仁务出口的契机，在以上三个连片厂区以股份合作、融资参股等多种形式重点发展高端分装、加工、运输、仓储、物流产业，全力推动农场经济再上新台阶。

北苑街道

班子成员学习

区长邓乃平、区委副书记杨林慰问独生子女户

街道领导慰问退休干部

街道领导在奥运期间为居民发放奥运安全明白单

为南方冰雪灾害献爱心，个人捐献五万多元的辖区居民

北苑街道位于通州新城中心城区西部，北临通惠河，南至运河西大街，东起新华南北街，西与朝阳区接壤，辖区面积8.7平方公里，下设17个社区，户籍人口近7万人，登记流动人口3.62万人。2008年北苑街道围绕“坚持科学发展、构建和谐北苑”的总体思路，以服务奥运为重点，从维护辖区安全稳定、方便居民生活、增强居民参与意识出发，在辖区内大力营造幸福安居、互助友爱、积极进取、人人服务奥运的和谐氛围，和谐街区建设步伐稳步加快。顺利完成年初确定的街巷改造、规范社区建设、楼门文化建设、奥运服务等工作。基层党组织建设不断创新，民生工作和社会建设不断加强，宣传思想和精神文明建设工作不断深入，为民服务水平进一步提升，居民归属感、安全感进一步增加。2008年，北苑街道环境卫生、人口计生、残疾人服务、社会保障、宣传思想等多项工作被评为市级先进。

北苑街道

区人大常委会主任石进贤视察社区建设

区委副书记张文山慰问北苑城市志愿者

区政协副主席、区委统战部长李淑华参加奥运开幕倒计时活动

市科协领导和副区长于世疆为复兴南里户外科普园地揭牌

居民为志愿者送来锦旗

街道第二批通州功德之星表彰会

社区图书室

原创艺术与卡通产业集聚区

国家动漫产业基地

宋 庄

镇党委书记胡介报介绍文化创意产业集聚区情况

镇长裴志刚实地调查都市农业

经济持续健康发展，都市现代农业项目快速起步 2008年完成税收4 .86亿元，增长 30.4%。重点支柱行业、企业保持稳定的发展势头，税收超千万元的企业达到8家。小堡、富豪、草寺3个村税收突破千万元。全镇农民人均劳动所得实现11609元。农业转型取得突破性发展，农业产业开始升级，一产向三产转化，农田向园田转化的工作格局初见成效。宠物乐园、观光采摘园、文化园等业态相互兼容项目相继开工，建设进程日益加快。宋庄农业风情园项目、富豪百马生态牧场项目、平家疃伯爵生态园项目、葛渠蓝贵坊生态花园、潮白河、温榆河旅游区等农业规模项目积极推进。

基础设施建设全面提速，环境建设取得显著成效 壁富路建设基本完成，京榆旧路三期基础建设进展顺利，徐内路建设主要路段完工，徐尹路建设、窑平路建设启动前期工作。配合区重点办完成潞苑北大街、机场二通道、机场南线、双埠头铁路平改立等工程。高标准、高质量组织实施了航空走廊可视区、文化产业聚集区、奥运火炬传递路线、京秦和京承铁路及京哈高速公路沿线、机场南线和二通道沿线等迎奥运专项整治工作。2008年，宋庄镇被市“08办”评为市级迎奥运先进单位。

完成产权体制改革的村实现股份分红

环境优美的农家小院

宋庄镇全民迎奥运运动会

文化创意产业项目对接会

区、镇领导参加项目签约仪式

高度重视民生，各项社会事业进一步加强　全镇上下把农民就业增收当做重点事项来抓，举办各种技能培训班，促进就业。大力推进新农合工作，入保率81.08%。镇级投入社会救济救助资金160余万元，对优抚对象和社救对象进行帮扶。认真落实残疾人各项政策，残疾人综合救助水平不断提高。建成小堡监控中心和44个村级流管站，全镇治安网络进一步完善。

基层党建和基层政权建设进一步完善　加强镇、村领导班子自身建设，从在外经商办企业和在外工作的优秀党员干部中选聘回村担任党支部书记职务或通过公开竞争的办法由村民公开推荐、党员公开选举党支部书记，收到很好的效果。加强党员队伍建设，党员队伍的知识化、年轻化程度进一步提高。

国防工事艺术区

原创艺术与卡通产业集聚区

宋庄美术馆

税收超千万元企业——佩特来

新建成的富壁路

乡村公路

张家湾镇

区领导调研葡萄大观园

镇领导为2008年度获奖村颁奖

张家湾镇曾经是京杭大运河北端的皇家码头，位于新城区东南，距离城区8公里，镇域面积105.4平方公里，57个行政村，户籍总人口56445人，流动人口52900人。有4个民族村，回族居民4199人，占户籍总人口7.44%，属区内主要回民聚集区之一。

综合经济实力平稳增长。2008年全镇税收实现6.4亿元，同比增长20.2%，农民人均所得收入实现10351元，同比增长8%，连续多年保持在全区前列。结合开发区西区划归乡镇管理第一年的实际情况，园区定位走现代服务业和总部型经济之路的发展思路更加清晰，招商引资工作成效显著。

基础设施建设得到改善。相继完成了京津城际铁路、京津二通道拆迁绿化等工作；张凤路二期、九德路扩建工程已进场施工；潞河中学分校二期、镇卫生服务中心等一批

区、镇领导慰问老党员

2008年党委扩大会议

2008年镇首届企业年会

进村开展科技三下乡活动

丰富多彩的文化活动

镇领导慰问抗震救灾部队

市区领导视察奥运境外媒体采访点——皇木厂

重点项目开工建设；镇域总体规划得到批复；投资 1600 余万元完成了牛高路等 7 条镇村级道路建设。

镇域环境明显改观。完成了京津二通道、京津城际铁路两侧 500 米可视范围内林网建设及 510 亩二道隔离绿化工程；拆除违法建设 7000 余平方米；投资 500 余万元对奥运媒体采访接待点皇木厂村进行了环境改造，奥运期间共接待来自国家信访局及慕名前来参观的游客共计 6 批 200 多人次；建成一座日处理垃圾 200 吨的垃圾中转站；发动 2000 余人参与社会面大防控；确保了食品安全流通，平安奥运得到保障。

新农村建设稳步推进。投资 1500 余万元对张凤路、胜利干渠路绿色旅游产业带进行了整体改造升级。投资 1200 余万元狠抓饮用水改造、改厕、太阳能路灯等新农村一批重点工程建设。46 个村实现有线电视接收入户；村村拥有了健身场所。完成了 10 个村集体经济产权制度改革工作。

社会事业均衡发展。投资 1000 余万元完成了牛堡屯中学等 6 所学校标准化建设；农村合作医疗参保人数 41384 人，发放报销款 496 万元；全年开发就业岗位 1831 个，安置富余劳动力 1400 余人，率先实现“充分就业镇”；为汶川地震灾区捐助各种款物 363 万余元，缴纳特殊党费 65.9 万元；大本营彩钢、北泡轻钢有限公司为灾区生产活动板房 17000 余套。

党的建设不断巩固。通过实行村级干部“双述双评”，基层党组织“承诺制”，村级“党务公开”等各项制度，深入开展“三级联创”活动，基层党建工作呈现积极活跃的新气象。

“春风行动”招聘会

机关干部植树活动

镇机关组织开展应急演练活动

漷县镇

全国妇联党组书记、副主席黄晴宜到漷县镇调研

区委书记王云峰到漷县镇调研

漷县镇位于通州区东南部，镇域面积113.68平方公里，辖61个行政村，总人口69576人。工业企业398家，建筑业23家。2008年完成税收3.1亿元，实现工业产值26.38亿元，实现利润总额4800万元，农民人均劳动所得9239.1元，漷县镇在全区整体工作评价中名列第三位，获得首都文明乡镇光荣称号。

编制完成《漷大路设施农业发展规划》、《漷县镇花卉发展规划》两个农业发展规划。农业基础设施建设、农民合作组织建设得到加强和发展，农村制度改革取得历史突破。农村妇女从事家庭手工业生产，成为全镇富民工程中新的经济增长点。环境整治达标村、生态文明村的创建积极推进。垃圾密闭化建设工程、村级数字影院、社区卫生服务站建设、村级污水处理工程，道路修建、改水、改厕、太阳能路灯安装等一系列工程，提高了全镇新农村12项重点工程覆盖率。龙灯、路灯老会、李氏家谱、花丝镶嵌四个项目参加通州区非物质文化遗产展示和授牌活动。

实施社区篮球场馆建设工程、垃圾转运站周边道路建设工程、小城镇中心区污水处理厂工程及漷兴六街、漷兴北一街、漷城西一路中心区路网工程等公共服务设施的规划和建设，小城镇功能日趋完善。

镇内5家企业直接参与奥运场馆、开幕式道具、表演等准备工作，为奥运会、残奥会的成功举办做出了积极的贡献

京东明珠 — 漷县镇

区镇领导为纪念改革开放 30 周年演讲获奖者颁奖

区领导参加通州区第二届花卉节

漷县镇召开党建“六服务”动员大会

通州区庆奥运、建新城“村庄里的歌声”奥运倒计时 100 天活动在漷县镇举行

干净整洁的村庄道路

通州区第二届花卉节

四通八达的交通网络

马驹桥镇

市委常委牛有成、副市长夏占义，区委书记王云峰、区长邓乃平到马驹桥镇调研

镇党委书记房亚军深入基层调研

金桥科技产业基地、北京通州物流基地分别将能源环保产业和总部型现代物流业作为主导产业。2008 年，金桥科技产业基地和物流基地的税收总额达到 5.27 亿元，占全镇税收总额的 82.3%

2008 年，马驹桥镇党委、政府以城镇建设和新农村建设为两大着力点，团结奋进，求真务实，圆满完成年初制定的各项工作目标，实现了全镇经济的快速发展和社会事业的全面进步。

马驹桥镇始终将发展经济作为全镇工作的重中之重，按照全区对产业发展的总体要求，结合本镇实际，逐步稳固农业基础地位，大力发展二、三产业，积极推进镇内东西部协调发展，全镇经济总体实力显著增强，产业结构不断优化。能源环保产业和总部型现代物流业作为全镇经济发展的两大主导产业，贯穿于金桥科技产业基地和通州物流基地的开发建设中，两大基地的

镇长鲁新洪、党委副书记周东振深入基层调研

新能源、新技术、新农村，马驹桥镇支持新农村建设每年投入镇级财力1500万元以上

奥运期间，马驹桥镇发动群防群治力量4843人，四级联防共同创建“平安奥运和谐马桥”，实现了奥运会期间“大事不出、小事也不出”的工作目标

汶川大地震牵动着马驹桥镇干部群众的心。据不完全统计，镇宣传部、组织部、民政科、红十字会等部门收到捐款264万余元

马驹桥中心区旧村改造村民自住楼规划建设规模22.96万平方米，拟建设2040套住宅，可以满足西店村、大白村等中心区近4000人、1500余户群众的居住需求

发展辐射带动全镇经济的全面进步。2008年，金桥科技产业基地和物流基地税收总额达到5.27亿元，占全镇税收总额的82.3%，能源环保产业和总部型现代物流业的集群效应初步形成。

全镇实现税收6.4亿元，同比增长26%，列全区第二，比上年提前3位。其中国税完成2.8亿元，同比增长69%；地税3.6亿元，同比增长5%。地方财政收入2.04亿元，同比增长10%。

西集镇

区委书记王云峰到西集镇调研

区镇领导为中冶焊接项目奠基

环境综合整治成果显著，环境卫生整体水平全面提升

开展大规模环境整治、绿化美化活动。对通香公路周边的环境进行集中整治，完成了清运垃圾、拆除违章建筑、拆除广告牌匾、清除小广告等工作。各村以创建“生态文明村”为目标，加大环境整治资金、人力、物力投入，强化环境整治长效机制和队伍建设，涌现出大沙务、老庄户、史东仪等一批先进集体。

基础设施建设力度加大，一批高端项目落户经济开发区

加快西集镇中心区综合配套设施建设，完成开发区供热中心主体工程建设、新觅西路西集段道路改造及跨北运河大桥工程建设。完成侯肖路南段、南环路东段、南环路中段、杜太路等镇级公路大修工程。总投资约3亿元的中冶焊接科技产业基地落户通州经济开发区东区；乔治费歇尔、君山二期等项目完成工商注册、环保审批，办理完成项目规划意见书；国家标准馆及RFID标识与识别系统生产基地项目签订合作意向书；潞电钱江非晶变压器项目主体工程竣工。

农村经济快速发展，新农村建设扎实推进

围绕运河果品产业带、潮白河蔬菜产业带建设，全镇樱桃总面积发展到5000亩，大樱桃特色效应、品牌效应更加突出。沙古堆、郎西、儒林、小辛庄4个村实现产业带连片种植，形成“一村一品”种植模式。农业产业结构调整取得实效，农旅结合产业快速发展。生活污水管网建设工程、太阳能路灯安装、太阳能公共浴池选址设计、村内道路硬化、环保公厕建设等新农村建设工程扎实推进。

精神文明和民主法制建设水平显著提高

开展群众喜闻乐见的文化活动，创办《西集月报》，举办迎奥运合唱大赛、纪念改革开放30周年图

党员、群众为灾区人民捐款

举办“迎奥运、献真情、建设新农村”合唱比赛

奥运会期间西集镇志愿者在执勤

区政法委书记李玉君到西集慰问困难党员

举办第四届樱桃采摘节

农旅结合产业快速发展

大樱桃特色效应、品牌效应更加突出

对9个村的采摘园进行整体包装

片展等活动。加强公共文化基础设施建设、文化队伍建设，为新农村建设创造了良好的文化氛围。在全镇推行村级“三重一大”工作制度，细化了村集体经济合同规范化管理制度，全面推行村级重大经济事项招投标制度，推行村级民主理财参席制度，使村级财务工作走上规范化、制度化的轨道。

以“五星级党支部”创建活动为载体，加强基层党组织建设

在全镇村级党组织中开展“五星级党支部”创建活动，全镇 57 个村中有 8 个村达到“五星”的标准，充分发挥村级党组织推动发展、服务群众、凝聚人心、促进和谐的作用。通过村干部向组织和群众述职，接受组织考评、群众测评，充分调动了农民群众参与新农村建设积极性，进一步密切了党群、干群关系，村级干部服务群众的意识进一步增强。

实施牛牧屯等5个村7347亩土地整理项目

奥运会期间全民参与环境整治

确保奥运会期间的安全稳定

运河源头的明珠　潞城镇

潞城镇二届人大五次会议召开

区委书记王云峰等领导考察农村工作

副市长牛有成视察大运河配送中心

潞城镇2008年工作总结表彰大会

蒙牛公司职工教育活动

党建工作不断完善　围绕三级联创工作，认真开展党员教育培训工程；结合建党87周年开展了以“庆七一、迎奥运、展风采”为主题的书法、绘画、摄影比赛活动；组织城口单位与本镇10个村结成新一轮帮扶对子；认真实施党员干部远程教育工程，为各村党支部统一安装数字电视开通政府网；采取“三荐两考”的方式选拔村级后备人才；继续坚持党代表常任制特色工作，继续深化“双述双评”制度，加强对村级干部的考核和管理，在离任村干部中实施“温暖工程”。

精神文明和文化建设取得新成绩　深入各村进行普法知识、奥运文明礼仪知识等培训和各类普法宣传。评选出100户文明十星户，5个精神文明先进单位，2008年潞城镇被评为首都文明乡镇，本镇5个村被评为首都文明村。向四川地震灾区同胞献爱心，援助灾区人民重建家园，全镇党员交纳“特殊党费”423926元。

重点项目建设积极推进，经济快速增长　哈佛医疗城——北京京哈医院经卫生部和北京市卫生局批准，正式落户潞城镇。通州新城运河核心区3号地将建成集住宅、商业、金融为一体的综合区域。基础设施建设初步完成中心镇的建设规划方案，完成中心路和刘大路的初步设计方案。农业项目建设形成以南刘、八各庄、东堡等村为代表的蔬菜种植专业村，带动周边从事蔬菜种植的3400个农户共同增收

运河源头的明珠 — 潞城镇

镇党委书记苏雅文慰问台商

镇长甄宇深入基层检查工作

致富；加快推进兴各庄村林菌间作、兴各庄村设施农业、潮白河都市风情园、露地蔬菜基地、前榆村奶牛社、前疃村设施农业建设等六个农业项目，带动了周边农业的发展和农民的增收。

新农村建设工作扎实推进　镇村两级共同出资改善全镇新农村建设的总体环境，包括东南水网建设、镇级公路大修工程及村级新农村建设配套资金奖励等。前疃村“生态文明村”创建工作顺利通过市农委验收。新农村建设的示范作用，带动了周围村的建设积极性。

镇域环境整体改善　加大了丰字沟、减运沟、榆武沟、武兴沟的环境整治工作力度，完成奥运火炬传递路线沿线的建筑物外立面清洗粉饰工作和9个村完成硬化道路工作。潞城镇54个行政村的环境整治达标创建工作已顺利完成。

高度重视民生工作　全面提升了全镇的中小学、成教、职教教育水平，努力发展文化、体育事业；通过各种形式推介富余劳动力并进行专项劳动技能培训，使我镇无一例“零就业”家庭；对困难群体给予了临时救助，提高了困难群体的生活质量；积极推行了农保工作，将农保工作纳入村级年终考核，建成了12个社区卫生服务站，率先实现了“2010年人人享有康复”的目标。

春风行动大型招聘活动

全民参与，共建社会主义新农村

迎奥运创和谐走进运河人家计生知识比赛

台湖镇

市委常委牛有成视察设施农业

区委书记王云峰到台湖镇调研

大项目支撑作用凸显，招商引资成效显著

李宁（中国）体育用品有限公司、北京天宇朗通通信设备股份有限公司完成税收亿元以上。北京摩比斯变速器有限公司等七家企业税收完成千万元以上。中国国际电子商务中心项目、雨润食品二期及华北总部项目、新华联协和药业变态反应源项目、宝骏环保涂料有限公司项目投资亿元以上，为全镇经济发展增加了强劲动力。

设施农业蓬勃发展，新农村建设取得阶段性成果

前营村日光温室、次二村南果北种工程建成投产。金福艺农公司在全市率先实现日光温室向智能温室转化。以观光采摘和礼品蔬菜配送为主攻方向，星湖园、台湖第五生产队、金福艺农公司的名优蔬菜瓜果取得良好的经济效益。改善农村基础环境，实施道路修建、改水、改厕、太阳能路灯安装等一系列工程，提高了全镇新农村12项重点工程覆盖率，提高了农民生活质量。

特色小镇城市功能逐步提升

永东路、口永路等七条镇级道路改造工程全部竣工通车；次渠中学一期改造、次渠卫生院项目、台湖医院项目、次渠派出所工程和九德路南延工程进展顺利；光机电基地110千伏变电站建设基本完工；李宁二期、光联三期、天宇朗通等12个项目开复工，本年重点工程圆满完成。

民生工作强力推进，社会事业全面进步

规范实施城乡低保工作，推进新型农村合作医疗，创新劳动就业服务体系，民生工作进一步加强。以奥运会为契机，深入开展了一系列精神文明创建特色活动，涌现出一大批思想教育和精神文明创建先进单位；成功举办首届台湖全民运动会；重点解决了一些关系到全镇社会稳定的热点难点问题，社会事业全面进步。

加快节能生态型特色小镇建设，特色小镇城市功能逐步提升

节能 生态 特色台湖

台湖国画院落成典礼

台湖镇首届全民运动会

以改善农村基础环境面貌为基础，投资 2500 万元进行道路修建、改水、改厕、太阳能路灯安装等一系列工程，提高了全镇新农村 12 项重点工程覆盖率

设立 600 万元专项奖励资金，调整农业产业结构，近 1000 亩土地进行了流转，前营村、次二村、星湖园、台湖第五生产队、金福艺农公司设施农业蓬勃发展

永乐店镇

中央候补委员、中央联席会议办公室主任、国务院副秘书长王学军到永乐店镇调研

区委书记王云峰到本镇调研乡镇与园区发展情况

永乐店镇位于通州区东南部，京津塘高速公路、京津第二条高速公路穿境而过，京津城际高速客运铁路经镇域腹地。全镇辖38个行政村，镇域面积105平方公里，总人口41081人。2008年全镇实现税收2.4069亿元，同比增长20.3%。农民人均收入实现9057元，同比增长12%。

产业项目引进取得新进展

理顺园区管理体制，为永乐开发区正常、有序、高效推进奠定了基础。凤凰城集团就镇中心区450亩土地的“环球永乐基地项目”实施一级开发的各项准备工作。北京富勤食用菌科技有限公司完成全部建设工程。

基础设施建设取得新成绩

《永乐店镇中心区和德仁务片区控制性详细规划》获得市规委批复，为全镇下一步的发展奠定了坚实的基础。镇污水处理厂工程、永德路、中心镇幼儿园、消防站、柴厂屯派出所等重点项目进展顺利。完成5条村级路建设，新修道路长度3530米，硬化面积1.95万平方米。完成柴厂屯小学建设工程。

永乐店镇开展争做“好村民”活动，在各村设立宣传牌

举行消防演练

市级文明生态村——西何各庄村

镇领导参加村级后备干部培训班开学典礼

做好产前、产中和产后服务，林菌间作项目成为农业主导产业

现代农业和新农村建设取得显著成效

发展旅游、观光、休闲农业等都市型现代农业，桑瑞生态庄园、食用菌主题公园、永乐高效现代农业科技产业园等重点项目进展顺利。全镇引进 10 家较大规模的农业企业。环境整治工作整体推进，基本达到干净、整洁、路畅、村绿、建制的标准。加快推进新农村建设重点工程，发展村级秸秆气化集中供气站 1 所，完成应寺村污水排放工程，在全区率先完成全镇户厕改造，完成 9 个村的社区服务站建设，4 个村通过了市级卫生促进示范村验收。新建村级固定影厅 13 个。

基层党建和基层政权建设工作进一步完善

双述双评考核办法进一步完善，镇党委在支部书记述职大会上增加现场测评内容，参会人员现场打分，投入票箱，镇组织部统一汇总。考核机制更趋完善。公开招考村级后备干部，经过区、镇考评组的笔试和面试，村级两委班子的综合考察，确定最终人选。录取人员在经过集中培训和在镇职能科室挂职锻炼后将充实到各村任职。

北京富勤食用菌科技有限公司落户永乐店镇

京津高速公路和京津城际铁路的开通使永乐店镇的区位优势更加凸显

永开路

于家务回族乡

市委常委牛有成参观北京观光南瓜园

区委书记王云峰、区长邓乃平视察北京杏林药业有限公司

于家务回族乡位于通州区南部，距通州卫星城21公里，是北京市五个少数民族乡之一，也是通州区唯一的少数民族乡，2008荣获“首都民族团结进步先进集体”奖。

地区经济保持较快增长。全年工业产值、销售收入和工业增加值均同比增长30%；工业利润同比增长25%。独具特色的北京观光南瓜园、第五季富饶生态农业园、紫辉农业生态园二期、农业科普示范基地等都市型现代农业快速发展。围绕突出民族特色，协助做好《通州回族风情乡村旅游区创意规划》编制工作，并着手编制乡中心新农村旅游项目规划。

基础设施不断完善。完成乡政府大街、渠头大街大修，九德路西垡至前伏段道路拓宽，张凤路神仙至渠头段改造，凤港河南岸东马各庄至南仪阁段道路新建等工程。对神仙桥、六支桥、渠头北口及西垡东南口的4处桥梁进行加固修缮。于家务中学建成投入使用，聚富苑B区环路项目基本完工，于家务水厂集中供水工程得到批复并开始施工。完成19个村的绿化工作，新增绿化面积193万平方米。完成垃圾中转站建设，整治非正规垃圾填埋场2处。

新农村建设深入推进。完成南仪阁、神仙2个村的新农村规划编制工作。推进重点村基础设施建设，完成枣林村的主辅路硬化、沼气集中站、污水处理厂；小海字村、果村公厕等项目建设。对4个村进行安全饮用水改造，改造农村户厕940套。完成新农村电气化乡建设工程，全乡供电可靠率达到99.8%。开展“优秀新农民”评选活动，评选出先进典型100名。

社会事业均衡发展。于家务中学建设完成，教学条件进一步改善。完成14个村的远程教育示范基地建设，远程教育网络覆盖率达到100%。加强农村数字影厅、乡图书室等文化场所建设，组

新农村新风貌

丰富多彩的群众文化活动

开展新型农民培训，提高劳动就业率

于家务回族乡

北京观光南瓜园开园庆典仪式

于家务回族乡实施党建亮点村工程

织参加"迎奥运健身秧歌风采大赛"、"扬帆运河、舞动通州"舞蹈大赛等群众喜闻乐见的文体活动，展现了全乡人民的良好风貌。全乡人口计划生育、农村劳动力培训就业、新型农村合作医疗、新型农村社会养老保险等社会事业均衡发展。

全面加强基层党组织建设和精神文明建设。落实年度党员干部培训计划，全面推进村民服务中心建设，党建亮点村工程全面启动，首批7个试点村基本达到创建标准。在支援四川抗震救灾过程中，全乡党员缴纳"特殊党费"18.6万余元。以"迎奥运、讲文明、树新风——我参与、我奉献、我快乐"活动为载体，深入开展公民道德教育和社会公德教育，全乡涌现出区级文明村12个，区级文明单位4个，文明十星户100个，公德之星18名。

新建成投入使用的于家务中学

基础设施建设取得可喜成绩

果村成立资金互助组织，帮助农民增收

金宝华地毯厂为奥运会场馆编织祥云地毯

驰名中外的瑞嘉地板

ICBC 中国工商银行 北京通州支行

区委书记王云峰、区长邓乃平到工商银行通州支行慰问

中国工商银行股份有限公司北京通州支行办公大楼

工商银行通州支行新华分理处贵宾理财中心

工商银行九棵树支行贵宾理财中心贵宾接待区

工商银行通州支行新华分理处营业大厅

ICBC 中国工商银行

中国工商银行股份有限公司北京通州支行现有在职员工近360人，下辖17个营业网点，3家贵宾理财中心。2008年，通州支行始终坚持以科学发展观统揽全局，积极贯彻国家宏观调控政策和金融监管要求，坚持以客户为中心的经营理念，支持地区经济发展。通过提升核心竞争力扩大市场领先优势，通过推进经营转型增强可持续发展能力，通过加快改革创新增强发展动力，通过服务奥运提升整体金融服务水平，通过加强全面风险管理保持资产质量稳定，通过加强党建和队伍建设调动积极性和增强战斗力，全行经营质态显著提升，为通州区经济发展做出了贡献。

中国农业发展银行
北京市通州区支行

党支部书记、行长 常崇祥

行长常崇祥与商务局副局长李成军座谈

北京分行副行长焦基亮赴宋庄镇调研

北京分行副行长陈小强赴二商希杰调研

支行客户经理到企业检查库存

中国农业发展银行北京市通州区支行是国家农业政策性银行，位于通州区新华北街55号，在职员工25人。随着农发行业务范围的不断扩大，农发行通州区支行在发挥政策性信贷支农作用，积极支持市区两级储备粮油增储、轮换工作的同时，积极开展贷款营销工作，为通州区涉农中小企业服务。2008年支行支持了北京古船食品有限公司、北京仙源食品有限公司，北京二商希杰食品有限责任公司等企业上亿元贷款。北京古船食品有限公司是一家集面粉与食品生产、研发、贸易、服务为一体的大型企业，属于北京市农业产业化重点龙头企业，北京仙源食品有限公司是京城专业生产调味品的中华老字号企业之一，北京二商希杰食品有限公司是北京市最大的豆制食品企业。支行积极支持企业发展的同时，也实现支行自身的有效发展。

北京农村商业银行通州支行

党委书记、行长张新忠在员工演讲会上讲话

庆祝北京农村商业银行晶城支行隆重开业

迎奥运创和谐文化节

救助贫困母亲捐款活动

张家湾支行"模范职工小家"揭牌仪式

信用村、信用户授牌仪式

通州支行 2008 凤凰卡助学

老干部老职工新春团拜会

北京农村商业银行通州支行的前身是始建于 1951 年的北京市农村信用合作社。多年来，通州支行始终坚持服务"三农"，支持新农村建设的信贷方针，重点扶持特色林果、绿色养殖、休闲旅游三大主导农业产业的发展，以及涉农的相关企业，并培养出一批农业及涉农的龙头企业，充分体现支农主力军作用。同时，加大对中小企业的信贷投入，积极服务市民百姓，加大个人金融业务的科技投入，中间业务品种日趋丰富，推出了带有银联标识的具有农商行特色的凤凰卡，大大提升了北京农商行市场竞争力。

2008 年是北京农商行的"快速发展年"，截至年末，通州支行资产总额 1429376.2 万元，比 2007 年增加 184203.16 万元，增长 14.79%。在今后的发展中，通州支行将继续坚持"立足城乡、服务三农、服务中小企业、服务市民百姓"的市场定位，突出"农"字名牌，以市场为导向，健全法人治理结构，不断完善内控机制，提高经营管理水平，增强市场竞争能力和抵御风险的能力，为促进首都社会主义新农村建设和首都经济社会发展做出更大贡献。

通州商务园
TZ Business Park

市委常委、常务副市长吉林听取商务园发展规划介绍

项目签约仪式

通州新城电网建设启动暨商务园 220KV 变电站开工仪式

北京国际金融服务论坛现场

通州区副区长张华在通州商务年会上致辞

商务园是由英文 Business Park（公园里的办公区）直译而来。与中央商务区（CBD）一样，建筑物均为写字楼，都具有办公功能，但与 CBD 最主要的区别在于——CBD 位于城市中心，而商务园位于郊外，环境好，像公园一样优美。

2006 年，区委、区政府经过科学论证和深入考察，作出了开发建设商务园这一重大战略决定。2007 年，通州商务园开发建设正式启动，并被市委、市政府纳入首都金融后台服务区“一区四园”范畴。2008 年，北京市通州新城金融服务园区管委会正式成立。

通州商务园选址新城西北部，项目横跨温榆河两岸，坐拥 100 余公顷自然景观资源，总规划面积 7.3 平方公里。园区地理位置优越，交通方便快捷，环境优美自然。一期开发用地 2.96 平方公里，计划 2012 年全部建成。

通州商务园以“政府主导、市场化运作、国际化管理”为开发模式，主要围绕商务办公、商务外包、商务交流、商务培训四大功能，着力打造以金融服务基地、效率型国际总部基地、新型服务业孵化基地为核心的国际高端商务活动集聚地。2008 年 5 月，金融街控股和阳光保险集团与商务园正式签约，成为首批入驻的重点种子项目。

北京通州物流基地

市委常委梁伟到物流基地调研

区委书记王云峰到物流基地调研

区长邓乃平到物流基地调研

北京通州物流基地是北京市物流发展规划确定的大型综合物流基地之一，2002年经市政府批准设立。基地位于通州区马驹桥镇，规划面积5.04平方公里。依据规划，基地将建成以商品流通业为主的大型综合现代物流基地，主要实现内陆口岸、货物集散、流通加工、商品配送等功能。基地于2003年开发建设以来，取得显著成果。截止到2008年底，累计完成基础投资7亿元，道路、供水、供暖、通信等市政基础设施实现了“九通一平”。随着投资环境的不断完善，基地产业规模逐年扩大，先后引入了苏宁电器连锁集团、招商局物流集团、华润物流集团、美国普洛斯公司、香港嘉柏国际货运公司等多家知名企业，吸引投资达到50亿元。2008年，物流基地实现销售收入60.5亿元，利润2.1亿元，上缴税收2.5亿元，同比分别增长31%、56%和43%。

基地综合服务楼

基地入区企业香港嘉柏项目

基地入区企业招商局物流

基地入区企业苏宁电器

基地道路设施

光机电一体化产业基地

光机电基地管委会大楼

京渠路

北京比亚迪汽车模具有限公司

北京中科信电子装备有限公司

北京李宁体育用品有限公司

光机电基地成立于2001年7月，规划面积7.5平方公里，地处北京市东部发展带的核心位置，交通便捷，地理优势明显。

基地成立之初即按照高起点规划、高质量引进、高标准建设、高水平管理进行园区开发建设。截止到2008年，园区修建道路总长度达22公里，绿化面积62万平方米，开发建设投资累计14亿元。建成区基础设施全部达到"十通一平"标准，现代化工业园区已初步形成。

2008年，引进企业20家，协议投资24.5亿元。建园7年来，累计引进企业110家，协议投资总额215亿元。成功引进了李宁、天宇、卓越亚马逊等一批国际、国内知名企业。

2008年，园区经济取得了跨越式发展，投产规模企业已达60家，全年累计完成工业总产值81亿元，总收入170亿元，利润10亿元，税收7.5亿元，为通州区经济总量的提升做出了突出贡献。

联东集团 LiANDO 北京联东投资（集团）有限公司

BEIJING LIANDO INVESTMENT (GROUP)CO.,LTD.

北京联东投资（集团）有限公司（简称联东集团，英文名称LIANDO）发展于1991年，集团总部位于北京市中关村科技园区通州园光机电一体化产业基地，是一家集地产开发，建筑模板和钢结构的研发、制造、租售，建筑总承包，金融投资等业务于一体的集团公司。集团公司注册资本6.2亿元，下辖十多家子公司，分布于北京、天津、西安、沈阳、成都、唐山等地，总资产50亿元人民币，员工4000多人。

北京联东投资集团董事长：刘振东

北京联东投资集团总部

市、区领导参观考察联东集团U谷项目

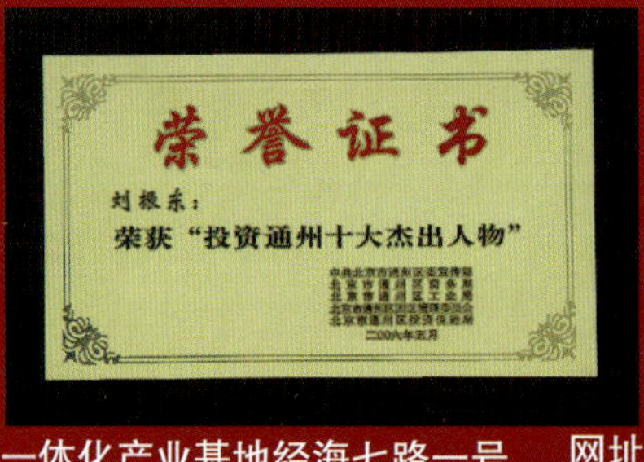

电话/Tel：8610 8150 3022
传真/Fax：8610 8150 3002
网址：www.ldfdc.com

地址：北京市中关村科技园通州园光机电一体化产业基地经海七路一号　网址：www.ldfdc.com
Add:No.1 Jinghai Rosd 7 Opto-mechatronics Industrial Park Zhongguancun Science&Tongzhou Park

联东U谷·北京

联东U谷独栋项目

联东集团核心业务包括地产开发、建筑模板和钢结构。在地产开发领域，联东集团在北京、沈阳拥有3座产业园区，其中已建成项目光联工业园，在建项目“联东U谷|北京”，规划项目“联东U谷|沈阳”工业园。总占地3000亩，规划建筑面积240万平方米。至2008年底，北京园区入驻企业近200家。

在建筑模板领域，联东模板公司集全钢大模板的研发、生产、租售服务于一体，是国内规模最大的模板企业，连续7年被中国模板协会评为优秀品牌，综合评比行业第一名。2005年成功推出桥梁模板，典型工程包括京津城际轨道交通工程、郑西铁路客运专线、武汉火车站等。在钢结构领域，联东钢构公司是享誉国内的综合型轻、重钢结构制造基地之一，年产能力10万吨，先后为奥体中心体育场、“水立方”、中央电视台新总部大楼等著名工程提供钢结构产品。

联东集团模版钢结构事业部承接经典工程

中央电视台总部新址

武汉火车站

奥体中心体育场

京津城际轨道

北京电力

北京市电力公司领导与通州区领导一同为通州商务园220千伏变电站站址奠基

区委副书记张文山一行到通州供电公司奥运二级现场指挥部检查指导工作

2008年，通州供电公司安全生产形势稳定，圆满完成了奥运保电任务，全面完成了各项电网建设工作，重点推广了315千伏安及以下高压一站式报装服务，实现了优质服务工作的新突破。地区售电量完成313415万千瓦时，同比增长5.08%；供电可靠性城镇完成99.95%，农村完成99.9%。公司在电网建设、安全生产、营销服务、精神文明和党风廉政建设等各方面均取得了显著成绩。

通州供电公司荣获2008年北京市电力公司授予的“北京市电力公司先进单位”、“北京市电力公司文明单位”、“北京市电力公司先进基层党组织”、“安全生产管理先进单位”、“优质服务先进单位”、“电网规划及电网建设先进单位”、“财务管理及预算工作先进单位”、“人力资源管理先进单位”、“党风廉政建设优秀单位”等称号，荣获“首都文明单位标兵”、“通州区文明行业”称号。

公司出色完成了奥体中心体育场、体育馆、游泳馆三个竞赛场馆的正式比赛以及兴奋剂检测中心保电任务，同时圆满完成了通州地区907平方公里电网运行的日常保电工作，其中出色完成通州地区奥运火炬传递、文艺表演等大型活动的保电任务以及应急抢修服务工作，赢

通州区相关领导参加通州供电公司组织开展的“全国安全生产月”活动

纪念通州供电公司成立50周年暨职工集体婚礼现场

两广路通车，再次拉
顺华集团
SURE STAR
世纪星城销售中心

新城核心，财富标王
稀缺商业先机
新城核心仅有的完全独立商业，地段绝版优势，稀缺商机垄断地缘经济。
囊括十万人潮
武夷百万平米社区，2.8万人常驻人口，囊括周边10万潜力消费人潮。
独立财富金铺
6000平米临街二层独立商业，4.5米层高，
300—2000平米框架结构空间，横向、纵向自由灵活分割。
完全定制规划
为各式业态量身定制，尤其适合于特色食尚经营，
填补区域中高档餐饮需求空白，无限飙升投资前景。
强势品牌护航
实力品牌武夷地产科学规划，超值信赖的投资保障。
GRANDL
THE CITY OF CANAL
左岸·金湾
贵宾专线
010 89524888
项目网址：www.bjwuyi.com
开发商：北京武夷房地产开发有限公司
建筑设计：北京市建筑设计研究院
景观设计：美国易道公司
朝阳北路
朝阳路
東三環
北關
京哈高速
三惠橋
通惠河
大運河
武夷花園
本案
國貿橋
京通快速
北苑
通胡大街
東六環
本宣传品最终解释权归开发商所有
京房售证字445号